LES PASSIONS INTELLECTUELLES **

Paru dans Le Livre de Poche :

L'Amour en plus

Émilie, Émilie ou l'Ambition féminine au XVIIIe siècle

Fausse route

L'Infant de Parme

Les Passions intellectuelles *

L'un est l'autre

XY. De l'identité masculine

En collaboration avec Robert Badinter :

Condorcet

ELISABETH BADINTER

EXIGENCE DE DIGNITÉ
1751-1762

Les Passions intellectuelles

**

FAYARD

Agrégée de philosophie et spécialiste du siècle des Lumières, Élisabeth Badinter a publié plusieurs études philosophiques et historiques, ainsi que des essais sur l'évolution des mentalités et des mœurs.

© Librairie Arthème Fayard, 2002.
ISBN : 978-2-253-08468-6 – 1re publication LGF

Pour Esther.

« *La considération personnelle est la récompense la plus réelle des talents, celle qui met le prix à toutes les autres ou même qui en tient lieu.* »

D'ALEMBERT, *Essai sur les gens de lettres*, 1753.

Introduction

Le désir de gloire n'est pas près de s'éteindre. La reconnaissance de ses pairs et les applaudissements du public sont des récompenses dont on ne se lasse pas. Mais cette passion, exacerbée au milieu du XVIIIe siècle par la naissance de l'opinion publique, se heurte à d'autres, anciennes ou nouvelles. Parmi les premières, la jalousie de ses rivaux, toujours prompts à mettre un bémol à la jouissance d'un succès. Éphémère, parfois amère, la gloire de l'intellectuel est sans cesse à reconquérir. Et cette reconquête est chaque fois plus difficile. Ses pairs le guettent et le public aime à brûler ce qu'il a adoré. Il faut le génie et le caractère de Voltaire pour s'imposer à tous durant six décennies.

L'été 1751, d'Alembert jouit de cette gloire si ardemment désirée. Codirecteur de l'*Encyclopédie* et savant admiré de toute l'Europe pensante, il incarne la génération d'intellectuels nés après la mort de Louis XIV qui prône d'autres valeurs et prétend à un nouveau statut. Jadis, Versailles était le centre du monde des lettres. Le « Roi-Soleil » dispensait renommée et pensions selon son bon plaisir, moyennant soumission à ses règles et flatterie à sa personne. Bientôt imité par la haute noblesse, le roi avait inauguré un subtil système de dépendance que la plupart des hommes de lettres admettaient peu ou prou. Même si Louis XV n'attache pas la même importance que son arrière-grand-père au monde littéraire, et même si Paris s'est peu à peu substitué à Versailles, l'écrivain souvent démuni continue de rêver au mécène qui l'invitera à sa table et lui offrira revenu et protection en échange de dédicaces à sa gloire. Ce système est entré dans les mœurs quand émerge sur la scène publique la génération des encyclopédistes.

Rousseau, Diderot, d'Alembert et les autres ne sont guère riches, mais ils ignorent la cour, ses avantages et ses obligations. Ils prétendent écrire aussi librement que le permet la censure qui veille au respect scrupuleux des deux grandes puissances que sont l'Église et l'État monarchique. Mais comment faire son métier de philosophe quand on est tenu sous étroite surveillance ? Comment prendre des libertés avec les dogmes religieux et politiques quand on risque d'être embastillé ? Le succès de l'*Encyclopédie*, dès 1751, tient largement au fait que ses collaborateurs s'autorisent une certaine indépendance d'esprit face au carcan de la pensée dominante. Liberté de courte durée, comme le montreront les retours de bâton de 1752 et 1759.

Les deux crises que traverse l'*Encyclopédie* sont l'occasion, chez d'Alembert, d'une profonde révolte, suivie d'une prise de conscience. Il ne suffit pas de se tenir à distance des grands pour échapper à une dépendance humiliante ; il faut aussi refuser de soumettre sa pensée à tous les diktats. « *Liberté, vérité, pauvreté*, déclare d'Alembert, sont les trois mots que les gens de lettres devraient toujours avoir devant les yeux. » Ce triptyque austère est l'expression d'un nouvel orgueil de l'intellectuel qui a aussi pour nom l'*exigence de dignité*. À quoi bon la gloire, les titres ou la richesse, s'ils se paient de la compromission et de la dépendance ?

La dignité entendue comme « respect de soi », « sens de l'honneur », « fierté de sa condition », est un idéal difficile à mettre en œuvre. Elle peut facilement virer à l'amour-propre ombrageux ou ostentatoire. D'Alembert en sait quelque chose, lui qui menace de se retirer sur l'Aventin à la moindre critique et donne aux autres des leçons qu'il a bien du mal à observer lui-même. Quand on en appelle sans cesse au respect de soi, encore faut-il respecter autrui et ne pas être pris en flagrant délit de jalousie, de mesquinerie ou de mauvaise foi. Bref, l'exigence de dignité n'est pas seulement une revendication sociale et psychologique, c'est également une vertu morale. Quand on la prône aussi hautement qu'un d'Alembert ou un Rousseau, toute entorse à la loi coûte plus cher qu'à un autre. Or les tentations ne manquent pas de confondre dignité et dignités, honneur et honneurs… On ne pardonne rien aux donneurs de leçons qui cèdent à la faiblesse.

En fait, les trois réquisits de la dignité de l'intellectuel se révèlent presque impossibles à observer dans une société aussi centralisée et autoritaire que celle du XVIIIe siècle. Rousseau, qui vit de ses copies de musique, est peut-être celui qui s'en est le plus approché, refusant obstinément la moindre concession à ce qui pouvait écorner sa liberté. Mais le prix à payer fut exorbitant, comme en témoigne l'abandon de ses cinq enfants. Le riche Voltaire fut contraint à l'exil durant vingt-quatre ans pour être un homme libre, et la plupart durent en rabattre un peu sur tous les fronts. Nécessité oblige !

Si les philosophes dans leur ensemble eurent à cœur de défendre leur honneur d'intellectuels et de ne pas céder au désir de reconnaissance sociale à n'importe quel prix, la fin des années 1750 leur fut une rude épreuve. Ils faillirent bien y laisser leur réputation. Leurs adversaires coalisés surent exploiter toutes leurs fautes et leurs faiblesses. Les rivalités et les ambitions personnelles semblent avoir eu raison de ce « parti des philosophes » que d'Alembert et Voltaire appelaient de leurs vœux.

En vérité, les « philosophes » se sont laissé piéger par la polysémie du langage. Singulier ou pluriel, professionnel ou personnel, le terme « dignité » balaie également la sphère sociale et la sphère morale. De même pour l'appellation de « philosophe » qui hésite, selon les époques, à désigner le sage ou le savant. Les encyclopédistes ont privilégié le second par rapport au premier, la vérité avant la vertu. Alors que, pour eux, la dignité intellectuelle se confond avec l'indépendance d'esprit, leurs ennemis ne vont cesser de leur opposer le point de vue moral et de souligner les contradictions entre l'homme privé et l'intellectuel. Au point d'en dessiner un portrait pitoyable, peu conforme à l'image du philosophe.

C'est l'événement inattendu de l'affaire Calas qui va permettre la réconciliation du sage et du savant aux yeux de tous. En luttant comme nul autre pour la vérité et la justice, Voltaire offre au personnage du philosophe un lustre et un prestige rarement atteints jusque-là. Le combat d'un seul rejaillit alors sur tous et donne un contenu moral inégalable à une démarche philosophique qui n'exclut pas l'ambition personnelle.

PREMIÈRE PARTIE

L'exigence de dignité

1751-1753

Chapitre premier

L'apparent contraste entre Paris et Berlin
(été 1751-février 1752)

En 1751, la vie intellectuelle française se partage – de façon très inégale – entre Paris et Berlin. Depuis son arrivée sur le trône en 1740, Frédéric II a multiplié les offres alléchantes aux savants et hommes de lettres français. Contrairement à Louis XV, le roi de Prusse sait les avantages qu'un monarque peut retirer d'un aréopage d'intellectuels satisfaits et donc complaisants. Athée, anticlérical viscéral, lui-même homme de plume, charmeur quand il le veut, Frédéric a de quoi séduire nombre de ceux que leur sort à Paris mécontente, en quête d'argent, d'honneurs ou de liberté. Même si, jusque-là, il n'a écopé que de seconds couteaux ignorés de la scène française, il peut se glorifier, en cet été 1751, d'avoir attiré à lui deux de nos gloires les plus prestigieuses : le savant Maupertuis et l'universel Voltaire. Il a nommé le premier président de son Académie, avec mission de la faire renaître de ses cendres. Il fait du second « son maître en éloquence et en savoir[1] »

---

1. Voltaire à Mme Denis, Potsdam, 28 octobre 1750. D. 4251.

– Voltaire préfère dire « son grammairien[1] » – et attend qu'il le divertisse. Il espère que ces deux célébrités seront des pôles d'attraction qui transformeront Sparte en Athènes et chanteront les louanges de leur hôte. Ce que ne manqueront de faire ni Maupertuis ni Voltaire dans les premiers temps de leur séjour en Prusse. Reste que Berlin est toujours un deuxième choix. On s'y installe le plus souvent par dépit ou par nécessité : Maupertuis en 1744, pour se venger des mesquineries de ses collègues de l'Académie des sciences ; le médecin philosophe La Mettrie en 1748, pour se soustraire aux persécutions hollandaises que lui vaut la publication de son opus matérialiste *L'Homme-machine* ; le poète Baculard d'Arnaud en 1750 et l'écrivain La Beaumelle en 1751, dans l'espoir d'y trouver une gloire et une fortune qui leur échappent à Paris ou au Danemark. Et si le grand Voltaire n'a répondu qu'en 1751 à l'invitation insistante du monarque prussien, c'est faute d'un geste à Versailles pour le retenir en France. Contrairement aux prédictions flatteuses de Frédéric, il lui avait bien fallu constater qu'il n'était pas cet « éléphant blanc pour lequel l'empereur de Perse et du Mogol se font la guerre[2] ». Même s'il lui avait donné la place d'historiographe et une charge de gentilhomme ordinaire de sa chambre, le hautain roi de France ne l'aimait pas. Il lui préférait la compagnie d'un médiocre Moncrif et le théâtre de son rival de toujours, Crébillon. Comment résister plus longtemps aux flatteries sans bornes du roi de Prusse qui lui promettait monts et merveilles s'il venait s'établir auprès de

---

1. Frédéric à Voltaire, 23 août 1750. D. 4195. Redatée 28 août 1750 par A. Magnan, *Dossier Voltaire en Prusse*, *S.V.E.C.*, 1986.   2. Frédéric à Voltaire, 4 septembre 1739. D. 4011.

lui ? La vanité fut la plus forte, mais c'est sans enthousiasme et même à regret que Voltaire quitta Paris, ses
amis et sa maîtresse, en juin 1750, pour gagner le palais
d'« Alcine-Frédéric ».

Cependant, Frédéric n'a pas qu'argent et honneurs
à offrir aux hommes de lettres français. Il leur garantit
une liberté d'autant plus précieuse qu'on l'ignore en
France : la liberté de penser et d'écrire. Le roi philosophe s'est toujours fait un point d'honneur de protéger les écrivains persécutés par l'Église et sa prêtraille.
Chez lui, en 1751, point de livres interdits et brûlés,
point de menaces sur leurs auteurs ; le philosophe,
fût-il le plus authentiquement athée, tel La Mettrie,
est libre d'exprimer ses idées sans crainte de coucher
le soir en prison. Liberté sans prix pour tous ceux qui
sont contraints en France de déguiser ou refouler leurs
pensées. En bannissant les fourches Caudines d'une
censure officielle, Frédéric prête à la Prusse un air de
liberté sans pareil et offre aux intellectuels la possibilité d'exercer dignement leur métier. Du moins est-ce
là l'image qu'il entend donner de lui et de son pays.

DOUCEURS PARISIENNES
(ÉTÉ-AUTOMNE 1751)

Depuis le début de l'été souffle un petit vent de
renouveau sur la capitale française. Il est rendu perceptible par le battage fait autour du premier volume de
l'*Encyclopédie*, mais s'annonçait déjà à l'observateur
attentif deux ou trois ans auparavant. En quinze ans,
la scène intellectuelle parisienne s'est considérable-

ment transformée. Les intérêts, les idées, les lieux et les hommes ont laissé place à d'autres. Le plus frappant est peut-être ce sentiment de gaieté propre à la jeunesse conquérante lorsqu'elle met à bas les idoles de la veille. Avec une audace et une cruauté qui s'ignorent, la nouvelle génération jette aux oubliettes ceux qui ne se rallient pas. Le procédé n'est pas nouveau, mais, cette fois, il s'exerce avec une brutalité et un irrespect qui, eux, le sont. La conquête du pouvoir est d'autant plus délicieuse qu'elle est foudroyante et laisse, un temps, l'adversaire anéanti. Court moment d'ivresse où l'on se croit tout permis, inconscient des haines inexpiables que suscite la jalousie et des retours de bâton que l'on a soi-même provoqués.

Pour l'heure, le monde intellectuel parisien ne bruit que du succès des encyclopédistes, des allées et venues des uns et des autres, de l'apparition de nouveaux talents, et surtout, dans les salons, du mariage d'un philosophe amoureux.

Le philosophe marié

Amoureux, Helvétius l'est à coup sûr depuis plusieurs années. L'objet de sa flamme est une jeune fille sans le sou, de vieille noblesse lorraine, Anne-Catherine de Ligniville. Bien qu'il n'ait encore rien publié en 1751, on le dit « philosophe » parce qu'il fréquente les salons où l'on s'entretient de philosophie et de littérature. Très intime de Marivaux, Duclos et Saurin, ce fils de médecin du roi a noué depuis longtemps des liens d'amitié avec Voltaire, Buffon, l'abbé Le Blanc, Montesquieu, Nivelle de La Chaussée, Baculard d'Arnaud et d'autres. Entre ses tournées de fermier général, Helvétius fréquente à Paris les salons de Mme Geoffrin, de la marquise de Créqui, de la comtesse de Rochefort, et les dîners plus amusants encore de Mlle Quinault. C'est là qu'il a rencontré en avril 1744 Mme de Graffigny qui allait lui présenter un peu plus tard Mlle de Ligniville, dite Minette, dont elle avait la charge.

Nul doute que le charmant Helvétius séduit d'emblée celle qu'il devait appeler après son mariage « ma belle maman ». En tout bien tout honneur, s'entend. De vingt ans son aînée[1], Mme de Graffigny est captivée par son esprit. Après l'avoir entendu lire son poème du *Bonheur*, elle écrit à son confident Devaux : « C'est ce que j'ai jamais entendu qui mérite le nom de poésie, et l'auteur le nom de génie. Bien plus fort, plus énergique et plus correct que Voltaire[2]… » Quelques mois plus tard, il lui parle d'un livre de métaphysique qu'il espère publier bientôt. Mme de Graffigny se dit « l'âme en extase » et conclut solennellement : « Le grand Locke, cet homme que jusqu'ici j'ai seul admiré, sera toujours grand, mais ce sera d'avoir indiqué ce que le Génie devait dire[3]. » À ses yeux, nul ne lui arrive à la cheville : « Ce sont des décrotteurs à comparaison[4]. »

À peine Minette est-elle installée chez elle, à Paris, que Mme de Graffigny songe à la marier au Génie. Minette rêvait d'un homme aimable, plus âgé qu'elle, qui l'aimerait passionnément, avec dix mille livres de rente et une

---

1. Mme de Graffigny, fille d'un officier du duc de Lorraine, était née en 1695. Claude-Adrien Helvétius, fils du célèbre médecin de Louis XV, a vu le jour en 1715.   2. *Correspondance de Mme de Graffigny*, éd. J.-A. Dainard *et al.*, vol. V, p. 230, 28 avril 1744. Par la suite, on utilisera la notation « Dainard » suivi du volume, de la page et de la date.   3. *Ibid.*, VI, p. 98, 13 décembre 1744. Le livre dont il s'agit est probablement *De l'esprit*, qui ne paraîtra qu'en 1758.   4. *Ibid.*, VI, p. 96, 11 décembre 1744.

campagne charmante[1]. Helvétius possède tout cela, et plus encore. Richissime, de sept ans son aîné, il a aussi un physique fort avenant. Aux dires de Mme Suard, il « n'était pas très grand, mais très bien fait. Sa figure était tout à la fois belle et charmante par l'expression de ses regards de bonté, ou de la plus aimable bienveillance[2] ». Pour le dire en termes moins compassés, Helvétius est un homme séduisant qui a du succès auprès des dames. Sans surprise, Minette tomba amoureuse du Génie et celui-ci de la jeune fille. Pourtant, il ne faudra pas moins de trois ans et demi de tractations et pressions en tout genre de la part de Mme de Graffigny pour convaincre Helvétius de faire sa demande en mariage. L'obstacle majeur qui paralysait notre homme était moins la charge de fermier dont il voulait se débarrasser, ou le dénuement total de la future, que la crainte de sombrer dans le ridicule. Passe encore d'être un philosophe amoureux, mais le « philosophe marié[3] » était une condition absurde qui ne pouvait que susciter les brocards de ses amis et les sarcasmes du public.

Helvétius n'est pas le premier à tenter le grand saut. Un an plus tôt, en février 1750, le baron d'Holbach a épousé l'aînée de ses cousines qu'il aimait tendrement. Il est vrai que le baron est un Allemand fraîchement naturalisé français[4], plus versé alors en minéralogie qu'en philosophie, et qu'il n'occupe pas encore dans les salons parisiens la place d'un Helvétius. Enfin, quand ce dernier se décide à franchir l'obstacle, c'est en ces termes

1. *Correspondance générale d'Helvétius*, éd. P. Allan *et al.*, vol. I, n° 93, lettre de A.-C. de Ligniville à Mme de Graffigny, 22 février [1746].　　2. Amélie Suard, *Essais de mémoires sur M. Suard*, 1820, p. 46.　　3. Titre de la pièce de Destouches (1727) qui connaissait toujours un grand succès en 1751. Le héros, Ariste, avait, aux dires de Mlle de Ligniville, plus d'un point commun avec Helvétius.　　4. En août 1749.

éloquents qu'il l'avoue à ses amies : « Je suis le philosophe marié. Si vous saviez combien cet aveu me coûte
et combien je suis honteux, vous excuseriez cette sottise,
car il me reste encore assez de raison pour sentir que le
mariage est une folie. À travers mon amitié pour Mlle de
Ligniville, je sens quelques remords[1]. » Le mariage a
lieu le 17 août, presque dans l'intimité, en présence des
parents et de quelques intimes du marié, comme Duclos
et, bien sûr, Mme de Graffigny qui ne cache pas son sou-
lagement. Deux semaines plus tard, alors qu'il est en
pleine lune de miel dans sa campagne de Voré, Helvétius
change de ton. À son ami l'abbé Guasco, il confesse
encore qu'il a péché contre la philosophie, mais ajoute :
« C'est une sottise de l'amour, dont je ne puis me repen-
tir[2]. » Quelque temps plus tard, il n'est plus question de
remords ni de honte. Helvétius écrit à sa femme qu'il
« l'aime à la folie », et s'étonne presque que, « mari », il
lui parle encore comme son « amant[3] ».

S'aimant chaque jour davantage, M. et Mme Helvétius
furent amoureux et profondément solidaires jusqu'à ce
que la mort du premier les sépare en 1771. Plus encore
que l'exemple du ménage d'Holbach[4], celui du couple
Helvétius mit fin à la caricature du *Philosophe marié*.
Aussi rare fût-il, il prouvait qu'on pouvait être à la fois
un époux passionné et un philosophe audacieux. Il
est vrai, comme le constate Helvétius[5] lui-même, que

---

1. À la comtesse de Rochefort, I, n° 171 [19 juillet 1751]. Helvétius écrivit le même jour dans les mêmes termes à la marquise de
Créqui.   2. *Ibid.*, n° 178, de Voré, 31 août 1751.   3. *Ibid.*,
n° 186, s.d.   4. Veuf de Suzanne Daine en 1754, d'Holbach se
remaria avec la sœur cadette de celle-ci, Charlotte, en 1756. Ils for-
mèrent un des couples solides de la capitale.   5. I, p. 186, s.d.
À Mme Helvétius : « Tu vois que ton mari te parle encore comme
ton amant : *voilà vraiment du fruit nouveau pour ce siècle-ci.* » Souligné par nous.

les mentalités changent en ce demi-siècle. Les philosophes issus ou proches de la bourgeoisie en adoptent insensiblement les valeurs et les comportements. Reste qu'Helvétius fait figure de précurseur au regard de ses amis gens de lettres. Événement aussi inattendu que léger, mais le plus tendre de la saison.

Le succès des philosophes

Un grand succès littéraire se mesure à l'enthousiasme de la critique et au nombre des lecteurs. Voltaire est de ceux qui ont connu cette pure ivresse. En revanche, toute œuvre qui bouscule les idées et les hiérarchies établies ne peut que susciter des réactions mélangées. Son succès se mesure à la vigueur de la polémique qui n'existe que si l'adhésion le partage à l'opposition, l'amour à la haine. Diderot et d'Alembert n'étaient pas assez naïfs pour l'ignorer, surtout après les coups de griffe du père Berthier à l'encontre du Prospectus de l'*Encyclopédie* durant l'hiver[1]. Mais, au début de l'été, on ne parlait que du retentissement du *Discours préliminaire* de D'Alembert[2]. Bientôt, on allait découvrir les articles de Dumarsais sur la grammaire et ceux, novateurs, concernant les arts et métiers, signés Diderot[3], sans oublier les articles scientifiques particulièrement soignés.

Les jaloux n'ont pas tardé à se manifester. Quelques quatrains moqueurs courent Paris dès la fin de juillet.

---

1. *Les Passions intellectuelles*, 1, pp. 436-439. Par la suite, toute référence à ce volume sera notée *P.I.*, 1, suivi de l'indication de la page.   2. *Ibid.*, pp. 454-459.   3. Tels « Acier », « Agriculture », « Aiguille », « Argent » ou « Accouchement ».

« M. de Bonneval[1], qui prend volontiers de l'humeur contre tous les livres qui réussissent, vient de lâcher l'épigramme suivante :

> *Voici donc l'Encyclopédie ;*
> *Quel bonheur pour les ignorants !*
> *Que cette docte rhapsodie*
> *Fera naître de faux savants[2] !... »*

Début août, le *Journal* d'Hémery se fait l'écho d'une deuxième épigramme contre les souscripteurs de l'*Encyclopédie* :

> *Je suis bon encyclopédiste,*
> *Je connais le mal et le bien,*
> *Je suis Diderot à la piste ;*
> *Je connais tout et ne crois rien[3]…*

Contrairement à ce qu'écrit Raynal, on ne peut guère encore parler de « violentes contradictions ». Rien de plus que les réactions habituelles du ruisseau littéraire. En revanche, la liste des souscripteurs s'est considérablement allongée : au lieu des 1 625 exemplaires prévus, Le Breton a dû en imprimer 2 075. Plus éloquentes encore sont les offres de services de nouveaux collaborateurs, attirés par le succès du premier volume. Le plus rapide et le plus connu est Charles-Marie de La Condamine. Il s'est rendu célèbre par son voyage à l'Équateur avec

---

1. René de Bonneval (1700-1760) est le prototype de l'écrivain prolifique et jaloux qui a passé sa vie à courir après la renommée et le succès sans jamais les atteindre. Il appartient à la « bohème littéraire » décrite par Robert Darnton.   2. Raynal, *Nouvelles littéraires*, II, p. 85.   3. *Journal de la Librairie* (d'Hémery), B.N., Ms. Fr. 22-156, f. 94, 29 juillet 1751.

Godin et Bouguer, et mène depuis son retour en 1745 une guerre inlassable à ce dernier pour faire reconnaître l'importance de ses travaux. Cet homme sympathique et chaleureux, doté d'un enthousiasme et d'une curiosité sans limites, n'a pas attendu pour prendre contact avec Diderot et mettre à la disposition de la grande œuvre son expérience et ses connaissances scientifiques[1]. Le 31 juillet, il reçoit en réponse ce mot : « J'accepte avec grand plaisir les offres que vous me faites pour la perfection de notre dictionnaire. Il y a surtout un article important que j'irai vous demander avec insistance ; c'est l'histoire des *Pyramides*... » Et, à la fin de la lettre, Diderot ajoute : « Je n'ai point encore l'article *Boussole* de M. Lemonnier. Aussitôt qu'il me l'aura envoyé, j'irai vous le porter moi-même, et vous assurer avec combien d'estime et de respect j'ai l'honneur[2]... »

Sitôt proposé, sitôt embauché. Diderot éprouve sympathie et admiration pour l'homme courageux qui a perdu une grande partie de ses oreilles au cours de son expédition. En revanche, le même La Condamine exaspère son collègue académicien d'Alembert par son côté brouillon et dilettante. Il s'intéresse à tout, mais passe d'un sujet à l'autre de façon parfois désordonnée. La preuve : le fameux article « Boussole » évoqué par Diderot. Ce dernier lui a bien fait parvenir l'article rédigé en grande partie par Lemonnier[3] aux fins de

---

1. *P.I.*, 1, pp. 60-63.   2. *Recherches sur Diderot et sur l'Encyclopédie (R.D.E.)*, n° 11, octobre 1991, p. 13.   3. Louis-Guillaume Lemonnier (1717-1799), frère cadet de Pierre-Charles, était, comme lui, de l'Académie des sciences. L'aîné, astronome mathématicien, y avait été admis en 1736 ; le cadet, médecin et botaniste, en 1743. Ce dernier, nommé médecin du roi à Saint-Germain-en-Laye où il demeurait la plupart du temps, s'intéressait à l'électricité et au magnétisme. Il est l'auteur des articles consacrés à ces sujets dans l'*Encyclopédie*.

relecture et correction, mais le nouvel encyclopédiste l'a égaré, risquant ainsi de retarder l'impression du deuxième volume. Colère de D'Alembert, qui écrit à son éditeur : « M. de La Condamine... au lieu de me l'envoyer [l'article "Boussole"], l'a envoyé à Saint-Germain par une étourderie qui lui est ordinaire, et qui m'a mis dans la plus grande fureur où j'aie été de ma vie. Je vous laisse à penser en quel état j'étais[1]. » Les années passant, l'agacement de D'Alembert ne désarmera jamais à l'égard de celui qu'il dénomme la « guêpe importune[2] ».

Même si la contribution de La Condamine devait rester modeste – elle se réduit à quatre courts articles[3] –, son adhésion spontanée à l'*Encyclopédie* est perçue comme un signe positif. Faute de la participation effective des plus grands (Voltaire, Montesquieu ou Buffon) qui se font encore tirer l'oreille, celle du célèbre voyageur académicien est un encouragement de poids pour les deux directeurs de la lourde entreprise.

Autre collaboration spontanée : celle du chevalier de Jaucourt[4]. À vingt-sept ans, cet enfant d'une honorable famille protestante liée aux Tronchin de Genève possède déjà une immense culture. Après de brillantes études de médecine à Leyde sous la direction du maître Boerhaave, le jeune homme travaille à une biographie de Leibniz et collabore dès sa création au périodique d'Amsterdam, la *Bibliothèque raisonnée des savants*

---

1. Lettre autographe de D'Alembert à Le Breton, s.d. [1751]. Vente Drouot, 19 et 20 juin 1996. 2. Lettre de D'Alembert à Voltaire, 9 mars [1761]. D. 9674. 3. « Chiromoya », « Couronne », « Guyane » et « Guayaquil ». Il inspira également le remarquable article « Inoculation ». 4. [Septembre 1704-février 1780].

de l'Europe[1]. Ce faisant, il acquiert une formation philosophique et scientifique qui le dote, selon son biographe, « d'une érudition universelle[2] ». Après quelques allers-retours entre la Hollande et la France, le chevalier, qui vient de perdre dans un naufrage le précieux manuscrit d'un *Lexicon medicum universale*, fruit de vingt ans de travail acharné, offre ses services à l'un des libraires de l'*Encyclopédie*, David l'Aîné. Peut-être lui envoie-t-il à titre d'échantillon sa propre rédaction de l'article « Anatomie » censé paraître dans le premier volume[3]. Toujours est-il que David en réfère à Diderot, qui l'accueille à bras ouverts dès le mois de septembre : « Je vous dois, Monsieur, en mon particulier, un remerciement pour l'article *Anatomie*. J'emploierai votre article *Bysse*, ceux que David m'a fait passer de votre part, et les autres que vous voudrez bien me communiquer ; et je n'ignore pas ce que notre dictionnaire y gagnera. Je serais bien charmé d'avoir l'honneur de vous voir chez moi ; mais permettez que je vous fasse ma visite. Nous causerons chez vous plus à l'aise, et je veux mettre à profit cette conversation même pour la perfection de notre ouvrage. Je serai chez vous dimanche matin prochain, entre neuf et dix[4]… »

---

1. *Dictionnaire des journaux*, éd. J. Sgard, vol. I, n° 169 ; voir aussi la notice que lui consacre A.-M. Chouillet dans le *Dictionnaire des journalistes*, éd. J. Sgard, vol. I, n° 412.   2. J. Haechler, *L'Encyclopédie de Diderot et de… Jaucourt. Essai biographique sur le chevalier de Jaucourt*, 1995, chap. 2.   3. Il est probable que Jaucourt envoya cet article avant la parution du premier volume de l'*Encyclopédie*, en juin 1751. Mais c'était trop tard, car les articles d'anatomie et de physiologie avaient déjà été attribués au médecin Pierre Tarin, recruté par l'abbé de Gua dès 1747.   4. Au chevalier de Jaucourt [20 septembre 1751], *Correspondance* de Diderot, éd. Roth, vol. I, pp. 132-133.

Avec Jaucourt, Diderot tenait le bon petit soldat de l'*Encyclopédie*. Sinon la plus brillante recrue, du moins la plus prolifique. S'il ne rédigea que huit articles du deuxième volume, sa production fut prodigieuse pour les huit derniers qui paraîtront en 1765[1] : d'une fidélité et d'une capacité de travail exceptionnelles, Jaucourt écrivit entre un quart et la moitié des articles de chacun des six volumes suivants et plus de 50 % des deux derniers[2]. Au total, plus de dix-sept mille articles[3] couvrant les champs les plus divers : de la botanique à la politique, de l'histoire de l'art à la géographie, la physique ou la zoologie. Sa participation, ses liens avec Diderot, l'immensité de ses connaissances justifient le titre prêté à l'entreprise par Jean Haechler : *L'Encyclopédie de Diderot et de... Jaucourt*.

Troisième recrue de Diderot : le jeune baron d'Holbach[4]. Pierre Naville souligne que leur liaison « est certainement l'élément capital de la consolidation du noyau encyclopédiste[5] ». On ignore les circonstances et la date exacte de leur première rencontre, mais on peut la situer aux alentours de 1749-1750. Peut-être ont-ils été présentés par leur ami commun Charles-Georges Le

---

1. La première édition de l'*Encyclopédie* compte dix-sept volumes. Les sept premiers furent publiés de 1751 à 1757. Les dix derniers le seront simultanément en 1765. Onze volumes de planches verront le jour entre 1762 et 1772.   2. F.A. Kafker et S.L. Kafker, *The Encyclopedists as Individuals*, *S.V.E.C.*, n° 257, pp. 175-180.   3. *Ibid.*, p. 177. Voir également R.N. Schwab et W.E. Rex, *Inventory of Diderot's Encyclopedie*, *S.V.E.C.*, n° 93, pp. 108-191.   4. 1723-1789. Né à Edelsheim, village du Palatinat ; l'allemand fut sa première langue.   5. P. Naville, *D'Holbach*, 1943, p. 22.

Roy[1], collaborateur de l'*Encyclopédie* depuis 1747 et témoin du baron lors de son premier mariage en février 1750. Tout ce petit monde partage les mêmes idées : matérialistes, ils flirtent sans l'avouer avec un athéisme lié à la vertu et à l'utilitarisme social. De tous, c'est d'Holbach le plus convaincu et le plus péremptoire. La philosophie matérialiste s'est presque naturellement imposée à lui à cause de l'intérêt dominant qu'il manifeste très tôt pour toutes les sortes de « matières ». Passionné de minéralogie, de chimie, de métallurgie, d'histoire naturelle, d'Holbach a déjà lu nombre de traités allemands sur de nouveaux procédés techniques inconnus des Français et qu'il se prépare à traduire en notre langue[2].

Diderot comprend tout de suite l'intérêt d'une culture aussi novatrice, dans la droite ligne du projet encyclopédique. Il recrute le baron en 1750 ou 1751, et le présente ainsi comme un nouveau collaborateur de marque en tête du deuxième volume : « Nous devons surtout beaucoup à une personne dont l'allemand est la langue maternelle et qui est très versée dans les matières de Minéralogie, de Métallurgie et de Physique ; elle nous

---

1. 1723-1789. Lieutenant des chasses du parc de Versailles, Le Roy est un fin connaisseur du monde animal, comme le prouveront ses *Lettres philosophiques sur l'intelligence et la perfectibilité des animaux* publiées en 1762. Rédacteur d'articles concernant la chasse et l'agriculture, mais aussi d'« Homme » et « Instinct », son nom figure dans le livre de comptes des libraires de l'*Encyclopédie* dès octobre 1747. Le Roy est par ailleurs un ami très intime d'Helvétius.   2. Entre 1752 et 1766, encouragé par Diderot et son mentor, le chimiste Rouelle, d'Holbach traduit une douzaine de livres scientifiques signés Gotschalk, Kunckel, Wallerius, Henckel, Stahl, Lehman, etc., qui couvrent des champs aussi divers que l'*Art de la verrerie*, la *Minéralogie*, la *Pyritologie* et même un *Traité du soufre*.

a donné sur ces différents objets une multitude prodigieuse d'articles, dont on trouvera déjà une quantité considérable dans ce second volume… On sait combien l'Allemagne est riche en ce genre ; et nous osons en conséquence assurer que notre ouvrage contiendra sur une si vaste matière grand nombre de choses intéressantes et nouvelles, qu'on chercherait en vain dans nos livres français[1]. »

Au total, d'Holbach fournira pour les volumes II à XVII près de 430 articles signés, sans parler de centaines d'autres, anonymes, et de sa contribution au volume des planches concernant la Minéralogie[2]. Diderot avait vu juste : le baron s'est révélé l'un des collaborateurs les plus précieux de l'*Encyclopédie*, non seulement par la quantité et la richesse de son travail, mais aussi pour une autre raison que le maître d'œuvre ignorait encore en 1751. Le baron allemand est un homme riche, généreux et accueillant. Il fera de sa maison à la campagne, le Grandval, et surtout de son somptueux hôtel, rue Royale-Saint-Roch, des lieux de rassemblement d'intellectuels. On a qualifié la maison de D'Holbach de « synagogue » ou de « café de l'Europe ». En vérité, ce sera le laboratoire de l'*Encyclopédie* où l'on décidera de son orientation philosophique, de ses choix idéologiques et de sa politique. En d'autres termes, d'Holbach offrira à Diderot, qui en sera l'invité permanent, tous les avantages – sans les inconvénients – du plus brillant salon de philosophes de l'époque. Pour une fois, c'est

---

1. Cité par Naville, *op. cit.*, p. 23.   2. Schwab et Rex, *op. cit.*, pp. 102-108 ; tenant compte des travaux de John Lough, *Essays on the Encyclopedie of Diderot and d'Alembert* (1968), Schwab et Rex dénombrent près de 680 articles non signés qui sont de la main de D'Holbach.

un homme[1] qui fera office de « maître de maison ». Ce qui paraît mieux convenir au goût et aux manières d'un Diderot qui ne fréquente guère les salons de dames.

Le succès des philosophes se mesure aussi, en cet été 1751, à l'épanouissement personnel de D'Alembert et à l'échec de la tentative de Réaumur pour déstabiliser son ennemi Buffon.

L'immense retentissement du premier volume de l'*Encyclopédie* est d'abord celui du *Discours préliminaire*. Chacun le dit, et d'Alembert le sait. Cela lui donne des ailes et une énergie sans pareille pour mener de front la rédaction de trois ouvrages fort savants[2]. Même s'il ne met quasiment plus les pieds à l'Académie des sciences de la mi-juillet jusqu'aux vacances de septembre[3], il fait face à un travail de titan tout en se réservant des plages de mondanité. La reconnaissance du monde des lettres le fait sortir de sa coquille. Non seulement il fréquente assidûment le salon de son amie, Mme du Deffand, et parfois celui de Mme Geoffrin, mais on le voit à présent faire le joli cœur chez Mme de Créqui[4]. Une suite de billets adressés à la marquise donne à penser que d'Alembert a perdu beaucoup de sa timidité. Témoin cet extrait d'une lettre malheureusement non datée : « J'ai tant d'envois à faire ce matin que je n'ai le temps de traiter aucun sujet si ce n'est

---

1. D'Holbach fut, avec Helvétius, l'un des rares hommes à tenir salon au XVIIIe siècle. Chez l'un et l'autre, les épouses tenaient le second rôle. *Cf.* J. Hellegouarc'h, *L'Esprit de société*, 2000. 2. *P.I.*, 1, pp. 469-470.   3. Les procès-verbaux de l'Académie ne mentionnent sa présence que le 4 août.   4. Rousseau à Mme de Créqui, 9 octobre 1751 : « Je sais que M. d'Alembert a l'honneur de vous faire sa cour. » *Correspondance complète de J.-J. Rousseau*, éd. R.A. Leigh, II, n° 165. Par la suite, on utilisera la référence « Leigh » suivie du numéro du volume et de celui de la lettre.

de vous dire que je vous aime, que je vous adore, que je vous embrasse, que je voudrais bien faire mieux, que mon amour pour vous est pour moi le sujet des sujets, qu'il est plus considérable que toute la considération de Mme Dupré, plus profond que toutes les idées d'Helvétius, plus neuf que les maximes de Duclos, parce qu'il ne s'usera jamais, plus juste enfin que tout l'amour de Saurin pour M. Trudaine[1]... »

Propos de salon ou sentiments réels, ils dénotent une gaieté naturelle et l'esprit d'un homme frotté aux gens du monde. À présent célèbre, d'Alembert est aussi à l'aise dans la petite chambre qu'il occupe chez sa nourrice que sous le toit d'une marquise. De plus, son succès littéraire lui ouvre des portes et lui offre de nouvelles opportunités. Ce n'est pas un hasard s'il est choisi par les amis de Voltaire – alors à Berlin – pour être le nouveau censeur de *Mahomet*[2]. Ayant officiellement couronné Voltaire contre son rival Crébillon[3], d'Alembert paraît l'homme *ad hoc* pour lever l'obstacle dressé par ce dernier. En effet, Crébillon, nommé pour la seconde fois censeur de la pièce, refuse à nouveau son approbation. Émotion et colère dans le clan Voltaire, qui comptait la faire jouer quelques jours plus tard. On est en septembre et le marquis d'Argenson, fort lié depuis

---

1. Autographes de la librairie de l'Abbaye, n° 218, 2. Cette lettre peut être datée de la seconde moitié de 1751, car d'Alembert évoque sa distribution d'« exemplaires » – très probablement de l'*Encyclopédie* – à Mme de Créqui, Mme du Deffand, Morand et La Chapelle.   2. Cette tragédie avait été jouée pour la première fois à Paris le 9 août 1742, malgré l'avis défavorable de son censeur. Ce fut un grand succès, mais aussi un scandale qui força Voltaire à la retirer après la troisième représentation. En principe, aucun ouvrage ne pouvait paraître sans la permission d'un censeur royal.   3. *Discours préliminaire*.

longtemps à Voltaire et protecteur de D'Alembert, fait
pression sur son frère ministre pour qu'il nomme un
nouveau censeur, *id est* d'Alembert[1]. Dans les quarante-
huit heures, celui-ci donne son approbation et la pièce
est jouée le lendemain 30 septembre. Substituer un
mathématicien au grand dramaturge pour faire office
de censeur d'une tragédie de Voltaire, la chose ne passe
pas inaperçue[2]. Mais qu'importe ! D'Alembert a fait
coup double : non seulement il s'est imposé un peu plus
encore sur la scène littéraire, mais, en volant au secours
de Voltaire, il a gagné de puissants alliés. D'autant
qu'aux dires de Collé, « il dit tout haut aujourd'hui que
si Crébillon veut faire imprimer les raisons et les motifs
de son refus d'approbation, il se charge de le réfuter,
et d'établir en même temps ce qui l'a déterminé à permettre la représentation de cette pièce[3] ».

Résultat fructueux : d'Alembert a fait plaisir au marquis d'Argenson ainsi qu'aux « anges » de Voltaire,
le puissant couple d'Argental[4] ; il s'est rendu indispen-

---

1. Telle est la version que d'Argens, à Potsdam, donne à Maupertuis le 12 octobre 1751, A.A.S., Fonds Maupertuis, 43 J, nᵒ 73,
qui complète celle de Charles Collé affirmant que c'est le maréchal
de Richelieu qui avait engagé le comte d'Argenson à nommer un
autre censeur, *Journal et Mémoires*, 1805, I, p. 435. Mais Richelieu ne connaissait pas d'Alembert, et c'est donc plus probablement
le marquis d'Argenson qui suggéra le nom de ce dernier à son
frère.   2. *Journal historique, adressé à Mme de Souscarrière*,
29 septembre 1751. B.N., Ms. Fr. 13.711, f. 115.   3. *Journal et
Mémoires*, I, p. 350.   4. Le comte Charles-Augustin de Ferriol
d'Argental (1700-1788) était l'ami le plus intime de Voltaire depuis
le collège Louis-le-Grand. Passionné de théâtre, excellent critique,
il avait épousé en 1737 Jeanne Bosc du Bouchet, qui partageait ses
goûts. Ils veillaient jalousement aux intérêts de Voltaire et leur maison fut le centre de son réseau d'influence à Paris. Cf. *Inventaire
Voltaire*, 1995, pp. 89-93.

sable à Mme Denis[1] et a tiré une traite morale sur le plus grand écrivain du temps. Voltaire, qui connaît les usages, ne manque pas de renvoyer sur-le-champ l'ascenseur : alors qu'il termine la rédaction du *Siècle de Louis XIV*, il consacre *in extremis*[2] quelques lignes élogieuses à l'*Encyclopédie*, salue « une société de savants remplis d'esprit et de lumières », et parle d'un « ouvrage immense et immortel ».

Ultime victoire de l'été : l'échec de la réplique de Réaumur aux premiers volumes de l'*Histoire naturelle* de Buffon[3]. Ce dernier avait durement attaqué le vieux prince de l'Académie et, qui plus est, avec un mépris insupportable. Touché au vif, Réaumur avait suscité une contre-offensive contre celui en qui il voyait un matérialiste et un athée, bref, un « philosophe » et non un savant. Il avait chargé l'un de ses fidèles, le père Lignac, oratorien, de monter au créneau, et, pour être plus sûr du résultat, il avait largement participé à l'argumentation de la réponse, et peut-être même à sa rédaction. Les *Lettres à un Américain sur l'Histoire naturelle... de M. de Buffon* paraissent sans nom d'auteur en juin 1751[4], mais très vite le nom de Lignac court la ville qui le désigne comme la plume de Réaumur. Ce dernier a beau faire tout le tapage possible autour de cet ouvrage et l'envoyer à ses amis et correspondants[5] accompagné de multiples éloges, le livre n'obtient pas le succès espéré. Sérieux et argumenté, il

---

1. Nièce de Voltaire, Mme Denis, de dix-huit ans sa cadette, était aussi sa maîtresse depuis 1744.   2. *Le Siècle de Louis XIV* fut publié fin décembre 1751 à Berlin sous le pseudonyme de M. de Francheville.   3. *P.I.*, 1, pp. 416-420.   4. *Journal de la Librairie*, *op. cit.*, 17 juin 1751, f. 79.   5. Notamment aux connaisseurs : Ch. Bonnet à Genève, A. Trembley en Hollande, J.-F. Séguier à Nîmes, le père Mazzoleni à Rome.

n'a ni le style ni la nouveauté de celui qu'il critique et qui plaît tant au public. En outre, on lui reproche des accès de mauvaise foi et de faire dire à Buffon ce qu'il ne dit pas. Maupertuis, qui se passionne alors pour les problèmes de la génération, lit attentivement les *Lettres* et conclut, sans parti pris, que l'on fait un mauvais procès à son ami Buffon[1]. Hors du clan des réaumuriens convaincus, c'est cet avis qui prédomine et que résume fort bien Raynal dans les *Nouvelles littéraires* : « Il se répand depuis quelques jours trois petits volumes de lettres contre les trois volumes [de Buffon]... On y attaque la physique, la métaphysique, l'astronomie et la religion de M. de Buffon. La critique n'a pas autant d'élévation que l'auteur qu'il attaque ; mais il est exact, il est clair, il est instruit et il a beaucoup de sagacité... Vous y verrez évidemment que M. de Buffon a tort ordinairement, et que si on lui ôtait son style et sa manière, il ne lui resterait pas grand-chose[2]. »

Prudent, ne voulant pas alimenter une polémique publique qui pourrait être dangereuse, Buffon choisit de se taire. Ultime signe de mépris pour Réaumur, qui n'a pas fini de remâcher sa rancœur envers son jeune rival et, plus généralement, envers tous ceux qu'on appelle désormais du nom de « philosophes ».

Paix et renouveau à l'Académie des sciences

1751 est une année paisible à l'Académie. Le fait est suffisamment rare pour être mentionné. L'intermi-

---

1. Lettres de Maupertuis à La Condamine, 16 octobre 1751, et à Buffon, 14 décembre 1751. A.M. Saint-Malo, Ms. ii. 24, f. 98 et 122.   2. Vol. II, 28 juin 1751, pp. 73-74.

nable dispute entre Bouguer et La Condamine sur leur apport respectif à l'expédition de l'Équateur marque le pas[1]. Bouguer s'occupe de la parallaxe de la Lune et travaille à son *Nouveau Traité des navigations*[2]. La Condamine publie en juin une *Lettre critique sur l'éducation*[3] qui ne brille pas par l'originalité, et prépare un mémoire sur la découverte récente à Cayenne de la résine élastique, appelée caoutchouc[4]. Le front est calme aussi du côté des mathématiciens. Si les éternels rivaux, Clairaut et d'Alembert, ne s'adressent plus guère la parole[5], chacun travaille en paix dans son coin. Il est vrai que d'Alembert, écœuré par les manœuvres d'Euler pour favoriser Clairaut au prix de l'Académie de Pétersbourg, s'est retiré de la compétition. Le concours de 1752 a pour objet la théorie de la Lune qui obsède les deux hommes depuis plusieurs années, mais d'Alembert a préféré jeter l'éponge, les dés étant selon lui pipés. Sa décision est prise depuis l'été 1750, mais il s'est bien gardé d'en rien dire à personne, et surtout pas à Clairaut[6]. C'est Euler qui – ne respectant pas la règle du secret – l'apprend à ce dernier en mars 1751,

---

1. Pas pour longtemps, car la publication par La Condamine de son *Journal du voyage fait par ordre du roi à l'Équateur*, fin 1751, relancera la polémique en 1752.   2. Procès-verbaux de l'Académie des sciences des 18 août et 4 décembre 1751. Le 15 décembre, il demande des commissaires pour son *Nouveau Traité des navigations*.   3. *Nouvelles littéraires*, II, 14 juin 1751, pp. 69-70.   4. Lors de son séjour à Cayenne entre février et août 1744, François Fresneau, ingénieur en chef en mission, lui avait fait découvrir l'« arbre de la seringue » et la résine. La Condamine prit date pour lire son écrit à l'Académie le 22 décembre. 5. D'Alembert à Cramer, 10 septembre 1751 : « Comme je n'ai aucune liaison avec M. Clairaut, j'ignore s'il a dessein d'aller en Angleterre… » *Dix-huitième siècle*, n° 28 (1996), p. 257.   6. *P.I.*, 1, pp. 411-415.

en lui confiant qu'il n'a reçu que trois autres pièces, « abominables[1] ». Sûr de sa victoire, Clairaut, qui ne rate jamais une séance de l'Académie, n'a nulle occasion de friction avec son rival qui, lui, l'a désertée.

En revanche, deux fortes têtes en délicatesse avec l'Académie tentent d'y faire retour. L'abbé de Gua de Malves, prématurément mis à la vétérance pour accès d'humeur, ex-patron de l'*Encyclopédie*, avait vu en 1748 tous ses revenus saisis pour rembourser les sommes considérables qu'il devait à cette dernière[2]. Humilié, tirant le diable par la queue, l'abbé ne mettait plus guère les pieds à l'Académie depuis quatre ou cinq ans. Mais, poussé par la nécessité, il est venu en septembre 1750[3] implorer qu'on lui rende sa petite pension d'astronome. Perclus de dettes et ne sachant plus à qui emprunter[4], l'abbé n'imagine plus son salut qu'en chercheur d'or. En septembre 1751, il propose au Contrôleur général, le ministre des Finances, un projet d'ouverture et d'exploitation de mines d'or et autres métaux dans l'Hérault, et soumet à l'Académie un ouvrage qui doit montrer le bien-fondé de sa proposition. Chargé de son examen, le chimiste Hellot conclut avec dédain : « Quelque séduisante que soit la proposition de l'abbé de Gua [dont il réfute les principes], il ne serait pas convenable de faire cet essai en grand comme il le propose[5]. » Il suggère

---

1. Euler à Clairaut, 16 mars 1751. Correspondance Euler, *Opera omnia*, vol. V, éd. Juskevic et Taton, p. 203. Voir aussi la lettre d'Euler à Clairaut du 29 juin 1751 (p. 211) et la réponse de Clairaut du 5 août (p. 213). 2. *P.I.*, 1, pp. 327-328. 3. Procès-verbal de l'Académie, 5 septembre 1750. 4. Voir la lettre de l'abbé de Gua au chirurgien d'Avan du 11 octobre 1751, s'excusant de ne pouvoir lui rembourser 288 livres faute d'avoir trouvé un autre prêteur. A.A.S., Fonds Bertrand, carton I. 5. Lettre du 22 mars 1752. *Ibid*.

que si l'abbé voulait bien réduire son projet à un simple essai, dont la dépense serait médiocre, l'Académie pourrait proposer au roi de l'y autoriser. Ce qui fut fait, non sans quelques ricanements sceptiques de la part des collègues de l'Académie. Leurs doutes n'étaient pas vains, puisque après plusieurs mois passés dans les Cévennes en 1752, le pauvre abbé rentra bredouille, ayant encore perdu un peu plus de sa crédibilité de savant.

Le second revenant de l'année 1751 est un brillant astronome qui a mal tourné. Louis Godin, choisi pour diriger l'expédition de l'Équateur, ne s'était pas seulement conduit comme un tyran envers son équipe, mais il avait froidement utilisé les crédits alloués pour ses seuls plaisirs. Pendant qu'il menait grand train et couvrait une maîtresse locale de cadeaux et de bijoux, ses compagnons survivaient difficilement[1]. Il avait fallu que le généreux La Condamine avançât de son argent personnel pour parer au plus pressé. N'étant plus en cour à Paris, et ayant gardé par-devers lui des instruments appartenant à l'Académie, Godin avait trouvé plus sage de se faire oublier. Il s'était établi à Lima en 1743 pour y enseigner les mathématiques, moyennant la somme rondelette de 22 000 livres. L'Académie, qui n'aime pas le scandale, s'était contentée de déclarer vacante sa place de pensionnaire – en même temps que celle de Maupertuis, parti s'installer à Berlin – en décembre 1745. Les années passant, atteint peut-être du mal du pays ou se souvenant qu'il avait laissé femme et enfants à Paris en 1735, Godin s'était enfin décidé à prendre le chemin du retour. Il arrive à Paris le 22 novembre 1751, bien désireux de reprendre la vie commune avec sa femme, de marier ses enfants

---

1. *P.I.*, 1, pp. 79-80.

et de retrouver sa place à l'Académie. En dépit du
lourd contentieux qui l'oppose à tous, Godin s'en sort
fort bien[1]. Non que l'Académie l'ait accueilli à bras
ouverts et réintégré sur-le-champ. Mais il y a conservé
une petite poignée d'amis fidèles – Mairan, Réaumur,
Fouchy – qui ont leurs entrées à Versailles, connaissent
le ministre d'Argenson et lui promettent d'œuvrer à sa
réintégration[2]. Comble de chance, à peine de retour, il
s'est vu offrir un établissement considérable à Cadix,
puisqu'il s'agit de la place de directeur de l'Académie
des chevaliers gardes-marines du souverain d'Espagne.
Quand il rejoint son poste, un an plus tard, avec l'accord
du roi de France[3], Godin peut avoir le cœur léger. Il
a bien rétabli sa situation. Accompagné cette fois de
son épouse et de ses enfants, il peut raisonnablement
espérer retrouver bientôt sa place à l'Académie. Force
est de constater que ses collègues lui ont fait meilleure
figure qu'au pauvre de Gua, pourtant moins attaquable
que lui.

Plus intéressants pour l'Académie des sciences sont
les débuts prometteurs de deux jeunes recrues venant
de milieux bien différents. La première est un jeune

---

1. Apparemment, Mme Godin ne lui tint pas rigueur de ses seize
ans d'absence ni de ses nombreuses frasques.   2. Godin renoua
aussi avec son premier maître, l'astronome Joseph-Nicolas Delisle,
comme le prouve leur correspondance conservée à l'Observatoire
de Paris, A-B, t. XII, 1-7 et 1-8. Plus étonnante est sa réconciliation avec La Condamine… auquel il écrit de Cadix (vente Louviers,
7 juillet 1991) pour lui parler, entre autres, de son désir de rentrer à l'Académie. Enfin, durant l'année qu'il a passée à Paris, il
semble qu'il ait fréquenté nombre de savants et qu'il ait connu un
statut honorable. On trouve son nom dans la liste des parrains de
Diderot à la Société royale de Londres signée le 9 juillet 1752.
3. Il quitta Paris le 26 octobre 1752 pour gagner Cadix. À son arrivée à Madrid, son fils décéda de la petite vérole.

homme issu de la vieille noblesse de robe : Chrétien-Guillaume de Lamoignon de Malesherbes. Il a vingt-huit ans[1] lorsqu'il est élu, le 28 février 1750, académicien honoraire en remplacement du duc d'Aiguillon. Fils unique de Guillaume Lamoignon de Blancmesnil, premier président de la Cour des aides, qui a obtenu pour lui la survivance de cette charge en 1749, petit, gros, sans grâce, réservé, Malesherbes est destiné à une grande carrière de magistrat. Pourtant, c'est moins l'héritier qu'on accueille à l'Académie qu'un amateur reconnu des sciences de la nature. Plus ouvert, plus libéral et plus intelligent que son père, le jeune homme a acquis une double culture : juridique[2], conformément à la tradition familiale, et scientifique, pour satisfaire à sa passion. Après la nomination de son père comme chancelier de France et sa propre réception à la Cour des aides (le 14 décembre 1750), le chroniqueur Barbier le présente ainsi : « C'est un jeune homme de trente ans [vingt-neuf ans], très poli et qui a de l'esprit, qui s'est plus adonné aux sciences qu'aux exercices de la magistrature[3]… »

Malesherbes se révélera bientôt un magistrat exceptionnel tant par son courage que par son attachement aux libertés[4]. Mais, pour l'heure, c'est son intérêt pour la botanique qui l'emporte. Durant plusieurs années, il a fréquenté assidûment le Jardin du Roi. Comme

---

1. Il est né à Paris le 6 décembre 1721.   2. Lake T. Hanna nous a appris que Malesherbes avait été le condisciple de D'Alembert à la faculté de droit en 1738. « D'Alembert à l'Université », *Sciences, musiques, Lumières*. Mélanges offerts à Anne-Marie Chouillet, 2002.   3. *Journal de Barbier*, 1885, 4e série, p. 494.   4. *Les Remontrances de Malesherbes* (1771-1775), préface d'E. Badinter (2008).

nombre de jeunes de sa génération, il a assisté aux
cours de chimie du fascinant Rouelle[1], et il a été l'étudiant fervent du grand botaniste Bernard de Jussieu
qui a établi une méthode naturelle de classification
des plantes. Il semble que Malesherbes ait suivi ses
leçons de 1746 à 1749[2], et qu'il lui ait conservé toute
sa vie admiration et amitié. Instruit par un tel maître
de l'observation, lui-même fort lié à Réaumur, il était
quasi inévitable que le jeune homme épousât leur hostilité envers l'*Histoire naturelle* de Buffon. Dès sa publication en 1749, Malesherbes rédige une critique en
règle du premier volume et de sa conception de l'histoire naturelle. Avec une ironie cinglante, il dénonce
conjointement son ignorance de la botanique (« Il
entend mal les termes élémentaires dont se servent les
botanistes »), sa mauvaise foi (« Est-ce trop exiger de
M. de Buffon que de lui demander de lire au moins,
dans les auteurs qu'il critique, les passages qui font
l'objet de sa critique[3] »), son penchant à la métaphysique, son mépris des faits, et enfin un plagiat éhonté
de Bernard Palissy, Bourguet et Maillet. Malesherbes
ne publia pas ce brûlot[4]. D'un caractère paisible et
tolérant, il ne voulait pas froisser un confrère de cette
envergure, dont le génie appelait des égards. De plus,
sa profonde modestie lui interdisait de se prendre pour
un savant et de traiter d'égal à égal avec Buffon. Lui-

---

1. *P.I.*, 1, pp. 217-220. P. Grosclaude, *Malesherbes témoin
et interprète de son temps* (1961), précise que les notes de ses
cours sont conservées dans les archives de Tocqueville (p. 484,
note 56).   2. Grosclaude, *op. cit.*, p. 463.   3. *Ibid.*, pp. 486-
488.   4. C'est son ami le physiocrate Louis-Paul Abeille
qui le publia en 1798, quatre ans après sa mort, sous le titre : *Observations de Lamoignon de Malesherbes sur l'Histoire naturelle…
de Buffon et de Daubenton*, 2 vol.

même se classe parmi les amateurs, qu'il prend soin de distinguer des professionnels[1].

En vérité, si Malesherbes n'est pas un authentique savant, il est pourtant plus qu'un simple amateur. En témoigne son ambitieux projet d'une réédition scientifique de l'*Histoire naturelle* de Pline l'Ancien, traduite, rectifiée et complétée. Ce travail colossal dont il fut le maître d'œuvre ne vit jamais le jour. Mais les notes laissées à la Bibliothèque nationale[2] prouvent que Malesherbes avait su réunir autour de lui les meilleurs spécialistes de l'époque et que ceux-ci avaient déjà accompli les deux tiers du programme dont il avait tracé les grandes lignes. Le projet de distribution de l'ouvrage entre les auteurs[3] fait état, entre autres, des noms de Capperonnier[4], d'Anville[5], La Nauze[6], l'abbé Barthélemy[7], Lemonnier[8], Montigny[9], Courtivron[10],

---

1. Lettre de Macquer, s.d., citée par P. Grosclaude, *op. cit.*, p. 496 : « J'entends par amateur tout homme qui sait d'une science plus que le public n'en sait, et moins que n'en savent ceux qui sont capables de composer, d'inventer, en un mot de faire des travaux utiles. » Après avoir dénoncé la rage que les « amateurs » ont de s'élever eux-mêmes au rang d'« auteurs », qui les rend préjudiciables aux « véritables savants qu'ils protègent à tort et persécutent autant », il conclut en toute rigueur : « Comme j'ai l'honneur d'être au nombre de ces amateurs, que j'ai trouvé leur conduite et leurs prétentions aussi odieuses que ridicules, je suis on ne saurait plus en garde contre ce travers. »   2. Ms. n.a.f. 23.674, 455 p. 3. F. 334v-335.   4. 1716-1775, érudit de l'Académie des inscriptions et belles-lettres.   5. 1697-1782, géographe de l'Académie des inscriptions et belles-lettres.   6. 1696-1773, érudit de l'Académie des inscriptions et belles-lettres.   7. 1716-1795, érudit des Académies française et des belles-lettres.   8. Le médecin Louis-Guillaume (1717-1799), de l'Académie des sciences.   9. Probablement Étienne Mignot (1714-1782), géomètre de l'Académie des sciences.   10. 1715-1785, mathématicien de l'Académie des sciences.

Daubenton[1], Bouguer[2], Nollet[3], Deparcieux[4], Rouelle[5], Macquer[6], Guettard[7] et de Boze[8]. La mention de ce dernier est précieuse, car elle aide à mieux situer le début de l'entreprise. Les premières réunions de travail chez Malesherbes ne dateraient pas, comme on l'a dit, des années 1756-1757, mais au plus tard de la fin de 1752 ou du tout début de 1753[9]. En effet, Claude Gros de Boze, qui lui avait promis des notes « sur les poids et mesures des anciens[10] », souffrit à la fin du carême de 1753 d'une grave attaque cérébrale qui le laissa totalement paralysé et au bord du tombeau[11]. Ce qui donne bien à penser que ce travail occupa Malesherbes dès le début des années 1750[12].

L'homme que l'Académie des sciences a désigné pour succéder au duc d'Aiguillon n'est pas un honoraire

---

1. 1716-1800, naturaliste de l'Académie des sciences. 2. 1698-1758, astronome de l'Académie des sciences. 3. 1700-1770, physicien de l'Académie des sciences. 4. 1703-1768, mathématicien de l'Académie des sciences. 5. 1705-1770, chimiste de l'Académie des sciences. 6. 1718-1784, chimiste de l'Académie des sciences. 7. 1715-1786, botaniste de l'Académie des sciences. 8. 1680-1753, numismate des Académies française et des belles-lettres. 9. Dates suggérées par L.-P. Abeille dans son introduction aux *Observations…* (*op. cit.*, p. LXVI, note) et reprises à son compte par P. Grosclaude, *op. cit.*, p. 485. 10. F. 335. 11. C'est son ami très intime Réaumur qui donne tous les détails à J.-F. Séguier dans une lettre du 26 juillet 1753. *Lettres de Réaumur à Séguier, Ludot, Haller*, 1886, p. 98. Dès le 1er mai, le président Hénault écrivait au baron Scheffer : « M. de Boze… est fort mal. » *S.V.E.C.* n° 10, 1959, p. 317. De Boze mourut le 10 septembre suivant. 12. Il semble qu'il s'étendit sur une période plus longue qu'on ne le dit habituellement, puisque le manuscrit de la B.N. fait état de morceaux datés « mai 1768 » (f. 213-214). Par ailleurs, Malesherbes fut aidé dans sa tâche par le médecin Barthez (f. 336-337), comme le confirme une lettre de Mairan à Bouillet du 19 août 1759 (archives Bergasse), publiée dans le *Bulletin de la Société archéologique de Béziers*, 1860.

comme les autres. En février 1750, il n'est pas encore
le fils du chancelier de France et n'a donc pas hérité
de la présidence de la Cour des aides ni de la direction
de la Librairie[1]. C'est un des leurs, connu et estimé de
tous, comme le montre cette lettre de Clairaut annonçant au savant genevois Cramer sa nomination à la tête
de la censure : « M. de Malesherbes est un magistrat
fort instruit et fort amateur de lettres. Les auteurs joui-
ront d'une honnête liberté qui garantira de la licence où
nous étions tombés à force de retenue[2]. »

Nommé vice-président de l'Académie pour toute
l'année 1751[3], Malesherbes est fort assidu jusqu'au
10 juillet. Mais il s'absente du 14 juillet au 2 ou 3 août
sous prétexte de rejoindre sa femme[4] et ses beaux-
parents qui prennent les eaux à Vichy. En fait, ce
voyage a un autre objet, comme le rapporte l'ami Réaumur : « pousser jusqu'aux plus hautes montagnes d'Auvergne pour y aller étudier avec M. Guettard... les
plantes qu'elles produisent, et pour jouir du spectacle
des diverses productions que ces montagnes offrent à

---

1. Le père de Malesherbes fut nommé chancelier de France
le 9 décembre 1750. Le 14 décembre, Malesherbes est installé
à la Cour des aides, et ce n'est que début janvier 1751 qu'il succède à Maboul, l'homme de l'ex-chancelier d'Aguesseau à la
Librairie.   2. Académie des sciences, Fonds Bertrand, carton I.
Sur le manuscrit non daté est seulement indiqué : « Répondu le
8 mars 1751 ». C'est à tort que le fichier Charavay suggère la date
« novembre 1750 », reprise par P. Speziali (*Revue d'histoire des
sciences*, septembre 1955, p. 233), puisque Lamoignon n'a alors
pas encore succédé à d'Aguesseau.   3. À la différence du secrétaire perpétuel, les postes de président et de vice-président sont
renouvelés d'année en année.   4. Malesherbes avait épousé
Mlle Grimod de La Reynière en janvier 1749, avec 700 000 livres
de rente. De cette femme et de ses relations avec elle, on ne sait
presque rien.

des yeux qui savent voir[1] ». Pour un premier voyage
d'observation, c'est un coup de maître. Malesherbes
est témoin de la découverte des volcans d'Auvergne
par Guettard : « Ni lui ni moi n'avions entendu parler de ces vestiges d'anciens volcans. Il examinait les
pierres pendant toute cette route et, passant à Moulins,
je lui montrai une pierre noire et poreuse employée
dans quelques bâtiments. Il n'hésita pas à m'assurer
que c'était de la lave. Nous demandâmes d'où venait
cette pierre ; on nous dit que c'était de Volvic[2]... »
Après un bref passage à Vichy, les deux compagnons
ont continué leur route jusqu'à Volvic, pour y examiner les carrières, avant de rentrer à Paris, forts de cette
découverte qui allait faire du bruit dans le landernau
des savants.

Pendant que Malesherbes arpente les monts d'Auvergne, à Paris, un tout jeune homme de dix-neuf ans
s'interroge encore : aller ou ne pas aller à Berlin faire
les observations de la parallaxe de la Lune correspondant à celles de l'abbé de Lacaille au cap de Bonne-
Espérance[3]. Aux antipodes de Malesherbes, Joseph
Jérôme Le François de Lalande[4] est fils d'un simple
bourgeois de Bourg-en-Bresse, tenaillé très tôt par le

---

1. Lettre à Ch. Bonnet, 7 août 1751. B.P.U., Ms. Bo. 42, f. 127.
2. Lettre de Malesherbes imprimée en 1779 dans la préface du
Mémoire sur la minéralogie du Dauphiné de Guettard, republiée
dans la *Revue scientifique du Bourbonnais et du centre de la France*,
janvier 1901, pp. 5-13.   3. Remarquable astronome mathématicien (*cf. P.I.*, 1, pp. 195-196), l'abbé de Lacaille s'était embarqué
le 21 novembre 1750 pour Le Cap. Arrivé à destination en avril
1751, il ne regagna Paris que fin juin 1754.   4. 1732-1807.
La meilleure approche biographique de Lalande est celle de
J.-B. Delambre dans son *Histoire de l'astronomie au XVIIIᵉ siècle*,
1827, pp. 547-621.

désir de célébrité. Celle-ci lui viendra de sa passion pour le ciel. C'est à douze ans, en contemplant la comète de 1744, qu'il découvre l'astronomie. Quatre ans plus tard, au collège de Lyon tenu par les jésuites[1], il a la chance d'être l'élève du père Béraud, admirable professeur de mathématiques[2], qui l'initie à l'observation, notamment durant la grande éclipse de soleil du 25 juillet 1748. Sa décision est prise : il sera astronome. Hostiles à ce métier peu lucratif, ses parents l'envoient à la capitale pour y faire son droit et être reçu avocat. Mais le destin veille. Arrivé à Paris à la fin de 1748, il loge chez un procureur qui habite l'hôtel de Cluny, où l'astronome Delisle a établi son observatoire. Tout en faisant son droit, il se lie avec ce dernier, l'assiste dans ses observations[3] et suit avec assiduité ses cours au Collège royal. Mais Lalande est trop ambitieux pour se contenter d'un maître aussi modeste[4] – bien qu'académicien – dont le cours n'est d'ailleurs suivi que par lui seul. Très vite, il préfère ceux, plus brillants, de physique mathématique que dispense Pierre-Charles Lemonnier depuis 1748 au même Collège royal. Il suit ses cours avec ardeur et devient peu à peu le protégé officiel de Lemonnier, qui jouit d'un grand crédit dans

---

1. Lalande y sera l'élève en classe de rhétorique du père Tolomas, dont il est question plus loin.   2. 1702-1777. Le père Laurent Béraud, nommé correspondant académique de Lacaille le 13 février 1751, fut aussi le maître des deux mathématiciens Bossut et Montucla.   3. Dans son ouvrage sur l'*Astronomie* (1771), t. II, p. 373, Lalande rapporte que, dès 1749, il était capable d'observations délicates, telle celle du 7 avril 1749 où il étudia une occultation d'Antarès par la Lune.   4. Joseph-Nicolas Delisle (1688-1768), excellent observateur, avait passé vingt ans à l'Académie de Moscou. À son retour en 1748, il était quelque peu sur la touche.

le monde, jusqu'à Versailles[1], et qui est trop content de ravir le brillant jeune homme à Delisle[2].

À lire le journal qu'il tient en 1751, on mesure à quel point Lalande est devenu le familier de Lemonnier. Celui-ci lui prête ses livres, lui lit les lettres qu'il reçoit, l'invite à déjeuner, lui présente son père, lui ouvre les portes de tous les savants qui comptent. En quelques mois, Lalande a fait la connaissance de Nollet, d'Alembert, Clairaut, Dortous de Mairan, Buffon, Duhamel, Bouguer, La Condamine, sans parler du père Castel, de son « pays » Montucla ou du médecin Falconet[3]. Mais Lemonnier fait plus encore pour son disciple en lui organisant le « voyage de Berlin ». Depuis plusieurs mois, l'Académie cherche le lieu adéquat où faire les observations correspondant à celles de Lacaille au Cap. Le lieu et, bien sûr, l'astronome pour y procéder. Le lieu doit être situé à peu de chose près sur le même méridien que Le Cap. En décembre 1750[4], Delisle propose à l'Académie d'aller lui-même faire ces observations à Uppsala, en Suède. Mais l'Académie refuse[5], peut-être influencée par Lemonnier qui se propose, lui, d'aller à Berlin[6], muni de son propre quart de cercle[7], qu'on dit le meilleur de

---

1. Louis XV manifestait une grande sympathie pour les deux frères Lemonnier. Louis-Guillaume était un de ses médecins et Pierre-Charles tint le rôle d'astronome du roi. Celui-ci lui fit don d'une collection de très bons instruments astronomiques et lui fournit les moyens de disposer d'un observatoire.   2. B.N., Ms. Fr. 12.275, f. 425-447.   3. B.N., Ms. Fr. 12.275, f. 425-447.   4. Procès-verbal de l'Académie des sciences, 2 décembre 1750.   5. Le 23 décembre 1750.   6. Delambre, *op. cit.*, p. 548. Lemonnier dut garder assez longtemps le secret sur son désistement, puisque d'Alembert écrit encore, le 10 septembre 1751, à Cramer : « Je crois que M. Lemonnier va faire un voyage à Berlin. » *Op. cit.*, p. 257. Il est vrai qu'à cette époque, d'Alembert n'allait pas à l'Académie.   7. Instrument de mesure des angles utilisés en astronomie.

France. Sait-il déjà qu'il enverra Lalande à sa place ? Toujours est-il que Berlin offre un double avantage à l'Académie et à Lemonnier : non seulement la ville est approximativement sur le même méridien que Le Cap, mais surtout l'Académie de Berlin, qui doit entériner le projet, est présidée par Maupertuis, ancien membre éminent de l'Académie de Paris et resté l'ami de Lemonnier après son départ en Prusse.

Jusqu'au printemps 1751, Lemonnier et La Condamine eurent le temps de se mettre d'accord avec Maupertuis et de lui confier leur projet. Lalande, quant à lui, semble très hésitant. Le père Castel, avec lequel il a lié amitié, fait tout son possible pour le retenir à Paris. Le 10 juin, Lalande note dans son journal : « Le père Castel…, me dégoûtant du voyage de Berlin, m'offre de demeurer l'année prochaine toute la journée chez lui, avec lui. "Je vous offre toutes mes sciences." Il a un clavecin, des amis qui pourraient me montrer diverses choses. J'apprendrais avec lui de tout, parce qu'il a tout étudié à fond et a tout retenu[1]. » Mais Lemonnier a déjà annoncé à l'Académie qu'il ne pourrait se rendre lui-même à Berlin et qu'il se ferait remplacer par son élève, qu'il avait formé et dont il répondait. De plus, à la date du 20 juin, Lalande note : « M. de La Condamine [l'ami le plus proche de Maupertuis] a reçu réponse de Maupertuis : on m'attend[2]. » Les pressions

---

1. Ms. Fr. 12.275, f. 444. C'est la première mention du voyage à Berlin par Lalande. **2.** *Ibid.*, f. 445. Une lettre beaucoup plus tardive de Lalande à La Condamine révèle les liens qui les unissaient dès cette époque : « Ma tendresse pour vous, mon illustre confrère, remonte jusqu'au temps où vous secondâtes avec un empressement plein de bonté mes premières démarches dans les sciences en 1751 ; où votre amitié vous suggéra même des moyens de confondre la petite jalousie de M. Delisle et de faire réussir mes projets. M. Lemonnier m'aimait alors. » British Library, Ms. Add. 21.514, f. 98-99. Lettre non datée qui semble écrite au début 1762.

redoublent sur Lalande. Ses parents, fort pieux, qui ne
goûtent guère l'astronomie ni l'atmosphère impie que
l'on dit régner à Berlin, s'opposent au départ de leur
fils. Le 28 juillet, le comte de Maillebois, qui préside
l'Académie en 1751, annonce que « le roi avait accordé
2 500 livres à M. Lalande, élève de M. Delisle [!],
pour aller à Berlin faire des observations correspondant à celles de M. de Lacaille[1]. » Lalande semble
encore hésiter, à lire ce mot comminatoire que lui
envoie Lemonnier deux jours plus tard : « Vous avez,
je crois, représenté, avec tout le respect qui est dû à vos
parents, la volonté du roi. Or, dès que Sa Majesté s'est
déclarée comme je vous l'ai fait savoir, et qu'elle veut
absolument que ce voyage serve à décider une grande
question qui intéresse la marine et la gloire de son État,
vous devez y obéir[2]. » Il faut comprendre l'agacement
de Lemonnier : non seulement un refus de Lalande
le rendrait ridicule, après toutes les manœuvres auxquelles il s'est livré en sa faveur, mais lui-même n'a
jamais eu l'intention d'aller à Berlin. Au contraire, il
se prépare à retourner à Londres[3] pendant les vacances
académiques. Très influencé par l'astronomie anglaise,
il aime à échanger avec ses amis Bradley, Mortimer ou
Morton[4]. En outre, il ne jure que par les instruments
anglais et, cette fois, il veut commander un grand quart
de cercle mural pour son observatoire. Finalement,

---

1. Procès-verbal de l'Académie, 28 juillet 1751.   2. 30 juillet
1751. Vente autographes Drouot, 26 janvier 1888 (collection Charavay).   3. Lemonnier avait fait un premier voyage, accompagné du jeune Grischow, à Londres et Oxford en 1748, et il avait
poursuivi en Écosse pour y faire des observations.   4. James
Bradley (1693-1762), astronome et directeur de l'observatoire de
Greenwich ; Cromwell Mortimer (?-1752), ancien secrétaire de la
Royal Society ; le comte de Morton (1703-1768), astronome.

Lalande se soumet. De retour à Bourg-en-Bresse pour l'été, il a convaincu ses parents de le laisser partir, moyennant son inscription au barreau de Bourg[1]. Le 3 septembre, il prend une plume quelque peu mielleuse pour écrire à Delisle : « J'espère que vous ne désapprouvez pas la liberté que je prends de vous donner avis de mon départ pour Berlin. Je l'aurais fait il y a déjà longtemps si la chose n'avait traîné jusqu'à ce jour en incertitude et en longueur. Enfin, on s'est déterminé, et je vais dès à présent à Strasbourg… Je vous prie, Monsieur, de ne pas m'épargner en tout ce qui pourrait vous être utile, soit sur ma route, soit à Berlin même[2]. »

Non moins hypocrite, Delisle lui répond sans chaleur excessive qu'il souhaite son succès, et lui demande de lui communiquer ses observations[3]. Le même jour, il adresse une lettre à l'astronome berlinois Kies – chez lequel Lalande va demeurer pendant la première partie de son séjour – pour le mettre en garde contre son ancien élève : « Comportez-vous avec prudence et réserve avec M. de Lalande parce que j'ai eu lieu de reconnaître qu'il est d'un caractère à demander cette précaution, par la conduite qu'il a tenue à mon égard et à l'égard de quelques autres personnes[4]. »

---

1. E. Marchand précise que l'inscription est du 21 août 1751. « Jérôme Lalande et l'astronomie au XVIIIe siècle », *Annales de la Société d'émulation… de l'Ain*, 1907, n° 39, p. 118. **2.** Correspondance de Delisle. L'Observatoire, Ms. A-B, 1-3, vol. XI, n° 153. **3.** 23 septembre 1751. *Ibid.*, n° 162. En fait, Lalande se gardera bien de lui envoyer la moindre observation… **4.** 23 septembre 1751. *Ibid.*, n° 161. Delisle avait sympathisé avec Kies lors de son passage à Berlin, durant l'été 1748, alors qu'il rentrait de Russie pour se réinstaller en France. Johann Kies (1713-1781) était membre de l'Académie de Berlin.

Dès le 30 septembre, Lalande est présent à l'Académie de Berlin avant d'y être agréé officiellement associé étranger, le 23 décembre suivant. Presque malgré lui, il a pris la bonne décision, car sa vraie carrière d'astronome vient de commencer. À Paris, l'Académie attend calmement ses observations. Chacun se félicite de ce voyage. Seul Delisle rumine sa rancœur, qu'il ne se prive pas d'étaler dans sa correspondance. Mais il ne pèse pas assez pour mettre le feu à l'Académie qui traverse une période de relative concorde.

TENSIONS ENTRE POTSDAM ET BERLIN

À une vingtaine de kilomètres au sud-ouest de Berlin, Potsdam est le séjour préféré de Frédéric, en particulier depuis qu'il y a fait construire le château de Sans-Souci[1], sa résidence d'été. La société et l'atmosphère qui règnent dans ces deux villes sont bien différentes. Capitale du Brandebourg depuis le XVe siècle, refuge de nombreux protestants français après la révocation de l'édit de Nantes, Berlin est le centre de la vie officielle prussienne. Toute la famille royale y demeure, avec pour seules distractions les parades militaires de l'été et le carnaval de décembre, auxquels s'ajoutent quelques créations italiennes au nouvel Opéra et les soirées officielles fort ennuyeuses. Bien entendu, Berlin abrite l'Académie royale et son piteux observatoire qui appelle des travaux conséquents. À l'opposé, Potsdam est un îlot de silence, de liberté et de recueillement :

---

1. La première partie en fut érigée entre 1745 et 1747.

« le centre de l'ennui[1] », aux dires du prince Ferdinand, mais un lieu de méditation et de travail sans entraves pour tous ceux qui, tel Voltaire, ont des œuvres à écrire. En outre, c'est là que Frédéric réunit le soir son petit groupe de « beaux esprits » pour des soupers intimes où gaieté et liberté de parole sont de mise. Y sont invités Voltaire, Milord Tyrconnel, Irlandais jacobite, ambassadeur de France à Berlin, le Bavarois Pöllnitz, le chevalier de Chasot, réfugié en Prusse depuis les années 1730, Darget, le secrétaire du roi depuis 1746, le marquis d'Argens, écrivain au service de Frédéric, ainsi que le délicat Italien Algarotti (depuis 1742), le philosophe La Mettrie (arrivé en 1748), et bien sûr Maupertuis quand ses obligations à Berlin lui en laissent le temps. Tous sont de fins causeurs aimant la provocation et les plaisanteries, des philosophes dans l'âme, résolument déistes, voire athées, comme Frédéric. C'est à qui se livrera aux satires les plus gaies, aux lazzis les plus iconoclastes, aux canulars les plus gros. Certains jours, selon l'humeur de Frédéric et l'entrain de ses convives, aucune table royale en Europe n'égale celle-là. Nulle part ailleurs on n'alterne comme ici débats philosophiques et rires paillards. En l'absence de dames – cela va de soi pour le roi –, tout est permis.

Mais, chez le despote, fût-il éclairé, la licence a des limites qui varient au gré de ses caprices. L'égalité est un mythe dont personne n'est dupe. Le roi est un cynique, un pervers et un dominateur qui, sous couvert de liberté, exige une soumission absolue. Une familiarité déplacée, un comportement qui déplaît peuvent

---

1. Cité par Ch. Mervaud et U. Van Runset, « Un témoin de Voltaire à la cour de Berlin : le prince Ferdinand », (*R.H.L.F.*), septembre/octobre 1980, p. 725.

entraîner une disgrâce plus ou moins longue. Le malheureux Algarotti en sait quelque chose : depuis septembre 1750, il est consigné à Potsdam, contraint de
demander la permission au roi pour passer quelques
jours à Berlin. De plus, nul ne peut quitter le royaume
de Frédéric sans son autorisation. Pourtant, ceux qui
vivent à Berlin, comme Maupertuis et les autres académiciens, éprouvent souvent un vif sentiment de jalousie
envers les quelques privilégiés qui partagent à Potsdam
l'intimité du monarque tout-puissant.

Un jeune homme innocent

Tel n'est pas le cas de Lalande. Quand le jeune astronome de dix-neuf ans arrive à Berlin, il n'aspire qu'à
accomplir sa mission astronomique. L'idée même d'ap-
partenir au cercle restreint de Potsdam ne l'effleure pas.
Après s'être installé au domicile de M. et Mme Kies,
il partage son temps entre les séances académiques et
la délicate installation du quart de cercle mural prêté
par Lemonnier. Son seul mentor est Maupertuis qui l'a
mené chez l'ambassadeur de France, Tyrconnel, et présenté à Algarotti[1]. Peut-être y a-t-il rencontré la chère
amie de Voltaire, la comtesse de Bentinck, qui l'a qualifié dans une lettre de « galant petit astronome baiseur
de mains[2] », et fait la connaissance de l'écrivain La

---

1. Lalande à Maupertuis, Berlin, 22 novembre 1751. A.A.S.,
Fonds Maupertuis, 43 J, dossier 114.   2. Voltaire à la comtesse
de Bentinck [Potsdam, 22-25 novembre 1751]. D. 4609, date révi-
sée par A. Magnan.

Beaumelle, fraîchement arrivé de Copenhague[1] avec de grandes ambitions. Mais, en l'absence de Maupertuis, Lalande semble perdu : « Depuis votre départ [à Potsdam], en effet, il ne me reste personne à qui je puisse avec confiance demander des conseils et dont j'ose en espérer d'aussi sincères que les vôtres. Je redeviens comme un étranger dans un monde où vous seul m'avez fait naître, lorsque vous abandonnez le soin de m'y conduire[2]. »

Ce qui ne l'empêche pas, au même moment, de se précipiter à la cour pour y guetter dans l'antichambre l'arrivée du roi, qui n'a pas un regard pour lui[3]. D'ailleurs, quand Maupertuis le présenta au monarque, celui-ci ne dissimula pas un étonnement teinté de mépris pour un si jeune observateur. Après quelques mots échangés, il le congédia en disant : « Puisque l'Académie des sciences vous a nommé, vous justifierez son choix[4]. »

C'est ce à quoi s'emploie Lalande en passant nombre de nuits dans son observatoire. Pour l'heure, sa seule fierté est d'avoir été nommé académicien et de pouvoir s'en vanter auprès de ses connaissances parisiennes, comme en témoigne ce propos pour le moins maladroit au vénérable Delisle : « Après vous avoir appelé *mon maître*, pour avoir le plaisir de vous appeler *mon confrère*, je vous dirai que j'ai été reçu ces jours passés dans l'Aca-

---

1. La Beaumelle était arrivé à Berlin le 7 novembre 1751, et rapporte dans une lettre ultérieure à La Condamine (6 avril 1753) qu'il a rencontré Maupertuis et Lalande chez Milord Tyrconnel. *Cf.* Claude Lauriol, *La Beaumelle*, 1978, p. 267.   2. Lettre du 22 novembre 1751.   3. *Ibid.* Frédéric ne prêtait nulle attention aux savants – même à Euler – qu'il jugeait ennuyeux.   4. Anecdote rapportée par tous les biographes de Lalande.

démie de Berlin[1]… » Son ambition secrète est celle des
garçons de son âge : se débarrasser de son pucelage. À
sa mère qui s'inquiète de savoir son fils chéri au milieu
de libertins et de philosophes qui ignorent les principes
de la religion, Lalande fait cette réponse peu propre à la
rassurer : « En me parlant des vertus de saint François
de Sales, vous m'avez fait entendre que vous me croyiez
assez sage pour avoir conservé ce meuble délicat qui
embarrasse beaucoup les jeunes gens. Vous avez raison.
Il est vrai que je n'ai même pas fait d'apprentissage ;
j'ai trop roulé pour avoir trouvé bonne fortune, et j'ai
été trop délicat pour vouloir profiter des médiocres. Ne
croyez pas, je vous prie, que la philosophie puisse mieux
que la religion nous affranchir de ces faiblesses… Mais
ne croyez pas non plus que la religion ni la philosophie
ne les désapprouvent[2]. »

Le jeune Lalande dut s'en donner à cœur joie, si l'on
en croit l'extrait de cette lettre adressée à Maupertuis
après son retour à Paris : « Les sujets de plainte que
vous avez pu avoir de moi ne vous auront pas inspiré
probablement une si mauvaise idée du fond de mon
caractère… Vous en aurez attribué une partie à l'inex-
périence et à la dissipation dont un jeune homme se
préserve bien rarement[3]… »

Bien qu'il ne fréquente guère le petit groupe de
Potsdam, Lalande ne peut ignorer les tensions qui

---

1. Lettre du 29 décembre 1751. Correspondance de Delisle,
archives de l'Observatoire, *op. cit.*, t. XI, n° 193 (souligné par nous).
À cette époque, c'est un jeune homme de 19 ans qui s'adresse à un
astronome chevronné de 63 ans, lequel ne cache pas l'exaspération
que lui cause son ancien élève.   2. Lettre de Lalande à sa mère,
s.d., citée par Julien Raspail, « Les papiers de Lalande », *La Révolution française*, vol. 74, 1921, p. 239.   3. Lettre du 28 décembre
1752. Fonds Maupertuis, dossier 114.

règnent ici et là. Maupertuis ne manque sûrement pas de lui en faire la chronique. Entre ceux qui rêvent de rentrer à Paris, comme Darget[1], les disgraciés, tel Algarotti, et ceux qui sont brutalement congédiés, comme le chevalier de Chasot[2], il est impossible de méconnaître le malaise qui pèse sur la cour du roi. Sans parler des petits clans qui l'entourent et se tirent mutuellement dans les jambes. En ce triste automne 1751, Maupertuis n'adresse plus la parole à Voltaire. Ce dernier fait front commun contre lui et le marquis d'Argens avec Algarotti et Darget à ses côtés[3]. Encore Lalande ignore-t-il sûrement que le pauvre La Mettrie, qui vient de mourir[4] d'une indigestion chez son ami Tyrconnel, ce philosophe si drôle et si hardi, capable de déclencher l'hilarité générale à la table du roi, ne rêvait lui aussi que de rentrer en France. Effet de dramatisation après coup ou vérité historique, cette confidence de Voltaire : « Cet homme si gai, et qui passe pour rire de tout, pleure quelquefois comme un enfant d'être ici. Il me conjure d'engager M. le maréchal de Richelieu à lui obtenir sa

---

1. Lettre du marquis d'Argens à Maupertuis [fin octobre-début décembre 1751] : « Darget a écrit une grande lettre au roi pour aller à Paris. Le roi n'a pas daigné lui en parler… » Fonds Maupertuis, dossier 73.   2. *Ibid.* : « Château [Chasot] a vu le roi pendant un quart d'heure, qui lui a dit les choses les plus dures. Ensuite, il a ajouté : "Je vous permets d'aller en France et même d'y rester pour toujours." Quand Château s'est retiré, le roi lui a dit encore : "Au reste, je vous répète encore que je vous permets de rester pour toujours." » Chasot quitta la Prusse le 20 novembre 1751, après plus de quinze ans de bons et loyaux services.   3. Cela ressort fort bien de la correspondance de D'Argens (à Potsdam) à Maupertuis (à Berlin) de l'automne 1751 à l'hiver 1752. Fonds Maupertuis, dossier 73.   4. Le 11 novembre 1751.

grâce[1]. » Ce qui est sûr, c'est que Voltaire est bien intervenu auprès de son vieil ami : « [La Mettrie] demande
s'il peut revenir en France, s'il peut passer une année
sans être recherché… Il ne vous en coûtera qu'un mot
pour décider de sa fortune[2]. » On ignore la réponse de
Richelieu, mais, s'il y en eut une, elle arriva trop tard.

L'ambivalence de Voltaire : rester ou rentrer ?

Qu'il séjourne à Potsdam ou plus rarement à Berlin,
Voltaire mène une vie retirée et studieuse : presque la
solitude, surtout lorsque le roi est absent ou que lui-
même est en disgrâce. Tout cet hiver 1751, il a été tenu
à distance de la cour à cause de ses démêlés scandaleux avec l'homme d'affaires Hirschel[3]. Une fois son
procès gagné, Voltaire s'est réconcilié avec Frédéric
avant de s'isoler plus encore dans une belle maison de
campagne, le « Marquisat[4] », pour travailler au *Siècle
de Louis XIV*. Mais ce rabibochage officiel n'a pas
rétabli le charme d'antan, rompu par de multiples inci-
dents que Voltaire a vécus comme autant d'atteintes à
sa dignité. Blessures d'orgueil ou de vanité. L'affaire

---

1. À Mme Denis, 2 septembre 1751, D. 4564. Mais André
Magnan nous a appris à nous méfier de la correspondance de
Voltaire avec Mme Denis en Prusse. *Dossier Voltaire en Prusse*,
op. cit., 1re partie.   2. D. 4206, au duc de Richelieu, redatée
par A. Magnan [septembre/octobre 1751].   3. Sur cette sombre
affaire d'argent, *cf. Voltaire en son temps*, III, *De la cour au jardin*, par R. Pomeau et Ch. Mervaud, 1991, chap. 3.   4. Voltaire
demeura dans cette propriété laissée libre par le départ en France du
marquis d'Argens de mars à fin juillet 1751. Dans cette belle maison proche de Potsdam, il semble que Voltaire ne reçut qu'une ou
deux visites de la comtesse de Bentinck.

Baculard d'Arnaud[1], la douloureuse prise de conscience du peu de considération et d'estime que lui porte le roi pèsent plus lourd que les hivers glacés, l'ennui et les inconvénients d'une petite cour provinciale, voire que les maladies réelles ou psychosomatiques qui rythment son séjour.

À peine arrivé en Prusse en ayant laissé Mme Denis derrière lui, Voltaire pense à rentrer en France. Apparemment, non pour fuir Frédéric avec lequel il vit une sorte de lune de miel, mais pour consolider ses affaires à Versailles dont il reçoit des lettres « un peu à la glace[2] ». À cet instant, rien ne donne à penser qu'il pourrait s'agir d'un retour définitif en France. Curieusement, ce départ, officiellement annoncé[3] pour octobre ou novembre (1750), est reporté de saison en saison sous différents prétextes, dont aucun ne convainc vraiment. Peut-être Voltaire redoute-t-il la réaction du roi de Prusse dont l'autorisation est requise, même pour une courte absence. Il a très vite compris que le souverain n'accorde ces permissions qu'avec réticence et mauvaise humeur, comme s'il craignait qu'on ne lui revienne pas ! Pour éviter que des nuages viennent gâcher l'enchantement qui le lie au roi, Voltaire préfère renoncer à rétablir ses affaires à Paris et même à effectuer ce voyage en Italie, assorti d'une visite au pape, qu'il s'était promis de faire cet automne-là.

---

1. Homme de lettres sans fortune, protégé par Voltaire depuis 1736, Baculard d'Arnaud (1718-1805) était venu à Berlin en 1750 à l'invitation de Frédéric II, où il prétendait supplanter son protecteur. Voltaire s'arrangea pour le faire chasser. 2. Voltaire à Darget, samedi [11 septembre 1750]. D. 4233. 3. Lettres du 12 septembre 1750 au comte de Saint-Florentin (D. 4218) et au comte Tyrconnel (D. 4219), et du 14 septembre à son ami d'Argental (D. 4220).

Mais cette possible retenue de Voltaire ne vaut que pour la toute première partie de son séjour en Prusse. Lorsque ses relations avec Frédéric se tendent jusqu'à devenir franchement méfiantes, voire détestables et humiliantes, l'explication ne tient plus. De la fin de l'été à décembre 1751, qu'est-ce qui retient donc Voltaire en Prusse alors que ses plus chers amis à Paris le pressent de rentrer? Mme Denis, Richelieu et d'Argental ont conjugué leurs efforts pour arranger ses affaires, tant versaillaises que littéraires et théâtrales. La Pompadour attend son retour, *Mahomet* est joué triomphalement en septembre[1], et *Rome sauvée* le sera dès son retour. Mme Denis menace[2] et d'Argental lance un vibrant appel à sa raison et à sa dignité : « Vous dépendez des caprices d'un seul homme et cet homme est un roi. Enfin vous avez fui des ennemis que du moins vous ne voyiez pas, pour en trouver d'autres avec lesquels vous vivez sans cesse. Vous avez cherché la liberté et vous vous êtes soumis à la contrainte la plus grande. Vous avez cru vous mettre à couvert de l'envie et vous n'avez fait que vous rapprocher des envieux… Vous avez fait une grande faute, vous ne sauriez assez tôt la réparer[3]. »

Voltaire élude[4]. Il évoque quelque besogne littéraire pour Frédéric, et son indispensable présence pour surveiller l'impression du *Siècle de Louis XIV*, qui l'angoisse. Il promet de venir « faire un tour » en France d'ici quelques mois[5].

Ces propos ne sont pas ceux d'un homme accablé qui ne pense qu'à rentrer au bercail. Mais la teneur des

---

1. 30 septembre 1751.   2. Lettre de Mme Denis à Cideville, 31 juillet 1751. D. 4531.   3. 6 août 1751. D. 4539.
4. A. Magnan évoque la possibilité qu'une réponse plus détaillée de Voltaire se soit perdue.   5. 28 août [1751]. D. 4557.

lettres de Voltaire varie selon leurs destinataires. Aux uns il ne parle que de ses déboires, aux autres que des avantages de sa vie prussienne. Même si on laisse de côté sa correspondance avec Mme Denis, sujette à caution, Voltaire alterne le ton dépressif et l'enthousiasme de manière déconcertante. À son autre nièce, Mme Fontaine, il confie : « Je me suis mis à dîner, à souper et même à déjeuner. On dit que je m'en porte mieux et que je suis rajeuni… Je n'ai jamais joui d'une vie plus heureuse et plus tranquille. Figurez-vous un château admirable, où le maître laisse une liberté entière, de beaux jardins, bonne chère, un peu de travail, de la société et des soupers délicieux avec un roi philosophe[1]… » Quel que soit le désir de Voltaire d'accréditer cette version à Paris pour y revenir avec les honneurs[2], le contraste n'en est pas moins saisissant avec d'autres lettres de la même période. Par exemple à Frédéric : « Je suis dans une grande affliction… Je suis malade, et né malade. Je suis obligé de travailler presque autant que Votre Majesté. Je passe toute la journée seul. Si vous vouliez que j'habitasse l'appartement voisin du mien… j'y aurais un peu plus de soleil… C'est une fantaisie de malade peut-être, mais, en ce cas, Votre Majesté en aura pitié[3]. » Ou à la comtesse de Bentinck, son amie très intime, à laquelle il parle sans détour : « Le roi daigne me rendre heureux autant que peut l'être un homme attaqué de la maladie cruelle [scorbut] qui me tue depuis six mois, et qui m'a fait presque perdre toutes les dents. On ne peut guère m'entendre quand je parle[4]… »

---

1. 17 août [1751]. D. 4548.   2. À Richelieu [septembre/octobre 1751]. D. 4206 : « Je ne suis point un exilé qui demande son rappel. »   3. [24 août 1751]. D. 4550.   4. [Octobre 1751]. D. 4588.

Rester ou rentrer ? André Magnan suggère que la stratégie du retour est déjà en place et ne dépend plus que des marques d'égards qu'il exige de Paris : le succès de *Rome sauvée*, la permission officielle donnée au *Siècle de Louis XIV*, et surtout un signe non équivoque de Mme de Pompadour[1]. Autrement dit, triste et malade en Prusse, Voltaire craindrait plus encore d'être humilié à Paris. Il n'est pourtant pas exclu que son attitude hésitante, ses propos contradictoires obéissent à d'autres motifs, moins rationnels : l'ambivalence de ses sentiments à l'égard de Frédéric et de la vie qu'il mène en Prusse. Si Voltaire avait été aussi malheureux qu'il veut le faire croire dans sa correspondance avec Mme Denis, il aurait bouclé ses malles plus tôt. Que le roi l'ait déçu et parfois humilié – ce qui ne devait guère constituer une surprise pour lui – n'efface ni les ivresses de l'accueil triomphal, ni surtout le bonheur de l'intimité partagée avec un monarque de cette envergure. Voltaire est à proprement parler un « snob » qui sait bien qu'il ne connaîtra plus de sitôt une pareille situation. Il est sincère lorsqu'il confesse à Richelieu : « Les grands yeux bleus du roi, et son doux sourire, et sa voix de sirène, ses cinq batailles, son goût extrême pour la retraite et pour l'occupation, et pour les vers et pour la prose, enfin des bontés à tourner la tête, une conversation délicieuse, de la liberté, l'oubli de la royauté dans le commerce, mille attentions qui seraient séduisantes dans un particulier, tout cela me renverse la cervelle. Je me donne à lui par passion[2]. »

En dépit des accrocs qui ont émaillé l'année écoulée, la passion de Voltaire pour Frédéric n'est pas morte. Et le roi de France ne lui en a jamais inspiré le

---

1. A. Magnan, *op. cit.*, p. 31.   2. 31 août 1751. D. 4561.

quart. C'est bien son sentiment présent qu'il exprime lorsqu'il compare sa situation en France et en Prusse : « Qu'importe, à un roi de France, un atome comme moi de plus ou de moins ? J'étais en France harcelé, ballotté, persécuté depuis trente ans par des gens de lettres et par des bigots. Je me trouve ici tranquille, je mène une vie entièrement convenable à ma mauvaise santé, j'ai tout mon temps à moi, nul devoir à rendre, le roi me laisse dîner toujours dans ma chambre, et souvent y souper. Voilà comment je vis depuis un an, et je vous avoue que sans l'envie extrême de venir vous faire ma cour… et sans une nièce que j'aime de tout mon cœur, je serais trop heureux[1]. »

Moins courtisan et mondain qu'on ne le croit, Voltaire est par-dessus tout un écrivain prolifique. « Je travaille comme un bénédictin[2]. » Rien n'est plus important à ses yeux que le temps et la liberté d'expression que lui offre Frédéric. Quand il a quitté Paris, « M. d'Aguesseau tyrannisait la littérature[3] ». Où d'autre qu'ici aurait-il pu écrire et imprimer son *Siècle de Louis XIV*, dire la vérité sur la révocation de l'édit de Nantes et la mauvaise conduite de certain ministère ? D'ailleurs, Voltaire ne quittera Frédéric que lorsque celui-ci s'érigera en censeur, brûlant son *Akakia* et lui interdisant de prendre la plume contre Maupertuis.

À la fin de 1751, l'ambivalence des sentiments perdure. De la haine sûrement, mais aussi de l'amour. Double passion qui ne s'effacera jamais totalement, si l'on en croit ce propos de Voltaire écrit longtemps après la violente rupture de 1753 : « Je n'ai pu vivre sans vous ni avec vous. Je ne parle point au roi, au héros, c'est l'affaire des souverains ; je parle à celui qui

---

1. *Ibid.*   2. *Ibid.*   3. *Ibid.*

m'a enchanté, que j'ai aimé et contre qui je suis toujours fâché[1]. »

Pour l'heure, Voltaire choisit de rester en Prusse.
Même si sa chère nièce, Mme Denis, refuse de l'y
rejoindre, il lui reste la maternelle – et peut-être
plus – comtesse de Bentinck pour le soigner et écouter ses confidences. Si le bonheur, comme le pense
Maupertuis, n'est qu'affaire de calcul des plaisirs et
des peines, nous devons conclure qu'aux yeux de Voltaire, son Salomon du Nord vaut mieux que Louis XV.
À défaut de bonheur, c'est sa dignité qui lui semble
davantage respectée à Potsdam qu'à Versailles.

Maupertuis met le feu aux poudres

Quelle mouche pique le président de l'Académie de
Berlin lorsque, en mars 1751, il prend connaissance
des deux articles signés Koenig dans les *Nova Acta
eruditorum* de Leipzig ? Une colère froide, peut-être,
qui va se transformer au fil des semaines et des mois
en un long et redoutable accès de folie. Folie destruct-
rice et paranoïaque qui rappelle précisément celle qui
l'a envahi, treize ans plus tôt, à son retour de Laponie.
Bien que l'objet du conflit ait changé, c'est le même
scénario pathologique qui est à l'œuvre. La guerre
que Maupertuis va mener contre Koenig ressemble
trait pour trait à celle qu'il a soutenue contre le vieux
Cassini qui refusait d'admettre le bien-fondé de ses
travaux[2]. Même rage, même outrance, même volonté
de tuer. Et, finalement, même défaite déshonorante, de
celles dont on ne se remet pas. Cette seconde fois sera

1. À Frédéric, 27 mars 1759. D. 8218.   2. *Cf. P.I.*, 1, chap. 3.

pire encore que la première. Jadis, il avait pu s'exiler en Prusse, mais, à présent, il n'a plus d'échappatoire. Cette célèbre affaire, qui se terminera par l'*Histoire du docteur Akakia*, autrement dit par son assassinat littéraire par Voltaire, le laissera exsangue, totalement brisé[1].

Maupertuis connaît Samuel Koenig depuis longtemps. Il l'a rencontré à Bâle chez les Bernoulli ; c'est lui qui l'a placé chez Mme du Châtelet, en 1739, pour être son maître de mathématiques. Quand la marquise s'est brouillée avec lui, Maupertuis avait pris parti pour son protégé. Depuis, Koenig est devenu professeur de droit naturel à La Haye, bibliothécaire du stathouder. Apparemment, nulle lettre n'a plus été échangée entre lui et Maupertuis depuis 1741[2] jusqu'à l'automne 1749 où ce dernier lui annonce qu'il l'a nommé associé étranger à l'Académie de Berlin[3]. Il s'y est plaint de surcroît de l'arrêt de leur correspondance, puisque Koenig lui répond : « Votre changement de situation et de fortune [allusion à la présidence de l'Académie de Berlin] m'a paru demander du ménagement et des égards, je craignais de vous importuner. »

Entre les deux hommes prévaut une relation hiérarchique d'ordre scientifique et social. Koenig n'est

---

1. Notre propos ici n'est pas de raconter à nouveau toute cette sombre affaire, pour laquelle nous renvoyons à l'introduction que J. Tuffet a consacrée à l'édition critique de l'*Histoire du docteur Akakia* de Voltaire (1967). Nous tâcherons de cerner l'évolution des réactions de Maupertuis telle qu'elle ressort de sa correspondance privée ou officielle, laquelle se trouve aux archives de l'Académie des sciences, de Saint-Malo et de Bâle. 2. Lettre de Koenig, 11 février 1741. Le Sueur, *Maupertuis et ses correspondants*, 1896, pp. 115-118. 3. Cette lettre perdue de Maupertuis nous est connue par la réponse de Koenig du 8 octobre 1749, qui se trouve aux archives de l'Académie des sciences. Publiée par Le Sueur, pp. 118-119.

qu'un honorable professeur qui ne peut se comparer au savant d'envergure qu'est Maupertuis. Celui-ci affiche d'ailleurs une extrême sensibilité pour tout ce qui touche à son génie. Il considère en particulier que la science lui doit deux découvertes révolutionnaires : la confirmation, par son expédition au pôle Nord, de la forme newtonienne de la Terre, et la révélation d'un principe scientifique et métaphysique universel, le principe de moindre action[1]. Ébauchée en 1740, cette « loi du minimum », présentée à l'Académie en 1744, prétendait expliquer toutes les lois du mouvement et du repos des corps, tant durs qu'élastiques[2]. Autrement dit, Maupertuis se targuait d'avoir inventé le fondement de la dynamique et de la statique.

Après qu'il l'eut republié en 1746 dans l'*Histoire de l'Académie de Berlin*, Maupertuis vient de donner un nouveau développement à son principe dans l'*Essai de cosmologie* qu'il avait fait paraître en 1750 à Berlin[3]. Mais Koenig, leibnizien dans l'âme, n'a pas attendu l'*Essai* pour réagir. Dans sa lettre de remerciement de l'automne 1749, il mentionne d'ailleurs en passant les mémoires de Berlin : « La pièce que vous y avez insérée sur le minimum de l'action m'a engagé à mettre sur le papier quelques réflexions, que j'ai envoyées à Leipzig ; j'espère que vous en serez content[4]. » Mais rien ne se passe jusqu'à l'année suivante, lors d'un séjour de Koenig à Berlin du 20 au 29 septembre 1750. Aux dires de Formey, fort lié à Koenig, celui-ci n'est

---

1. *P.I.*, 1, pp. 249-250.   2. « Accord de différentes lois de la nature qui avaient jusqu'ici paru incompatibles », M.A.S. 1744, 1748.   3. En fait, l'édition était bâloise.   4. Lettre du 8 octobre 1749, fin du post-scriptum. Curieusement, Koenig dit avoir envoyé ses réflexions à Leipzig, c'est-à-dire aux *Acta eruditorum*, mais rien n'en fut publié avant 1751.

venu que pour parler à Maupertuis[1]. Dès le 21 septembre, le voilà chez le président de l'Académie avec son article sous le bras : « Il avait fait un écrit où il combattait ses principes ; il le lui présenta, le priant de l'examiner et lui offrant de le supprimer s'il le voulait. M. de Maupertuis rejeta l'écrit et l'offre, lui disant avec dédain qu'il pouvait en faire ce qu'il voudrait[2]. »

En toute bonne foi, Koenig se crut donc autorisé à envoyer son texte aux *Acta eruditorum*. En attendant sa publication, il écrivit plusieurs lettres fort aimables à Maupertuis[3], lui proposant des mémoires de son cru pour l'Académie de Berlin, et lui recommandant avec insistance le couple Prémontval[4] qui souhaitait s'établir en Prusse. S'il y eut réponse de Maupertuis, elle dut être glaciale[5], car on ne trouve plus trace de correspondance entre les deux hommes jusqu'à la publication, en mars 1751, de l'article de Koenig[6]. Maupertuis y lit une critique en règle, mais fort courtoise, de son principe, et découvre à la fin de l'article la citation d'un extrait d'une lettre de Leibniz à Hermann avec un commentaire rapide de Koenig. Maupertuis croit comprendre que Koenig attribue la découverte de son cher principe à Leibniz, et qu'il lui en dénie par conséquent la paternité.

À suivre la chronologie des événements, la colère de Maupertuis n'est pas immédiate. Il attend le 28 mai pour faire part à Koenig de son désaccord et lui demander

---

1. *Souvenirs d'un citoyen*, 1797, t. I, p. 178. Formey note que Koenig quitte Berlin le 29 septembre : « Venu pour voir Maupertuis, son voyage n'avait plus de raison. »   2. *Ibid.*, p. 176. Formey parle en témoin de la scène.   3. Lettres des 2, 4 et 24 novembre 1750 publiées par Le Sueur, pp. 120-126, avec parfois des erreurs de datation.   4. *P.I.*, 1, pp. 220-221.   5. Formey, *op. cit.*, I, p. 176.   6. Publication en latin dans deux numéros de mars 1751 (pp. 125-135 et 162-176).

poliment les références de la lettre partiellement publiée de Leibniz, qu'il ne connaît pas[1]. Koenig, qui ne se doute pas de l'incendie qu'il a déclenché, répond avec force amabilités qu'il serait « charmé de voir [vos] réflexions sur mon mémoire... qu'il se flatte que [nos] disputes ne ressembleront point à celles que ce siècle a vues sur les forces vives[2] ». Il accompagne sa lettre de la copie de celle de Leibniz ; il précise qu'il la tient de l'éditeur bâlois Henzy, qui a eu la tête coupée deux ans auparavant.

Loin d'être apaisé, Maupertuis croit tenir la preuve d'un complot fomenté contre lui. La copie de la lettre est un faux fabriqué aux seules fins de le déshonorer et de le faire passer pour un plagiaire. C'est l'œuvre de la clique wolfienne, ces philosophes allemands qui n'ont jamais pu digérer sa mainmise sur l'Académie de Berlin ! Koenig est l'un des leurs, l'exécuteur de leurs basses œuvres ! Dorénavant, rien ne pourra plus le faire changer d'avis. Peu importe le fond de la critique, Maupertuis n'a plus qu'une obsession : démontrer publiquement que la lettre de Leibniz n'a jamais existé. Pour ce faire, il saisit en Suisse toutes les autorités susceptibles de l'aider à retrouver l'original, si tant est qu'il y en ait un, et qu'il exprime bien ce que Koenig lui fait dire.

---

1. Cette lettre, comme une large partie des papiers concernant l'affaire Koenig, se trouve aux archives de l'Académie des sciences, fonds Maupertuis, [dossiers] 37-62.   2. La Haye, 26 juin 1751. Le Sueur, *op. cit.*, pp. 133-134. N'ayant pas répondu assez vite à son goût, Maupertuis lui en avait fait parvenir une seconde par le secrétaire de légation chargé des affaires du roi de Prusse à La Haye. À Jean II Bernoulli, 6 juillet 1751. Toutes les lettres concernant les Bernoulli sont citées à partir des transcriptions faites par les responsables des archives Bernoulli à Bâle (B.E.B.). Celles de Maupertuis à Jean II sont cotées LIa. 708.

Le premier saisi de l'affaire est Paulmy d'Argenson, ambassadeur de France en Suisse. Maupertuis, qui le connaît, lui a écrit, après avoir reçu la réponse de Koenig, « pour le prier de [lui] procurer une collationnée des lettres de Leibniz qui, à la mort de Henzy, n'auront pas été brûlées comme papiers séditieux... J'espère que si elles ont jamais existé, M. de Paulmy nous en fera avoir la copie[1] ». Quelques jours après, Maupertuis se tourne vers son vieil ami bâlois, Jean II Bernoulli. Avec lui, nul besoin de dissimuler ses vrais sentiments, comme le prouve cette première lettre du 6 juillet 1751 :

« Koenig, que j'ai reçu ici comme j'aurais fait [de] mon frère, à peine a-t-il été de retour en Hollande qu'il a fait paraître dans les *Acta eruditorum* une pièce où il se donne les airs les plus avantageux avec moi... Il critique ce que j'ai donné dans nos *Mémoires* et dans mon *Essai de cosmologie*. N'espérant pourtant pas faire croire à tout le monde que je ne dis rien qui vaille, il finit par citer un fragment de lettre de Leibniz à Hermann par lequel il revendiquerait pour Leibniz le principe de la moindre quantité d'action... Comme je connaissais un peu Koenig, je lui écrivis pour le prier de m'indiquer cette lettre de Leibniz qu'il citait sans date et sans dire où elle se trouvait... Devineriez-vous bien ce qu'il m'a répondu ?... Il m'envoie la *copie* entière de celle-ci... Mon soupçon n'est presque plus un soupçon pour moi, ni, je crois, ne le serait guère pour tous les gens équitables. *Mais comme je veux enfoncer Koenig dans*

---

1. À Jean II Bernoulli, 6 juillet 1751. LIa. 708, f. 120. Paulmy d'Argenson répond une lettre aimable dès le 25 juillet (A.A.S.), Fonds Maupertuis, dossier 46, n° 20.

la boue autant qu'il le mérite, je veux rassembler toutes les preuves possibles de son imposture[1]… »

Il lui demande de l'aider à confondre le faussaire en retrouvant les originaux de Leibniz et en faisant faire des copies « paraphées par un notaire ». Qu'il n'épargne « ni soins, ni dépense, car le procédé de K., s'il est tel, est si infâme que je le veux mettre dans le plus grand jour. Tenez la chose secrète jusqu'à ce que nous soyons en état de lui ôter toutes les échappatoires[2] ».

Nul doute que Maupertuis, pour la seconde fois de sa vie, souffre de graves troubles maniaques de nature paranoïaque. S'imaginant persécuté, il se fait persécuteur. Saisi d'un activisme qui ne connaît pas de repos, il réécrit inlassablement la même chose à ses destinataires, qui n'en peuvent mais. Fort irrité de la lenteur des uns et des autres – qui ne trouvent rien –, il devient cassant et ses lettres outrepassent les bornes de la courtoisie[3]. Lassé du peu d'effet de ses démarches, il décide d'utiliser la voie officielle de l'Académie qu'il préside et dont Koenig est membre. Dès le 24 septembre, il confie à Jean II qu'il compte faire sommer Koenig par l'Académie « de trouver et de produire sous un certain terme, que je crois suffisant d'un mois, cette lettre dont il a imprimé le fragment. Faute de quoi, si je n'étais pas la partie offensée, je le ferais chasser de l'Académie

---

1. *Ibid.*, f. 119-120. Souligné par nous. Ce propos en rappelle un autre, aussi violent, confié au même destinataire onze ans plus tôt, mais qui concernait alors Cassini : « C'est un homme qui se noie et qui ne sait à quoi se prendre, mais j'arracherai jusqu'au moindre roseau auquel il voudrait s'accrocher. » *P.I.*, 1, pp. 148-149.
2. *Ibid.*, f. 121.   3. Les huit lettres que Maupertuis adresse à Jean II Bernoulli entre le 6 juillet et le 21 décembre 1751 (LIa. 708, f. 119-128) témoignent d'une obsession maladive, de même que celles adressées à Paulmy d'Argenson (que l'on ne connaît pas, mais dont les lettres de Maupertuis à Jean II donnent une idée).

comme il le mérite ; mais je crois que je me contenterai de publier toute l'histoire[1] ».

Le 8 octobre, Maupertuis charge Formey, secrétaire perpétuel de l'Académie, de rédiger la mise en demeure officielle à Koenig. Et c'est probablement dès cette époque que Formey le met en garde contre ce genre de procédure, lui rappelant qu'il a déjà « beaucoup d'envieux et d'ennemis », et qu'il leur offre là une « occasion de le harceler et de lui causer du chagrin ». La réaction de Maupertuis est terrible : « Ses yeux s'enflammèrent : "Quoi, dit-il, vous voulez donc qu'on me prenne pour un Olibrius !" Son ton fulminant m'effraya, et je compris que j'en avais trop dit. En effet, je lui demeurai suspect dans cette affaire[2]. »

Simultanément, Maupertuis presse Frédéric d'intervenir dans un litige où il n'y va pas seulement de son intérêt personnel, mais « de celui de l'Académie de Votre Majesté ». Il lui demande d'« exiger des magistrats de Berne » de faire rechercher les papiers de Henzy[3]. De ce fait, il a transformé une banale dispute entre savants en affaire d'État.

Manifestement, Koenig est très ennuyé. Il tente de faire marche arrière en envoyant à Maupertuis une lettre de rétractation des plus plate : « Je me fais un plaisir et un devoir, Monsieur, de vous rendre toute la justice possible... en déclarant de la manière la plus formelle qu'il ne m'est jamais venu dans la pensée que M. de Leibniz puisse ou doive revendiquer aucune de vos idées sur cette matière[4]. »

---

1. LIa. 708, f. 125. Cette lettre annonce clairement la suite des événements...   2. *Souvenirs*, *op. cit.*, p. 179.   3. A.A.S., Fonds Maupertuis, dossier 69.   4. 10 décembre 1751. Le Sueur, *op. cit.*, pp. 134-137. Koenig ne dit pas pour autant qu'il adhère aux idées de Maupertuis.

Pour Koenig, l'affaire est close. Il pense avoir apaisé Maupertuis et croit que celui-ci acceptera de répondre enfin aux arguments soulevés dans son article. Mais, emporté par sa folie, Maupertuis ne veut rien entendre. La mise au point de Koenig n'a pas changé son humeur ; pis, comme chez tout paranoïaque, elle lui sert de prétexte pour exploser de haine. « Vous voulez savoir ce que Koenig a répondu à la réquisition de l'Académie ? écrit-il à Jean II Bernoulli. Je vous le dirai : rien. » La preuve, poursuit Maupertuis, est sa réponse dont il lui envoie copie avec ce commentaire : « Si vous aviez douté de sa mauvaise foi, je crois que cette lettre suffirait pour vous en convaincre. C'est un grand faquin[1]. »

Non seulement rien n'est terminé, mais tout commence. La haine de Maupertuis ne connaît plus de frein. En cette fin de décembre, toujours froide à Berlin, Maupertuis ne se doute pas que c'est lui qui vient d'entamer sa descente aux enfers. Dégringolade pitoyable qui va le mener au tombeau, non sans avoir préalablement causé la brouille retentissante entre Frédéric II et Voltaire.

PREMIER AVERTISSEMENT DU POUVOIR
(AUTOMNE 1751-FÉVRIER 1752)

Dès l'automne, l'orage gronde à Paris. Les douceurs de l'été ont occulté la grogne qui gagne les ennemis des philosophes – et ils sont nombreux, tant à Versailles qu'au Parlement ou à la Sorbonne –, le temps de lire

---

1. À Jean II Bernoulli, 21 décembre 1751. LIa. 708, f. 128.

et relire le *Discours préliminaire* de D'Alembert, qui
a fait tant de bruit, et de peser chaque article du premier volume de l'*Encyclopédie* au trébuchet de l'orthodoxie. Apparemment, Diderot et d'Alembert n'ont rien
vu venir. Pourtant, le premier a déjà tâté du donjon
de Vincennes et ni l'un ni l'autre ne peuvent ignorer
l'atmosphère détestable qui règne entre le Parlement
et les autorités religieuses, ou, pour être plus simple,
entre jésuites et jansénistes. La réactivation de la bulle
Unigenitus, le refus des sacrements à tous ceux qu'on
soupçonne de jansénisme causent une grande effervescence politique. Il est vrai que les intellectuels du
XVIIIe siècle ont laissé peu de traces de leur intérêt pour
ce qu'on peut appeler l'« actualité politique ».

La presse

Depuis les escarmouches, en janvier 1751, du *Journal
de Trévoux*[1] (jésuite) contre le Prospectus de Diderot, rien
n'est venu troubler le contentement des encyclopédistes.
Au contraire, les seuls articles parus jusqu'en septembre
sont ceux, fort élogieux, du *Mercure*[2]. La première alerte
est donnée par le très officiel et très conformiste *Journal
des savants*. En septembre[3], le périodique rend compte
du *Discours préliminaire*.

L'essentiel de cet article est un résumé, accompagné de l'éloge de « l'esprit, la sagacité, la philosophie,

---

1. *P.I.*, 1, pp. 437-440 : sur la controverse entre Diderot et le
père Berthier qui accusait celui-ci de plagiat.   2. Le *Mercure
de France*, avril 1751, pp. 41-73, fait un grand éloge de l'article
« Abeille » de Daubenton ; en juin, II, pp. 105-112, il fait de même
pour l'article « Agathe », du même auteur, qu'il publie.   3. Septembre 1751, pp. 617-627.

le génie supérieur de l'ouvrage ». Mais le journaliste conclut sur cette critique qui fait bondir d'Alembert : « Nous sommes obligés d'avertir que cet ouvrage a des défauts et contient même des choses dangereuses... L'auteur suppose que les sensations sont la seule origine des idées... Le système de Locke est dangereux pour la religion... On pourrait soupçonner dans cette Préface un laconisme affecté sur ce qui regarde la religion[1]. »

Curieusement, le premier compte rendu du *Journal de Trévoux*, qui paraît en octobre[2], ne ménage pas ses encouragements. Berthier remarque que le *Discours* de D'Alembert « donne une grande idée de ses talents littéraires », et il salue l'excellence de plusieurs articles de grammaire, musique, mathématiques, etc. Mais les cinq comptes rendus qui suivent adoptent un ton de plus en plus critique, voire méprisant. Le bon père Berthier semble moins sensible à l'irréligion de certains articles qu'aux nombreux plagiats dont il accuse les rédacteurs.

---

1. L'auteur de l'article est probablement le médecin Lavirotte, collaborateur du journal depuis 1750 et également auteur de l'article « Docteur en médecine » paru dans le volume V de l'*Encyclopédie*. C'est un brouillon de Malesherbes, s.d., qui le laisse entendre : « M. de Lavirotte nous lut hier [au *Journal des savants*] un extrait du second tome de l'*Encyclopédie* dans lequel il blâme les propositions dangereuses [mot barré] et même scandaleuses qui se trouvent fréquemment dans cet ouvrage, et cependant il déclare qu'on n'a point en vue dans l'extrait du premier tome d'attaquer la religion de M. d'Alembert... » B.N., Ms. Fr. 22.133, f. 150-151.   2. D'octobre 1751 à mars 1752, le *Journal de Trévoux* publie six articles sur le 1er volume de l'*Encyclopédie*. Nous renvoyons, pour leur analyse, aux travaux de J. Pappas, *Le Journal de Trévoux de Berthier et les philosophes*, *S.V.E.C.* n° 3, 1957, 2e partie, chap. IV et de J. Lough, *Essays on the Encyclopedie of Diderot and d'Alembert*, 1968, pp. 370-376.

Plus étrange encore est le silence de l'hebdomadaire clandestin des jansénistes, les *Nouvelles ecclésiastiques*, toujours promptes à fustiger l'hétérodoxie religieuse. Pas un mot sur l'*Encyclopédie* avant la condamnation de l'abbé de Prades[1]. En revanche, les *Nouvelles* commencent à cracher feu et flammes contre le malheureux abbé sitôt qu'éclate le « scandale » soulevé par sa soutenance de thèse.

La thèse de l'abbé de Prades

De même que la publication de *De l'esprit* d'Helvétius servit de prétexte à la suppression de l'*Encyclopédie* en 1759, la thèse de l'abbé de Prades fut l'occasion de l'arrêt du dictionnaire en 1752. Pourtant, l'abbé était fort éloigné de l'« hérétique » Helvétius.

Contrairement à nombre d'abbés, qui ne reçoivent au XVIIIe siècle que les ordres mineurs et refusent l'ordination à la prêtrise[2], l'abbé de Prades a suivi tout le cursus qui mène aux engagements sacerdotaux. Il est ordonné prêtre en mai 1749 à l'âge de vingt-cinq ans, et s'acquitte de ses obligations à Saint-Barthélemy où il dit la messe[3]. En même temps, il poursuit ses études à la Sorbonne

---

1. *Nouvelles ecclésiastiques*, 12 mars 1752, pp. 41-44. 2. L'accession à la prêtrise suppose l'ordination aux ordres mineurs, puis aux ordres majeurs qui comportent plusieurs degrés. Comme le précise Dominique Julia : « Les ordinations aux ordres mineurs restent, tout au long du XVIIIe siècle, plus de deux fois supérieures aux ordinations à la prêtrise. Ici est demeurée en place une conception ouverte du statut clérical qui, entre la condition laïque et l'état de prêtrise, laisse la place à divers degrés de cléricalisation. » *Cf.* « Le prêtre », in *L'Homme des Lumières*, 1996, p. 396. 3. J.-F. Combes-Malavialle, « Vues nouvelles sur l'abbé de Prades », *Dix-huitième siècle*, n° 20, 1988, pp. 377-397.

pour obtenir sa licence en théologie. C'est un étudiant brillant qui a déjà passé avec succès les trois premières thèses du cursus avant de soutenir la dernière, qui fera de lui un docteur le 18 novembre 1751[1].

Le jeune homme, issu d'une famille honorable de Castelsarrasin[2], n'est pas démuni de relations haut placées à Paris : le duc de Richelieu, gouverneur du Languedoc, mais aussi les Maurepas, le comte de Noailles, le marquis d'Argenson. On ignore les circonstances de ses rencontres avec Diderot et d'Alembert[3], mais on sait qu'il les fréquente en 1751 et qu'il accepte de rédiger l'article « Certitude » qui doit paraître dans le deuxième volume de l'*Encyclopédie*. Comme d'autres théologiens de sa génération, tels les abbés Pestre et Yvon avec lesquels il partage un appartement, et qui, eux aussi, ont accepté de rédiger des articles pour le dictionnaire, de Prades tente de concilier la foi catholique avec la raison et l'expérience[4]. À ses yeux, rien d'hérétique à cela, d'autant moins qu'il n'est pas sans savoir que tous les articles de théologie sont revus par des censeurs, professeurs au collège de Navarre.

---

1. La première thèse est dite la « tentative », la deuxième la « sorbonique », la troisième la « mineure » et la quatrième la « majeure ordinaire ».   2. Combes-Malavialle signale qu'il appartenait à la lignée noble d'une famille enracinée depuis plusieurs siècles dans cette ville... « qui comptait nombre d'avocats, docteurs en droit et officiers ». *Op. cit.*, p. 379. L'oncle de l'abbé, lieutenant-colonel, avait particulièrement brillé durant la guerre de Succession d'Autriche.   3. Il est possible que de Prades les ait rencontrés séparément. D'après Morellet (*Mémoires*, I, 28), Diderot rendait des visites à l'abbé. Ils ont travaillé de concert à l'article « Certitude ». Morellet ne mentionne pas la présence de D'Alembert. En revanche, l'abbé a pu être introduit auprès de ce dernier par le marquis d'Argenson.   4. Kafker et Kafker, *op. cit.*, p. 316.

La thèse qu'il soutient le 18 novembre relève de la même théologie « libérale et moderne[1] ». Elle s'inspire du *Discours préliminaire* de l'*Encyclopédie*, mais aussi du père Buffier et d'une apologétique soucieuse de l'histoire, telle qu'on la trouve chez l'abbé Houtteville[2]. De Prades est bien sûr un tenant de la religion naturelle. Il veut montrer que « la vérité des miracles du christianisme est garantie par la tradition orale, par les sources historiques et par les monuments[3] ». Rien là de bien révolutionnaire. D'ailleurs, aucun des huit docteurs qui sont ses censeurs et forment son jury n'y trouve à redire. Ce jour-là, la thèse est acceptée telle quelle.

Pourtant, très rapidement, deux théologiens, docteurs en Sorbonne[4], se répandent partout, criant au scandale et dénonçant la collusion entre l'abbé et l'*Encyclopédie*. Le marquis d'Argenson s'en fait l'écho dès le 26 novembre : « Un abbé de Prades vient de soutenir une thèse en Sorbonne contre la chronologie de la Genèse, doutant des miracles de Jésus-Christ[5]. »

Que s'est-il passé ? Selon d'Argenson, c'est la jalousie des autres licenciés qui met le feu aux poudres. Trouvant des sujets de critique – ce qui n'est guère difficile dans une thèse de théologie –, ces envieux dénoncent l'abbé aux jésuites qui n'attendaient qu'une bonne occasion de persécuter l'*Encyclopédie* ; ils « semèrent à l'instant dans Paris une grande clameur contre la thèse et son auteur. On les crut sans examen[6] ».

---

1. J. Spink, « Un abbé philosophe : l'affaire de J.-M. de Prades », *Dix-huitième siècle*, n° 3, 1971, pp. 145-180.   2. 1696-1742, auteur de *La Vérité de la religion prouvée par les faits*, 1722. 3. J. Spink, *op. cit.*, p. 153.   4. L'un des deux était l'abbé Riballier (1712-1785), censeur royal qui se distinguera par la censure de *Bélisaire*, de Marmontel, en 1763.   5. *Mémoires et journal inédit*, 1858, IV, p. 57.   6. *Ibid.*, 25 décembre 1751, p. 63.

Sur le coup, d'Alembert sous-estime les conséquences du scandale. Il en plaisante avec Mme de Créqui[1], et le considère comme un épiphénomène. Le 23 décembre, alors que le Parlement s'est déjà saisi de l'affaire, il s'en tient à ce commentaire désinvolte : « Nous essuyons bien des tracasseries de la part des dévots et des pédants, mais il faut les laisser dire et aller son train[2]. »

Le train de l'*Encyclopédie* va pourtant devoir s'arrêter bientôt sous la pression d'une coalition exceptionnelle de fanatiques de tous bords (jésuites et jansénistes), et grâce à l'action secrète d'un homme très puissant : Jean-François Boyer, ancien évêque de Mirepoix.

Le chef des dévots

Pour un homme si dénué d'esprit, Jean-François Boyer[3] peut se targuer d'une carrière inespérée. La dévotion la plus rigide a été son tremplin pour régner au cœur de l'État, c'est-à-dire à Versailles. Il doit d'abord sa carrière au cardinal Fleury, qui l'a fait nommer précepteur du Dauphin en janvier 1736. De cet enfant intelligent, il aura fait un jeune homme confit en dévotion, comme lui. Le marquis d'Argenson, qui le déteste, souligne que Boyer est « un sot » qui a « certainement affaibli le caractère et l'esprit du prince[4] ». Sa charge n'est pas une sinécure, mais elle lui confère un crédit et une influence considérables. Nommé à l'Académie française en juin 1736, puis à l'Académie des

---

1. Lui donnant les nouvelles du monde, d'Alembert écrit que la thèse de l'abbé de Prades a été condamnée au feu par Mlle Lémeri… Catalogue Charavay, février 1995, nº 44375. 2. À Cramer, 23 décembre [1751], *op. cit.*, p. 257. 3. 1675-1755. 4. *Op. cit.*, II, p. 374.

inscriptions en janvier 1742, il devient une puissance incontournable à la mort de son protecteur, Fleury. Le jour même, 29 janvier 1743, Louis XV lui confie la « feuille des bénéfices », sorte de ministère des affaires de l'Église, en reconnaissance du « zèle, [de] l'attachement, [de] la prudence qu'il avait marqués dans l'éducation de M. le Dauphin[1] ».

Dorénavant, c'est l'ancien évêque de Mirepoix qui distribue les abbayes et les bénéfices qui vont avec. Honnête homme, mais ne jurant que par l'aile la plus traditionnelle de l'Église, Boyer ne nomme et ne pensionne que ceux qui pensent bien, excluant systématiquement de ses largesses quiconque peut être soupçonné du moindre jansénisme. Selon la formule de D'Argenson, « il s'est jeté dans les bras du molinisme percutant[2] ». En témoigne son choix de l'intransigeant Beaumont de Repaire pour l'archevêché de Paris en 1746. Celui-ci va faire des ravages en relançant la guerre entre jésuites et jansénistes, source d'une crise sans précédent dans l'Église et l'État, le tout avec le soutien de Boyer, tout-puissant auprès d'un roi qui craint l'enfer, et de sa très bigote famille[3].

De plus en plus despotique et inquisiteur en vieillissant, Boyer est haï de tous, si l'on en croit deux témoins aussi différents que le marquis d'Argenson[4] et Barbier[5]. L'ancien évêque de Mirepoix rêve d'anéantir deux sectes aussi diaboliques l'une que l'autre : les jansénistes et les philosophes. Pour ce qui est de ces derniers, il n'a jamais manqué une occasion de leur nuire. Il a

---

1. *Mémoires du duc de Luynes*, 1860, t. IV, p. 397.   2. *Op. cit.*, IV, p. 158.   3. En février 1745, Boyer avait été nommé premier aumônier de la Dauphine espagnole et il jouissait d'un grand crédit auprès de la reine, Marie Leszczynska, et de ses filles. 4. *Op. cit.*, II, p. 375.   5. *Op. cit.*, IV, pp. 306 et 343.

fait tout ce qu'il a pu pour essayer de fermer la porte de l'Académie française à Voltaire[1], puis à Maupertuis[2] la même année, quand il le soupçonne de déisme. Cette fois, dûment alerté par ses agents sorbonnards, il pense tenir l'occasion de tuer le serpent dans l'œuf. Rien de plus facile pour lui que d'en parler au roi, puisqu'ils travaillent tous deux en tête à tête une fois par semaine[3]. Le reste nous est connu par Malesherbes, aux premières loges en tant que responsable de la censure, mais surtout parce que son père, le chancelier, est fort ami de Boyer. À une date qu'on ignore[4], celui-ci « porta ses plaintes au roi lui-même et lui dit, les larmes aux yeux, qu'on ne pouvait plus lui dissimuler que la religion allait être perdue dans le royaume[5] ».

La victoire des fanatiques

Dès lors, tout va très vite. Les ennemis des philosophes ne font plus la différence entre de Prades et l'*Encyclopédie*, dont on attend d'une semaine à l'autre le deuxième volume. Bien que les jésuites concentrent leurs tirs sur le dictionnaire et les jansénistes sur de Prades, l'observateur averti n'a pas de mal à faire le lien : « Il se forme un grand orage contre le *Dictionnaire encyclopédique* ; et cet orage vient des jésuites… Les jésuites sont italiens et machinent de loin leur vengeance. Que fait-on contre les auteurs de cette grande et utile entreprise ? On les accuse d'impiété. De là cette

---

1. En 1743.   2. *P.I.*, 1, p. 239.   3. Voir les nombreux témoignages du duc de Luynes sur ce détail.   4. Probablement avant le 17 décembre 1751, date à laquelle les gens du roi déférèrent la thèse de l'abbé de Prades au Parlement.   5. Malesherbes, *Mémoire sur la liberté de la presse*, Imprimerie nationale, 1994, p. 274.

accusation contre la thèse en Sorbonne de l'un d'entre eux, l'abbé de Prades, où il n'y avait pas de quoi fouetter un chat[1]. »

Dès le 21 décembre, probablement alerté par l'oncle de De Prades, le marquis d'Argenson recommande celui-ci à son frère ministre : « Je le connais pour un bon ecclésiastique. Il est un des ouvriers de l'*Encyclopédie*… Il est soumis, et prêt à se rétracter sur tout ce que voudront ses supérieurs ecclésiastiques et séculiers[2]. » Le Parlement pousse la Sorbonne à sévir ; celle-ci envisage censure et exclusion, notamment pour éviter les sarcasmes du journal janséniste sur sa criminelle incapacité.

De son côté, Boyer, fort de l'approbation du roi, demande au chancelier Lamoignon[3], grand ami des jésuites comme lui, de prendre une mesure radicale contre l'*Encyclopédie* : sa suppression pure et simple. Aux dires de Malesherbes, son père refusa : « Magistrat aussi religieux qu'aucun évêque du royaume et que l'évêque de Mirepoix lui-même, [il] jugea cependant qu'il ne fallait pas ruiner quatre familles de libraires, manquer aux engagements pris avec les souscripteurs pour des sommes considérables, et priver le public de l'ouvrage que M. d'Aguesseau avait regardé comme le plus utile qui pût paraître, parce qu'il y avait quelques

---

1. Marquis d'Argenson, *op. cit.*, p. 63, 25 décembre 1751. Le même jour, les *Nouvelles ecclésiastiques*, p. 208, s'en prennent à la thèse de De Prades et surtout aux jésuites qui ont accepté cette thèse. 2. *Ibid.*, V, pp. 45-46. Lettre du marquis au comte d'Argenson, 21 décembre 1751. 3. Le chancelier Lamoignon du Blancmesnil, père de Malesherbes, était un homme fort pieux et austère qui ne brillait pas par sa largesse d'esprit. C'est lui le grand maître de la Librairie, dont il a délégué la gestion à son fils. Il semble que père et fils connurent plusieurs conflits, même si ceux-ci ne furent pas rendus publics.

propositions condamnables dans le premier volume ; il pensa qu'il suffirait de prendre des mesures pour qu'il ne s'en trouvât plus dans les tomes suivants[1]. »

Malesherbes, chargé de trouver la solution avec l'évêque de Mirepoix, raconte : « Il me dit qu'on avait trompé les censeurs nommés par M. d'Aguesseau, en insérant dans les articles de médecine, de physique ou d'autres sciences profanes, des erreurs qui ne pouvaient être aperçues que par un théologien. Je lui offris de faire censurer tous les articles sans exception, par des théologiens qu'il choisirait lui-même. Il accepta ma proposition avec joie, et me nomma les abbés Tamponnet, Millet et Cotterel, qui étaient ceux en qui il avait le plus de confiance[2]. » Comme par hasard, les deux premiers étaient en train de régler son compte à l'abbé de Prades !

Les négociations entre le jeune Malesherbes et le vieux Boyer furent peut-être plus compliquées qu'il n'est dit. Probablement tenu au courant par Malesherbes, d'Alembert ne prend plus la chose à la légère. On perçoit son irritation, sinon ses craintes, dans le *Journal* de son ami d'Argenson qui note à la date du 10 janvier 1752 : « L'*Encyclopédie* continue à éprouver l'inimitié jésuitique. Un des principaux rédacteurs [d'Alembert[3]] m'a dit qu'on leur donnait les censeurs les plus rigides, qu'il fallait leur déférer en toutes choses, et ne plus parler de Dieu... Le Parlement y veut sévir et parle de faire fustiger un des premiers coupables [de Prades]. Mon ami d'Alembert est des pre-

---

1. *Mémoire sur la liberté de la presse, op. cit.*, pp. 274-275.
2. *Ibid.*, p. 275.   3. Il s'agit sans aucun doute de D'Alembert, plus intimement lié au marquis d'Argenson dont il fréquente la campagne de Segré, que de Diderot.

miers soupçonnés. Le *Dictionnaire encyclopédique* est menacé d'attaque et de prohibition. C'est un repaire, dit-on, de cette secte impie. Voilà un orage affreux qui menace les meilleurs écrivains du siècle[1]. »

Le 21 janvier, les docteurs de la Sorbonne condamnent sans l'entendre l'abbé de Prades à perdre ses grades[2]. On le déclare également incapable d'en posséder aucun dans la Faculté. Quatre jours plus tard paraît le deuxième volume de l'*Encyclopédie*, contenant dans sa préface un éloge de De Prades et le fameux article « Certitude » de ce dernier. Cette fois, l'abbé semble perdu. Est-ce le moment choisi pour faire disparaître de Prades de la circulation ? Ou bien a-t-il attendu le mandement de l'archevêque de Paris qui veut le renvoyer dans le diocèse de Montauban ? Ce qui est sûr, c'est que de Prades et son ami Yvon[3] ont alors trouvé refuge chez le marquis d'Argenson. C'est le curé d'une paroisse de sa campagne de Segré qui les cache[4]. Mais les encyclopédistes n'en sont pas quittes pour autant. Comme on les accuse d'avoir inspiré les thèses hérétiques de De Prades, ils vont le payer, et fort cher. Le 7 février, un arrêt du Conseil du roi interdit les deux premiers volumes parus avec des attendus très sévères[5].

---

1. *Op. cit.*, IV, p. 65. On notera que ce même 10 janvier, l'homme de Boyer, le censeur Tamponnet, présente un rapport à la Sorbonne proposant l'exclusion définitive de De Prades.   2. Sur 146 votants, 105 se prononcèrent pour la condamnation.   3. L'abbé Yvon (1714-1791), collaborateur de l'*Encyclopédie* pour des articles de philosophie et de religion, partageait l'appartement de l'abbé de Prades.   4. D'Argenson, *op. cit.*, IV, p. 77, 12 février 1752.   5. Il y est dit : « Sa Majesté a reconnu que dans ces deux volumes on a affecté d'insérer plusieurs maximes tendant à détruire l'autorité royale, à établir l'esprit d'indépendance et de révolte, et, sous des termes obscurs et équivoques, à élever les fondements de l'erreur, de la corruption des mœurs, de la religion et de l'incrédulité. » Cité par Grosclaude, *op. cit.*, p. 104.

L'arrêt défend d'imprimer, de vendre, de débiter les exemplaires sous peine d'une amende de mille livres. La grande entreprise paraît arrêtée. Le 11 février, le Parlement approuve le réquisitoire de l'avocat général contre l'abbé de Prades et sa thèse scandaleuse. Le lendemain, il est décrété de prise de corps, et l'arrêt du Conseil du roi contre l'*Encyclopédie* est rendu public. Le même jour, d'Argenson note dans son *Journal* : « Il y a des lettres de cachet expédiées contre les abbés de Prades et Yvon... On dit qu'il y en a aussi contre le sieur Diderot, principal auteur de l'*Encyclopédie*. Malheur aux ennemis des jésuites ! L'inquisition française augmente d'étendue et de pouvoir[1]. »

En réalité, il n'y a pas de décret d'arrestation pris contre Diderot, même s'il le redoute et si l'on dit partout qu'il a pris la fuite[2]. Heureusement, Malesherbes veille sur les encyclopédistes et leur œuvre. Chargé de saisir tous les manuscrits des prochains volumes, le chef de la censure en informe secrètement Diderot pour qu'il prenne des mesures : « Ce que vous m'annoncez là me chagrine terriblement ; jamais je n'aurai le temps de déménager tous mes manuscrits et, d'ailleurs, il n'est pas facile de trouver en vingt-quatre heures des gens qui veuillent bien s'en charger et chez qui ils soient en sûreté. – Envoyez-les tous chez moi, répondit M. de Malesherbes, on ne viendra pas les y chercher ! » La fille de Diderot, qui rapporte la scène, ajoute qu'en effet son « père envoya la moitié de son cabinet chez celui qui en ordonnait la visite[3] ».

---

1. *Op. cit.*, IV, p. 77, 12 février 1752.   2. Barbier, *op. cit.*, V, p. 169.   3. Mme de Vandeul, *Mémoires pour servir à l'histoire de la vie et des ouvrages de M. Diderot* (1787), republié en 1992 sous le titre *Diderot, mon père*, p. 31. Anecdote confirmée par Barbier, *op. cit.*, V, p. 169.

Grâce à Malesherbes, le pire a été évité. Le privilège subsiste et les manuscrits sont conservés. Mais
l'impression laissée à Diderot et d'Alembert est terrible. L'abbé de Prades a gagné la Hollande, tandis que
les philosophes restés à Paris prennent la mesure de la
puissance d'un adversaire qu'ils avaient sous-estimé :
le fanatisme religieux, soutenu par l'État. À cet instant,
comment n'auraient-ils pas regardé Berlin comme une
terre de liberté ?

CHAPITRE II

La prise de conscience
(février 1752-juin 1753)

L'arrêt brutal de l'*Encyclopédie* et la persécution de l'abbé de Prades ont certainement beaucoup marqué Diderot et d'Alembert, mais peut-être plus encore le second que le premier. Diderot avait déjà fait, trois ans auparavant, l'expérience cruciale de la prison. Quelle que soit sa crainte d'y retourner, le petit bourgeois de Langres est plus aguerri que le bâtard de la marquise de Tencin, et sans doute regarde-t-il plus lucidement la société qui l'entoure. À côté de lui, d'Alembert fait presque figure de naïf et de privilégié. À trente-cinq ans, sans famille ni responsabilités, demeurant toujours chez la nourrice qui lui a servi de mère, nanti d'une petite pension laissée par son père, il n'a guère mené d'autres combats que les polémiques scientifiques. Jusqu'à l'hiver 1752, il n'a connu que la vie protégée d'un académicien des sciences qui n'a de comptes à rendre qu'à ses pairs. Chez les savants, la liberté d'expression est totale et le roi n'a d'autre pouvoir que de refuser une nomination ou de faire traîner une promotion.

La publication du *Discours préliminaire* a fait de D'Alembert un philosophe remarqué, un homme de lettres qui compte. Même si, dans le langage de l'époque, on continue de confondre « savant » et « philosophe » et de les ranger ensemble dans la « République des lettres[1] », le dualisme des cultures est à présent perceptible. D'Alembert vient d'en faire la cruelle expérience : les audaces du philosophe coûtent plus cher que celles du savant. Ici on s'exprime librement, là on ne pense qu'avec permission ; de surcroît, l'autorité qui juge n'est plus la raison, mais l'idéologie, c'est-à-dire les croyances, les préjugés, les intérêts. Dure révélation pour un homme habitué à ferrailler avec des chiffres et des courbes.

Les critiques dont il a fait l'objet et la crise qu'il vient de traverser sont, pour d'Alembert, l'occasion d'une prise de conscience de sa place dans la société. Et, plus généralement, de celle qu'occupent tous ceux qu'il nomme encore les « gens de lettres ». Bien que fort occupé, il médite une sorte de « manifeste des intellectuels » qui tracerait les contours d'un statut et d'une éthique intransigeante. Un appel à l'indépendance et à la dignité, quel qu'en soit le prix.

FACE AUX ÉPREUVES

Elles sont de deux sortes. Outre l'humiliation psychologique et sociale que constituent le fustigeant arrêt royal et les menaces visant leurs personnes, il en est une autre d'ordre purement intellectuel : on accuse les encyclopédistes de nombreux, très nombreux plagiats, et on le prouve. Ces critiques, moins

---

1. *P.I.*, 1, pp. 10-11 et 447.

graves hier qu'aujourd'hui, n'en sont pas moins douloureuses pour ceux qui se vantent d'incarner la nouveauté et la modernité. Face à ces épreuves, Diderot et d'Alembert, bien que solidaires, ne réagissent pas de la même façon. Leurs sentiments et leurs comportements découlent de leurs tempéraments et de leurs parcours personnels.

Les humiliations

De facture typiquement jésuite, la magistrale campagne du *Journal de Trévoux* n'a pas fini de laisser des traces. Les six longs articles consacrés au premier volume de l'*Encyclopédie* dessinent un crescendo critique d'autant plus percutant qu'il est à la fois rigoureux et courtois. Les deux premiers articles d'octobre et novembre, souvent élogieux, garantissent l'objectivité des suivants. Il y a bien déjà quelques remarques sur les fautes d'orthographe, les oublis, l'absence de renvois aux sources empruntées[1], mais l'ensemble donne l'impression de reprocher aux auteurs de simples négligences.

L'article de décembre, toujours modéré, est plus ravageur. Il examine chaque article qui emprunte à

---

1. Dans le numéro d'octobre 1751, pp. 2290-2293, on lit : « Comme l'*Encyclopédie* se sert souvent du *Dictionnaire de Trévoux* et du *Dictionnaire du commerce*, il serait à propos de citer ses sources, de mettre des guillemets… Exemple : le mot "Advocat", ou les articles "Abbé"…, "Abréviation", etc. » Dans l'article de novembre : « Le dictionnaire se dit universel, et on n'y trouve pas le nom des papes, des rois, des savants… », pp. 2424-2425. Ou encore : « L'*Encyclopédie* a recopié parfois des articles du *Dictionnaire de Moreri* » presque mot à mot, ou « fortement imités », p. 2429.

d'autres travaux sans les nommer, comme le *Diction-naire de Trévoux*, le *Dictionnaire de médecine*, la Bible ou les *Institutions astronomiques* de Lemonnier. Plus cruel encore, le père Berthier publie côte à côte l'article de l'*Encyclopédie* et le texte emprunté par-fois sans une différence de virgule. Après avoir salué les bons auteurs qui citent leurs sources, par exemple Daubenton dont l'article « Abeille » fait référence à Réaumur, Berthier conclut non sans hypocrisie : « En rapprochant ainsi tant de fois et avec tant de soin le texte des divers dictionnaires, nous croyons satisfaire à une de nos plus importantes fonctions qui est d'appré-cier la manière de certains auteurs, et de faire connaître les procédés qu'ils ont tenus dans leurs ouvrages[1]. »

Le compte rendu de janvier 1752 suit le même schéma : éloge de certains articles – tels ceux de Rous-seau sur la musique, ou ceux de D'Alembert[2] –, suivi de la révélation de plagiats scandaleux. Cette fois, c'est l'abbé Yvon qui est dans la ligne de mire. Alors que le *Discours préliminaire* se félicitait de la collaboration de l'abbé, de la clarté et de la précision de ses articles, Berthier, impitoyable, révèle que l'article « Agir », dont on fait tant de cas, « est tout entier et mot à mot du père Buffier, *Traité des premières vérités* », ajoutant : « On aurait bien dû lui passer une petite reconnaissance en le nommant[3]. » *Idem* pour l'article « Amitié », à croire que l'abbé Yvon est le copiste du père Buffier !

Les deux derniers articles de février et mars 1752 continuent l'implacable révélation des plagiats et atta-quent sévèrement des articles phare du premier volume,

---

1. Décembre 1751, p. 2621.   2. Les articles « Affectation », « Aiguille aimantée », « Air » ou « Algèbre » sont décrits comme des « articles considérables et qui font honneur à l'*Encyclopédie* », pp. 171-172.   3. Janvier 1751, pp. 172-173.

comme « Aristotélisme[1] » ou « Autorité politique ».
Plus grave encore, Berthier s'en prend à l'irréligion qui
transparaît çà et là, aux atteintes aux vérités révélées et
à la doctrine des mœurs.

Le résultat est accablant, et les critiques sont en passe
de l'emporter sur les éloges du début. Comme le milieu
littéraire aime par-dessus tout les éreintements, la nouvelle se propage vite, même hors des frontières. De
Potsdam, le marquis d'Argens annonce à Maupertuis,
à la fin de février : « On a arrêté l'édition de l'*Encyclopédie*. Jésuites, jansénistes, dévots, neutres sont
tous réunis ensemble, et il y a un déchaînement général
contre cet ouvrage dans la nation bigote[2]. » Un peu plus
tard, il précise au même : « Il va paraître un ouvrage
à Paris où l'on révèle, à ce que l'on dit, dans les deux
premiers volumes, 1 800 bévues des plus grossières. »
Ce qu'il y a de surprenant, ajoute-t-il, « c'est que les
beaux esprits ne sont guère moins déchaînés contre ce
livre que les dévots. Et tout cela, parce qu'on a loué
quelques gens de lettres, et qu'on n'a pas parlé de plusieurs autres. Oh ! folie humaine[3] ! »

Plagiats, erreurs, omissions, toutes ces critiques
s'adressaient davantage au maître d'œuvre Diderot
qu'à son compère d'Alembert. Pourtant, c'est ce dernier qui prend le mors aux dents. Il va répondre avec

---

1. Article sévèrement attaqué aussi par un pamphlet anonyme :
*Réflexions d'un franciscain, avec une lettre préliminaire adressée
à M***, auteur en partie du Dictionnaire encyclopédique*, paru en
janvier 1752. L'article, qui s'adresse à Diderot, est en fait rédigé
par deux jésuites. *Journal de la Librairie*, 13 janvier 1752. B.N.,
Ms. fr. 22.157, f. 12.   2. A.A.S., Fonds Maupertuis, dossier 73.
S.l.n.d. [fin février 1752].   3. *Ibid.*, 12 mars 1752. Sur les gens
de lettres cités par d'Alembert dans le *Discours préliminaire*, et les
réactions peinées de ceux qui ne l'étaient pas, *cf. P.I.*, 1, « Une trouvaille stratégique », pp. 459-469.

hauteur et ironie à leurs détracteurs dans la préface du troisième volume[1].

Au reste, ces attaques de leurs pairs sont des piqûres d'épingle au regard de la condamnation dont ils sont les victimes et des menaces qui les accompagnent. Les termes du mandement de l'archevêque de Paris contre la thèse de l'abbé de Prades sont outrageants, et annoncent des lendemains difficiles. En évoquant des propositions « fausses, captieuses, offensives des oreilles pieuses, scandaleuses, téméraires, propres à troubler l'ordre et la tranquillité publique, destructives de la religion surnaturelle, contraires à l'autorité des livres saints, dérogeantes à la certitude et la divinité des miracles de Jésus-Christ, *favorables à l'impiété des philosophes matérialistes*, impies, blasphématoires, erronées et hérétiques[2] », chacun comprend que l'archevêque vise plus haut que la personne de l'abbé inconnu.

Le parti des dévots ne cache pas sa satisfaction et fait bien l'amalgame entre la thèse de De Prades et l'*Encyclopédie*. Le duc de Luynes, fort lié à l'évêque Boyer, note qu'il « est malheureux que les perfections [de l'*Encyclopédie*] soient accompagnées de principes… tendant au déisme et même au matérialisme ». Il désigne Diderot, « déjà soupçonné de ces sentiments et même mis à la Bastille », et conclut à la complicité avec de Prades. De son côté, le président Hénault, vieille connaissance de D'Alembert, exulte : « N'êtes-vous pas bien content, écrit-il au même duc de Luynes, du mandement de l'archevêque ? Je l'ai lu avec une grande satisfaction. Il est sage, religieux…, il embrasse tout le système que l'on cherche aujourd'hui à accré-

---

1. Publiée dans les *Œuvres complètes de D'Alembert*, 1822, t. IV, pp. 382-411.   2. *Mémoires du duc de Luynes, op. cit.*, t. XII, appendice 2, p. 242. Souligné par nous.

diter et ne laisse aucune refuite [*sic*] à l'irréligion et à l'incrédulité[1]. »

Les encyclopédistes ne peuvent ignorer l'avertissement. S'ils continuent, ce sera sous la haute surveillance de leurs ennemis. La liberté d'expression sous la menace d'une lettre de cachet : y a-t-il pire humiliation pour un philosophe ?

Réactions différentes de Diderot et d'Alembert

Après l'arrêt du Conseil du roi interdisant les deux premiers volumes de l'*Encyclopédie*, le bruit courut avec insistance qu'on en voulait à la personne des auteurs. Le marquis d'Argenson s'en fait l'écho : « On dit [qu'ils] doivent donc être incessamment suppliciés, qu'on ne peut s'empêcher de les rechercher et de faire informer contre eux[2]. » Barbier confirme : « Diderot a eu peur d'aller une seconde fois à la Bastille [*sic*][3]. »

La rumeur est plausible. Diderot a un passé chargé. Trois mois de prison en 1749 pour des œuvres impies font de lui une des cibles privilégiées du parti dévot. Mais la rumeur se révèle infondée. Aucun mandat d'arrêt n'est lancé contre lui, probablement grâce à l'action bienveillante de Malesherbes. Reste que Diderot a eu peur et qu'il se serait effectivement éloigné de la capitale durant plusieurs semaines[4]. Le traumatisme de l'enfermement à Vincennes ne s'est jamais effacé et Rousseau, qui le connaît bien, le constatera encore cinq ans plus tard[5].

---

1. *Ibid.*, t. XI, p. 386, note. 2. Cité par Arthur M. Wilson, *Diderot, sa vie et son œuvre*, 1985, p. 136. 3. 25 février 1752, cité par Georges Roth, *Correspondance de Diderot*, 1955, t. I. p. 139. 4. *Ibid*. 5. *Confessions*, Pléiade, 1964, p. 460.

Cette peur, fondée et légitime, s'accompagne d'une autre qui concerne plus particulièrement le chargé de famille. Marié depuis neuf ans, sans autres ressources que les appointements de l'*Encyclopédie*[1], l'arrêt du dictionnaire est pour lui une véritable catastrophe. Il a déjà près de quarante ans et seuls des enfants pourraient justifier une vie conjugale pour le moins décevante. En l'espace de sept ans, il en a déjà perdu trois, dont un petit garçon de quatre ans en juin 1750[2]. Mais comment élever un enfant sans ressources stables ? Tel est, en ce printemps 1752, l'état d'esprit de Diderot qui éclaire en partie son attitude et ses choix. Au demeurant, quelles que soient ses appréhensions, c'est un homme courageux et qui le prouve. Au moment même où il a tout à craindre, il n'hésite pas à prendre la plume pour rédiger la troisième partie de l'*Apologie de l'abbé de Prades* et fustiger durement Charles de Caylus, évêque d'Auxerre, qui vient de publier une *Instruction* accablante[3] contre l'abbé en fuite. Certes, Diderot s'exprime sous le masque de l'anonymat, mais chacun remarque que le style a changé – en beaucoup mieux – et l'on s'interroge sur le nom de l'auteur. Or, Diderot est bien placé pour savoir que la police arrive parfois à percer le secret des auteurs anonymes.

Très vite, il décide de se battre pour la continuation du dictionnaire. Grâce à Malesherbes encore, le privilège de publication subsiste. Il faut donc convaincre les autorités de la bonne volonté des rédacteurs et de leur

---

1. Le contrat passé avec les libraires en octobre 1747 devait lui rapporter 7 200 livres.   2. Il eut une première enfant, Angélique, en août 1743, qui mourut un mois plus tard, et un second fils, né en septembre 1750, qui succomba à la fin décembre de la même année.   3. L'*Instruction pastorale* de Caylus parut fin mai 1752, et l'*Apologie*, dont les deux premières parties sont l'œuvre des abbés de Prades et Yvon, en juin ou juillet.

soumission aux nouvelles règles. Moins répandu dans le monde que son collègue, Diderot mobilise ses relations pour accéder à la Pompadour. Haïe des dévots, on connaît déjà sa sympathie pour la grande entreprise. Diderot sollicite la princesse de Beauvau pour obtenir la protection de la marquise. Il va lui-même à Versailles dîner chez son ami le docteur Quesnay, médecin et confident de la Pompadour et collaborateur de l'*Encyclopédie*, pour lui parler personnellement. En vain : la prudente marquise ne se montre pas. Diderot doit se contenter de lui écrire : « J'ai été surpris de ne pouvoir pénétrer chez vous dans un moment où j'étais sûr que vous voyiez du monde. Vous ne nous avez point accoutumés à cette rigueur, aussi n'en suis-je point rebuté. Mme la princesse de B. vous a déjà dit de quelle nature est le service que nous attendons de vous… » Après le rappel de leur situation, Diderot la prie d'intervenir en leur faveur et conclut en bon courtisan : « La vérité et la philosophie n'auront plus d'adversaire si l'esprit et la beauté se chargent de les défendre[1]. »

La marquise répondit par une lettre à la fois circonspecte et amicale : « Je ne peux rien… ce sont les ecclésiastiques qui vous accusent, et ils ne veulent pas avoir tort… Les prêtres sont trop dangereux. Cependant, tout le monde me dit du bien de vous. On estime votre mérite ; on honore votre vertu… Je me ferais un plaisir

---

1. *Correspondance de Diderot*, *op. cit.*, t. I, pp. 159-160. G. Roth date cette lettre de l'hiver 1753. Il nous semble plus probable qu'elle fut écrite à la fin de l'hiver ou au début du printemps 1752. Seule lettre connue de Diderot à Mme de Pompadour, elle montre qu'il l'avait déjà rencontrée – vraisemblablement aux dîners que Quesnay donnait à ses amis gens de lettres – et que ce n'était pas son premier séjour à Versailles. Selon G. Roth, la phrase finale, si courtisane, aurait été imposée à Diderot.

de vous obliger en toute chose[1]... » Message ambigu à décrypter ainsi : officiellement, je ne peux rien faire, mais je ne manquerai pas d'en parler à qui de droit. Promesse tenue puisque, dès le 7 mai, d'Argenson note : « Mme de Pompadour et quelques ministres font solliciter d'Alembert et Diderot de se redonner au travail de l'*Encyclopédie*, en observant une réserve nécessaire en tout ce qui touche la religion et l'autorité[2]. »

Diderot a déjà répondu par anticipation, mais, le 15 mai, rien n'est encore décidé, et les problèmes financiers s'accumulent : « La dureté des libraires et l'embarras de mes affaires me contraignent de faire un voyage en province. Je vais tâcher d'obtenir de mes parents de quoi prolonger mon séjour ici, du moins jusqu'à ce que l'entreprise de notre grand ouvrage soit ou tout à fait reprise ou tout à fait manquée[3]. » Autrement dit, le philosophe est à un tournant de sa vie. Si l'*Encyclopédie* s'arrête, il n'aura peut-être plus d'autre issue que de rentrer la tête basse chez lui. Quel échec ce serait pour le jeune homme qui s'était enfui de Langres afin de faire carrière à Paris !

Côté d'Alembert, les réactions sont bien différentes. À la peur et au courage de Diderot, il oppose la colère et l'orgueil. Selon toute apparence, il n'a jamais vraiment craint d'être arrêté. Son statut d'académicien le protège et il ne manque pas de relations haut placées.

---

1. *Ibid.*, p. 161.   2. *Op. cit.*, IV, p. 92. Parmi les ministres qui soutenaient l'*Encyclopédie* figurait le comte d'Argenson, frère du marquis.   3. Lettre au marquis d'Adhémar, 15 mai 1752. *Le Marquis d'Adhémar : la correspondance inédite d'un ami des philosophes à la cour de Bayreuth*, éd. E. Mass, *S.V.E.C.*, 1973, n° 109, pp. 96-97. Diderot fut absent de Paris une quinzaine de jours, entre le 20 mai et le début juin. C'était son premier retour à Langres depuis dix ans. On imagine ce que cette démarche pouvait représenter d'humiliant pour lui.

Son premier mouvement est de clamer partout qu'il jette l'éponge et qu'on ne l'y reprendra plus. En même temps, il se démène pour les fugitifs et commence par s'adresser à son ancien mentor, Maupertuis, qui raconte : « L'abbé de Prades et l'abbé Yvon sont en Hollande et ont envie de venir ici. L'on[1] m'a écrit pour cela, mais je n'aime pas à me mêler de pareilles affaires. Ce qu'il y a de sûr, c'est que l'*Encyclopédie* est au diable, ou du moins reçoit un terrible échec. D'Alembert n'y veut pas remettre une ligne ; Diderot sera ôté ou rebuté. » Avec un grand sens de l'opportunité, il ajoute à l'adresse d'Algarotti : « Ce serait un beau coup de filet que d'attirer ici toute la société encyclopédique… et de faire continuer cet ouvrage ici. Une telle colonie de réfugiés de la philosophie réformée serait plus utile que celle de la religion réformée[2]. »

Après lecture de la thèse de De Prades, Maupertuis est plus décidé que jamais à ne pas bouger le petit doigt : « Je crois que l'abbé de Prades n'est ni philosophe ni une tête. Il n'y a rien de si commun que tout ce qu'il dit ; et il n'y a qu'en Sorbonne que cela puisse paraître nouveau… Je vois dans l'abbé de Prades un homme médiocre. Mais tout se passe si étrangement dans le meilleur des mondes possibles que, peut-être, cette thèse lui fera un grand nom et une grande fortune[3]. »

---

1. Il s'agit très certainement de D'Alembert, comme le montre la suite de cette lettre.   2. À Algarotti, 16 [février 1752], comme le propose A. Magnan, *op. cit.*, p. 221. *Opere del Conte Algarotti*, vol. XVI, pp. 226-227.   3. À Algarotti, 12 [mars 1752], comme le propose A. Magnan, *ibid.*, pp. 224-226. Le 10 avril suivant, Maupertuis confirme à La Condamine son refus d'intervenir pour l'abbé de Prades : « J'ai reçu des lettres de recommandation pour ces deux abbés qu'on dit qui ont dessein de venir ici ; mais je ne puis ni ne veux m'en mêler. » Archives municipales de Saint-Malo, Ms. ii. 24, f. 101v-102r.

Faute d'un geste de Maupertuis, d'Alembert demande l'aide de Voltaire, par l'intermédiaire de Mme Denis avec laquelle il est au mieux, et même celle du roi de Prusse par le biais du marquis d'Argens[1]. Les deux hommes feront tout leur possible pour satisfaire d'Alembert. Nul doute que ce dernier s'est beaucoup démené pour l'abbé persécuté[2].

Mais, tout en remplissant les devoirs de l'amitié, d'Alembert prend la posture de celui qui n'est plus concerné. Le 1er mars, il affirme : « Je ne sais si l'ouvrage sera continué ; ce que je puis vous assurer, c'est que ce ne sera point avec moi[3]. » Deux mois plus tard, il maintient sa position et s'en explique longuement avec son ami d'Argenson : « Il m'a démontré, écrit celui-ci, l'impossibilité qu'il y a pour des savants d'écrire sur quoi que ce soit, s'ils ne peuvent écrire librement… Les Anglais, et *ceux qui écrivent dans les États du roi de Prusse*, font imprimer tout ce qu'ils veulent… Nos savants philosophes de premier ordre voudraient écrire en pleine liberté, ou point, de peur de donner dans les lieux communs ou les capucinades. C'est par là, conclut d'Argenson, que l'on m'a démontré impos-

---

1. Voir les lettres de remerciement de D'Alembert à Voltaire (D. 4990) et à d'Argens, 16 septembre 1752 (éd. Pougens, 1779, I, p. 429). L'abbé de Prades arriva fin juillet ou début août à Potsdam et fut hébergé par Voltaire. Frédéric II avait accepté de lui donner la place de lecteur, laissée vacante depuis la mort de La Mettrie.　　2. « M. d'Alembert, dont le nom et l'amitié leur ont été très utiles, va écrire au roi et à Voltaire pour les remercier tous les deux. » Paris, 12 août 1752, de ? à ? D. 4977. En fait, l'abbé Yvon ne viendra pas en Prusse.　　3. À Formey, 1er (ou 2 mars) 1751. J. Matter, *Lettres et pièces rares ou inédites*, 1846, p. 386. On peut remarquer que cette lettre, qui en accompagne une autre pour Maupertuis, était peut-être une manière détournée d'attirer l'attention du roi de Prusse sur son mécontentement.

sible aujourd'hui ce qui se passait ci-devant[1]. » Selon d'Alembert, la situation a beaucoup empiré en quelques années. Aujourd'hui, le gouvernement, effrayé par les dévots, est devenu plus censeur et inquisiteur que jamais. Sûr qu'il ne tolérerait même plus les ouvrages de l'abbé de Condillac qu'il permettait encore cinq ans auparavant.

Pourtant, à la fin du mois de mai, d'Alembert laisse entendre un changement de tonalité. « À l'égard de l'*Encyclopédie*, dit-il à Formey, toute la France désire qu'on la continue ; tout paraît même apaisé et d'accord. Il n'y a que moi qui tienne ferme et qui y tiendrai. Je vous en fais juge. Voilà les seules conditions auxquelles je crois qu'un galant homme puisse continuer, et je ne crois pas qu'on me les accorde[2]. » Suit l'énoncé de sept conditions exigeant, entre autres, les excuses du *Journal des savants*, la défense faite aux jésuites d'écrire contre le dictionnaire, la possibilité d'affirmer « que les idées viennent des sens », et de publier à part, et sans modification imposée par la censure, son *Discours préliminaire*. Enfin, il ne daignera se remettre à la tâche que si on leur flanque des censeurs raisonnables, et « non des bêtes brutes en fourrure ».

D'Alembert dut obtenir toutes les assurances désirées[3] puisque, un mois plus tard, d'Argenson prend acte, non sans ironie, « que l'on travaille de nouveau au *Dictionnaire encyclopédique*, et que MM. d'Alembert et Diderot, qui avaient tant dit qu'ils n'y travailleraient plus, se livrent à la persuasion de la cour[4] ». Le

1. *Journal*, IV, 7 mai 1752, pp. 92-93. Souligné par nous. 2. Lettre du 24 mai 1752. *Souvenirs d'un citoyen*, *op. cit.*, II, pp. 45-49. 3. Effectivement, il obtiendra satisfaction sur presque tous les points soulevés. 4. *Journal*, IV, 24 juin, p. 97. La « cour » est ici représentée par le clan de Mme de Pompadour.

10 juillet, d'Alembert annonce, victorieux, à Formey :
« L'affaire de l'*Encyclopédie* est arrangée. J'ai consenti,
après avoir résisté pendant six mois, à donner ma partie mathématique[1]... » Mais c'est à Maupertuis qu'il
confie le fond de sa pensée : « J'ai enfin cédé aux sollicitations sans nombre qui m'ont engagé à reprendre
cet ouvrage. *Entre nous, je n'ai jamais été absolument
déterminé à le quitter.* Mais je voulais me faire prier
assez pour qu'on craignît de me dégoûter deux fois[2]. »
Confidence révélatrice, à comparer avec cette autre à
Voltaire : « Je puis vous dire que je ne me suis rendu
qu'à l'empressement extraordinaire du public[3]. »

Plusieurs questions se posent : d'Alembert avait-il
mis Diderot dans la confidence ? Lui avait-il fait part de
sa stratégie personnelle ? S'étaient-ils partagé les rôles :
à Diderot la conciliation, à d'Alembert l'intransigeance ?
Rien ne permet de l'affirmer. Par ailleurs, lorsque
d'Alembert répète à plusieurs reprises qu'il n'a cédé
qu'aux sollicitations du public[4], cela signifie-t-il qu'il
a tenu pour nulles celles de Diderot ? Les documents à
notre disposition ne permettent pas de répondre. Mais
le moins que l'on puisse dire, c'est qu'ils ne révèlent
aucune complicité entre les deux hommes. Comme si
chacun avait joué sa propre partie sans tenir compte de
l'autre.

---

1. Lettre du 10 juillet 1752. *Souvenirs d'un citoyen, op. cit.*,
pp. 49-50.   2. Lettre du 14 août 1752. A.A.S., publiée in *R.D.E.*,
n° 11, octobre 1991, pp. 29-31. Souligné par nous.   3. Le
24 août, il précise à Voltaire : « Je me suis bien douté qu'après nous
avoir aussi maltraités qu'on a fait, on reviendrait nous prier de continuer, et cela n'a pas manqué. J'ai refusé pendant six mois, j'ai crié
comme le Mars d'Homère... » D. 4990.   4. D'Alembert veut-il
souligner que, contrairement à Diderot, il ne répondait pas aux sollicitations de la cour ?

Diderot pouvait tirer une leçon de cette pénible affaire : l'appartenance à une Académie offrait une respectabilité enviable, et donc une certaine forme de liberté. Privilège sans prix pour un homme honorable, contraint de tout accepter parce qu'en situation de ne pouvoir rien refuser.

Échecs académiques

Est-ce un vœu de Diderot ou une suggestion de D'Alembert ? L'idée d'une reconnaissance institutionnelle s'impose. D'autant que tout « homme de lettres » digne de ce nom collectionne le plus grand nombre possible de titres d'associé aux Académies, y compris étrangères. On se souvient que Voltaire, dix ans plus tôt, pour effacer ses déboires judiciaires, avait entrepris de se faire « une espèce de rempart des Académies contre les persécutions qu'un homme qui a écrit avec liberté doit toujours craindre en France[1] ». Il n'avait pas hésité à mener campagne pour se faire élire dans toutes les sociétés savantes existantes.

Diderot ne montre pas l'insatiabilité de Voltaire, mais il ambitionne une certaine consécration officielle. Sa réception à l'Académie de Berlin en mars 1751 n'a pas effacé son échec, deux ans plus tôt, à l'Académie des sciences[2]. Il n'a pas renoncé à s'y représenter, mais, en 1752, aucune place ne lui paraît accessible. En revanche, parmi les Académies étrangères prestigieuses, la Société royale de Londres est réputée pour

---

1. À Richelieu [septembre/octobre 1751]. D. 4206, redatée par A. Magnan, *op. cit.*, pp. 154-155. 2. *P.I.*, 1, pp. 388-389.

son ouverture, voire sa complaisance[1]. Le 9 juillet 1752, il se porte candidat avec, comme le veut l'usage, la recommandation de parrains français et anglais.

Côté français : dix noms d'académiciens des sciences, dont une majorité d'amis plus proches de Diderot que de D'Alembert. À part ce dernier, Buffon, Sallier (auquel Diderot emprunte souvent des livres), La Condamine et Clairaut (collaborateur éphémère de l'*Encyclopédie* à ses premiers débuts) ont toutes raisons de vouloir lui complaire. Plus surprenantes sont la signature de Bernard de Jussieu, fort lié à Réaumur, qu'on imagine mal ami des encyclopédistes, et celles du trio d'astronomes Fouchy, Cassini de Thury et Godin (toujours exclu de l'Académie), qui n'avaient guère de liens avec d'Alembert et peut-être aucun avec Diderot. Quant au dernier signataire, Lemonnier, l'absence de prénom interdit de décider s'il s'agissait du cadet, médecin et collaborateur du dictionnaire, ou de l'aîné, l'astronome ami de d'Alembert, bien connu de la Société royale.

Côté anglais, trois savants qui connaissaient bien la France : Walmesley, Needham et Martin Folkes (toujours président de la Société anglaise), plus deux autres, Birch et Parsons, dont on ignore les liens avec Diderot ou d'Alembert.

Le verdict connu huit mois plus tard fut accablant : sur soixante-huit votants, les trois quarts mirent une boule noire, marquant ainsi leur rejet du candidat[2]. Le pauvre Diderot se retrouvait dans l'infime minorité des recalés. La seule explication fournie à l'époque renvoie à l'antipathie des Anglais pour un homme qui avait osé

---

1. A. Strugnell a compté 13 échecs seulement sur 330 candidatures, tant britanniques qu'étrangères, entre 1751 et 1766. « La candidature de Diderot à la Société royale de Londres », *R.D.E.*, n° 4, avril 1988, pp. 40-41.   2. A. Strugnell, *op. cit.*, p. 39.

écrire dans la *Lettre sur les aveugles* qu'un des leurs, Saunderson, était mort athée[1].

Le coup est rude. La consolation espérée s'est transformée en nouvelle humiliation. Le vote des savants anglais signifiait tout bonnement que Diderot n'était pas un homme assez respectable pour prétendre devenir leur pair.

A Paris, l'Académie des sciences n'est pas loin de penser la même chose de ses deux anciens collègues : Godin et Maupertuis. L'un et l'autre ont été démissionnés d'office pour cause de « désertion » en 1745[2]. La simultanéité des exclusions – mesure vexatoire exceptionnelle à l'Académie – avait profondément indigné Maupertuis. On l'avait ravalé au rang d'un homme accusé de malversations ! Il avait bien espéré que l'affront serait lavé lorsque le comte d'Argenson succéda à Maurepas[3], et qu'il rentrerait par la grande porte. Mais d'Argenson avait fait la sourde oreille, Maupertuis étant par trop détesté d'une grande partie de ses anciens collègues. Mais, lorsque ceux qui étaient restés ses amis apprirent les manigances de Godin pour se faire réintégrer dans l'institution, ils n'eurent qu'une idée : faire de même pour Maupertuis, sans froisser son orgueil. Pour remplir cette difficile mission, il fallait d'abord l'accord de Maupertuis, en évitant toute allusion aux démarches de Godin. C'est Étienne Mignot de Montigny[4] qui est chargé de tâter le terrain. En avril 1752, il lui présente l'affaire dans les termes les plus

---

1. *Journal* d'Hémery, Ms. Fr. 22-158, f. 125, 30 mars 1753. Le vote avait eu lieu au début février. 2. *P.I.*, 1, pp. 292-293. Godin s'était installé au Pérou et Maupertuis en Prusse. 3. Maurepas fut démis de ses fonctions et exilé en 1749. Le comte d'Argenson lui succéda au ministère de la Maison du roi, qui exerçait la tutelle sur les Académies. 4. Neveu de Voltaire et associé géomètre à l'Académie depuis 1742.

flatteurs : « Tous vous regrettent, à la réserve d'un très petit nombre dont il est inutile de vous faire ici l'énumération. Tous sont choqués ainsi que moi de ne plus voir votre nom sur la liste de l'Académie. J'en parlais il y a quelque temps avec M. le comte d'Argenson, que j'ai trouvé tout aussi scandalisé... et très disposé à y mettre ordre. Son intention, si vous l'agréez, est de vous faire rentrer dans l'ordre des pensionnaires vétérans. Il en a déjà jeté quelques mots devant ceux qu'on aurait pu regarder comme opposants. Nulle autre objection de leur part, sinon que "M. de Maupertuis ne s'en soucie pas". Il ne faut *qu'un mot de vous*, Monsieur, pour détruire une difficulté de cette espèce. » Montigny sait bien que là est la difficulté, car la dignité de Maupertuis lui interdit toute démarche qui le mettrait en situation de quémandeur. On sent qu'il marche sur des œufs, ajoutant tout aussitôt : « Il ne s'agit pas d'une demande en forme. Il suffit que je puisse assurer M. d'Argenson que vous vous en souciez pour qu'il en réponde dans l'occasion, occasion qu'il fera naître dès que j'aurai votre consentement... Vous devez me connaître assez pour penser que je suis incapable de vous compromettre, ou de vous engager dans une fausse démarche ; et d'ailleurs, est-ce une démarche ? Je sens bien que cette réparation n'ajoutera rien à la réputation brillante dont vous jouissez et que vous avez si bien acquise avec l'estime de toute l'Europe. Cependant, je ne la crois pas inutile[1]... »

La lettre de Montigny est parfaite, à ceci près qu'elle vient un peu tard. Maupertuis sait depuis longtemps

---

1. Lettre du 11 avril 1752. A.A.S., Fonds Maupertuis, dossier 122. Souligné par nous. Les opposants non mentionnés sont toujours ceux de la vieille garde de l'Académie : les Mairan, Réaumur, Cassini...

que Godin s'agite pour rentrer à l'Académie. Au lieu de répondre à Montigny, il s'adresse directement à d'Argenson pour lui faire part de son mécontentement. Après lui avoir rappelé les conditions scandaleuses, car iniques, de son exclusion concomitante de celle de ce voyou de Godin, et l'inertie de D'Argenson après sa nomination au ministère, il résume crûment la situation présente : « Aujourd'hui, l'envie qu'on a de faire rentrer M. Godin, et apparemment ses sollicitations, font que l'Académie pense à moi, et mes ennemis voudraient me faire faire les mêmes démarches qu'à lui. Je crois pouvoir, sans orgueil, vous dire que je n'en ai pas le même besoin, et même que je suis devenu tout à fait insensible à cette espèce d'honneur… Je crois que vous m'approuverez de ne pas faire la moindre démarche auprès de l'Académie, ni de lui faire porter la moindre parole. J'ajouterais même que je regarderais comme un déshonneur pour moi de n'y rentrer qu'à la suite de M. Godin et dans la même forme[1]. »

L'intransigeance de Maupertuis mit momentanément fin aux espérances de Godin. Il avait fait d'une pierre deux coups : drapé dans une dignité hautaine, il avait mis l'Académie et son ministre en situation de demandeurs. Il avait aussi interdit à ses vieux ennemis, qui soutenaient Godin, de parvenir à leur but. Piètre consolation après tant d'humiliations passées, mais consolation tout de même !

---

1. Lettre du 25 avril 1752. Archives de Saint-Malo, *op. cit.*, f. 146 r et v. Quelque temps après celle de Montigny, Maupertuis en reçut une seconde de Malesherbes, alors président de l'Académie, pour le solliciter à nouveau. Mais Maupertuis lui opposa la même fin de non-recevoir. *Cf.* lettre de Maupertuis à La Condamine, 13 mai 1752. Archives de Saint-Malo, f. 147.

FIN DU MYTHE BERLINOIS

Avant que ne s'étale aux yeux de toute l'Europe
le scandaleux pugilat qui va opposer Voltaire à
Maupertuis, suivi des mesures non moins scandaleuses
de Frédéric II, Berlin est toujours une terre d'asile
accueillante aux persécutés, et le monarque incarne
plus que jamais la liberté d'expression. L'éloge *post
mortem* de La Mettrie à l'Académie de Berlin[1], en son
propre nom, a sidéré tout le monde, tant à Berlin qu'à
Paris. Que le roi de Prusse fasse un tel honneur à la
mémoire d'un philosophe ouvertement matérialiste
et athée que l'on traitait au mieux de pitre, au pis de
scélérat, était la démonstration éclatante de son indifférence aux préjugés. Ce pied de nez aux dévots de
toutes les Églises, ainsi qu'à la France et à la Hollande
que La Mettrie avait dû fuir, ne pouvait qu'enchanter
les esprits libres. Si l'on ajoute à cela que le roi avait
accueilli à sa cour le fugitif de Prades, pour être son lecteur à la place de La Mettrie, on a tout lieu de croire que
la Prusse constitue alors un îlot de liberté intellectuelle
sur le continent. La suite montrera que cette liberté a
des limites et qu'elle n'empêche pas les passions les
plus destructrices de se déchaîner.

La folie de Maupertuis

Sa colère contre Koenig avait atteint en décembre
1751 un tel paroxysme qu'elle avait réveillé ses maux,
tant physiques que psychiques. Dès janvier 1752, son

---

1. L'éloge de La Mettrie par Frédéric II fut lu le 19 janvier 1752
par son secrétaire, Darget.

affection pulmonaire le reprend. Fièvres et crachements de sang matin et soir[1] le forcent à s'aliter. Il déserte l'Académie durant tout l'hiver. Mais son affaiblissement physique n'a en rien ralenti son mal psychique. Entre ses toux et ses potions, il continue de bombarder de lettres tous ceux qui pourraient le mettre sur la voie du fameux manuscrit de Leibniz.

À la fin de mars, lassé d'attendre et convaincu depuis le début que Koenig a fabriqué un faux pour lui ôter le bénéfice d'une découverte fondamentale, Maupertuis prend une décision qui va achever de le perdre. Il décide, avec la complicité d'Euler, de faire condamner Koenig comme faussaire par l'Académie. Cet acte détestable, puisqu'il est le maître absolu de l'institution et que tous les académiciens dépendent de lui pour leurs pensions, est programmé pour la séance du 13 avril. Or, dès le 4 avril, sa santé se dégrade dangereusement. Le roi lui envoie son médecin personnel, Cothenius, et, le 11, Algarotti demande l'autorisation à Frédéric d'aller à Berlin « voir un homme dont la cendre serait honorée des larmes de V.M.[2] ». Le 13, la condamnation est votée comme prévu à l'unanimité : Koenig est cloué au pilori en termes insultants. Il ne lui reste plus qu'à démissionner.

Cette satisfaction déshonorante pour Maupertuis semble offrir un léger répit à sa maladie. Au début de mai 1752, il demande et obtient de Frédéric la permission d'aller se rétablir en France, dans sa ville natale de Saint-Malo[3]. Mais son état stagne jusqu'à la mi-

---

1. Maupertuis a résumé l'histoire de sa maladie dans une lettre à La Condamine « reçue l'été 1753 ». A.A.S., Fonds Maupertuis, dossier 3. 2. Éd. Preuss. *Op. cit.*, p. 83. 3. À Jean II Bernoulli, 20 mai 1752 : « Je tâche de me remettre pour être en état d'entreprendre le voyage de France. » LIa. 708, f. 131.

juillet, date à laquelle il est pris « d'un nouvel accès
dans les poumons[1] ». Il n'est plus question de voyage
en France, mais de savoir s'il va survivre ou non. Le
1er août, il écrit à Jean II Bernoulli : « J'ai été à la mort
depuis que je ne vous ai écrit [20 mai], après m'être cru
sur le point de partir... Voilà six mois que je suis entre
la vie et la mort. Je n'ai d'espoir que dans le voyage
en France, et je ne suis point en état de le faire[2]. »
Épuisé par les saignées, nourri au seul lait de femme[3],
Maupertuis semble perdu. Ses amis se disent extrêmement inquiets[4], et Frédéric II envisage sérieusement de
lui trouver un successeur[5].

Réduit à un tel état, tout autre que Maupertuis se
serait désintéressé de l'affaire Koenig. Pas lui. Ce qui
prouve la gravité de sa paranoïa, mais aussi son goût
du combat et son attachement à la vie. Il attend, dit-
il, la réponse de Koenig et « a fort envie de la voir[6] ».
Il n'a pas à attendre longtemps : dès la fin d'août
paraît l'*Appel au public* dans lequel Koenig dénonce
avec talent un procès inique et une atteinte fondamentale à la liberté intellectuelle. Les savants allemands,
leibniziens et jaloux de Maupertuis, manifestent leur
colère. Attaques et pamphlets pleuvent dans les journaux de Hambourg et de Leipzig. Maupertuis tente de

---

1. Maupertuis à Frédéric, 17 juillet 1752. A.A.S., Fonds Maupertuis, dossier 70.   2. *Ibid.*, f. 132.   3. « Il est temps de
rentrer dans le sein de ma mère », dit-il à Frédéric, le 6 août.
A.A.S., dossier 70.   4. J.-B. Mérian à Jean II Bernoulli, 22 août
1752. LIa. 711, 163, f. 532.   5. À Darget, alors à Paris, il écrit
le 31 juillet : « Le pauvre Maupertuis ne va pas bien... Tâchez
de vous lier à d'Alembert pour voir s'il voudrait mordre à notre
hameçon. » Quelques jours plus tard (août 1752) : « J'ai lieu de
craindre que nous le perdions. Je ne sais que d'Alembert qui puisse
le remplacer. » Éd. Preuss, t. XX, pp. 34-35.   6. À Jean II
Bernoulli, 1er août 1752. *Op. cit.*, f. 132.

les faire taire et allume des contre-feux par le biais de mercenaires à sa botte[1]. En vain. Mais cela ne semble pas l'atteindre : « Je ne sais si c'est la maladie qui diminue ma sensibilité, mais je ne donne pas tant d'importance que vous pensez aux invectives qui courent dans les gazettes et dans les journaux. Je n'ai jamais pensé qu'une affaire de la nature de celle de Koenig se passât sans murmures et sans criailleries, mais je n'ai jamais cru que ces criailleries me fissent grand tort quand j'aurais la raison et les honnêtes gens de mon côté. Il est vrai qu'on ne peut guère attendre de ses meilleurs amis des secours aussi vifs que les efforts de ses ennemis. Mais j'en ai pourtant trouvé[2]... »

Sûr de son bon droit, il est également convaincu du soutien de ses amis français. Le 6 juillet, Montigny le félicite de la condamnation de Koenig, ajoutant : « Je trouve que vous avez eu pour lui bien de la bonté[3]. » Buffon fait de même : « C'est un fripon que votre Académie a bien fait de démasquer[4]. » D'Alembert renchérit : « C'est un fripon maladroit. Je vous promets d'en faire mention dans le troisième volume de l'*Encyclopédie* à l'article "Cosmologie"[5]. » Même Bouguer, pourtant lié à Koenig, publie un article fort équilibré dans le *Journal des savants*[6]. Modéré et courtois à l'égard de Koenig, « victime de sa candeur », il reste très élogieux pour Maupertuis.

---

1. Voir les lettres de J.G. Altmann (9 décembre 1752) et G.W. Krafft (25 mars 1753) à Maupertuis. A.A.S., Fonds Maupertuis, dossiers 53 et 54.   2. À Jean II Bernoulli, 18 novembre 1752. *Op. cit.*, f. 135.   3. A.A.S., Fonds Maupertuis, dossier 122.   4. 1er juillet 1752. *Ibid.*, dossier 81.   5. 4 août 1752. 6. Décembre 1752, I, pp. 818-821. À cause de longs délais de publication, le *Journal des savants* réagit avec retard. Ainsi, le compte rendu de l'*Appel au public* de Koenig par le même Bouguer ne paraîtra qu'en avril 1753.

À défaut d'avoir recouvré la santé, Maupertuis a tout lieu de croire, en ce début d'automne 1752, qu'il a gagné sa guerre contre Koenig et qu'il n'a plus qu'à terrasser la maladie pour pouvoir enfin rentrer en France. Mais c'est oublier son pire ennemi.

La cruauté de Voltaire

Depuis l'arrivée de Voltaire en Prusse, le contentieux s'est tellement alourdi entre les deux hommes qu'ils ne s'adressent quasiment plus la parole. Maupertuis a pu mesurer à son détriment l'influence de Voltaire sur le roi[1], et Voltaire soupçonne la main de Maupertuis dans tous les mauvais coups qui s'abattent sur lui[2]. Bref, ils se haïssent sans la moindre cordialité.

Dès qu'il apprend à Potsdam la condamnation de Koenig, Voltaire prend sur-le-champ la défense du présumé coupable. Peut-être est-ce autant par haine de Maupertuis que par sensibilité à la liberté d'expression. Il l'accuse d'un « petit coup de tyrannie qui n'est pas d'un philosophe », et qualifie Koenig de « grand géomètre », « homme de mérite, un brave Suisse qui est très incapable d'être faussaire[3] ». Il annonce qu'il va se renseigner sur les détails de ce commencement de guerre.

Dès juillet, au courant de toute l'affaire, il entame sourdement sa campagne pour Koenig et diffuse un pre-

---

1. *Cf.* les affaires de l'abbé Raynal, de l'abbé de Prades, ou la rumeur d'une nouvelle Académie des arts.   2. *Cf.* l'affaire Hirschel, la haine de La Beaumelle, etc.   3. À Mme Denis, 22 mai 1752. D. 4895. Au passage, il décrit Maupertuis « malade pour avoir bu un peu trop d'eau-de-vie… ». Voir l'introduction de J. Tuffet, *op. cit.*, pp. LXXI-LXXXVI.

mier factum anonyme en sa faveur[1]. En août, il prépare
un compte rendu au picrate de la nouvelle édition des
Œuvres de Maupertuis qu'il fait publier, toujours anonymement, à Paris et à Berlin[2]. L'avocat de Koenig se fait
le procureur de Maupertuis en utilisant toutes les flèches
qu'il a à son arc : la parodie, la plaisanterie ou l'attaque
brutale. Après avoir lu l'*Appel* de Koenig – « mal écrit,
mais convaincant[3] » –, c'est à cette dernière qu'il recourt
dans une lettre non signée et intitulée *Réponse d'un académicien de Berlin à un académicien de Paris*[4]. Il y
conclut que « Maupertuis a été convaincu à la face de
l'Europe savante non seulement de plagiat et d'erreur,
mais d'avoir abusé de sa place pour ôter la liberté aux
gens de lettres, et pour persécuter un honnête homme qui
n'avait d'autre crime que de n'être pas de son avis ».

Dès octobre, Voltaire change d'angle d'attaque. Au
procès du méchant Maupertuis succède la dénonciation
d'un fou. Non que Voltaire ait connaissance de l'état
psychologique réel du président de l'Académie[5]. Ce
nouveau thème, plus cruel encore, lui est suggéré par
la récente publication des *Lettres*, qui comprend celle
sur le *Progrès des sciences*. Là, Maupertuis s'est aban-

---

1. Le 1er juillet, il charge la comtesse de Bentinck d'en faire
parvenir un exemplaire à La Haye, au *Journal des savants* à Amsterdam, et la prie d'en faire des copies pour les envoyer en d'autres
endroits. D. 4932.   2. À Paris, dans le journal de l'abbé de La
Porte, *Observations sur la littérature moderne*, et à Berlin, dans
la *Bibliothèque raisonnée*. A. Magnan, *op. cit.*, p. 309.   3. À
Mme de Bentinck, 25 septembre [1752]. D. 5021.   4. Cette
lettre datée « À Berlin, le 18 septembre 1752 » paraît dans la
Bibliothèque raisonnée, Amsterdam, juillet-septembre 1752.
D. 5019.   5. Voltaire semble tout ignorer de la santé de
Maupertuis. Le 29 septembre 1752, il demande à la comtesse de
Bentinck : « Est-ce que Maupertuis est effectivement en danger ? »
D. 5023.

donné à la rêverie futurologique, avec tout ce que cela comporte d'imagination et de provocation. En caricaturant ses idées, Voltaire tient l'angle d'attaque qu'il ne lâchera plus : lisez Maupertuis, vous verrez qu'il a perdu la tête. Plus vicieux, il impute cette folie à la syphilis ou à l'alcool, selon son interlocuteur, extrapolant à chaque fois à partir d'un fait avéré.

La campagne calomnieuse commence avec Mme Denis, cette fois à destination de tout Paris : « Maupertuis est devenu tout à fait fou. Vous n'ignorez pas qu'il avait été enchaîné à Montpellier dans un de ses accès il y a une vingtaine d'années. Son mal lui a repris violemment. Il vient d'imprimer un livre où il prétend qu'il ne peut trouver Dieu que par une formule d'algèbre[1]... » Plus mesuré avec La Condamine, intime de Maupertuis, Voltaire se contente d'attribuer le dérangement de sa santé à « l'usage des liqueurs fortes[2] ». Avec le duc de Richelieu, il rode les thèmes de sa *Diatribe d'Akakia* : « Maupertuis à force de boire de l'eau-de-vie s'est mis à la mort, mais il en réchappe parce qu'il est né avec un tempérament de Tartare. Il n'est que fou ; il vient de faire un livre où il propose de faire des trous qui aillent jusqu'au centre de la Terre, d'aller droit sous le pôle, de connaître le siège de l'âme en disséquant des têtes de géant, ou en examinant les rêves de ceux qui ont pris de l'opium... Nous nous attendons que dans quelques jours il débitera des prophéties[3]. »

---

1. 1er octobre 1752. D. 5025. Sur la syphilis de Maupertuis, *cf. P.I.*, 1, p. 53.   2. 12 octobre 1752. D. 5041.   3. 25 novembre 1752. D. 5084.

Voltaire bâillonné

Les écrits de Voltaire ne passent jamais inaperçus. Même anonymes. Son style et son esprit finissent toujours par le démasquer. Leur influence sur le public est redoutable. Craignant pour le prestige de son Académie, Frédéric prend immédiatement le parti de son président. Ulcéré des attaques de Voltaire contre un mourant, il rend à ce dernier une visite ostensible[1] et lui annonce certainement la réplique qu'il entend rendre publique. Quelques jours plus tard, Frédéric lui fait parvenir un exemplaire de sa *Lettre d'un académicien de Berlin à un académicien de Paris*[2]. C'est la réponse du berger à la bergère, largement diffusée[3], qui vise à mortifier Voltaire.

Aveuglé à son tour par la passion polémique, Voltaire ne tient aucun compte du sévère avertissement royal et diffuse aussitôt son terrible pamphlet, la *Diatribe du docteur Akakia*[4], qui va ridiculiser Maupertuis pour l'éternité. Colère de Frédéric qui intime à Voltaire l'ordre de se taire, et fait brûler tous les exemplaires dans sa cheminée. Il lui envoie un billet comminatoire : « Si vous poussez l'affaire à bout, je ferai tout imprimer et l'on verra que si vos ouvrages méritent qu'on

---

1. D'Argens à Algarotti [4 novembre 1752]. D. 5091 : « Cette visite a désorienté tous les Konistiens, et selon les apparences elle ne sera pas la dernière. »   2. Le 12 novembre, Maupertuis remercie le roi de cette « *Lettre* qui le comble de gloire », A.A.S., Fonds Maupertuis, dossier 70.   3. Le 17 novembre, Maupertuis écrit à nouveau au roi pour lui dire le succès de sa *Lettre* et lui demander l'autorisation d'en publier une traduction dans toutes les langues (!). *Ibid*.   4. Voltaire en fit d'abord imprimer quelques douzaines d'exemplaires à Berlin vers le 20 novembre. Dès le 25 novembre, Maupertuis l'a lu et fait part de son désespoir à Frédéric.

vous érige des statues, votre conduite vous mériterait
des chaînes[1]. » À quoi Voltaire, perdant le sens du ridicule, répond au dos du billet : « Quoi, vous me juge-
riez sans m'entendre ! Je demande justice et [ou ?] la
mort[2]. » On nage dans le grotesque qui éclabousse déjà
Maupertuis, Voltaire et le roi.

Frédéric pense avoir le dernier mot et rassure Maupertuis : « L'affaire des libelles est finie, j'ai parlé si
vrai à l'homme, je lui ai si fort lavé la tête que je ne
crois pas qu'il y retourne, et je connais son âme lâche,
incapable de sentiment d'honneur ; je l'ai intimidé du
côté de la bourse… À présent, ne pensez qu'à vos poumons[3]. »

Funeste erreur ! Voltaire a déjà fait passer le manuscrit de la *Diatribe* en Hollande pour qu'il soit imprimé
et répandu dans toute l'Europe. Dès la mi-décembre,
les exemplaires commencent à parvenir à Berlin. Le
roi, ivre de rage, prend une mesure digne du parlement
de Paris : il fait saisir les exemplaires, les fait lacérer
et brûler, le 24 décembre, par la main du bourreau. De
chez lui, à sa fenêtre, Voltaire voit monter les flammes
de son livre, et Maupertuis en reçoit les cendres le
jour même de Frédéric à titre de « poudre rafraîchis-
sante[4] ».

Cette fois, Voltaire a compris le message. Il a peur et
veut quitter Berlin définitivement. Le 1er janvier 1753,
il renvoie à Frédéric la clé de chambellan et l'ordre du
Mérite[5]. En même temps, il se met sous la protection de
l'ambassadeur de France, le chevalier de La Touche.
Mais il est impossible de partir sans le consentement
du roi, et celui-ci n'entend pas lâcher sa proie. Si l'on

---

1. [30 novembre 1752]. D. 5096.   2. [30 novembre 1752].
D. 5097.   3. [10 décembre 1752]. D. 5100.   4. [24 décembre
1752]. D. 5120.   5. D. 5133, 5134, 5135.

a du mal à museler Voltaire en Prusse, qu'en sera-
t-il à l'extérieur, une fois sa liberté recouvrée ? De son
côté, Voltaire préfère une séparation à l'amiable qui
n'entache pas de ridicule son séjour en Prusse. Après
trois mois de négociations et de faux-semblants[1], il
obtient la permission de retourner en France. Il quitte
Potsdam le 26 mars 1753, « à 7 heures du matin ».
Pour toujours.

À son tour, Voltaire croit en avoir fini avec Frédéric.
Il ne se doute pas que le pire est à venir.

Un bilan ravageur

Chacun à leur manière, Maupertuis et Voltaire ont
cherché à anéantir leur adversaire. Par la tyrannie ou
par le ridicule, l'un et l'autre ont voulu imposer silence
au gêneur. C'est le contraire qui arriva. Maupertuis sou-
leva la majorité des savants allemands contre lui, et Voltaire va payer très cher son *Akakia*. Lorsqu'il écrira, à
titre de justification : « Tout ce qui fait rire apaise[2] », il
est sûr qu'il n'en croit pas un mot. Pourtant, qui aurait
pensé qu'un sale petit règlement de comptes au sein de
l'Académie de Berlin deviendrait l'occasion d'un scandale à l'échelle européenne ?

La première raison est le succès inouï de la *Diatribe*.
Qu'on ait vendu à Paris, comme le dit Voltaire, « six
mille *Akakia* en un jour[3] » n'est peut-être pas exact,
mais il est vrai que chacun s'arrache ce pamphlet si
drôle et si méchant. En l'espace de quelques semaines,

1. Le 18 janvier, Voltaire désavoue *Akakia* dans la *Spener-
sche Zeitung*...   2. À Formey [23 décembre 1753]. D. 5173.
3. À Formey, 17 janvier 1753. D. 5163.

le président de l'Académie de Berlin est devenu la risée de toutes les capitales européennes. Et comment étouffer les rires ? Par ailleurs, les deux protagonistes s'emploient à plaider leur cause à Paris et, ce faisant, ils étendent le conflit hors des frontières prussiennes. Les fidèles de Voltaire, tels Mme Denis[1], d'Argental[2] ou Cideville[3], répandent toutes les pièces publiées contre Maupertuis, et minimisent *Akakia* en le comparant aux procédés infâmes de Maupertuis. Ce dernier n'est pas en reste. Il mobilise ses amis[4] et trouve l'oreille complaisante des ennemis de Voltaire. La Condamine, fidèle parmi les fidèles, diffuse abondamment la « profession de foi » de Maupertuis, y compris à d'Argental[5] qui n'en croit pas ses yeux. De son côté, La Beaumelle, qui a un compte à régler avec Voltaire, travaille avec zèle à le « justifier auprès de ceux que les cris éternels des lâches partisans de Voltaire peuvent abuser[6] ». Chaque homme de lettres à Paris est sommé de prendre position pour décider de la seule victoire qui vaille : celle que l'on remporte devant l'opinion publique. À Paris, mais aussi à Londres, en Allemagne et en Hollande.

Durant plusieurs semaines, l'issue de la bataille semble indécise. Nombre de gens trouvent tous ces procédés révoltants et renvoient les deux protagonistes dos à dos. « C'est une honte pour les lettres, s'indigne Le Blanc, qu'il soit si rare qu'une société de savants soit une société d'honnêtes gens : que de bassesses, que d'indignités la jalousie ne fait-elle pas faire aux hommes qui ont le plus de talent et de réputation ! Quelle scène scandaleuse deux Français du premier

1. 16 janvier [1753]. D. 5159.   2. 26 février [1753]. D. 5217. Magnan, *op. cit.*, p. 250.   3. 26 janvier 1753. D. 5179.   4. Par exemple : Montesquieu, D. 5196 ; Buffon ou Le Blanc, D. 5148. 5. 24 mars 1753. D. 5239.   6. 22 février 1753. D. 5215.

ordre ne jouent-ils pas aujourd'hui à Berlin[1] ! » Amie
des deux ennemis, Mme du Duffand, qui a un sens si
aigu de l'inconvenant, n'en revient pas : « Que dites-
vous des aventures de Voltaire, est-il possible que les
plus grands génies soient si voisins de la folie, est-il
permis de ruiner sa réputation et son bonheur pour un
pareil ouvrage que celui qu'il a fait contre Maupertuis ;
la jalousie et la vanité font bien faire des sottises[2]. » À
quoi son interlocuteur suédois lui répond : « Je trouve
que Voltaire n'est pourtant pas celui qui s'est déshonoré le plus. La *Diatribe* est à mon avis un ouvrage de
mauvais goût qui aurait fait bien plus de tort à la réputation de son auteur si le roi de Prusse ne l'eût jamais
fait brûler[3]. »

Alors que le beau monde affiche le plus parfait mépris
pour cet étalage de haine, et que les hommes de lettres
commencent à se lasser de ces criailleries qui ne les
grandissent pas, ce sont les savants qui assènent le coup
de grâce à Maupertuis. D'une part en critiquant son
fameux principe, d'autre part en condamnant ses procédés. Le premier surpris est le jeune Lalande, de retour
à Paris depuis la fin d'octobre 1752. Lui qui, à Berlin,
avait vécu chez Euler et ne jurait que par Maupertuis, est
tombé de haut à son retour. Dès décembre, il constate :
« L'affaire de Maupertuis contre Koenig va toujours,
ce me semble, de plus en plus mal… J'ai le chagrin
de voir que presque tout le monde est contraire à ce
fameux jugement de l'Académie par lequel on avait

---

1. À Ruffey, 10 janvier 1753. D. 5143. Même son de cloche
du côté du président Hénault qui écrit au baron Scheffer, ex-
ambassadeur de Suède en France : « Nous déplorons de même
les erreurs des hommes illustres. » *Lettres inédites de Mme du
Deffand, du président Hénault…*, éd. R. von Proschwitz, *S.V.E.C.*,
X, 1959, p. 307.   2. Au baron Scheffer, 7 février 1753. *Ibid.*,
p. 310.   3. Du baron Scheffer, 9 mars 1753. *Ibid.*, p. 311.

prétendu consacrer la mémoire de la condamnation d'une démarche hasardée et tout au moins suspecte[1]… »

C'est le chevalier d'Arcy qui sonne la charge à l'Académie des sciences lors des séances des 3 et 7 février 1753[2]. Une note en informe l'ambassadeur de France à Berlin en ces termes : « M. le chevalier d'Arcy… chargé de rendre compte à l'Académie du fond du procès de MM. Koenig et Maupertuis, démontra que les propositions de M. de Maupertuis étaient des pétitions de principe et des paralogismes. Toute l'Académie, ayant examiné mûrement le mémoire de M. le chevalier d'Arcy, *fut unanimement de son opinion*, et M. de Réaumur, l'un des commissaires, écrivit au nom de l'Académie ces propres paroles à M. Koenig, le 11 février suivant : "La vérité et la candeur ont un triomphe complet sur les sophismes par lesquels on a prétendu se placer au-dessus des plus grands hommes, et sur tant de petites choses méprisables par lesquelles on a cherché à en imposer[3]." »

L'informateur anonyme est sévère, et peut-être pas tout à fait exact pour ce qui est de l'unanimité. Maupertuis avait encore quelques amis à l'Académie de Paris[4]. Lalande, fraîchement élu[5], qui lui fait un compte rendu atténué de ces séances, rapporte que « d'Alem-

---

1. Lalande à Gottsched, 25 décembre 1752. Cité par A. Magnan, *op. cit.*, p. 318.   2. Le mémoire de D'Arcy sur le principe de la moindre action de M. de Maupertuis est publié dans les *Mémoires de l'Académie des sciences*, col. 1752, pp. 503-512.   3. Papiers du chevalier de La Touche, Bibliothèque de l'Institut, Ms. 5721, f. 36, s.l.n.d. Souligné par nous.   4. Procès-verbaux de l'Académie des sciences des 3 et 7 février indiquant la présence de Lemonnier et Nicole, plus celle de La Condamine le 3 février et celle de D'Alembert le 7.   5. Lalande fut élu adjoint astronome le 4 février 1753.

bert contesta vivement les propos de D'Arcy[1] ». D'autre part, Réaumur est l'ami de Koenig, qu'il a rencontré à Paris, et l'ennemi juré de Maupertuis. Comment ses propos n'auraient-ils pas reflété ses propres sentiments ? Néanmoins, Réaumur n'est pas le seul à s'indigner des procédés de Maupertuis. L'astronome Bouguer publie dans le *Journal des savants* d'avril une vibrante défense de Koenig qui résonne comme une sévère mise en accusation de son adversaire[2].

En dépit du soutien de Frédéric, Maupertuis se sent perdu. En février 1753, sa maladie le reprend de plus belle[3]. Il ne sort de cette crise gravissime que pour sombrer dans un nouvel accès de paranoïa. À peine Voltaire parti, Maupertuis redoute de nouveaux libelles. Perdant toute raison, il lui envoie une lettre de menaces : « S'il est vrai que votre dessein soit de m'attaquer encore… ma santé est assez bonne pour vous trouver partout où vous serez, et pour tirer de vous la vengeance la plus complète[4]. »

L'occasion est trop belle. Voltaire reprend le masque du bon docteur Akakia pour ridiculiser son malade, « natif de Saint-Malo ». C'est une volée de flèches plus drôles les unes que les autres que Voltaire s'empresse de rendre publique en France et en Allemagne, avec le « cartel de Maupertuis[5] ». Pour le coup, Maupertuis est

---

1. Lettre du 12 février 1753. A.A.S., Fonds Maupertuis, dossier 114.   2. *Journal des savants*, avril 1753, pp. 225-230. 3. A.A.S., Fonds Maupertuis, dossier 3 : « Vers le mois de février 1753, la toux, le crachement de sang et la fièvre augmentèrent à tel point qu'on me crut mort… Pendant plusieurs jours, je remplissais chaque nuit deux ou trois serviettes de sang et de pus… »   4. 3 avril 1753. D. 5246.   5. Le journal de Leipzig, *Der Hofmeister*, publie le 10 avril la traduction allemande de la lettre de Maupertuis, et le 25 avril c'est le *Journal de la Librairie* qui publie *in extenso* celle-ci et la réponse de Voltaire. B.N., Ms. fr. 22.158, f. 132-133.

à terre, presque dans la boue à son tour. Mais Voltaire aurait tort de se réjouir, car il a lié son nom à celui de son ennemi. Un mépris général les englobe tous deux, comme en témoigne le président Hénault : « La querelle entre Maupertuis et Voltaire finit enfin par une scène italienne… Il n'appartient qu'au docteur de séparer Arlequin et Scapin[1]. » D'Alembert est encore plus accablé et plus sévère : « J'ai le cœur serré de toute cette affaire qui déshonore et avilit les gens de lettres… Voilà deux hommes célèbres qui donnent à l'Europe une scène infâme et odieuse[2]. »

De son côté, le roi de Prusse n'est pas épargné. Son prestige est atteint. On s'étonne « qu'un aussi grand prince s'abaisse à d'aussi petits détails[3] ». On aurait préféré qu'« un prince aussi respectable n'eût pas continué de paraître dans cette farce[4] ». Ces propos tenus avant même l'arrestation de Voltaire à Francfort par les sbires de Frédéric prouvent qu'au printemps 1753 il ne reste plus grand-chose du mythe berlinois. Pis, comme le remarque d'Alembert, c'est tout le monde des lettres qui est avili par cette pantalonnade au moment même où des voix s'élèvent pour appeler les intellectuels à la dignité.

LE CODE D'HONNEUR DES INTELLECTUELS

D'Alembert et Rousseau sont les premiers à prendre conscience d'une certaine corruption des intellectuels,

---

1. Au baron Scheffer, 1er mai [1753]. *Ibid.*, p. 315.   2. Au marquis d'Argens, 28 avril 1753. D. 5271.   3. Duc de Luynes, *Mémoires*, t. 12, p. 467.   4. Hénault au baron Scheffer, 1er mars [1753].

et à l'écrire. Au même moment, quoique dans un contexte différent, l'un et l'autre s'en prennent au philosophe courtisan. Deux fonctions contradictoires, deux aspirations antinomiques qui débouchent toujours sur la mort du philosophe. Comment dire le vrai et le bien quand on veut plaire aux puissants ? À lire Rousseau, la courtisanerie est inhérente aux gens de lettres dans une société corrompue, et ses conclusions sont pessimistes. Raison pour laquelle son texte eut peu d'échos. En revanche, d'Alembert propose un code de bonne conduite à ses pairs et une stratégie de l'indépendance qui ressemble fort à l'établissement d'un nouveau pouvoir. Son *Essai* va susciter une levée de boucliers, mais aussi les applaudissements de la nouvelle génération.

Quelles que soient les différences entre les deux textes, on perçoit la même aversion pour l'inégalité, la même méfiance à l'égard du paraître et des honneurs, la même volonté de distance avec les grands. Ce n'est pas un hasard si leurs auteurs sont respectivement un bâtard et un modeste Genevois. On chuchote toujours sur la naissance du premier, et le second n'oublie pas qu'on a voulu le faire dîner à l'office[1].

Le manifeste de D'Alembert

Au début de janvier 1753, d'Alembert publie des *Mélanges*[2] en deux volumes. C'est dans le second que l'on trouve l'*Essai sur la société des gens de lettres et*

---

1. *Les Confessions*, La Pléiade, t. I, p. 289.   2. *Mélanges de littérature, d'histoire et de philosophie*. Selon ses exigences de mai 1752, il republie, dans le 1er volume, le *Discours préliminaire*. Sortis des presses durant la première semaine de janvier, ils sont en vente le 10.

des grands. Quelques jours plus tard, l'abbé de Condillac exerce ses fonctions de censeur en donnant son
approbation à la préface d'une comédie de Rousseau,
Narcisse[1]. Les deux textes ont d'évidentes parentés,
mais pas le même destin. Comme les trois hommes se
connaissent bien et ont longtemps partagé avec Diderot
des repas hebdomadaires, il n'est pas interdit de penser
que la situation des gens de lettres fut un thème de méditation commune[2].

La préface de Rousseau n'a pas connu le même
retentissement que l'*Essai* de D'Alembert. Outre que
sa pièce fut un échec, la préface n'est pas consacrée à
celle-ci, mais aux querelles qu'engendra son premier
Discours sur les sciences et les arts. Apparemment,
rien de vraiment neuf, sinon une défense *pro domo*, à
la première personne, qui ôte au propos l'objectivité
qui pourrait convaincre. Pourtant, au milieu d'un texte
mal construit, jaillissent des formules assassines sur le
monde des lettres qui rejoignent précisément les préoc-
cupations de D'Alembert. Par exemple : « Tout homme
qui s'occupe des talents agréables veut plaire, être
admiré, et veut être admiré plus qu'un autre. Les applaudissements publics appartiennent à lui seul : je dirais
qu'il fait tout pour les obtenir, s'il ne faisait encore
plus pour en priver ses concurrents[3]. » Le goût des honneurs, le désir de gloire engendrent immanquablement
la corruption et les compromissions. Le philosophe y
perd son âme, ses idées et sa vertu. Égocentrique et

---

1. L'approbation de Condillac date du 11 janvier. *Narcisse,
ou l'Amant de lui-même*, avait été joué au Théâtre-Français les
18 et 20 décembre 1752. Le texte de la pièce fut publié avec la
préface en janvier. *Cf.* Pléiade, t. II, pp. 959-974.   2. Même si
d'Alembert a dédié son *Essai* à l'abbé de Canaye et prétend que
c'est le fruit de leurs conversations philosophiques.   3. Pléiade,
t. II, pp. 967-968.

théâtral, Rousseau prend ses critiques à témoin : « S'ils s'aperçoivent que je commence à briguer les suffrages du public…, que j'aspire à des places d'Académie, ou que j'aille faire ma cour aux femmes qui donnent le ton ou que j'encense *la sottise des grands*…, je les prie de m'en avertir et même publiquement, et je leur promets de jeter à l'instant au feu mes écrits et mes livres… En attendant…, je continuerai à dire très franchement tout le mal que je pense des lettres et de ceux qui les cultivent[1]. »

Rousseau préconise une égalité intransigeante qui déplaît. L'allusion à la « sottise des grands » ne passe pas non plus inaperçue, moins des grands eux-mêmes que des hommes de lettres, courtisans ou non. Grimm peut écrire à son ami Gottsched : « La préface de Rousseau a fait beaucoup de bruit[2]. » Mais, quelles que soient l'audace et l'insolence de Rousseau, Grimm a aussi raison de souligner que cette préface « sans aucun sujet n'est pas trop bonne[3] ». Il lui manque la force de l'argumentation et l'analyse rigoureuse de la situation des gens de lettres qui font au contraire de l'*Essai* de D'Alembert le véritable manifeste des intellectuels.

D'abord, un constat : l'attirance réciproque des grands et des gens de lettres depuis l'époque où Louis XIV remit à l'honneur le savoir et l'esprit. Pour imiter leur maître, les grands se sont mis à rechercher les écrivains, à les flatter et à les entretenir. Les gens de lettres se sont jetés dans les bras de ces amateurs, « demi-connaisseurs[4] » superficiels qui leur offrent une gloire à meilleur prix

---

1. *Ibid.*, pp. 973-974. Souligné par nous.   2. [23 juin 1753]. *Correspondance complète* de Rousseau, II, p. 228.   3. *Correspondance littéraire*, II, p. 322. Pour sa part, Rousseau considérait que c'était un de ses bons écrits.   4. *Œuvres complètes* de D'Alembert, t. IV, p. 342.

que leurs rivaux. Au passage, d'Alembert confesse qu'il a lui-même cédé à la tentation : « C'est une expérience que j'ai faite, et qui peut être utile, pourvu qu'on ne la fasse pas longtemps[1]. » Il y a mis un terme, mais il sait de quoi il parle : « Il faut être de retour chez soi pour parler à son aise des nations qu'on a parcourues…, semblable à la plupart des voyageurs assez rassasiés de leurs courses pour n'avoir nulle envie de les recommencer. »

Ensuite, l'analyse de ces liaisons dangereuses qui ne mènent qu'à des impasses. Esclave conscient ou inconscient, complaisant ou rebelle, l'homme de lettres courtisan « joue le rôle le plus bas ». Le philosophe fuit la cour parce qu'il ne peut exercer son talent que dans une complète liberté qui va de pair avec l'égalité des conditions. Or, à part quelques rares exceptions[2], les grands ne considèrent pas les gens de lettres comme leurs égaux, et le ton de l'amitié est impossible avec ceux qui ont la « fureur de protéger ». En outre, l'absence de compétence intellectuelle de ces juges mondains les rend aveugles aux vrais génies et les incline vers les talents médiocres. D'où l'inévitable avilissement des hommes de lettres dans leur dépendance. Avilissement

---

1. *Ibid.*, p. 339. Malheureusement, on ignore les détails de cette « expérience » : à quelle date précise d'Alembert fut-il « emporté dans le tourbillon » ? quels grands fréquenta-t-il ? On sait seulement par sa correspondance avec Mme du Deffand (lettres des 2 et 22 décembre 1752) qu'il est revenu à sa solitude et qu'il préfère vivre pauvre, mais libre. Le 22 décembre, il précise : « Je suis devenu cent fois plus amoureux de la retraite… que je ne l'étais quand vous avez quitté Paris. » Or Mme du Deffand avait quitté Paris début mai 1752. Par ailleurs, Trublet fait état d'une lettre de Mme de Créqui qui évoque, fin 1752-début 1753, un d'Alembert « jeté dans le monde à corps perdu ».   2. *Ibid.*, p. 358 ; d'Alembert cite en note les noms du marquis d'Argenson, son ami, et du marquis Lomellini, ambassadeur de la république de Gênes en France.

intellectuel, mais aussi moral, comme le montrent tous les jours leurs épîtres dédicatoires pleines de bassesse et de fausseté.

Le remède tient en trois mots : « Liberté, vérité et pauvreté, car quand on craint cette dernière, on est bien loin des deux autres[1]. » Si les deux premiers vont de soi, le troisième appelle une précision. D'Alembert ne prétend pas que les hommes de lettres soient indigents, ni même leur interdire la richesse – s'ils l'ont faite eux-mêmes –, mais il souligne qu'ils ne doivent pas redouter la pauvreté. De ce triptyque découlent les conditions de la dignité intellectuelle. Si l'on admet que seule la démocratie convient à la République des lettres qui ne vit que de sa liberté[2], il faut abandonner le commerce des grands pour rester entre soi. Les gens de lettres y perdront peut-être une renommée factice et des richesses faciles, mais ils y gagneront la considération des gens estimables. Seule cette difficile mutation peut mettre fin à la décadence des lettres et à la « charlatanerie » qui « dégrade le spectateur et l'acteur ». En outre, si les gens de lettres parviennent à vivre « unis et presque renfermés entre eux », ils feront « la loi au reste de la nation sur les matières de goût et de philosophie[3] ». Comme le remarque John Pappas, il ne s'agit de rien de moins que de former un parti des philosophes qui imposera ses vues au pays, autrement dit de fonder une nouvelle aristocratie : celle des intellectuels[4].

D'Alembert va beaucoup plus loin que Rousseau. Si celui-ci ne peut qu'applaudir au nouveau mot d'ordre

---

1. *Ibid.*, p. 367.　　2. Au passage, d'Alembert salue le choix du cardinal de Richelieu d'instaurer la démocratie à l'Académie française, où tous les titres doivent céder devant celui d'homme de lettres.　　3. *Ibid.*, p. 372.　　4. J. Pappas, « D'Alembert et la nouvelle aristocratie », *Dix-huitième siècle*, n° 15, 1983, pp. 335-343.

« Du pain et la liberté[1] », il va son chemin en solitaire sans rien proposer à ses pairs. Il est vrai qu'en 1753 il ne jouit pas du même prestige que d'Alembert, seul capable, dans la nouvelle génération, d'être entendu – sinon approuvé – des savants et philosophes. En prenant cette initiative dérangeante et audacieuse, d'Alembert se pose implicitement en chef du nouveau parti. Mais il s'impose à lui-même le devoir de respecter ses propres préceptes sous peine d'apparaître comme un tartufe.

Réactions mitigées

Dans l'ensemble, l'accueil est exécrable. Rien d'étonnant à cela dans une société où les faveurs l'emportent sur le mérite. Pour obtenir la moindre pension ou la plus petite charge, il faut demander, prier, courtiser. En un mot : plaire. L'indépendance est un luxe ignoré de presque tous, qui se paie du prix exorbitant de la pauvreté et de l'obscurité. Rares sont les Rousseau qui refusent bien longtemps pensions et honneurs, sans parler des permissions à obtenir pour publier sous son nom. Il est donc inévitable que l'ensemble du monde littéraire se sente visé par les propos de Rousseau et de D'Alembert. Et, au-delà des lettres, ceux qui ont fait carrière dans le sillage des grands. Du plus haut de l'échelle sociale au plus modeste critique, nombreux sont ceux qui manifestent leur hostilité. L'aimable président Hénault, premier courtisan de la reine[2], qui se pique d'être homme de plume depuis la publication de son *Abrégé chronologique* (1744) et d'un drame his-

---

1. *Essai...*, p. 367.   2. Hénault était particulièrement lié à Marie Leszczynska qui le fit nommer, en juillet 1753, surintendant de sa Maison.

torique, *François II* (1747), est le premier à réagir à l'*Essai* de D'Alembert : « Il me semble que l'auteur y laisse voir un peu d'humeur et qu'il a d'autant plus de tort qu'il ne tenait qu'à lui de rendre cette société [celle des gens de lettres et des grands] charmante[1]. »

Si les marquises – de Créqui et du Deffand –, toutes deux intimes de D'Alembert, disent l'approuver, il n'en va pas de même de leur entourage. « Les Bissy-Brancas, etc., etc., crient beaucoup contre moi », jubile d'Alembert qui ajoute : « Ils me feraient beaucoup plus d'honneur de ne pas plus penser à moi que je n'ai pensé à eux[2]. » En vérité, le comte de Bissy, plus encore que le duc de Brancas, a tout lieu de se sentir visé. Nul n'a oublié le scandale de son élection à l'Académie française. On prétend en effet qu'il ignore l'orthographe et que ses prétendues traductions ne sont pas de lui. Un pur produit du favoritisme et de la compétition mondaine entre Mmes de Duras et de Luxembourg ! « On dit que le comte de Bissy a pris pour lui le commencement de la page 157… Cela ne le regarde pas plus qu'un autre ; mais il est vrai que cela lui convient assez[3]. » Bissy le Grand, qui se prend pour un écrivain, est ivre de rage. Il annonce partout une réponse à d'Alembert[4]. En vain…

Autre mécontent, cette fois contre Rousseau : le comte de Clermont qui, lui aussi, prétend à la gloire lit-

---

1. Au baron Scheffer, 13 janvier 1753. *Op. cit.*, p. 306. De la préface de Rousseau, il dira un peu plus tard qu'elle « laisse voir trop de chagrin et trop de haine du genre humain ». À Grosley, 19 février 1754. Babeau, *Lettres inédites de Grosley*, 1878.   2. À Mme du Deffand, 27 janvier 1753. *Op. cit.*, p. 163.   3. À Mme du Deffand, 16 février 1753. *Ibid.*, p. 165.   4. *Journal de la Librairie*, 16 mars 1753. B.N., Ms. fr. 22.158, f. 121.

téraire sans en avoir jamais fourni la moindre preuve[1].
Le marquis d'Argenson note en avril 1753 : « Jean-
Jacques Rousseau, de Genève, auteur agréable mais
se piquant de philosophie, a dit que les gens de lettres
doivent faire trois vœux : pauvreté, liberté, vérité. Cela
a indisposé le gouvernement contre lui… Le roi a dit
qu'il ferait bien de le faire renfermer à Bicêtre ; S.A.S.
le comte de Clermont a encore ajouté que ce serait bien
fait de l'y faire étriller[2]. »

D'Argenson ajoute : « L'on craint ces sortes de
philosophes libres. Mon ami d'Alembert est dans ce
cas, et menacé de répréhension par nos inquisiteurs
d'État. » Même si l'on voit bien que l'on n'a pas pour
le Genevois la considération que l'on porte à l'académicien, il faut pourtant constater que dans l'ensemble
les grands réagissent mieux que les écrivains eux-
mêmes. L'ancienne génération des De Boze, Nivelle
de La Chaussée ou Barthélemy, tous académiciens, ne
cache pas sa colère. « On me dit hier [qu'ils] criaient
beaucoup contre moi, quoique je n'aie non plus pensé
à faire leur satire que leur éloge. Quels gens, et surtout

---

1. Son élection à l'Académie française, le 26 mars 1754, fut elle
aussi considérée comme un scandale, et lui attira un tir groupé d'épigrammes.   2. IV, p. 131. On remarque que d'Argenson attribue
à Rousseau le triptyque « pauvreté, liberté, vérité » de D'Alembert,
preuve que, dans l'esprit de leurs lecteurs, les deux hommes soutenaient la même thèse. Par ailleurs, la réaction du comte de Clermont
s'explique par le fait que, quelque temps avant, le comte avait
envoyé 25 louis à Rousseau pour une copie musicale et que celui-
ci les lui avait renvoyés après avoir pris son dû. Au demeurant,
même les amis de Rousseau, tels Marivaux ou Mme de Graffigny,
se disaient ulcérés par l'impertinence de la préface de *Narcisse*. *Cf.*
E. Showalter, *Mme de Graffigny and Rousseau : Between the Two
Discours*, *S.V.E.C.* nº 175, 1978.

quel climat[1] ! » écrit d'Alembert, exaspéré d'apprendre qu'on est plus content de son *Essai* à la cour que chez ses pairs. Il dira un peu plus tard que le sort de son écrit a été absolument contraire à celui qu'il attendait : « Quelques grands seigneurs l'ont honoré de leurs éloges, quelques gens de lettres l'ont déchiré. Les premiers n'y ont vu qu'une fierté estimable, les autres qu'une vanité révoltante[2]. »

Comme souvent, c'est le caustique Piron, une des plus mauvaises langues de son temps, qui dit tout haut ce que l'on pense tout bas. Il trouve d'Alembert ridicule avec ses appels à la dignité. Les hommes de lettres, comme lui, ont besoin de manger : « Qu'il [d'Alembert] me démontre donc que des oignons valent des poulardes du Mans ; j'en aurai plutôt mangé mille, qu'il n'en sera venu à bout. Aussi ne convertira-t-il pas nos beaux esprits. Ils décrient tous son livre à la table de ceux chez qui ils dînent ; ils ont Fontenelle à leur tête ; et je gage pour eux dans cette dispute. Et d'Alembert restera seul à dîner chez lui[3]. » C'est justement ce que d'Alembert décide de faire. Manifestement écœuré par les réactions de ses pairs, il annonce qu'il se retire sur l'Aventin : « On a grande envie que je me taise, et en vérité je ne demande pas mieux. Quand ma petite fortune ne suffira plus à ma subsistance, je me retirerai dans quelque endroit où je puisse vivre et mourir à bon marché[4]. » Trois semaines plus tard, il écrit à la même Mme du Deffand : « Me voilà claquemuré pour longtemps, et vraisemblablement pour toujours, dans

---

1. À Mme de Créqui [janvier 1753]. *R.H.L.F.*, 1966, pp. 548-549.   2. *Essai sur les gens de lettres*, in *Œuvres complètes* de D'Alembert, 1822, t. IV, p. 372.   3. Lettre d'Alexis Piron à Jean-François Le Vayer, 2 mars 1753. Éd. E. Lavaquery, 1921, p. 71.   4. À Mme du Deffand, 16 février 1753. *Op. cit.*, p. 166.

ma triste, mais très chère et très paisible géométrie. Je suis fort content de trouver un prétexte pour ne plus rien faire, dans le déchaînement que mon livre a excité contre moi[1]. »

Et encore, il ignore certainement les ignominies qui courent sur son compte et dont se délecte le *Journal de la Librairie*. À défaut de critiquer ses idées, on s'attaque à sa personne. La Condamine fait des vers sur son impuissance supposée[2], que le journal se plaît à commenter : « Il est très froid vis-à-vis des femmes et il ne connaît pas le plaisir qu'on peut prendre avec elles. » Bien pis, alors que Fréron tient à présent la plume du *Journal*, il écrit à l'inspecteur d'Hémery, le 26 novembre suivant : « À propos de D'Alembert, vous ne savez pas et j'ignorais aussi qu'il était giton. Le fait est sûr ; il ne peut pas être agent, vu son impuissance décidée ; mais il est volontiers patient. On les a surpris en flagrant délit, l'abbé Canaye et lui[3]. » Anecdote non confirmée, mais rumeur qui court en s'appuyant sur le seul fait que d'Alembert est fort lié à l'abbé auquel il a dédié son *Essai*. En l'occurrence, le journaliste Fréron – qui ne consacra pas une seule ligne au texte de D'Alembert – ne s'est pas honoré. Espion de la police, il navigue entre délation et diffamation.

Du côté de la critique littéraire, le ton est tout autre, mais manque singulièrement d'enthousiasme. Grimm juge la préface de Rousseau « pas trop bonne », même s'il en excepte « quelques pages dignes de M. de

---

1. À Mme du Deffand, 10 mars 1753. *Ibid.*, p. 168.   2. B.N., Ms. Fr. 22-158, f. 127. Le 30 mars 1753, La Condamine avait proposé, lors d'un dîner entre amis, de mettre ces deux vers au bas du portrait de D'Alembert par La Tour : « De la géométrie, il vit le nom plus outre ; / Il se fout... de tout, et se passa de f... »   3. *Ibid.*, f. 192-193.

Montesquieu[1] ». Fréron ironise méchamment sur la passion qu'il met à n'être pas « applaudi, mais sifflé[2] », et se gausse de sa feinte humilité. Le *Journal des savants* n'évoque que l'*Essai* de D'Alembert. Après avoir fait son *mea culpa*, comme celui-ci l'avait exigé en préalable à la reprise de sa tâche encyclopédique, le *Journal* y consacre quelques pages assez neutres[3].

Le plus prolixe est l'abbé Trublet, censeur et solide critique littéraire, dans une lettre privée au directeur de l'Académie de Rouen. Il ne trouve pas les idées de D'Alembert si neuves qu'on le dit. Voltaire, Duclos et « moi-même, si j'ose me nommer[4], avaient dit une partie de tout cela ». La suite est plus originale : « D'Alembert a une manière qui tient à la fois de celle de Voltaire et de Duclos. Mais il me paraît inférieur à l'un et à l'autre dans cette manière. J'avoue en même temps qu'il a quelque chose de particulier qu'ils n'ont point, surtout plus de vues, plus de sagacité et plus d'étendue dans l'esprit. Il est plus philosophique, quoiqu'il manque souvent de justesse ; mais il est moins bel esprit, en faisant néanmoins tous les efforts pour l'être, efforts qu'il cache de son mieux. Il est souvent plaisant à faux, et il a cela en commun avec Voltaire. Mais il n'y met pas la grâce et le bon ton de celui-ci, non plus que Duclos.

1. *Correspondance littéraire*, II, pp. 321-322. 2. *Lettres sur quelques écrits de ce temps*, t. IX, pp. 64-70, 6 avril 1753. 3. Mars 1753, pp. 169-175. Le journaliste commence par saluer des « réflexions neuves, ardues et écrites d'un style toujours digne de la force des idées », mais le reste n'est qu'un résumé assez plat des idées de D'Alembert. 4. Vanité sidérante quand on sait que l'abbé Trublet (1697-1770), qui a commencé sa carrière comme censeur, journaliste et secrétaire du cardinal de Tencin, a passé sa vie à caresser tout le monde dans l'espoir de se faire élire à l'Académie française. Ce à quoi il ne parvint qu'en 1761, après une bonne douzaine de tentatives infructueuses qui en avaient fait la risée du monde littéraire.

L'un et l'autre manquent de ce bon ton ; Duclos comme grivois, et d'Alembert comme polisson[1]. »

À son correspondant, qui préfère manifestement la préface de Rousseau à l'essai de D'Alembert, l'abbé Trublet répond : « Vous dites que je verrai bien que d'Alembert n'est pas aussi philosophe qu'il le prétend, et qu'il l'est bien moins que Rousseau de Genève. Oui, par le cœur et le caractère, ou même, si vous le voulez, par les opinions véritables. Je crois bien qu'il n'a pas celles dont il fait parade… Mais il a l'esprit plus philosophique et mieux fait que Rousseau, dont je ne suis point grand admirateur à cet égard. Vous me promettez que je le serai pourtant de sa préface de *Narcisse*. Je l'ai demandée[2]… »

Bien que tant de gens fassent la fine bouche, les idées de Rousseau et d'Alembert ne sont pas perdues pour tout le monde. Une bonne partie de la nouvelle génération des gens de lettres adhère aux revendications égalitaires des deux philosophes. La courtisanerie, considérée jusque-là comme un mal nécessaire, paraît tout à la fois démodée et humiliante. La prise de conscience de la dignité intellectuelle est rapide, comme si les esprits n'attendaient que ce mot d'ordre pour se débarrasser d'une honte cachée. Au début des années 1750, lors d'un premier voyage à Paris, Casanova pouvait répondre à la question : « Y a-t-il quelque philosophe entre les courtisans ? Philosophe, non, parce qu'en qualité de courtisan il ne peut pas l'être[3]. » Un ou deux ans plus tard, Grimm écrit en Allemagne à son ami Gottsched qu'il n'est plus le secrétaire du comte

---

1. De Trublet à l'abbé Fontaine, directeur de l'Académie de Rouen, Saint-Malo, 18-20 février 1753. B.M. de Rouen, Ms. C. 23.   2. *Ibid.*   3. *Histoire de ma vie*, éd. Lacassin, 1993, t. I, p. 566.

de Friessen : « Les gens de lettres de ce pays-ci aiment mieux n'être rien que d'être attachés à quelqu'un. J'ai suivi leur exemple. Je me suis fait un petit revenu d'une occupation littéraire[1]. » Un peu plus tard, il précise : « Je vous supplie de ne jamais me donner ni qualité, ni titre ; l'un et l'autre sont ridicules en ce pays-ci, où l'on trouve qu'un honnête homme ne peut rien porter de plus honorable que son nom tout court[2]. »

La nouvelle morale des intellectuels leur impose quelques sacrifices, comme par exemple de refuser les propositions alléchantes des princes et des rois. Or, il se trouve justement que d'Alembert est l'homme le plus courtisé par Frédéric II depuis la fin de l'été 1752, date à laquelle on pense que Maupertuis n'en a plus pour longtemps. Le roi lui propose la place de président de l'Académie avec douze mille livres de pension, un logement au château de Potsdam, la table de la cour et celle du roi, et, bien sûr, tout pouvoir sur les pensions de l'Académie[3]. D'Alembert est évidemment flatté de la proposition[4], mais la refuse. Il est probable qu'il n'avait nulle envie de quitter Paris, mais les arguments avancés au marquis d'Argens méritent d'être rappelés. Après avoir évoqué les inconvénients de sa situation présente (un petit revenu, point de famille, les persécutions du gouvernement, aucune part aux récompenses qui pleuvent sur les gens de lettres) qui seraient autant de raisons de se rendre à Berlin, d'Alembert énumère celles qui l'incitent à rester chez lui : une tranquillité parfaite et douce, le renoncement absolu aux places et

---

1. Lettre du 23 juin 1753, citée par Ed. Scherer, *Melchior Grimm*, 1887, p. 40.   2. *Ibid.*   3. Le marquis d'Argens à d'Alembert, 2 septembre 1752. *Œuvres posthumes de D'Alembert*, 1799, t. I, p. 427.   4. On le devine entre les lignes de sa lettre à Mme du Deffand du 22 décembre 1752.

aux richesses, une vie retirée conforme à son caractère
et à son amour extrême de l'indépendance. Il conclut
avec politesse : « Je ne doute nullement des bontés du
roi... mais toutes ces circonstances essentielles à mon
bonheur ne sont pas en son pouvoir[1]. »

Le roi ne se laisse pas décourager. Outre le marquis
d'Argens qui revient plusieurs fois à la charge, Frédéric
mobilise ses troupes – Voltaire, Maupertuis, Darget
et de Prades – pour tenter de le convaincre de venir à
Berlin. En vain. Maupertuis ayant survécu à la terrible
crise de 1752-1753, la question ne se pose plus pendant
un moment. Mais le roi de Prusse n'a jamais cessé de
désirer d'Alembert à la tête de son Académie, et ce dernier aura d'autres occasions de résister à ses assauts.

En dépit d'une discrétion affichée mais un peu trop
proclamée[2], tout Paris sait vite que d'Alembert a refusé
les offres flatteuses de Frédéric. Son aura n'en est que
plus grande auprès des jeunes auteurs ambitieux. La
Beaumelle, qui a déjà essuyé bien des vexations de
la part des autorités danoises et prussiennes, et qui a
apprécié l'*Essai sur les gens de lettres*, ne cache pas
son admiration pour ce refus de céder aux sirènes du
roi de Prusse[3]. Un modeste auteur, Leclerc de Montmo-

---

1. D'Alembert au marquis d'Argens, 16 septembre 1752. *Op. cit.*,
p. 429.   2. À Mme du Deffand, 22 décembre 1752 : « Puisque
vous voulez avoir mes lettres et celles de M. d'Argens sur la proposition que le roi de Prusse m'a faite, les voilà... Le bruit commence à
se répandre ici que j'ai refusé cette présidence. Une personne que je
connais à peine me dit hier qu'elle en avait reçu la nouvelle par une
lettre de Berlin ; je lui répondis que je ne savais pas ce qu'elle voulait me dire. Après tout, que cela se répande ou ne se répande pas, je
n'en suis ni fâché ni bien aise. Je garderai au roi de Prusse son secret,
même lorsqu'il ne l'exige plus. » *Op. cit.*, pp. 156-157.   3. Lettre
de La Beaumelle à Mme de Bentinck du 14 janvier 1753, citée par
Claude Lauriol, *La Beaumelle*, 1978, p. 369.

rency, publie une longue épître en vers à d'Alembert[1]. Il y dit son estime pour l'homme libre qui refuse les compromissions.

En dépit des lazzis et parfois des injures, Rousseau et d'Alembert sont devenus des personnages qui comptent dans le milieu intellectuel. On disait à l'époque des « hommes à la mode ». La preuve : au salon de peinture d'août 1753, le grand La Tour expose dix-huit portraits d'hommes illustres, parmi lesquels Rousseau et d'Alembert. Pour le premier, Marmontel fit ces vers : « Sages, arrêtez-vous ; gens du monde, passez. » Pour le second, étonnamment ressemblant : « À ce front riant, dirait-on que c'est là Tacite ou Newton[2] ? » À côté d'eux, un très beau portrait de Mlle Ferrand méditant sur Newton. Cet hommage posthume de La Tour à l'inspiratrice de Condillac[3], qui s'était toujours cachée derrière le voile de l'anonymat, constituait aussi une sorte d'avertissement : c'était bien beau de proposer à ses pairs le modèle de l'ermite ou de Diogène, encore fallait-il jouer soi-même le rôle jusqu'au bout.

---

1. *Les Écarts de l'imagination*, épître à M. d'Alembert, 1753, 73 p.   2. *Correspondance littéraire*, II, pp. 283-284.   3. Le 3 septembre 1752. Sur cette intellectuelle très mystérieuse, *cf. P.I.*, 1, pp. 316-318.

DEUXIÈME PARTIE

La dure évolution des mentalités

1753-1756

Chapitre III

Redistribution des rôles et des clans
(été 1753-octobre 1754)

L'honneur et la dignité ne s'entendent pas de même d'une génération et d'un milieu à l'autre. En dehors de toute question d'intérêt, faut-il servir son roi ou l'ignorer ? Privilégier la fidélité ou l'indépendance ? Ces questions ne sont pas nouvelles, mais se posent avec plus d'acuité aux intellectuels à partir du milieu des années 1750. En dix ans, les mentalités ont déjà évolué. Lorsque Maupertuis rentre en France pour tenter de guérir son mal, il peut mesurer cette évolution qui fait de lui presque un étranger parmi les siens. Le désastre berlinois sert de leçon aux hommes de lettres français. L'indépendance est un leurre chez le despote éclairé, et c'est Voltaire qui va en faire la plus douloureuse expérience.

Pour autant, tous n'en tirent pas exactement les mêmes conclusions. Si les philosophes sont perçus comme un bloc par leurs ennemis, bien des nuances les distinguent. Options philosophiques, affinités électives et intérêts aussi ont raison des amitiés de jeunesse. On peut avoir les mêmes ennemis sans être vraiment amis. Dès 1754, on croit voir se constituer le parti des philosophes souhaité par d'Alembert, mais la réalité est plus disparate qu'il n'y paraît de l'extérieur. Il y a bien un clan des « purs et durs », mais il y a aussi des alliances de circonstance et des réfractaires. L'union est un mythe ou un épouvantail brandi par des adversaires qui leur rendent là un sacré service. Ce que Voltaire, le plus politique d'entre eux, aura tôt fait de comprendre.

En attendant, la nébuleuse philosophique est mouvante et conflictuelle. Son point de ralliement est l'*Encyclopédie*. Qu'on y participe, qu'on la soutienne ou qu'on l'inspire, comme Condillac, on est censé partager une commune *Weltanschauung*. Au minimum, la liberté de penser qui fait mauvais ménage avec la toute-puissance de Dieu ou d'un roi. Par contraste, les Académies nous paraissent des lieux protégés. Même celle des sciences, qui a pourtant connu des polémiques sanglantes, fait à présent figure de havre de paix. Il est vrai que lorsque les savants s'affrontent sur la place publique, nul ne leur marchande plus la liberté de penser.

Indépendance affichée ou solitude imposée

Profitant d'une rémission de sa maladie, Maupertuis a quitté Berlin le 29 avril 1753 pour venir respirer le bon air de Saint-Malo. Sur le chemin, il s'arrête en Lorraine pour voir son vieil ami le comte de Tressan[1], et rencontrer Fréron qui y séjourne[2]. Cela fait quatre ans qu'il

---

1. 1705-1783. Après une carrière militaire brillante, il reçoit en 1750 le commandement du pays de Toul et le roi Stanislas le nomme grand maréchal de la cour en 1752. Il est aussi l'auteur d'un traité sur l'électricité qui lui ouvre les portes de l'Académie des sciences en 1749. Il est par ailleurs un des fondateurs de l'Académie de Nancy.   2. Fréron venait se faire recevoir à l'Académie de Nancy. Il était le protégé du roi Stanislas.

n'est pas rentré en France ; il ne sait plus guère qui sont ses vrais amis. Pour contrer la puissance « médiatique » de Voltaire, il a besoin de renouer des liens à Paris et de faire alliance avec certains journalistes. Pour les convaincre, il dispose d'un argument de poids : leur éventuelle admission à l'Académie de Berlin ne dépend que de lui. C'est dans cette optique qu'il dîne à deux reprises avec Fréron à Nancy et à Toul, chez Tressan. C'est le fidèle La Condamine qui a servi d'intermédiaire avant leur rencontre et qui semble avoir négocié un accord en bonne et due forme entre le critique et le savant. Il n'a pas été difficile de convaincre Fréron, qui déteste Voltaire, de soutenir son « pays » Maupertuis en échange d'une nomination flatteuse à Berlin. Dès le 21 décembre 1752, Fréron résume les termes de l'accord : « M. de La Condamine a eu la bonté de me prêter vos *Œuvres*, et je suis actuellement occupé à en faire l'extrait qui paraîtra dans mes feuilles le mois prochain. J'espère vous venger pleinement de l'analyse qui se trouve dans les *Observations* de l'abbé de La Porte[1]. Cette analyse, par parenthèse, n'est point de cet abbé ; j'y reconnus d'abord Voltaire… Car Voltaire se sert de La Porte pour se louer ridiculement lui-même et déchirer les autres[2]. »

---

1. L'abbé de La Porte (1714-1779), ami de Fréron, avait été le rédacteur des *Observations sur la littérature moderne* de 1748 à août 1752. Bien qu'admirateur de Voltaire, il avait rejoint Fréron aux *Lettres sur quelques écrits de ce temps*, puis avait collaboré à l'*Année littéraire* dès sa fondation, avant de se brouiller avec Fréron en 1758.   2. A.A.S., Fonds Maupertuis, dossier 105. Fréron tint parole puisque, en février 1753, il fit paraître trois articles à la gloire de Maupertuis sur la *Lettre sur le progrès des sciences* (t. VIII, pp. 114-121), sur les *Œuvres* de Maupertuis (pp. 145-168) et sur sa dispute avec Koenig (pp. 197-210). Après leur rencontre, Fréron écrit à Hémery : « Sa santé ne m'a pas paru trop bonne. Il est jaune comme un coing et crache le sang. » 15 mai 1753, Fr. 22.158, f. 135 v.

Après de multiples flèches contre Voltaire et l'annonce d'une phrase, dans son journal, qui « réjouira
le public et attristera notre pourfendeur littéraire »,
Fréron termine sur le prix de sa sollicitude : « M. de
La Condamine a eu la bonté de vous écrire en ma
faveur au sujet de l'Académie de Berlin. Je ne puis
vous exprimer le désir extrême que j'ai d'être membre
d'un corps auquel vous présidez avec tant de lumière
et de sagesse. »

Alliance de courte durée qui n'arrange guère les
affaires de Maupertuis à Paris. Arrivé vers le 21 mai, il
loge chez La Condamine au Palais-Royal, où il pense
ne rester qu'une quinzaine de jours avant de gagner
la Bretagne. Très vite, il retrouve ses anciennes relations et comprend qu'une page est tournée : « J'ai vu
hier et avant-hier d'Alembert ; et, comme le roi me
l'a ordonné..., je n'ai rien oublié de tout ce que j'ai
cru de plus propre à lui donner envie d'aller à Berlin ;
mais c'est une terrible chose que d'avoir à tenter un
philosophe de cette trempe, qui fait des honneurs et
des richesses le cas qu'ils méritent[1]. » Plus chagri-
nant est le constat qu'il ne peut manquer de faire des
ravages de l'affaire Koenig/Voltaire. Son prestige est
atteint de deux manières : l'homme fait figure de « cer-
veau brûlé[2] », comme Voltaire, et on leur reproche
également d'avoir quitté leur patrie. Le savant se sent
démonétisé, car le principe de moindre action auquel
il comptait attacher son nom a perdu beaucoup de sa
crédibilité depuis l'attaque du chevalier d'Arcy, en
février, à l'Académie. D'Alembert avait alors pris

---

1. De Maupertuis à l'abbé de Prades, 25 mai 1753. *Œuvres* de
Frédéric, éd. Preuss, t. 25, p. 270.   2. Fréron à Hémery, 20 août
1753. *Op. cit.*, f. 166.

sa défense, mais son soutien s'est nettement affaibli depuis lors[1].

Deux conceptions de l'honneur

Au lieu du bref passage programmé, Maupertuis reste plus de trois mois à Paris[2], le temps de faire le point sur son avenir. Maigre bilan : l'Académie des sciences lui est non seulement fermée, mais hostile. Le milieu encyclopédique lui demeure en grande partie étranger, même s'il a fréquenté la famille Daine[3] et donc le baron d'Holbach, discuté avec Diderot de son système de la nature[4] et avec d'Alembert de son principe universel de mécanique. Reste l'Académie française, où la vie intellectuelle n'est pas très brillante[5]. Pourtant, bien que marié et nanti professionnellement à Berlin, Maupertuis n'a guère envie d'y rentrer. Malade, épuisé, misanthrope, il ne rêve que de guérir au soleil et de retrouver le bercail. Il s'en ouvre, entre autres, à Fréron, à Knyphausen et

_____

1. Comme on le constatera dans l'article « Cosmologie » qui paraîtra dans le vol. IV de l'*Encyclopédie*, en octobre 1754. 2. Le 25 août, Maupertuis est présent à la messe de Saint-Louis de l'Académie française et quitte Paris le jour même. *Cf.* Fréron à Hémery, mardi 28 août 1753. *Op. cit.*, f. 169.   3. De Knyphausen à Maupertuis, 19 juillet 1753 : « Mille tendres compliments à MM. Daine et de La Condamine. » A.A.S., Fonds Maupertuis, dossier 111. Knyphausen était alors attaché à l'ambassade de Prusse à Paris. Nicolas Daine était le beau-frère du baron d'Holbach.   4. En 1751, Maupertuis avait publié sous le nom du professeur Baumann, à Erlangen, une dissertation latine qui parut quelques mois plus tard en français sous le titre *Essai sur la fonction des corps organisés* (1754) et, dans ses *Œuvres*, sous le titre définitif de *Système de la nature* (1768).   5. Maupertuis n'y siégea que trois fois, les 13, 23 juin et le 25 août, pour faire élire son ami Buffon et assister à sa réception.

à ses vieilles amies la duchesse d'Aiguillon et Mme du
Deffand. Tous les Français le pressent de rester dans
sa patrie. Mais Maupertuis se sent une dette morale à
l'égard de Frédéric, qui s'est engagé publiquement à ses
côtés contre Voltaire. Son devoir est de rentrer à Berlin,
répète-t-il à qui veut l'entendre. Mme du Deffand tente
de répondre à ses arguments – pensez d'abord à votre
santé et à votre bien-être ; méprisez critiques ou approbations – et conclut : « Tout ce qui s'est passé a beau
exiger de vous de la reconnaissance, il ne faut pas la
pousser jusqu'à ce que mort s'ensuive[1]. »

Un mois plus tard, Maupertuis lui répond qu'il ne lui
est pas permis d'écouter ses conseils avisés. Il se fiche
bien des critiques ou des approbations ; il connaît tous
les dégoûts et périls de la cour de Berlin et n'est plus
intéressé par la moindre fortune en France ; il sait sa
santé fort altérée par les hivers du Nord et ne rêve que
d'« une retraite, et d'y mettre entre la vie et la mort cet
intervalle dont tout le monde parle et que personne ne
met, un temps qui, vide d'inquiétudes et de désirs, nous
rapproche insensiblement de notre dernier terme ».
Pourtant, plus fort que toutes ces raisons, son honneur
lui commande de rester fidèle au roi de Prusse envers
qui il a des devoirs. « Si donc ma santé ne s'y refuse
tout à fait, je retourne en Prusse ce printemps, me livrer
à tous les caprices de mon sort. Je n'y prévois ni repos,
ni santé, ni fortune, mais j'y saurai mourir dès la première gelée, s'il le faut[2]. »

Cette très belle lettre de Maupertuis désarme Mme du
Deffand, qui ne sait plus comment répondre à l'argu-

---

1. Mme du Deffand à Maupertuis, 25 août 1753. A.M. de
Saint-Malo, ii 24, f. 128r.   2. Maupertuis à Mme du Deffand,
Saint-Ellier, 26 septembre 1753. *Ibid.*, f. 128r-129r.

ment de l'honneur. Elle commet une première erreur psychologique en chargeant d'Alembert de revenir à la charge. Les sentiments qui unissaient les deux hommes ne sont plus du tout ce qu'ils étaient dix ans auparavant. C'était alors Maupertuis, de vingt ans son aîné, qui servait de mentor à d'Alembert, l'introduisait dans le monde et le conseillait. C'était lui le maître, et l'autre le disciple. La distance, le temps et l'évolution respective des deux hommes ont refroidi cette relation et Maupertuis a vite senti que d'Alembert n'était plus dans son camp. Aussi, quand Mme du Deffand lui annonce : « J'ai beaucoup parlé de vous avec d'Alembert ; *il vous aime plus tendrement que vous ne pouvez le croire.* Il m'a promis de vous écrire ; je voudrais *qu'il vous donnât quelques bons conseils* ; il a beaucoup de sens et de raison, et il prend un intérêt vif à ce qui vous regarde[1] », on comprend la réponse désabusée de Maupertuis : « J'ai toujours souhaité que d'Alembert fût de mes amis. J'ai fait tout mon possible pour cela[2]. »

Mme du Deffand se dit vaincue. Si l'honneur commande… Elle consent qu'il rentre en Prusse, mais à la condition qu'il promette de revenir en France « à la première maladie, au premier dégoût ». Elle a le tort d'ajouter une petite allusion morale dont d'Alembert est le héros : « Les perroquets, les singes et les nègres ne

---

1. Mme du Deffand à Maupertuis, 5 octobre 1753. *Ibid.*, f. 129r. Souligné par nous.   2. Maupertuis à Mme du Deffand, 2 novembre 1753. *Ibid.*, f. 129v. Cette lettre répète son inébranlable code moral : « Il n'y a point de péril auquel je ne m'exposasse plus volontiers qu'à celui de manquer de reconnaissance », et sa profonde misanthropie : « Ne désirant rien, craignant peu, désabusé de tout… quinze perroquets de toutes les couleurs, deux singes, cinq noirs des trois parties du monde me font une cour et une Académie. »

vous manqueraient point à Paris, mais vous y perdriez bientôt ce goût-là, et la société de D'Alembert, tout chat moral qu'il est, vaut mieux que toute votre ménagerie, en y comprenant même vos amis de Berlin... C'est, je crois, l'être humain le plus parfait qui existe ; plus je vis avec lui, plus j'étudie son caractère, plus je vois ses premiers mouvements, plus j'admire la candeur de son âme. S'il voulait renoncer à la quakrerie[1] [*sic*], ce serait un homme parfait[2]. » Deuxième lourde erreur quand on s'adresse à un mégalomane !

Troisième faute, la leçon de maintien que d'Alembert lui dispense avec brutalité : « Vous retournez à Berlin, non pas pour y mourir, mais, ce qui est bien pis, pour y souffrir. Vous craignez de manquer au roi, mais êtes-vous bien sûr qu'après tout ce qui s'est passé, il ait grande envie de vous revoir ? Votre affaire lui a fait faire plus de sottises qu'il n'en faut pour lui donner beaucoup de chagrin ; vous êtes la cause, quoique très innocente, de ces sottises-là, et croyez que cela ne se pardonne pas. » On imagine déjà les sentiments de Maupertuis lisant qu'il est *persona non grata* auprès de Frédéric. Mais la suite est encore pire, presque insultante : « Franchement, je suis étonné que des philosophes craignent tant de déplaire aux princes, lorsque les princes craignent si peu de déplaire aux philosophes ! Est-ce que tout ne doit pas être égal ? » Paternaliste, il lui conseille de rester en France où il trouvera l'estime et l'empressement de tous, et même « des grâces et des places » s'il le souhaite. Pour conclure la leçon, d'Alembert se pose en parangon de sagesse, en modèle de philosophe : « Je n'ai, de tous ces biens-là, que des amis, encore un très

---

1. De « quaker », au sens de puritain et d'ascète.   2. Mme du Deffand à Maupertuis, 12 novembre 1753. *Ibid.*, f. 130r.

petit nombre, et je me trouve en vérité aussi bien de ma situation que la condition humaine peut le permettre. Je n'ai eu et je n'aurai apparemment de ma vie ni grands chagrins ni grands plaisirs, et je ne trouve notre globe ni fort plaisant ni fort triste. J'y resterai, et même à la place où je suis, tant que la gravitation m'y retiendra, et j'en sortirai de même quand la maturité ou la répulsion m'en feront sortir[1]. »

Le susceptible Maupertuis encaisse et persiste. C'est presque humblement qu'il réplique : « Tout cela est vrai et bon à dire à ceux qui n'ont point encore d'engagements avec les rois, mais quand on s'est une fois livré à eux, il n'est plus temps de pratiquer ces leçons de sagesse. Pour celui qui pourrait avoir un air d'ingratitude en les quittant dans un moment critique, ces conseils sont encore bien moins écoutables. Enfin, pour ce qui est de moi en particulier, depuis que je suis au service du roi, je n'ai jamais eu lieu que de m'en louer… J'aime mieux m'exposer à tout que de m'exposer à lui manquer[2]. » À l'éthique de la liberté, hautement revendiquée par d'Alembert, Maupertuis oppose la morale du courtisan dans ce qu'elle a de plus respectable. Plus qu'une génération, c'est un monde qui les sépare, ce dont il prend acte : « Je crains que votre philosophie ne trouve tout ceci ridicule, vous qui avez refusé de si grands avantages que le même roi vous offrait. Mais nos situations sont fort différentes. Tout ce que je puis faire aujourd'hui, c'est de ne plus insister sur les propositions que je vous ai faites de sa part, tout comme je crois que vous ne me blâmerez pas non plus si je risque tout pour le parti qui me paraît le plus honnête. »

---

1. D'Alembert à Maupertuis, 31 octobre 1753. *Ibid.*, f. 130v-131r.   2. De Maupertuis à d'Alembert, 14 novembre 1753. *Ibid.*, f. 131r-131v.

Qualifié de « quaker » ou de « chat moral[1] » par Mme du Deffand, d'Alembert endosse le rôle avec une sorte d'ostentation. Depuis la polémique du printemps déclenchée par son *Essai sur les grands*, il annonce haut et fort qu'il se retire dans son tonneau : « Me voilà claquemuré pour longtemps, et vraisemblablement pour toujours, dans ma triste, mais très chère et très paisible géométrie... Je n'ai besoin ni de l'amitié de tous ces gens-là, puisque assurément je ne veux rien leur demander, ni de leur estime, puisque j'ai bien résolu de ne jamais vivre avec eux[2]. » Non sans finesse, Mme du Deffand lui répond : « Soyez philosophe jusqu'au point de ne vous pas soucier de le paraître ; que votre mépris pour les hommes soit assez sincère pour pouvoir leur ôter les moyens et l'espérance de vous offenser[3]. »

En vérité, d'Alembert n'est pas si reclus qu'il le dit. Pour rendre service à ses amis[4], il n'hésite pas à aller à la cour afin d'y solliciter l'aide de la favorite, directement ou par l'intermédiaire de son médecin, le docteur Quesnay. Démarches en soi fort louables, mais pourquoi prendre ce ton condescendant : « Si Mme de Pompadour veut me voir, je lui ferai dire que je crains de l'importuner encore pour l'affaire de l'abbé Sigorgne[5], dont je sais qu'elle ne veut point se mêler, quoiqu'elle

---

1. Outre la lettre de Mme du Deffand à Maupertuis du 12 novembre 1753, on trouve ces termes dans les lettres de D'Alembert à Mme du Deffand des 11 et 21 octobre 1753, *Correspondance de la Marquise du Deffand*, pp. 180 et 182.   2. D'Alembert à Mme du Deffand, 10 mars 1753, *Ibid.*, p. 168.   3. Mme du Deffand à d'Alembert, 22 mars 1753, *Ibid.*, p. 169.   4. Diderot à Caroillon La Salette, [17 février 1753]. Éd. Roth, I, p. 156.   5. 1719-1809. Professeur de philosophie au collège du Plessis, prônant Newton, l'abbé Sigorgne eut souvent maille à partir avec les autorités.

m'eût promis le contraire. Voilà comment il faut traiter ces gens-là. On n'est point de l'Académie, mais on est quaker et on passe le chapeau sur la tête devant l'Académie et devant ceux qui en sont[1]. »

Comme on le voit, d'Alembert affiche à cette époque un mépris certain pour les honneurs académiques, contrairement aux vœux de Mme du Deffand qui commence à solliciter pour lui. Le président Hénault « fera sur l'Académie [française] tout ce qui lui plaira ; ma conduite prouve que je ne désire point d'en être, et en vérité je le serais sans lui si j'en avais bien envie ; mais le plaisir de dire la vérité librement quand on n'outrage ni n'attaque personne vaut mieux que toutes les académies du monde[2] ».

Autant de propos qui l'engagent et qu'il a dû tenir ailleurs que dans sa correspondance avec sa vieille amie. Bientôt, ils lui reviendront en boomerang. À trop vouloir jouer les donneurs de leçons, à prendre la pose de l'ascète – ascète hargneux et non bienveillant –, à se présenter comme l'incarnation de la nouvelle morale intellectuelle, d'Alembert a pris le risque d'être haï, ridicule, voire hypocrite. Il a malencontreusement oublié qu'il était comme les autres, tenaillé par le désir de gloire. En sommant ses pairs de choisir entre la dignité

---

1. À Mme du Deffand, 11 octobre 1753, *Ibid.*, p. 180. Huit jours plus tard, le 19 octobre, il lui annonce qu'il ira à Fontainebleau, où la cour réside à cette époque, et qu'il y restera un peu (p. 182). On est loin de la « vie fort retirée » qu'il se vante de mener.   2. À Mme du Deffand, 19 octobre 1753, p. 181. Le 21 octobre, il revient à la charge : « Que diable avez-vous donc écrit au président sur mon compte ? Est-ce encore pour l'Académie ? Hé ! au nom de Dieu ! laissez tout en repos ; j'en serai si on m'en met : voilà tout. Puisque je suis déjà d'une Académie, c'est un petit agrément de plus que d'être des autres. Mais si j'avais mon expérience, et quinze ans de moins, je vous réponds que je ne serais d'aucune. » P. 183.

et les dignités, d'Alembert s'est forgé son propre piège. Au cœur du dilemme, il refusera lui aussi de choisir. Faisant mine de ne rien demander, il ne refusera rien : Académie, pension... Ses ennemis auront beau jeu de dénoncer le nouveau tartufe : cachez ces honneurs que je ne saurais désirer.... On ignore ce que Maupertuis en pensa.

L'expérience cruciale de Voltaire

Même si l'on y a mis les formes de part et d'autre, Voltaire a quitté la cour de Frédéric comme un fuyard[1]. Bien qu'il s'en défende, il est aussi éclaboussé par le scandale d'Akakia que Maupertuis. Comme l'écrit le président Hénault au baron Scherer, toute l'Europe se moque d'eux. Voltaire s'est échappé des griffes de Frédéric sans savoir où aller. Tous les contacts pris avant son départ se sont révélés décevants. Il a chargé Mme Denis de négocier à Versailles son retour en France, mais nulle réponse n'est encore arrivée. Il a demandé la protection du Conseil de Berne[2] pour s'installer à Lausanne, mais on lui a fait savoir avec beaucoup de politesse qu'il n'est pas le bienvenu[3]. Selon le *Journal* d'Hémery, il en aurait appelé aussi à la cour de Vienne, qui se serait dérobée[4]. Officiellement, il va prendre les eaux de Plombières, mais, faute d'un point de chute, il séjourne successivement à Leipzig,

_____

1. Il quitta Potsdam le 26 mars 1753 au petit matin, accompagné de deux domestiques et de son secrétaire Collini.   2. Lettre du 26 janvier 1753. D. 5177.   3. Lettre du 21 février 1753. D. 5213.   4. 26 mai 1753. *Op. cit.*, f. 136.

chez la duchesse de Saxe-Gotha, et à Cassel[1]. Alors qu'il s'apprête à retrouver Mme Denis à Strasbourg, il est arrêté le 1er juin à Francfort par les hommes de Frédéric. Sous prétexte de récupérer certains écrits du roi[2], l'ordre a été donné de le retenir de gré ou de force aussi longtemps que nécessaire. Il ne repartira avec Mme Denis, courageusement venue le rejoindre[3], que six semaines plus tard. Entre-temps, Voltaire aura fait l'expérience la plus outrageante de sa vie.

Isolé, hagard, ne comprenant rien à ce qui lui arrive et ne sachant plus à quel saint se vouer pour faire entendre raison aux sbires bornés et brutaux de Frédéric, Voltaire cherche à s'enfuir le 20 juin. Il n'a pas le temps de sortir de la ville qu'il est arrêté, fouillé, dépouillé de tous ses objets, et enfermé. Mme Denis, traînée par des soldats dans la foule, est enfermée à son tour pour y être l'objet d'une « horrible violence ». Dès le lendemain, Voltaire et Mme Denis, très choqués, écrivent lettre sur lettre à Frédéric et à toutes les autorités possibles. Libérés le 7 juillet, ils se séparent aussitôt : Mme Denis rentre à Paris pour tenter d'obtenir le retour de Voltaire en France. Lui, il attend ce feu vert en séjournant à Mayence, puis à Mannheim, accueilli avec chaleur par les princes-électeurs. Le 15 août, il arrive à Strasbourg et guette encore six semaines la permission de rentrer.

---

1. Sur cette période de deux mois, *cf.* R. Pomeau et Ch. Mervaud, *De la cour au jardin, op. cit.*, chap. 7.   2. Outre « la clef de chambellan et la croix et le ruban du Mérite », il fallait s'emparer des lettres et poésies du roi. Mais Voltaire ne voyageait pas avec toutes ses malles, et celle contenant le livre de poésies manquait. Il fallut donc attendre de la recouvrer. Sur le guet-apens de Francfort, *cf. De la cour au jardin, op. cit.*, chap. 8, et Ch. Mervaud, *Voltaire et Frédéric, op. cit.*, pp. 235-253.   3. Dès qu'elle apprit son arrestation, Mme Denis se précipita à Francfort où elle arriva le 9 juin.

En vain : on ne le veut pas en haut lieu. Rejeté par les deux souverains, Voltaire commence alors une longue et pénible traversée du désert dont il sortira transformé.

À cinquante-neuf ans, sans domicile, sans projet, sans affection, Voltaire connaît une solitude d'autant plus douloureuse qu'elle se double d'une incertitude sur lui-même et son destin. De réputation entachée, le plus grand écrivain d'Europe est tenu éloigné aux frontières, sans autre ressource amicale que son secrétaire Collini. Obligé de rester en Alsace, il décide d'aller habiter Colmar, au carrefour de trois destinations possibles : la France, l'Allemagne, la Suisse. Il y demeurera d'octobre 1753 à novembre 1754, avec une interruption de six semaines l'été pour aller à Plombières. Pendant que Maupertuis le mitraille à Paris[1] et que toute l'Europe ricane de son exil, Voltaire est officiellement occupé à surveiller l'impression des *Annales de l'Empire* que lui a commandées la duchesse de Gotha[2]. Bien qu'il conserve le verbe haut et un incontestable humour, il est au fond du gouffre[3].

Le pire est peut-être l'absence de Mme Denis, sa nièce, sa maîtresse, son intendant, son agent à Paris. Nul doute qu'il l'aime et la désire[4]. Il donnerait tout pour qu'elle le rejoigne, et le lui fait savoir délicatement à chaque lettre. Peut-être se sent-il responsable du traumatisme de Francfort, sur les détails duquel tout le monde

---

1. Maupertuis répand des horreurs par l'intermédiaire de La Condamine. Lettre du 30 octobre 1753. D. 5557.   2. Ce travail bâclé ne laissera pas un souvenir impérissable.   3. À Mme Denis, 9 juillet 1753 : « Il y a trois ou quatre ans que je n'avais pleuré, et je comptais que mes vieilles prunelles ne connaîtraient plus ces faiblesses… Je pleurais votre départ et votre séjour. L'atrocité de ce que vous avez souffert perdait de son horreur quand vous étiez avec moi… mais, après votre départ, je n'ai plus été soutenu. » D. 5413.   4. À Mme Denis, 3 septembre 1753.

n'est pas discret. Vraie ou fausse rumeur, Knyphausen, attaché de l'ambassade de Prusse, fait courir le bruit que Mme Denis y a été l'objet d'une tentative de viol par les sbires de Frédéric. C'est avec délectation, et sans reculer devant les plaisanteries les plus grasses[1] qu'il raconte l'affaire à Maupertuis, sachant bien l'usage qu'en fera son destinataire. Histoire d'autant plus humiliante pour Voltaire que Mme Denis a une réputation de femme légère. Elle a des amants et il le sait sans oser s'en plaindre, sauf cette fois où il laisse parler son cœur : « Je deviens jaloux à mesure que je m'affaiblis, ma chère enfant. Je voudrais être le seul qui eût le bonheur de vous foutre[2]. » Il n'ignore pas que, depuis plus d'un an, sa nièce chérie est folle amoureuse d'un jeune auteur sans talent, M. de Ximénès, qui la fait tourner en bourrique. Dès son retour à Paris, elle s'est jetée dans ses bras[3]… Aimant le tournis de la vie parisienne, ne ratant ni un spectacle ni un dîner, Mme Denis n'a aucune envie de s'enterrer à Colmar avec son vieil oncle. Elle invoque sa mauvaise santé – les suites d'une fausse couche – et ses démarches à Versailles pour ne pas venir.

La détresse de Voltaire est à son comble lorsqu'il apprend de Mme Denis l'interdiction formelle qui lui est faite d'approcher de Paris et de Versailles. « Être malade, languir loin de vous, et loin de mes amis, voir toutes mes espérances détruites, n'être revenu que pour être accablé… Il ne reste plus de parti à prendre que celui

---

1. À Maupertuis, 19 juillet 1753. A.A.S., Fonds Maupertuis, dossier 111. Le 17 septembre suivant, Knyphausen conseille à Maupertuis « d'envoyer ses neveux à Paris pour violer Mme Denis, avec ordre d'exercer sur elle toutes les gentillesses chinoises »… 2. 3 septembre 1753. D. 5500.   3. Lettres de l'abbé du Resnel à Cideville des 9 et 26 août 1752, 18 juillet, 10 novembre et 24 novembre 1753. B.M. de Rouen, Papiers Le Cornier, Ms. C. 31.

d'une solitude ignorée[1]. » Encore faudrait-il savoir où aller ! À la solitude s'ajoute la peur de nouvelles persécutions qu'il impute – probablement à tort – à Frédéric. Neaulme, éditeur hollandais, a fait imprimer une édition tronquée et dangereuse d'un manuscrit qu'on lui a volé : l'*Abrégé de l'histoire universelle* le désigne comme l'ennemi des rois et l'adversaire de la religion chrétienne[2]. Au désespoir, Voltaire se voit déjà jeté en prison et « perdu sans ressource ». Les jésuites alsaciens le menacent et, malgré des Pâques ostentatoires à l'église, il pense à nouveau à déguerpir. En dépit de tout, l'homme garde une énergie stupéfiante. Non seulement il continue à travailler et termine le second tome des *Annales de l'Empire*, mais il règle au jour le jour ses affaires financières, charge Mme Denis de vendre tous ses biens à Paris et la convainc, moyennant finance, de venir le retrouver à Plombières pour décider de leur future destination.

Après avoir vainement tenté de frapper à la porte du roi Stanislas de Lorraine[3], chez lequel il avait vécu jadis avec Mme du Châtelet, Voltaire se décide pour la

---

1. À Mme Denis, 27 janvier 1754. D. 5638.   2. Mme du Deffand au baron Scheffer, 25 avril 1754 : « Son *Abrégé de l'histoire universelle* lui a fait un tort infini. Tous les dévots ont crié au scandale et ont irrité le roi ; sans cette nouvelle faute, on lui aurait, dit-on, permis de se rapprocher de Paris. » *S.V.E.C.*, 1959, p. 365.   3. Le comte de Tressan, ami de Maupertuis, était personnellement intervenu contre Voltaire : « Je sais qu'il est furieux contre moi, mais cela m'est égal ; j'ai vu une brigue formée à Lunéville pour que le roi de Pologne lui donnât un asile à la cour. Attaché à la gloire de ce prince, je lui ai représenté vivement combien le roi de Prusse, son ancien ami, serait blessé de savoir Voltaire à la cour. Ce mot a suffi pour le déterminer à faire écrire à Voltaire qu'il ne pouvait ni ne voulait le recevoir en Lorraine. » À Maupertuis, 24 janvier 1754. Éd. Le Sueur, p. 328.

Suisse et négocie l'achat d'une propriété sur le bord du lac de Genève[1]. Le 11 novembre 1754, il quitte enfin Colmar pour la Suisse, *via* Lyon. C'est le début d'un nouvel exil qui durera plus de vingt-trois ans. Mais les dix-huit mois qui viennent de s'écouler ne sont pas un épisode parmi d'autres. Cette solitude forcée, ce sentiment d'abandon et d'humiliation constituent une leçon à jamais inoubliable. Plus que d'Alembert, Rousseau et tous les autres, Voltaire est celui qui a le mieux mesuré ce que vaut l'amitié des rois et ce que coûte la dépendance du courtisan[2]. Blessure d'orgueil, mais surtout atteinte à sa dignité : la cicatrice n'est pas près de se refermer. La liberté et l'indépendance valent bien des sacrifices, principalement celui de l'exil. Tout vaut mieux que de se remettre dans les griffes des puissants. Grâce à son génie et à son incroyable énergie, Voltaire va rebondir du fond de son abîme avec une aura et des convictions renouvelées. Il a définitivement quitté l'habit du courtisan, comme s'il avait compris qu'il n'y allait pas seulement de son bonheur, mais de sa gloire. N'oublions pas le mot de Marmontel à son égard : « Une seule [passion] était fixe en lui et comme inhérente à son âme : c'était l'ambition et l'amour de la gloire, et, de tout ce qui flatte et nourrit cette passion, rien ne lui était indifférent[3]. » À soixante ans, Voltaire a chèrement acquis la conviction que sa gloire ne pas-

---

1. Il commence à négocier son installation en Suisse avec le magistrat de Berne, Jacques Clavel de Brenles, dès le 12 février 1754. D. 5669.   2. Marmontel, qui l'a connu au milieu des années 1740, rapporte dans ses *Mémoires* : « Ce n'était pas assez pour lui d'être le plus illustre des gens de lettres, il voulait être homme de cour. Dès sa jeunesse la plus tendre, il avait pris la flatteuse habitude de vivre avec les grands. » Éd. J. Renwick, 1972, I, p. 120.   3. *Ibid*.

sait plus par les honneurs, mais par le souci de son indépendance.

AMITIÉS RECOMPOSÉES

En 1754, le temps des dîners hebdomadaires à l'hôtel
du Panier-Fleuri a cessé, et avec lui a pris fin une sorte
de bohème et de jeunesse insouciante. Au milieu des
années 1740, Diderot, Rousseau et Condillac – auxquels s'était joint un peu plus tard d'Alembert – parta-
geaient pitance et idées. Rousseau écoutait les conseils
de Diderot et tous se nourrissaient de la philosophie
de Condillac. En l'espace de quelques années, chacun
est devenu une personnalité du monde des lettres occupée à tracer son propre sillon. On revendique pour soi
les idées qu'on a jadis partagées, et les différends philosophiques ne sont plus réductibles au cours d'un repas.
La vanité, les petites jalousies, la susceptibilité des uns
et des autres ont fait insensiblement éclater le premier
cercle des philosophes. À présent, le groupe des philosophes s'est enrichi de nombreuses personnalités et
fréquente de nouveaux lieux de rencontre. Les discussions sérieuses ont lieu dans les salons de D'Holbach
ou d'Helvétius plutôt que dans les salons de dames ou
les cafés du Palais-Royal.

Le clan Diderot

Au début de 1749 sont arrivés à Paris deux Allemands qui vont jouer un rôle considérable dans la vie

de Diderot. Le premier est Melchior Grimm, vingt-six ans, de condition modeste. Il est venu à Paris comme accompagnateur du plus jeune fils du comte de Schom-berg, bien décidé à faire carrière dans les lettres. Le second, Paul Thiry, né dans le Palatinat, est arrivé avec son riche oncle maternel[1], le baron d'Holbach, qui lui léguera bientôt son nom, son titre et sa fortune. Il a le même âge que Grimm, mais sa culture est plus scienti-fique que littéraire[2]. Rousseau rencontra Grimm chez le baron Thun en août 1749 et le présenta à Diderot. En revanche, on ignore comment Diderot et d'Holbach firent connaissance.

Diderot présenta d'Holbach à Rousseau, qui à son tour lui fit rencontrer Grimm. Au départ, le quatuor est uni par des idées et des goûts communs. Ils mènent ensemble une guerre esthétique et politique contre la musique française[3] qui prend pendant deux ans l'appa-rence d'une affaire d'État. C'est l'occasion, pour Grimm et d'Holbach, de faire leurs premières armes littéraires. Tout le clan philosophique se range derrière eux pour dénoncer l'opéra français, froid, ennuyeux, esclave de la parole, au bénéfice de la musique italienne, mélodieuse et émouvante. Pergolèse démode Lulli et Rameau, et l'on se réunit à l'Opéra sous la loge de la reine pour s'opposer tout à la fois aux grands, aux riches et aux femmes qui se déclarent partisans de la musique fran-çaise en se plaçant, eux, sous la loge du roi.

Sans entrer dans les détails de cette querelle bien connue, il est intéressant de souligner que ce sont trois

---

1. Paul Thiry fut naturalisé français en août 1749, ce qui peut laisser supposer qu'il est arrivé en France au début de 1749. 2. D'Holbach parlait et écrivait couramment l'allemand, le fran-çais et l'anglais. 3. Sur cette querelle musicale, *cf.* N. Boyer, *La Guerre des bouffons*, 1945.

étrangers qui montent là en première ligne. Grimm ouvre
le feu avec une lettre de 52 pages, datée du 2 février
1752, contre un opéra de Destouches[1]. Il est bientôt
suivi par d'Holbach, qui publie anonymement une
*Lettre à une dame d'un certain âge, sur l'état présent
de l'Opéra*[2], qui ne manque pas de sel. Avec la venue
de la troupe des Bouffons italiens à Paris en août 1752,
le ton s'échauffe de part et d'autre. Grimm donne la
victoire définitive aux « philosophes et beaux esprits »
en publiant le 25 janvier 1753 une nouvelle satire sous
le titre abrégé *Le Petit Prophète de Boechmischbroda*.
En moins d'un mois, trois éditions sont vendues et une
cinquantaine de pamphlets attaquent ou défendent ses
idées. C'est un prodigieux succès qui fait de Grimm un
homme célèbre. Voltaire, qui admire la « gaieté vive
et piquante » de l'ouvrage, s'écrie : « De quoi s'avise
donc ce bohémien, d'avoir plus d'esprit que nous[3] ? »

De son côté, Rousseau monte au créneau en
novembre 1753 avec un texte beaucoup plus violent,
la *Lettre sur la musique française*. On peut y lire
notamment : « Le chant français n'est qu'un aboie-
ment continuel, insupportable à toute oreille non préve-
nue… D'où je conclus que les Français n'ont point de
musique et n'en peuvent avoir[4]. » Hors du groupe des
philosophes, indifférents au chauvinisme, la *Lettre* du
Genevois suscite une levée de boucliers. L'un des plus
mesurés, l'abbé Trublet, y trouve « beaucoup d'esprit
et de savoir, mais encore plus d'humeur, d'outré et
ainsi d'injustices[5] ». De son côté, Fréron l'accable

---

1. *Lettre de M. Grimm sur Omphale.*   2. 1752.   3. A. Cazes,
Grimm et les encyclopédistes, 1970, p. 20.   4. *Ibid.*, p. 21.
5. À Maupertuis, 12 novembre 1753. A.A.S., Fonds Maupertuis,
dossier 135.

d'invectives. Il traite Rousseau de « furieux, frénétique, pédagogue bilieux... qui veut convertir son auditoire à coups de bâton[1] ». Il rapporte ailleurs que « tous les honnêtes gens sont révoltés. On est indigné à la cour ; et je sais de bonne part qu'on s'en est plaint vivement à M. d'Argenson, et qu'il pourrait bien arriver que ce grand Rousseau fût chassé de France... C'est un esprit dangereux ; il a gâté absolument Diderot, d'Alembert et beaucoup d'autres. Tous ces gens-là sont regardés du mauvais œil par le gouvernement parce que ce sont des enthousiastes capables de se porter à tout[2]... ».

La querelle de la musique fut le prélude à des affrontements d'une tout autre portée. Elle eut l'avantage de renforcer des liens amicaux, et plus généralement le clan des philosophes. Mais le ton arrogant[3], voire agressif, utilisé par certains d'entre eux eut pour effet de multiplier agacements et oppositions.

En 1754, Diderot est étroitement lié à Rousseau. Il admire son *Discours sur l'origine de l'inégalité*, pour lequel il lui dispense d'utiles conseils. Il n'hésite pas à prendre sur son temps pour lire et relire le manuscrit du prix de Dijon. Il est vrai que c'est son plus vieil ami et qu'il l'aime comme un frère. Diderot est

---

1. *Lettres sur quelques écrits...*, 1753, XII, pp. 266-288.
2. *Journal de la Librairie*, 16 novembre 1753. B.N., Ms. fr. 22.158, f. 193. Dans la *Correspondance littéraire*, janvier 1754, II, pp. 312-313, Grimm précise que l'orchestre de l'Opéra a brûlé Rousseau en effigie et confirme que le Genevois a pensé être exilé pour cette brochure.   3. Dans la *Lettre sur Omphale*, Grimm n'hésite pas à écrire : « C'est aux philosophes et aux gens de lettres que la nation doit, même sans s'en douter, son goût devenu depuis peu général pour la bonne musique... C'est à eux, comme professeurs de leur nation et de l'univers, d'éclairer la multitude par leurs lumières, et de la guider par leurs préceptes. » *Correspondance littéraire*, t. XVI, pp. 301-302.

également séduit par Grimm, et les deux hommes se
retrouvent de plus en plus souvent chez le baron d'Holbach qui, avec sa femme, tient table ouverte les jeudi
et dimanche. Ils y rencontrent la fine fleur des gens
de lettres, les Helvétius, Saurin, Duclos, Raynal, Marmontel, Saint-Lambert, les savants Boulanger, Roux,
Darcet, La Condamine, auxquels se joignent parfois
Rousseau et d'Alembert, et plus tard l'abbé Morellet,
Suard et tous les étrangers talentueux de passage à
Paris. D'Holbach est un hôte généreux qui sait créer
les conditions de la convivialité intellectuelle : « Une
grosse chère, mais bonne, d'excellent vin, d'excellent
café, beaucoup de disputes, jamais de querelles ; la
simplicité des manières... Une gaieté vraie sans être
folle ; enfin, une société vraiment attachante, ce qu'on
pouvait reconnaître à ce seul symptôme qu'arrivés à
2 heures... nous y étions souvent encore tous à 7 et
8 heures du soir[1]. » L'avantage sans prix de ces réunions est la liberté de parole qui y règne et qu'on
ne trouve pas dans les salons de dames. Ainsi chez
Mme Geoffrin qui interdit toute réflexion par trop har-
die – raison pour laquelle on n'y voit guère Diderot
et d'Holbach. Au contraire, chez le baron, on est sûr
de trouver « la conversation la plus libre, la plus animée et la plus instructive qui fût jamais... Point de hardiesse politique et religieuse qui ne fût mise en avant
et disputée *pro et contra*, presque toujours avec beaucoup de subtilité et de profondeur[2] ». Si la liberté y
est totale, c'est parce que la discrétion y est de règle :
nul ne dévoile jamais à l'extérieur les discussions de
la « synagogue ». C'est là que, durant plus de dix ans,

----

1. Abbé Morellet, *Mémoires*, I, chap. 6, p. 133.   2. *Ibid*.
Voir aussi les *Mémoires de Marmontel*, I, p. 227.

s'élabora la philosophie de l'*Encyclopédie*, dont l'amitié entre Diderot et d'Holbach fut la cheville ouvrière.

La première fausse note vint du susceptible Rousseau. Mal à l'aise chez d'Holbach, auquel il reproche sa trop grande richesse et son penchant au persiflage, il prend prétexte d'un incident mineur pour rompre avec lui. Au cours d'un dîner qui eut lieu le 3 février 1754, un abbé Petit, qui donnait lecture d'une pièce ridicule de sa façon, était l'objet, sans s'en rendre compte, des moqueries de tous les convives. D'Holbach témoigne : « Jean-Jacques n'avait pas dit le mot... Tout d'un coup, il se lève comme un furieux et, s'élançant vers le curé, il prend son manuscrit, le jette à terre et dit à l'auteur effrayé : Votre pièce ne vaut rien ; votre discours est une extravagance ; tous ces messieurs se moquent de vous !... Rousseau sortit dans une rage que je crus momentanée, mais qui n'a pas fini, et qui même n'a fait que croître depuis. Diderot, Grimm et moi avons tenté vainement de le ramener[1]. » En effet, même si, quelques mois plus tard, Rousseau écrivit une lettre touchante à d'Holbach qui venait de perdre sa femme[2], même s'il lui fit encore quelques visites, le cœur n'y était plus et, très vite, il ne mit plus les pieds chez le baron. Bien qu'encore fort lié à Diderot et à Grimm, il fait désormais cavalier seul et prend ses distances avec le groupe des philosophes. Le temps de l'union sacrée pour la musique italienne est passé. Reste encore le trio soudé que forment Diderot, Grimm et d'Holbach. Les

---

1. Témoignage rapporté par Cerruti, *Journal de Paris*, 2 décembre 1789, p. 1567, republié dans la *Correspondance complète de Rousseau*, vol. III, appendice 140, p. 348.   2. La première Mme d'Holbach mourut le 26 août 1754, à l'âge de vingt-quatre ans, et fut regrettée par tous les amis du baron. *C.C. de Rousseau*, Leigh, vol. III, p. 244.

deux premiers serviront de témoins au remariage du baron avec sa belle-sœur, Charlotte-Suzanne Daine, en octobre 1756[1], et leur amitié perdurera bien au-delà du projet encyclopédique.

Diderot entretient de bonnes relations avec Buffon, qu'il admire depuis la publication des premiers volumes de l'*Histoire naturelle* en 1749. Mais les deux hommes ne sont pas intimes. En 1753, Diderot a fait appel à lui afin d'obtenir une faveur du Contrôleur général pour un membre de sa famille, ce dont Buffon s'est exécuté avec grâce[2]. Il le cite de façon élogieuse dans son ouvrage *De l'interprétation de la nature*[3] et le voit de temps à autre, toujours avec plaisir. Buffon lui présente son ami le président de Brosses, qui séjourne à Paris au premier trimestre de 1754 et dont l'intelligence et le savoir le séduisent fort[4]. Mais, sollicité pour participer au *Dictionnaire* qui s'inspire souvent de ses idées, Buffon a toujours fait la sourde oreille. Il a bien fréquenté quelque temps le salon de D'Holbach, mais il s'en est retiré sur la pointe des pieds, même si son épouse et la seconde Mme d'Holbach entretiennent des relations amicales.

Marmontel – qui n'aime pas Buffon – donne une double explication de l'attitude distante du naturaliste à l'égard de Diderot et de son ami d'Holbach. D'abord,

---

1. Le contrat de mariage fut signé le 29 octobre 1756 en présence – outre Diderot et Grimm – de Montamy et Margency. Montamy (1702-1765), ami de vingt ans de D'Holbach, au service du duc d'Orléans, et Margency, qui connut d'Holbach en 1750, furent tous deux des collaborateurs de l'*Encyclopédie*.   2. Diderot à Caroillon La Salette [janvier 1753]. *Correspondance de Diderot*, I, pp. 149-155.   3. Publié en novembre 1753.   4. Diderot lui confie aussitôt le soin de rédiger l'article « Étymologie » pour l'*Encyclopédie*.

la crainte de déplaire : « Il voyait que l'école encyclopédique était en défaveur à la cour et dans l'esprit du
roi ; il craignit d'être enveloppé dans le commun naufrage ; et, pour voguer à pleine voile, ou du moins pour
louvoyer seul prudemment parmi les écueils, il aima
mieux avoir à soi sa barque libre et détachée[1]. » La
seconde raison de son retrait du salon de D'Holbach
est sa célèbre vanité : « Buffon, environné chez lui de
complaisants et de flatteurs, et accoutumé à une déférence obséquieuse pour ses idées systématiques, était
quelquefois désagréablement surpris de trouver parmi
nous moins de révérence et de docilité. Je le voyais
mécontent des contrariétés qu'il avait essuyées. Avec
un mérite incontestable, il avait un orgueil et une pré-
somption égaux au moins à son mérite[2]. » Un caractère peu fait pour s'entendre avec le familier Diderot
qui a l'habitude de taper sur les cuisses de son interlocuteur dans le feu de la conversation ! À la décharge de
Buffon, il faut rappeler qu'il passe six mois de l'année
à Montbard, ce qui lui donne un statut d'invité saison-
nier. Lors de ses séjours à Paris, il préfère fréquenter le
salon des Helvétius, du moins jusqu'au scandale causé
par la publication de *De l'esprit*. Quoiqu'ils fussent liés
à d'Holbach, on ne rencontrait guère, chez ces derniers,
ni le baron, ni Diderot, ni d'Alembert.

Première rupture

Plus pénible et radicale est la rupture de Diderot et
de son clan avec un autre ami, l'abbé de Condillac, un

---

1. *Mémoires de Marmontel*, I, p. 225.   2. *Ibid.*

des inspirateurs de l'*Encyclopédie*. Son nom est rarement mentionné parmi les habitués de la maison de
D'Holbach[1]. La raison en est une méchante affaire de
plagiat qui éclate en 1754, mais qui couvait probablement depuis plus longtemps. On se souvient que c'est
Diderot qui l'aida à publier sa première œuvre, l'*Essai
sur l'origine des connaissances humaines*, en 1746, et
qu'il s'en inspira ensuite largement dans sa *Lettre sur
les aveugles* de 1749. C'est l'époque des entretiens hebdomadaires, à l'auberge du Panier-Fleuri, entre Diderot,
Rousseau, Condillac et d'Alembert, et celle aussi de
l'étroite collaboration philosophique entre Condillac et
la mystérieuse Mlle Ferrand[2]. En 1749, Condillac travaille déjà au *Traité des sensations* qu'il publiera cinq
ans plus tard[3]. À l'instigation de Mlle Ferrand, il imagine une statue à laquelle il donne progressivement les
cinq sens. Il s'en ouvre successivement à deux correspondants. Le 10 juin 1750, il écrit à Cramer qu'il est si
fort livré à son ouvrage qu'il ne peut s'appliquer à rien
d'autre, et précise : « J'anime une statue par degrés, je
lui donne d'abord le toucher tout seul, ensuite l'ouïe
toute seule, puis l'ouïe et le toucher, et ainsi du reste.
Je recherche les idées qui viennent par chaque sens en
particulier et par les sens réunis ; j'explique comment
elles se conservent, se rappellent et comment on les

---

1. Il n'est mentionné que par le journaliste Meister dans la
notice nécrologique qu'il consacra au baron d'Holbach, en mars
1789, dans la *Correspondance littéraire*. Son nom paraît aux côtés
de ceux de D'Alembert et Rousseau, qui n'appartiennent pas au
« clan ».   2. *Cf. P.I.*, 1, pp. 316-318, et le livre de Laurence
L. Bongie, « Diderot's femme savante », *S.V.E.C.*, n° 166, 1977.
3. Le 22 novembre 1749, il écrit au savant genevois Gabriel Cramer qu'il travaille « sur un traité sur l'origine et la génération du
sentiment ». J. Sgard, *Corpus Condillac*, 1981, pp. 131-132.

reconnaît, ce qui constitue la mémoire[1]. » Un mois plus tard, lors d'un séjour chez le marquis d'Argenson en compagnie de D'Alembert, il confie à Maupertuis qu'il a plusieurs ouvrages sur le métier et s'occupe actuellement de l'origine des sensations. Il évoque la statue animée, les difficultés surmontées dans la rédaction du livre, et conclut : « Je m'en vais le laisser reposer quelques mois, selon ma coutume[2]. »

Au lieu de quelques mois, Condillac laissa passer quelques années avant de publier son *Traité*, en novembre 1754, soit deux ans après la mort de sa chère Mlle Ferrand à laquelle il rendit alors un hommage appuyé. Dans la préface, il lui reconnaît la paternité de l'hypothèse épistémologique de la statue animée par degrés[3]. Peut-être avait-il été surpris lorsqu'il découvrit, en 1751, la *Lettre sur les sourds et muets*[4] où Diderot s'arroge « l'idée du muet de convention ou celle d'ôter la parole à un homme pour s'éclairer sur la formation du langage. Cette idée, dis-je, un peu généralisée, m'a conduit à considérer l'homme distribué en autant d'êtres distincts et séparés qu'il a de sens[5] ».

On ignore la réaction de Condillac à cet emprunt de Diderot, et si les deux hommes ont continué d'entretenir des relations suivies. En revanche, on mesure son indignation lorsque Diderot et ses amis crient au pla-

---

1. Lettre publiée par L.L. Bongie, « A new Condillac letter and the genesis of the *Traité des sensations* », *Journal of the History of Philosophy*, vol. XVI, 1978, pp. 83-94.   2. A Segrez, 12 août 1750. Le Sueur, *Maupertuis et ses correspondants*, p. 390. 3. Mlle Ferrand avait peut-être elle-même été inspirée par le philosophe Boureau-Deslandes, qui avait publié en 1741 un *Pygmalion ou la Statue animée*.   4. Publiée le 18 février, aussitôt suivie d'une seconde édition en mars, avec des *Additions*.   5. *Œuvres complètes de Diderot*, éd. Assézat, 1875, t. I, p. 389.

giat après la publication du *Traité des sensations*[1] ! À peine publié, les critiques Raynal, Fréron et Grimm se précipitent pour le dénoncer. Le premier se contente de souligner « qu'il n'a pas beaucoup d'idées à lui[2] ». Le deuxième conclut que ce gros *Traité* est déjà tout entier « dans un petit volume obscur en tout sens, qui a pour titre *Lettre sur les sourds et muets*[3] ». Le troisième, Grimm, consacre toute sa livraison du 1er décembre 1754 au livre de Condillac[4]. L'article consiste essentiellement à le comparer au premier volume de l'*Histoire naturelle* de Buffon et à la *Lettre* de Diderot, pour montrer que l'auteur n'a pas leur talent. Grimm récuse le style, le plan et les idées de Condillac avant de conclure que les œuvres de Diderot feront tort à celle de ce dernier : « Il faut convenir qu'il y a plus de génie dans [deux ou trois pages de la *Lettre sur les sourds et muets*] que dans tout le *Traité des sensations*[5]. »

L'accusation de plagiat se fit entendre avant même la publication du *Traité*. Peut-être faut-il situer avant novembre la scène publique que Buffon fit à son auteur dans le salon d'Helvétius, l'accusant de lui avoir volé l'idée de la statue sans le nommer. C'est ce que raconte Condillac à Formey, ajoutant que « Helvétius combattit [Buffon]. Vous jugerez par là qu'il ne recherchait que les occasions de m'offenser. Je puis cependant vous assurer que je n'y avais jamais donné aucun sujet. Ses

---

1. Sa rédaction avait été retardée par des douleurs aux yeux qui l'avaient empêché de lire et d'écrire pendant plus de huit mois. À Maupertuis, 25 juin 1752. Le Sueur, *op. cit.*, pp. 391-392. 2. Raynal, *Nouvelles littéraires*, II, p. 204, décembre 1754. 3. *L'Année littéraire*, VII, 25 décembre 1754, pp. 289-298. Le *Traité des sensations* comptait deux volumes de son édition de 1754.   4. *Correspondance littéraire*, II, 1er décembre, pp. 438-444.   5. *Ibid.*, p. 442.

amis [et ceux de Diderot] ont tenu les mêmes propos, et j'ai cru devoir faire taire les uns et les autres[1] ». C'est probablement la raison pour laquelle Condillac ajouta à la fin de son livre un appendice intitulé « Réponse à un reproche qui m'a été fait… » : « Ce projet n'est pas neuf, m'a-t-on dit. Il est proposé dans la *Lettre sur les sourds…* Je conviens que l'auteur de cette *Lettre* propose de décomposer un homme ; mais il y avait déjà longtemps que Mlle Ferrand m'avait communiqué cette idée. Plusieurs personnes savaient même que c'était là l'objet d'un traité auquel je travaillais, et l'auteur de la *Lettre sur les sourds et muets* ne l'ignorait pas[2]. »

En dépit de cette mise au point, l'idée persista que Condillac avait plagié ses anciens amis. Contrairement aux deux précédents[3], ce *Traité*, pourtant supérieur, n'eut guère le succès attendu[4]. Et Laurence L. Bongie a raison de souligner que jamais Diderot ne prit la peine de rétablir la vérité, puisque son disciple Naigeon, dans ses *Mémoires*, trace le portrait le plus noir de Condillac et rapporte que Diderot « disait que cet auteur, peu riche de son propre fonds, mais très prompt à s'emparer des idées des autres, avait l'art funeste de les délayer[5] ».

Condillac rompit définitivement avec Diderot et ne fréquenta pas la « synagogue » de D'Holbach. En revanche, il resta longtemps en bons termes avec

---

1. A Formey, le 25 février 1756. Publiée par N. Charavay, *L'Amateur d'autographes*, 1902, p. 202. Buffon avait écrit quelques pages sur une statue animée, mais elles n'avaient rien à voir avec l'objet philosophique de Condillac. 2. Cité par L. L. Bongie (1978), p. 86. 3. L'*Essai sur l'origine des connaissances humaines* (1746) et le *Traité des systèmes* (1749). 4. Lettres de l'abbé Trublet à Formey du 29 novembre 1754 et du 10 février 1755. *Correspondance passive de Formey*, 1996, pp. 139 et 144. 5. *Mémoires historiques et philosophiques sur la vie et les ouvrages de Denis Diderot*, 1970, p. 295.

Rousseau, et trouva refuge dans le salon des Helvétius jusqu'à son départ pour Parme, en 1758.

Diderot sans d'Alembert

On l'a vu, d'Alembert n'appartient pas au clan de Diderot. Il a peu fréquenté le salon de D'Holbach, encore moins celui d'Helvétius. Il préfère les salons de dames et, par-dessus tout, sa liberté. Pourtant, il n'est pas non plus cet ermite ou ce quaker qu'il se plaît à dire. Charmant, drôle, sachant imiter les personnalités connues, il ne manque pas de séduction. Casanova lui-même raconte : « J'ai connu d'Alembert chez Mme de Graffigny. Ce grand philosophe possédait supérieurement le secret de ne paraître jamais savant lorsqu'il se trouvait en compagnie agréable de personnes qui ne professaient pas des sciences. Il avait aussi l'art de donner de l'esprit à tous ceux qui raisonnaient avec lui[1]. » On aurait pu en dire autant de Diderot ! Néanmoins, les deux têtes de l'*Ency-clopédie*, dont les noms sont unis pour l'éternité, n'ont jamais formé un vrai couple d'amis. En témoigne le mot de « collègue » utilisé par Diderot dans sa correspondance pour désigner d'Alembert[2]. Il fait même explici-

---

1. *Mémoires*, I, p. 606. Casanova séjourna à Paris entre août 1750 et l'automne 1752. Marmontel a laissé un portrait similaire : « L'homme le plus gai, le plus animé, le plus amusant dans sa gaieté, c'était d'Alembert... Par le tour vif et plaisant que prenait alors cet esprit si lumineux, si profond, si solide, il faisait oublier en lui le philosophe et le savant, pour n'y plus voir que l'homme aimable. » *Mémoires*, I, p. 162.　　2. La correspondance de Diderot et d'Alembert a disparu, mais quelques (rares) lettres de Diderot font référence à son collègue, sans tendresse excessive, du moins jusqu'à la maladie de D'Alembert en 1765. En revanche, on trouve dans une lettre de D'Alembert à Cramer du 21 septembre 1749 l'expression « mon intime ami » pour désigner Diderot.

tement la différence en écrivant : « M. d'Alembert est mon collègue ; M. l'abbé Sallier est bibliothécaire de la Bibliothèque du roi, et mon ami[1]. »

En fait, hors du *Dictionnaire*, beaucoup de choses les opposent. Leurs caractères, leurs tempéraments et même leurs philosophies sont à présent aux antipodes. Diderot et d'Alembert sont comme le chaud et le froid, la sensualité et la frigidité, l'intuition et la déduction, le matérialisme athée et le scepticisme, les sciences de la vie et les mathématiques. En dépit de sa simplicité, d'Alembert impressionne et suscite le respect, donc une certaine distance. Tout au contraire, Diderot appelle le rapprochement des corps et des âmes. Enthousiaste, passionné, fraternel, il fusionne avec son interlocuteur[2]. Marmontel, comme d'autres, s'est émerveillé de « sa douce et persuasive éloquence, et de son visage étincelant du feu de l'inspiration [qui] répandait sa lumière dans tous les esprits, sa chaleur dans toutes les âmes[3] ».

Au début de leur collaboration, les deux hommes ont accepté et fait fructifier leur complémentarité. Mais, avec le temps, leurs options philosophiques se sont affirmées, les contentieux se sont accumulés, la complémentarité est devenue rivalité. On sent de l'agacement dans les rares propos qui subsistent de l'un sur l'autre.

À bien y regarder, le conflit puise ses racines dès les débuts de l'*Encyclopédie*. Le Prospectus de Diderot est explicitement baconien, mais le *Discours prélimi-*

---

1. Lettre à ses parents [6 janvier 1755] (I, p. 179) et lettre à Voltaire du 14 juin 1758 (D. 7756).   2. Voir le témoignage de Garat qui a décrit la scène de leur première rencontre. Dans la chaleur de la discussion, Diderot frappe sur sa cuisse comme si elle était à lui (*Correspondance littéraire*, XV, pp. 130-131) ; il fait de même avec tous ses interlocuteurs, y compris la tsarine Catherine II... 3. *Mémoires*, I, p. 226.

naire de D'Alembert, publié six mois plus tard, tout
en prenant acte de l'apport de la philosophie anglaise,
est d'inspiration cartésienne. Déjà, la méthode et la
manière de penser de Diderot irritent d'Alembert. Il le
trouve confus, désordonné, ainsi qu'il le laisse entendre
à Cramer dès 1751 : « Comme vous le dites fort bien,
il y aurait du malheur si les vingt-quatre [articles] res-
semblaient à M. Diderot[1]. » Nombre de contemporains
partagent le point de vue de D'Alembert. Dans son portrait amical de Diderot, Marmontel souligne son génie
puissant mais diffus qui trouve mieux à s'exprimer par
la parole que dans l'écrit : « Qui n'a connu Diderot que
dans ses écrits ne l'a point connu. Ses systèmes sur l'art
d'écrire altéraient son beau naturel. Lorsqu'en parlant il
s'animait, et que, laissant couler de source l'abondance
de ses pensées, il oubliait ses théories et se laissait aller
à l'impulsion du moment, c'était alors qu'il était ravis-
sant. Dans ses écrits, il ne sut jamais former un tout
ensemble : cette première opération qui ordonne et met
tout à sa place était pour lui trop lente et trop pénible. Il
écrivait de verve avant d'avoir rien médité[2]... »

Même si le propos est un peu caricatural, tous les
amis de Diderot s'accordent sur son génie de l'impro-
visation, sur la richesse de son imagination, mais aussi
sur l'aspect décousu et parfois obscur de ses propos
qui peut aller jusqu'à l'« égarement[3] ». Ses digressions

---

1. *Dix-huitième siècle*, n° 28, 1996, p. 254.   2. *Mémoires*, I,
p. 226.   3. Grimm écrivait à propos de son ami : « La qualité
rare et peut-être unique de Diderot consiste à apercevoir des rapports entre les sujets les plus éloignés et à les rapprocher ainsi
dans un clin d'œil. J'avoue que ce talent peut quelquefois mener à
l'erreur comme à la découverte de la vérité, mais, jusque dans ses
égarements, il est en droit d'étonner et de séduire. » Cazes, *op. cit.*,
p. 135.

continuelles le rendaient quelquefois difficile à suivre.
Il parlait souvent « de mille choses qui n'ont qu'un
rapport bien éloigné avec le sujet principal[1] ». Dès la
première entrevue, l'interlocuteur semble saisi par le
tournis. Le président de Brosses le décrit ainsi : « Un
gentil garçon, bien doux, bien aimable, grand philosophe, fort raisonneur, mais faiseur de digressions
perpétuelles. Il m'en fit bien vingt-cinq hier, depuis
neuf heures qu'il resta dans ma chambre jusqu'à une
heure[2]. » Garat, de même : « Si le discours amène le
mot de loi, il me fait un plan de législation ; s'il amène
le mot théâtre, il me donne à choisir cinq ou six plans
de drames ou de tragédies[3]. » D'où ce jugement du
marquis de Chastellux sur ses œuvres : « des idées qui
se sont enivrées et qui se sont mises à courir les unes
après les autres[4] » ; et celui de Mme de Geoffrin sur
l'homme : « C'est un bon et honnête homme, mais il a
la tête si mauvaise, et il est si mal organisé qu'il ne voit
ni n'entend rien de ce qu'il voit ni de ce qu'il entend tel
que cela est. Il est toujours comme un homme qui rêve
et qui croit réel tout ce qu'il a rêvé[5]. »

Rien n'est plus opposé à l'esprit et à la personnalité
de D'Alembert, homme d'ordre et de rigueur[6], enfant
des *Regulae* de Descartes. Le même Garat, qui les a
connus tous les deux, a parfaitement résumé leurs divergences de caractère : « l'un, armé de cette audace qui
se précipite à travers les ténèbres pour arriver au jour ;

---

1. Raynal, *Nouvelles littéraires*, II, p. 32.   2. Lettre à son
frère, 8 mai 1754. Éd. Y. Christ, *Revue de Paris*, septembre 1965,
p. 54.   3. *Op. cit.*, pp. 130-131.   4. Cité par A. Cazes,
op. cit., p. 150.   5. Lettre de Mme Geoffrin au roi de Pologne,
8 mai 1774.   6. « Le caractère principal de son esprit est la net-
teté et la justesse. » Portrait de D'Alembert fait par lui-même, et
adressé à Mme*** en 1760. *Œuvres*, I, p. 9.

l'autre, de cette patience de calcul qui n'ose faire un pas avant d'être environné de tout l'éclat de l'évidence[1] ». Opposition que John Pappas caractérise à juste titre comme celle du poète et du géomètre, ou « de l'esprit de finesse contre l'esprit de géométrie[2] ».

Même si les deux hommes ont toujours évité de se critiquer publiquement, on trouve dans et hors de l'*Encyclopédie* des allusions à leurs divergences. Elles se font entendre de part et d'autre au même moment, à l'automne 1753, soit peu après la résolution de la première crise de l'*Encyclopédie*. Dans la préface au troisième volume de l'*Encyclopédie* qui paraît en octobre, d'Alembert répond avec fougue, sinon insolence, aux critiques portées par les jésuites aux deux premiers tomes, mais fait siennes au passage certaines d'entre elles. Est-ce une pierre dans le jardin de Diderot, cette reconnaissance des « expressions équivoques... de quelques termes obscurs ou peu exacts[3] » ? Et, s'il récuse pied à pied les accusations de plagiat, d'Alembert ne peut les nier totalement. Diderot est le premier visé, même s'il n'est pas le seul.

Un mois plus tard, Diderot prend ses distances philosophiques avec son « collègue » en publiant ses *Pensées sur l'interprétation de la nature*. Tout le monde remarque le coup malicieux qui y est porté à Maupertuis[4], mais aussi la condamnation sans appel des mathématiques, qui vise d'Alembert. En proclamant que les

---

1. J.-D. Garat, *Mémoires historiques sur le XVIIIᵉ siècle*, Paris, 1829, I, p. 163.   2. Titre de son article, *S.V.E.C.*, nᵒ 89, 1972, pp. 1229-1253.   3. Préface, *Œuvres de D'Alembert*, II, pp. 383-384.   4. Non seulement il dévoilait qu'il était le véritable auteur de la dissertation latine d'Erlangen sur le *Système de la nature*, mais il montrait aussi les conséquences spinozistes que l'on pouvait en tirer, ce qui était plutôt fâcheux à l'époque pour l'auteur.

mathématiques sont au bout de leur course et n'ont plus rien à dire sur le monde, qu'elles doivent céder la place aux sciences de la nature[1], Diderot ne commet pas seulement une erreur historique, il s'emploie à porter un coup mortel à d'Alembert qu'il expédie brutalement dans le camp des gloires passées. Comme le souligne John Pappas, l'*Interprétation* marque le début de leur rupture philosophique, peut-être aussi d'une rupture plus personnelle. « C'est dans l'emphase prépondérante sur l'intuition prophétique du "grand manœuvrier" développée dans *De l'interprétation*… qu'on retrouve la pierre de touche du désaccord entre lui et d'Alembert[2]. » Par l'hommage rendu à l'esprit de divination, aux « extravagances », aux « rêves des malades », au véritable génie qui fait son miel de l'enchaînement des conjectures et des analogies, Diderot tourne le dos au *Discours préliminaire* et annonce son propre article « Encyclopédie[3] », qui contredit le rationalisme et le systématisme de D'Alembert. Le désaccord philosophique est patent. Dorénavant, chacun jouera sa partie.

D'Alembert, l'électron libre

Ce n'est pas l'homme d'un clan. « Son amour pour l'indépendance va jusqu'au fanatisme[4] » et rend difficile la solidarité de groupe. En 1754, sa vie amicale et sociale se partage entre différents cercles encore mal

---

1. Éd. Versini, I, 1994, pp. 561-562.   2. Pappas, *op. cit.*, p. 1232.   3. Article fondamental de Diderot, publié dans le volume V en octobre 1755.   4. Portrait de D'Alembert, *op. cit.*, p. 10.

connus. On sait qu'il consacre toutes ses matinées au travail intellectuel, enfermé dans la petite chambre qu'il
occupe toujours chez sa nourrice, Mme Rousseau. Il y
reçoit parfois un ami à déjeuner pour un repas frugal[1].
Le mercredi après-midi est ordinairement consacré à
l'Académie des sciences, et les soirées au théâtre ou
à l'opéra. Entre-temps, il rend des visites régulières
à ses amies la marquise de Créqui[2], la marquise du
Deffand[3] et Mme Geoffrin[4]. Ces deux dernières, nettement plus âgées que lui, jouent un rôle maternel sans
équivoque. Elles le conseillent, le protègent[5] et lui
ouvrent des portes. De temps à autre, on le voit chez
Mme de Graffigny, Mme de Boufflers, ou parfois, le
dimanche, chez le vieux docteur Falconet[6]. Autant de
salons où l'on ne rencontre pas Diderot. D'Alembert
lui a présenté Mme du Deffand, mais elle s'est plainte
qu'il n'ait jamais renouvelé sa première visite[7]. Et,
comme nous l'apprend l'abbé Trublet, Mme Geoffrin
ne fit sa connaissance qu'en 1757 et s'abstint de réité-
rer trop souvent ses invitations. Diderot n'a pas le

---

1. Marmontel, *Mémoires*, I, p. 119.   2. 1714-1803. Fille du
comte de Froulay, elle avait épousé le marquis de Créqui en 1737.
À partir de 1755, la marquise se fait dévote et se détache des philosophes.   3. 1697-1780. Née Marie de Vichy-Champrond, elle
était veuve du marquis du Deffand, épousé en 1718 et dont elle
avait vécu séparée depuis 1750.   4. 1699-1777. Marie-Thérèse
Rodet se maria à quatorze ans et devint veuve en 1749.   5. *P.I.*,
pp. 262-264 et 401-402. Mme Geoffrin tâchait de lui éviter
les passions malheureuses. *Cf.* J. Bertrand, *D'Alembert*, 1889,
p. 173.   6. 1671-1762. Doté d'une bibliothèque exceptionnelle.
Ses « dimanches » étaient plus littéraires que mondains. Camille
Falconet n'avait aucune parenté avec l'ami de Diderot, le sculpteur
Étienne Falconet (1716-1791).   7. Lettre de Mme du Deffand
à d'Alembert, 22 mars 1753. *Op. cit.*, p. 169.

« ton » de son salon, contrairement à d'Alembert qui s'y sent à son aise, même si l'hôtesse est quelque peu sévère.

En revanche, d'Alembert ne fréquente pas la cour et en subit les conséquences, comme le montre l'anecdote suivante : en septembre 1754, lorsque meurt La Bruère, titulaire du privilège du *Mercure* qui rapporte vingt-cinq mille livres de rente, Mme de Pompadour demanda à Marmontel de lui suggérer des noms d'hommes de lettres qui auraient besoin d'être pensionnés. « Je nommai Crébillon, d'Alembert, Boissy… Pour Crébillon, je savais bien qu'il était inutile de le recommander ; pour d'Alembert, voyant qu'elle faisait un petit signe d'improbation : "C'est, lui dis-je, Madame, un géomètre du premier ordre, un écrivain très distingué, et un très parfait honnête homme. – Oui, me répliqua-t-elle, mais une tête chaude." Je répondis bien doucement que, sans un peu de chaleur dans la tête, il n'y avait point de grand talent… Elle n'en parla plus ; mais il n'eut point de pension[1]. »

Contrairement à Diderot, d'Alembert aime les salons féminins où l'on parle de tout, sauf de science ou de philosophie. Il préfère les méditations solitaires du matin à la confrontation des idées autour d'une bonne table, qui peuvent virer au duel. Son prestige scientifique est tel que les jeunes savants s'adressent à lui comme à un maître. On sollicite son avis, on lui soumet des idées, on lui demande sa protection. Autour de lui gravite une nouvelle génération de mathématiciens dont il est le mentor. Venant de Lyon, Jean-Etienne Montucla est arrivé à Paris au début de 1750. Recommandé à

---

1. *Mémoires*, I, pp. 150-151.

l'astronome Delisle par le père Béraud[1], il rencontre d'Alembert chez le libraire Jombert[2] où se retrouvaient quelques savants, tels Edmé Jeaurat[3], Guillaume Leblond[4] ou l'architecte Cochin. En 1754, Montucla et d'Alembert sont particulièrement liés. Excédé par tous ceux qui prétendent résoudre la quadrature du cercle et encombrent l'Académie de leurs inepties, il est fort possible que ce soit d'Alembert qui ait soufflé à Montucla le sujet de son premier livre, publié en 1754 : *Histoire des recherches sur la quadrature du cercle*[5]. Livre de référence qui reçoit un accueil favorable et l'encourage à publier sa remarquable *Histoire des mathématiques*[6]. Cet homme doux et aimable, généralement apprécié de tous, membre de l'Académie de Lyon et de celle de

---

1. Le père Béraud à Delisle, Lyon, 27 juin 1750 : « Je vous suis bien obligé des bontés avec lesquelles vous avez bien voulu recevoir M. Montucla. C'est un jeune homme [1725-1799] de beaucoup d'esprit qui a fait déjà de grands progrès dans les mathématiques… Il est de notre Société royale de Lyon, où j'ai eu l'occasion de connaître plusieurs fois ses valeurs et ses progrès. » Observatoire, Collection Bigourdan, Ms. A.B. 1-6, t. XI, n° 17. 2. Auguste-Savinien Leblond, *Notice historique sur la vie et les ouvrages de J.-E. Montucla*, An VIII, pp. 6-8. 3. 1724-1803. Astronome, adjoint-astronome surnuméraire à l'Académie des sciences le 27 janvier 1763. 4. 1704-1781. Maître de mathématiques des enfants de France, auteur de la *Géométrie de l'officier*, des *Éléments de fortification*. 5. Voir la thèse à paraître de Marie Jacob, *La Quadrature du cercle : un problème à la mesure de l'esprit des Lumières*. 6. Ce travail précieux assura à son auteur une place distinguée dans le monde savant. D'après une lettre au secrétaire de la Société royale de Lyon, Christin, du 17 janvier 1754, Montucla y travaillait déjà depuis près de deux ans, ce qui l'avait presque entièrement occupé. « Il est enfin à peu de chose près sur sa fin. Je crois avant la fin de l'hiver le mettre en état d'être livré à la presse. » En fait, il publia d'abord la *Quadrature*, et l'*Histoire des mathématiques* ne parut qu'en 1758.

Berlin[1], n'a jamais brigué l'Académie des sciences du vivant de D'Alembert. Pourtant, ils ont l'un pour l'autre une véritable amitié et d'autres intérêts communs. Par exemple, la musique italienne qui lui a fait « arborer l'écharpe du coin de la reine » et adhérer à la « demi-douzaine de conjurés, gens de génie, qui ont fait serment d'exterminer la musique française[2] ». Signe de son amicale admiration, Montucla aura bientôt l'occasion de prouver à d'Alembert la force de sa solidarité.

Autour de D'Alembert, on trouve d'autres apprentis savants prometteurs. L'abbé lyonnais Charles Bossut[3], professeur à l'École du génie de Mézières et plus tard à l'École polytechnique, est l'un des pionniers de l'hydrodynamique expérimentale. Il l'a sollicité peu après son arrivée à Paris en 1751. D'Alembert s'est attaché à lui au point d'en faire son correspondant académique, le 12 mai 1753[4], puis son principal collaborateur et disciple. Avec le temps, il sut se rendre indispensable à son maître qui disait toujours et à tout propos : « Voyez

---

1. Lettre de remerciement de Montucla à Formey, 21 juillet 1755. A.A.S., Fonds Bertrand, carton 1.   2. Lettre à Christin du 17 janvier 1754. Mémoires de l'Académie de Lyon, Ms. 268, t. II, f. 114-115. Pour la querelle musicale, *cf. supra*, pp. 125-126.   3. Élève, comme Lalande, de l'abbé Béraud au collège de la Trinité de Lyon, il fut également recommandé par ce dernier à Delisle lorsqu'il arriva à Paris en juillet 1751. Voir lettre du 24 juin 1751. Observatoire, Ms., t. XI, n° 119. Bossut avait déjà sollicité les conseils du Genevois Cramer (lettres des 6 juin et 16 août 1751 ; B.P.U., Ms. Supp. 384, f. 109-112) et ceux de Clairaut, Mairan et Nicole, avant de s'adresser à d'Alembert.   4. Nommé professeur à l'École du génie de Mézières en 1752, il ne résidait donc pas à Paris. D'Alembert le fera élire adjoint-géomètre à l'Académie des sciences le 6 août 1768.

Bossut[1]. » Coordinateur de la partie mathématique de l'*Encyclopédie méthodique*, il a été l'un des fidèles parmi les fidèles, jusqu'à la mort de D'Alembert, bien qu'il ne partageât pas ses idées radicales en matière de religion. Si l'on ajoute les noms des Genevois Le Sage et Necker[2], ceux de Nicolas Desmarets[3], de Mathieu Tillet[4] et de quelques autres qui viendront se joindre à eux plus tard, on mesure le temps passé par d'Alembert à lire, corriger, encourager, pousser la carrière de ses protégés. C'est un aspect de son activité et de sa sociabilité qui n'a pas d'équivalent chez Diderot.

Du strict point de vue de l'amitié, ses relations les plus intimes sont éclectiques. Outre les dames déjà nommées, il aime à retrouver l'abbé Canaye[5] à l'Opéra, les séjours au Boulay[6] où il amène l'ami Duché, les

---

1. E. Doublet, « Mélanges », *Bulletin des sciences mathématiques*, 1914, p. 95. Voir aussi ce mot de La Condamine à Formey, 16 juin 1761 : « L'abbé Bossut est aux ordres de D'Alembert. » Cracovie, Bibliothèque Jagiellonska, collection Varnhagen, Sammlung 49.   2. G.-L. Le Sage (1724-1803) sollicita ses conseils et sa correspondance dès le 3 août 1753 (B.P.U., Ms. supp. 517) et lui recommanda son ami Louis Necker lors d'un voyage à Paris en 1755-1756. Les deux hommes collaborèrent à l'*Encyclopédie*.   3. 1725-1815. D'Alembert voulut le rencontrer après qu'il eut remporté le prix de l'Académie d'Amiens, en 1753, sur le thème de la réunion, jadis, de l'Angleterre et de la France. D'Alembert lui présenta Turgot et Trudaine, qui firent sa carrière. Desmarets fut un brillant géologue et naturaliste qui collabora à l'*Encyclopédie*.   4. 1714-1815. Botaniste et agronome. D'Alembert pesa de tout son poids pour le faire élire à l'Académie des sciences à la place de Daubenton, au détriment de Desmarets qui convoitait la place. B.N., Ms. n.a.f. 803, f. 93-94.   5. *P.I.*, 1, pp. 455-457. D'Alembert a eu une relation amicale et intellectuelle forte avec Canaye, auquel il a dédié son *Essai sur les grands*. On les voyait si souvent ensemble que les mauvaises langues le dirent son giton.   6. Maison de campagne de Trousset d'Héricourt.

déjeuners avec Turgot, Trudaine et Morellet, ainsi que les tête-à-tête avec Marmontel.

En 1754, d'Alembert inaugure deux relations qui vont jouer un rôle exceptionnel dans sa vie : avec Voltaire et avec Julie de Lespinasse. Avec le premier, ses liens ne sont pas tout à fait neufs, mais ils prennent une nouvelle dimension. Au printemps 1754, alors que les portes se ferment devant Voltaire, isolé à Colmar, d'Alembert prend l'initiative de lui demander des articles pour l'*Encyclopédie*. Démarche déjà faite quatre ans plus tôt par Diderot, alors que Voltaire était à Berlin dans toute sa gloire[1]. À l'époque, il n'avait pas répondu. Aujourd'hui, la sollicitation de D'Alembert est comme une main tendue. Voltaire est à la fois touché et flatté[2]. Il envoie sur-le-champ l'article « Littérature », qui « ne peut être que très sec », et « un autre sur l'*Ame* », fait deux ou trois ans plus tôt[3]. Privé de sa bibliothèque, il rédige comme il peut ses « matériaux que vous arrangerez à votre gré dans l'édifice immortel que vous élevez[4] ». Il salue « Atlas et Hercule », qui portent le monde sur leurs épaules, mais comprend très

---

1. Diderot avait chargé leur ami commun, le marquis d'Adhémar, d'être son porte-parole. Celui-ci écrit à Voltaire le 24 novembre 1750 à quel point Diderot serait flatté de sa participation, tout en laissant entendre qu'est malvenue cette demande adressée à un homme « occupé du grand roi » et « qui n'a guère le temps de tout faire ». *Correspondance inédite du marquis d'Adhémar*, 1973, p. 87.   2. À Mme du Deffand, 19 mai 1754 : « M. d'Alembert est bien digne de vous : bien au-dessus de son siècle, il m'a fait cent fois trop d'honneur. » D. 5822.   3. À Mme Denis, 21 mai 1754. D. 5824.   4. À d'Alembert [mai/juin 1754]. D. 5832.

vite que d'Alembert est en fait son seul interlocuteur[1].
Il s'implique réellement dans le travail encyclopédique,
suggère d'autres collaborateurs, émet des critiques,
notamment sur la longueur et le manque de rigueur d'un
trop grand nombre d'articles. Au total, jusqu'en 1757,
il en rédige plus d'une quarantaine, tant philosophiques
qu'historiques ou littéraires. Cette relation « encyclopédique » entre deux hommes qui s'admirent mutuellement va se transformer, grâce au premier voyage de
D'Alembert à Genève en 1756, en une amitié indéfectible qui durera jusqu'à la mort de Voltaire. Amitié faite
de confiance, de connivence intellectuelle, de complicité
idéologique et politique. À eux deux, ils vont former
un nouveau clan philosophique, actif et puissant, qui
s'opposera secrètement à celui de Diderot et d'Holbach.
Cette sorte d'alliance avec un homme qui vit à des centaines de kilomètres lui convient, à lui qui ne se sent
prisonnier de rien. D'autant plus qu'il n'hésite jamais
à exprimer son désaccord ou sa colère au vieillard de
Ferney, qui n'ose guère répliquer sur le même ton.

Autre rencontre qui transforme sa vie : celle de Julie
de Lespinasse, parente de Mme du Deffand, venue à
Paris pour être sa demoiselle de compagnie. Dès qu'il
la rencontre en avril 1754, il en tombe amoureux[2]. À
trente-sept ans, d'Alembert connaît peu les femmes,
peut-être même pas du tout. La perfide duchesse de

---

1. Diderot n'a pas grande sympathie pour Voltaire, pas plus que
n'en a le baron d'Holbach. Il ne lui écrivit aucune lettre entre 1749
et 1757. On reviendra plus tard sur les relations difficiles entre
les deux hommes.   2. Dans le *Portrait de Mlle de Lespinasse*
qu'il brosse en 1771, il écrit : « Le temps et l'habitude, qui déna-
turent tout…, ne peuvent rien sur le sentiment que j'ai pour vous
et que vous m'avez inspiré depuis dix-sept ans. » *Œuvres de
D'Alembert*, t. III, p. 721.

Chaulnes le traite d'enfant et dit qu'il le resterait même dans un sérail[1]. Doté d'une voix un peu grêle, rien en lui ni dans ses manières ne dénote une particulière virilité. On le dit impuissant, et parfois homosexuel. En vérité, si d'Alembert a peur des femmes, il n'a pas ignoré le sentiment amoureux pour plusieurs d'entre elles, même si ces amours ont toujours été, à l'en croire, malheureuses[2]. Une discrète allusion de son ami Duché[3] et une autre de lui-même[4], en octobre 1753, laissent penser qu'il vient d'éprouver un grand chagrin avec la fille de sa nourrice, Mlle Rousseau. C'est à peine remis de cette expérience qu'il s'éprend de la charmante et spirituelle Julie, vingt ans, bâtarde comme lui. « Tous deux sans parents, sans famille, écrira plus tard d'Alembert, ayant éprouvé, dès le moment de notre naissance, l'abandon, le malheur et l'injustice, la nature semblait nous avoir mis au monde pour nous chercher, pour nous servir d'appui mutuel, comme deux roseaux qui, battus par la tempête, se soutiennent en s'attachant l'un à l'autre[5]. »

---

1. Lettre de Formont à d'Alembert, 4 décembre [1754]. *Correspondance de la Marquise du Deffand*, vol. I, p. 226.   2. Dans son *Autoportrait* (1760), il écrit qu'il a été susceptible, dans sa jeunesse, de la plus vive, de la plus tendre et de la plus douce des passions, mais que l'amour n'a presque fait que son malheur. *Op. cit.*, I, p. 12.   3. À Mme du Deffand, 11 octobre 1753 : « Depuis qu'une certaine péronnelle ne lui tourne plus la tête, il nous aime tous bien davantage. L'amitié dort pendant l'amour. » *Op. cit.*, p. 180.   4. À Mme du Deffand, 19 octobre 1753 : « Les convalescences de l'âme sont comme celles du corps : on en sent bien mieux le prix que celui de la santé. Je ne sais pas comment sont les chats dans la classe desquels vous me faites l'honneur de me ranger, mais je les plains beaucoup s'ils souffrent autant que j'ai souffert... C'est tout autant de droits que vous faites acquérir à Mlle Rousseau, que vous avez prise si fort en aversion. » *Ibid.*, p. 182.   5. « Aux mânes de Mademoiselle Lespinasse », *Œuvres*, t. III, p. 733.

Timide jusqu'à l'excès[1], il dissimule ses sentiments et se contente du rôle de meilleur ami pendant de longues années. Mais la présence de Julie redouble l'attrait du salon de Mme du Deffand. Il y passe de plus en plus de temps. Un malentendu s'installe : la jalouse Mme du Deffand est la seule, croit-elle, à l'aimer « passionnément[2] ». Elle n'admettra pas d'avoir été trompée.

Refroidissements

Insensiblement, certaines relations s'aigrissent. Rivalités, incompatibilités d'humeurs ou d'idées engendrent un ressentiment à la hauteur de l'amitié naguère éprouvée. Par lâcheté ou pour des raisons stratégiques, on se tait et on rumine. Tel est le cas de D'Alembert à l'égard de deux proches du sérail encyclopédique.

Le premier est l'abbé de Condillac, auquel il a rendu hommage dans le *Discours préliminaire*. Depuis la mort de Mlle Ferrand[3], dont ils fréquentaient tous deux le salon, les occasions de parler se font rares. Le nom de Condillac n'apparaît plus que rarement dans la correspondance de D'Alembert et, quand c'est le cas, on y sent de l'acrimonie. Même si d'Alembert s'en défend, ils sont déjà rivaux pour l'Académie française dès la fin

---

1. En revanche, il est tout à fait capable de jouer le joli cœur avec les femmes qu'il n'aime pas, comme le montre cet extrait de lettre à Mlle de Lémeri : « Si vous vouliez être mon Aréthuse, je vous suivrais non seulement dans les enfers, mais dans tous les mondes… Je voudrais bien que vous voulussiez bien vous arrêter dans la planète de Vénus. Le respect m'arrête, car mon imagination pourrait s'égarer. » S.d. *R.D.E.*, n° 3, octobre 1987, p. 174.   2. De Mme du Deffand à Julie de Lespinasse, 13 février 1754. *Op. cit.*, p. 195.   3. En septembre 1752.

de 1753. Il le dit très clairement à Mme du Deffand : la cousine de M. de Paulmy « sollicite pour l'abbé de Condillac, pour qui, en cas de besoin, je solliciterais moi-même ; mais je trouve un peu extraordinaire qu'elle aille disant que je suis assez jeune pour attendre ; ma conduite avec elle lui prouvera du moins que je ne suis pas assez jeune pour attendre longtemps[1] ».

Si l'aigreur de D'Alembert semble retomber sur la cousine de Paulmy, il n'en reste pas moins que Condillac et lui s'étaient bien gardés de se révéler l'un à l'autre leur ambition académique. Huit jours plus tard, nouvelle allusion à Condillac, plus directe et plus désagréable, à l'occasion de sa préface au troisième volume de l'*Encyclopédie* : « Des gens qui se disent mes amis, comme Condillac et Grimm, n'en parlent pas de même [que vous qui en dites du bien], à ce qu'on m'assure ; mais je sais d'où cela vient ; ils ne sont pourtant pas faits ni l'un ni l'autre pour être l'écho d'un oison [?] ; cependant je leur pardonne, s'ils ont été plus heureux ou plus sots que moi, mais je ne leur envie ni leur bonheur ni leur docilité[2]. »

Le propos sévère et même méprisant en dit long sur les sentiments de D'Alembert. Il inclut Grimm dans sa condamnation, bien que les deux hommes cités ne soient aucunement liés. L'apparition du nom de Grimm dans cette diatribe peut surprendre dans la mesure où le compte rendu de la *Correspondance littéraire*, de la main même de Grimm, semble très élogieux pour la préface de D'Alembert : « Ce discours, qui est écrit avec beaucoup de feu, beaucoup de force, beaucoup de fierté,

---

1. Lettre du 11 octobre 1753. *Op. cit.*, p. 178. D'Alembert n'était le cadet de Condillac que de trois ans.   2. Lettre du 19 octobre 1753. *Op. cit.*, p. 181.

appartient en entier à M. d'Alembert... Vous y trouverez beaucoup de choses touchantes qui doivent nous
rendre l'état des gens de lettres plus cher et plus respectable. » En revanche, les lignes suivantes donnent à
penser qu'il y a eu débat, en privé, sur l'opportunité du
passage du texte de D'Alembert attaquant les jésuites,
et que Diderot aurait préféré qu'on s'abstienne de leur
répondre : « M. Diderot, de son côté, n'a opposé à leurs
traits venimeux qu'un généreux silence, et son travail.
C'est à eux à opter entre l'éloquence vive et bouillante
de M. d'Alembert et la fierté tranquille et méprisante
de M. Diderot[1]. »

Melchior Grimm, l'ami de Diderot, est aussi officiellement celui de D'Alembert. Solidarité encyclopédique
oblige ! Mais, en vérité, les deux hommes n'ont guère
d'atomes crochus[2]. À mesure que se distendent les
liens entre Diderot et d'Alembert, ceux de Grimm avec
ce dernier deviennent de plus en plus ténus.

Le ton lourd, emphatique et prétentieux de Grimm exaspère d'Alembert. Grâce aux documents inédits publiés
par John Pappas[3], on sait que cette antipathie refoulée
remonte au plus tard à la « querelle de la musique »,
donc entre 1752 et 1753. Non seulement d'Alembert
n'est pas ce partisan acharné de la musique italienne
qu'on a toujours dit, mais, contraint au silence par solidarité philosophique, il en veut à ceux qui l'ont embarqué dans cette galère. Il apprécie la musique française,
et les écrits de Grimm et d'Holbach contre celle-ci l'ont

---

1. *Correspondance littéraire*, II, 15 novembre 1753, pp. 300-
301.   2. Même si l'on peut lire, dans une lettre de Grimm
à Gottsched du 30 novembre 1751, que d'Alembert est son
« très bon ami ». Citée par Ed. Scherer, *Melchior Grimm*, 1887,
p. 396.   3. « D'Alembert et la querelle des Bouffons d'après
des documents inédits », *R.H.L.F.*, 1965, n° 3, pp. 479-551.

mis en porte à faux vis-à-vis de Rameau, qu'il admire[1].
Grimm, surtout, qui se prend pour un « petit prophète ».
S'il se tait en public, d'Alembert s'en ouvre à deux
femmes auxquelles il demande le secret. Au lendemain
du succès de l'opéra de Mondonville, *Titon et l'Aurore*[2],
patronné par la Pompadour pour écraser les bouffons italiens, il écrit à Mme de Créqui : « Mondonville réussit,
les bouffonistes en ont dans le cul. Dieu veuille que cela
dure. J'envoyai hier chez Diderot, qui n'a point la *Pro-
phétie*, ces sorciers-là se moquent de nous[3]. »

Un peu plus tard, il confie son dégoût à une demoiselle
inconnue sous la forme d'une lettre qui accompagne un
petit poème. Sa tête de Turc est Grimm, et l'objet de sa
satire, *Le Petit Prophète* : « Vous avez exigé de moi,
Mademoiselle, de vous envoyer ces vers que le fiel m'a
dictés, mais j'espère que vous voudrez bien ne les montrer à personne. C'est un fruit de ma vieillesse et de
mon antipathie pour la musique italienne... » Suivent
ces premiers vers :

> *Un bel esprit goguenard sans gaieté,*
> *Au petit coin de la petite clique,*
> *Ose annoncer au public révolté*
> *Du grand Lulli l'insolente critique,*
> *Et par un tour aussi froid qu'usité*
> *Se dit prophète et n'est que fanatique*
> ....[4]

---

1. Au début de 1752, d'Alembert avait publié des *Éléments de
musique selon les principes de M. Rameau*, qui prouvaient son adhésion aux idées de ce dernier.   2. La première représentation
avait eu lieu le 9 janvier 1753.   3. Pappas, *op. cit.*, p. 481. *Le
Petit Prophète de Boehmischbroda*, de Grimm, fut publié en janvier 1753.   4. *Ibid.*, pp. 482-483.

L'opinion de D'Alembert sur Grimm est donc faite. Il n'aime ni son esprit, ni ses talents. Mais, parce que Grimm est le plus intime des amis de Diderot pendant de longues années, il s'abstiendra de toute déclaration publique. C'est finalement le silence et la distance qui l'emporteront.

Un autre refroidissement notable dans l'environnement de D'Alembert concerne Maupertuis et ses amis. Après la leçon de morale infligée par d'Alembert à son ancien mentor, celui-ci est rentré sous sa tente. Tout juste espère-t-il encore que d'Alembert rende justice à son principe de moindre action dans l'article « Cosmologie » qui doit bientôt paraître dans l'*Encyclopédie*.

Dès le 24 février 1754, Maupertuis est alerté par Knyphausen : « Je sais de bonne part, et, pour ne vous rien celer, de quelqu'un qui le tient de D'Alembert lui-même, qu'il se propose de réfuter votre principe de la moindre action à l'article "Cosmologie". Diderot, que j'ai sondé à ce sujet et dont vous connaissez la bonhomie, m'a répondu que d'Alembert s'était réservé de ne point lui communiquer cet article et de l'envoyer à l'imprimerie aussitôt qu'il serait achevé, qu'il en ignorait la raison, mais qu'il croyait qu'il n'était point d'accord avec vous sur l'universalité du principe de la moindre action. » Et l'attaché de l'ambassade de Prusse de suggérer : « Les écrits polémiques sont toujours désagréables et ennuyeux. Ne feriez-vous pas bien d'écrire à d'Alembert pour le prier de vous communiquer cet article, auparavant de le faire imprimer[1] ? »

Pour rien au monde l'orgueilleux Maupertuis n'aurait fait une telle démarche ! Lorsque l'article

---

1. A.A.S., Fonds Maupertuis, dossier 111.

paraît en octobre[1], il découvre un compte rendu objectif de son *Essai de cosmologie* et de la polémique avec Koenig. D'Alembert reconnaît l'importance mathématique de son principe. Contre Koenig, il affirme qu'il appartient bien à Maupertuis et ne doit rien à personne. Mais il récuse l'usage métaphysique que celui-ci en fait. Restriction insupportable aux yeux de l'auteur, qui s'estime trahi par son ancien protégé. Dorénavant, plus rien ne le lie à d'Alembert, au point même de ne plus lui envoyer ses œuvres. L'abbé Trublet a beau s'en étonner[2], tous les amis de Maupertuis – La Condamine, La Beaumelle, Tressan – savent que la rupture est définitive entre les deux hommes[3].

IMMUABLE ACADÉMIE

Contrastant avec le monde effervescent des philosophes, l'Académie des sciences donne l'apparence de l'ordre et de la hiérarchie. Impression renforcée par la relative harmonie qui règne entre les académiciens. Depuis le début des années 1750, on y travaille et confronte ses idées sans trop se chamailler. L'interminable polémique entre Bouguer et La Condamine sur leurs travaux respec-

---

1. *Encyclopédie*, vol. IV, pp. 294-297.　　2. À l'époque de la publication des *Œuvres* de Maupertuis, éditées à Lyon par Bruyset, Trublet écrit à celui-ci : « Je vous avouerai que je fus surpris de ne pas trouver d'Alembert dans la liste de vos présents. » 27 mai 1756. A.A.S., Fonds Maupertuis, dossier 135.　　3. Cela se voit à leur ton peu amical quand ils parlent de D'Alembert, ton qui devient franchement hostile lorsqu'ils évoquent Voltaire.

tifs au Pérou n'intéresse plus personne. Au contraire, dans les deux camps, conscient que la vanité et l'agressivité des deux hommes sont indignes de la communauté scientifique, on les supplie de se taire.

Pourtant, si l'Académie offre un visage plutôt paisible en 1753-1754, c'est sans doute dû à un hasard aussi bien qu'à une nécessité. Le hasard, c'est que les combattants d'hier ou de demain sont momentanément absents. La nécessité, c'est que l'Académie va avoir à juger pendant plus de deux ans d'une affaire aussi prenante qu'inattendue : la guerre des horlogers.

Un ronronnement de bon aloi

Depuis la naissance de l'Académie, les polémiques les plus bruyantes ont toujours concerné la classe de mathématiques[1]. Si l'on met de côté le stérile harcèlement de Bouguer et de La Condamine, la dernière grande bataille scientifique a opposé d'Alembert à Clairaut sur la théorie de la Lune[2]. Les deux rivaux ont revendiqué chacun la gloire d'une découverte essentielle pour l'astronomie. Depuis 1751, bien qu'ils se rencontrent toutes les semaines à l'Académie, ils n'ont plus de relations[3]. Peut-être lassés l'un et l'autre de cette atmosphère irrespirable, ils saisissent diverses occasions pour prendre un peu de champ. D'Alembert,

---

1. À l'origine, on distingue la classe de mathématiques, qui comprend les géomètres, les astronomes et les mécaniciens, et la classe de physique, qui réunit les anatomistes, les chimistes et les botanistes. 2. *P.I.*, 1, pp. 409-410. 3. D'Alembert à Cramer, 10 septembre 1751 : « Je n'ai aucune liaison avec M. Clairaut. » *Op. cit.*, p. 257.

comme on l'a vu, s'est investi dans le projet encyclopédique, la réflexion philosophique et les travaux littéraires. Sans abandonner l'enceinte académique, il y
paraît beaucoup moins, en 1753 et surtout en 1754, que
dans les années précédentes[1]. Pour autant, il continue,
comme Clairaut, de travailler sur la théorie et les tables
de la Lune, et de soumettre ses travaux à l'appréciation de ses pairs. Le dernier d'importance concerne ses
Recherches sur le système du monde, dont Lemonnier
et Nicole ont rendu compte le 29 août 1753[2] avec toute
la neutralité bienveillante attendue. Présent ce jour-là,
Clairaut n'en a pas perdu une miette. Une semaine plus
tard, il demande des commissaires pour ses tables de
la Lune, et le 22 décembre Thury et Lemonnier font
un rapport tout aussi bienveillant sur son travail[3]. Pas
un mot plus haut que l'autre n'est échangé. D'ailleurs,
autant qu'on puisse le savoir, chacun se tait sur la contribution de son rival.

De son côté, Clairaut, cet immense savant, qui
consacre sa vie à la recherche astronomique et mathématique[4], éprouve également le besoin de prendre le large.
Plutôt gai, pacifique et bon vivant, il est aux antipodes
du délicat et susceptible d'Alembert. Aux dires de ses
contemporains, il aime un peu trop les femmes et la
bonne table. Sa bibliothèque révèle une culture assez

---

1. *Cf.* les procès-verbaux de l'Académie qui recensent
– pas toujours avec exactitude – les présences des académiciens.   2. Procès-verbal du 29 août 1753, pp. 534-536. Il s'agit
des deux premiers volumes des *Recherches*.   3. Procès-verbal.
du 22 décembre 1753, pp. 673-675 : rapport sur les tables de
la Lune de Clairaut. Clairaut complète ce premier travail par un
mémoire sur la théorie et l'usage de ses tables de la Lune, qu'il lit
à l'Académie les 16 et 19 janvier 1754.   4. Avec Dortous de
Mairan et Réaumur, Clairaut est l'un des académiciens les plus assidus. Ses absences sont d'autant plus remarquées.

limitée, presque exclusivement professionnelle[1]. Il ignore les arts, la philosophie, la littérature classique et latine. Il ne possède même pas l'*Encyclopédie*, à laquelle il a participé à ses tout débuts. En revanche, il parle et écrit l'anglais et s'intéresse de près à l'Angleterre. Entre septembre 1752 et août 1754, il fait deux séjours de six mois chacun de l'autre côté de la Manche[2]. Membre de la Société royale, il est reçu à bras ouverts par ses collègues anglais. Il est même l'un des rares académiciens français à avoir lu un mémoire en anglais à la Société royale[3]. Mais Clairaut ne fréquente pas que des savants. Il s'amuse, voit du monde et se lie d'amitié avec le plus célèbre romancier de l'époque, Samuel Richardson[4]. Voilà qui le change de l'atmosphère étouffante et souvent hostile de l'Académie. Dès son retour à Paris, il surveille de près la traduction de *Grandisson* par l'abbé Prévost, dont la négligence et la paresse l'agacent[5]. Au moins, pendant ce temps, le calme règne à l'Académie.

---

1. Irène Passeron a analysé les 493 titres de cette bibliothèque, qu'elle compare aux 3 367 ouvrages de celle de Dortous de Mairan dans sa thèse de doctorat, *Clairaut et la figure de la Terre au XVIIIᵉ*, 1994, pp. 32-50.   2. On en connaît les dates approximatives d'après ses absences à l'Académie des sciences de septembre 1752 à fin mars 1753 et de fin janvier à fin août 1754.   3. Parmi les huit lettres que nous connaissons concernant la période anglaise de 1752-1754, l'une d'elles, de Clairaut, Londres, 7 février 1753, demande à Birch de corriger les fautes d'anglais du mémoire qu'il doit lire à la Société royale. B.L., Ms Add. 4323, f. 9.   4. 1689-1761. Auteur des fameux romans *Pamela* (1740), *Clarisse Harlowe* (1748) et *Sir Charles Grandisson* (1753), qui connurent un succès européen. Clairaut l'a rencontré lors de son premier voyage.   5. Lettres de Clairaut à Richardson des 7 octobre, 25 décembre 1753 et 7 août 1754, in *Nuovo Lincei* (1891-1893), et celle du 4 novembre 1754, in *Alfred Morrison, 2ᵉ* série, 1895.

Le calme est d'autant mieux assuré dans la classe des astronomes que l'ombrageux Lemonnier est débarrassé de son vieux rival, l'abbé Lacaille : parti en mission depuis novembre 1750 au cap de Bonne-Espérance[1], celui-ci ne réapparaît à l'Académie que le 3 juillet 1754.

Durant tout ce temps, l'impérieux Lemonnier règne seul sur l'astronomie, car ce ne sont pas ses collègues Maraldi ou Delisle qui peuvent lui faire de l'ombre. Quant à son élève Lalande, reçu à l'Académie peu après son retour de Berlin[2], le voici terrassé, à peine installé, par la petite vérole, et contraint de retourner chez ses parents à Bourg-en-Bresse. Il ne réapparaîtra à l'Académie que le 29 mai 1754, et c'est pendant l'été qu'il changera de camp. Convaincu par les tables de Clairaut et par les nouvelles méthodes de calcul de Lacaille, Lalande opérera un renversement d'alliance, source d'une brouille inexpiable avec Lemonnier[3]. Bientôt, deux clans s'opposeront avec une hargne sans pareille : d'un côté, le trio Clairaut-Lacaille-Lalande ; de l'autre, le couple d'Alembert-Lemonnier. Cette guerre, où chacun sera sommé de choisir son camp, durera jusqu'à la mort des protagonistes.

En attendant, l'Académie traverse une période paisible. L'honorable Dortous de Mairan reprend pour

---

1. Pour y vérifier les parallaxes du Soleil, de la Lune, l'obliquité de l'écliptique en concertation avec les mesures de Lalande à Berlin.   2. Il fut reçu adjoint-astronome le 4 février 1753, après lecture de son premier mémoire sur la parallaxe de la Lune.   3. Guy Boistel, *L'Astronomie nautique au XVIIIe siècle en France : tables de la Lune et longitudes en mer*, Thèse de doctorat, 2001, université de Nantes.

la énième fois ses travaux sur l'aurore boréale[1]. La
Condamine fait une intervention remarquée à l'assemblée publique d'avril 1754. Son premier mémoire sur
la nécessité de l'inoculation, salué par le parti des
Lumières, vaut aux travaux de l'Académie un regain
d'intérêt dans l'opinion. Fréron en a corrigé le style et
lui a donné un lustre[2] inhabituel, si bien qu'on en parle
dans les salons. Dès le lendemain, Mme du Deffand,
toujours à la pointe de l'actualité littéraire, avertit
son ami suédois avide de nouvelles parisiennes :
« M. de La Condamine lut hier un mémoire admirable
sur l'inoculation de la petite vérole ; on dit qu'il n'y a
rien de plus persuasif et de si éloquent[3]. » Montesquieu
parle, lui, d'« une chose sans réplique[4] ». En fait, les
répliques se succéderont pendant dix ans, mais, pour
l'instant, le triomphe de La Condamine est flatteur
pour l'institution. Seul le pauvre abbé Nollet rumine
les humiliations que lui font subir depuis deux ans
les amis de Buffon[5]. Non seulement ils ont traduit
les *Lettres* de Benjamin Franklin sur l'électricité, qui
anéantissent la théorie de l'abbé, mais ils accumulent
les mauvaises manières contre lui, ne daignant pas
même le citer quand ils le critiquent… Comme Nollet

---

1. Lettre de Dortous de Mairan à Bouillet, 15 avril 1754.
Archives de J.-D. Bergasse.   2. La Condamine l'en remercie par un billet du 31 mars 1754. Balcou, *Le Dossier Fréron*,
1975, pp. 145-146. La séance publique de l'Académie se tint le
24 avril 1754.   3. Au baron Scheffer, 25 avril 1754. *S.V.E.C.*,
1959, p. 365.   4. A. Bonnet, 6 mai 1754. B.P.U., Ms. Bonnet
25, f. 67.   5. Nollet était l'ami et le disciple de Réaumur, qui
était à couteaux tirés avec Buffon et son clan. Ces derniers se
vengèrent sur Nollet des *Lettres à un Américain*, patronnées par
Réaumur en 1751 contre l'*Histoire naturelle* de Buffon. *Cf. P.I.*, 1,
pp. 416-420.

n'est pas homme à faire un scandale public et que ses travaux semblent dépassés, nul ne se soucie de ses états d'âme.

La guerre des horlogers

Entre 1753 et 1754, l'Académie est fort occupée par les multiples contestations d'antériorité qui opposent les membres de l'honorable corporation des horlogers. L'élite de l'horlogerie européenne est à la recherche d'un nouvel échappement censé assurer une meilleure exactitude aux montres et pendules[1]. L'enjeu est d'importance, puisqu'il est à la fois scientifique et financier. Non seulement les progrès de l'horlogerie ont partie liée avec la précision des calculs astronomiques, mais il y va aussi des commandes royales, qui rapportent une fortune. L'horloger du XVIIIe siècle jouit d'un statut particulier, au carrefour de l'art, de l'artisanat, de la science et du commerce. Il est soumis à la fois à l'appréciation des savants et à la mode. D'où l'intérêt, pour chacun, d'entretenir des relations personnelles avec les académiciens et ceux qui comptent à Versailles. À l'époque, les grands noms de l'horlogerie sont Graham à Londres, Le Roy l'aîné, Bertoud, Jodin, Le Plat, Le Mazurier, Lepaute, les Caron père et fils – ce dernier plus connu sous le nom de Beaumarchais –, le Genevois Romilly et le Hollandais Biesta. Tous ces noms reviennent dans les procès-verbaux de l'Académie à l'occasion d'une découverte ou d'un litige, for-

---

1. Maurice Lever, *Caron de Beaumarchais*, t. I, 1999, p. 42, en donne un très bon descriptif.

çant chaque fois les académiciens à délaisser leurs propres travaux pour débattre des leurs[1].

Entre août 1753 et août 1754, l'Académie évoque à quatorze reprises des affaires d'horlogerie. La plus célèbre est celle qui oppose Jean-André Lepaute[2], déjà connu pour quelques perfectionnements mécaniques, ainsi que pour les horloges du palais du Luxembourg et du château de la Muette, et le jeune Pierre-Augustin Caron, vingt et un ans, qui travaille dans l'atelier de son père. Celui-ci accuse celui-là de lui avoir volé sa découverte de l'échappement à repos, et en appelle simultanément au jugement de l'Académie et à celui du public[3]. Dans ce combat du pot de terre contre le pot de fer, l'Académie joue son rôle d'arbitre avec une indépendance remarquable. C'est Lepaute qui a ouvert les hostilités en déposant un mémoire sur le nouvel échappement à l'Académie, le 4 août 1753, et en présentant dans le *Mercure* de septembre[4] la découverte de Caron comme la sienne. Ulcéré, celui-ci dépose dès le 11 septembre à l'Académie son propre mémoire avec les pièces de son échappement sous paquet cacheté, et réplique à Lepaute dans le *Mercure*[5]. L'affaire fait du bruit, non seulement parce que Lepaute a déjà eu des démêlés avec d'autres horlogers, mais surtout parce qu'il a des relations haut placées et a déjà bénéficié de

---

1. L'article 31 du Règlement de l'Académie stipule qu'elle « examinera, si le roi l'ordonne, toutes les machines pour lesquelles on sollicitera des privilèges auprès de Sa Majesté. Elle certifiera si elles sont nouvelles et utiles… ».   2. 1720-1788. Fils d'un maréchal-ferrant de la Meuse, il vint à Paris en 1740 pour se perfectionner dans le métier d'horloger et fonder sa propre fabrique.   3. Pour les détails de cette affaire qui fit grand bruit – notamment dans le *Mercure* de septembre et décembre 1753, février et avril 1754 –, *cf.* M. Lever, *op. cit.*, pp. 42-59.   4. P. 153.   5. Décembre. I, pp. 25-26.

commandes de l'État. Fort lié au ministre de la Maison du roi, le comte de Saint-Florentin, il a ses entrées à Versailles ; ami de Fouchy, secrétaire de l'Académie, il n'imagine pas qu'on puisse mettre en balance sa parole avec celle d'un jeune apprenti. Il ignore que ce dernier a du courage, du culot et une plume admirable : Lepaute provoque, chez le comte de Saint-Florentin, membre honoraire de l'Académie, une confrontation avec son rival. Mais celle-ci n'a pas lieu, Lepaute s'étant finalement défilé. L'affaire est alors soumise au tribunal de l'Académie, qui nomme des commissaires mécaniciens (Camus, Montigny et Vaucanson[1] et ordonne une enquête. Le 16 février 1754, en l'absence de Fouchy, malade[2], Camus et Montigny exposent longuement les résultats de leurs investigations, dignes de la meilleure police. Non contents de présenter l'historique scientifique de la question, l'analyse des mémoires et des pièces, ils ont interrogé les témoins, débusqué les mensonges de Lepaute et de son épouse, les pressions que ceux-ci ont exercées sur un ouvrier, et conclu, preuves à l'appui, que Caron est bel et bien « l'inventeur de cette nouveauté[3] ».

Lepaute eut beau tempêter et faire appel, l'Académie n'en tint aucun compte et accepta que son rapport fût

---

1. Vaucanson malade, il ne resta que Camus et Montigny comme commissaires. Quant à Lalande, qui dit avoir été commissaire de Lepaute en 1753 pour une horloge à une seule roue (*Histoire abrégée de l'astronomie*, 1781-1802), on n'a pas trouvé sa désignation dans les procès-verbaux de l'Académie de 1753.   2. Fouchy fut exceptionnellement absent de l'Académie du 30 janvier à la mi-mars 1754, parce qu'il souffrait d'une grave fluxion de poitrine.   3. Procès-verbal de l'Académie, 16 février 1754, pp. 65-82.

publié dans le *Mercure* d'avril[1]. Ce triomphe valut à Caron ses entrées à Versailles comme fournisseur du roi, de Mme de Pompadour et de Mesdames. Mais l'humiliation infligée à Lepaute ne ralentit nullement sa carrière. En dépit d'autres contestations qui l'opposeront à nouveau, en 1754 et 1755, à ses confrères Jodin, Le Roy l'aîné ou Le Mazurier dans l'enceinte de l'Académie, cet excellent horloger, aidé de sa non moins remarquable épouse, de son frère et de l'astronome Lalande, continuera de recevoir et d'exécuter maintes commandes parisiennes : c'est lui qui construisit les horloges des Invalides, de l'École militaire, du Palais-Royal, des Tuileries, du Jardin des Plantes, de l'Académie de peinture, de l'Hôtel de Ville, etc.

La guerre des horlogers cessa bientôt. Peut-être parce que l'on savait à présent que le jugement de l'Académie était indiscutable : l'institution avait fait la preuve de sa rigueur, de sa compétence et de son indépendance. Il est vrai qu'il est plus facile de juger les étrangers que les siens, ainsi qu'on le verra bientôt.

---

1. Pp. 122-124. Le rapport était signé du nom de Dortous de Mairan, probablement à cause de l'absence de Fouchy à cette époque.

CHAPITRE IV

La difficile indépendance
(novembre 1754-décembre 1755)

Il ne suffit pas de mépriser les grands pour être un homme libre. La véritable indépendance suppose une ascèse et un mépris des conventions qui nécessitent un courage et un orgueil presque surhumains. Diogène n'est pas seulement celui qui vit dans un tonneau ; il mène une existence de chien, n'hésitant pas à transgresser les tabous pour renouer avec un mode de vie conforme à la nature. Il est celui qui fait tomber les masques, quitte à user de l'invective, de la moquerie ou de la provocation. Devenir autonome, c'est être capable d'affronter le pire : la pauvreté, la mauvaise réputation, la maladie, la mort, sans céder un pouce de sa sérénité.

Certes, Diogène le cynique est une caricature du philosophe, une figure emblématique qui convient mal au XVIIIe siècle. Mais si d'Alembert s'y réfère, c'est avant tout pour secouer son lecteur et le faire réfléchir. C'est aussi pour l'appeler à résister aux apparences trompeuses, aux fausses valeurs, aux dépendances illusoires. À l'époque qui nous occupe, deux grands périls guettent le philosophe : la tentation des vanités et la peur du scandale éternel. Refuser de mourir selon les règles de la religion reste l'épreuve suprême du philosophe des

Lumières. D'Alembert, qui prêche la bonne parole, se trouve, comme les autres, au cœur de la tourmente. Et peut-être un peu plus que les autres, à cause de la blessure de ses origines. Le bâtard qui appelle au détachement est rongé par le désir de reconnaissance sociale. Trop orgueilleux pour être vaniteux, il est d'une susceptibilité presque pathologique qui occasionne chez lui des réactions excessives. Ses ennemis ont beau jeu d'ironiser sur ce Diogène de salon qui remue ciel et terre quand il croit sa dignité offensée. Plus humain que son illustre modèle de la Grèce ancienne, d'Alembert n'évite pas toujours les multiples pièges que tendent angoisses et passions.

Les leçons qu'il semble dispenser aux autres s'adressent d'abord à lui-même. Le philosophe dans sa petite chambre dresse son plan de bataille contre les faiblesses humaines. Reste à l'exécuter dans le grand monde. Il subira pertes et échecs. Mais comment mener une telle guerre sans se fourvoyer et se contredire ? Arrivé à maturité, d'Alembert paraît tomber dans les travers qu'il dénonçait. Ne confond-il pas le souci de sa dignité et l'accumulation des honneurs ? Pourtant, l'obsession de l'indépendance ne le quitte pas et lui fait négocier au plus juste le prix de ses ambitions. Combat presque dérisoire au regard de l'exigence ultime qui se fait jour à présent. À force de prôner « ni Dieu ni maître », le philosophe donne sa mort en spectacle. C'est en définitive ce dernier acte qui authentifie sa vocation et ses prétentions. Nul doute qu'à ses yeux la mort des Montesquieu, Fontenelle ou Deslandes ne soit devenue un sujet de méditation autrement plus décisif que tout le reste réuni.

LES PARADOXES DE D'ALEMBERT

Après le tonitruant *Essai sur les gens de lettres*, le comportement de D'Alembert est regardé à la loupe par ceux qui ne l'aiment pas. Diogène court-il les Académies, ou bien ne prête-t-on qu'aux riches ? Dans les années 1740, Voltaire avait sollicité nombre d'Académies étrangères et provinciales comme autant de gages d'honorabilité[1]. Dix ans plus tard, d'Alembert paraît ne rien demander, mais tout accepter. Il est à peine mieux traité que son aîné. Quand il fait un scandale des propos du jésuite Tolomas contre son article « Collège », beaucoup n'y voient qu'une susceptibilité mal venue, qui ne lui fait pas honneur. Ses relations avec Frédéric ne sont pas moins commentées. Comment être l'obligé d'un roi sans perdre une partie de son indépendance ? Ses ennemis jugent sur les apparences et ont vite fait de ricaner. Ses relations s'interrogent. Seuls ses proches comprennent la logique qui préside à ses choix. En vérité, si d'Alembert cède volontiers à la tentation des honneurs, il ne transige ni sur sa dignité ni sur sa liberté, quitte à être incompris ou à passer pour ridicule.

La tentation des honneurs

En 1754, d'Alembert est membre des trois plus prestigieuses sociétés savantes que sont l'Académie des

---

1. P.M. Conlon, « Voltaire's Literary Career from 1728 to 1750 », *S.V.E.C.*, n° 14, 1961.

sciences de Paris, l'Académie de Berlin[1] et la Société
royale anglaise. Partout, on salue son génie mathématique. Mais le succès du *Discours préliminaire* et la
publication de ses *Mélanges*[2] au début de 1753 l'ont
ancré dans l'idée qu'il était aussi un homme de lettres.
Comme tel, il pouvait prétendre à l'Académie française.
On ignore si ce fut d'abord son idée ou si c'est son amie
la marquise du Deffand qui la lui souffla. À l'époque,
l'élection est le fait d'un groupe littéraire, mondain ou
social. C'est aussi très souvent le triomphe d'un salon,
la preuve du crédit d'une femme influente. Mme du
Deffand est l'une d'elles et rêve d'offrir ce sceptre à
son protégé qu'elle « aime passionnément[3] ». D'autant
que ce sera pour elle l'occasion de renforcer sa position à Paris. Les premières allusions à une éventuelle
élection datent d'octobre 1753. Elles semblent montrer
que c'est une initiative de la marquise. « À l'égard de
D'Alembert, lui répond Montesquieu, j'ai plus d'envie
que lui, et autant d'envie que vous de le voir de l'Académie[4]. » Une semaine plus tard, d'Alembert s'obstine
à ne pas flatter le président Hénault, dans l'article
« Chronologie », contre l'avis de Mme du Deffand, et
s'en explique : « Il fera sur l'Académie tout ce qui lui
plaira ; ma conduite prouve que je ne désire point d'en
être et, en vérité, je le serais sans lui si j'en avais bien

---

1. Respectivement depuis 1741, 1746 et 1748. Il devait à
Maupertuis son admission dans les deux dernières.   2. *Mélanges
de littérature, d'histoire et de philosophie*, en deux volumes. Ils
comprenaient le Discours préliminaire de l'*Encyclopédie*, les
Éloges de Terrasson et de Bernoulli, l'*Essai sur les gens de lettres*,
des *Réflexions et anecdotes sur la reine Christine*, et la traduction de
morceaux de Tacite.   3. Mme du Deffand à Julie de Lespinasse,
13 février 1754. *Correspondance...*, p. 195.   4. [12 octobre
1753]. *Ibid.*, p. 144. Lettre redatée par Nagel.

envie ; mais le plaisir de dire la vérité librement quand on n'outrage ni n'attaque personne vaut mieux que toutes les académies du monde[1]. »

Pourtant, d'Alembert finit par se faire une douce violence. Au printemps de 1754, après l'élection de Bougainville[2], nul n'ignore plus, dans le Paris littéraire, qu'il est candidat potentiel. La rumeur court même qu'il est aussi candidat à l'Académie des inscriptions[3]. Craignant d'être battu à la grande Académie, d'Alembert laisse passer l'élection de Boissy et décide de se présenter au fauteuil de l'évêque de Vence[4], prévue pour le 28 novembre. En attendant, Mme du Deffand, toujours insatiable pour son protégé, le pousse à postuler à la succession de Fouchy au secrétariat de l'Académie des sciences. Officiellement, la place n'est pas vacante,

---

1. À Mme du Deffand, 19 octobre 1753. *Ibid.*, p. 181. Deux jours plus tard, il récidive : « Que diable avez-vous donc écrit au président sur mon compte ? Est-ce encore pour l'Académie ? Eh ! au nom de Dieu ! Laissez tout cela en repos ; j'en serai si on m'en met, voilà tout. » *Ibid.*, p. 183.   2. J.-P. de Bougainville (1722-1763), érudit, était le secrétaire perpétuel de l'Académie des inscriptions depuis 1749. Il fut élu à l'Académie française le 27 avril 1754 et reçu le 30 mai, avec un fort soutien du président Hénault.   3. Rumeur rapportée dans la *Correspondance littéraire de Mannheim*, tenue par Pierre Rousseau, le 17 mai 1754 : « M. de Crébillon, de l'Académie française, vient d'être nommé à la place laissée vacante par la mort de M. Pajot d'Onsembray dans l'Académie des inscriptions et belles-lettres. M. d'Alembert, homme d'un vrai mérite, avait sollicité cette place ; et plusieurs académiciens qui ignoraient que leurs confrères avaient donné leur voix à M. de Crébillon [ont] nommé M. d'Alembert... » 1992, p. 85.   4. Boissy avait été élue le 12 août 1754 et l'évêque de Vence était décédé quelques jours plus tard. L'élection de son remplaçant fut fixée au jeudi 28 novembre et non au 29, comme on le dit souvent, date de l'acceptation du roi.

mais Fouchy a été fort souffrant toute cette année[1] et, comme il ne brille guère à ce poste, la question de sa succession a certainement été évoquée à demi-mot au sein de l'Académie. Cette fois, d'Alembert ne veut même pas en entendre parler. Il n'en a, dit-il, ni les compétences – « [La place] demande beaucoup de connaissances de chimie, d'anatomie, de botanique, etc., que je n'ai point, et que je n'ai guère d'empressement d'acquérir » – ni le goût – « Elle met dans le cas de louer souvent des choses et des personnes fort médiocres… ; cette besogne-là est trop difficile pour moi[2] ». Sur ce point, il ne se dédira jamais, préférant le pacifique secrétariat de l'Académie française à celui de l'Académie des sciences.

En attendant, octobre et novembre sont deux mois d'une campagne à la fois souterraine et mondaine. À en croire cette mauvaise langue de Piron, outre l'abbé Trublet, éternel candidat déçu, il y aurait une trentaine de postulants au fauteuil de l'évêque de Vence. Il cite quelques noms : le prince de Beauveau, l'évêque d'Autun, le marquis de Ximénès, d'Alembert[3]… En fait, ce dernier n'a qu'un seul rival sérieux, l'abbé

---

1. Depuis le début de l'année 1754, Fouchy accumule les absences pour raison de maladie : les 16 et 30 janvier, tout février, jusqu'à la mi-mars. À nouveau absent les 20 et 23 mars, et encore du 20 juillet au 21 août. C'est pourquoi les deux lettres de D'Alembert à Mme du Deffand sur cette question doivent être datées de 1754.   2. À Mme du Deffand, 3 septembre [1754]. *Op. cit.*, pp. 177-178. Dans une seconde lettre datée « samedi », p. 184, d'Alembert ajoute : « Je suis toujours et plus que jamais dans les dispositions où vous m'avez vu de ne rien demander ; je ne pense point du tout, et n'ai jamais pensé à la place de secrétaire de l'Académie. »   3. Piron à Le Vayer, 17 septembre 1754. 1921, p. 86.

de Boismont[1], prédicateur de talent et bien vu de la cour. Il est le candidat désigné du clan traditionaliste opposé à celui des philosophes, qui soutient d'Alembert. Au sein de l'Académie, c'est le puissant Duclos qui fait campagne pour d'Alembert. À l'extérieur, Mme du Deffand bat le rappel de ses amis, le président Hénault en tête, pour faire voter en faveur de son protégé. Elle en fait une affaire personnelle, d'autant plus que sa rivale, la duchesse de Chaulnes, qu'elle déteste[2], est à la tête des soutiens de Boismont. Chaque voix est sollicitée et, si l'on regrette l'absence de Montesquieu, resté à La Brède, on se félicite que Buffon ait avancé son retour à Paris pour donner sa voix à d'Alembert[3].

Le jeudi 28 novembre, d'Alembert est élu par quatorze voix contre neuf à l'abbé de Boismont et trois à l'abbé Trublet[4]. Le scrutin est secret, mais l'on sut tout de suite que le nouvel élu avait eu six boules noires[5], signe d'une hostilité rare de la part des opposants. D'Alembert interroge Mme de Créqui : « Croyez-vous,

---

1. 1715-1786, prédicateur ordinaire du roi.   2. Voir le portrait d'une rare méchanceté que Mme du Deffand a consacré à la duchesse de Chaulnes dans sa *Correspondance*, t. II, pp. 176-178. Selon le duc de Luynes, *Mémoires*, t. XIII, pp. 393-394 : « Mme de Chaulnes sollicitait avec la plus grande vivacité pour l'abbé de Boismont ; elle avait écrit à tous les académiciens ou avait été les voir ; Mme la duchesse d'Aiguillon [à la cour] et Mme du Deffand [dans son salon] s'intéressaient beaucoup pour M. d'Alembert. »   3. Rousseau à d'Alembert [16 décembre 1754]. Leigh, t. III, n° 263.   4. Chiffres non officiels donnés par Collé dans son *Journal*, t. II, p. 67.   5. L'Académie procédait à deux scrutins. Le second consistait à voter avec une boule blanche ou noire. Si un candidat obtenait neuf boules noires, il était exclu comme indigne, même s'il avait rassemblé la majorité des voix au premier scrutin. Règlement de 1752, article 10.

Madame, qu'il faille ignorer ces boules ? J'en suis assez d'avis, d'autant plus que le public me débarrasse du soin de les deviner ; je consulterai pourtant encore, bien résolu de faire ce que mes amis me diront[1]. » Est-ce à dire qu'il ait un moment songé à refuser ce fauteuil obtenu dans un contexte si déplaisant ? On l'ignore, mais la question fut vite réglée. D'Alembert s'était fait beaucoup d'ennemis chez les dévots comme Mgr Boyer, en tant qu'encyclopédiste, et chez les courtisans, tels le comte de Bissy ou Moncrif, avec son *Essai sur les gens de lettres*. Mais il s'en fichait. Son entrée à l'Académie était une victoire inespérée pour le clan des philosophes, et celle-ci valait bien l'affront de quelques boules noires.

Lors de sa réception, le 19 décembre, d'Alembert tint haut le drapeau de la philosophie. Dans l'éloge obligé de son prédécesseur, il s'arrangea pour célébrer « son attachement éclairé pour la religion » et régler leur compte aux six boules noires. C'est à ses ennemis qu'il s'adresse quand il dénonce « ce zèle aveugle et barbare qui cherche l'impiété où elle n'est pas, et qui, moins ami de la religion qu'ennemi des sciences et des lettres, outrage et noircit les hommes irréprochables dans leur conduite et dans leurs écrits[2] ». C'est encore eux qu'il vise lorsqu'il ose dire que « la religion doit aux lettres et à la philosophie l'affermissement de ses principes[3] ».

Dans l'ensemble, le discours fut apprécié par l'assistance brillante qui s'était pressée à la réception du

---

1. [Décembre 1754]. Grimsley, *R.H.L.F.*, 1962, p. 74.
2. *Œuvres*, IV, p. 307.   3. *Ibid*.

philosophe[1]. Les critiques les plus acerbes vinrent, comme souvent, de son propre clan. Raynal souligne que d'Alembert a vite renié sa promesse de n'aspirer ni aux places, ni aux récompenses littéraires. Il ironise : « Ces modestes dispositions n'ont pas tenu longtemps, mais il a trop bien mérité de la littérature et de sa patrie pour qu'on lui sache mauvais gré d'avoir pensé un peu plus avantageusement de son mérite[2]. » Plus méchant encore, le compte rendu de Grimm pour la *Correspondance littéraire*. Après avoir évoqué l'« assemblée fort brillante » et les « applaudissements vifs », les critiques pleuvent : mal écrit, pas d'idées, pas de plan. Pis, d'Alembert a trahi la philosophie. Au lieu d'essayer de la réconcilier avec la religion, il aurait dû profiter de sa tribune pour parler « du bien que la philosophie a fait à l'humanité », et pour montrer que la religion ne peut se targuer d'un tel capital[3].

Grimm avait beau jeu de donner ses leçons de radicalisme dans une correspondance qui échappait à la censure. En vérité, d'Alembert était allé aussi loin qu'il le pouvait dans le contexte tendu qui opposait les deux clans irréconciliables des philosophes et des dévots. En outre, il traversait au même moment une crise douloureuse qui l'affaiblissait. Pour la première fois, ce que

---

1. Formont à Mme du Deffand, 29 décembre 1754 : « Le discours de D'Alembert mérite le succès qu'il a eu... Il évite, autant qu'il est possible, ces lieux communs dont on ne laisse point, depuis quatre-vingts ans, de lasser le public. Il va droit et vite à ce qu'il faut dire. Mais ce qui me charme, c'est son ton fier et mutin. À la face du public et de la cour, il prêche la tolérance et, contre les inquisiteurs, le respect des incrédules... » *Correspondance*, I, p. 226.   2. *Nouvelles littéraires*, II, p. 205, décembre 1754.   3. *Correspondance littéraire*, II, pp. 457-461, 1er janvier 1755.

l'on murmurait partout sur sa bâtardise se trouvait proclamé publiquement. À ses yeux, le coup était atroce. Il
venait des jésuites.

L'affaire Tolomas

En rédigeant l'article « Collège », d'Alembert se
doutait qu'il déplairait aux jésuites. Il avait bien tenté
de désarmer leur fureur par quelques formules adoucis-
santes[1], mais la critique de leur enseignement n'en était
pas moins impitoyable. Ses chefs d'accusation : les professeurs semblent apprendre les humanités (latin, grec)
en même temps que leurs élèves ; la rhétorique consiste
à noyer dans deux feuilles de verbiage ce qu'on pourrait dire en deux lignes ; la philosophie, à apprendre des
mots, ou à parler sans rien dire ; la religion est réduite
en pratiques extérieures ou en dévotion mal entendue ;
sans parler de la corruption des mœurs que les maîtres
ne pouvaient empêcher, et de l'altération de la santé.
Bref, dix années précieuses de gâchées[2] !
   Publié dans le troisième volume de l'*Encyclopédie*,
en octobre 1753, l'article fit du bruit, comme il le méritait. Mais, à part un pamphlet anonyme attribué au

---

1. Article « Collège », *Encyclopédie*, vol. III, pp. 495 : « Cet
article pourra choquer quelques personnes, quoique ce ne soit pas
mon intention ; je n'ai pas plus de sujet de haïr ceux dont je vais
parler, que de les craindre ; il en est même plusieurs que j'estime
et quelques-uns que j'aime et que je respecte : ce n'est point aux
hommes que je fais la guerre, c'est aux abus... »   2. *Ibid.*,
pp. 494-500.

père Berthier[1] qui défendait vigoureusement l'éducation dispensée par les jésuites, rien n'indiquait l'imminence d'un scandale. Ce n'étaient pas les attaques courtoises de l'abbé Trublet[2] qui pouvaient laisser présager celles du père Tolomas. Le 30 novembre 1754, à l'occasion de la rentrée des classes du collège lyonnais de la Trinité, le père jésuite Tolomas[3] fut chargé, selon l'usage, de prononcer le discours solennel, en latin, devant les autorités et principales personnalités de la ville. Ce fut une violente diatribe contre l'article « Collège », accompagnée, selon divers témoins, d'une remarque insultante sur d'Alembert, qualifié d'« *homuncio cui nec est pater, nec res*[4] », c'est-à-dire de « petit homme sans père ni patrimoine ». « Petit homme » n'était pas aimable ; mais « sans père » était outrageant. Quelques membres de l'Académie de Lyon étaient présents et, très vite, le mot se répandit à Lyon et à Paris.

Le premier à se manifester est un collaborateur de l'*Encyclopédie*, proche de Malesherbes : Claude Bourgelat[5]. Dès le 2 décembre, indigné, il relate à Malesherbes le détail de la harangue de Tolomas et

---

1. *Journal d'Hémery*, 14 décembre 1753, f. 922. Voir aussi J. Lough, 1968, pp. 256 et 263. On notera la rapidité de la riposte, puisque les *Observations de M***, principal du collège de ***, sur un des articles du Dictionnaire encyclopédique*, furent publiées avant la fin de l'année 1753.   2. Troisième édition des *Essais de morale et de littérature*, publiée en mars 1754.   3. 1704-1762. Jésuite, professeur de rhétorique et bibliothécaire au grand collège de la Trinité, il était membre de la Société royale de Lyon depuis 1740. C'était un homme ardent, doté d'une véritable éloquence, aux dires de Lalande qui avait été son élève. Il avait d'ailleurs réussi à convaincre ce dernier, pendant quelque temps, de se faire jésuite.   4. Allusion à un vers d'Horace tiré de l'*Art poétique*, V, 248.   5. 1712-1779. Correspondant de Malesherbes à l'Académie des sciences depuis 1752 et principal rédacteur des articles sur les chevaux dans les volumes V, VI et VII de l'*Encyclopédie*.

conclut que « la guerre est ouverte » entre les jésuites et les philosophes[1]. Le 6 décembre, Voltaire, de passage à Lyon, rapporte les mêmes propos et ajoute que « le père Tolomas a excité ici l'indignation publique[2] ». D'Alembert est au courant. Mais, tout à la préparation de son discours de réception – celle-ci est prévue pour le 19 décembre –, il n'a pas la tête à cela ou n'a pas encore mesuré la portée de l'incident. Sa première réaction est d'afficher le dédain : « Je ne lis point les torche-cul dont vous me parlez, et je ne doute nullement de toutes les ordures qu'ils contiennent. La place de toutes ces vilenies est à la garde-robe, et je trouve que vous faites bien de l'y laisser[3]. »

À la fin de janvier 1755, changement de ton et de stratégie. D'Alembert écrit à la Société royale de Lyon pour demander justice contre un de ses membres[4], à moins que ceux des académiciens qui ont assisté à cette harangue ne lui fassent parvenir un écrit signé d'eux tous, qu'il pourra rendre public, par lequel ils déclareront que celle-ci, « telle qu'elle a été *prononcée*, ne

---

1. Cette lettre de Bourgelat à Malesherbes a été publiée par P. Grosclaude dans *La Vie intellectuelle à Lyon au xviiie siècle*, pp. 203-204. Il est probable qu'il écrivit aussi à d'Alembert, mais peut-être pas dans les mêmes termes, car l'académicien lyonnais Goiffon évoque le 3 janvier une lettre de D'Alembert à Bourgelat et ajoute que le discours de Tolomas a fait une grande sensation à Paris. Académie de Lyon, Ms. 268, II, f. 138-139.   2. À Sébastien Dupont, Lyon, 6 décembre 1754. D. 6013.   3. Extrait de lettre, s.d., peut-être adressée à Bourgelat, publiée avec neuf autres lettres sur l'affaire Tolomas dans l'article « Querelle littéraire », *Revue du Lyonnais*, n° 3-4, 1837, p. 198.   4. Dans sa lettre du 3 janvier à Christin, Goiffon écrit : « [Bourgelat] m'a montré une lettre de M. d'Alembert qui lui mande que s'il avait eu l'honneur d'être de la Société royale de Lyon, il aurait eu celui de lui écrire pour la prier de rayer de sa liste le nom de Tolomas ou le sien. »

contenait rien d'offensant ni d'injurieux[1] ». La Société royale, extrêmement ennuyée, et ne voulant pas s'en prendre à l'un des siens, élude. Elle fait écrire le père Béraud, jésuite et ami de Tolomas, qui atteste n'avoir rien entendu d'injurieux[2], et le père Tolomas lui-même jure ne s'être « aucunement écarté de la modération[3] ». Mais d'autres académiciens, qui avaient entendu Tolomas, s'indignent des palinodies de leur Société. Deux d'entre eux, les abbés Goiffon et Audra, envoient immédiatement leurs lettres de démission de la Société par solidarité avec d'Alembert[4]. Tous deux se disent blessés et compromis par l'attitude de leur compagnie. Un troisième, Berthaud, conseiller à la Cour des monnaies, fait de même une semaine plus tard[5].

Le feu couve à l'Académie de Lyon en l'absence de son directeur, l'architecte Soufflot. Celui-ci séjourne à Paris et il a fait connaissance de D'Alembert par leur ami commun Montucla. Mathématicien à Paris, membre de la Société lyonnaise depuis 1748, ce dernier est le mieux placé pour s'interposer entre les deux parties. Mais ni Soufflot ni lui, également indignés des procédés de leur Société, n'obtiennent réparation pour le philosophe. Les jésuites sont puissants à Lyon et la

---

1. 30 janvier 1755. *Revue du Lyonnais*, pp. 199-200. Souligné par nous. D'Alembert se méfiait des corrections possibles apportées par Tolomas si le texte venait à être publié. Pour notre part, nous n'en avons pas retrouvé de trace écrite. 2. À d'Alembert, 21 février 1755. *Ibid.*, pp. 201-202. Le père Laurent Béraud, astronome et professeur de mathématiques au collège des jésuites de Lyon, était celui qui avait recommandé ses trois élèves, Montucla, Lalande et Bossut, à Delisle à Paris. Il était membre de la Société royale de Lyon. 3. À d'Alembert, 25 février 1755. *Ibid.*, p. 203. 4. Les deux lettres sont datées du même jour, 28 février 1755. Archives de l'Académie de Lyon, Ms. 268, II, f. 145-146 et 148. 5. 3 mars 1755. *Ibid.*, f. 149.

Société royale n'a nulle envie de déplaire à ceux qui élèvent les enfants de la bonne société locale. Écœuré, Montucla démissionne à son tour de la compagnie lyonnaise[1] et Soufflot, chargé de négocier l'obtention des lettres patentes pour cette académie, déclare « qu'il abandonne entièrement les intérêts de la Société[2] ».

Les conséquences de cette malheureuse affaire sont multiples. Sur les trente membres de la Société royale lyonnaise, cinq[3] ont démissionné, et son directeur Soufflot lui tourne le dos. Cette rébellion n'est pas ordinaire. Il a fallu du courage aux démissionnaires pour abandonner une place honorifique parfois ardemment désirée, et ce, pour un homme que la plupart n'avaient jamais rencontré. Mais c'est pour tous une affaire d'honneur que de se désolidariser d'un mensonge et d'une lâcheté. Leur acte revêt également une signification idéologique : qu'ils y aient ou non pensé, ils ont pris parti pour un encyclopédiste contre un jésuite, leur collègue. Les progrès de l'esprit philosophique sont donc notables, y compris en province.

Du point de vue de D'Alembert, le bilan est mitigé. D'un côté, il a eu la satisfaction de voir des hommes démissionner de leur place pour s'insurger contre une offensive *ad hominem*. En outre, il a gagné un ami sûr en la personne de Bourgelat, qui l'a défendu bec et ongles au sein de la Société lyonnaise. On a bien tenté de les brouiller. En vain. D'Alembert lui écrit : « Je vous prie d'assurer, Monsieur, tous ceux à qui on veut persuader cette ridicule nouvelle (car je ne parle point

---

1. Lettre du 6 juin 1755. *Ibid.*, f. 179.   2. Lettre de D'Alembert à Bourgelat, 7 avril 1755. *Revue du Lyonnais*, p. 213.   3. Le cinquième est un professeur de physique, Charles Devillers.

de ceux qui la répandent sans la croire), que je vous suis plus attaché que jamais par les liens les plus forts et les plus inviolables de l'estime, de la considération, de l'amitié et de la reconnaissance. Je sens, comme je le dois, tout le prix du zèle que vous avez témoigné dans cette occasion pour mes intérêts[1]... »

De l'autre côté, son humiliation publique n'est pas lavée. L'allusion à sa bâtardise est une brûlure qui ne s'apaise pas, d'autant moins qu'on lui demande de ravaler l'offense. D'Alembert estime au contraire qu'il lui faut réagir publiquement à ce qu'il appelle des « injures atroces[2] ». Il décide de faire publier à Lyon cinq lettres qui concernent cette affaire[3], pour prendre le public à témoin de l'ignominie de ses adversaires. Le tirage de cet opuscule de six pages fut modeste[4], mais un exemplaire tomba malgré tout entre les mains de l'abbé Trublet, qui en fit la plus mauvaise publicité. Le 2 mai, celui-ci écrit à Formey que « d'Alembert eût mieux fait de ne point se plaindre[5] », et se range du côté de Tolomas[6]. Un peu plus tard, Maupertuis renchérit : « Vous avez raison de dire que ces lettres de D'Alembert aux académiciens de Lyon ne lui font pas grand honneur[7]. »

---

1. Lettre du 7 avril 1755. *Revue du Lyonnais*, pp. 211-212. 2. À Bourgelat, 17 mars 1755. *Ibid.*, p. 204.   3. Il s'agit de sa lettre à la Société royale du 30 janvier 1755, de la réponse de celle-ci du 22 février, de celles du père Béraud et du père Tolomas des 21 et 25 février, et enfin de sa lettre à Bourgelat du 17 mars.   4. In-4°, s.l.n.d. Les archives de l'Académie des sciences en possèdent un exemplaire. Si Trublet l'a déjà lu début mai 1755, on peut supposer qu'il fut publié dès avril et que c'est l'éditeur lyonnais Bruyset qui le lui envoya, ainsi qu'à Maupertuis.   5. *Correspondance passive de Formey*, p. 149.   6. *Ibid.*, p. 152. 8 juin 1755.   7. Lettre de Maupertuis à Trublet, 19 août 1755. A.M. de Saint-Malo, Ms. ii, 24, f. 106r.

Selon Trublet, même les amis de D'Alembert pensent que cette publication lui fait le plus grand tort[1].

Peut-être ce dernier avait-il en effet été maladroit. Mais, cette fois, il se tenait on ne peut plus éloigné des calculs de vanité. Il y allait de sa dignité blessée. Rester muet serait revenu à courber la tête et à reconnaître la honte de sa naissance. En paraissant l'assumer, il faisait sien ce propos d'un correspondant de Voltaire : « L'homme est le fils de ses propres œuvres et celui qui *sine re et patre* instruit l'univers est un héros, et non pas un *homuncio*[2]. »

Mais la publication des lettres ne lui suffit pas. Puisque les jésuites l'attaquent et qu'une académie de province le traite de haut, il trouve une petite revanche qui ne manque pas de sel : se faire nommer à l'Académie de Bologne, qui dépend du pape. Il jubile en annonçant à La Condamine : « Le pape m'a fait une galanterie dont vous avez sans doute ouï parler. Je lui ai écrit pour l'en remercier une lettre à m'attirer des indulgences. Il ne sera pas dit que Voltaire soit le seul serviteur de Dieu à qui son vicaire ait fait gagner le jubilé[3]… » C'était surtout l'occasion d'écrire une belle lettre au pape Benoît XIV et de la répandre dans le public. D'abord, il souligne que c'est un ordre papal : « La bonté singulière dont Votre Sainteté vient de

---

1. À Formey, 19 novembre 1755. *Op. cit.*, p. 162. Trublet nous apprend dans cette lettre que Maupertuis avait engagé Formey à les publier.   2. Sébastien Dupont à Voltaire, 15 décembre 1764 (D. 6030), en réponse à la lettre de Voltaire lui apprenant l'affaire Tolomas (D. 6013). On trouve cette même idée sous la plume de D'Alembert dans son *Essai sur les gens de lettres*.   3. 7 novembre 1755 [ou 7 décembre]. B.N., Fichier Charavay, 2, AG-AL, p. 383. La Condamine était alors en Italie.

m'honorer en faisant témoigner à l'Académie de l'institut de Bologne qu'*elle désirait* que cette illustre Académie me choisît *contre ses lois ordinaires* pour un de ses membres me pénètre de la reconnaissance la plus profonde. » Ensuite, il fustige ses ennemis en mettant le pape de son côté : « Son amour pour les lettres et la gloire avec laquelle elle les a cultivées montrent à ceux qui par un zèle barbare voudraient appuyer la foi sur l'ignorance que le savoir, bien loin d'être incompatible avec la religion, doit être au contraire un de ses plus fermes appuis[1]. » En fait, d'Alembert répète là le propos de son discours à l'Académie française. Mais, adressé au pape dont il feint de se faire un allié, il a de quoi faire taire tous les jésuites de la terre.

D'Alembert ne mit jamais les pieds à l'Académie de Bologne, pas plus qu'à celle de Suède où l'on venait de le nommer[2]. Mais l'opération bolonaise mettait un terme à une histoire pénible qui l'affectait depuis un an.

Attraction/répulsion pour Frédéric

Depuis l'été 1752, époque à laquelle Maupertuis semblait mourant, le roi de Prusse n'avait pas ménagé ses efforts pour convaincre d'Alembert de s'installer à Berlin. Chargé de le persuader, le marquis d'Argens

---

1. 5 décembre 1755. Ch. Henry, 1885, p. 16. Si cette lettre est bien du 5 décembre, alors la précédente est du 7. Souligné par nous.   2. D'Alembert remercie le baron Scheffer, le 16 août 1755, et remarque : « Je dois sans doute les bontés de S.M. [la reine de Suède] à celles dont le roi, son frère [Frédéric], m'honore. » *S.V.E.C.*, 1959, p. 389.

lui avait proposé monts et merveilles[1] pour succéder
à Maupertuis. D'Alembert avait répondu en énumé-
rant tous les arguments honorables pour se défiler[2].
D'Argens était revenu à la charge pour les réfuter un à
un, sans plus de succès. Voltaire et Maupertuis étaient
chacun montés au créneau sur ordre de Frédéric, sans
davantage parvenir à l'ébranler. Et pour cause : leur
dispute publique l'avait conforté dans son choix de
rester à Paris[3]. À la fin de 1753, Frédéric, qui ne se
décourage pas facilement, l'invite à « passer quelques
mois à Berlin, puisque vous ne voulez pas y fixer
votre demeure[4] ». Mais d'Alembert ne veut même pas
entendre parler d'un séjour, tout en jurant qu'il ne sortira de sa solitude que pour aller le voir[5].

Pour apprivoiser sa proie, Frédéric ne parle plus de
rien, mais décide de lui offrir une pension sans rien
exiger en retour. Il donne ses ordres à son représentant
à la cour de France, Milord Maréchal : « Vous savez
qu'il y a un homme à Paris du plus grand mérite, qui
ne jouit pas des avantages de la fortune proportion-
nés à ses talents et à son caractère ; je pourrais servir

---

1. « Douze mille livres de pension ; un logement au château de
Potsdam ; la table de la cour, et encore souvent celle du roi… l'agrément de disposer des pensions de l'Académie… » 2 septembre
1752. Preuss, t. 25, p. 259.   2. 16 septembre 1752. Preuss,
t. 25, pp. 260-264.   3. À d'Argens, 28 avril 1753 : « Depuis
que la dispute de Voltaire et Maupertuis a éclaté d'une manière
si scandaleuse, je ne saurais vous dire à quel point je me félicite
de ne m'être point trouvé à Berlin. » Bibliothèque de l'Institut,
Ms. 2.715 (17), publiée dans la correspondance de Voltaire, D.
5271.   4. D'Argens à d'Alembert, 20 novembre 1753. Preuss,
t. 25, pp. 266-267.   5. À d'Argens, 22 décembre 1753. *Ibid.*,
pp. 268-269. Cette lettre de l'édition Preuss est la même que celle
publiée, sous la date du 8 décembre 1753, dans l'édition de Dijon,
1927, sous le titre : « Quatre lettres de D'Alembert à d'Argens »,
pp. 27-32.

d'yeux à l'aveugle déesse... Je vous prie d'offrir, par cette considération, une pension de 1 200 livres à M. d'Alembert ; c'est peu pour son mérite, mais je me flatte qu'il l'acceptera en faveur du plaisir que j'aurai d'avoir obligé un homme qui joint la bonté du caractère aux talents les plus sublimes de l'esprit. » La phrase suivante est une pierre dans le jardin de Louis XV qui, contrairement à son arrière-grand-père le quatorzième du nom, ne sait pas cultiver les grands hommes de son pays : « Vous partagerez avec moi, mon cher Milord, la satisfaction d'avoir mis un des plus beaux génies de la France dans une situation plus aisée. » C'est à peine si Frédéric marque, à la fin, le prix de ses largesses : « Je me flatte de voir M. d'Alembert ici ; il a promis de me faire cette galanterie dès qu'il aura achevé son *Encyclopédie*[1]. »

D'Alembert, qui n'est pas riche, accepte sans hésitations apparentes. Le 15 juin 1754, en termes enthousiastes, il exprime à d'Argens toute sa reconnaissance pour le roi qui a eu « la générosité de n'attacher aucune condition » à cette pension. Il a écrit sur-le-champ à Versailles pour obtenir la permission d'accepter, mais, quelle que soit la réponse, il ne peut attendre pour remercier le roi de Prusse de tant de bienfaits. Au passage, il assure : « Je n'oublie point la promesse que j'ai faite à S.M. d'aller mettre à ses pieds mes profonds respects dès que l'*Encyclopédie* pourra me le permettre ; et je ferai certainement tout mon possible pour hâter ce moment, auquel j'aspire de plus en plus. » Et, pour terminer, il entonne un hymne à Frédéric : « Tous les gens de lettres dont je suis connu, et toutes les personnes qui

1. De Frédéric à M. Maréchal [15 mai 1754]. Pougens, I, pp. 20-21.

ont pour moi quelque amitié, partagent ma reconnaissance et célèbrent la générosité du roi[1] », etc., etc.

D'Alembert n'avait pas tardé à en parler autour de
lui, notamment à Mme du Deffand qui avait elle-même
diffusé la nouvelle. Elle en écrit à son intime Formont,
qui lui répond : « Vous m'avez fait un plaisir inexpri-
mable, Madame, en ayant eu la bonté de m'apprendre
sur-le-champ la pension de D'Alembert... Je serais
bien fâché, comme vous, s'il prenait fantaisie à la cour
d'avoir la dignité d'ordonner qu'il refusât cette pension ; mais, si j'étais le roi, pour m'apprendre à m'en
aviser le premier, je défendrais de la recevoir, et j'en
donnerais une double[2]. »

Mme du Deffand connaissait bien la cour. Louis XV
est mécontent. Il n'a aucune sympathie pour le roi de
Prusse ni pour d'Alembert. On connaît sa réaction par
la femme de chambre de Mme de Pompadour : « Voici,
dit-il, une lettre de [Frédéric] adressée à Milord Maréchal pour lui ordonner de faire part à un homme *supérieur* de mon royaume d'une pension qu'il lui accorde. »
Après avoir lu la lettre à voix haute, le roi ajoute : « Elle
m'a été remise... pour que je permette au *génie sublime*
d'accepter ce bienfait. Mais, dit le roi, à combien
croyez-vous que se monte ce bienfait ? Les uns dirent,
six, huit, dix mille livres. Vous n'y êtes pas, dit le roi, à

---

1. *In* « Quatre lettres... » (1927), pp. 33-36.   2. 17 juin
[1754], *Correspondance de la marquise du Deffand, op. cit.*, p. 218.
La *Correspondance de Mannheim*, p. 119, s'en fait l'écho dès le
23 juin : « Le roi de Prusse vient de donner à M. d'Alembert, fameux
géomètre, une pension de 1 200 livres, parce qu'il a appris que ce
savant ne jouissait pas d'une certaine aisance. Ce roi imite en cela
Louis XIV qui honorait de pareils bienfaits les savants étrangers...
Ces traits de générosité honorent autant le bienfaiteur que ceux qui
les reçoivent. Le roi de Prusse a accompagné ce bienfait de la lettre
la plus flatteuse et la plus obligeante pour M. d'Alembert. »

douze cents livres. Pour des talents sublimes, dit le duc d'Ayen, ce n'est pas beaucoup. Mais les beaux esprits feront retentir dans toute l'Europe cette lettre, et le roi de Prusse aura le plaisir de faire du bruit à peu de frais… M. de Marigny raconta cette histoire chez Quesnay, et il ajouta que l'homme de génie était d'Alembert, et que le roi lui avait permis d'accepter la pension. Sa sœur [Mme de Pompadour] avait, dit-il, insinué au roi de donner le double à d'Alembert, et de lui défendre d'accepter la pension. Mais il n'avait pas voulu, parce qu'il regardait d'Alembert comme un impie[1]. »

La pension acceptée, il fallait songer à tenir sa promesse. Le 1er juin 1755, d'Alembert se met en route pour Wesel afin d'y rencontrer Frédéric[2]. Apparemment sans grand enthousiasme[3]. On ignore les détails de cette rencontre, sur laquelle le philosophe s'est montré discret[4]. Certaines mauvaises langues dirent qu'elle ne dura que trois jours et que Frédéric lui adressa à peine la parole. Selon Mme du Deffand : « D'Alembert est très content du roi de Prusse, il lui trouve beaucoup d'esprit, de bonté et de bénignité. Ce sont ses termes. Il

---

1. *Mémoires de Mme du Hausset*, 1824, pp. 157-160.
2. L'abbé Trublet à La Beaumelle, 18 juin 1755 : « D'Alembert partit le 1er de ce mois pour aller faire sa cour au roi de Prusse à Wesel ; il avait quelque envie de revenir par la Hollande. » *Correspondance de l'abbé Trublet*, 1926, p. 23. Les procès-verbaux de l'Académie des sciences indiquent que d'Alembert fut absent du 31 mai au 5 juillet.   3. Le chevalier d'Aydié à Mme du Deffand, 27 juin 1754 : « Ce n'est pas sans effort et sans regret, apparemment, que M. d'Alembert a quitté son cabinet, et surtout le vôtre, pour aller à Wesel. » *Correspondance de Mme du Deffand*, p. 221.   4. C'est par hasard qu'on apprend que Darget avait lui aussi fait le voyage de Paris à Wesel (Darget à Frédéric, 8 juillet 1755. Preuss, t. 20, pp. 59-60) et que d'Alembert y avait retrouvé son ami l'abbé de Prades, devenu secrétaire du roi (d'Alembert à Prades, 2 septembre 1755. Preuss, t. 25, pp. 270-271).

voulait l'engager à aller passer quinze jours à Potsdam. Il s'en est défendu, et le roi ne lui en a pas su mauvais gré. M. de Knyphausen… a rendu compte ici aux ministres de la conduite de D'Alembert, on en est fort content[1]. »

Pension annoncée, pension acceptée, mais pension… non payée! Un an après l'annonce spectaculaire du roi de Prusse, d'Alembert n'en a pas encore touché un sou. Le voyage lui a coûté quatre-vingts louis[2], ce qui est beaucoup pour sa bourse. Ses amis s'émeuvent: « Je suis fâché que Sa Majesté, dans cette occasion, ait oublié que c'est au poids de l'or que les rois donnent aux philosophes qu'on mesure le cas qu'ils font de la philosophie. Nous serions, de notre part, des ingrats si nous ne le récompensions pas de la constante préférence qu'il nous a donnée, et de la résistance qu'il a faite aux invitations du monarque[3]. » À Wesel, d'Alembert a demandé à l'abbé de Prades d'accélérer le paiement de sa pension. Mais, deux mois plus tard, il n'a toujours rien vu venir. Le voilà en situation de quémandeur: « Ce n'est qu'avec une extrême répugnance que je vous en parle, mais je suis endetté de cent louis avec mes libraires; ma pension n'est pas payée; je peux mourir subitement, et je ne voudrais pas faire banqueroute en mourant, même à des libraires… Je n'en parlerai plus à personne[4]. »

Trois mois plus tard, la pension arrive enfin! Pour marquer sa reconnaissance, d'Alembert se dit « plus décidé à lui [Frédéric] tenir le plus tôt qu'il me sera possible la parole que je lui ai donnée. Ce pourrait bien

---

1. Au chevalier d'Aydié, 14 juillet 1755. *Op. cit.*, pp. 229-230.
2. *Ibid.*   3. Le chevalier d'Aydié à Mme du Deffand, 29 juillet 1755. *Ibid.*, p. 231.   4. À l'abbé de Prades, 2 septembre 1755. Preuss, t. 25, p. 271.

être dès l'année prochaine, s'il n'y a point de guerre,
et que le sixième volume de l'*Encyclopédie* soit assez
tôt fini[1] ». La promesse faite à Wesel, c'est bien sûr
de venir séjourner quelque temps à Potsdam. Après les
honneurs académiques, voilà notre philosophe l'obligé
d'un roi ! Piron ricane sur son « noble dédain… pour
les places et l'argent qui n'a pu [le] sauver d'une pension du roi de Prusse et d'une place à l'Académie[2] ».
D'autres, moins malveillants, ne peuvent s'empêcher
de souligner ses contradictions. Le baron suédois
Scheffer, qui n'a que sympathie pour lui, est de ceux-là :
« Il me semble que le caractère de ce savant et sa bonne
philosophie devaient le détourner de ce voyage… Sa
bonne tête sera à l'épreuve des caresses qui la tournent
à tant d'autres, tout comme son âme sera à l'épreuve de
l'intérêt par lequel on cherchera à le tenter ; mais je suis
fâché de voir courir après les grands, un philosophe qui
a si justement censuré le commerce des savants ; je suis
fâché de voir le plus illustre des gens de lettres de notre
siècle assis, à Potsdam, à côté du marquis d'Argens et
ses pareils[3]. »

D'Alembert n'était pas près de se rendre à Potsdam.
Mais pour l'heure il apparaît au mieux comme un maladroit, au pis comme un hypocrite. Dans les deux cas, il
s'est affaibli et a perdu de son aura.

---

1. Au même, 10 décembre 1755. *Ibid.*, p. 271.   2. Piron
à d'Orceau de Fontette [1er janvier 1755]. B.M. Dijon, Ms. autographes Piron, n° 22.609.   3. Baron Scheffer à Mme du
Deffand, 17 septembre 1755. *Correspondance*, pp. 223-224. La
lettre est mal datée par Lescure de 1754.

Mourir en philosophe

Le 10 février 1755, Montesquieu s'éteint chez lui à Paris. Il a soixante-six ans. Bien qu'appartenant à une autre génération que les encyclopédistes, il est sinon l'un des leurs, du moins l'un de leurs inspirateurs. Il jouit d'un grand prestige, comme en témoignent Grimm[1], Diderot[2] et d'Alembert[3], mais aussi des hommes comme Fréron[4] ou Collé[5]. Tous louent son génie et sa vertu. On célèbre « un des plus beaux esprits de l'Europe[6] », adepte comme beaucoup d'autres de la religion naturelle. Nul n'a oublié les audaces des *Lettres persanes*[7]. Montesquieu n'a pas épargné l'Église, se moquant du pape, traité de « vieille idole[8] », ou des évêques, disputeurs et persécuteurs. Il a critiqué le célibat des prêtres et osé relativiser la religion catholique en la comparant ici ou là au protestantisme ou au « mahométisme ». La publication de *De l'esprit des lois* en 1749 a encore aggravé son cas. Cible de la presse religieuse, tant janséniste que jésuite, le livre a été mis à l'Index en novembre 1751[9]. C'est peu dire que l'on guette la mort de Montesquieu tout au long des quinze jours de son agonie. Va-t-il mourir en philosophe ou en chrétien repenti ? Va-t-il enfin se rétracter et passer sous les fourches caudines de ses adversaires, au risque de

---

1. *Correspondance littéraire*, II, pp. 490-492.   2. Il fut le seul philosophe à suivre son convoi lors de son enterrement le 11 février.   3. Il lui a consacré un éloge remarquable. *Cf.* *Œuvres*, III, pp. 440-466.   4. *L'Année littéraire*, 1755, I, pp. 278-284.   5. *Journal et Mémoires*, II, p. 4, « 10 février ».   6. *Ibid.* 7. 1721.   8. Lettre XXIX.   9. *P.I.*, I, pp. 431-433.

se renier ? Rue Saint-Dominique, une grande bataille se livre entre l'Église et les philosophes, et peut-être aussi dans l'esprit embrumé du mourant. Aux portes de la mort, il faut un réel courage pour rester au plus près de ses convictions, sachant que le dernier acte est la signature indélébile de toute une vie, peut-être aussi le passeport pour l'éternité. Outre l'enjeu moral, politique et eschatologique, la mort du philosophe a des conséquences sociales qu'on peut d'autant moins ignorer que celle de Boindin est encore dans toutes les mémoires.

Le précédent Boindin

Spécialiste du théâtre antique et auteur de plusieurs pièces à succès[1], Nicolas Boindin avait appartenu à l'Académie des inscriptions depuis 1712. Lié à Saurin, à La Mothe (avant de devenir son pire ennemi) et à Fontenelle, il était avec eux dans le camp des modernes et partageait leur esprit sceptique, voire leur agnosticisme. Plus anticonformiste et moins prudent que ses amis, il avait même une solide réputation d'athée depuis que Jean-Baptiste Rousseau l'avait ainsi désigné dans ses vers[2]. Déiste ou athée – la chose n'est

---

1. Notamment *Les Trois Gascons* (1701), *Le Bal d'Auteuil* (1702) ou *Le Port de mer* (1740). Cette dernière pièce, une farce, était encore reprise par les Comédiens-Français en juillet 1753. *Correspondance littéraire*, II, p. 263, 15 juillet 1753.   2. Vers qui causèrent l'exil de Jean-Baptiste Rousseau en 1712, bien que Boindin eût toujours nié qu'ils fussent de cet auteur et même laissé un mémoire dénonçant comme coupables ses anciens amis La Mothe et Saurin… mieux placés que d'autres pour connaître les véritables sentiments de Boindin !

pas claire –, Boindin mourut le 30 novembre 1751 conformément à sa réputation. Le duc de Luynes nous apprend : « Il était si connu pour n'avoir point de religion, même ne pas croire en Dieu, que sa famille n'osa pas demander qu'il fût enterré avec les cérémonies ordinaires. Il n'avait point été confessé ; on n'avait même appelé aucun prêtre. Le curé de sa paroisse fit enlever le corps sans prière et sans cérémonie, et le fit mettre dans un coin du cimetière où l'on a coutume de mettre les enfants morts sans baptême[1]. »

Le public apprit sa mort à peu près en même temps que celle du philosophe matérialiste La Mettrie, survenue à Berlin le 11 novembre. Si ces deux morts eurent droit à des traitements bien différents, leur retentissement marqua les esprits. À Paris, nul ne conteste les derniers instants d'un Boindin mécréant. À Berlin, la mort de La Mettrie donne lieu à des relations parfaitement contradictoires qui témoignent de « l'intense élaboration idéologique et mythologique produite autour de l'événement[2] ». Aux dires des croyants, La Mettrie a eu « grand-peur de la mort[3] » et, après avoir « poussé fort loin l'opiniâtreté de ses sentiments…, dans ses dernières heures, il en a fait une abjuration authentique et est mort en bon chrétien[4] ». C'est la version officielle qui permet à Frédéric II d'en faire l'éloge public à

---

1. *Mémoires*, t. XI, avril 1752, pp. 477-478.　　2. Magnan, *op. cit.*, p. 194. Voir aussi sur la grande saga de la mort de La Mettrie, l'article fondamental de Martin Fontius, « Der Tod eines *philosophe*. Unbekannte Nachrufe auf La Mettrie », *Beiträge zur romanische Philologie*, 6 (1967), pp. 5-28 et 226-251.　　3. Mérian à Jean II Bernoulli, 30 novembre 1751. B.E.B., LIa, 711.159.　　4. Maupertuis à La Condamine, 13 novembre 1751. B.M. Saint-Malo, Ms. ii 24, f. 144 v.

l'Académie, le 19 janvier suivant. En fait, personne n'est vraiment dupe à Berlin. Voltaire, qui s'est d'abord demandé si La Mettrie était « mort avec courage[1] », c'est-à-dire en philosophe, peut affirmer un mois plus tard : « Le roi s'est fait informer très exactement de la manière dont il était mort, s'il avait passé par toutes les formes catholiques, s'il y avait eu quelque édification. Enfin, il a été bien éclairci que ce gourmand était mort en philosophe[2]. » Dans l'affectueux portrait qu'il lui consacre ultérieurement, Maupertuis revient sur ses premières affirmations et rejoint la version officieuse : « On a parlé diversement des derniers moments de sa vie. Les uns ont dit qu'il était mort avec beaucoup de fermeté et d'incrédulité ; les autres, comme un saint, et récitant les litanies. Il y a apparence qu'il est mort comme il avait vécu, sans principes et dans le contraste du bien et du mal[3]. » Maupertuis confirme que, par testament, le défunt avait indiqué vouloir être enterré dans le jardin de son grand ami Tyrconnel, chez qui il mourut. Il avait même pris la peine de marquer le poirier au pied duquel il désirait reposer. Preuve ultime qu'il se contrefichait des cérémonies religieuses. « Il fut pourtant, note Maupertuis, enterré à l'ordinaire », c'est-à-dire religieusement.

À Paris, on ne connaît d'abord que la version officielle et l'on a beau jeu d'opposer le courage de Boindin à la couardise de La Mettrie. Raynal, qui est la

---

1. À Mme de Bentinck [12 novembre 1751]. D. 4603.   2. À Mme Denis, 24 décembre 1751. D. 4628.   3. Ce portrait non daté de La Mettrie, de la main de Maupertuis, figure dans les A.A.S., fonds Maupertuis, dossier 8. Il comporte quinze folios et semble avoir été écrit avec franchise et amitié. Les deux hommes paraissent beaucoup plus amis qu'on ne pouvait le croire.

voix des philosophes, ne cache pas sa sympathie pour
le premier, qu'il présente ainsi : « un des hommes de
ce pays qui avait le plus d'esprit et de connaissances,
et l'incrédule le plus ferme et le plus scandaleux qu'il
y ait jamais eu ». Il rapporte quelques épigrammes qui
courent Paris sur son compte, dont celle-ci :

> *Deux apôtres de l'athéisme,*
> *La Mettrie et Boindin, passent au sombre bord ;*
> *Mais à l'approche de la mort*
> *Le premier, oubliant son matérialisme,*
> *En lâche, abjure ses erreurs,*
> *Preuve qu'il n'eut jamais solidité ni mœurs.*
> *L'autre, sans remords, sans faiblesse,*
> *Soutenant jusqu'au bout la même hardiesse,*
> *Montre que son esprit fermement convaincu*
> *N'errait que par principe, et même par vertu*[1].

Honoré à Berlin, La Mettrie fut le seul, avant Voltaire, à mériter un hommage public du roi de Prusse.
En revanche, à Paris, ses collègues philosophes le trai-
tèrent comme de son vivant : avec mépris. À l'inverse,
Boindin fut on ne peut plus mal traité par les autorités
de son pays. Le marquis d'Argenson nous apprend que
les dévots de son Académie (des inscriptions) refusèrent

---

1. *Nouvelles littéraires*, II, p. 127, 27 décembre 1751. Le 19 janvier 1755, Raynal revint encore une fois sur le courage et le panache
de Boindin : « Ce Boindin mourut très courageusement et très ferme
dans ses principes ; on prétend même que, voyant sa mort inévitable
et prochaine, il prit un verre d'opium. Un prêtre, étant venu pour le
ramener à la foi, voulut commencer par établir la preuve du christianisme : "Allez, allez, lui dit Boindin, votre religion est comme moi ;
elle pèche par le fondement." Pour sentir toute la valeur du mot, il
faut savoir que Boindin avait la fistule. » *Ibid.*, p. 218.

tout service et tout éloge public, malgré l'usage. Nul n'osa dire un mot en souvenir de cet homme original qui fut enterré comme un chien. Pourtant, son collègue des Inscriptions, Duclos, personnage de grand caractère, s'était battu pour défendre sa mémoire. On le sait par Mme de Graffigny, très liée à celui-ci : « Boindin est mort il y a six semaines. M. de Bougainville, dévot et janséniste, a fait une émeute à l'Académie [des inscriptions] pour empêcher qu'on ne lui fasse un service et il a refusé net de faire son éloge. Duclos a crié de son côté et, quoiqu'il ait la voix plus forte, il ne l'a pas emporté[1]. »

Ayant prévu ce silence, Boindin y avait remédié en écrivant son propre éloge, destiné à figurer en tête de ses œuvres[2]. Piètre consolation, peut-être compensée par l'évolution des mentalités : l'insulte faite à la mémoire de Boindin avait révolté quelques académiciens « philosophes » et, trois ans plus tard, le marquis d'Argenson pouvait noter « une fermentation décidée contre les prêtres... À chaque élection, on se met en garde contre les prêtres et les dévots[3] ». En attendant, le scandale de la mort de Boindin ne cessait de rejaillir sur sa famille et ses amis. Pour mourir hors de l'Église, il fallait une indépendance d'esprit à toute épreuve, un rare courage et une totale indifférence à sa réputation posthume. De ce fait, tous se mettent désormais à guetter le trépas d'un philosophe

---

1. Mme de Graffigny à Devaux, 16 janvier 1752. Cité par Carole Dorner et David Smith, « Duclos vu par Mme de Graffigny », *S.V.E.C.*, 371, 1999, p. 223. 2. « Mémoire sur la vie et les ouvrages de M. Boindin donné par lui-même », *Œuvres de M. Boindin*, 2 vol., 1753, pp. VI-XXIII. Boindin avait laissé en blanc la date de sa mort. 3. *Mémoires...*, t. IV, p. 181, 9 mai 1754.

avec cette interrogation : le dernier acte va-t-il être conforme aux convictions du vivant ? meurt-il en chrétien ou en philosophe ?

Le cas de Montesquieu

D'un prestige et d'une réputation sans commune mesure avec ceux de Boindin, Montesquieu appartenait aussi à un tout autre milieu social. Il est tombé malade le 29 janvier 1755, et sa maison parisienne regorge de visiteurs de marque. Outre ses deux vieilles amies, la duchesse d'Aiguillon et Mme Dupré de Saint-Maur, qui se relaient à son chevet, l'ambassadeur de Suède, Ulrich Scheffer, et le chevalier de Jaucourt y séjournent en permanence. Le roi y envoie le duc de Nivernais, et la famille de Fitz-James ainsi que l'ami Bulkeley[1] ne cessent de l'entourer. En outre, Montesquieu a auprès de lui ses deux médecins, Bouvard et Lorry, ses deux secrétaires, Darcet et Saint-Marc, et deux proches parents, les Marans, qui remplacent son fils, alors absent de Paris. À lire les témoignages des uns et des autres, on comprend qu'il fut « accompagné » – tiraillé ? – par des membres des deux clans ennemis : sa famille attend qu'il meure en chrétien[2], son secrétaire Darcet et quelques autres veulent défendre les droits et la réputation du philosophe. Le pape lui-même, averti de son décès imminent, s'intéresse à lui. Résultat : ses ultimes moments ont conservé un certain mystère qui

---

1. Montesquieu avait connu le comte François Bulkeley au début des années 1720 et son neveu François Fitz-James, évêque de Soissons, en 1734.   2. Marans à l'abbé Guasco, 15 février 1755.

permet à ses derniers biographes des conclusions sensiblement différentes[1].

Tous s'accordent néanmoins sur un point essentiel : Montesquieu est mort en chrétien. Il s'est conformé à tous les rites de l'Église. Le témoignage de son secrétaire Saint-Marc n'est contesté par personne. Quand l'agonisant apprit que le curé de sa paroisse de Saint-Sulpice avait fait antichambre chez lui, il exigea qu'on le laissât entrer. Il lui déclara son intention « de faire tout ce qui convenait à un homme dans la situation où il se trouvait. Le curé lui a demandé s'il avait dans Paris quelque homme de confiance dont il voulût se servir. Le président a répondu… [qu']il y avait une personne… en qui il se confiait beaucoup, qu'il l'enverrait chercher et qu'il ferait demander le Saint Sacrement après qu'il se serait confessé[2] ». Montesquieu désigna son ami de plus de trente ans, le père Castel, membre de la Société des jésuites. Celui-ci arriva le 5 février chez le mourant, escorté d'un autre membre de l'ordre déjà connu de lui, l'Irlandais Bernard Routh, chargé des derniers actes de la religion. Saint-Marc ne dit pas un mot du tête-à-tête entre le philosophe et le jésuite, et termine ainsi : « Il s'est confessé et M. le curé de Saint-Sulpice lui a porté le Bon Dieu… Tenant l'hostie entre les mains, il lui a demandé : "Croyez-vous que c'est là votre Dieu ? – Oui, oui, a répondu le président, je le crois, je le crois… – Faites un acte d'adoration", a dit le curé. Alors le président a levé vers les cieux ses regards

---

1. Robert Shackleton (1977) conclut à un ultime sursaut philosophique de Montesquieu, alors que Louis Desgraves (1986) penche pour sa soumission sans condition aux exigences de l'Église. Chacun se fonde sur des témoignages de première main…   2. De Saint-Marc à Suard [février 1755]. Nagel, III, pp. 1547-1548.

et la main droite dont il tenait son bonnet, il a communié. Après quoi, le Bon Dieu [*sic*], le curé et les jésuites sont revenus très contents, chacun chez eux. Quant au père Castel, il ne se sent pas de joie. Il croit avoir plus fait que François Xavier, qui prétendait avoir converti douze mille hommes dans une île déserte[1]. »

Cette relation est confirmée par deux autres témoins. M. de Marans écrit : « J'ai eu la consolation de lui voir recevoir tous les sacrements avec toute l'édification possible et conserver ses sentiments jusqu'au dernier moment[2]. » La duchesse d'Aiguillon rapporte de son côté les paroles bien-pensantes de son ami : « J'ai toujours respecté la religion ; la morale de l'Evangile est une excellente chose et le plus beau présent que Dieu pût faire aux hommes[3]. » La chose est donc entendue : Montesquieu est mort en chrétien. Mais à quel prix ? Quelles concessions, quel reniement a-t-on obtenus de lui ? Là est le mystère que des témoignages opposés entretiennent toujours. D'un côté, celui du confesseur Routh, communiqué au pape par le nonce de Paris. De l'autre, ceux du secrétaire Darcet et de la duchesse d'Aiguillon, qui disent le contraire.

Le pape avait demandé au nonce le récit complet des derniers moments de Montesquieu, et le père Routh avait, selon ses dires, obtenu du philosophe la permission de les publier. Il rapporte qu'à toutes ses questions le mourant lui fit les réponses les plus édifiantes. Lorsqu'il lui demanda s'il avait jamais été dans un état d'incrédulité, Montesquieu répondit « qu'il lui

---

1. *Ibid.*   2. De Marans à l'abbé Guasco, 15 février 1755. *Ibid.*, pp. 1549-1550.   3. De la duchesse d'Aiguillon à Maupertuis [février 1755]. *Ibid.*, p. 1550.

était passé par l'imagination des nuages, des doutes, comme il pourrait arriver à tout homme, mais qu'il n'avait jamais rien eu d'arrêté ou de fixe dans l'esprit contre les objets de la foi[1] ». Il l'interrogea alors sur ses œuvres qui jetaient un doute sur la religion. Le philosophe aurait confessé qu'il avait cédé au « désir de passer pour un génie supérieur aux préjugés et aux maximes communes, [à] l'envie de plaire et de mériter les applaudissements de ces personnes qui donnent le ton à l'estime publique[2] ». Le jésuite donna l'absolution au malade à bout de forces, mais voulut profiter de sa lucidité pour obtenir plus : des corrections de sa main aux passages les plus irréligieux des *Lettres persanes*. Pendant les cinq derniers jours, Routh ne quitta plus la maison du mourant, dans l'espoir de remporter cette ultime victoire sur la philosophie.

Tout autre est le témoignage de Jean Darcet[3], secrétaire de Montesquieu après avoir été le précepteur de son petit-fils depuis 1742. Ce témoignage ne nous est pas parvenu directement, mais de la main de l'abbé Guasco[4] et de celle de son biographe J.-J. Dizé[5]. Selon ce dernier, à la demande de Montesquieu, Darcet et le médecin Bouvard auraient prié le jésuite de se retirer. Mais les pères voulaient à tout prix extorquer les corrections attendues aux *Lettres persanes* et ne bougèrent

---

1. R. Shackleton, *op. cit.*, p. 306.   2. *Ibid.*, pp. 306-307. 3. 1725-1802. Originaire des Landes, il avait été présenté à Montesquieu par le chimiste Roux, connu pour son matérialisme. Darcet fit une belle carrière de chimiste, épousa la fille de Rouelle et fut élu associé à l'Académie des sciences le 4 avril 1784.   4. *Lettres familières*, LX, citées par Nagel, III, pp. 1551-1552.   5. *Précis historique sur la vie et les travaux de Jean Darcet*, an X.

pas. Mme d'Aiguillon confirme que Montesquieu lui remit, ainsi qu'à Mme Dupré, son manuscrit en leur disant : « Je veux tout sacrifier à la raison et à la religion, mais rien à la Société [des jésuites] ; consultez avec mes amis et décidez si ceci doit paraître[1]. » Apparemment, on décida de mettre le manuscrit à l'abri des jésuites en l'enfermant à double tour dans le cabinet de Montesquieu. Guasco rapporte alors une scène que lui a probablement confiée Darcet :

« Un jour, pendant que Mme la duchesse d'Aiguillon était allée dîner, le père Routh… ayant trouvé le malade seul avec son secrétaire [Darcet ?], fit sortir celui-ci de la chambre et s'y enferma sous clef. Mme d'Aiguillon, revenue d'abord après dîner, trouva le secrétaire dans l'antichambre qui lui dit que le père Routh l'avait fait sortir, voulant parler en particulier à M. de Montesquieu. Comme, s'approchant de la porte, elle entendit la voix du malade qui parlait avec émotion, elle frappa et le jésuite ouvrit.

« – Pourquoi tourmenter cet homme mourant ?…

« M. de Montesquieu, reprenant lui-même la parole, dit :

« – Voilà, Madame, le père Routh qui voudrait m'obliger à livrer la clef de mon armoire pour enlever mes papiers.

« Mme d'Aiguillon fit des reproches de cette violence au confesseur, qui s'excusa en disant :

« – Madame, il faut que j'obéisse à mes supérieurs.

« Il fut renvoyé sans rien obtenir[2]. »

La scène a-t-elle été inventée pour les besoins de la cause philosophique ou contient-elle l'essentiel,

---

1. Mme d'Aiguillon à Maupertuis [février 1755]. *Op. cit.*, p. 1550.   2. Nagel, pp. 1551-1552.

voire quelques bribes de la vérité ? Toujours est-il qu'elle donne à la mort de Montesquieu son aspect contrasté et contribue à renforcer le mystère. On en conclut que si le président est bien mort en chrétien, il ne s'est pas renié pour autant. Comme l'écrit l'un de ses biographes : « Montesquieu avait-il sur son lit de mort franchi tout l'espace qui sépare la sympathie de la croyance vivante ? Rien ne permet de l'affirmer[1]. » Peut-être l'homme, respectueux des usages, voulut-il faire le maximum pour mourir en paix avec l'Église sans céder pour autant sur l'essentiel. Reste que les deux camps revendiquèrent sa mort. Dans celui des traditionalistes, Fréron n'hésita pas à affirmer : « La religion, dans ces moments terribles, est devenue l'espoir unique de M. de Montesquieu et son dernier asile. Il lui a soumis son cœur, son esprit et ses ouvrages ; il a demandé qu'on retranchât de ses livres tout ce qui pouvait y blesser le chrétien et le catholique[2]. » Mais, grâce à Darcet, le clan encyclopédique se l'appropria comme une icône. D'Alembert en fit un éloge remarqué dans le *Mercure*[3] et Diderot l'évoqua avec émotion dans son article « Éclectique » qui parut en même temps[4].

Loué par tous, commémoré par toutes les Académies auxquelles il avait appartenu, Montesquieu échappa au sort de Boindin. Sincérité ou habileté, sa mort reste un

---

1. J. Dedieu, *Montesquieu*, 1913, p. 312.   2. *L'Année littéraire*, 1755, I, lettre 12, pp. 278-284.   3. Novembre 1755, pp. 77-124. On le trouva meilleur que l'éloge que lui consacra Maupertuis à l'Académie de Berlin.   4. Volume V de l'*Encyclopédie*, paru le 15 novembre 1755. La *Correspondance littéraire* de Grimm, p. 491, ne lésine pas sur les adjectifs pour l'homme qui a « honoré l'humanité ».

chef-d'œuvre d'ambiguïté. Un modèle pour d'autres nés comme lui au XVIIᵉ siècle.

Les émules de Montesquieu

Le jour même de l'enterrement de Montesquieu, Fontenelle fêtait ses quatre-vingt-dix-huit ans[1]. Ayant encore toute sa tête, le vieillard ne cachait pas son profond scepticisme[2]. Ses proches craignaient que l'auteur de l'*Histoire des oracles* ne laissât échapper quelques marques d'incrédulité à l'approche de la mort. Mme Geoffrin, sa meilleure amie, qui ne supportait pas le scandale, tenait essentiellement à ce qu'il fît une fin convenable. Qu'il fût agnostique et bayliste, passe ! Mais qu'il respectât l'orthodoxie religieuse, ne fût-ce qu'extérieurement. Mme Geoffrin ne redoutait rien tant qu'une fin « à la Boindin », indigne d'un honnête homme. Fontenelle se laissa convaincre, peu après la mort de Montesquieu, de faire un acte religieux au vu et au su de tous. Cela ne lui était plus arrivé depuis l'enfance. « Je fus le voir, dit Trublet, le soir du jour de Pâques, sur les six heures, et je le trouvai tout seul… Je lui demandai s'il avait fait ses pâques, et il me répondit qu'il les avait faites le jour même à Saint-Roch[3], sa paroisse. Je lui demandai encore s'il s'était confessé et il me répondit que oui[4]. »

---

1. Il était né le 11 février 1657.   2. Une conversation avec Trublet en mai 1755 prouva à celui-ci que son vieil ami n'avait pas changé d'opinion. Voir la thèse de Jean Jacquart sur *L'Abbé Trublet* (1926), qui cite de longs extraits d'un manuscrit inédit de l'abbé – sorte de journal –, aujourd'hui perdu. P. 296.   3. Également la paroisse de Mme Geoffrin.   4. 2 avril 1755. Jacquart, *op. cit.*, p. 297.

En fait, le pyrrhonisme de Fontenelle (hors du domaine strictement scientifique) lui ôtait toute passion et toute conviction philosophiques. À sa façon, il était aussi ennemi du scandale que sa voisine de paroisse. Sous la férule affectueuse de Mme Geoffrin, il se conforma aux rites et prépara dans les règles les cérémonies du départ. Le vieil homme s'affaiblissait et tous sentaient que sa fin était proche. Le jour de l'an 1757, raconte Trublet, « sans se trouver plus mal qu'à l'ordinaire, il demanda de lui-même les sacrements et les reçut avec une parfaite connaissance. Il dit au curé de Saint-Roch qui s'approchait de son lit : "... Je vous déclare donc que j'ai vécu et veux mourir dans la foi de l'Église catholique, apostolique et romaine[1]." » Il s'éteignit huit jours plus tard, à cent ans moins un mois.

Demi-vérité ou demi-mensonge, le conformisme final de Fontenelle n'étonna personne. Il prit congé en honnête homme, comme son temps et son milieu le lui dictaient. Mais nul ne fut dupe. Trublet, moins que tout autre. De par ses longues conversations avec lui[2], il ne pouvait ignorer que derrière la déférence témoignée à l'Église se trouvait un rationaliste agnostique, peut-être même plus proche d'un Boindin que d'un Montesquieu. Mais Fontenelle s'était soumis aux usages et au qu'en-dira-t-on. Sa mort ne fit pas grand

---

1. Abbé Trublet, *Mémoires sur Fontenelle*, p. 304. Cité par Jacquart, *op. cit.*, p. 297.   2. Trublet raconte cette conversation du 28 février 1755 où Fontenelle lui dit que « c'était une question si la religion était avantageuse, publiquement parlant…, qu'elle avait peut-être fait plus de mal que de bien… Au sujet de certains effets funestes de la religion, et de ses principes, [il me dit] que cela pouvait revenir demain ». Cité par Jacquart, *op. cit.*, p. 307.

bruit. Non seulement parce qu'elle était attendue depuis
des années, et qu'en outre l'attentat de Damiens contre
le roi, survenu quatre jours plus tôt, lui avait ôté la
vedette, mais aussi parce que le clan des philosophes
n'y prêta guère d'attention. Bien que d'Alembert, six
ans plus tôt, lui eût rendu un hommage appuyé dans le
Discours préliminaire, Fontenelle était un philosophe
de l'ancien temps qui n'intéressait plus la nouvelle
génération. Sa mort convenue et convenable ne pouvait
que renforcer leur indifférence. Seul l'abbé Trublet,
inlassable panégyriste du centenaire, s'efforça de tenir
haut sa réputation, mais d'une manière telle qu'il l'éloi-
gnait davantage encore de ses successeurs. Avec lui
s'en allait un esprit accommodant qui ne convenait
plus aux audacieux.

Bien sûr, à l'époque nul ne peut dire publiquement
son admiration pour la mort non chrétienne d'un « esprit
fort ». Tout au plus se risque-t-on à ironiser sur les repentis de dernière minute dans les correspondances privées.
C'est ce que fait Voltaire en 1757 à propos de deux estimables philosophes décédés à un an de distance : « Je
suis fâché des simagrées de Dumarsais à sa mort. On
a imprimé que ce provincial Deslandes… avait recommandé en mourant qu'on brûlât son livre *Des grands
morts en plaisantant*[1]. » Dumarsais[2] et Deslandes[3] –

---

1. À d'Alembert, 6 décembre [1757]. D. 7499. Thieriot
lui avait annoncé la mort de Dumarsais le 6 juillet 1756 en
ces termes : « Vous savez que Diagoras Dumarsais est mort
d'une façon fort tranquille en se soumettant au culte sans le
croire davantage que Boindin, qui ne sera jamais un modèle. »
D. 6922.   2. 1676-11 juin 1756. L'éloge que lui consacra
d'Alembert ne fut publié que dans le vol. VII de l'*Encyclopédie*
paru en novembre 1757.   3. 1689-11 avril 1757.

comme Fontenelle – étaient nés au XVIIe siècle. Mais, contrairement à lui, ils avaient toute leur vie manifesté haut et fort leur liberté de penser. Ces deux hommes se connaissaient. Ils avaient fréquenté dans leur jeunesse les mêmes cercles libertins que Fontenelle. Au début des années 1710, les plus hardis se regroupaient autour du duc d'Aumont et du duc de Noailles pour écouter leur maître à penser, l'historien Boulainvilliers. On y croisait aussi, entre autres, l'érudit Nicolas Fréret et Mirabaud, futur secrétaire perpétuel de l'Académie française[1].

César Chesneau Dumarsais, philosophe et grammairien de grande valeur, n'eut pas la carrière que lui méritaient ses travaux. Auteur d'un remarquable *Traité des tropes* et d'une *Logique et principes de grammaire* qui fait date, il vécut toute sa vie dans l'obscurité et les difficultés tant personnelles que financières[2]. Collaborateur de l'*Encyclopédie*, il rédigea 150 articles de grammaire et de pédagogie qui furent d'un grand apport pour le dictionnaire. Certains de ses contemporains lui attribuaient un pamphlet athée, Le *Philosophe*, et d'autres œuvres impies, tel l'*Examen de la religion*[3]. Voltaire et Grimm, qui le connaissaient personnelle-

---

1. *Cf.* Rolf Geissler, « Bourreau-Deslandes, lecteur de manuscrits clandestins », in *Le Matérialisme du XVIIIe siècle et la littérature clandestine*, 1982, pp. 227-234 ; Jean Macary, *Masque et lumières au XVIIIe. A.-F. Deslandes, citoyen et philosophe (1689-1757)*, 1975.   2. Après avoir vécu du métier de précepteur, Dumarsais finit par ouvrir une pension pour quelques élèves.   3. F.A. Kafker et S.L. Kafker, *The Encyclopedists as Individuals…*, 1988, p. 121. Les auteurs soulignent qu'on retrouva dans les papiers non publiés de Dumarsais une pièce en faveur du divorce.

ment, le tenaient pour un athée[1]. D'où l'étonnement de certains quand on apprit qu'il avait demandé les sacrements. « Il [les] reçut, dit d'Alembert, avec beaucoup de présence d'esprit et de tranquillité. Il vit approcher la mort en sage qui avait appris à ne point la craindre et en homme qui n'avait pas lieu de regretter la vie[2]. » Les jésuites applaudirent à ce retour aux bons sentiments, mais Voltaire ne cacha pas son mépris pour ces « simagrées ».

Le cas d'André-François Boureau-Deslandes est bien différent. Beaucoup soupçonnent que ce matérialiste militant a tout simplement été trahi par les siens. Lié à Voltaire, Maupertuis, La Condamine et Diderot, cet ancien commissaire de la Marine est l'auteur de plusieurs œuvres audacieuses et courageuses. Il n'a pas hésité à s'en prendre au gouvernement pour sa politique de la marine[3] et aux gens d'Église[4] pour leur vie luxueuse. Savant[5] et philosophe, il s'est d'abord fait connaître en 1712 par un ouvrage libertin, *Réflexions sur les grands hommes qui sont morts en plaisantant*[6]. En 1741, avant La Mettrie et Diderot, il développe une conception matérialiste de l'homme dans *Pygmalion ou la Statue animée*, qui est immédiatement condamné.

---

1. *Correspondance littéraire*, III, p. 357 : « Dumarsais, qui avait une grande célébrité à Paris pour sa profonde connaissance de la langue française, vient de mourir dans un âge fort avancé. Il n'était pas en odeur de sainteté parmi les dévots qui lui reprochaient d'avoir pris Dieu en grippe. »   2. D'Alembert, « Éloge de Dumarsais », *Œuvres*, III, p. 502.   3. *Essai sur la marine et sur le commerce*, 1743.   4. *Lettre sur le luxe*, 1745.   5. Élève géomètre à l'Académie des sciences en 1712, vétéran en 1730, il est un des rares académiciens à demander à être rayé de la liste en 1738. Il est l'auteur d'un *Recueil de traités de physique et d'histoire naturelle*, 1736.   6. Réédité en 1732 et en 1755.

« Un système d'impiété », dira le *Journal encyclopé-dique*[1] après la mort de Deslandes. Mais c'est surtout son *Histoire critique de la philosophie* qui lui vaut la reconnaissance des philosophes[2]. Grimm dira méchamment qu'elle « est la meilleure que nous ayons, parce que c'est la seule[3] ». En fait, en accordant une place importante à l'utile et aux techniques, elle présente bien des traits de la modernité. Lors de sa réédition de 1756, le *Journal encyclopédique* ne lui consacre pas moins de quatre articles[4]. Les encyclopédistes le pillent littéralement, sans prendre la peine de le citer. Certes, d'Alembert mentionne son nom dans le *Discours préli-minaire* comme l'inspirateur des articles sur la marine, mais de multiples articles de philosophie empruntent sans vergogne à son *Histoire critique* en omettant tous guillemets[5].

Lorsque Deslandes mourut le 11 avril 1757, la sur-prise fut grande d'apprendre que le philosophe athée était mort « sérieusement » et chrétiennement, en se livrant à un *mea culpa* en bonne et due forme. Le *Journal de Trévoux* est le premier à s'en faire l'écho : « Nous apprenons que, quelques jours avant sa mort, il a fait un acte par lequel il demanda sincèrement pardon à Dieu et à l'Église du scandale qu'il a causé à la reli-gion par la composition et distribution qu'il a faites de quelques ouvrages intitulés *Réflexions sur les grands hommes… Pygmalion… Histoire critique…* lesquels

1. 15 juin 1757, p. 22.   2. Les trois premiers volumes furent publiés en 1737. Un quatrième fut ajouté lors de la seconde édi-tion de 1756.   3. *Correspondance littéraire*, III, pp. 373-374. 4. 1er avril 1757, pp. 3-14 ; 15 avril 1757, pp. 3-22 ; 1er mai 1757, pp. 3-26 ; 15 mai 1757, pp. 3-23.   5. John L. Carr, « Deslandes and the Encyclopedie », *French Studies*, no 16, avril 1962, pp. 154-160.

ouvrages il condamne, ainsi que tous ceux qu'il a faits dans les mêmes principes, voulant que ces manuscrits qui s'en trouveront à son décès soient remis entre les mains de M. le curé de Saint-Eustache... son confesseur, pour être supprimés, et il le prie de rendre ou faire rendre la présente disposition publique, son intention étant que ceux qui ont des exemplaires les brûlent ou les suppriment[1]. »

Cette rétractation, passée devant deux notaires le 9 avril, fut également publiée *in extenso* dans le *Journal encyclopédique*[2] et dans l'*Année littéraire* de Fréron[3]. Curieusement, le premier, proche des philosophes, se fendit d'un commentaire moralisant sur « le faux orgueil de cette espèce dangereuse de philosophes qu'on connaît sous le nom d'esprits forts ». Le second, à l'inverse, dit tout le bien qu'il pensait de l'homme, de l'œuvre et de l'acte final. Fréron fut même le seul à apporter cette précision : « Je me suis informé de cet acte ; on m'a dit qu'il existe réellement, mais qu'il n'est point signé de M. Deslandes, qui n'avait pu écrire son nom parce qu'il était à l'agonie[4]. » Mais si l'acte n'est pas signé de sa main, quel crédit accorder à cette rétractation ?

Le doute est d'autant plus permis qu'une note manuscrite de Malesherbes laisse clairement entendre que la mort de Deslandes, telle qu'elle lui fut racontée par un témoin, a été l'objet d'une manœuvre scandaleuse de l'Église :

« M. le marquis de Lassone, dont la femme était la propre nièce de M. Deslandes, vint me trouver le

_____

1. Mai 1757, à la rubrique des nouvelles littéraires, pp. 13 40-1342.   2. 15 juin 1757, pp. 29-31.   3. 7 août 1757, pp. 159-165.   4. *Ibid.*, p. 164.

10 mai 1757 pour me faire un récit exact de l'état où était M. Deslandes lorsque l'acte fut dressé et de tout ce qui se passa à ce sujet. C'est ce récit qui m'a paru assez important pour être conservé, et je l'ai écrit de mémoire une heure après que M. de Lassone fut sorti de chez moi[1]… Il y a deux faits que je n'ai pas cru devoir insérer dans mon récit[2], et qui, cependant, sont nécessaires à l'éclaircissement du reste.

« Le premier est que M. Deslandes était accablé d'infirmités depuis dix-huit mois et avait l'esprit très affaibli. Cependant, rien n'annonçait en lui aucun retour à des sentiments de religion. Lors de la mort du président Montesquieu, il dit à M. de Lassone : "Monsieur, est-il vrai que M. de Montesquieu ait reçu le sacrement ? Est-il possible qu'un tel homme ait voulu déshonorer sa mémoire ?" Ce qui prouve qu'au milieu de son état d'affaiblissement il n'était que plus attaché à son ancienne façon de penser, et qu'elle était même devenue en lui une espèce de manie.

« L'autre fait est qu'il y avait sûrement des manuscrits chez M. Deslandes et qu'il y en avait même qui n'étaient pas seulement contraires à la religion. Il avait presque achevé une *Histoire de la marine*. Je peux attester qu'il m'en avait parlé. D'ailleurs, les libraires… lui avaient donné acompte[3]… »

Le témoignage d'un homme aussi scrupuleux que Malesherbes emporte la conviction que l'Église, avec la complicité de membres de la famille, avait passé outre

---

1. Malheureusement, ce récit de la main de Malesherbes est aujourd'hui perdu.   2. Parce qu'ils étaient sulfureux et donc dommageables à la mémoire de Deslandes, et gênants pour sa famille.   3. Bibliothèque Victor Cousin, Sorbonne, Ms. IV, f. 58.

aux volontés du philosophe. Au-delà de la satisfaction d'afficher une victoire sur la secte honnie, c'était un avertissement lancé à tous : si l'on a pu soumettre l'un des plus coriaces parmi les athées, cela signifie qu'à l'approche de la mort vous irez comme lui à Canossa et que les propos sacrilèges que vous tenez de votre vivant n'ont donc pas la moindre valeur. Autrement dit encore, si vous n'avez pas le courage de soutenir vos opinions jusqu'au bout, c'est la preuve qu'elles ne sont que fanfaronnades !

Ainsi, à part Boindin, tous les autres s'étaient peu ou prou soumis. En proclamant la reddition de Deslandes, l'Église pensait peut-être donner un coup d'arrêt aux progrès de la rébellion des Lumières. Erreur de diagnostic : non seulement les philosophes manifestèrent de plus en plus souvent leur ultime indépendance – comme, par exemple, d'Alembert, Diderot, Condorcet –, mais c'est l'Église qui sera amenée à transiger pour ne pas perdre la face.

UNE LEÇON DE DIGNITÉ

L'indépendance du philosophe ne se mesure pas qu'*in extremis*, à l'épreuve suprême de la mort. La vie quotidienne offre son lot de vicissitudes et de contrariétés qui sont autant d'occasions de tester sa morale et ses principes. Deux ans auparavant, Rousseau et d'Alembert s'étaient évertués à définir le code d'honneur des intellectuels par une triple exigence : liberté, vérité, pauvreté. D'Alembert appelait de surcroît les gens de lettres à s'unir pour former une véritable république. À la fin de l'année 1755, l'occasion se présenta d'éprouver la capacité des deux philosophes à mettre en actes leurs principes. Et ce qui aurait dû rester anecdote provinciale fut connu et commenté à Versailles, dans les salons, à Paris et à Genève, sous le nom d'« affaire Palissot ».

À l'origine, il ne s'agissait que d'inaugurer une statue de Louis XV sur la place Royale de Nancy. Pour donner de l'ampleur à l'événement, on commanda à un nouveau membre de la jeune Académie[1] un divertissement qui devait être joué le même jour, 26 novembre 1755. L'auteur, Charles Palissot de Montenoy[2], vingt-cinq ans, n'était pas inconnu dans le monde des lettres. Doué, séduisant et ambitieux, il avait déjà publié quelques pièces et romans qui l'avaient fait connaître dans le landernau parisien comme un partisan de la tradition. Grâce à son entregent, il avait fait sa cour aux grands et s'était acquis dès l'âge de dix-neuf ans la protection du comte de Choiseul, qui l'avait encouragé à faire une carrière d'auteur dramatique et engagé comme son agent littéraire à Paris pendant le temps de son ambassade à Rome. C'est lui qui l'avait introduit dans les salons de ses deux puissantes amies, la comtesse de Lamarck et la princesse de Robecq ; lui également qui l'avait fait membre de l'Académie de Nancy alors qu'il en était le directeur.

Lorsqu'on lui commande le divertissement de Nancy, Palissot est déjà l'allié de Fréron[3]. Celui-ci n'a pas manqué de louer la préface de sa comédie *Les*

---

1. La Société royale de Nancy avait été créée, après bien des difficultés, le 3 février 1751.   2. Nancy 1730-Paris 1814. Palissot devint membre de la Société royale de Nancy le même jour que son ami Fréron, le 8 mai 1753.   3. Palissot avait pris publiquement son parti contre Marmontel en écrivant en 1749 sa *Lettre à M. de M. sur sa tragédie d'Aristomène*.

Tuteurs, représentée aux Italiens en septembre 1754[1], et de l'encourager à poursuivre dans le genre satirique. Les deux hommes se tutoient, sortent ensemble[2] et partagent la même exécration des philosophes qui, par leur jargon et leurs provocations, jouent les originaux. En particulier Jean-Jacques Rousseau, qui s'est surpassé dans l'insolence lors des polémiques sur la musique française[3], et qui prête à rire par son accoutrement. À l'époque, Palissot a déjà composé une pièce sur « la fureur de ces cercles si fort à la mode aujourd'hui, où président de prétendus beaux esprits, de vieilles bégueules qui n'ont plus que la ressource des demi-connaissances pour se consoler de l'abandon des plaisirs, enfin des originaux singuliers, effrontément décisifs, ne louant qu'eux et leurs coteries, aigles dans leur société, réputés insectes dans une autre[4] ». Nul besoin d'une grande imagination pour comprendre qu'il s'attaque là au cercle des philosophes ; que la « vieille bégueule » est feu la marquise du Châtelet, et l'« original », Rousseau lui-même[5].

---

1. La pièce n'eut que sept représentations, mais Fréron applaudit à la préface adressée à Mme de Lamarck, où Palissot vante « la licence des personnalités » comme « une des principales sources du bon comique ». *L'Année littéraire*, 1754, VII, 13 décembre 1754, pp. 187-188. Voir Jean Balcou, *Fréron contre les philosophes*, 1975, pp. 99-100.   2. Daniel Delafarge, *La Vie et l'œuvre de Palissot (1730-1814)*, 1912, p. 79.   3. Palissot à Vernes, 28 décembre 1753 : « La *Lettre* [sur la musique] de J.-J. Rousseau lui a fait une foule d'ennemis, on l'a pendu en effigie à l'orchestre de l'Opéra... Je suis sûr qu'il se compare à Socrate persécuté par les Athéniens, et joué sur le théâtre par Aristophane. » Leigh, II, n° 205.   4. Palissot à Vernes, 10 mars 1754. *Ibid.*, n° 215.   5. Dans cette même lettre, Palissot dit précisément : « Votre Rousseau [ami de Vernes] y paraît lui-même, et c'est bien la plus plaisante scène que j'aie imaginée de ma vie. »

C'est cette comédie satirique – peut-être légèrement arrangée – qui est jouée, après avoir été soumise au censeur le 26 novembre, devant le roi Stanislas et tout ce qui compte à Nancy. Elle a pour titre *Le Cercle ou les Originaux*. La presse est on ne peut plus discrète et l'*Année littéraire* de Fréron n'en dit mot. Il faut attendre la publication de la pièce en décembre pour que l'orage se lève. C'est d'Alembert qui met le feu aux poudres, apparemment furieux qu'on s'en prenne aux philosophes en général et à Rousseau en particulier. Il adresse ses plaintes au comte de Tressan[1], grand-maréchal des logis de Stanislas, membre éminent de la Société royale de Nancy, son collègue à l'Académie des sciences[2] qui rêve d'être admis à l'Académie française. À la lecture des lettres de Tressan, on devine que d'Alembert demande justice pour Rousseau, ridiculisé sur une scène publique, autrement dit une sanction exemplaire contre Palissot et son compère Fréron, soupçonné d'avoir guidé la main du premier. Tressan alerte immédiatement le roi de Pologne[3] et se fait le procureur de Palissot, allant jusqu'à souffler la punition attendue : rayer le nom de son confrère de la liste des académiciens de Nancy[4]. Le roi, qui veut éviter un scandale, fait mine de n'avoir rien vu ni entendu. Il se dit prêt à la rigueur à abandonner Palissot à son sort, mais certainement pas Fréron, qui « ne regarde pas l'affaire de M. Rous-

---

1. Malheureusement, cette lettre est aujourd'hui perdue. 2. Tressan avait été admis associé libre en décembre 1749. 3. Sur Stanislas Ier Leszczynski (1677-1766), beau-père de Louis XV, roi de Pologne, chassé par les Russes en 1738, qui reçut les duchés de Bar et de Lorraine à titre viager, *cf.* Anne Muratori-Philip, *Le Roi Stanislas*, Fayard, 2000. 4. Tressan au roi Stanislas [vers le 15 décembre 1755]. Leigh, III, n° 346.

seau[1] ». Non seulement Tressan tient d'Alembert au courant de ses démarches, mais il croit bien faire en faisant part à Rousseau de l'indignation de Stanislas à propos de l'« attentat de M. Palissot[2] ». Palissot, averti du drame[3], s'empresse d'écrire au monarque pour plaider son innocence : il n'a attaqué ni la personne, ni les mœurs, ni la religion du citoyen de Genève. Il réclame pour lui les droits de tout auteur dramatique : « On veut feindre d'ignorer que ces personnalités qui ne tombent que sur le ridicule ont été non seulement permises de tout temps, mais qu'elles sont même indispensables dans une comédie[4]. »

Le 26 décembre, d'Alembert se félicite de « la réparation que le roi de Pologne fera faire… à M. Rousseau », mais regrette qu'il soit mal informé quand il pense que « l'insulte faite à M. Rousseau n'a rien de commun avec les feuilles de Fréron ». Le souverain « ignore sans doute l'indignité et la brutalité avec lesquelles Fréron, protecteur et protégé de M. Palissot, s'est déchaîné en toute occasion contre M. Rousseau[5] ». De toute évidence, d'Alembert n'est qu'à moitié satisfait, car il avait sûrement espéré faire d'une pierre deux coups.

Le 27 décembre, coup de théâtre : Rousseau se désolidarise de la démarche de D'Alembert. Il répond à Tressan que Palissot n'a commis aucun crime en exposant ses ridicules : « C'est le droit du théâtre, je ne vois

---

1. Stanislas à Tressan, 19 décembre 1755. *Ibid.*, n° 348.
2. Tressan à Rousseau, 20 décembre 1755. *Ibid.*, n° 351.
3. Palissot demeurait alors à Aix, chez le duc de Villars.
4. Palissot au roi Stanislas [vers le 25 décembre 1755]. *Ibid.*, n° 355.   5. D'Alembert à Tressan [26 décembre 1755]. *Ibid.*, n° 356.

en cela rien de répréhensible pour l'honnête homme et j'y vois pour l'auteur le mérite d'avoir su choisir un sujet très riche. » Il prie donc Tressan « de ne pas écouter là-dessus le zèle que l'amitié et la générosité inspirent à M. d'Alembert, et de ne point chagriner pour cette bagatelle un homme de mérite qui ne lui a fait aucune peine, et qui porterait avec douleur la disgrâce du roi de Pologne et la vôtre[1] ».

Le même jour, Rousseau écrit à d'Alembert pour désapprouver « le zèle qui [lui] fait poursuivre ce pauvre Palissot ». Tout en le remerciant de cette marque d'amitié, il lui inflige une double leçon de générosité et de hauteur de vues : « Laissez donc là cette affaire… ; je vous assure que l'expulsion de Palissot pour l'amour de moi me ferait plus de peine que de plaisir. » S'agissant de Fréron, « ce qu'il y a de bien certain, c'est que votre mépris l'eût plus mortifié que vos poursuites, et que, quel qu'en soit le succès, elles lui feront toujours plus d'honneur que de mal[2] ».

D'Alembert se rend compte qu'il est pris en flagrant délit de médiocrité, voire d'indignité. Il réagit sur-le-champ par une nouvelle lettre à Tressan : « M. Rousseau… se conduit comme j'aurais fait à sa place… En qualité de son ami, j'ai dû vous exciter à demander justice pour lui ; en qualité de philosophe, il désire qu'on pardonne à celui qui l'a insulté, et *je suis tout à fait de son avis*[3]. »

Rousseau ayant poussé la grandeur d'âme jusqu'à refuser qu'il soit fait mention de cette triste affaire

---

1. Rousseau à Tressan [27 décembre 1755]. *Ibid.*, n° 357.
2. Rousseau à d'Alembert [27 décembre 1755]. *Ibid.*, n° 358.
3. D'Alembert à Tressan [27 décembre 1755]. *Ibid.*, n° 359. Souligné par nous.

dans les registres de la Société de Nancy[1], d'Alembert se donna bien du mal pour ne pas apparaître comme le « méchant » de l'histoire. Il se justifia auprès du chevalier de Solignac[2], factotum de Stanislas, en rejetant sur Tressan la responsabilité de son faux pas (« Je n'ai pas eu besoin d'exciter M. le comte de Tressan ; je n'ai eu que celui de l'approuver[3] ») et se donna le beau rôle de celui qui réclame justice pour un ami. Afin de mettre un terme à ce désagréable épisode, le roi de Pologne crut bon de lui faire proposer une place dans son Académie[4]. D'Alembert, pensant que c'était celle qu'on allait ôter à Palissot, ne put faire moins que de la refuser. Et l'on en resta là, du moins officiellement.

Les quelques semaines que dura cette affaire, Palissot n'était pas resté inerte. Non seulement il avait rédigé une « apologie[5] », largement diffusée dans Paris, qu'il avait envoyée au pasteur Jacob Vernes à Genève, mais il avait alerté ses puissants protecteurs à Versailles. Au lieu de remercier Rousseau de sa générosité, comme il avait pensé faire un moment[6], il décida

---

1. Rousseau à Tressan, 7 janvier 1756 : « Il ne convient pas [au roi] d'accorder une grâce incomplète... il n'y a qu'un pardon sans réserve qui soit digne de sa grande âme. » *Ibid.*, n° 367.   2. 1684-1773. Solignac était le très fidèle secrétaire du roi de Pologne, son porte-plume, et l'un des fondateurs de l'Académie de Nancy. Il était attaché au roi depuis 1733, date de l'expédition désastreuse de Dantzig.   3. D'Alembert au chevalier de Solignac [vers le 2 janvier 1756]. *Ibid.*, n° 364.   4. C'est le président Hénault, proche du roi de Pologne, qui lui a transmis la proposition.   5. Non sans vanité, Palissot écrivit à Vernes, le 4 janvier : « On m'assure que cela vaut presque une des meilleures *Provinciales*. » *Ibid.*, n° 365.   6. Vers le 10 janvier, il avait rédigé une lettre de remerciement (*ibid.*, n° 368), qu'il n'envoya pas.

qu'il n'avait de dette qu'à l'égard de Mme de Robecq, qui était effectivement intervenue en sa faveur. C'est donc à elle qu'il écrivit sa reconnaissance[1], feignant d'oublier les démarches décisives de sa victime. Par ailleurs, il chercha à mettre Voltaire – chez lequel il venait de passer une semaine – dans son camp[2]. Ignorant peut-être la collaboration active du philosophe à l'*Encyclopédie* et ses relations avec d'Alembert, il insista lourdement sur les torts de ce dernier. Voltaire, qui ne voulait se brouiller avec personne, répondit qu'il était l'ami des deux camps et qu'il fallait s'aimer les uns les autres[3].

De son côté, Rousseau, qui savait son ami et concitoyen Vernes en relation avec Palissot, se fit une joie de lui raconter sa propre version de l'affaire. Il fit mieux en lui envoyant copie des lettres de Tressan et de ses réponses. « Car, dit-il, quelque indifférence que j'aie pour les jugements du public, je ne veux pas qu'ils abusent mes vrais amis. » Avec une remarquable lucidité, il ajouta : « Je n'ai jamais eu sur le cœur la moindre chose contre M. Palissot, mais je doute qu'il me pardonne aisément le service que je lui ai rendu[4]. »

Rousseau ne se trompait pas : sa générosité allait être peu payée de retour. Au contraire, l'affaire de Nancy marque le début d'une longue guerre contre

---

1. Palissot à la princesse de Robecq [vers le 15 janvier 1756]. *Ibid.*, n° 373. 2. Palissot visita Voltaire aux Délices, fin octobre-début novembre 1755, en compagnie de son ami Patu. Il lui écrivit vers le 15 mars 1756 pour lui raconter l'histoire à sa façon. *Ibid.*, n° 392. 3. Voltaire à Palissot [vers le 20 mars 1756]. D. 6796. 4. Rousseau à Vernes, 28 mars 1756. *Ibid.*, n° 400.

lui et ses amis philosophes, qui va mettre la République des lettres sens dessus dessous dans les années à venir.

En attendant, on peut tirer quelques conclusions de cette misérable affaire. D'abord, sur le caractère de Rousseau à cette époque. Il est bien tel qu'il se décrivait quelques mois plus tôt à Mme de Créqui : « Loin de vouloir du mal à personne, je ne cherche pas même à me venger de celui qu'on m'a fait[1]. » Contrairement aux accusations de Maupertuis qui lui reprochait une lettre trop aimable à Voltaire[2], il n'y a chez lui ni bassesse, ni hypocrisie[3]. En revanche, on ne peut pas en dire autant du « quaker » d'Alembert. À son sujet, Maupertuis n'a pas tout à fait tort : d'Alembert a bien joué un rôle détestable, et s'est révélé à mille lieues des principes qu'il affiche. Il a donné raison à ceux qui ne l'aiment pas, tel l'abbé Trublet qui répondait trois ans auparavant à un correspondant : « Vous dites que je verrai bien que d'Alembert n'est pas aussi philosophe qu'il le prétend, et qu'il l'est bien moins que Rousseau de Genève. Oui, par le cœur et le caractère, ou même, si vous le voulez, par les opinions véritables. Je crois bien qu'il n'a pas celles dont il fait parade[4]. »

---

1. Rousseau à Mme de Créqui, 12 septembre 1755. *Ibid.*, n° 321.   **2.** Rousseau à Voltaire, 7 septembre 1755. *Ibid.*, n° 319.   **3.** Maupertuis à La Beaumelle, 14 février 1756 : « Un gueux qui attendrait son pain de celui à qui il écrit, un sot qui en attendrait sa réputation, aurait de la peine à trouver autant de bassesse... Quant aux autres quakers, ses pareils, j'en porte le même jugement que vous : je les connais et je les ai démasqués... » Archives Saint-Malo, ii 24, f. 112.   **4.** L'abbé Trublet à l'abbé Fontaine, 18-20 février 1753. B.M. Rouen, Ms. C.23.

Dans l'affaire Palissot, Rousseau lui a donné une vraie leçon de morale et de philosophie[1]. Mais les êtres humains changent, et la faiblesse ou la grandeur d'un moment ne suffit pas à définir une vie.

---

1. Élégance suprême : dans *Les Confessions*, écrites vingt ans plus tard, Rousseau taira le rôle exact de D'Alembert dans cette histoire, se contentant de le mentionner de façon anodine. Livre VIII, p. 399.

CHAPITRE V

L'accalmie avant la tempête (1756)

L'année 1755 s'est terminée sur un tremblement de terre qui a saisi d'horreur toute l'Europe. Le 1er novembre, l'un des plus violents séismes de l'histoire a ébranlé la côte atlantique, démoli Lisbonne et Cadix, ravagé l'Atlas marocain. On a parlé de dizaines de milliers de morts et Voltaire, révolté par le problème du mal, rédige en quelques jours un premier jet du *Désastre de Lisbonne*. De décembre 1755 à décembre 1756, la terre va de nouveau trembler un peu partout dans le monde, comme en témoignent le grand nombre d'observations qui parviennent à l'Académie des sciences. La fin de 1756 n'est guère plus brillante, puisque l'Europe entre alors en guerre.

Pourtant, entre ces deux catastrophes, le monde intellectuel connaît une période d'accalmie. À quelques escarmouches près, c'est l'apaisement qui domine. L'heure est aux retrouvailles, parfois même à l'oubli des vieilles querelles. Pour d'Alembert, c'est une année faste : non seulement parce qu'elle est marquée du sceau de l'amitié, mais aussi parce qu'il connaît quelques satisfactions et étend son influence.

L'automne qui voit éclater la guerre de Sept Ans ne semble pas troubler outre mesure la République des lettres. Il est vrai qu'aucun n'est menacé de la faire, et donc d'en souffrir personnellement. Tout au plus tels ou tels risquent-ils d'y perdre quelques pensions. Au demeurant, de nouvelles interrogations se posent à tous : faut-il être patriote et guerrier, ou bien cosmopolite et pacifiste ? peut-on prendre parti pour l'ennemi de son pays, ou nourrir deux patriotismes conflictuels ? Pour chacun, c'est une question d'honneur.

LES PETITES SATISFACTIONS DE D'ALEMBERT

À trente-huit ans, d'Alembert est un personnage qui compte dans l'intelligentsia européenne et *a fortiori* parisienne. Tout le monde le connaît soit pour ses travaux de mathématiques, soit comme l'un des patrons de l'*Encyclopédie* qui gagne en prestige et en lecteurs à la parution de chaque nouveau volume. À la fois solitaire et social, il a ses entrées dans de nombreux salons sans être pour autant un philosophe de salon. Mais c'est aussi un étrange caractère où naïveté, tendresse et hauteur de vues le partagent au calcul, à la hargne et à la mesquinerie. Une susceptibilité maladive l'incline à des comportements inutilement agressifs ou arrogants qui lui valent quelques ennemis tenaces dont il se croit la victime. Toujours sur la défensive, il rend coup pour coup, et parfois plus fort qu'il ne faudrait. Il n'est pas interdit de penser que cet homme attentif dans ses amitiés, à la fois timide et bienveillant, aime aussi la polémique et le combat. En cette année 1756, les diverses facettes de sa personnalité vont trouver à s'exprimer à plein.

*Au secours de l'*Encyclopédie

Depuis la naissance du *Dictionnaire*, un homme important rongeait son frein à Berlin. Dès le début des années 1740, Jean Henri Samuel Formey, secrétaire perpétuel de l'Académie prussienne, avait formé le projet d'une encyclopédie semblable. Il avait cherché, en vain, un éditeur hollandais et rédigé tout seul des centaines d'articles. On imagine sa déception quand il apprit que le même projet allait se réaliser en France. Plutôt que de voir son travail totalement perdu, il se résigna à envoyer le tout, moyennant une modeste compensation financière et la citation de son nom dans le premier volume, à l'équipe parisienne[1]. Mais cet ancien pasteur, traditionaliste, ne goûtait pas l'esprit philosophique de la grande œuvre, et trouvait de nombreux articles mal faits, confus et surtout trop longs. Doté d'une capacité plumitive sans pareille[2], il se serait bien vu reprendre tout le dessein à son compte et à sa manière. Mais comment mettre en œuvre un tel projet, et comment convaincre éditeurs et lecteurs de son utilité?

---

1. *Cf. P.I.*, 1, pp. 319-320 et 324-327.   2. Collaborateur régulier de plusieurs journaux européens, auteur de multiples livres, sermons, mémoires, épistolier aussi infatigable que Leibniz, il est presque impossible de recenser tout ce qui sort de sa plume dénuée de talent…

C'est l'abbé Trublet, avec lequel il est en correspondance régulière[1], qui lui souffle l'idée. À l'occasion de la publication du cinquième volume de l'*Encyclopédie*, l'abbé, qui reconnaît que le dictionnaire « se perfectionne à chaque volume », glisse subrepticement : « Les trois quarts des articles de ce dictionnaire intéressant peu le plus grand nombre des lecteurs, je suis surpris que quelque libraire étranger guidé par un homme de goût ne se soit avisé de faire un choix des articles qui peuvent plaire à tout le monde et d'en faire des volumes in-12 qu'on continuerait à mesure qu'il paraîtrait de nouveaux tomes de cet immense dictionnaire[2]. »

L'idée était séduisante de faire une *Encyclopédie* allégée en ne conservant que le meilleur et le plus accessible. Voltaire, qui en était alors un collaborateur assidu, ne cessait de se plaindre à d'Alembert de la longueur et de la lourdeur de trop nombreux articles. Convaincu de l'importance d'un dictionnaire philosophique, il pensait que les deux maîtres d'œuvre n'étaient pas assez exigeants avec leurs collaborateurs et que certains, même, manquaient de talent et de rigueur.

Formey s'empare sans tarder de la suggestion de Trublet et rédige un appel à tout ce qui compte en Europe pour soutenir son dessein. Cet avis imprimé, daté de Berlin, 1er janvier 1756[3], s'intitule « Projet d'une Encyclopédie réduite ». Il comprend cinq paragraphes qui, tour à tour, font l'éloge du grand dic-

---

1. *Correspondance passive de Formey* avec Briasson et Trublet, 1996. Trublet et Formey s'écrivirent de 1749 à 1765. 2. 19 novembre 1755. *Ibid.*, p. 163. 3. Formey le publia dans la *Nouvelle Bibliothèque germanique*, 1756, t. XVIII, 1re partie. On en trouve un exemplaire dédicacé à Th. Birch à la British Library, Ms. Add. 4488, f. 156.

tionnaire et soulignent ses inconvénients : le prix considérable, le poids des volumes, la surabondance de détails, qui ne conviennent pas à tout le monde. Il annonce que son abrégé contiendra « l'essence de l'original », mais qu'il supprimera « toutes les longueurs de raisonnement…, toutes les manœuvres des arts, en un mot tout ce qui me paraîtra n'être pas de la compétence et de l'usage du gros des lecteurs ». Enfin, il avertit qu'il retouchera les articles qui en auraient besoin et demande aux amateurs de lui fournir corrections et additions. Bien entendu, il récuse par avance tout ce qui serait « contraire à la religion, au gouvernement ou aux bonnes mœurs ». L'avis se termine par un appel aux libraires pour donner forme à son entreprise.

Formey diffusa largement son prospectus à toutes ses relations en Allemagne, en Hollande, en Italie, en Suisse et en Angleterre[1]. Partout où l'on ne portait pas l'*Encyclopédie* dans son cœur, et plus encore là où l'on jalousait les philosophes français, Formey reçut l'accueil le plus encourageant. En France, il envoya l'avis à son ami Trublet, à Réaumur, qui avait à se plaindre des encyclopédistes, à Condillac, un correspondant occasionnel, à quelques académies de province[2], à d'Alembert parce qu'il ne pouvait faire

---

1. L'immense fonds Formey, détenu par la Bibliothèque de Berlin, en fait foi. Voir les réactions de Luzac, de Leyde (Kasten 25), de Daniel Blanc, de Halle (Kasten 5), de Bose, de Wittenberg (Kasten 6), de Jean Pleschier, de Genève (Kasten 31), de Deschamps, de Londres (Kasten 11), et celle du cardinal Passionei, de Rome, publiée dans les *Souvenirs…* de Formey. 2. Une lettre du 14 mars 1756 de l'érudit troyen Pierre Grosley à Formey nous l'apprend incidemment : « L'Académie de Châlons m'a fait passer un prospectus que vous lui aviez adressé pour une *Encyclopédie* réduite. » Cracovie, collection Varnhagen, Sammlung 78.

autrement, et peut-être à beaucoup d'autres qu'on ignore. Le plus enthousiaste est certainement Réaumur, qui accuse les encyclopédistes de lui avoir volé son immense travail sur les métiers et les arts[1], et qui serait fort content de voir naître un projet concurrent. Grosley, de Troyes, lui répond que « la réduction projetée en ferait un ouvrage parfait » et que « personne n'est plus que vous en état de donner à l'*Encyclopédie* cette forme qui lui est essentielle[2] ». Au passage, il se propose comme collaborateur. Condillac, qui s'est brouillé avec plusieurs de ses anciens amis, ne désapprouve pas, mais n'encourage pas non plus[3]. En revanche, le premier à réagir brutalement est Voltaire, auquel un théologien de Lausanne, Elie Bertrand, a envoyé le prospectus de Formey : « S'il veut faire lui seul une encyclopédie, c'est beaucoup pour un seul homme. S'il veut retrancher de cet ouvrage les mathématiques et les arts qui en sont le fondement, c'est le réduire à rien, c'est faire un dictionnaire de choses triviales. Joignez à la singularité de ce projet la mauvaise grâce de se servir du travail d'autrui, le risque de le gâter, le soupçon d'avoir fait cette manœuvre par intérêt, et vous m'avouerez alors que ses amis devraient le détourner d'un tel dessein. Le grand nombre de savants qui travaillent à l'*Encyclopédie* s'élèvera contre lui[4]. »

---

1. Réaumur à Formey, 23 février 1756. *Souvenirs*, II, pp. 169-171.   2. Lettre du 14 mars 1756.   3. Condillac à Formey, 11 mai 1756 : « Je ne puis pas désapprouver votre projet sur l'*Encyclopédie*, et j'admire votre courage, car c'est un travail bien fatigant et bien long. Il vous suffira d'extraire les articles bien faits, mais combien n'en aurez-vous pas à refaire ? » Cracovie, collection Varnhagen, Sammlung 49.   4. Voltaire à Elie Bertrand, 10 février [1756]. D. 6725.

Voltaire ne se trompe pas. Le petit monde de l'*Encyclopédie* est sens dessus dessous. Si Formey réalise son
projet, il risque de mettre en péril dix ans de travail, et
ce serait à coup sûr la ruine des libraires qui ont déjà tant
investi. L'un d'eux, Briasson, en contact régulier avec
Formey, ne lui cache ni son étonnement de n'avoir pas
été mis au courant (« Je ne savais rien de votre projet…
l'abbé Trublet me [l']a envoyé et il y en avait, à ce que
j'ai appris depuis, en nombre de maisons de Paris[1] »),
ni son extrême mécontentement d'une telle déloyauté
de la part d'un des premiers collaborateurs du dictionnaire (« La compagnie devait moins s'attendre de
votre part que de toute autre à une entreprise qui tend à
détourner les retours légitimes qu'elle a lieu d'attendre
du public »).

D'Alembert réagit immédiatement de la façon la
plus sèche : « Je doute que [votre projet] soit goûté ni
par les libraires, ni par les auteurs de l'*Encyclopédie*.
Il ne peut que faire tomber (s'il est bien exécuté) un
ouvrage auquel vous avez travaillé ; ce procédé ne me
paraît pas digne de votre manière de penser. Je vous
exhorte à y songer plus mûrement[2]. »

D'Alembert ne s'en tient pas là. Il en appelle à l'autorité et à la protection du directeur de la Librairie, son
collègue à l'Académie des sciences, Malesherbes : « Je
suis chargé, Monsieur, par les libraires de l'*Encyclopédie*, de vous faire parvenir l'imprimé et le mémoire
ci-joints. Personnellement, il m'importe peu que l'*Encyclopédie* soit réduite, démembrée, déchirée, persécu-
tée, supprimée ; mais le procédé de M. Formey ne me

1. Briasson à Formey, 13 février 1756. *Correspondance passive
de Formey*, pp. 87-88.   2. D'Alembert à Formey, 13 février
1756. Cracovie, collection Varnhagen Sammlung 1.

paraît ni juste ni honnête, et la demande des libraires me paraît équitable. J'ajoute que M. Formey désoblige tous nos auteurs, MM. Diderot et Voltaire à la tête, dont je connais en particulier les sentiments sur cette entreprise[1]. »

Protecteur de l'*Encyclopédie*, Malesherbes n'a pas le pouvoir d'empêcher la publication d'une *Encyclopédie* abrégée à l'étranger, mais il a celui d'en interdire la distribution en France. De quoi refroidir l'enthousiasme des éditeurs éventuels. L'abbé Trublet fait marche arrière : « Votre projet ne peut être exécuté ici… [il] les a fort alarmés… Ne dites pas que c'est moi qui vous ai parlé le premier d'une *Encyclopédie* réduite. Cela me brouillerait avec les éditeurs [Diderot et d'Alembert] et les libraires[2]. » Formey tente de rassurer Briasson en l'assurant de la « pureté de ses vues[3] », et de le désarmer en lui proposant de retarder l'impression de son abrégé si lui et ses collègues acceptent de faire l'ouvrage. En vain : l'éditeur de l'*Encyclopédie* ne veut rien entendre. Les éditeurs étrangers, tels Luzac et huit autres de Leyde, qui avaient d'abord manifesté leur intérêt pour le projet, déclinent l'offre de Formey en mai[4]. Il n'en fut plus question. Il n'empêche : l'atelier encyclopédique avait tremblé, et l'autorité de D'Alembert n'était pas pour rien dans la conclusion heureuse de l'affaire.

---

1. D'Alembert à Malesherbes, 16 février 1756. B.N., Ms. n.a.f. 21.196, f. 1.   2. L'abbé Trublet à Formey, 17 et 19 février 1756. *Op. cit.*, pp. 167 et 172.   3. Lettre du 2 mars 1756, perdue, mais citée par Briasson. *Op. cit.*, pp. 89-90.   4. De Luzac à Formey, 17 mai 1756. Berlin, Fonds Formey, Kasten 25.

Une Académie réconciliée

Le climat qui règne à l'Académie des sciences n'a plus rien à voir avec celui de la décennie précédente. On relève bien quelques zizanies parmi les astronomes, mais l'heure est toujours à l'apaisement et même à l'oubli des offenses. D'Alembert est le premier à en profiter. Simple associé depuis dix ans[1], ce qui lui interdisait d'exercer certains droits et le confinait à une place peu conforme à son prestige de savant, il demande et obtient de ses collègues le titre de pensionnaire. Certes, ce n'est qu'une place de surnuméraire[2] – faute de fauteuil disponible –, mais il s'en fiche, car le roi vient de lui accorder une pension du montant exact de celle que Frédéric lui a octroyée deux ans plus tôt. De quoi le réconcilier avec la cour de France et ses collègues de l'Académie des sciences, qu'il snobe un peu depuis qu'il a été admis à la « grande » Académie. En

---

1. Il avait été promu associé-géomètre le 1er mars 1746.
2. Procès-verbal de l'Académie des sciences du 31 mars 1756 : « M. Duhamel, directeur, ayant lu un écrit relatif à la proposition de M. d'Alembert par lequel il proposait ou de demander que la pension qu'il vient d'obtenir du roi fût attachée à l'Académie pour former une nouvelle classe, sous le titre de physique, dans laquelle il serait pensionnaire, ou de le faire pensionnaire vétéran, ou enfin de le faire pensionnaire surnuméraire, il a été décidé qu'on ne pouvait délibérer que sur ce dernier parti qui était le seul contenu dans la lettre du ministre [le comte d'Argenson]. En conséquence de quoi, l'Académie ayant délibéré dans la forme ordinaire suivant les ordres du roi... sur la proposition de M. d'Alembert d'être fait pensionnaire surnuméraire dans sa classe, à condition de n'avoir ni pensions ni jetons jusqu'à ce que ses anciens soient placés. La pluralité des voix a été pour lui accorder sa demande. » Et le 8 avril, après accord du roi, sa nomination devient officielle. La pension du roi lui avait été accordée le 8 mars.

1755, on ne note sa présence que 26 fois sur un total
de 78 séances, et en 1756 que 28 fois sur 67. Contrairement à Mairan, Réaumur ou Clairaut, d'Alembert
n'est pas d'une grande assiduité. Il se déplace rarement
pour la séance du samedi, traditionnellement consacrée
aux sciences de la vie. En revanche, il ne rate presque
aucune séance de l'Académie française[1].

1756 est surtout l'année de la grande réconciliation
de l'Académie avec Godin et Maupertuis qu'elle avait
exclus à la fin de 1745, le premier pour malversations
durant l'expédition qu'il avait conduite en Amérique
du Sud et pour son refus de rentrer en France, le second
pour avoir préféré l'Académie de Berlin. L'un s'est
beaucoup agité pour être réintégré ; l'autre a constamment refusé de faire la moindre démarche, qu'il juge
humiliante. Les amis de Maupertuis se sont beaucoup
démenés pour lui, mais il semble que d'Alembert soit
le meilleur négociateur. Le 5 mai 1756, il fait savoir
à Maupertuis qu'il a parlé au ministre en charge des
Académies, le comte d'Argenson ; il lui a dit « qu'il me
paraissait en effet que vous ne deviez point demander
à rentrer à l'Académie ; que la place que vous occupiez
pouvait vous faire regarder, à juste titre, cette démarche
comme au-dessous de vous ; que, d'ailleurs, ce n'était
point l'Académie qui vous avait exclu, mais le ministre
seul, et sans la consulter, et qu'il me paraissait que le
nouveau ministre pouvait de même vous rétablir, sans
la consulter ». D'Argenson semble convaincu de lui
faire réintégrer l'Académie sans délibération aucune,
mais il exige « votre parole d'honneur que vous ne refu-

---

1. *Les Registres de l'Académie française* (1672-1793), 1906,
4 vol.

serez pas le titre de pensionnaire vétéran qu'il se propose de vous faire donner[1] ».

Maupertuis dut fournir toutes les assurances puisque, le 15 juin, le comte d'Argenson annonce officiellement que le roi a jugé qu'il convenait de rétablir MM. de Maupertuis et Godin à l'Académie[2]. Godin est présent à l'Académie dès le 16 juin, et siège sans discontinuer jusqu'aux vacances de septembre. Maupertuis a quitté Berlin le 6 juin et n'est pas encore arrivé à Paris. Le 29, d'Alembert lui annonce que l'affaire s'est terminée à sa satisfaction, « sans délibération et sans opposition quelconque ». Il ajoute : « Je vous conterai, quand j'aurai le plaisir de vous embrasser, les détails de cette affaire où M. d'Argenson s'est conduit en ami[3]. »

L'abbé Trublet, qui annonce la nouvelle à Formey, commente : « Ce sera un agrément pour M. de Maupertuis d'aller à l'Académie pendant le séjour qu'il fera ici ; mais cette rentrée pourra bien confirmer le bruit assez répandu qu'il revient à demeure, et pour ne plus retourner à Berlin. Je n'ai jamais ajouté foi à ce bruit, et en tout cas les dernières lettres de votre président m'auraient détrompé[4]. » Le bon abbé se trompe sur toute la ligne : non seulement Maupertuis a quitté Berlin pour toujours, mais il ne fera en tout et pour tout qu'une apparition à l'Académie des sciences, le samedi 21 août 1756. Ce jour-là, il écoute son ancien compagnon d'expédition au pôle Nord, Clairaut, comparer les principales tables de la Lune, et son jeune élève,

---

1. A.A.S., Fonds Maupertuis, n° 71.   2. Cette lettre du comte d'Argenson est lue dès le lendemain 16 juin 1756 par Fouchy aux académiciens.   3. D'Alembert à Maupertuis, 29 juin 1756. A.A.S., Fonds Maupertuis, n° 71.   4. L'abbé Trublet à Formey, 19 juin 1756. *Correspondance passive…*, *op. cit.*, p. 181.

Lalande, parler des passages de Mercure par le Soleil[1].
Tout cela ne l'intéresse plus vraiment. Toujours malade,
à bout de souffle, il ne rêve que de se retrouver au plus
vite dans son pays natal, en Bretagne.

Pour d'Alembert, c'était certainement une satisfaction que d'avoir contribué à la réintégration de
Maupertuis. Celui-ci lui avait rendu mille services dans
sa jeunesse, et c'était bien la moindre des choses que
de lui renvoyer la politesse. Certes, les deux hommes
n'ont plus beaucoup de points communs et leurs chemins ne se croiseront plus. Mais c'était là une façon
élégante d'acquitter une vieille dette[2].

À peine le cas Maupertuis est-il réglé que l'Académie écoute avec patience les prédictions météorolo-
giques d'un autre revenant : l'abbé de Gua de Malves[3].
Le 15 mai 1756, l'abbé vient en effet exposer à l'Académie sa théorie des phénomènes atmosphériques
qui l'autorise, pense-t-il, à prédire les dates des tremblements de terre à venir. Il poursuit la lecture de son
mémoire le 19 mai, les 26 et 30 juin, les 3 et 10 juillet.
Bien que ses prévisions – à court terme – soient démen-
ties par les faits, les académiciens font preuve d'une
apparente tolérance à son égard, quitte à en plaisanter
dans son dos. Comme le sévère Pierre Bouguer, physicien estimé, qui confie à Euler : « M. l'abbé de Gua, qui
s'est fait à Paris une espèce de réputation de prophète
de tremblements, nous lit actuellement ses conjectures

---

1. Procès-verbal de l'Académie, 21 août 1756.   2. Maupertuis, qui en voulait à d'Alembert, ne lui en eut aucune reconnaissance. Trublet s'étonne même qu'il ne lui envoie pas l'édition
de ses *Œuvres*, qui vient d'être publiée. Lettre de Trublet à
Maupertuis du 27 mai 1756. A.A.S., Fonds Maupertuis, dossier
135.   3. *P.I.*, 1, pp. 190-196, 283-284, 320-324.

sur les retours de ces terribles phénomènes : il nous fait part de quelques remarques très curieuses, mais elles sont jointes à un très grand nombre de suppositions gratuites ou d'hypothèses extrêmement vagues. Les tremblements de terre deviennent de plus en plus à la mode[1]. » De son côté, Voltaire, qui n'est pas de l'Académie, ne rate pas l'occasion de ridiculiser ce faux prophète[2].

Bien plus importante et lourde de conséquences est la présentation à l'Académie du troisième volume des *Recherches sur le système du monde* de D'Alembert. Comme d'habitude, l'Académie nomme le 5 mai deux commissaires « amis » pour en rendre compte. Il s'agit de Nicole et de Lemonnier (celui-ci, déjà rapporteur des deux premiers volumes[3]. Le 3 juillet, ils présentent un sobre résumé du contenu, qui porte sur les tables de la Lune et la figure de la Terre, et concluent que l'ouvrage « est très digne d'impression[4] ». Lemonnier, qui a certainement rédigé le rapport, reste très discret sur l'hommage éclatant que lui rend d'Alembert. En effet, ce dernier prend publiquement parti pour ses *Tables des Institutions astronomiques*[5] au détriment de celles de l'Allemand Mayer et du Français Clairaut. Avant même d'en avoir présenté un exemplaire imprimé à

---

1. Bouguer à Euler, 18 mai 1756. *Revue d'histoire des sciences*, 1966, t. XIX, pp. 245-246. 2. Voltaire à la duchesse de Saxe-Gotha, 12 juillet [1756]. D. 6928 : « Un homme de l'Académie des sciences de Paris nommé l'abbé du Guast a voulu la faire trembler, il a prédit un tremblement de terre pour le 9 de ce mois. Je me flatte qu'il n'aura pas été prophète. » 3. *Cf. supra*, p. 150. 4. Procès-verbal du 3 juillet 1756, pp. 391-392. 5. Lemonnier avait repris les tables de la Lune construites par Halley sur la théorie de Newton en les perfectionnant. Les *Institutions* avaient été publiées en 1743.

l'Académie, comme c'est l'usage, d'Alembert publie sa préface dans le *Mercure* d'octobre[1]. On peut y lire notamment : « Le moyen le plus efficace et le plus prompt de contribuer à la perfection des tables de la Lune, c'est de s'attacher à corriger, soit par la théorie, soit par l'observation, les tables des *Institutions astronomiques*... Il serait, ce me semble, fort à souhaiter que tous les géomètres et les astronomes qui nous ont donné dans ces derniers temps des tables de la Lune [*id est* Clairaut] eussent, ainsi que moi, pris la peine de marquer la différence entre leurs tables et celles des *Institutions*, et d'en dresser des tables séparées[2]. »

Cette phrase, qui vise Clairaut sans le nommer, est à l'origine d'une guerre sans merci entre les deux hommes. Peut-on dire pour autant que la faute en incombe au seul d'Alembert[3] ? Le désaccord scientifique était réel, mais l'attaque n'était pas *ad hominem*, puisqu'elle visait aussi bien Mayer. Toujours est-il que Clairaut, furieux, prépare une réponse extrêmement méprisante pour d'Alembert, qu'il destine à son périodique habituel, le *Journal des savants*. Mais, comme celui-ci a des délais d'impression et de parution extrêmement longs, l'article dévastateur ne verra le jour qu'en juin 1757... En attendant, d'Alembert est soulagé d'avoir dit le fond de sa pensée. Peut-être croit-il en avoir fini

---

1. La première partie, sur les tables de la Lune, dans le 1er tome d'octobre 1756, pp. 89-104 ; la seconde dans le 2e tome d'octobre, pp. 73-96.   2. *Mercure*, octobre, I, p. 94.   3. P. Brunet, biographe de Clairaut, considère que « d'Alembert avait jugé avec une sévérité extrême le travail de Clairaut sur la théorie de la Lune, et discuté non seulement sans aucune bienveillance, mais encore avec quelque apparence de parti pris l'exactitude des tables de son émule ». *La Vie et l'œuvre de Clairaut*, 1952, p. 99.

avec Clairaut lorsqu'il présente un exemplaire de ses *Recherches* à l'Académie, le 17 novembre. Avec une belle énergie, dès la semaine suivante, il entame la lecture d'un nouveau mémoire sur la précession des équinoxes[1], qu'il poursuit en décembre. Décidément, l'année lui a été faste, puisqu'il peut espérer avoir repris son rôle de leader à l'Académie.

D'Alembert se venge de Fréron

La décennie 1750 est marquée par la guerre incessante que se livrent mutuellement Fréron et les directeurs de l'*Encyclopédie*. Le 27 mai 1756, avant même que n'en éclate un nouvel épisode, Trublet constate la haine de Fréron envers ses ennemis et révèle : « Il m'a même avoué, car il a assez de franchise bretonne, que cette haine le rend peut-être injuste à l'égard de Diderot, de D'Alembert, etc.[2] » L'abbé, qui est devenu depuis peu, à la demande de Malesherbes, le censeur de la feuille de Fréron, ne se doute pas qu'il va faire, un mois plus tard, les frais de cette hostilité.

Le 6 juin 1756, dans un article consacré à un *Dictionnaire portatif historique, théologique et moral de la Bible* – livre approuvé par le célèbre censeur de la Sorbonne, Tamponnet, et publié avec privilège –, Fréron fait état d'une citation de ce livre qui vise direc-

---

1. Il commence sa lecture le 24 novembre et la poursuit les 7 et 15 décembre. *Cf.* procès-verbal de l'Académie, 15 décembre 1756, pp. 573-680 : « De la précession des équinoxes et de la nutation de l'axe de la Terre dans l'hypothèse de la dissimilitude des méridiens ».   2. À Maupertuis, 27 mai 1756. A.A.S., Fonds Maupertuis, dossier 135.

tement l'*Encyclopédie* sans la nommer. Il y est question « d'un des coupables auteurs d'un *ouvrage très
scandaleux*[1]... ». Méchamment, Fréron glisse entre
parenthèses « l'*Encyclopédie* », qui ne figurait pas dans
le texte. Censeur de l'*Année littéraire*, Trublet, pensant
que cette mention appartenait au texte du *Dictionnaire*,
n'y a vu que du feu. D'Alembert, qui saisit toutes les
occasions de s'en prendre à Fréron, écrit aussitôt à
Malesherbes pour réclamer justice : « J'apprends, Monsieur, que dans la dernière feuille de Fréron, l'*Encyclopédie* y est traitée d'ouvrage scandaleux. Je sais que
ces feuilles et leur auteur sont sans conséquence, mais
cette raison ne doit point, ce me semble, autoriser une
licence pareille ni permettre à un censeur de l'approuver. Ce serait manquer à moi-même et à tous mes collègues de ne vous en pas porter mes plaintes[2]... »

Malesherbes s'en prend d'emblée au laxisme du censeur Trublet, lequel proteste de sa bonne foi et de ses
efforts constants pour empêcher que Fréron ne se livre
à des attaques personnelles[3]. C'est avec Maupertuis
qu'il s'en explique le plus franchement : « D'Alembert
est très fâché de la citation. M. de Malesherbes m'en
a d'abord écrit et puis beaucoup entretenu. Fréron n'a
sans doute cité le trait en question que par malignité. Il
hait à la rage les encyclopédistes, et ne manque aucune
occasion de leur lancer quelques traits dans ses feuilles.
Mais je les supprime presque tous ; du moins je les
adoucis beaucoup. J'en ai mis la preuve sous les yeux

---

1. *L'Année littéraire*, 1756, III, p. 193. Souligné par nous.
2. Lettre du 25 juin 1756. J. Balcou, *Le Dossier Fréron*, 1975,
p. 170.   3. Trublet à Malesherbes [29 juin 1756]. *Ibid.*,
pp. 172-173.

de D'Alembert en lui faisant lire plusieurs de ces traits dans les épreuves que je garde. Et il me parut très sensible à mon attention[1]. »

L'affaire en resta là pour cette fois, mais Trublet abandonna la censure du journal de Fréron. Il se dit las des « criailleries des encyclopédistes[2] ». En revanche, Fréron n'en a pas fini, cette année-là, avec les encyclopédistes – et avec d'Alembert en particulier. Dès le mois d'août, on lui retire la direction très lucrative du *Journal étranger*[3] pour la confier à un très cher ami de Diderot et de Rousseau, Alexandre Deleyre[4]. À peine nommé, ce dernier publie en septembre une assez grosse brochure contre Fréron, intitulée *Revue des feuilles de M. Fr...* À la fin du volume, Fréron a la mauvaise surprise de voir publier une lettre du comte de Tressan adressée à d'Alembert, dans laquelle il est fort maltraité. Nul doute que cette vieille lettre, datée du 21 juillet 1754, a été remise à Deleyre par d'Alembert. Non seulement Tressan y qualifie son confrère de l'Académie de Nancy de « polisson qui n'a d'existence que par sa méchanceté[5] », mais il évoque un épisode douloureux pour la vanité de Fréron : le refus de Maupertuis de l'associer à l'Académie de Berlin sous la pression

---

1. Trublet à Maupertuis, 2 juillet 1756. A.A.S., Fonds Maupertuis, dossier 135.   2. Trublet à Formey, 12 août 1756. *Correspondance passive...*, p. 194.   3. Fréron en assurait la direction depuis août 1755, ce qui lui valait 13 200 francs pour une année.   4. 1726-1797. Il rédigea une importante étude sur la philosophie de Bacon en 1755 et l'article « Fanatisme » pour l'*Encyclopédie*, qui eut un retentissement considérable. Il était en tout point aux antipodes de Fréron. Protégé par le duc de Nivernais, il sera nommé en 1760 au poste de bibliothécaire du duc de Parme, ville où il retrouvera Condillac, gouverneur du prince héritier.   5. *Le Dossier Fréron*, *op. cit.*, pp. 145-147.

conjuguée de Diderot et de D'Alembert, qui avaient
menacé de renvoyer leurs diplômes si l'on y recevait
Fréron. Celui-ci connaissait l'histoire, mais n'avait
nulle envie qu'elle fût rendue publique.

D'Alembert pouvait goûter sa vengeance, car il
n'avait rien à espérer de Fréron. Mais la publication
d'une lettre personnelle était un mauvais coup porté à
Tressan, qui n'avait pourtant pas ménagé sa peine lors
de l'affaire Palissot. Furieux, il se dit « très mécontent
de M. d'Alembert… [qui] est bien étrange de se servir de pareilles armes, et de me compromettre vis-à-vis
d'une furie qui me déchirera et qui fera fort bien, car
Fréron peut-il imaginer que ce soit sans mon aveu que
M. d'Alembert ait donné copie de ma lettre[1] ? »

Tous ces coups fourrés ne sont pas dignes du philosophe tel qu'on l'imagine. Mais, dans la jungle littéraire,
il faut choisir : ou bien l'on se tait, comme Diderot, ou
bien l'on rend coup pour coup, comme d'Alembert et
Voltaire. En fait, la guerre ne fait à peine que commencer, et les blessures à venir seront infiniment plus douloureuses aux deux parties. Pour l'instant, d'Alembert
savoure sa petite victoire.

AMITIÉS ET STRATÉGIE GENEVOISES

Pour d'Alembert, l'année 1756 est marquée du sceau
genevois. Son intérêt pour la petite ville – elle compte
un peu plus de plus de vingt mille habitants – ne date

---

1. Tressan à Maupertuis, 5 octobre 1756. Le Sueur, *op. cit.*,
pp. 348-349.

pas d'hier, car il a déjà eu maintes occasions de rencontrer des membres distingués de l'élite genevoise à Paris. En 1748, il a fait la connaissance du physicien Jallabert[1] et celle du ministre de Genève à Paris, Jean-Louis Saladin[2], dans les salons de Mmes Geoffrin et du Deffand. À la même époque[3], il s'est surtout pris d'une véritable amitié pour le mathématicien Gabriel Cramer, qui résida près d'un an en France. Après son départ, les deux hommes ont entretenu une correspondance suivie, tant amicale que scientifique, jusqu'à la mort de Cramer en janvier 1752. Par Saladin et Cramer, d'Alembert sait déjà qu'il y a à Genève « des savants de premier ordre »; que « la liberté du pays étend leurs idées; qu'ils ont tous voyagé et pris le ton de politesse qui convient »; enfin, que « tout ce qui se découvre et se fait de nouveau leur est promptement connu, de quelque part qu'il vienne[4] ».

Par ailleurs, d'Alembert a accepté de conseiller un jeune savant genevois, Georges-Louis Le Sage, qui a lui aussi séjourné à Paris (1745-1747) pour y faire des études de médecine[5]. Rentré à Genève et passionné par la physique, Le Sage soumet idées et travaux au

---

1. *P.I.*, 1, pp. 29-30.   2. Diplomate et jurisconsulte international, il demeura à Paris de 1744 à 1749, d'abord comme résident de l'électeur de Hanovre à Paris, puis de la république de Genève. De retour à Genève, il fera une grande carrière politique. Sa famille était liée aux Geoffrin par leurs intérêts communs dans la Manufacture royale des glaces Saladin et d'Alembert se sont également rencontrés chez Mme du Deffand, comme le prouve une lettre de Saladin à celle-ci du 6 juillet 1751. *Correspondance de Mme du Deffand*, I, p. 134.   3. Cramer était arrivé en avril 1747 et reparti fin avril ou début mai 1748. *Cf. P.I.*, 1, pp. 348-351.   4. Saladin à Mme du Deffand, 18 juin 1751. *Op. cit.*, p. 131.   5. 1724-1803.

jugement de D'Alembert depuis 1753[1]. C'est lui qui recommande à son attention un jeune homme brillant, mathématicien et physicien, qui « monte » à Paris pour y parfaire ses connaissances. Son nom est Louis Necker. Nul doute que celui-ci ne sera pas étranger à la décision de D'Alembert de faire le voyage à Genève, voyage qui va peser très lourd dans la vie et la carrière du philosophe.

Un coup de foudre amical

Fils d'un avocat originaire de Brandebourg établi à Genève depuis 1725, Louis Necker est aussi le frère aîné de Jacques Necker[2], futur ministre des Finances de Louis XVI. Comme leur père n'avait pas les moyens de subvenir aux études de ses deux fils, il a choisi d'aider le plus brillant des deux, Louis, et expédié le cadet, Jacques, âgé de quinze ans, à Paris pour y apprendre l'art du négoce chez le banquier Isaac Vernet. En 1747, Louis soutient avec éclat à Genève sa première thèse de physique sur l'électricité, quatre ans plus tard une thèse de droit et enfin, en 1752, une nouvelle thèse de physique mathématique[3]. Quoique marié et père de deux enfants, l'ambitieux jeune homme de vingt-cinq ans décide de se rendre à son tour à Paris, où il pourra s'initier aux arcanes du calcul intégral et faire la connaissance de l'aristocratie scientifique. Muni de solides lettres de recommandation de

---

1. Leur correspondance s'étale d'août 1753 à juin 1780.
2. Louis Necker était né en 1730 et Jacques en 1732.   3. Sur les mouvements célestes de Descartes et Newton, le 18 août 1752.

Bonnet, Jallabert et Le Sage[1], il arrive dans la capitale en décembre 1755.

Au début de janvier, Louis Necker a déjà ses entrées chez Nollet[2] et Réaumur[3]. Plus important encore, il a immédiatement séduit d'Alembert qui l'a pris sous son aile protectrice. De treize ans son aîné, le grand mathématicien l'a adopté comme son élève et son ami. Le 29 janvier, Louis, ébloui, raconte à Le Sage : « M. d'Alembert est un homme d'un commerce charmant. *Je le vois tous les jours à toute heure* ; particulièrement, nous vivons ensemble depuis 7 heures et demie du soir à 9 heures et demie. C'est un homme qui a les idées vives, justes, aisées. Il n'y a dans son esprit que des notions claires qu'il rendrait toujours clairement si sa grande vivacité ne lui nuisait quelquefois. Cependant, comme il est extrêmement obligeant et commu-

---

1. Le premier le recommande à son correspondant et ami Réaumur, le deuxième à Nollet et Dortous de Mairan, le troisième à d'Alembert. Il est fort possible que Vernes et Le Sage l'aient recommandé à Rousseau, à moins qu'il n'ait fait sa connaissance à Genève en 1754.   2. Nollet à Jallabert, 20 décembre 1755 : « C'est à moi, mon cher ami, à vous remercier des bonnes connaissances que vous me donnez ; je suis charmé d'avoir auprès de moi M. Necker ; je lui ai dit de suivre mes cours [au collège de Navarre] tant qu'il voudrait, et je profiterai de son séjour à Paris pour causer physique avec lui autant que je le pourrai ; il faudra qu'il ait pour cela la complaisance de dîner avec moi quelquefois… Il me paraît déjà bien instruit… J'ai déjà annoncé M. Necker… à M. de Réaumur, qui l'a reçu avec plaisir. » *Correspondance Nollet/ Jallabert*, p. 206.   3. Réaumur à Bonnet, 24 janvier 1756 : « M. Necker n'a pas eu tort de penser qu'un mot de vous en sa faveur ajouterait encore à l'idée avantageuse que j'ai prise de lui dans les visites qu'il m'a fait l'amitié de me rendre. Il peut être sûr que je lui rendrai tous les bons offices qui dépendront de moi. » B.P.U., Ms. Bo. 42, n° 85. Le 29 janvier, Necker écrit à Le Sage : « J'ai mangé quelquefois chez lui et chez M. l'abbé Nollet. »

nicatif, j'en reviens toujours avec l'esprit enrichi de quelques nouvelles connaissances[1]. »,

La veille, 28 janvier, d'Alembert l'a emmené à une séance de l'Académie des sciences où il était question de tremblements de terre et des ouragans de Martinique[2]. Il l'a présenté à Clairaut et à l'astronome Lemonnier, qui l'ont invité à leur rendre visite. « Le second m'a reçu avec grande politesse et m'a montré tous ses instruments avec beaucoup d'empressement… Il m'a permis avec plaisir de venir observer avec lui, et je me fais une grande fête d'en profiter[3]. » Par amitié pour d'Alembert, Lemonnier va même jusqu'à lui prêter la clé de son observatoire pour qu'il puisse y venir travailler quand bon lui semble.

D'Alembert ne lui enseigne pas seulement les « formules du calcul intégral » et la « métaphysique du calcul différentiel[4] », il lui fait lire les livres qu'il juge importants, comme la *Philosophie de Bacon* de Deleyre ou les *Éléments de commerce* de Véron de Forbonnais. Il lui recommande aussi le dernier livre de Condillac sur les animaux : « On regarde ici l'auteur comme un bon métaphysicien[5]. » Quelques semaines plus tard, Louis communique son enthousiasme au pasteur Jacob Vernet : « M. d'Alembert a eu la bonté de s'attacher à moi d'une façon particulière. Je puis dire que j'ai eu le bonheur de m'en faire aimer. Aussi m'a-t-il rendu jusqu'à cette heure tous les bons offices qui ont dépendu

---

1. B.P.U., Ms. suppl. 514, f. 44-46. Souligné par nous.   2. Les procès-verbaux du mercredi 28 janvier confirment les propos de Louis Necker.   3. 29 janvier 1756. Ce même jour, il s'était présenté chez Clairaut qui était absent de chez lui.   4. Le Sage à Necker, 7 mars 1756. B.P.U., Ms. Suppl. 518, f. 174-175.   5. Necker à Le Sage, 29 janvier 1756. B.P.U., Ms. Suppl. 514, f. 45v.

de lui, me recevant chez lui à toute heure, me faisant d'obligeants reproches quand je laisse passer deux jours sans le voir, se prêtant à toutes mes difficultés avec plaisir, les écoutant avec patience et y répondant toujours avec une sagacité singulière et un esprit vraiment philosophique, n'ayant dans ses manières aucune pédanterie ni réserve, communicatif autant qu'on peut l'être... Tel est M. d'Alembert et vous comprenez aisément qu'un homme de ce caractère doit être d'un commerce charmant. Aussi puis-je dire que je ne passe aucun moment dans ce pays plus délicieusement qu'avec lui, et je ne sors jamais d'auprès de lui sans avoir appris quelque chose[1]. »

Dans la même lettre, Necker dit son bonheur de s'être aussi lié avec Clairaut[2] et de fréquenter régulièrement Nollet et Réaumur, ainsi que Dortous de Mairan. Il mentionne pour la première fois le projet d'un voyage de D'Alembert : « Il m'a beaucoup promis de faire un tour à Genève, ou cet été, ou l'été prochain. Je le souhaite infiniment[3]. » Un mois plus tard, Necker se fait plus précis avec Le Sage, car d'Alembert a pris sa décision. « Il viendra faire un petit tour à Genève au commencement [d'août], nous l'y posséderons trois semaines au moins, il viendra loger chez moi, à ce que j'espère, et vous pourrez le voir et causer avec lui de géométrie... Pour moi, je suis tous les jours plus content de lui : son caractère est aussi doux et agréable qu'il est possible[4]... »

---

1. Necker à Vernet, 11 mars [1756]. B.P.U., Ms. Sauss. 238, f. 290-291.   2. Clairaut lui fait part de ses réflexions sur la vitesse de la lumière. De Necker à Le Sage, 19 mars 1756, f. 48 et mi-avril 1756, f. 49-50.   3. À Vernet, 11 mars 1756.   4. À Le Sage [mi-avril 1756], f. 50.

En attendant, d'Alembert s'est mis en tête de lui obtenir le titre envié de correspondant de l'Académie. Il l'encourage à y présenter un mémoire sur le frottement. Le 5 mai, le jeune homme est autorisé à venir le lire[1], et ses deux amis, d'Alembert et Clairaut, sont désignés pour l'examiner. Dix jours plus tard, ils font un rapport élogieux sur son ouvrage. Ils concluent qu'il renferme « beaucoup de connaissance de la géométrie et de la mécanique transcendante, et mérite d'être imprimé[2] ». D'Alembert est si satisfait de ce travail qu'il confie à Necker le soin de rédiger l'article « Frottement » pour l'*Encyclopédie*[3].

Au début de juin, Louis Necker quitte Paris pour retrouver femme et enfants. Le 23 juin, les lettres de correspondance avec d'Alembert lui sont officiellement accordées par l'Académie. Tout annonce une belle carrière au brillant et séduisant jeune homme[4]. Reste, pour lui, à préparer l'arrivée de son mentor.

Un voyage décisif

Contrairement à nombre de ses contemporains, d'Alembert n'est pas un grand voyageur. Sa vie atteste qu'il quitte Paris et ses alentours plutôt par obligation que par plaisir. Malheureusement, nous manquons de

---

1. Procès-verbal de l'Académie, mercredi 5 mai 1756 : « Necker, de Genève, est entré et a lu un mémoire, "Solution de quelques problèmes de mécanique sur le frottement". »   2. Procès-verbal du samedi 15 mai 1756, pp. 249-250.   3. Il paraît dans le 7ᵉ volume, qui contient également l'article « Genève », publié en novembre 1757.   4. Pour la suite de la carrière de Louis Necker, voir E. Badinter, « Passions genevoises en 1760, ou l'envers de la médaille », *Antemnae*, Rome, août 2001, pp. 5-19.

témoignages de sa part sur le voyage de Genève. Nous ignorons même les circonstances et les raisons exactes de sa décision. Rien ne prouve qu'il se soit déjà attribué l'article « Genève » et, si c'est le cas, il n'a pas pour autant obligation de s'y déplacer. Il a bien un problème à régler à Lyon pour l'*Encyclopédie*, mais cela pourrait aussi bien se résoudre par lettres. L'envie d'un tête-à-tête avec Voltaire? Mais, justement, ce dernier songe lui aussi à venir à Lyon[1] voir jouer par Mlle Clairon le rôle d'Idame dans *L'Orphelin de Chine* sur la scène du nouveau théâtre[2]. Le plaisir de revoir son élève?… C'est probablement l'ensemble de ces motifs qui le détermine à quitter ses amis et à rompre avec ses habitudes.

Le 20 juillet, d'Alembert prend place dans la diligence de Lyon[3]. Il séjourne dans la ville un peu plus de deux semaines. Officiellement « pour y voir un très petit nombre d'amis qui veulent bien me montrer ce qu'il y a de remarquable dans la ville, et surtout ce qu'il peut être utile de connaître pour le bien de notre *Encyclopédie*[4]. » Les « amis » lyonnais sont ceux qui ont pris son parti lors de l'affaire Tolomas, Claude Bourgelat en tête. D'Alembert ne pouvait faire moins que de remercier tous ceux qui avaient démissionné de la Société royale pour protester contre la complicité de

---

1. De Lyon, d'Alembert écrit à Voltaire le 28 juillet 1756 : « Puisque la montagne ne veut pas venir à Mahomet, il faudra donc, mon cher et illustre confrère, que Mahomet aille trouver la montagne. » D. 6949.   2. Construit par Soufflot.   3. Thieriot à Voltaire, 10 juillet [1756] : « M. d'Alembert a retenu une place à la diligence de Lyon pour le 20. » D. 6925. On note encore sa présence à l'Académie française le 19 juillet.   4. D'Alembert à Voltaire, Lyon, 28 juillet 1756. D. 6949.

celle-ci avec le jésuite[1]. Nul doute non plus qu'il ne soit arrivé muni des recommandations de ses relations lyonnaises à Paris : les mathématiciens Bossut et Montucla, l'architecte Soufflot, mais aussi Gauffecourt[2], le fidèle de Rousseau, qui se partage entre Genève, Lyon et Paris.

En dehors des plaisirs du tourisme et de l'amitié, d'Alembert doit rencontrer le secrétaire de la Société royale afin de mettre un terme à une affaire désagréable. Pour avoir cité presque mot à mot un extrait d'un mémoire de cette académie sur le Valais, d'Alembert se retrouve au cœur d'un petit scandale. Chargé de rédiger l'article « Crétins[3] », il s'en est remis à la description qu'a faite le comte de Maugiron[4] à la suite d'un voyage dans le Valais, au cours duquel il a été frappé par le nombre inhabituel de « demeurés » peuplant cette région des Alpes. Dans l'*Encyclopédie* comme dans le texte de Maugiron, on lit : « On donne ce nom de crétins à une espèce d'hommes qui naissent dans le Valais en assez grande quantité, et surtout à Sion leur capitale. Ils sont sourds, muets, imbéciles, presque insensibles aux coups, et portent des goitres pendant

---

1. *Cf. supra*, pp. 164-169.   2. Jean-Vincent Capperonnier de Gauffecourt (1691-1766), fournisseur de sel pour Genève et le Valais depuis 1738.   3. Publié dans le volume IV de l'*Encyclopédie*, en octobre 1754. « Crétin » est un terme patois du canton du Valais qui désigne les personnes atteintes de la maladie du crétinisme (dérivé de « chrétien », pour « innocent »...).   4. Le comte de Maugiron (1722-1767), militaire de son état, a été associé à la Société royale de Lyon le 11 mars 1750 et lut son mémoire sur le Valais à la séance du 22 juillet suivant. *Cf.* le troisième registre de l'Académie de Lyon, f. 30-32 et Ms. 218, f. 159-165. Maugiron a envoyé son mémoire à d'Alembert dès 1752, ce qui a peut-être donné à celui-ci l'idée d'en faire un article pour l'*Encyclopédie*.

jusqu'à la ceinture ; assez bonnes gens d'ailleurs, ils sont incapables d'idées et n'ont qu'une sorte d'attrait assez violent pour leurs besoins. Ils s'abandonnent aux plaisirs des sens de toute espèce et leur imbécillité les empêche d'y voir aucun crime[1]. »

Même si d'Alembert prend la peine de préciser que les gens du Valais ne naissent pas tous crétins, et veille à citer ses sources, le scandale est immense dans la région. Le résident de France à Sion alerte Gauffecourt[2], qui fait tout son possible pour éteindre l'incendie. À Lyon, celui-ci obtient une rétractation de Maugiron et la promesse de la Société royale de l'inscrire dans ses registres[3]. Il envoie le tout à d'Alembert[4] pour rectification dans l'*Encyclopédie*. De retour à Paris, Gauffecourt invite à dîner les principaux encyclopédistes concernés : Diderot, d'Alembert, Jaucourt et Rousseau ; il obtient d'eux qu'ils fassent paraître dès le volume suivant un total désaveu de l'article incriminé et même que l'on charge Rousseau d'en rédiger un

---

1. *Encyclopédie*, IV, 459a. La dernière phrase est un condensé du texte de Maugiron publié par P. Granefield in *Gesnerus*, 19 (1962), pp. 89-92.   2. Le résident de France à Sion était Pierre de Chaignon (1703-1787), qui connaissait bien Gauffecourt en tant que fournisseur de sel au Valais. *Cf.* leur correspondance à ce sujet dans la *Correspondance complète de Rousseau*, Leigh, vol. III et IV. Si Gauffecourt s'est beaucoup démené dans cette affaire, c'est parce qu'il avait accompagné Maugiron lors de son voyage dans le Valais et que les Valaisans lui en voulaient autant qu'à Maugiron.   3. Gauffecourt a séjourné à Lyon, en grande partie à cause de l'incident, de novembre à mai/juin 1756. *Cf.* lettre de Gauffecourt à Chaignon, 21 avril 1756. Leigh, IV, pp. 8-9.   4. Deux lettres adressées à d'Alembert, de Maugiron le 18 avril et du commis de Gauffecourt, Marc Chappuis, le 21 avril 1756, témoignent de l'activité de Gauffecourt pour mettre fin au scandale. Bibliothèque de l'Institut, Ms. 2466, f. 150-151.

autre, élogieux, sur la république du Valais[1]. L'affaire
est entendue quand d'Alembert arrive à Lyon, mais il
est fort probable qu'il ait rencontré le directeur et le
secrétaire de la Société royale pour en parler, et peut-
être vérifier par lui-même le rectificatif apporté. Reste
que l'épisode est peu glorieux pour l'*Encyclopédie*, et
au premier chef pour d'Alembert, rédacteur de l'article
litigieux. Voilà qui pouvait donner quelques arguments
supplémentaires à tous les ennemis de l'*Encyclopédie*
qui dénonçaient déjà ses innombrables plagiats. À reco-
pier tel quel un mémoire d'une académie de province
sans même vérifier la véracité du propos, on risquait
non seulement de commettre une erreur, mais de provoquer un scandale.

À la fin de juillet, d'Alembert annonce enfin son
arrivée à Genève pour le 10 août[2]. Il n'y restera, dit-
il, que jusqu'à la fin du mois. Voltaire l'invite alors
– et alors seulement ? – à coucher dans « les bouges
indignes qui [lui] restent dans [son] petit ermitage[3] »,
c'est-à-dire aux Délices. D'Alembert accepte l'invitation[4], mais on ignore s'il y demeura les trois semaines
ou s'il se partagea entre Voltaire et Louis Necker. Ce
qui est sûr, c'est que les deux hommes se sont beaucoup vus, et ont beaucoup parlé. De l'*Encyclopédie*,
d'abord, à l'égard de laquelle Voltaire se montre très

---

1. Le dîner eut lieu un peu avant le départ de D'Alembert,
fin juin 1756, comme le prouvent deux lettres de Gauffecourt à
Chaignon, 4 et 20 juillet 1756 (IV, pp. 24, 29-30). Le 6ᵉ volume
de l'*Encyclopédie*, publié en octobre 1756, fait bien le rectificatif
demandé dans l'avertissement. Mais c'est Jaucourt, et non pas Rousseau, qui rédigea l'article réparateur sur le Valais.   2. À Voltaire, 28 juillet 1756. D. 6949.   3. À d'Alembert, 2 août 1756.
D. 6954.   4. Voltaire à Tressan, 18 août 1756, D. 6972 : « J'ai
actuellement chez moi M. d'Alembert. »

critique : trop d'articles bâclés, insipides ou confus. À quoi d'Alembert a dû répliquer que le prochain volume serait bien meilleur et que Voltaire devrait redoubler sa collaboration. De la tyrannie des dévots, ensuite, car les deux philosophes partagent la même hargne envers le clergé catholique. Même si d'Alembert est plus sceptique que Voltaire, l'un et l'autre sont des militants de la Raison. À l'époque de la visite du mathématicien, Voltaire est encore en lune de miel avec Genève et son élite. Il « croit que le christianisme de Genève peut se fondre dans un déisme philosophique[1] ». Les pasteurs n'ont désapprouvé (publiquement) ni sa *Religion naturelle*, ni son *Désastre de Lisbonne*, et il croit pouvoir conclure : « Genève n'est plus la Genève de Calvin, il s'en faut de beaucoup ; c'est un pays rempli de vrais philosophes. Le christianisme raisonnable de Locke est la religion de presque tous les ministres ; et l'adoration d'un Être suprême, jointe à la morale, est la religion de presque tous les magistrats[2]. »

Nul doute que Voltaire a communiqué à son invité et collègue encyclopédiste un enthousiasme redoublé par la rencontre de ce que Genève compte de plus éclairé. On se presse aux Délices pour rencontrer le philosophe parisien et admirer les deux hommes qui rivalisent d'esprit. « Il faut le voir aux prises avec Voltaire, dit Lubières, avec qui il est très agréablement. C'est la curiosité de Genève[3]. » En fait, cette visite est plus qu'une rencontre d'occasion. C'est le début d'une nou-

---

1. R. Naves, *Voltaire et l'Encyclopédie*, 1938, p. 38.   2. À Cideville, 12 avril 1756. D. 6821.   3. Charles Benjamin de Lubières à Antoine Saladin, 16 août 1756. A.E.G., Fonds Saladin, armoire 4.

velle alliance philosophique et amicale qui ne s'éteindra qu'avec la mort de Voltaire. Les deux hommes ont dépensé des trésors de séduction (et Dieu sait qu'ils en ont!) pour se complaire. Voltaire a besoin d'un *alter ego* à Paris pour trouver sa place dans le nouveau courant philosophique. D'Alembert veut un allié puissant pour s'imposer face à la « secte holbachique ». Au couple Diderot-d'Holbach répond maintenant celui que forment d'Alembert et Voltaire. Ce n'est pas seulement une alliance d'opportunité politique, c'est aussi le début d'une profonde amitié qui s'enracine dans un trait commun : la bâtardise. Dès l'arrivée de son visiteur aux Délices, Voltaire se dit frappé par sa ressemblance avec Fontenelle, qui avait été l'amant officiel de Mme de Tencin. « Je crois aussi certain, dit-il [à ses nièces], que d'Alembert est le fils de Fontenelle, comme il est sûr que je le suis de Roquebrune [Rochebrune][1]. » Mais, contrairement à d'Alembert qui portait sa bâtardise comme une croix, Voltaire se disait ravi qu'à son époux, qui manquait par trop de génie, sa mère eût préféré lui donner pour père un homme d'esprit.

Ce point commun, ajouté à leur entente secrète sur l'essentiel, scelle le début d'une amitié indéfectible. Une seule ombre vient ternir le séjour idyllique de D'Alembert aux Délices : l'arrivée, quelques jours après la sienne, d'un jeune homme de lettres, Claude Pierre Patu[2], ami intime de Palissot... À en croire

---

1. Propos rapporté par Jean-Louis Du Pan à Suzanne C. Freudenreich, 15 août [1756]. D. 6968. Voltaire se trompait, car d'Alembert était bien le fils du chevalier Destouches, autre amant de Mme de Tencin.   2. 1729-1757. Auteur dramatique et traducteur d'œuvres anglaises, il avait déjà séjourné chez Voltaire en compagnie de son ami Palissot, en octobre 1755.

Patu, l'atmosphère devint tendue aux Délices : « Le d'Alembert leur faisait la cour à mon arrivée, et vous sentez d'avance les services philosophiques qu'il a rendus à l'auteur des *Originaux*. Rien de plus tracassier que ce prétendu sage… À Dieu ne plaise que la défense d'un ami ait jamais pu me fatiguer ! Mais avoir sans cesse à parler devant un tribunal sottement, maussadement, invinciblement prévenu, me voir dans la nécessité de dire des choses fort dures à Mme Denis, voilà ce qui m'a excédé, rebuté, engagé même à quitter Genève plus tôt que mes affaires ne l'exigeaient[1]. » Mais, à en croire Patu, Voltaire s'est cantonné dans une aimable neutralité : « Estimé de M. de Voltaire autant que vous méritez, ne comptez pour rien l'opinion de quelques bégueules – les deux nièces de l'hôte – et les calomnies d'un tartufe qui, sous le voile de la philosophie, ne songe qu'à la vengeance et à la persécution. »

D'Alembert n'a pas seulement fait la conquête de Voltaire, il a aussi séduit la plupart de ses interlocuteurs genevois, même si certains prétendront plus tard le contraire. Grâce à Louis Necker et à Voltaire, il rencontre les savants Bonnet, Jallabert et Le Sage, ainsi que l'élite de la banque et de la magistrature genevoises. Il dîne chez Jean Robert Tronchin-Boissier avec des membres du Petit Conseil qu'il éblouit par sa vivacité, sa gaieté et ses anecdotes. Il s'y moque du « despotisme » français et des jésuites, à la plus grande joie de ses interlocuteurs[2]. À un autre dîner organisé

---

1. Patu à Palissot, 15 [septembre] 1756. D. 6997.   2. Jean-Louis Du Pan à Mme Freudenreich, 18 août 1756. B.P.U., Ms. Suppl. 1539, f. 82-83. Lettre partiellement publiée par J.-D. Candaux, « D'Alembert et les Genevois : quelques documents inédits », *Musées de Genève*, septembre 1967, p. 8.

chez Voltaire en présence du naturaliste Charles Bonnet et de Louis Necker, entre autres, d'Alembert « se
plaint beaucoup de l'oppression où gémit en France
la liberté de penser. Il insinue que les encyclopédistes
sont presque les seuls êtres pensants. Il envie le sort
dont les gens de lettres jouissent à Genève, et il souhai-
terait de pouvoir y venir achever l'*Encyclopédie*[1] ». Le
très pieux Bonnet, qui déteste les philosophes et jalouse
l'entreprise encyclopédique, reconnaît que d'Alembert
« est un homme agréable et d'une vivacité singulière »,
un savant exceptionnel, mais il ne cache pas son mépris
pour sa légèreté métaphysique, son pyrrhonisme et sa
piètre culture biblique : « Je pense avoir une bonne
preuve qu'il n'a guère vu du Nouveau Testament que
la couverture. »

Chez Voltaire encore, d'Alembert rencontre le médecin Théodore Tronchin[2], l'avocat François Pierre Pictet,
futur secrétaire et bibliothécaire de Catherine II[3], et
l'imprimeur Gabriel Cramer, brillant neveu de feu le
mathématicien. Enfin, il fait la connaissance des pasteurs les plus éclairés. Le banquier Vernet, à Paris, l'a
recommandé à son frère, le pasteur Jacob, qui l'a reçu
avec toutes les civilités « dues à un homme de sa réputation[4] ». Il a eu des entretiens avec les pasteurs et professeurs Ami de La Rive, Ami Lullin, et « trois ou quatre

---

1. Charles Bonnet à André Roger, 3 septembre 1757. B.P.U.,
Ms. Suppl. 738, f. 45-46. Citée par J.-D. Candaux, *ibid.*, juillet-
août 1967, pp. 11-12. Bonnet n'était pas plus tendre pour Voltaire, qu'il fréquenta très rarement.   2. Charles de Brosses
à Ruffey, 14 octobre 1756. D. 7030.   3. Pictet à d'Alembert,
4/15 août 1762. Ch. Henry, *Œuvres et correspondances inédites de
D'Alembert*, Slatkine, 1967, pp. 199-202.   4. J. Vernet, *Lettres
critiques d'un voyageur anglais*, 1766, t. II, p. 263.

jeunes ministres[1] », parmi lesquels Jacob Vernes, que d'Alembert juge très proches de ses convictions déistes.

Le 30 août, il quitte Genève pour Paris avec des idées bien arrêtées sur l'article à écrire. Il a aimé la ville et l'image tolérante que lui en ont donnée ses interlocuteurs. Il n'est pas loin de penser qu'il y a là une petite société qu'on peut donner en exemple à la France. Mais il repart enrichi surtout d'une nouvelle relation qui va se révéler d'un prix considérable pour les années à venir. Même si des centaines de lieues les séparent, même s'ils devront attendre quatorze ans pour se revoir, d'Alembert n'est plus un homme seul, et Voltaire s'est rapproché de Paris.

Dans la diligence qui le ramène chez lui, d'Alembert a tout lieu d'être content : le bilan de l'année est inespéré. Il a consolidé sa situation financière et renforcé son pouvoir intellectuel tant à l'Académie des sciences qu'au sein de l'*Encyclopédie*, où il peut désormais se prévaloir de l'alliance voltairienne. Enfin, s'il se presse de rentrer à Paris, c'est parce que le secrétaire perpétuel de l'Académie française, Duclos, l'attend pour partir en vacances « et lui remettre les fonctions de secrétaire[2] ». Heureux présage pour l'avenir !

---

1. *Ibid.*, p. 264. J.-D. Candaux suggère les noms de Paul Moultou, Pierre Mouchon et Antoine-Jacques Roustan, tous amis de Jacob Vernes et âgés de moins de trente ans.   2. L'abbé Trublet à Maupertuis, 13 septembre 1756. A.A.S., Fonds Maupertuis, dossier 135. Charles Pinot Duclos (1704-1772) avait été élu secrétaire perpétuel en novembre 1755 ; d'Alembert lui succédera à sa mort en 1772.

ORAGES D'AUTOMNE

Pourtant, à peine a-t-il posé le pied à Paris que parvient la nouvelle de la brutale invasion de la Saxe[1] par Frédéric II. Son objectif : la Bohême et peut-être Vienne. C'est le signal d'une nouvelle guerre européenne à fronts renversés. Pour contrer les ambitions anglaises[2], Louis XV, trahi une nouvelle fois par Frédéric[3], a signé un traité d'alliance avec l'ennemie traditionnelle, l'Autriche[4]. Celle-ci est en danger et la France doit lever des troupes pour la secourir, avec toutes les conséquences politiques et financières qui s'ensuivent. Or, aux soucis de la guerre avec l'exté-

---

1. Frédéric était entré en Saxe, terre du roi de Pologne, le 29 août, sans déclaration de guerre préalable, mais la nouvelle n'est mentionnée qu'à la mi-septembre dans le *Journal de Barbier*, VI, pp. 366-369, et le 17 septembre dans les *Mémoires du duc de Luynes*, XV, p. 224. Voltaire l'apprendra par une lettre de la duchesse de Saxe-Gotha datée du 4 septembre. D. 6988.   2. Les rivalités coloniales entre la France et l'Angleterre en Inde et en Amérique créaient, depuis 1754, une situation de quasi-guerre. Fin 1755, l'Angleterre avait capturé sur les mers 300 navires de commerce français et plus de 6 000 officiers et matelots. Le 21 décembre, Louis XV lui avait lancé un ultimatum, rejeté le 13 janvier 1756. Il lui avait officiellement déclaré la guerre le 9 juin 1756.   3. La France et la Prusse avaient signé un traité d'alliance qui expirait le 5 juin 1756. Mais Frédéric signa secrètement un accord avec l'Angleterre, le 1er janvier 1756, tournant le dos à son alliée traditionnelle, la France – revirement qu'il avait déjà esquissé à la fin de la guerre de Succession d'Autriche en 1748.   4. Cela faisait plus de deux siècles que la France et l'Autriche étaient en situation de rivalité. Mais, se sentant dangereusement isolé, Louis XV signe avec Marie-Thérèse, le 1er mai 1756, le traité de Versailles qui prévoit que l'un viendra au secours de l'autre en cas d'attaque.

rieur s'ajoutent depuis 1749[1] ceux de l'inlassable gué-
rilla parlementaire contre l'Église et le pouvoir royal.
Les parlements en effervescence s'opposent à la levée
d'un second vingtième pour couvrir l'effort de guerre.
Leurs remontrances acrimonieuses se succèdent, sous
les applaudissements d'un public toujours hostile aux
nouveaux impôts. Le 21 août, le roi doit recourir au lit
de justice pour les contraindre, dans une atmosphère de
grande tension, à l'enregistrement de sa déclaration.

On ne peut que s'étonner de la rareté des commentaires des intellectuels sur la situation politique d'alors,
et, lorsqu'il y en eut, du fond et du ton de certains.
Certes, peu de lettres de Diderot et d'Alembert nous
sont parvenues de cette époque, et l'on mesure mal le
poids de l'autocensure. On ne trouve guère d'apprécia-
tions sur les parlements. Si l'anglophobie semble générale, l'opinion est partagée à l'égard du roi de Prusse.
À lire certains chroniqueurs, on s'indigne à Paris d'une
agression militaire non précédée d'une déclaration de
guerre – « contre le droit des gens » – et du sort fait
à la reine de Pologne[2]. Mais, comme le note le duc de
Luynes, « quelque singulière que soit la conduite du roi
de Prusse, il ne faut pas croire qu'il n'ait pas en France
des partisans qui cherchent à la justifier[3] ».

---

1. L'archevêque de Paris avait rouvert le conflit avec le Parlement
par l'exigence des billets de confession, mesure qui permettait de
frapper les jansénistes défendus par les parlementaires. *Cf.* J. Egret,
Louis XV et l'opposition parlementaire, 1970 ; P. Chaunu, M. Foisil et
F. de Noirfontaine, *Le Basculement religieux de Paris au XVIIIe siècle*,
1998 ; M. Antoine, *Louis XV*, 1989.   2. *Journal de Barbier*, VI,
p. 368. La reine de Pologne et ses filles étaient retenues prisonnières
à Dresde.   3. *Mémoires*, XV, p. 225, septembre 1756. Certains
considéraient que le traité entre la France et l'Autriche représentait
une menace pour la Prusse, dès lors en état de légitime défense.

Patriotisme ou cosmopolitisme

L'affaire de la musique française avait déjà montré le peu d'attachement des philosophes à l'orgueil national. La notion de patrie leur semblait par trop étroite, presque mesquine, pour juger de l'universel. Les philosophes – comme les savants – se sentent avant tout citoyens de la raison et du monde. Durant la guerre de Sept Ans, comme lors de la précédente, les uns et les autres continuent d'être en relation – même difficilement – avec leurs pairs anglais ou allemands comme si le conflit ne les concernait pas.

Le 21 septembre, Trublet rapporte avec ironie une anecdote qui court à l'Académie française. Lorsque le maréchal de Richelieu y siégea pour la première fois depuis son retour de guerre[1], il confirma à ses confrères les dernières nouvelles sur l'invasion prussienne. « Mais on m'avait assuré que le roi de Prusse n'avait point quitté Berlin », aurait alors lancé d'Alembert au maréchal. « Ce qui fit un peu rire[2]... » Plus troublant est le constant parti pris de D'Alembert en faveur de Frédéric. Il se réjouit de tous ses succès, y compris lorsque c'est au détriment des Français. Après une terrible défaite de Richelieu et de Soubise, et la mort de milliers de soldats[3], d'Alembert, pourtant peu loquace sur la politique internationale, s'émerveille du génie

---

1. Le maréchal de Richelieu s'était illustré par la prise rapide du fort Saint-Philippe, dans le sud de la France, contre les Anglais, le 28 juin 1756.   2. Trublet à Maupertuis, 21 septembre 1756. A.A.S., Fonds Maupertuis, dossier 135.   3. Le 5 novembre 1757, la déroute française avait été complète à la bataille de Rosbach. Furent perdus en une journée 3 000 hommes tués ou blessés, et 7 000 prisonniers.

prussien. Il écrit à Voltaire : « Pour moi, comme Français et comme philosophe, je ne puis m'affliger de ses succès[1]. » Apparemment, il n'est pas le seul, car il ajoute : « Nos Parisiens ont aujourd'hui la tête tournée du roi de Prusse. Il y a cinq mois qu'ils le traînaient dans la boue. » Tout au long de la guerre, d'Alembert restera l'un des champions de Frédéric à Paris, n'attendant que la fin des hostilités, en 1763, pour lui rendre la visite promise.

Autre partisan affiché du roi de Prusse : l'abbé Mably, qui n'hésite pas à rendre publique son opinion. Trublet, qui est son censeur, annonce que « l'abbé fait un nouvel ouvrage de politique… À la troisième feuille, j'y trouve un assez bel éloge du roi de Prusse, que je laisse subsister. Mais cet éloge pourrait bien paraître ridicule, quand le livre paraîtra, si ce prince… est succombé[2] ». Courage ou inconscience de l'abbé ? Il écrit son éloge au moment même où « le déchaînement augmente contre le monarque du Nord ». En janvier 1757, l'ouvrage paraît sous son nom[3]. « Il pose des principes contraires à notre dernier traité et alliances avec les cours de Vienne et de Pétersbourg. Le livre est arrêté. Je le lui avais fait craindre. L'auteur a mis son nom à la tête ; c'est un brave[4]. »

---

1. 11 janvier 1758. D. 7573.   2. Trublet à Maupertuis, 4 décembre 1756. *Ibid*.   3. Le titre est *Des principes de négociations pour servir d'introduction au droit public de l'Europe*, La Haye, 1757.   4. Trublet à Maupertuis, 22 janvier 1757. *Ibid*. Le 9 février, Trublet ajoute : « Le livre de l'abbé Mably a pensé le perdre… On voulait que je craignisse aussi. Je ne l'ai pas voulu. Encore hier au soir, mon hôte M. Le Febvre entendit, à quelqu'un qu'il ne connaît pas, que j'étais à la Bastille pour avoir approuvé une critique du traité de Versailles. »

Dans le camp des patriotes, on trouve ceux pour lesquels le roi de Prusse n'est plus qu'un « Mandrin couronné[1] ». En premier lieu, les tenants de la cour. Dans le monde des lettres, Fréron est un des plus ardents patriotes.

Comme le note son biographe Jean Balcou, « le mot de patriote revient souvent dans ses feuilles…, associé généralement à celui de citoyen. Or on ne peut être "bon philosophe", si l'on n'est pas d'abord "bon citoyen"[2] ». Il milite pour le renforcement de la marine nationale et se fait le "porte-parole exalté" de la politique française… et contribue à lancer *L'Observateur hollandais*, périodique commandé par le gouvernement et rédigé par l'avocat qui va bientôt se faire un nom dans la bataille philosophique, Jacob-Nicolas Moreau[3].

Entre les deux, Voltaire a la position la plus politique, quoique influencée au début par sa rancœur personnelle. Il approuve l'alliance avec l'Autriche[4], qui lui paraît être le seul moyen de faire contrepoids à la puissance de l'Angleterre. S'il admire la rapidité de l'offensive de Frédéric, il est l'un des rares à gémir sur les malheurs de la guerre[5]. Très vite, il se situe dans le camp des ennemis de « Salomon-Mandrin[6] », souhaite que le maréchal lui inflige une leçon[7], et constate que le roi de Prusse « excite l'indignation générale[8] ». Car c'est bien lui, à ses yeux, le responsable des multiples

---

1. *Journal de Barbier*, VI, p. 368.   2. *Fréron, op. cit.*, p. 119.   3. *Ibid.*, p. 121.   4. 21 et 26 juillet 1756. D. 6916 et 6948. Octobre 1756. D. 7021.   5. 17 septembre 1756. D. 7001.   6. 9 novembre 1756. D. 7052.   7. 6 octobre 1756. D. 7016.   8. 10 octobre 1756. D. 7021.

malheurs engendrés par la guerre[1]. Au demeurant, Voltaire ne rompt pas les ponts avec son ancien maître, et leur correspondance se poursuit cahin-caha. En 1759, alors que Frédéric est acculé par les troupes ennemies, il lui écrit : « Dans quelque état que vous soyez, il est très sûr que vous êtes un grand homme », et termine sa lettre par un émouvant rappel de leur relation : « Le rat fut amoureux du lion et alla lui faire sa cour. Le lion lui donna un petit coup de patte. Le rat s'en alla dans sa souricière, mais il aima toujours le lion ; et voyant un jour un filet qu'on tendait pour attraper le lion et le tuer, il en rongea une maille. Sire, le rat baise très humblement vos belles griffes en toute humilité[2]. »

Il faut mettre au crédit de Voltaire une démarche, au début de la guerre, qui annonce le défenseur de Calas. Alors que l'amiral John Byng, qui avait perdu le fort Saint-Philippe devant le maréchal de Richelieu, allait être jugé pour lâcheté par les Anglais, Voltaire se démena pour le sauver. Il demanda à Richelieu d'écrire une lettre en faveur de son ennemi pour témoigner de sa parfaite conduite. Ce que fit le maréchal, assurant que « toutes les manœuvres de l'amiral Byng ont été admirables[3] ». Voltaire envoya la lettre à l'amiral, alors en prison, pour qu'il l'utilise à son procès. En vain : la cour martiale l'acquitta du chef de lâcheté, mais le condamna à mort pour négligence. Il fut exécuté le 14 mars 1757.

Ni patriote enragé, ni cosmopolite idéaliste, Voltaire est bien le premier des humanistes.

---

1. 27 décembre 1756. D. 7096. 2. 15 octobre 1759. D. 8537. 3. 26 décembre 1756. D. 7095.

Quelle patrie ? ou le dilemme de Maupertuis

De retour à Paris au début de juillet 1756, officiellement pour retrouver son fauteuil à l'Académie des
sciences et prendre quelque repos chez lui en Bretagne,
Maupertuis hésite sur son destin. Il est las de la vie
berlinoise. Outre le climat qui le tue, il s'y sent seul et
déprimé. Il est attaché à sa femme, mais celle-ci dirige
la Maison de la princesse Amélie et n'est guère disponible pour lui. Sa fidélité à Frédéric est intacte, mais il
a observé un « grand changement de caractère » chez
le monarque[1]. On murmure à Paris qu'il est revenu
pour toujours[2], mais la capitale lui fait grise mine :
« Sec et triste, [il] a été accueilli ici trop indifféremment pour qu'il ne soit pas ennuyé à mourir[3]. » À part
La Condamine, la duchesse d'Aiguillon, le comte de
Tressan, l'abbé Trublet et La Beaumelle, il n'a plus
vraiment d'amis en France. Sans compter que le premier n'est pas encore rentré de son voyage d'Italie[4],
que la deuxième est fort occupée à Versailles, que le
troisième demeure en Lorraine, et que lui-même n'a
pas grande estime pour les deux derniers[5].

Rester en France, rentrer à Berlin ? La question est
devenue obsessionnelle depuis l'entrée en guerre de

---

1. *Mémoires du duc de Luynes*, XV, p. 226.   2. Thieriot
à Voltaire, 10 juillet 1756. D. 6925.   3. Thieriot à Voltaire,
8 août 1756. D. 6964.   4. La Condamine était parti fin 1754
pour demander au pape une dispense afin de pouvoir épouser sa
nièce, la fille de sa sœur. Il ne rentra à Paris que début août 1756
et se maria à la mi-septembre.   5. Il trouve Trublet brouillon
et indiscret. Quant à La Beaumelle, il faisait un énième séjour à la
Bastille, en août 1756, avant d'être exilé dans sa patrie du sud de
la France.

Frédéric. Il ne s'agit plus d'une affaire de convenance personnelle, mais d'un choix moral sans solution satisfaisante. Maupertuis est le citoyen de deux pays, l'homme qui a fait allégeance à deux rois qui se font la guerre. Son biographe et confident La Beaumelle décrit parfaitement son état d'esprit, proche de la schizophrénie : « Tremblant à la fois pour Saint-Malo, menacé par les Anglais, et pour Berlin, toujours près d'être envahi ; ayant deux patries, deux familles, deux maîtres ; obligé de se réjouir de tous les revers et de s'affliger de tous les succès ; trouvant dans chaque événement des motifs de tristesse ou de crainte, et pas un de consolation ; ne pouvant faire de vœux légitimes qui ne fussent légitimement désavoués par des vœux contraires, il était en proie au double malheur d'être Français et d'être Prussien[1]. »

Sitôt l'invasion de la Saxe[2] connue, chacun se mêle de donner son avis. Duclos, qui exprime le sentiment général, fait dire à Maupertuis, par Trublet, qu'il « devrait saisir cette circonstance pour demander son retrait au roi de Prusse. Il se mit à composer votre lettre à ce prince[3] ». Trublet estime qu'il en parle bien à son aise, et lui conseille « de demander les avis de M. le comte d'Argenson. Vous êtes Français, et ces deux cours, dit-on, ne se réconcilieront jamais… Il ne vous suffirait peut-être pas que vous allassiez en pays neutre ; ce serait traiter également la France et la Prusse ; et, encore une fois, vous êtes Français. On imagine que

---

1. L. Angliviel de La Beaumelle, *Vie de Maupertuis*, 1856, p. 203.   2. Vers la deuxième semaine de septembre 1756, alors que Maupertuis est en route pour la Bretagne.   3. Trublet à Maupertuis, 13 septembre 1756. A.A.S., Fonds Maupertuis, dossier 135.

le roi de Prusse conserverait une pension à Mme de Maupertuis, mais d'autres disent qu'il ne paiera plus de pension[1] ». Suivent diverses considérations politiques sur les nouvelles alliances des deux camps et ce que l'on en dit à Paris.

Pour Maupertuis, c'est la France qui, par le renversement de ses alliances, a contraint Frédéric à la guerre[2]. Il lui faut donc rentrer à Berlin. Il charge Tressan, en visite à la cour à Fontainebleau, de plaider sa cause auprès des autorités. « J'ai eu une longue conversation avec M. le Dauphin, rapporte celui-ci, sur tout ce qui vous touche : mon cœur me rendit peut-être éloquent et persuasif, je peux vous assurer que ce prince parla de vous avec la plus haute estime et qu'il vous plaignit et qu'il conclut par dire que vos liens étaient trop forts [avec Berlin] pour qu'il vous fût possible de les rompre[3]. » Même son de cloche du côté du comte d'Argenson, de M. de Paulmy et de Sénac, médecin du roi. Tous plaignent Maupertuis et conviennent qu'il ne peut abandonner sa femme à Berlin. Trublet aussi s'est rallié à la décision du retour à Berlin, par décence et générosité : « On jaserait en France de cette promptitude à quitter le roi de Prusse (comme le souhaite Duclos)... On est très persuadé que vous vous déplaisez à Berlin..., que vous vous en êtes repenti plus d'une fois et même que vous n'aimez pas votre femme[4]. »

---

1. *Ibid.*   2. C'est cette phrase de La Beaumelle qui le laisse entendre : « La France, sous le titre d'alliée, fit contre Frédéric tous les efforts d'une ennemie. » *Vie de Maupertuis*, pp. 202-203.   3. Tressan à Maupertuis, 24 septembre 1756. Le Sueur, *Maupertuis et ses correspondants*, p. 337.   4. Trublet à Maupertuis, 21 septembre 1756, A.A.S., Fonds Maupertuis, dossier 135.

Mais Maupertuis, déchiré, ne bouge pas de sa maison bretonne. Du coup, ses amis, qui le savent malheureux, lui conseillent d'attendre. Il faut temporiser, dit Tressan. « Ce n'est point en conséquence de la nouvelle du jour qu'un homme aussi sage que vous doit prendre son parti ; il faut qu'il dorme comme Epiménide pendant ce violent orage[1]… » De son côté, Trublet tente de le réconforter en lui assurant que « Paris devient tous les jours plus prussien et moins autrichien…, parce que Paris est frondeur, mais les frondeurs ont quelquefois un peu raison. On dit surtout que le maréchal de Belle-Isle est très prussien et nullement autrichien. Notre alliance avec la cour de Vienne, désapprouvée dès le commencement par plusieurs personnes, l'est davantage aujourd'hui[2] ».

Maupertuis dit toujours vouloir rentrer à Berlin, mais, le temps passant, les communications entre la France et la Prusse deviennent presque impossibles. Ne pouvant s'embarquer à Saint-Malo à cause de la marine anglaise, il met le cap sur Bordeaux, en juin 1757, dans l'espoir de trouver un bateau pour Hambourg. Projet

---

1. Tressan à Maupertuis, 5 octobre 1756. Le Sueur, *op. cit.*, pp. 347-348. La « nouvelle du jour » était la bataille de Lowositz, le 1er octobre, que Frédéric avait remportée contre les Autrichiens.   2. Trublet à Maupertuis, 18 octobre 1756. A.A.S., Fonds Maupertuis, dossier 135. On peut s'étonner qu'un maréchal de France affiche de telles positions ! Par ailleurs, Maupertuis n'avait pas manqué de demander conseil à l'ambassadeur de Prusse à Paris, Knyphausen, qui lui répondit qu'à sa place il écrirait au roi de Prusse pour lui offrir de retourner à Berlin ou d'aller en Italie au cas que son séjour en France pût lui déplaire. « Il me semble, ajoute le diplomate, que moyennant cette démarche vous sauveriez les bienséances et éclairciriez les doutes que vous pouvez avoir. » A.A.S., Fonds Maupertuis, dossier 111.

qui se révèle irréalisable et le condamne à une errance qui le mènera au tombeau en 1759[1]. Écartelé entre ses deux patries, Maupertuis mourut en Suisse, à égale distance de l'une et de l'autre. Pour lui, le cosmopolitisme n'avait été qu'un leurre.

---

1. Maupertuis restera à Bordeaux de juin à octobre 1757. Atteint d'une nouvelle crise pulmonaire, il obtient de Frédéric l'autorisation de prolonger son congé pour se rétablir en Italie. En fait, déjà trop malade, il séjourne à Toulouse d'octobre à début mai 1758, gagne Lyon par Narbonne et Nîmes pour arriver à Neuchâtel (d'obédience prussienne) chez Milord Maréchal en juillet 1758. De là, en octobre 1758, il gagne Bâle où il séjourne chez son ami Jean II Bernoulli jusqu'à sa mort, le 27 juillet 1759, sans avoir revu sa femme qui n'arriva à Bâle qu'au lendemain de celle-ci.

Chapitre VI

Intermède : nouvelles figures d'intellectuelles
(1756…)

Les femmes n'ont pas attendu le XVIIIᵉ siècle pour écrire et publier des œuvres littéraires. Le plus beau roman de la littérature française est peut-être *La Princesse de Clèves* (1678), et Mme de Sévigné, l'épistolière la plus célèbre de tous les temps. Les femmes n'ont jamais été interdites d'écriture, mais publier est une autre affaire, et publier sous son nom, une audace véritable. Si quelques-unes ont osé braver ces difficultés au XVIIIᵉ siècle, l'exposition publique d'une femme de lettres ne va pas de soi. Comme le répétait la mère de Mme d'Épinay à sa fille, une femme « honorable » ne fait pas parler d'elle.

Pourtant, dans la seconde moitié du siècle, la République des lettres est moins misogyne que jadis. En dépit des satires ou moqueries de certains, nombreux sont ceux qui se montrent prêts à aider et applaudir leurs consœurs. Du moins dans le domaine littéraire. Car la philosophie et les sciences font figure de cités interdites : pas une seule femme ne figure parmi les rédacteurs de l'*Encyclopédie*, pas même pour rédiger l'article qui les concerne et qui a été honteusement bâclé par le poète Desmahis. Deux raisons à cette absence du deuxième sexe : l'éducation misérable que l'on dispense aux filles, et l'interdiction absolue faite aux femmes de paraître des intellectuelles. La rigueur, l'abstraction et l'austérité des plus nobles disciplines sont réputées contraires à leur nature. Et celles qui s'y risqueraient perdraient, d'un coup, les vertus de leur sexe. Il faut toute la générosité de Voltaire pour encourager Mme du Châtelet à publier ses travaux de physique, et toute sa clairvoyance pour considérer Mme d'Épinay comme une « philosophe ». Rares aussi ceux qui, à l'instar de Dortous de Mairan et de Lalande, reconnaîtront l'importance des travaux scientifiques d'une femme comme Reine Lepaute. Bien qu'aucune d'entre elles n'ait montré le génie d'un Marivaux, d'un Diderot ou d'un Clairaut, elles font figure de précurseurs pour leur sexe et pour ceux-là mêmes qui faisaient mine de les ignorer tout en les utilisant sans vergogne.

FEMMES DE LETTRES

Au XVIIIᵉ siècle, chaque auteur dramatique rêve d'être joué sur la scène prestigieuse de la Comédie-Française. Parmi les élus, deux femmes[1] ont réussi à

---

1. Dans les deux premières décennies du siècle, deux autres femmes avaient réussi à faire jouer leurs tragédies à la Comédie-Française : Marie-Anne Barbier (1670-1742) et Mme de Gomez (1682-1770). *Cf.* English Showalter Jr, « French Women Dramatist of the Eighteenth Century », *S.V.E.C.* nº 264, 1989, p. 1203.

surmonter les innombrables difficultés qui sont le lot de tout prétendant. La première fait représenter une tragédie qui connaît un succès honorable ; la seconde remporte un véritable triomphe public avec une comédie larmoyante. Toutes deux s'étaient fait connaître auparavant en publiant un texte littéraire salué par la critique. L'une et l'autre entretiennent des relations étroites avec le monde des lettres par le biais d'un salon, bohème ou bourgeois.

Mme de Graffigny[1]

Issue de la petite noblesse lorraine, elle a été mariée à un homme violent qui lui fit trois enfants, tous morts en bas âge. Veuve à trente ans, sans le sou, elle joue les dames de compagnie chez Voltaire et Mme du Châtelet, à Cirey, puis, à la fin des années 1730, chez la duchesse de Richelieu, laquelle lui fera une petite pension avant de mourir. Chaleureuse, gaie, énergique et généreuse, elle est une habituée des « jeudis[2] » assez bohèmes de Mlle Quinault, où elle rencontre écrivains et auteurs dramatiques de différents horizons. Dans ce club fermé où le langage est plus libre que dans n'importe quel salon, où les obscénités sont admises, où la littérature est reine, elle fait la connaissance de Caylus, Duclos, Crébillon fils, Cahusac, Marivaux et beaucoup d'autres qui viennent là occasionnellement,

---

1. 1695-1758.   2. Le groupe de Mlle Quinault l'admit définitivement en 1743. En juillet 1744, les dîners du jeudi deviennent ceux du lundi. *Cf.* Judith Curtis, « Mlle Quinault and the Bout-du-Banc : a reappraisal », *S.V.E.C.*, 2000, pp. 35-36.

tels le poète Pierre-Charles Roy, Voisenon, La Bruère, Moncrif ou Piron. À ces dîners qu'on appellera bientôt « sur le Bout-du-Banc[1] », les convives sont priés de lire quelques morceaux de leur cru sur un sujet qu'on leur a assigné, pour être ensuite critiqués par l'assistance. Mme de Graffigny se voit attribuer une *Nouvelle espagnole*[2], qu'elle écrit avec l'aide et les conseils de Caylus et de Mlle Quinault. C'est son entrée – par la petite porte – en littérature. Son coup d'essai est plutôt un succès, et ses amis l'encouragent à poursuivre.

En 1747, à cinquante-deux ans, Mme de Graffigny publie anonymement ses *Lettres d'une Péruvienne*. Ce roman épistolaire connaît un succès considérable, qui lui vaut du jour au lendemain la célébrité et un peu d'argent[3]. Les *Nouvelles littéraires* de Raynal en font grand éloge[4], malgré quelques critiques d'ordre technique. Fréron est enthousiaste. À ses yeux, ces *Lettres* font partie des « meilleurs livres de morale, de philosophie et de poésie[5] ». Cette fois, Mme de Graffigny a gagné ses galons de « femme de lettres » et vit – modes-

---

1. J. Curtis, *op. cit.*, p. 45, note 37, cite l'interprétation donnée par Pierre Enckell de cette expression qui signifierait « à l'impromptu » ou « de but en blanc ».   2. L'ensemble des contributions fut publié sous le nom de *Recueil de ces Messieurs* en mars 1745. Celle de Mme de Graffigny s'intitule *Le mauvais exemple produit autant de vertus que de vices*.   3. Le livre, auquel elle fit des additions, connut de nombreuses réimpressions, des éditions illustrées et des traductions en italien, en anglais et en espagnol. 4. I, p. 132 : « Il y a longtemps qu'on ne nous avait rien donné d'aussi agréable... Elles contiennent tout ce que la tendresse a de plus vif, de plus délicat et de plus passionné. »   5. *Lettres sur quelques écrits de ce temps*, 1749, I, pp. 73-102.

tement – de sa production littéraire[1], entourée de ses
pairs. Tout naturellement, elle leur ouvre dès 1749 les
portes de la rue Saint-Hyacinthe, avant de déménager
dans un appartement plus confortable, proche du jardin
du Luxembourg : rue de l'Enfer ! Plutôt qu'un salon,
sa maison est d'abord un cercle littéraire. Les plus assidus sont ses amis Duclos, Crébillon fils, le librettiste
Cahusac, les auteurs dramatiques Voisenon et Antoine
Le Bret, mais aussi quelques jeunes gens ambitieux qui
rêvent de se faire un nom dans les lettres, tels Palissot –
qu'elle aide à composer sa première tragédie, *Zarès* –
et le chansonnier Charles Collé, bien introduit dans le
milieu littéraire, ou encore Turgot, futur ministre des
Finances, et Helvétius, son « presque gendre ». On y
rencontre aussi épisodiquement d'Alembert, Voltaire
(entre septembre 1749 et juin 1750) et parfois Rousseau (après 1751).

Mme de Graffigny connaît donc personnellement tout
le monde littéraire, y compris les critiques, et n'hésite
pas à demander conseil aux uns et aux autres pour la
rédaction de ses œuvres. C'est le cas de sa pièce *Cénie*,
qui fait d'elle l'un des plus célèbres auteurs dramatiques de son époque. Elle compose cette « comédie larmoyante[2] » en 1749 et « en discute le plan, les épisodes
et l'action dans son salon, dans des lettres à ses amis...
dont elle attend l'amicale critique[3] ». La première a lieu

---

1. La princesse lorraine Charlotte, de la cour de Vienne, lui
accorde une pension de 1 500 francs afin qu'elle écrive régulièrement de petites comédies en un acte pour ses enfants.   2. La
pièce reprend, en le modifiant, le sujet de la pièce de La Chaussée, *La Gouvernante* (1747), qui raconte les aventures d'une
fille vertueuse. C'est également le sujet du roman anglais *Tom
Jones*.   3. G. Noël, *Mme de Graffigny (1695-1758)*, 1913,
p. 233.

le 25 juin 1750 devant un public conquis. Chacun veut voir cette pièce et y pleurer[1]... On la juge supérieure à celle de Nivelle de La Chaussée. Même Collé, qui déteste le genre larmoyant, convient que *Cénie* a un intérêt et suscite une émotion qu'on ne trouve pas dans la pièce de l'académicien[2]. C'est un concert de louanges du côté de la critique, Fréron en tête. Ses amis Palissot, Le Bret et même Bonneval donnent de la voix. Mme du Boccage publie des vers en l'honneur de *Cénie*. Plus flatteur encore, le long article que Grimm lui consacre lors de la reprise de 1754 : « Il n'y a point d'homme de génie et de mérite en France qui ne dût être bien aise d'être auteur de cette pièce... Beaucoup d'art, beaucoup d'âme et une grande connaissance du cœur humain... un grand art de l'exposition... La pièce de Mme de Graffigny possède cet art au suprême degré... pas une scène à retrancher... Voilà une pièce qui restera sûrement au théâtre et qui plaira aussi longtemps que la vertu et le sentiment auront des droits sur le cœur des hommes[3]. »

Une exception à ce concert de louanges : le poète satirique Roy, connu de Mme de Graffigny mais qui ne peut s'empêcher de griffer, pond une méchante épigramme non dénuée d'obscénité :

> *Jeune et belle, l'on devient riche ;*
> *De jour en jour l'on s'arrondit ;*
> *Vieille et pauvre, on n'a que l'affiche*

---

1. Après les quatorze premières représentations, les comédiens du Français la reprirent en novembre 1750 avec le même succès.   2. Collé, *Journal historique*, I, pp. 189-197.   3. *Correspondance littéraire*, II, pp. 376-379, 15 juillet 1754. Lorsque *Cénie* fut imprimée, le très sérieux *Journal de Trévoux* fit également l'éloge de la pièce (1751, n° 1).

De dévote ou de bel esprit.
Ces métiers donnent à repaître ;
Mais le premier s'apprend sans maître ;
L'autre exige plus de façon ;
Oui, jadis, mais aujourd'hui, non.
Romans, lettres, pièces sifflées
D'auteurs femelles, tout est bon.
Broutez donc, bêtes épaulées ;
Mais au bas du sacré vallon.

Des amis de Mme de Graffigny « ont retourné, sur les mêmes rimes, cette épigramme contre Roy[1] », et l'unanimité se fait contre lui. Si Voltaire se montre peu enthousiaste, Rousseau[2] et Diderot ne cachent pas leur admiration pour cette pièce si typique de la sensibilité de l'époque. Sa réputation bien établie, Mme de Graffigny rêve de récidiver. Vers 1755, elle conçoit une nouvelle pièce, *La Fille d'Aristide*, d'un tout autre genre. Au début d'août 1756, elle la fait lire aux Comédiens-Français par Collé pour garder l'anonymat. Mais Mlle Gaussin reconnaît son style, et la pièce est « reçue tout d'une voix pour être jouée après le retour de [la cour de] Fontainebleau[3] ». Sitôt la nouvelle connue, chacun parie sur un grand succès. Voltaire résume l'opinion générale : « Elle est femme ; le sujet sera un roman ; il y aura de l'intérêt, et on aimera toujours l'auteur de *Cénie*[4]. »

---

1. Collé, *op. cit.*, I, pp. 205-207.   2. Rousseau, déjà en froid avec Mme de Graffigny, rend à *Cénie* un hommage public d'admiration dans sa *Lettre à d'Alembert sur les spectacles* (1758).   3. Collé, *op. cit.*, II, p. 142.   4. À d'Argental, 4 août 1756. D. 6958.

Pourtant, à la rentrée de 1756, on annonce que la pièce est retirée et remise en chantier. Est-ce sur les conseils de ses proches ou sous l'effet d'une angoisse d'auteur ? Mme de Graffigny se livre à des changements importants. Coupures, corrections, nouvelles scènes défigurent le premier jet. Elle demande mille conseils à ses amis, une scène à Collé[1], des corrections à l'abbé Voisenon, car elle se dit mécontente des situations, des personnages et de l'intrigue. Lorsque la pièce est enfin représentée, le 29 avril 1758, c'est un désastre. Les critiques l'éreintent, et Grimm n'est pas en reste : « Rien de plus froid, de plus plat, de plus ridiculement intrigué, de plus mal conduit que cette pièce. Fort mal écrite, remplie de sentences triviales…, pas une scène faite… Les plus mauvaises plaisanteries offensent le goût le moins délicat. Pas un rôle qui ne soit d'une absurdité ou d'une platitude complète[2]. » Il conclut, comme tout le monde, qu'on ne reconnaît pas l'auteur de *Cénie*.

Le coup fut si cruel que Mme de Graffigny en tomba malade un mois plus tard et mourut le 12 décembre 1758, couverte de dettes. Les gazettes firent peu de cas de sa mort. Seul Fréron, qui lui devait beaucoup, lui rendit un hommage appuyé et affectueux[3]. Pourtant, elle est l'un des rares auteurs dramatiques de son sexe

---

1. Collé, *op. cit.*, II, août et septembre 1757, p. 207 : « En partant pour la campagne, Mme de Graffigny m'avait prié de faire une scène… contre la philosophie prétendue et les prétendus philosophes… Elle ne fera point usage de cette scène, parce qu'elle est trop à bout portant contre nos philosophes du jour ; elle en conservera seulement l'idée, qu'elle se propose d'affaiblir le plus qu'elle pourra. »   2. *Correspondance littéraire*, III, pp. 501-508, 1er mai 1758.   3. *L'Année littéraire*, 1759, I, pp. 327-331. Voltaire se contenta de souligner sa sensibilité dans une lettre à Tressan, 12 janvier 1759. D. 8041.

à avoir rencontré un succès aussi considérable de son vivant.

Mme du Boccage

Elle est la seconde femme à connaître la notoriété grâce à la scène et à ses poèmes. Née à Rouen en 1710[1] d'une famille de la haute bourgeoisie, elle épouse en 1727 un receveur des tailles, féru de littérature anglaise. Elle non plus n'a pas d'enfant. Le couple fréquente tous les amateurs de lettres de la ville : Cideville, l'abbé du Resnel, Elie de Beaumont, futur avocat de l'affaire Calas, Mme Le Prince de Beaumont, l'abbé Yart, etc.[2]. Etabli à Paris en 1733, le couple se constitue peu à peu un salon littéraire. Mme du Boccage est une ambitieuse qui n'hésite pas à entrer en relation avec les gens célèbres. Quand ses amis de l'Académie de Rouen lui décernent son prix, en juillet 1746[3], elle sait faire valoir comme personne cette récompense exceptionnelle pour une femme. Elle fait envoyer son poème à Voltaire – lequel répond poliment à la « Sapho de Normandie[4] » –, au duc de Nivernais, à Mme de Pompadour. Elle se fait recommander à Fontenelle par Cideville, leur commun « pays », et le vieil homme, séduit par cette dame si convenable, ne tarde pas à devenir un de ses habitués du dimanche. Comme le dit la biographe de Mme du

---

1. Elle mourra à Paris en 1802.   2. G. Gill-Mark, *Une femme de lettres au* XVIII*e siècle, Marie-Anne du Boccage*, 1927.   3. C'était la première fois que la jeune Académie décernait ce prix, alternant entre les sciences et les belles-lettres.   4. Voltaire à Mme du Boccage, 15 août 1746. D. 3446.

Boccage, « Fontenelle aimait à voir les femmes philosopher tout en jouant de l'éventail[1] ». Par lui, elle se lie étroitement à Marivaux, fait la connaissance de l'abbé Trublet, des savants Algarotti et Clairaut, etc. Enfin, sous l'apparence de la modestie, Mme du Boccage a un art consommé de faire parler d'elle dans les gazettes, toujours à son plus grand avantage[2].

Elle fait son entrée sur la scène publique par le biais de la traduction. Après un entraînement discret sur le *Temple de la Renommée* de Pope[3], elle publie une traduction du *Paradis perdu* de Milton, réduit à six chants, en 1748. La veille de la publication, elle s'inquiète auprès de Cideville de la possible concurrence du marquis de Ximénès, qui pourrait lui faire de l'ombre : « Je vais vous dire en secret quelque chose qui m'embarrasse, c'est qu'il est un marquis de Chimène [*sic*] qui s'avise aussi de traduire Milton. On dit que ses vers sont ridicules ; mais n'importe, il serait très désagréable pour moi qu'ils parussent avant les miens. Cette frayeur me presse beaucoup[4]. » Elle s'attend pour sa part à un succès.

Le Paradis terrestre paraît en février 1748, dédié à l'Académie de Rouen. La critique trouve son poème « froid, rampant et ennuyeux[5] ». Mais ses amis rivalisent de galanterie et célèbrent sa muse. Voltaire et

---

1. Gill-Mark, *op. cit.*, p. 22.   2. On ne compte plus les poèmes à sa gloire publiés dans le *Mercure* à partir de la fin des années 1740 jusqu'aux années 1760.   3. Elle ne publiera ses vers qu'une dizaine d'années plus tard, en 1749.   4. B.M. Rouen, Ms. C. 31. Lettre s.l.n.d., « ce samedi ». Publiée par G. Gill-Mark, *op. cit.*, pp. 130-131.   5. Raynal, *Nouvelles littéraires*, I, p. 126.

Fontenelle font son éloge. L'abbé de Bernis publie des vers en son honneur[1]. Les plus flatteurs n'hésitent pas à déclarer la traduction supérieure à l'original ! Certains méchants ont bien attribué son travail à l'abbé du Resnel[2], d'autres ont répandu à son propos des satires[3], mais son sexe lui vaut l'intérêt du public et une gloire immédiate.

Encouragée par ce premier succès, elle ose, un an avant Mme de Graffigny, affronter la scène théâtrale, prenant le risque d'être sifflée et de subir tous les sarcasmes. L'audace, jugée impardonnable chez une femme, donne lieu à des rumeurs désagréables. Collé attribue sa pièce, *Les Amazones*, tragédie en vers[4], à du Resnel ou à Linant ; Raynal annonce que le public est « extrêmement prévenu contre elle[5] » ; ses amis l'exhortent à la retirer pour se mettre à l'abri d'un affront intolérable. Mme du Boccage tient bon, mais tombe malade à la veille de la première. Celle-ci a lieu le 24 juillet à la Comédie-Française : il y a un monde fou, « comme à une première représentation de Voltaire ou de Crébillon dans le fort même de l'hiver[6] ».

Dès le lendemain, Raynal publie une exécution en règle. Parmi ses innombrables défauts, la pièce, souligne-t-il, n'a ni intérêt ni cohérence. Tous les

---

1. *Ibid.*, pp. 128-129 : « Vivre avec vous dans le temple des muses, / Lire vos vers et les voir applaudis, / Malgré l'enfer, le serpent et ses ruses, / Charmante Eglée, voilà le paradis ! »   2. Collé, *op. cit.*, I, p. 85.   3. Raynal, *op. cit.*, p. 129 : « Sur cet essai, charmante du Boccage, / Veux-tu savoir quel est mon sentiment ? / Je compte pour perdus, en lisant ton ouvrage, / Le paradis, mon temps, ta peine et mon argent. »   4. Collé, *op. cit.*, p. 85.   5. Raynal, *op. cit.*, p. 314.   6. Collé, *op. cit.*, p. 86.

caractères sont manqués, les pensées triviales, le style
bas… « Sans l'indulgence qu'on a pour son sexe, la première représentation n'aurait pas été achevée[1]. » Ses
concurrents rivalisent de méchanceté, comme Collé,
ou sombrent dans une misogynie outrancière, comme
le jaloux Baculard d'Arnaud : « On peut nommer cette
pièce *Les Menstrues de Melpomène*. On ne vit rien de
si fade et de si froid… Imaginez toutes les platitudes de
Quinault fondues ensemble. La pièce de la du Boccage
est l'heureux composé de tout cela. Je crois qu'elle
n'ira qu'à trois ou quatre représentations. Les femmes,
qui avaient une peur affreuse qu'elle ne réussît, sont
enchantées de cette mésaventure. De quoi diable aussi,
disait le misanthrope, s'avise une femme d'aller prendre
la massue d'Hercule ? Qu'elle se contente de régner au
lit, et qu'elle nous laisse le théâtre[2] ! »

À la surprise de ces mauvais augures, *Les Amazones*
connurent onze représentations[3] et un succès d'estime.
Contrairement aux affirmations de Baculard d'Arnaud,
le public féminin n'y était pas étranger. Le sujet le
concernait et l'auteur était des siens[4]. Si l'on ajoute à
cela les nombreux encouragements de ses amis[5], les
vers et comptes rendus flatteurs publiés dans le *Mer-*

---

1. Raynal, *op. cit.*, pp. 332-333.   2. Au comte de Sade,
26 juillet 1749. *Bibliothèque Sade*, éd. M. Lever, 1993, I, p. 519.
3. Ce qui était un succès, compte tenu du fait que de nombreuses
pièces tombaient dès la première représentation.   4. La pièce
fut publiée en septembre 1749, précédée d'une dédicace en vers
adressée aux femmes.   5. Parmi lesquels Fréron, *Lettres sur
quelques écrits…*, 1749, I, pp. 338-342, 30 août 1749.

cure[1], Mme du Boccage pouvait se vanter d'avoir mieux réussi qu'aucune de celles qui l'avaient précédée. Sa pièce ne fut néanmoins jamais reprise et elle abandonna l'idée de renouveler sa tentative. Comme elle l'écrivit à Cideville, « le métier est trop pénible. Outre la peine de l'ouvrage, les soins de le mettre en œuvre et de faire représenter la machine sont excessifs[2] ».

Bien qu'elle renonce au genre dramatique, Mme du Boccage entend conserver sa condition de femme de lettres. Elle se lance dans un genre où Voltaire seul, parmi les Français, avait jusque-là réussi : l'épopée. Elle choisit Christophe Colomb pour héros de son poème épique, sachant qu'on s'intéresse alors beaucoup à la découverte du Nouveau Monde, dont on connaît encore très peu de chose. Elle puise dans les livres d'histoire et les récits de voyageurs avec un zèle encyclopédique. Malheureusement, en rédigeant ses dix chants, le souci de l'érudition l'emporte chez elle sur l'imagination poétique. *La Colombiade* paraît à la fin de 1756, après son association flatteuse à l'Académie de Rouen. L'abbé Trublet l'annonce à Maupertuis dès le 24 décembre : « Mme du Boccage a fait un poème dédié au pape. L'abbé de Condillac en a été le censeur[3]. » Une semaine plus tard, Voltaire s'extasie généreusement, ou fait mine de s'extasier : « Comment faites-vous, Madame, pour nous donner à la fois tant de plaisir et tant de jalousie… C'est après la lecture du

---

1. *Cf.* septembre 1749, pp. 194-203 ; novembre 1749, pp. 79-80 ; décembre 1749, pp. 172-175 ; avril 1750, pp. 114-116. 2. 1er août 1749. B.M. Rouen, Ms. C. 31.   3. A.A.S., Fonds Maupertuis, dossier 135.

second chant que nous [avec Mme Denis] avons inter-
rompu notre plaisir pour avoir celui de vous remercier.
Ce second chant surtout nous paraît un chef-d'œuvre
de l'art[1]. »

Les bienveillants saluèrent cet immense travail sorti
de la main d'une femme. Comme d'habitude, le *Mercure*
ne ménagea ni son espace ni ses éloges[2]. Le *Journal des
savants* fut presque grandiloquent : « Ses talents l'ont
conduite depuis longtemps au genre le plus difficile
et le plus sublime… et l'ouvrage que nous annonçons
mérite d'abord l'éloge d'arracher la poésie française
aux objets qui l'occupent presque seuls aujourd'hui,
à ces objets dont l'agrément ne sauve point la peti-
tesse, d'élever son caractère, de l'appliquer aux objets
héroïques dans un genre qui donna tant d'éclat à la poésie étrangère… Mme du Boccage donne [à son sujet]
le caractère le plus sensible de grandeur et d'intérêt[3]. »
Fréron y consacra une *Lettre* entière, très flatteuse pour
sa grande amie. Il estime l'ouvrage « encore supérieur
aux précédents » et conclut qu'elle « occupera une
place au-dessous des grands poètes épiques que beaucoup de nos écrivains lui envieront[4] ». L'abbé Trublet,
moins enthousiaste, y trouve de bonnes choses, mais
juge néanmoins l'ouvrage médiocre[5]. Grimm, bien plus
méchant, écrit : « Rien ne prouve mieux combien la

---

1. 30 décembre 1756. D. 7101.   2. Janvier 1757, p. 110 ; mars
1757, pp. 83-107 ; avril 1757, pp. 99-108 et 118-120.   3. Mars
1757, pp. 164-169. Ce long article laudateur pourrait être de la main
de Clairaut, dont on connaît les sentiments amicaux pour Mme du
Boccage. À cette époque, il pensait faire le voyage en Italie avec
elle et son mari, comme il le dira au père Jacquier.   4. *L'Année
littéraire*, 1753, III, 20 mai 1757, pp. 145-171.   5. À Formey,
1er juin 1757. *Op. cit.*, pp. 218-219.

carcasse du poème épique moderne est ridicule que les gens sans génie qui s'essaient en ce genre. Les puérilités que vous trouverez dans la *Colombiade* en font foi ; mais le sexe de l'auteur ne permet pas qu'on juge son poème avec sévérité[1]. »

En définitive, la *Colombiade*, qui avait pour sous-titre « La foi portée au Nouveau Monde », était une œuvre édifiante qui suscita plus d'admiration que de critiques. On en fit trois éditions à Paris et le poème fut traduit en espagnol, en anglais, en allemand et en italien. Les raisons de ce succès sont résumées par le compte rendu du *Journal de Trévoux* : « La naissance d'un poème épique est toujours un événement considérable... Celui que nous annonçons est dû aux talents et aux travaux d'une dame, circonstance qui ajoute à la célébrité de l'ouvrage[2]. »

Aucune des œuvres de Mme du Boccage ne connut la gloire et la pérennité de *Cénie*. Mais si Mme de Graffigny jouit d'un succès sans pareil de son vivant, Mme du Boccage sut accumuler les honneurs littéraires comme aucune autre femme de lettres de son temps. Après l'Académie de Rouen, celle de Lyon lui ouvrit ses portes, le 20 juin 1758[3]. Entre-temps, elle fit un voyage triomphal en Italie avec son mari. Non seulement elle fut reçue par le pape, mais elle fut la deuxième Française, après Mme du Châtelet, à être admise à deux prestigieuses Académies : celle des Arcades, à Rome, et celle de Bologne. Son intronisation eut lieu devant princesses, cardinaux et savants.

---

1. *Correspondance littéraire*, III, mars 1757, p. 361.   2. Mars 1757. Cité par G. Gill-Mark, *op. cit.*, p. 166.   3. Mémoires de l'Académie de Lyon, t. 41, 1986, p. 137.

Son ami Algarotti la fit également recevoir à l'Académie de Padoue. De ville en ville, elle fut fêtée par toutes les personnalités de premier plan comme une femme hors du commun.

À la différence de Mme de Graffigny, Mme du Boccage affiche un certain féminisme. Non seulement elle n'hésite pas à prendre la plume pour soutenir d'autres femmes – auteurs ou peintres[1] –, mais, comme le remarque Roland Virolle, « elle s'attaque aux grands genres, en principe réservés aux hommes : la tragédie et l'épopée », peut-être « par protestation contre l'ordre de la société de son temps[2] ». Même si les deux femmes n'ont pas su transcender la sensibilité de leur époque, comme font les grands génies, elles l'ont incontestablement marquée et occupent dans l'histoire littéraire une place que nombre de leurs contemporains pourraient leur envier.

« LA VÉRITABLE PHILOSOPHE DES FEMMES[3] »

Quand Voltaire surnomme Mme d'Épinay « maphilosophe », nul ne prend la formule au sérieux. On n'y voit qu'une amabilité dont il est coutumier. Deux siècles

---

1. En janvier 1748, elle publie dans le *Mercure*, p. 100, des vers en l'honneur d'une femme peintre simplement dénommée Mme L. D. En décembre 1750 (*Mercure*, II, p. 157), elle fait l'éloge de *Cénie*.   2. Roland Virolle, « Mme du Boccage, Voltaire, le pape et Christophe Colomb », in *Le Siècle de Voltaire. Hommage à René Pomeau*, éd. Ch. Mervaud et S. Menant, II, pp. 953-964.   3. Voltaire à Mme d'Épinay [novembre/décembre 1757]. D. 7487.

de misogynie inconsciente ont effacé sinon les traces, du moins la juste place de Mme d'Épinay dans le paysage intellectuel du XVIIIe siècle. Pour de bonnes et de mauvaises raisons, le XIXe siècle fit un succès au roman autobiographique qu'on publia après sa mort[1]. Les éditions tronquées et manipulées se succédèrent à un rythme soutenu, qui laissèrent d'elle l'image d'une femme de lettres comme il y en avait d'autres[2], et surtout d'une ennemie de Rousseau. La publication du texte intégral au XXe siècle, faisant état dans le manuscrit de corrections et surcharges d'une autre encre, acheva de réduire à néant sa réputation littéraire. Mme d'Épinay n'était plus que le porte-plume de Diderot et de Grimm... Autant dire : pas grand-chose. Quant à son éventuel statut de philosophe, qui s'en souciait ?

Il a fallu attendre la fin du XXe siècle et la volonté nouvelle de mettre en lumière l'histoire des femmes pour que renaisse l'intérêt pour Mme d'Épinay[3]. Cela fait à peine quinze ans que l'on a découvert l'ampleur

---

1. La première édition de son manuscrit, retouché et maquillé en 1818, fut publiée sous le titre de *Mémoires de Madame d'Épinay*. Il faut attendre la magistrale édition de Georges Roth en 1951 pour avoir sous les yeux la totalité du manuscrit, publié sous le titre d'*Histoire de Madame de Montbrillant, pseudo-Mémoires*, réédité en 1989 par mes soins au Mercure de France sous le titre : *Les Contre-Confessions de Madame d'Épinay*. Édition de poche, 2000. La « bonne raison » du succès du livre est l'intérêt que suscite la description si vivante de la société de Mme d'Épinay. La « mauvaise » est qu'il a nourri la détestation du XIXe siècle à l'égard de Rousseau.   2. Nous avons rendu hommage aux frères Goncourt, plus perspicaces que beaucoup d'autres, dans la préface de la réédition de *La Femme au XVIIIe siècle*.   3. E. Badinter, *Émilie, Émilie. L'ambition féminine au XVIIIe siècle*, 1983 ; R. Plaut Weinreb, *Eagle in a Gauze Cage. Louise d'Épinay, femme de lettres*, New York, 1993.

et la qualité de sa contribution à la *Correspondance littéraire* de Grimm et Diderot[1], la finesse de son analyse des femmes[2], et qu'on lui reconnaît enfin le statut de pédagogue[3] au même titre que Rousseau.

En 1756, Mme d'Épinay a trente ans[4]. Elle vient de mettre fin à une vie désordonnée et malheureuse. Mariée à dix-neuf ans avec un libertin qui s'est empressé de lui passer la syphilis, elle s'est séparée de lui en 1749 et a pris un amant, Dupin de Francueil, qui ne tarde pas à la tromper à son tour. Mère de quatre enfants, dont deux sont très probablement de son amant, Louise d'Épinay connaît la vie superficielle et mondaine de son milieu[5] de financiers. Sa seule activité « intellectuelle » consiste alors à monter et jouer des pièces de théâtre sur la scène de sa maison de la Chevrette. Grâce à Francueil, elle fait la connaissance

---

1. C'est grâce à l'*Inventaire de la Correspondance littéraire* d'Ulla Kolving et Jeanne Carriat, 1984, 3 vol., *S.V.E.C.*, n° 225-227, que l'on a pu mesurer l'ampleur des coupures opérées dans l'édition de Maurice Tourneux, et c'est aussi grâce aux recherches de Ruth Plaut Weinreb que nous possédons aujourd'hui la liste des contributions de Mme d'Épinay écrites par elle seule ou en collaboration, adressées à elle ou la concernant. Voir notamment : « Madame d'Épinay's contributions to the *Correspondance littéraire* », *American Society for Eighteenth Century Studies Annual Convention*, avril 1987, pp. 389-403, et « Madame d'Épinay, literary critic for the *Correspondance littéraire* », *S.V.E.C.*, 1993, pp. 906-909.   2. A. L. Thomas, Diderot, Mme d'Épinay, *Qu'est-ce qu'une femme ?*, préfacé par E. Badinter, P.O.L., 1989.   3. Mme d'Épinay, *Lettres à mon fils et morceaux choisis*, introduction et notes de Ruth Plaut Weinreb, Wayside Publishing, 1989. Et *Les Conversations d'Émilie*, texte présenté par Rosena Davison, Voltaire Foundation, 1996, n° 342.   4. 11 mars 1726-15 avril 1783.   5. La famille de son mari était riche avant que celui-ci ne dilapide la fortune familiale issue de la Ferme générale.

de Rousseau, fréquente Mlle Quinault et les dîners du
Bout-du-Banc, se lie à Duclos qui lui fait une cour sans
détour, et rencontre enfin Grimm par l'intermédiaire de
Jean-Jacques à l'automne 1751. C'est l'époque où son
amant commence à la délaisser, mais il est difficile de
préciser quand elle devint la maîtresse de l'Allemand[1].
Ce qui est sûr, c'est qu'il se bat en duel pour défendre
son honneur[2], à la fin de 1752 ou au début de 1753,
et devient un habitué de son salon après son retour
de voyage avec d'Holbach en novembre 1754. De ce
temps-là date la conversion de Mme d'Épinay. Sous
l'influence de Grimm, elle se consacre à l'écriture et
à l'éducation de ses deux enfants[3]. Jusqu'à son départ
pour Genève en 1757, elle se laisse diriger avec plaisir
dans sa vie privée comme dans son activité culturelle.
Ce sont ses années d'apprentissage qui prendront fin
avec la période genevoise.

Grimm lui enseigne l'art de l'écriture. Un petit poème
rédigé en 1756, qui lui est adressé sous le titre de *Tyran
le Blanc*[4], prouve l'influence décisive qu'il exerce sur
elle et qu'elle apprécie non sans humour :

---

1. Marc Fumaroli pense que c'est en 1753, in *Quand l'Europe
parlait français*, 2001, p. 273. Ruth Plaut Weinreb, que c'est
en 1755, in *Eagle...*, *op. cit.*, p. 1.   2. Voir Lucien Perey
et Gaston Maugras, *La Jeunesse de Mme d'Épinay*, 1882,
pp. 398-399.   3. Son fils aîné, Louis, est né le 25 septembre
1746. Une fille, Suzanne, qui naît le 24 août 1747, meurt le 2 juin
suivant. Le 1er août 1749 naît sa seconde fille, Angélique. Un second
fils, enfant de Francueil, serait né en mai 1753, mais aussitôt abandonné en nourrice. Ses deux enfants « officiels » sont donc Louis et
Angélique.   4. Parce que Grimm mettait trop de poudre blanche
sur ses cheveux et qu'il avait du blanc sur tout le visage. Ce surnom
de « Tyran le Blanc » lui resta.

> *...ô des tyrans le plus tyran !*
> *Vous voulez que je versifie ;*
> *Vous commandez à mon génie…*
> *Tantôt c'est une comédie,*
> *Puis un portrait, puis un discours*
> *Sur les grâces, sur les amours ;*
> *Un roman, une historiette,*
> *Un bouquet, une chansonnette…*
> *Bien étendu sur une chaise,*
> *Vous ordonnez tout à votre aise*
> *Sans souffrir qu'on dise nenni ;*
> *Mais dites-moi, quelle manie*
> *Vous prend de vouloir sans pitié*
> *Guinder mon style négligé[1] ?…*

Une fois qu'elle a maîtrisé ses gammes, Mme d'Épinay comprend que son indépendance passe par l'écriture. Tout naturellement, elle se prend pour objet d'étude. Elle se lance dans un grand roman autobiographique, pensant que son histoire est représentative de celle de nombre de ses contemporaines. En racontant les avanies de son éducation, de son mariage, de sa vie de mère et d'amante, elle peint le destin banal des femmes de son temps et de sa classe qui pourraient aisément s'identifier à « Émilie ». En même temps, elle écrit à son fils des *Lettres* qui sont autant de courts essais sur l'éducation. C'est le début d'une vocation pédagogique qui ne prendra fin qu'à sa mort. Mais roman et essais se rejoignent pour tracer les contours d'un nouveau modèle féminin qui va dominer les siècles à venir :

---

1. Mme d'Épinay, *Mes moments heureux*, t. II des *Œuvres de Mme d'Épinay*, éd. Challemel-Lacour, p. 163.

celui de la mère toute-puissante. En prônant, la première, les bienfaits de l'amour maternel et ceux d'une
éducation qui n'incombe plus qu'à la mère, Louise a
enfin donné à des générations de femmes un statut valo-
risant, doublé d'un réel pouvoir, que nul n'avait encore
songé à leur accorder. En 1756, soit six ans avant la
publication de l'*Émile*, ce projet annonce et préfigure
les nouvelles mentalités.

Depuis 1755, Grimm s'emploie à mettre Louise en
valeur tant dans la *Correspondance littéraire* que par
une « Lettre à une dame occupée sérieusement de l'éducation de ses enfants », qu'il publie dans le *Mercure*[1].
Là, il fait un éloge dithyrambique de sa compagne,
« mère tendre et éclairée, capable de faire marcher sur
la même ligne le sentiment et la raison ». Puis il publie
dans la *Correspondance* les dix *Lettres* à son fils, une
autre « à la gouvernante de ma fille », et ses vers à
« Tyran le Blanc » entre juin 1756 et janvier 1757[2].
Mais Grimm et Mme d'Épinay ne s'en tiennent pas
là. La *Correspondance* du 15 juin 1756 publie un long
essai sur la condition féminine[3] qui commence ainsi :
« C'est la mode de dire du mal des femmes. Il semble
que les hommes aient voulu, dans tous les temps, se
venger par la médisance de l'empire qu'elles exercent
sur eux… » Le texte est manifestement du couple. *Lui*

---

1. Lettre anonyme datée du 10 mars 1756 et publiée dans le
Mercure de juin, pp. 30-44. Grimm prend le masque d'un précepteur qui se réjouit de l'éducation dispensée par une bonne
mère.   2. Autant de morceaux disparus de l'édition Tourneux
et que Ruth Plaut Weinreb a retrouvés dans le manuscrit Anspach
à la Bibliothèque de la Ville de Paris, ainsi que trois autres pièces
de la plume de Mme d'Épinay. *Eagle in a Gauze Cage…*, *op. cit.*,
pp. 163-164.   3. III, pp. 238-239.

attaque Buffon, qui soutient que la copulation est le seul acte naturel entre l'homme et la femme, et Rousseau qui déclare que la femme, inférieure à l'homme, doit donc lui obéir, ce qui est « contraire à la raison et indigne du partisan de l'égalité de toutes les conditions[1] ». *Elle* évoque le sort des femmes, exilées de la maison paternelle, élevées dans des couvents, qui ne reçoivent ni instruction ni morale ferme. C'est sûrement *elle* aussi qui décrit les jeunes filles jetées au sortir du couvent dans les bras d'un inconnu par les liens indissolubles du mariage : « Les doux et sacrés devoirs de l'hymen deviennent ainsi, par la tyrannie de nos usages, des outrages faits à la pudeur ; et la victime est immolée aux désirs de l'homme[2]... » *Elle*, enfin, qui montre les mille dangers qui guettent la malheureuse ignorante dans la société qui est la sienne. Mais *ils* concluent probablement ensemble que les femmes, guidées par le sentiment, sont plutôt meilleures que les hommes.

Depuis lors, Mme d'Épinay ne cessera plus de méditer sur la nature et la condition féminines. Dans le grand débat qui opposera en 1772 Diderot et Thomas sur la question de la femme[3], elle prendra le contre-pied des opinions régnantes[4]. Contre Diderot qui voit la femme commandée par son utérus, elle soutient qu'elle est d'abord un être de raison. Elle dénonce l'erreur commune aux deux hommes qui « attribuent sans cesse à la nature ce que nous tenons évidemment de l'éducation ou de l'institution ». À son avis, hommes

---

1. *Ibid.*   2. *Ibid.*, p. 240.   3. *Qu'est-ce qu'une femme ?*, éd. E. Badinter, 1989.   4. Lettre de Mme d'Épinay à l'abbé Galiani, 14 mars 1772. *Ibid.*, pp. 189-194.

et femmes sont de même nature. « Même la faiblesse de nos organes appartient certainement à notre éducation... La preuve en est que les femmes sauvages sont aussi robustes, aussi agiles que les hommes. » Plus généralement, elle soutient que les deux sexes sont susceptibles des mêmes vertus et des mêmes vices. Force physique, courage et puissance intellectuelle seraient identiques chez l'un et l'autre, si la société et l'éducation ne se mêlaient pas de les distinguer. La condition des femmes peut donc changer. Il faudrait seulement « plusieurs générations pour nous remettre telles que la nature nous fit ». Dans la lignée de Descartes et de Poulain de La Barre, Louise d'Épinay annonce le féminisme universaliste de Simone de Beauvoir. Aux antipodes de la pensée dominante, elle affirme, contre Rousseau et Diderot, que la différence sexuelle n'a pas l'importance qu'ils lui accordent. À ses yeux, l'égalité des sexes se déduit de leur essentielle ressemblance.

Très en avance sur son temps, elle ne permit cependant pas qu'on publiât ses propos adressés à Galiani. Prisonnière des préjugés de l'époque, elle n'estimait pas convenable qu'une femme entretînt une polémique publique[1]. Il fallut donc attendre deux siècles pour

---

1. Son roman autobiographique montre l'influence étouffante d'une mère à l'esprit étroit qui lui enseigna à l'excès les vertus de la modestie et du silence. Mme d'Épinay s'est révoltée contre les valeurs de la petite bourgeoisie maternelle, mais pas jusqu'au point de s'imposer sur la scène publique. Son roman n'était pas destiné à la publication et ses nombreux articles dans la *Correspondance littéraire* sont restés anonymes. Seules ses *Conversations d'Émilie*, sa petite-fille, ont été publiées pour être lues par un public important en 1774 et 1781. Comme si la pédagogie était le seul domaine intellectuel permis à une femme...

que l'on découvrît l'extrême modernité de sa pensée. Celle que Fréron appelait méchamment « Célimène[1] » était plus intéressante qu'on ne le pensait. C'était Voltaire qui avait vu juste : Mme d'Épinay était bien « la véritable philosophe des femmes ». La suite montrera qu'elle a eu encore d'autres titres de gloire.

FEMMES SAVANTES

Depuis Molière, le titre est difficile à assumer. Seule Mme du Châtelet s'y risqua et l'on sait à quels sarcasmes et quolibets elle fut livrée. De quoi refroidir toutes celles qui auraient rêvé de l'imiter. Le seul moyen d'assouvir cette vocation est donc de se cacher sous le voile de l'anonymat, ou derrière un « grand homme » qui utilise vos travaux. D'où les difficultés sans nom que rencontre l'historien pour les détecter.

Au milieu des années 1750, deux femmes travaillent en secret sur des matières réservées aux hommes. Elles n'appartiennent pas à la vieille noblesse, comme la marquise du Châtelet, mais à la haute bourgeoisie qui leur interdit tout défi aux préjugés sociaux.

Mme Thiroux d'Arconville

Née en 1720, fille d'un fermier général, elle se maria à quatorze ans avec un futur président d'une des

---

1. *L'Année littéraire*, 1754, VIII, p. 339. Cité par J. Balcou, *Fréron contre les philosophes*, *op. cit.*, p. 97.

chambres du parlement de Paris, auquel elle donna trois fils[1]. Décrite comme une femme très remarquable par ses contemporains, douée d'une imagination, d'une curiosité et d'une puissance de travail peu communes, elle consacra l'essentiel de sa vie aux jouissances de l'esprit[2]. Comme bien d'autres, elle commença sa carrière intellectuelle par la traduction d'œuvres anglaises. Curieusement, la première à être rendue publique – bien que le nom de la traductrice ne fût pas mentionné – est les *Avis d'un père à sa fille*, par Lord Halifax, dont « une femme d'esprit », qui n'est autre que Mme d'Épinay, dira le plus grand mal dans la *Correspondance littéraire* du 15 juin 1756[3]…

C'est sous le couvert de la traduction que Marie d'Arconville ose aborder un domaine scientifique qui la passionne : l'anatomie, et plus précisément la partie de l'anatomie qui traite des os, l'ostéologie. Elle avait suivi les cours publics du Jardin du roi, où les femmes étaient admises. On y enseignait non seulement l'histoire naturelle, mais aussi la chimie et l'anatomie. Plusieurs centaines de personnes assistaient chaque année aux trente-huit leçons de Rouelle, et presque

---

1. L'un d'eux est Louis Thiroux de Crosne (1736-1794), maître des requêtes au Parlement, qui s'illustra en 1763 lors du procès en révision pour la famille Calas. Homme des Lumières, il fit carrière comme intendant de Rouen, puis de Lorraine, avant d'être nommé en 1785 lieutenant général de la police. Il finit guillotiné sous la Terreur.　2. La *Biographie universelle*, t. 41, pp. 381-382, rapporte qu'étant restée très marquée de la petite vérole qu'elle avait contractée à l'âge de vingt-trois ans, elle s'habilla comme une septuagénaire, « prit les grands papillons, la coiffe », et renonça au spectacle pour ne plus vivre que l'existence d'une dévote.　3. III, pp. 241-242. Mme d'Épinay ne critique pas la qualité de la traduction, mais les propos de Lord Halifax.

autant aux dissections de cadavres dans l'amphithéâtre d'anatomie[1]. C'est probablement à ces cours que Mme d'Arconville fait la connaissance d'un certain nombre de savants avec lesquels elle entretient des relations suivies, tels Bernard de Jussieu, le chimiste Macquer ou l'agronome Abeille. C'est là aussi qu'elle a dû rencontrer Malesherbes et Diderot[2]. Forte de cette instruction, elle décide de traduire le traité d'ostéologie de l'Écossais Alexander Monro, *Anatomy*, en y joignant des illustrations de son cru. La traduction voit le jour en 1759 et les dessins de Mme d'Arconville sont publiés par l'Académie de chirurgie sous le nom et la protection de Jean-Joseph Sue, membre de cette Académie[3].

Londa Schiebinger fait observer que son squelette féminin – l'un des rares dessinés par une femme –, qui exagère jusqu'à la caricature les caractéristiques féminines, objets de débats, est une représentation sexiste de la femme. Avec un crâne excessivement petit, une cage thoracique trop étroite, un bassin plus large que nature, Marie d'Arconville justifie par l'image scientifique tous les préjugés de son époque, et même au-delà, puisque l'Anglais John Barclay choisira encore ses illustrations pour son livre, *The Anatomy of the Bones of the Human Body*, publié en 1829[4].

---

1. Londa Schiebinger, *The Mind has no Sex?*, 1989, p. 248. 2. Il ne la mentionne qu'une seule fois dans sa correspondance (à Falconet, mai 1768), mais l'on sait que Malesherbes et lui furent assidus aux leçons de Rouelle à la même époque.   3. Même Alexander Monro (1697-1767) ignorait qu'elle était sa traductrice et attribuait son travail à Sue. Par ailleurs, c'est elle qui fit tous les frais de l'impression du *Traité d'ostéologie*, mais c'est son prête-nom qui fut associé à la Société d'Édimbourg !   4. L. Schiebinger, *op. cit.*, pp. 195-203.

Au demeurant, jusqu'en 1796, date à laquelle l'anatomiste allemand Samuel Thomas von Soemmerring produira une autre représentation du squelette féminin, la description de la Française restera la seule admise tant par les Allemands que par les Français ou les Anglais.

Conjointement au traité de Monro, Marie d'Arconville traduit les *Chemical Lectures* de Peter Shaw sous le titre *Traité de chimie* en 1759. Grâce au laboratoire qu'elle a installé chez elle et aux ouvrages empruntés à la Bibliothèque royale, elle ne s'en tient pas aux traductions : elle poursuit des recherches personnelles dans le domaine encore inexploré de la putréfaction. Elle étudie les moyens de contenir le phénomène de décomposition pour la préservation des denrées alimentaires. Elle se livre à des expériences sur plus de trente sortes de substances afin de déterminer pour chacune comment freiner leur pourrissement. Chaque jour, durant plus de cinq ans, elle observe comment le bœuf, par exemple, se décompose dans l'air et dans l'eau, ainsi que les variations de sa vitesse de décomposition sous l'effet d'acides ou d'eaux minérales. Au total, plus de trois cents expériences[1] aboutissent à la publication en 1766 de son *Essai pour servir à l'histoire de la putréfaction*. Toujours sous le voile de l'anonymat, elle ne se gêne pas pour critiquer ses plus célèbres collègues de l'époque : les médecins John Pringle et Hermann Boerhaave. Mais là s'arrêtent ses publications scientifiques. Même si elle continue ses recherches, notamment sur les propriétés de la camomille, elle ne publiera plus que des

---

1. *Dictionnaire de biographie française*, 1939, t. III.

traités de morale, des romans et de remarquables bio-
graphies historiques[1].

Inconnue du public, Marie Thiroux d'Arconville
était une femme respectée par les meilleurs esprits
de son temps, tels Lavoisier, Foucroy, Anquetil, mais
aussi Turgot ou Malesherbes. Louis-Paul Abeille, qui
l'a bien connue, lui rend un hommage appuyé dans
l'introduction qu'il écrivit pour la publication des
Observations de Malesherbes sur l'*Histoire naturelle*
de Buffon. Du manuscrit de Malesherbes, perdu depuis
longtemps, on retrouva une copie « entre les mains
d'une femme digne, sous toutes sortes de rapports, du
titre de *virtuose*. Liée avec la plupart de nos savants
les plus connus, elle cultivait elle-même, et avec fruit,
les sciences et les arts. Nous croyons pouvoir nous
permettre d'ajouter qu'elle a enrichi notre littérature
d'ouvrages de morale aussi intéressants que bien écrits,
et d'une bonne traduction de l'anglais d'un traité utile
et volumineux sur une science à laquelle il est presque
sans exemple qu'une personne de son sexe se soit adon-
née. Des copies qu'a fait faire une femme philosophe
de divers écrits qu'elle a craint de ne pas voir imprimer font partie de sa bibliothèque. Les *Observations* de
Malesherbes font partie de ce nombre[2] ».

---

1. Vie du cardinal d'Ossat, 2 vol., 1771 ; Vie de Marie de Médicis,
3 vol., 1774 ; Histoire de François II, 2 vol., 1783. En outre, Marie
Thiroux d'Arconville a laissé de nombreux manuscrits, dont treize
volumes de souvenirs, perdus, dit-on, pour la plupart.　　2. Introduction aux Observations de Lamoignon-Malesherbes sur l'Histoire
naturelle générale et particulière de Buffon et Daubenton, An VI
(1798), pp. V-VI. Abeille nous apprend que Malesherbes, très heureux de retrouver une copie de son manuscrit dans la bibliothèque
de Mme d'Arconville, en fit faire à son tour une copie, et Abeille fit
de même pour pouvoir publier le texte de Malesherbes quatre ans
après la mort de celui-ci.

Hommage anonyme, puisque le nom de cette digne femme n'est pas cité, pas plus que ne l'est son *Traité d'ostéologie*, ainsi qu'elle le souhaitait. Contrairement à tous ses collègues masculins, Marie d'Arconville fuyait la reconnaissance publique et ignorait le désir de gloire. Seuls ses amis pouvaient la reconnaître dans cette description incomplète et, de toute évidence, cela lui suffisait[1].

La reine de l'astronomie

Bien différent est le cas de Nicole-Reine Étable de La Brière, « première femme astronome française[2] », plus connue sous le nom de Reine Lepaute. Elle naquit le 5 janvier 1723 au palais du Luxembourg où son père était attaché à la reine d'Espagne, Élisabeth d'Orléans. Dès son enfance, la petite fille se fait remarquer par son intelligence précoce et sa puissance de lecture. À vingt-cinq ans, elle épouse Jean-André Lepaute, horloger de talent qui vient d'achever la magnifique pendule du château de la Muette[3]. Calculatrice hors pair, elle collabore aux travaux de son mari qui invente et perfec-

---

1. Comme sa contemporaine Mme d'Épinay, Marie Thiroux d'Arconville soutenait qu'une femme respectable ne devait pas faire parler d'elle. 2. Jean-Claude Pecker, « L'œuvre scientifique de Lalande », *in* Jérôme de Lalande (1732-1807), *Les Nouvelles Annales de l'Ain*, 1985, p. 26. 3. Lepaute l'Aîné (1720-1789) était issu d'une modeste famille de Thonne-la-Lay, dans la Meuse ; son père, maréchal-ferrant, l'avait envoyé à Paris en 1740 comme apprenti chez un horloger. Rejoint par son frère, il construisit avec lui des horloges horizontales. En 1747, il achève l'horloge de la Muette, et il épouse Reine de La Brière le 27 août 1748.

tionne de nouveaux mécanismes[1]. Grâce à ses connaissances astronomiques, elle calcule pour lui oscillations et longueurs des pendules. Mais ses travaux seraient restés secondaires sans sa rencontre avec l'astronome Lalande. Celle-ci eut lieu en 1753 au palais du Luxembourg, où le couple Lepaute disposait d'un appartement[2] et Lalande d'un observatoire[3]. Selon ce dernier, ce fut à l'occasion d'un rapport qu'il devait faire pour l'Académie sur la pendule à une seule roue, objet de contestation entre Caron et Lepaute[4]. Mais, comme il fut absent de Paris de juillet 1753 à mai 1754, il est probable que l'amitié qui allait unir le couple Lepaute au jeune astronome durant plus de trente ans ne débuta qu'à son retour de Bourg-en-Bresse, à l'occasion d'un travail commun.

À cette époque, l'horlogerie a partie liée aux progrès de l'observation astronomique. Les seconds dépendent souvent de la perfection des pendules, et la première

---

1. En 1751, Lepaute présente à Louis XV une nouvelle pendule dont tout le mécanisme consiste en une seule roue. En 1752, il invente une pendule marquant les heures, les minutes et les secondes, sonnant les heures et les quarts. En 1753, il s'arroge la découverte de l'échappement à repos que lui conteste le jeune Caron de Beaumarchais.   2. Lepaute venait de construire pour le palais une horloge horizontale, ce qui lui avait valu la jouissance d'un logement.   3. Situé dans la coupole du Luxembourg, cet observatoire avait hébergé Delisle avant son départ pour la Russie en 1725 et un peu après son retour en 1747, le temps de faire construire son observatoire de Cluny (1748). Avant de le céder à son élève Lalande début 1753, il semble qu'il le prêta quelque temps à La Condamine, déjà fort lié à Lalande. Note de G. Bigourdan sur l'observatoire du Luxembourg, C.R.A.S., 1918, nº 167, pp. 141-146.   4. Il n'y a nulle mention dans les procès-verbaux de l'Académie des sciences de 1753 du fait qu'il aurait été – comme il le dit dans sa *Bibliographie astronomique*, p. 677 – commissaire chargé du rapport.

nécessite nombre de connaissances mathématiques qui ne sont pas à la portée de tous les artisans. Au cours de l'été 1754, M. et Mme Lepaute décident d'écrire un *Traité d'horlogerie* en collaboration avec Lalande. Lepaute se charge de la partie historique et technique, Lalande de la partie géométrique (sur les figures des dents des roues, le calcul du nombre de dents, le mouvement des pendules et les centres d'oscillations) et Reine Lepaute de la table des longueurs de pendule qu'elle calcule à l'aide des logarithmes. Un an plus tard, Lalande annonce à son ami La Beaumelle, alors à Amsterdam, que l'ouvrage est prêt à paraître et qu'il souhaite que les journaux en parlent : « Comme vous êtes à portée de voir des nouvellistes et des journalistes, je vous serai obligé si vous pouvez faire annoncer… un *Traité d'horlogerie* fait par M. et Mme Lepaute[1]. »

Le nom de Reine Lepaute ne figure pas sur la page de garde. Mais, avant même sa publication (en octobre), Lalande publie un article, daté du 22 juin 1755, dans le *Mercure* de juillet[2], à la gloire de l'ouvrage auquel il a collaboré, qui n'oublie pas de rendre hommage à Mme Lepaute. En décembre, le *Journal des savants* en fait un court résumé dans ses « Nouvelles littéraires ». Il ne cite que Jean-André Lepaute, mais souligne l'importance des tables de Mme Lepaute, sans la nommer[3].

---

1. 21 juillet 1755. Archives La Beaumelle (collection privée). Lettre obligeamment prêtée par Claude Lauriol et Hubert Bost, éditeurs de la *Correspondance de La Beaumelle*, avec l'aimable autorisation de la famille Angliviel de La Beaumelle. 2. Pp. 183-192. C'est dans le *Mercure* de novembre 1755 que l'on trouve l'annonce de la publication du *Traité*. 3. Décembre 1755, I, pp. 827-828. Il n'est pas impossible que l'article soit dû à Clairaut, collaborateur du *Journal* et déjà lié à Lalande.

Enfin, un grand article paraît dans le *Mercure* de mars
1756[1] qui rend à chacun, nommément, ce qui lui est dû.
Mme Lepaute est présentée ainsi : « Son application
aux sciences mathématiques est déjà connue de plusieurs savants, et l'on ne sera point surpris en voyant
dans ce livre une table des longueurs de pendule qui
est fort étendue. » En outre, le rédacteur du *Mercure*
insiste à plusieurs reprises sur le style admirable de cet
ouvrage, qui en rend la lecture aisée et explique une
grande partie de son succès public. Lalande révélera
plus tard que c'est Reine Lepaute qui réécrivit tout le
livre[2].

Lalande n'éprouve pas seulement de l'amitié, voire
peut-être plus, pour Mme Lepaute[3] ; ce travail commun
lui a donné une haute idée des capacités calculatrices
de son amie. Lorsqu'il suggère à Clairaut, en juin 1757,
d'appliquer sa théorie des trois corps pour déterminer le
retour de la comète de Halley[4], c'est tout naturellement
qu'il sollicite la collaboration de Mme Lepaute. La
tâche s'annonçait impossible pour une seule personne.
Il ne s'agissait pas seulement de calculer l'attraction de
Jupiter et de Saturne sur la comète, mais encore de déterminer auparavant les positions respectives de la comète
et des planètes sur une période correspondant à deux

---

1. Mars 1756, pp. 217-220.   2. Lalande à Bonnet, 11 février
1760 : « Le nom de son mari est célèbre par un fort beau *Traité de
l'horlogerie* dont on a admiré même le style, parce que c'est elle qui
avait présidé à cette partie. » B.P.U., Ms. Bo. 26, f. 23.   3. Dans
l'hommage qu'il lui rend après sa mort, le 6 décembre 1788,
Lalande confie que sa perte lui fut la plus triste qu'il eût connue
depuis celle de son cher père en 1755. *Bibliographie astronomique*,
p. 681.   4. En 1705, Halley, en suivant la théorie de Newton,
avait annoncé que la comète de 1682 réapparaîtrait en 1758 ou
1759. À l'époque, on ignorait les perturbations causées par Jupiter
et Saturne sur la trajectoire de la comète.

révolutions de la comète, c'est-à-dire cent cinquante ans. « Mme Lepaute, raconte Lalande, nous fut d'un si grand secours que nous n'aurions point osé, sans elle, entreprendre cet énorme travail… On comprendrait difficilement le courage qu'exigeait cette entreprise si l'on ne savait que, pendant plus de six mois, nous calculâmes depuis le matin jusqu'au soir, quelquefois même à table… Il était important que le résultat fût donné avant l'arrivée de la comète pour que personne ne pût douter de l'accord entre les observations et les calculs qui serviraient de fondement à la prédiction[1]. »

Moins résistant que Reine Lepaute, Lalande tomba gravement malade, mais ils arrivèrent à établir que la comète serait retardée de six cents jours par l'action de Jupiter et de Saturne. Durant tout ce temps, « Clairaut réservait ses efforts à la détermination, par des méthodes analytiques, du résultat de ces forces attractives[2] ». Enfin, tout fut prêt à temps et, lors de la rentrée de l'Académie des sciences du 15 novembre 1758, Clairaut put annoncer à ses collègues que les calculs de Lalande et les siens permettaient de prévoir le passage de la comète dans son périhélie vers le milieu d'avril 1759, avec une possible variation d'un mois[3]. Du précieux travail de Mme Lepaute il n'est fait nulle mention par Clairaut et, sans le témoignage de Lalande, on n'en aurait rien su. Pourtant, dans sa correspondance avec Lalande, Clairaut qualifie l'ardeur de celle-ci de « surprenante », et l'appelle la « savante calculatrice[4] ».

---

1. *Bibliographie astronomique*, *op. cit.*, pp. 677-678.
2. P. Brunet, *La Vie et l'œuvre de Clairaut*, 1952, p. 94.   3. On vit la comète en Allemagne le 25 décembre 1758, et à Paris le 21 janvier 1759.   4. Lettres évoquées par Lalande dans la *Bibliographie astronomique*, pp. 677-678, aujourd'hui perdues.

Comment expliquer le silence de Clairaut ? Lalande rapporte qu'il l'avait d'abord citée dans son livre sur la comète[1], « mais il supprima cet article par complaisance pour une femme jalouse du mérite de Mme Lepaute et qui avait des prétentions sans aucune espèce de connaissance. Elle parvint à faire commettre cette injustice à un savant judicieux, mais faible, qu'elle avait subjugué[2] ». Un froid s'installa entre Clairaut et Mme Lepaute, laquelle ne travailla plus qu'avec Lalande. Celui-ci, chargé de la *Connaissance des temps* en 1759, en confie tout de suite le fardeau à son amie, ainsi que le montre sa correspondance avec le savant genevois Charles Bonnet. Le 10 mars 1759, Lalande se plaint de l'« immensité du travail » de la *Connaissance des temps*[3]… Le 16 juillet suivant, il annonce qu'elle est faite pour deux ans, en précisant : « J'ai d'ailleurs l'agrément de vivre avec une femme d'esprit qui en a fait une année presque toute seule, et avec le secours de qui je puis me consoler de la pesanteur de ce fardeau[4]. » Bonnet lui demande le nom de cette nouvelle du Châtelet[5], et Lalande lui répond : « La muse qui veut bien faire pour moi la *Connaissance des temps*, car pour celle qui se fait actuellement, je n'y ai que peu de part, est Mme Lepaute[6]. »

Contrairement à Clairaut, Lalande sut lui manifester sa reconnaissance. Il la présente à Dortous de

---

1. Publié en 1759.   2. *Bibliographie astronomique*, p. 677.   3. B.P.U., Ms. Bo. 24, f. 118-119. La *Connaissance des temps* était publiée chaque année par l'Académie des sciences pour l'usage des astronomes et des navigateurs. Selon Lalande, ses calculs pouvaient occuper plusieurs personnes.   4. *Ibid.*, f. 119.   5. Ms. Bo. 70, f. 107v : lettre du 6 août 1759.
6. Ms. Bo. 26, f. 23 : lettre du 11 février 1760.

Mairan, qui fait la pluie et le beau temps à l'Académie de Béziers dont il est un des fondateurs. Mairan apprécie le travail de Mme Lepaute, qu'il fait parvenir à Béziers. Le 19 septembre 1761, il envoie à son ami et secrétaire perpétuel Bouillet « les savants calculs de Mme Lepaute…, digne écolière en astronomie de M. de Lalande, sur le fameux passage de Vénus sous le Soleil. Elle me les apporta il y a quelques jours pour vous les envoyer[1] ». Il fait mieux : probablement à la demande de Lalande, Mairan obtient l'association de Reine Lepaute à l'Académie de Béziers. Le 22 novembre 1761, son directeur répond à sa lettre de remerciement par des propos galants : « Quel avantage pour nous, j'ose le dire, et quel aiguillon pour plusieurs de nos confrères qui, pleins du zèle qui vous anime, consacrent leurs soins et leurs veilles au progrès de l'astronomie ! Surpris de reconnaître en vous, Madame, un maître plutôt qu'un émule, ceux dont vous demandez maintenant les lumières pourraient fort bien un jour avoir recours aux vôtres, et vous placer dans leur lycée à côté des Agnesi et des Duchâtelet[2]. »

Preuve que Lalande n'est pas étranger à cette nomination, il écrit lui-même à Bouillet : « Je vous réitère de tout mon cœur mes remerciements pour la marque de

---

1. *Bulletin de la Société archéologique de Béziers*, 2ᵉ série, t. 2, 1860, pp. 210-211. Le *Bulletin* publie cinq lettres de Mairan à Bouillet qui mentionnent Mme Lepaute (outre celle du 19 septembre 1761, celles des 5 janvier, 15 février, 6 juin et 10 juillet 1764). On en connaît deux autres du 21 janvier 1762 et du 20 février 1766 dans les archives privées de J.-D. Bergasse.   2. De La Rouvière-Dryssantier, Béziers, 22 novembre 1761. J. Mascart, « Mme Lepaute », *Saggi di astronomia popolare*, Turin, juin 1912, nº 6, pp. 123-124.

considération que vous lui avez donnée, et le bien que vous avez fait à l'astronomie en augmentant l'émulation d'une personne qui se consume dans le travail. Elle est actuellement à calculer la *Connaissance des temps* de 1764[1]... » Trois semaines plus tard, Mme Lepaute lui écrit à son tour, non seulement pour lui parler de ses travaux, mais pour lui faire une confidence pleine de colère sur la maîtresse de Clairaut : « M. Clairaut a chez lui une fille qu'il entretient et qu'il a ramassée il y a trois ans chez une marchande de mode, rue Saint-Honoré. Elle se nomme Gourlier. Il lui a appris avec peine à faire des additions de nombres, mais c'est là toute sa capacité. Elle ignore la règle de trois et n'a jamais pu parvenir à la comprendre. Cependant, cette fille a eu l'impudence d'être jalouse de la récompense que vous avez accordée à dix ans de travaux que j'ai consacrés à l'astronomie. Elle annonce déjà qu'on lui a fait un mémoire et qu'elle compte être aussi reçue dans notre Académie par le crédit de M. Clairaut. Tout ce que je vous dis là, Monsieur, de l'état et de l'ignorance de cette fille, vous pourrez vous en informer d'ailleurs, afin de vous tenir en garde à ce sujet et de ne pas déshonorer un titre aussi beau que celui d'académicienne. Mais, de grâce, Monsieur, ne me nommez jamais à ce sujet[2]... »

Celle que Clairaut nomme dans sa correspondance « l'écolière », « mon enfant » ou « ma petite

---

1. Lettre du 27 décembre 1761. Archives J.-D. Bergasse.
2. Lettre du 16 janvier 1762. Archives J.-D. Bergasse. Cette lettre est d'une rare importance par ce qu'elle nous apprend sur la mystérieuse compagne de Clairaut et ce qu'elle nous révèle du caractère de Mme Lepaute.

compagne[1] », c'est-à-dire Mlle Goulier[2], ne fut jamais académicienne. Même si elle déchargeait Clairaut de quelques calculs fastidieux, elle ne pouvait prétendre au titre de savante. Mais sa jalousie avait réussi à priver Mme Lepaute de sa part de gloire dans un événement scientifique d'une portée considérable. La prévision du retour de la comète fit en son temps un bruit énorme et l'on comprend l'amertume de celle qu'on avait en l'occurrence occultée.

Contrairement à Mme d'Arconville, Reine Lepaute n'entendait cependant pas rester cachée. Première femme de science, en France, à se parer du titre d'académicienne, elle poursuivit activement ses travaux jusqu'au début des années 1780. Non seulement elle s'occupa des pénibles tâches de mise au point de la *Connaissance des temps* de 1759 à 1774, mais elle participa également aux *Éphémérides des mouvements célestes* de 1775 à 1784[3] en calculant les tables du Soleil, de la Lune et de toutes les planètes, ce dont Lalande ne manque pas de la remercier publiquement et à plusieurs reprises dans les préfaces de ces ouvrages[4]. Plus glorieux pour elle, parce que plus spectaculaires, furent ses travaux, au début des années 1760, sur la grande éclipse du Soleil, prédite pour 1764. Mme Lepaute la calcula d'abord pour toute l'étendue de l'Europe et

---

1. Voir les lettres de Clairaut à Daniel Bernoulli entre 1759 et 1764, ainsi qu'au père Boscovich entre 1760 et 1764, bien que parfois l'on ne sache, dans ces dernières, s'il fait allusion à Mme Lepaute, « ma calculatrice », ou à sa maîtresse.   2. L'orthographe de ce nom varie d'un document à l'autre : « Gouilli » dans les *Mémoires secrets* de Bachaumont, « d'Ogier » dans la *Correspondance* des frères Verri, « Gourlier » sous la plume de Mme Lepaute, « Gouillé » dans une lettre de Clairaut à Haller fils, et « Goulier » dans une autre du même à Louis Necker.   3. T. VII et VIII.   4. *Éphémérides*, t. VII, 1774 et t. VIII, 1783.

publia deux ans à l'avance une carte où l'on voyait, de quart d'heure en quart d'heure, la marche de l'éclipse annulaire de l'astre. Elle fit de même pour Paris, et la carte de l'éclipse prévue pour le 1er avril fut distribuée à plusieurs milliers d'exemplaires, le 22 mars 1764[1]. En tête de ces prédictions parfaitement exactes, on lit : « Calculées par Madame Lepaute, de l'Académie royale des sciences de Béziers. »

L'importance et la précision de son travail méritaient mieux que le silence qui s'ensuivit. Excepté Lalande, aucun de ses pairs ne lui rendit l'hommage qui lui était dû. Certes, le naturaliste Philibert Commerson[2] donna son nom à une nouvelle plante qu'il découvrit en 1771 à la « Grande Isle », la *Peautia Xerastate*. Mais ce nom honorait son mari tout autant qu'elle. Quant à la seconde plante, magnifique, qu'il récolta en « Isle de France » et qu'il nomma *Peautia Cœlestina*[3], elle fut débaptisée au profit de *Hortensia Cœrulae*, surnom que l'on trouve d'ailleurs dans les papiers de Mme Lepaute.

---

1. Il en existe un exemplaire à l'Observatoire de Paris. Papiers Delisle, Ms. A 3-6, pièce 29.10. Lalande précise que c'est à « l'occasion des différentes éclipses qu'elle avait calculées qu'elle sentit l'avantage d'une table des angles parallactiques, et elle en fit une très étendue, qui est dans la *Connaissance des temps* de 1763 et dans le livre intitulé *Exposition du calcul astronomique* ». *Bibliographie astronomique*, p. 678.   2. 1727-1773. Ami de Lalande, des Lepaute et du botaniste Poivre, il participe à la grande expédition de Bougainville (1766-1773) dans les îles Mascareignes, qui comprennent notamment l'Isle de France, aujourd'hui l'île Maurice, et l'Isle de Bourbon, aujourd'hui la Réunion. Il visita aussi la Grande Isle, c'est-à-dire Madagascar.   3. Richard Chavigny, « L'hortensia fleur horlogère », *Bulletin Ancaha*, n° 81, printemps 1998, pp. 47-54. En revanche, Lacroix, dans sa notice biographique de Commerson (17 décembre 1934), soutient que l'hortensia n'a pas été découvert par Commerson. Originaire de Chine, il aurait été rapporté des Indes en 1771 par Legentil.

Quelques admirateurs lui adressèrent de galants vers publiés dans le *Mercure*[1], et le peintre du roi, Voiriot, fit d'elle un joli portrait qui, à côté de celui de Copernic, orna le cabinet de Lalande jusqu'à sa mort. Mais les travaux de cette pionnière en astronomie s'évanouirent dans l'oubli. En 1780, elle écrivit à Mme Necker pour « obtenir une pension qu'elle croyait mériter et par ses services et par la singularité d'une femme livrée aux hautes spéculations[2] ». On lui répondit aimablement qu'on verrait plus tard... Sébastien Mercier la mentionne encore en 1790, deux ans après sa mort, parmi les « grands hommes nés à Paris[3] », avant qu'elle ne disparaisse ensuite des histoires des sciences.

Toutes les femmes évoquées ici ont participé à la vie intellectuelle de leur temps. Dissimulées ou au grand jour, elles ont joué un rôle non négligeable, souvent sous-estimé par leurs contemporains et plus encore par les deux siècles suivants. Mme de Graffigny vaut bien Nivelle de La Chaussée qui, lui, connut les honneurs académiques, et son immense correspondance, que l'on est en train de découvrir[4], la rend déjà incontournable pour les chercheurs et les amoureux du XVIIIe siècle. Mme d'Épinay est plus intéressante que Grimm : non seulement elle a pris une large part à la confection de ce

---

1. Lalande cite ceux de M. de La Louptière, parus vers 1776. *Bibliographie astronomique*, p. 680.   2. *Mémoires secrets* de Bachaumont, XVI, 1780, pp. 20-21 : 9 octobre 1780. 3. *Tableau de Paris*, éd. J.-C. Bonnet, 1994, I, p. 786.   4. La Voltaire Foundation a entrepris la publication des 2 500 lettres inédites que Mme de Graffigny envoya à son ami Devaux durant vingt-cinq ans. Six volumes ont déjà été publiés sous la direction de J.-A. Dainard qui couvrent la période 1716-1745, en 1985, 1989, 1992, 1996, 1997 et 2000. Restent huit volumes à paraître.

monument qu'est la *Correspondance littéraire*[1], mais elle a laissé à la postérité une œuvre autobiographique qui sert de contrepoint aux *Confessions* de Rousseau[2]; en outre, ce roman d'une femme sur elle-même est l'un des chefs-d'œuvre de la littérature féminine. Enfin, pour ce qui est des savantes, si elles ont connu le destin de ceux qui ne figurent pas dans le court bottin des génies, leur démarche pionnière leur mérite bien une place à part dans nos mémoires.

---

1. Lorsqu'on publiera enfin l'édition intégrale de la *Correspondance littéraire*, ce ne serait que justice d'ajouter le nom de Mme d'Épinay à la liste des auteurs : Grimm, Diderot, Raynal, Meister.   2. Raison pour laquelle j'ai sous-titré « *Les Contre-Confessions de Madame d'Épinay* » l'édition d'*Histoire de Madame de Montbrilland* parue en 1989, Mercure de France.

TROISIÈME PARTIE

Du discrédit à l'honneur retrouvé

1757-1762

CHAPITRE VII

L'année calamiteuse
(1757)

Alors que la guerre extérieure a peu d'incidence sur l'*Encyclopédie*, la tentative d'assassinat de Louis XV, le 5 janvier 1757, marque un tournant dans son histoire. Les fanatiques de tous bords sont prêts à en découdre, entre eux mais d'abord contre elle. Commence une période de répression antiphilosophique qui n'est pas près de s'achever. Contrairement à la crise de 1752, vite résolue par quelques arrangements, celle-ci témoigne à la fois d'une perte de prestige des philosophes et de la montée en puissance de leurs adversaires. Les philosophes n'ont pas la sagesse que l'on peut attendre du nom dont ils se parent. Jalousies, rivalités, différends stratégiques font éclater le clan de l'intérieur. Quand l'année s'achève, le bilan est attristant. Les amis d'hier ne se parlent plus, Diderot a enregistré un fort discrédit, d'Alembert claque la porte de la maison commune au moment même où paraît le septième volume de l'*Encyclopédie*, unanimement salué comme le meilleur. En dépit des appels de Voltaire à l'union des frères, le parti philosophique est bien affaibli, sinon en miettes. Il n'a pas fini de dévaler la pente.

L'EFFET DAMIENS

Parce qu'un pauvre fou a donné un coup de canif sans gravité[1] entre la quatrième et la cinquième côte de Louis XV, l'ordre social vacille. Stupeur et tremblements : le corps sacré du roi a été entamé. Le régicide est toujours un monstre dont on recherche le noir commanditaire. Dans cette période de fortes tensions politiques où la partie de bras de fer qui oppose le roi à ses parlements recouvre une guerre sans merci entre jésuites et jansénistes, chacun des partis a tôt fait d'exploiter l'affaire contre son ennemi. À peine la nouvelle connue, on soupçonne, on dénonce, on règle ses comptes[2].

Fin politique, Voltaire est le premier à comprendre le danger qui guette les philosophes. Un nouveau Ravaillac est la preuve que les Lumières ne concernent qu'un petit nombre de gens. « Est-ce le jansénisme qui a produit ce monstre ? Est-ce le molinisme[3] ? » Ce qui est sûr, c'est que l'on va dénoncer les ennemis de la religion. Voltaire met en garde d'Alembert dès le 16 janvier : « Pourquoi faut-il que les fanatiques s'épaulent tous les uns les autres et que les philosophes soient désunis et dispersés ? Réunissez le petit troupeau. Courage. J'ai bien peur que Damiens ne nuise beaucoup à

---

1. La bénignité de la blessure est attestée par le fait que Louis XV est remonté dans ses appartements sans être porté et que, trois jours plus tard, il pouvait se lever. Dès le 9 janvier, les spectacles reprennent et les prières cessent... Barbier, VI, pp. 427-439.
2. *Mémoires* d'Argenson, IV, p. 325. 7 janvier 1757 : « Chacun des deux partis, moliniste et janséniste, veut que Damiens ait agi pour ses adversaires. »   3. Au président Hénault, 13 janvier 1757. D. 7117.

la philosophie[1]. » L'*Encyclopédie*, qui fait l'unanimité des fanatiques contre elle, risque de devenir leur bouc émissaire.

Réactions partagées du monde des lettres

Depuis que l'archevêque de Paris a rallumé en 1749 une guerre sans merci contre les jansénistes par une application rigoureuse de la bulle *Unigenitus*[2], l'Église, soutenue par le roi et la cour[3], a donné l'occasion au Parlement, proche des jansénistes et applaudi par l'opinion publique, de se poser en défenseur des libertés. Mais si les jésuites, à la pointe du combat ecclésiastique, se rangent bien dans le camp du pouvoir absolu, les jansénistes sont fort loin d'incarner les Lumières et les libertés. Chez les intellectuels, nul n'a oublié l'hystérie des convulsionnaires au cimetière Saint-Médard, dans les années 1730. Sans parler du fanatisme haineux des *Nouvelles ecclésiastiques*, organe de presse clandestin des jansénistes, qui s'en prend indifféremment aux jésuites et aux philosophes[4]. Le sujet est si brûlant

_____

1. D. 7122.   2. Le refus des sacrements, qui avait déjà été opposé aux jansénistes militants, se systématisa, particulièrement dans le diocèse de Paris, par l'exigence nouvelle de billets de confession permettant de démasquer les suspects. Les confesseurs étaient obligés de refuser l'absolution aux adversaires de la bulle *Unigenitus* que le pape avait imposée à l'Église de France en 1713 et que le roi avait consacrée loi du royaume en 1730.   3. Jusqu'en décembre 1754, Louis XV soutint fermement l'archevêque de Paris avant de faire volte-face sous la pression du Parlement qui, de remontrances en grèves, rendait difficile l'exercice du pouvoir royal.   4. Voir leurs attaques virulentes contre Montesquieu et Buffon : *P.I.*, 1, pp. 432-435.

que Malesherbes a supprimé l'article « Constitution *Unigenitus* » qui devait paraître dans le tome IV de l'*Encyclopédie*[1], évitant ainsi aux encyclopédistes de se retrouver sous le feu croisé des deux ennemis. Car, aux yeux des philosophes, jansénistes et jésuites sont à mettre dans le même sac des ennemis de la liberté. Rien à espérer ni des uns ni des autres.

Pourtant, dans la hiérarchie de leurs ennemis, Diderot et d'Alembert mettent les jésuites en premier, du moins jusqu'à leur dissolution définitive en 1764. Bien que nous ignorions leurs commentaires politiques à la nouvelle de la tentative d'« assassinat » du roi, plusieurs indices permettent de penser qu'ils attribuent cet attentat à l'influence des jésuites. Est-ce par pur calcul politique, pour régler leur compte à leurs plus puissants adversaires, ou parce qu'ils le pensent vraiment ? Peu de temps après l'événement, d'Alembert s'en prend à eux qui ont osé dénoncer Voltaire, dans le *Journal de Trévoux*, comme « l'ennemi du Dieu que nous adorons[2] ». À ses yeux, ce sont les jésuites, « cette canaille littéraire », qui incarnent le fanatisme, eux « qui ne cherchent que la nuit pour se battre ». À lire l'article « Jésuite » rédigé beaucoup plus tard par Diderot, les deux têtes de l'*Encyclopédie* se sont ralliées à la thèse de Grosley. Cet avocat et érudit troyen, élevé dans un collège janséniste d'oratoriens[3] comme d'Alembert[4], ami

---

1. Rédigé par l'abbé Mallet. *Cf.* lettre de Malesherbes à Diderot du 11 juillet 1754. B.N., Ms. n.a.f. 3345, f. 150.   2. D'Alembert à Voltaire, 23 janvier 1757. D. 7132.   3. 1718-1785. 4. Les professeurs du collège des Quatre-Nations, ou collège Mazarin, étaient, dit-on, d'ardents jansénistes.

de longue date de ce dernier[1] et compagnon de route de l'*Encyclopédie* depuis le début[2], n'a pas attendu deux mois pour consigner – anonymement – ses *Réflexions sur l'attentat*[3].

Grosley voit immédiatement l'origine de l'attentat dans les disputes ecclésiastiques, dans la rigueur de la bulle, et prend fait et cause pour les parlements qui ont tout fait pour empêcher un schisme. L'assassin n'est qu'un émissaire des jésuites, que Grosley ne confond pas avec le reste du clergé. « Il faut des preuves pour leur imputer [l'attentat], mais en faut-il pour les soupçonner ? Leurs forfaits anciens et nouveaux ne sont-ils pas trop suffisants pour donner lieu à des soupçons ? » Il évoque l'expérience des siècles précédents et l'assassinat d'Henri IV ; leur « doctrine meurtrière » qui les fait tuer même les rois « dès qu'ils les jugent hérétiques… »

---

1. Jean-Baptiste Ludot (1703-1771), savant de Troyes, se présente à d'Alembert comme l'ami de Grosley qu'il rencontra à Paris en 1739, « qui avait l'honneur de demeurer en même pension que vous ». Lettre du 5 avril 1746. B.M. Troyes, Ms. 2584, liasse 1. 2. Dans la préface du volume IV, on mentionne les commentaires de Grosley sur les volumes précédents. Boucher d'Argis lui écrit le 2 juin 1754 : « Je conserverai précieusement vos observations [sur les articles de jurisprudence] pour les placer quand j'en trouverai l'occasion, et comme il y en a quelques-unes qui s'étendent aussi sur d'autres objets qui ne sont pas singulièrement de mon ressort, je communiquerai le tout à mes deux illustres collègues MM. Diderot et d'Alembert, afin qu'ils sachent les obligations que vous a toute l'*Encyclopédie*. » B.M. Troyes, Ms. 2977, nº 250. 3. Écrites le 5 mars 1757 (35 pages) et publiées immédiatement, puisque Trublet annonce le 15 mars à Maupertuis : « Il paraît une petite brochure… *Réflexions sur l'attentat*… » Sa publication fut très vite interdite, et le libraire arrêté. Grosley rapporte dans ses *Mémoires* (B.N., Ms. n.a.f. 804, f. 111-112) : « En apprenant l'attentat…, j'aurais parié ma tête que les bons amis, les jésuites, avaient part à cette importante affaire. »

ou trop indulgents à l'égard de ceux dont la vertu et le mérite réel irritent leur jalousie ». Les jésuites, dit-il, sont « toujours assez méchants pour commettre de grands crimes, toujours assez puissants pour les couvrir et en obtenir l'impunité ». Comme on répand dans le public que Damiens a communié vers le Noël précédent chez les jésuites d'Arras, la conclusion s'impose d'elle-même : ce sont eux les coupables.

En réalité, note Lee Young-Mock, ce n'est pas chez les jésuites que Damiens a fait ses classes de régicide, mais « plutôt sous l'influence des parlementaires parisiens chez lesquels il a servi comme domestique... notamment Bèze de Lys, l'un des plus fougueux conseillers des enquêtes[1] ». Mock estime hautement improbable que Diderot ait ignoré cette vérité. Pourtant, l'article « Jésuite » reprend telle quelle la thèse de Grosley et des parlementaires : le « parricide » Damiens est « un homme qui a vécu dans les foyers de la Société de Jésus, que ces pères ont protégé... et, dans la même année, ils publient une édition d'un de leurs auteurs classiques où la lecture du meurtre des rois est enseignée. C'est comme ils firent en 1610, immédiatement après l'assassinat d'Henri IV ; mêmes circonstances, même conduite[2] ». L'article de Diderot est donc plus politique que philosophique. En se ralliant à la thèse parlementaire, il ne se fait pas l'avocat des jansénistes, mais le procureur de leurs propres ennemis.

De façon plus générale, l'opinion hostile à la cour et à ses suppôts pointe le doigt sur les jésuites. Le marquis

---

1. « Diderot et la lutte parlementaire au temps de l'*Encyclopédie* », *R.D.E.*, n° 29, octobre 2000, pp. 45-69 et n° 30, avril 2001, pp. 93-126. Ici, n° 29, pp. 49-50.   2. *Ibid.*, p. 49.

d'Argenson note le 14 janvier, quelques jours avant sa mort, que « l'on soupçonne les jésuites » et que « l'on a retiré du collège plus de trente enfants pensionnaires de peur que cette maison soit saccagée et brûlée ». Il ajoute « qu'un jésuite pensa être déchiré par le peuple au marché des Quinze-Vingts[1] ».

Tous les philosophes ne partagent pas cet avis. Pour certains, le régicide est l'acte d'un fanatique, et les plus fanatiques de tous ne sont pas les jésuites. Trublet, qui commente l'affaire pour Maupertuis, alors en Bretagne, reste prudent : « Je ne sais plus qu'en croire... Cependant, Duclos me disait encore hier qu'il ne pouvait se détacher de l'idée d'un fanatique ; il le croit janséniste, et moi aussi si fanatique il y a[2]. » L'abbé ne cache pas son hostilité aux *Réflexions* de Grosley : « Pas mal faites, mais la passion s'y montre trop, et l'attentat y est attribué sans détour aux jésuites... L'auteur s'étend pour disculper le Parlement... mais il est très court sur les jansénistes. Il se garde bien de se faire là-dessus la moindre objection, de parler des convulsionnaires, en un mot du fanatisme des jansénistes depuis environ vingt ans[3]. »

Voltaire, comme Duclos, désigne d'emblée les jansénistes[4]. Il dit savoir que Damiens avait dans sa poche un Nouveau Testament de la secte[5]. Mme Denis, la voix de son maître, évoque « un malheureux convulsionnaire de Saint-Médard[6] ». C'est la thèse de Voltaire, qui répète

---

1. *Mémoires*, IV, p. 350. D'Argenson mourut le 26 janvier 1757.   2. 21 janvier 1757. A.A.S., Fonds Maupertuis, dossier 135.   3. 15 mars 1757. *Ibid.*   4. À Vernes, 13 janvier 1757. D. 7119.   5. À d'Alembert, 16 janvier 1757. D. 7122. 6. À Cideville, 16 janvier 1757. D. 7123.

à tous qu'il n'y a pas complot et que Damiens n'est
qu'« un chien enragé qui a gagné la rage de quelques
chiens convulsionnaires et jansénistes qui aboyaient
au hasard ». Dans le même élan, il disculpe ironiquement les jésuites qui « triomphent de voir les rois assas-
sinés par d'autres que par eux[1] ». Pourtant, ceux qui
ont approché Damiens au cours de ses interrogatoires
témoignent qu'il n'a rien d'un fanatique…

Le silence des philosophes

Les chroniqueurs de l'époque ont parlé de l'insensi-
bilité du public à l'ignoble exhibition du supplice de
Damiens. Ils jugent sévèrement le voyeurisme qui a
entouré cette barbarie, notamment celui des femmes
dont la curiosité fut, dit-on, particulièrement vive[2].
Beaucoup s'émeuvent du spectacle de la violence et
refusent d'y assister. On dit même que Louis XV montra une extrême répugnance. Le bruit courut qu'il « voulait que Damiens fût étranglé avant que d'être écartelé ;
mais, outre que cela ne lui aurait pas sauvé les plus
grandes douleurs qui sont celles des tenaillements
et brûlements, on a représenté à S.M. qu'il ne fallait
rien ôter à l'effrayant du spectacle[3] ». La marquise de
Créqui décrit un homme prostré en proie à la mauvaise
conscience, et souligne par là la contradiction entre les
Lumières et une pénalité archaïque : « Le roi fit des cris

---

1. À la duchesse de Saxe-Gotha, 18 janvier 1757, D. 7126, et
à d'Argental.   2. P. Rétat, *L'Attentat de Damiens. Discours
sur l'événement au XVIIIe siècle*, 1979, pp. 300-302.   3. Trublet
à Maupertuis, 30 mars 1757. A.A.S., Fonds Maupertuis, dossier
135.

et s'enfuit quand il entendit le rapport [du supplice], et j'ai su qu'il s'était réfugié dans l'oratoire de la feue reine où Laborde le trouva disant l'office des morts et priant Dieu pour le repos de l'âme de son assassin... Le lendemain, le roi n'avait pas voulu sortir de l'appartement, qu'il avait refusé de faire sa partie et qu'il avait eu les larmes aux yeux pendant toute la soirée[1]. »

Du côté des philosophes, on chercherait en vain des marques de sensibilité ou de réprobation. Comme si le crime du régicide justifiait toutes les atrocités. Grosley, alors à Paris, ne dit pas autre chose : « J'ai suivi l'affaire Damiens comme saint Pierre suivait la Passion... J'en ai vu en effet la fin et, quoique les tourments que ce misérable a soufferts aient été extrêmes, j'y ai été très peu sensible, ayant toujours présente la cause pour laquelle il souffrait[2]. »

Si Voltaire s'émeut de l'exécution injuste de l'amiral Byng[3], il n'a pas un mot de réprobation pour le supplice de Damiens. Au contraire, il trouve légitime qu'on réserve la cruauté « pour les scélérats avérés qui auront assassiné un père de famille ou le père de la patrie[4] ». Ce n'est que quinze ans plus tard qu'il évoquera avec horreur le martyre du régicide[5] en s'étonnant de la curiosité de La Condamine. Il est vrai que le

---

1, *Mémoires (apocryphes) de la marquise de Créqui*, IV, p. 42, in *L'Attentat de Damiens, op. cit.*, pp. 301-302.   2. À Formey, 9 avril 1757. Cracovie, Ms. Collection Varnhagen, Sammlung 78. En revanche, il dira plus tard au même – le 13 juin 1758 – que la nouvelle de l'assassinat du roi lui avait porté tout le sang à la tête, qui l'avait « mené aux portes de la mort ». *Ibid.*   3. À Richelieu, 6 avril 1757. D. 7226. L'amiral avait été exécuté le 14 mars.   4. *L'Attentat de Damiens, op. cit.*, p. 310.   5. Article « Curiosité » des *Questions sur l'Encyclopédie*, 1770-1772.

savant a tout fait pour assister au supplice, et l'on a rapporté partout le mot du sergent qui fit écarter la foule pour lui permettre de s'approcher du supplicié : « Laissez passer, Monsieur est un amateur[1]. » « Ce n'est pas par méchanceté, explique Voltaire, mais uniquement par curiosité, comme on va voir des expériences de physique. » En fait, la curiosité scientifique n'explique pas tout. La Condamine voulait aussi témoigner, comme un philosophe se doit de le faire, de la véritable personnalité de Damiens. Cette lettre qu'il adresse à Maupertuis l'atteste : « J'ai vu exécuter Damiens de fort près ; j'ai voulu voir et j'ai entendu dire tout le contraire de ce que j'ai vu, et on me le disait tandis que je voyais le contraire. Je le voyais abattu, consterné, souffrant, embrassant le crucifix, baisant le curé de Saint-Paul, contrit et humilié, et on me disait : Voyez cet impudent comme il nous regarde, comme il brave le confesseur. Je parlai au curé, croyant que j'avais eu la berlue ; il avait vu comme moi. J'ai entendu, moi, crier le misérable : Ah ! Seigneur, pardon, Seigneur ! et jamais un mot d'impatience. Il a répété en mourant et à la ville qu'il n'avait jamais eu de complice. C'était un hypocondre dont le nez de verre était le Parlement... Je crois que, sans moi qui ai dit hautement ce que j'avais vu de la fin de Damiens, je crois qu'on aurait imprimé qu'il avait craché au nez du confesseur et bravé les juges et les bourreaux en leur disant qu'il n'avouait rien[2]. »

---

1. Anecdote rapportée le 18 avril 1757 par Trublet à Maupertuis (dossier 135), mais aussi par la *Correspondance littéraire* (VI, p. 251), par Voltaire, etc.   2. Lettre du 10 [avril] 1757, publiée par l'abbé Le Sueur. *Mémoires de l'Académie d'Amiens*, t. LVIII, 1911, pp. 151-152. Le Sueur écrit à tort « 10 février ».

Bien que La Condamine n'ait pas un mot de réprobation pour le supplice enduré par Damiens, il est le seul à redonner au « monstre » sa part d'humanité et de vérité. Le seul dont on ressent la compassion…

Il est vrai que les philosophes n'ont pas le temps de s'attarder sur le sort du « malheureux assassin[1] ». À peine celui-ci est-il réduit en cendres que tous les dévots, tant jésuites que jansénistes, accusent les philosophes d'avoir armé le bras du coupable. Ils incriminent leurs écrits subversifs et leur détestable doctrine qui ne respecte ni Dieu ni le roi. Cette accusation entraîne la déclaration royale du 16 avril 1757, qui reprend les termes d'une ordonnance de Charles IX de 1571. Elle prévoit la peine de mort contre les auteurs, les imprimeurs et les vendeurs d'« écrits tendant à attaquer la religion, à émouvoir les esprits, à donner atteinte à notre autorité et à troubler l'ordre et la tranquillité de nos États », et ce, pour « toutes personnes de quelque état, qualité et condition qu'elles soient[2] ».

D'Alembert ne semble pas mesurer la portée de cette décision lorsqu'il la rapporte à Voltaire. C'est avec légèreté qu'il l'évoque à propos de l'article « Liturgie » : « Nous aurons bien de la peine à faire passer cet article… mais avec quelques adoucissements tout ira bien, personne ne sera pendu, et la vérité sera dite[3]. » Il ajoute un peu plus loin : « Je gage que le nouveau règlement n'empêchera pas la gazette janséniste [les *Nouvelles ecclésiastiques*] de paraître à son jour. »

On ignore la réaction de Voltaire à cette déclaration, mais il avait vu juste avant tout le monde : le coup de

---

1. Le mot est de D'Alembert à Voltaire, 23 janvier 1757. D. 7132.   2. *Mémoires du duc de Luynes*, XVI, pp. 38-39.   3. 26 avril 1757. D. 7247.

canif de Damiens allait donner des ailes aux ennemis des philosophes.

LA COALITION DES OPPOSANTS

La hargne des adversaires de l'*Encyclopédie* n'a pas attendu le coup de canif de Damiens pour se manifester. Il est vrai que les deux directeurs, et notamment d'Alembert dans ses préfaces, ne ratent pas une occasion de les attaquer. Outre la guerre ouverte contre les jésuites de Trévoux, commencée avant même la publication du premier volume[1], Diderot et d'Alembert ont ouvert un nouveau front contre les jansénistes des *Nouvelles ecclésiastiques*. En novembre 1755, ceux-ci ont découvert dans le cinquième volume de quoi les mettre hors d'eux : l'Éloge de Montesquieu, qu'ils tiennent pour un impie, l'article « Ecclésiastique » de D'Alembert, qui les attaque avec une rare violence, et celui de Diderot, « Encyclopédie », qui ne se contente pas de « rappeler le dessein profondément antireligieux de l'ouvrage[2] », mais traite le directeur des *Nouvelles* de « scélérat obscur ».

Si on laisse de côté les jansénistes, on constate que l'année 1757 voit le tir groupé des trois ennemis de l'*Encyclopédie* – le parti proprement religieux des jésuites, la cour et le parti de Fréron qui réunit autour de lui les tenants de la tradition – n'en plus faire qu'un.

---

1. *P.I.*, 1, pp. 437-440.   2. Jean Sgard, « Diderot vu par les *Nouvelles ecclésiastiques* », *R.D.E.*, 25 octobre 1998, p. 14.

Que les attaques soient publiques ou privées, on a l'impression d'une « coagulation » et d'un raidissement des oppositions, d'autant plus inquiétantes qu'elles ne sont contredites par aucun discours. Les partisans de l'*Encyclopédie* se taisent. Le public, qui l'apprécie davantage à chaque nouveau volume, est son soutien le plus précieux.

L'offensive jésuite

Elle commence dès le début de l'année par la publication d'un nouveau périodique au titre éloquent : *La Religion vengée, ou Réfutation des auteurs impies.* Cette *Religion* est dédiée à Mgr le Dauphin et promet une périodicité mensuelle[1]. Elle dénonce les ennemis du trône et de l'autel, « ces auteurs impies, ces esprits orgueilleux et pervers qui ne voudraient dans l'univers ni sceptre ni autels, qui supportent impatiemment toute espèce d'autorité, dont les pernicieux principes ménagés avec art et débités avec audace portent avec eux le germe de la licence et de l'anarchie[2] ». Ses têtes de Turc sont Voltaire, Diderot, d'Alembert, Rousseau… Les auteurs sont le père Hubert Hayer[3], récollet, et un avocat, Jean Soret[4]. Le premier enseigne la philosophie et la théologie, et passe pour un des meilleurs apologistes de la religion chrétienne[5] ; le second a remporté deux

---

1. Article de Paul Benhamou, *Dictionnaire des journaux*, II, n° 1189. Le journal paraît du 1er janvier 1757 à décembre 1763, à raison de quinze livraisons par an.   2. T. I, p. III, cité par P. Benhamou.   3. 1708-1780.   4. 1726-?   5. Article de P. Benhamou, *Dictionnaire des journalistes*, I, n° 392.

concours d'éloquence à l'Académie de Montauban et
est membre de l'Académie de Nancy[1].

Dès le 16 janvier, Voltaire demande à d'Alembert
de lui dire « ce que c'est qu'un livre contre ces pauvres
déistes intitulé *La Religion vengée*... Quel est ce mauvais citoyen qui veut faire croire à Mgr le Dauphin
que le royaume est plein d'ennemis de la religion[2] ? »
D'Alembert, qui se vante de ne l'avoir pas lu, répond
que c'est « l'ouvrage des anciens maîtres de François
Damiens... Le jésuite Berthier, grand et célèbre directeur du *Journal de Trévoux*, est à la tête de cette belle
entreprise qui tend à décrier auprès du Dauphin les
plus honnêtes gens et les plus éclairés de la nation[3] ».
Il ajoute que la revue n'a aucun succès. Pourtant, ses
articles intelligents font mal et, dès février, Grimm
lui règle son compte : « À en juger par le début de
ces vénérables pères, ce journal deviendra bientôt un
libelle d'autant plus infâme que ceux qui seront calom-
niés ne pourront opposer à leurs ennemis que le silence
et le mépris. Déjà on y attaque M. de Voltaire d'une
manière atroce, et il faut croire qu'on n'y oubliera
aucun de ceux qui par leurs écrits ont bien mérité de
l'humanité[4]. »

Les prévisions de Grimm étaient exactes. La *Religion* va s'en prendre avec talent à l'*Encyclopédie* et à
ses articles les plus polémiques : « Autorité politique »,
« Christianisme » (dont elle dira qu'il est « en haine du
christianisme »), « Encyclopédie », « Éclectisme »,
« Théologie » (« remplie d'une dérision extravagante et

---

1. Article de R. Granderoute et F. Moureau, *ibid.*, II, nº 753.
2. D. 7122.   3. 23 janvier 1757. D. 7132.   4. *Correspondance littéraire*, III, p. 349, 15 février 1757.

impie »), etc.[1]. Tout pour plaire à Fréron, qui consacre à la nouvelle revue[2] un article très élogieux, commençant ainsi : « Dans un siècle où l'impiété est l'étiquette de bel esprit, qu'il est beau, Monsieur, de voir des gens d'esprit s'élever contre elle et faire profession de la combattre[3] ! »

Forts de ce nouvel organe de presse, les jésuites disposent au total d'une force de frappe intellectuelle sans pareille. En effet, le *Journal de Trévoux* « passe pour le meilleur depuis une dizaine d'années qu'il n'était ci-devant et qui a plus de débit, quatre fois, que le *Journal des savants*[4] ». Si l'on y ajoute enfin le *Journal chrétien*[5], dédié à la reine, qui n'a pas seulement pour objet de promouvoir les œuvres de piété, mais aussi de polémiquer contre les philosophes, il faut bien constater la prédominance de leurs moyens d'expression.

L'arme de la dérision

Quel que soit le talent des feuilles jésuites, elles ne s'adressent néanmoins qu'à un public cultivé, donc restreint. En outre, le ton n'y est pas à la plaisanterie. En revanche, la petite fiction humoristique des *Cacouacs* va faire rire tout Paris et au-delà. L'auteur

---

1. J. Lough, *Encyclopédie of Diderot and d'Alembert*, *op. cit.*, pp. 390-397 et 455-460.   2. *L'Année littéraire*, 1757, t. VIII, lettre 9, 18 décembre, pp. 194-203.   3. *Ibid.*, p. 194.   4. De La Condamine à Jean II Bernoulli, 15 janvier 1757. B.E.B., LIa. 685, pp. 9-11.   5. Fondé par l'abbé Joannet (1716-1789) en 1754 sous le titre *Lettres sur les ouvrages et les œuvres de piété*, il change de titre, fin 1757, et s'adjoint l'abbé Trublet de janvier 1758 à août 1761. *Cf.* K. Hardesty Doig, article « Journal chrétien », *Dictionnaire des journaux*, n° 627.

de cette trouvaille, l'abbé Odet Giry de Saint-Cyr, est un jésuite de cour[1]. Depuis sa nomination en 1736 comme sous-gouverneur du Dauphin, il a fait toute sa carrière à Versailles sous la protection de l'évêque de Mirepoix. Confesseur du Dauphin, membre de l'Académie française, il appartient au puissant clan des dévots. Le 15 octobre 1757, il fait paraître anonymement dans le *Mercure*, sous le titre *Avis utile*[2], cinq pages qui décrivent les philosophes sous les traits d'une nouvelle tribu de sauvages. Ce sont les « Cacouacs », plus féroces que tous ceux qu'on a jamais connus jusque-là. Ils sont d'autant plus redoutables qu'on les croit civilisés. Coiffés avec soin, vêtus d'or et d'argent, parfumés, pleins d'esprit, de gaieté et de grâce, on se sent attiré par eux. Mais ils ont, caché sous la langue, un venin qui se répand à chaque mot prononcé. Venin de la méchanceté, de la lâcheté et de la corruption : « La source en est intarissable et coule toujours. Ce sont peut-être les seuls êtres dans la nature qui fassent le mal pour le plaisir, précisément, de faire du mal[3]. » Conclusion de l'*Avis* : soyez sur vos gardes.

Le mérite de l'abbé de Saint-Cyr est double. D'abord, il manie l'ironie avec gaieté ; ensuite et surtout, l'invention du mot « Cacouac », du grec *kakos* (méchant), fait fortune. Parce que l'expression est drôle, elle restera collée au dos des philosophes comme une étiquette infamante. Mais le texte de l'abbé, qui inaugure le ton de la dérision, n'est que l'avant-goût d'une volée de bois vert. Le relais est vite pris par un pamphlétaire à la

---

1. 1686-1761.   2. Ce *Premier mémoire sur l'histoire des Cacouacs* a été republié par J.-L. Vissière dans le recueil intitulé *La Secte des empoisonneurs*, 1993, pp. 40-42.   3. *Ibid.*, p. 41.

solde de la cour, l'avocat Jacob-Nicolas Moreau[1]. Attaché au ministère des Affaires étrangères depuis 1755, il est en charge de l'*Observateur hollandais*, journal qui a pour objet la défense de la France à l'étranger et surtout l'attaque de ses adversaires, l'Angleterre et la Prusse. Cette fois, on le charge d'exercer ses talents contre les ennemis intérieurs du gouvernement. À la fin de novembre, il publie un *Nouveau mémoire pour servir à l'histoire des Cacouacs*[2]. Sa publication est si proche de celle du premier qu'on pourrait croire à une action concertée : à l'abbé, la tâche d'ouvrir l'appétit par un petit texte enlevé sur la secte philosophique ; à l'avocat, ensuite, de personnaliser les attaques par des portraits ressemblants de chacun des philosophes. Au départ, c'est l'histoire d'un jeune homme ensorcelé par les Cacouacs, qui fait l'expérience cruelle de leur hypocrisie, de leur absence de morale et de religion, et de l'anarchie qui s'ensuit. Au passage, on reconnaît Rousseau qui a détruit l'autorité paternelle, Diderot en vieillard emphatique qui ne dit que des bêtises, Voltaire en chef des Cacouacs, d'Alembert et sa haine des grands, etc. Nul n'échappe à l'ironie cinglante de Moreau, chacun devient sous sa plume un dangereux grotesque.

Le résultat est immédiat : le public applaudit et les philosophes sont fous de rage. Moreau note avec satisfaction que son pamphlet « eut le plus grand retentissement [et] produisit une vraie révolution dans la République des lettres[3] ». Le propos, qui révèle la vanité de l'auteur, est peut-être moins excessif qu'il n'y paraît. Aux dires de Malesherbes lui-même, la satire

---

1. 1717-1803. 2. Amsterdam, 1757, réimprimé dans *La Secte des empoisonneurs*, pp. 42-62. 3. *Mes souvenirs*, 1898, p. 54.

des Cacouacs aurait « porté à l'*Encyclopédie* un coup plus mortel qu'un arrêt du Conseil[1] ».

Fréron, chef de l'opposition

Sans même parler des coups que Fréron porte à Diderot en 1757, l'auteur de l'*Année littéraire* joue le rôle capital de catalyseur des oppositions. Il orchestre la campagne. Toute critique des philosophes se voit portée aux nues dans son journal. Arguments et accusations sont largement repris et diffusés. On l'a vu pour la *Religion vengée*, mais ce sera également vrai du pamphlet de Moreau, du *Journal chrétien*, etc. Non sans habileté, Fréron pousse le jeune Palissot, son protégé, à entrer dans la danse et à prendre sa revanche de son humiliation nancéienne. Dès janvier 1756, celui-ci mitonnait une « réplique », dont il annonçait que « ces messieurs seraient bien fâchés de se l'être attirée[2] ». Le résultat paraît à Paris, à la fin de novembre 1757[3], sous le titre de *Petites lettres sur de grands philosophes*. Elles sont au nombre de quatre, mais seules les deux premières justifient ce titre. Celles-ci sont placées sous le patronage de la princesse de Robecq pour « lui rendre compte de

---

1. Alain Pons, *L'Encyclopédie*, collection « J'ai lu », 1963, p. 50.
2. Palissot à Vernes, 4 janvier 1756. Leigh, III, n° 365.   3. Une édition hollandaise était parue quelque temps auparavant, puisque l'abbé Trublet écrivit à Formey, le 2 septembre : « Je ne connais point la brochure *Petites lettres*… Il faut que cette brochure ne soit pas bien nouvelle, puisque vous l'avez au moins depuis deux mois à Berlin. » Le 2 décembre, après lecture des *Lettres*, Trublet révèle que « la première lettre est ancienne. Il y a plus d'un an que M. Fréron voulut l'insérer dans son *Année littéraire*. J'étais alors son censeur, je ne crus pas devoir le permettre ». *Correspondance passive de Formey, op. cit.*, pp. 231 et 240.

quelques philosophes qui font du bruit, et d'une pièce qui n'en devait pas faire ». La première veut dévoiler la politique des encyclopédistes ; la seconde s'en prend au *Fils naturel* de Diderot, mais n'ajoute pas grand-chose à la critique de Fréron.

C'est la première lettre qui retient davantage l'attention[1]. Les encyclopédistes y sont décrits comme une secte de fanatiques insupportables. Avec une bonne plume, Palissot dénonce leur prétention, leur emphase et leur hypocrisie. Ils se prétendent modernes, mais ils ne font que rabâcher des idées rebattues. Ils témoignent avec ostentation du mépris pour la gloire tout en essayant de « se rendre intéressants en affectant de s'attendre à des persécutions[2] » qui n'arrivent point. À force de crier à la persécution, ils sont devenus intolérants et persécuteurs eux-mêmes. Ils se sont érigé un trône littéraire en se traitant réciproquement de grands hommes pour en imposer au public et rejeter leurs critiques dans le néant. Ils traînent après eux « un essaim de petits sous-philosophes qui… sont dans le parti ce que des enfants perdus sont dans une armée[3] ». En conclusion, à l'exception de Voltaire et de Montesquieu, dont ils se sont indûment emparés, les encyclopédistes ressemblent davantage à des charlatans qu'à une assemblée de philosophes.

Fréron fait grand cas de cette diatribe, qu'il aurait pu écrire lui-même. En avant-première, il publie une lettre de Palissot, à lui adressée, qui résume son objectif : « Il fallait tâcher d'apprendre à la postérité que, vers le milieu de ce siècle, il se forma une ligue de philosophes qui s'étaient concilié la nation par le mépris qu'ils mar-

---

1. Republiée dans *La Secte des empoisonneurs*, pp. 65-69.
2. *Ibid.*, p. 66.   3. *Ibid.*, p. 68.

quaient pour elle, et la bienveillance des Académies en écrivant contre les sciences ; qui se croyaient de grands hommes… qui recherchaient la considération en affectant l'indifférence pour la gloire[1]… » Trois semaines plus tard, Fréron consacre à l'ouvrage de Palissot une lettre entière[2] qui commence comme une annonce publicitaire : « Si vous voulez prendre une idée juste de nos sages modernes, lisez ces *Petites lettres* de M. Palissot qui se trouvent à Paris chez la veuve Bordelet, rue Saint-Jacques, vis-à-vis le collège des jésuites. » Suivent de multiples éloges de l'auteur, de sa profondeur, de son style, de ses grâces piquantes… Fréron s'émerveille que quelqu'un de si jeune « ait su porter un coup d'œil si philosophique et si profond sur une secte qui en avait imposé à tout le monde[3] ». Tout le reste est de la même encre.

Sans être paranoïaques, les philosophes se sentent au cœur d'une tourmente qu'ils ne peuvent maîtriser. Un homme aussi peu porté à la polémique que l'abbé Trublet reconnaît que le succès de ces pamphlets n'est pas seulement dû aux ennemis revanchards des philosophes. Il y avait « du vrai[4] » dans les *Lettres* de Palissot et « de bons endroits » dans le mémoire de Moreau, « et, ce qui vaut mieux, très utiles[5] ». Diderot et d'Alembert ont été très sensibles, dit-on, à l'écho rencontré par ces attaques, « et d'autant plus que ces deux brochures ont paru avec permission et ne sont point des ouvrages furtifs[6] ».

---

1. *L'Année littéraire*, 1757, vol. VIII, lettre 6, pp. 123-131, 10 décembre 1757.   2. *Ibid.*, lettre 11, pp. 238-252, 22 décembre 1757.   3. *Ibid.*, p. 238.   4. À Formey, 2 décembre 1757. *Op. cit.*, p. 240.   5. À Formey, 5 janvier 1758. *Ibid.*, p. 244. 6. *Ibid.*

C'est bien là le plus grave aux yeux de D'Alembert :
il n'y a plus personne pour « imposer silence aux nouveaux Garasses qui [les] appellent des Kakouacs[1] ».
Non seulement on n'interdit plus les libelles, mais
ceux-ci sont « protégés, autorisés, commandés même
par ceux qui ont l'autorité en main... surtout quand
ils vomissent contre nous les personnalités les plus
odieuses et les plus infâmes[2] ». D'Alembert en veut particulièrement à Malesherbes, directeur de la censure,
qui ne bouge pas. « Si vous saviez combien il a peu de
nerf et de consistance, confie-t-il à Voltaire, vous seriez
convaincu que nous ne pourrions compter sur rien de
lui, même après les promesses les plus positives[3]. »

Les encyclopédistes se sentent abandonnés et trahis
de tous côtés, mais à qui la faute ?

LE DISCRÉDIT DES PHILOSOPHES

D'Alembert a beau jeu d'accuser de lâcheté
Malesherbes, le plus loyal allié de l'*Encyclopédie*. Il ne
voit pas ou ne veut pas voir que ses amis et lui-même
sont en partie responsables de la situation. Quand on
prône si hautement la vertu, il ne faut pas être pris la
main dans le sac. Quand on donne des leçons aux autres,
il faut supporter d'en recevoir. Enfin, quand on en
appelle à la liberté de penser, il faut bien la reconnaître
à ses ennemis. Sans quoi, que vaut l'appellation de

---

1. Voltaire à d'Alembert, 8 janvier 1758. D. 7564.
2. D'Alembert à Voltaire, 20 janvier 1758. D. 7595.
3. 28 janvier 1758. D. 7607.

« philosophes » dont ils s'enorgueillissent tant qu'ils la dénient à tous les autres ?

Diderot démasqué

Vers la mi-février 1757, Diderot fait paraître sa première pièce de théâtre, *Le Fils naturel*, suivie de trois entretiens groupés sous le titre *Dorval et moi*. Il entend mettre fin à l'académisme régnant en lui substituant un drame bourgeois, proche des spectateurs. Il ne s'agit de rien de moins que de transformer les mœurs de la nation en promouvant la vertu et la bienveillance générale. Le théâtre doit émouvoir le peuple et bouleverser sa sensibilité pour la modifier. *Le Fils naturel* en est la première illustration. Vaste programme !

L'un des premiers à recevoir l'ouvrage est Voltaire, roi incontesté de la scène française. L'a-t-il lu complètement quand il répond, par retour du courrier, un mot aimable et vague ? « L'ouvrage que vous m'avez envoyé… me paraît plein de vertu, de sensibilité et de philosophie. Je pense comme vous qu'il y aurait beaucoup à réformer au théâtre de Paris[1]… »

On saura plus tard que Voltaire n'apprécie pas… En revanche, Grimm n'a pas de mots assez forts pour faire le panégyrique de son cher Diderot. À parcourir la *Correspondance littéraire* du 1er mars, le lecteur doit être convaincu qu'une grande révolution s'est opérée. « Les ouvrages de génie… portent dans l'esprit et dans le cœur une chaleur inconnue, des commotions vives, des sentiments non éprouvés. Bientôt la fermentation se communique de proche en proche… M. Diderot vient

---

1. 28 février 1757. D. 7175.

de donner un ouvrage qui a produit dans le public tous les effets dont je viens de parler et qui caractérisent un grand succès. Quelque étranger que soit le genre de la comédie du *Fils naturel*..., quelque neuve que soit la poétique répandue dans les trois *Entretiens*... l'enthousiasme des premiers jours a été général. Tous les gens d'esprit ont admiré cet ouvrage, tous les cœurs délicats et sensibles l'ont honoré de leurs pleurs. L'envie et la sottise n'ont osé élever la voix : le public est sorti de cette lecture meilleur et plus éclairé qu'il n'était. » Comme le dit encore Grimm : Diderot est « l'homme qui paraît au milieu des ténèbres, les dissipe par son seul génie, éclaire et échauffe tout son siècle[1] ». Pas moins !

Ni ami ni ennemi de Diderot, Morand[2], auteur de la *Correspondance de Karlsruhe*[3], est nettement moins enthousiaste. Il convient des bons sentiments de la pièce, « nobles, généreux, délicats », et de la qualité de l'écriture. « Mais le style n'est pas trop celui du théâtre ; le dialogue l'est encore moins ; l'action y manque ; il y a des longueurs dans les scènes qui ennuieraient... C'est l'ouvrage d'un philosophe qui pense bien, et non d'un poète qui connaît le théâtre[4]. »

---

1. III, pp. 354-357.   2. Pierre de Morand (1701-1757) avait assuré la correspondance littéraire de Frédéric II entre 1750 et 1753.   3. Adressée de Paris à la margrave Caroline-Louise de Bade-Durlach de 1757 à 1783. Editée par J. Schlobach, 1987, in *Correspondances littéraires inédites*, Champion-Slatkine, 1987.   4. *Ibid.*, p. 179, 15 mars 1757. Au même moment, Collé en fait une critique impitoyable dans son *Journal*, II, pp. 74-75. Après l'avoir lue deux fois, il conclut : « C'est une pièce d'un homme de beaucoup d'esprit, mais qui n'a ni génie ni talent pour le genre dramatique et qui n'a pas les premières notions de l'art théâtral. »

De son côté, Fréron s'est mis au travail avec la ferme
volonté de dénoncer le « chef-d'œuvre ». Avant même
qu'il ait publié un seul mot, tout le monde s'attend au
pire. Le 15 mars, Trublet, qui connaît bien son homme,
annonce à Maupertuis « qu'il ne manquera pas de tomber fortement sur la comédie de Diderot… et il aura
beau jeu[1] ». D'après Collé, les philosophes, alarmés,
« ont remué ciel et terre auprès de Malesherbes pour
contenir Fréron et en sont effectivement venus à bout
pour quelque temps[2] ».

En effet, Fréron avait déjà rédigé son réquisitoire. Il
avait œuvré pendant huit jours à « un travail considérable qui aurait occupé près de deux feuilles d'impression[3] ». L'article était déjà à l'imprimerie lorsqu'il
apprend par son libraire que Malesherbes l'appelle à
se réconcilier avec Diderot. Fréron fait arrêter l'impression de l'article et écrit une longue lettre à Malesherbes
résumant ses griefs contre les philosophes, car il ne distingue pas Diderot de son clan. Comment se réconcilier
avec des gens qui lui ont confisqué le *Journal étranger*
pour le faire donner à l'un des leurs ? Avec des gens
qui l'ont fait mettre à la Bastille ? Qui crachent des
volumes d'injures sur lui ? Qui lui ont interdit l'Académie de Prusse ?… Même s'il veut bien distinguer
Diderot de ses horribles amis, il n'est pas dupe de la
démarche de Malesherbes : « Il ne faut pas avoir de
vue bien longue pour voir que M. Diderot vise à l'Aca-

---

1. 16 mars 1757. A.A.S., Fonds Maupertuis, dossier 135.
2. Collé, *Journal…*, II, p. 109, juillet 1757.   3. Fréron à
Malesherbes, 21 mars 1757. Lettre d'abord publiée par Charavay,
Documents sur les rivalités littéraires du XVIIIᵉ siècle, 1875, pp. 3-15.
Republiée par J. Balcou, *Le Dossier Fréron*, pp. 194-198.

démie française et que ceux qui lui veulent du bien appréhendent que je ne démontre (comme je crois l'avoir fait) que son *Fils naturel*, le seul ouvrage qu'il ait écrit du genre de l'Académie, est une pièce détestable... contre le bon sens et le bon goût. » Fréron rejette la proposition de Malesherbes, qui n'est qu'une mauvaise plaisanterie. Mais, ne pouvant se permettre de contrer le directeur de la Librairie, il accepte de lui accorder « le plus grand sacrifice que j'aie fait de ma vie en qualité d'homme de lettres » : il ne publiera pas l'article déjà rédigé.

Après l'échec de cette négociation et le gage donné à Malesherbes, Fréron rédige un autre article apparemment fort adouci, qui paraît le 30 juin et remplit toute la lettre VII[1]. Sur un ton presque neutre, il résume la pièce et énumère les vingt défauts qu'il y a trouvés. Il se paie le luxe de terminer par quelques mots amènes sur les trois entretiens consacrés à l'art dramatique et sur le style « souvent plein de chaleur..., rapide, élégant » de Diderot. À l'heure où l'article est publié, l'avis de Fréron est partagé par la majeure partie de l'opinion. Aucun théâtre parisien n'a envie de jouer la pièce[2] et Trublet a raison de dire qu'« on en rabat tous les jours sur le nouveau livre de M. Diderot[3] ».

Mais l'article de Fréron est à peine paru que l'affaire rebondit. Selon Jean Balcou, le journaliste serait « tombé miraculeusement » sur une pièce de Goldoni, *Il Vero Amico* : « Aucun doute possible : Diderot a,

---

1. *L'Année littéraire*, 1757, 4ᵉ vol., lettre VII, 30 juin, pp. 145-173. 2. Trublet à Maupertuis, 8 et 9 avril 1757. A.A.S., Fonds Maupertuis, dossier 135. 3. À Maupertuis, 18 avril 1757, et à Formey, 11 juillet 1757.

sans le dire, froidement plagié la comédie italienne[1]. »
Pour le faire savoir, il envoie l'original italien à
Malesherbes, suivi d'une fausse lettre de Goldoni[2]
remerciant son traducteur français pour la réimpression
de son ouvrage, mais s'étonnant du nouveau titre de
Fils naturel. Malesherbes refuse la publication de la
lettre apocryphe, mais accepte que Fréron publie des
extraits d'*Il Vero Amico*. Ce qu'il fait le 12 juillet[3], prenant bien soin de souligner le plagiat.

---

1. *Fréron contre les philosophes*, *op. cit.*, p. 131. A.-M. Chouillet
ne partage pas tout à fait cet avis : « On reprocha à Diderot d'avoir
suivi de trop près son modèle italien, la pièce de Goldoni... C'est
à notre avis un problème mal posé. » Elle reconnaît que Diderot
a emprunté à Goldoni les grandes lignes de l'intrigue amoureuse,
« un nombre assez grand de répliques, de jeux de scène, de traits »,
et que « le groupe des six premières scènes du *Fils naturel* est rigou-
reusement calqué sur les scènes 1 à 6 d'*Il Vero Amico* ». Mais elle
rejette l'accusation de plagiat, car, dit-elle : « Diderot a voulu écrire
une pièce différente ». *Œuvres complètes de Diderot*, 1980, vol.
X, Introduction au *Fils naturel*, pp. 7-8.   2. Balcou, *Dossier
Fréron*, lettre du 10 juillet 1757, pp. 198-199. Dans une lettre écrite
de Venise à Desmarets le 4 août 1758, Grosley donne des détails
intéressants : « Je vois assez souvent le fameux avocat Goldoni...
Croyez-vous qu'il n'a appris que par moi l'histoire fameuse du *Fils
naturel* ? C'est M. Borde, de Lyon, qui a fait la découverte et qui a
attaché le grelot au col du chat. Il serait bon que vous donnassiez
avis de cette ignorance de Goldoni aux gens qu'elle peut intéresser [les encyclopédistes]. Ils doivent et peuvent aisément lui faire
passer toutes les pièces de cette singulière affaire. Il est homme à
en tirer parti [une nouvelle pièce]. » B.M. Troyes, fonds Grosley,
Ms. 2977-960. Desmarets fit certainement passer le message,
puisqu'il répondit à Grosley au mois de novembre suivant : « Le
Père de famille de Diderot paraît... Diderot a traduit ou fait traduire
le *Père de famille* de Goldoni afin que le public fût en état de saisir
la marche différente des deux auteurs, et il s'excuse d'avoir pillé son
Fils naturel en accusant le Goldoni de n'avoir d'autre ton que celui
d'un farceur. » B.N., Ms. n.a.f. 803, f. 125-126.   3. *L'Année littéraire*, 1757, IV, pp. 289-300.

Scandale immense dans le monde des lettres. Collé résume ainsi l'opinion générale dans son *Journal* de juillet : « On a fait ces jours-ci la découverte du plus impudent plagiat dont on ait encore eu l'exemple. *Le Fils naturel* de M. Diderot n'est autre chose que la traduction libre d'une comédie de M. Goldoni… Un homme de beaucoup de goût qui l'a lue m'a assuré que M. Diderot n'y avait fait que de légers changements, dont plusieurs même gâtent cette comédie. Il y a en vérité de la démence à un homme de mérite comme Diderot d'avoir pu croire qu'un plagiat aussi authentique demeurerait inconnu aux gens de lettres. Quelle fureur à lui de vouloir faire accroire qu'il a de l'imagination, de l'invention et même du génie ! Que ne se contente-t-il d'être savant, d'écrire très bien, quand il le veut[1] ? »

Le discrédit de Diderot est réel et l'étiquette de plagiaire n'est pas près de le quitter. L'oubli des guillemets devient une méchante propension à voler les idées des autres, faute d'en avoir soi-même. Son procès en plagiat se généralise, et souvent de façon injuste. Par exemple, dans cette remarque, deux ans après les faits, du savant Charles Bonnet à Lalande : « À propos de M. Diderot… je ne sais comment il s'y prend ; mais soit qu'il fasse des comédies, ou des traités de philosophie, il a toujours le malheur d'être accusé de plagiat… Un malin critique m'offrit un jour la preuve que les *Pensées philosophiques* étaient puisées tout entières dans les œuvres de Shaftesbury. Je n'ai pas voulu approfondir ce fait. M. Diderot habille si bien les pensées d'autrui qu'il les rend presque neuves

---

1. *Journal historique*, II, pp. 108-109.

pour ceux qui n'ont rien lu[1]. » À quoi Lalande, qui
n'aime pas les encyclopédistes, répond, ravi : « Vous
m'avez fait grand plaisir de m'indiquer la source des
Pensées philosophiques… Je connais Diderot, et je
sais très bien qu'il est bel esprit, et nullement génie
profond ou inventeur. Je vois qu'il a parlé très super-
ficiellement de mille choses auxquelles il attachait la
plus grande importance. Qu'il n'est ni mathématicien,
ni physicien, quoiqu'il ait passé beaucoup de temps
pour le devenir : croirai-je, parce que je n'entends pas
la métaphysique, que Diderot doit être grand métaphysicien[2] ? »

La révélation de Fréron est un cadeau inespéré pour
les ennemis de l'*Encyclopédie*. En démasquant l'un de
ses directeurs, il justifie *a posteriori* toutes les critiques
du même ordre faites au dictionnaire. Et elles avaient été
nombreuses depuis celles, publiques, que le *Journal de
Trévoux* avait adressées aux premiers volumes, jusqu'à
celles, privées, que Réaumur avait confiées à des correspondants étrangers[3]. Cette révélation accrédite surtout
les accusations de plagiat à venir. Et lui-même ne se
gêne pas pour les diffuser. Jacob Vernet avait dévoilé
que l'article « Amour-propre » était copié de l'*Amour
de soi-même* d'Abadie ; Fréron s'empresse d'ajouter :
« Vous remarquerez qu'on n'a pas indiqué cette source
dans l'*Encyclopédie*, comme on n'y a pas cité le livre
des *Mœurs* pour l'article "Amour conjugal" et quelques

---

1. 4 avril 1759. B.P.U., Ms. Bo. 70, f. 96. L'accusation de plagiat visant les *Pensées philosophiques* est absurde.   2. Lettre du
16 juillet 1759. B.P.U., Ms. Bo. 24, 119, f. 256-257.   3. Réaumur
à Formey, 23 février 1756. *Correspondance de Réaumur*,
éd. Musset, 1886, p. 164.

autres[1]. » Au même moment, le Genevois Charles Bonnet dénonce l'article « Feuille[2] », rédigé par le chevalier de Jaucourt : « On m'y copie presque partout mot à mot, mais sans le cédiller[3] », en déformant sa pensée au point de la rendre spinoziste ! Il est furieux contre les encyclopédistes qui, ce faisant, reflètent bien l'esprit français[4] : « Le plagiat est aussi commun aux Français que l'étourderie et la légèreté. L'*Encyclopédie* en fourmille ; malgré les belles promesses qu'elle fait de citer, elle cite peu. Souvent même, elle substitue, aux expressions des auteurs qu'elle copie, des expressions qu'ils ne peuvent adopter. C'est, comme vous savez, ce qui lui est arrivé à mon égard[5]. »

Fréron peut triompher. Grâce à lui, la suspicion règne autour du grand ouvrage. Le déshonneur de Diderot rejaillit sur toute l'entreprise, et le prestige des principaux collaborateurs s'en ressent gravement. Du moins dans le monde littéraire. Car les lecteurs, eux, sont de plus en plus nombreux à souscrire au dictionnaire. Mais il n'empêche : le succès auprès du public ne saurait effacer la disgrâce des philosophes auprès de leurs pairs.

---

1. *L'Année littéraire*, 1757, VI, p. 302. Cité par J. Balcou, *Fréron…*, p. 135.   2. Paru dans le 6ᵉ volume de *l'Encyclopédie* en octobre 1756.   3. Bonnet à Haller, 10 juin 1757. *The Correspondence between Albrecht von Haller and Charles Bonnet*, éd. Otto Sonntag, 1983, p. 103.   4. Thème récurrent chez Bonnet : « Le plagiat… ne me surprend point dans un Français. La nation est si avide de gloriole qu'elle n'est pas toujours délicate sur les moyens… Fréron, grand dénicheur de vols littéraires, vient d'apprendre au monde que [*Le Fils naturel*] a été copié presque mot à mot sur une pièce… de Goldoni. » À Haller, 7 septembre 1757. *Ibid.*, p. 113.   5. À Haller, 7 février 1758. *Ibid.*, p. 131.

Un « ton » insupportable

Si les attaques de Fréron et des siens connaissent un tel retentissement, les philosophes en ont une large part de responsabilité. En quelques années, ils se sont rendus odieux à ceux-là même qui les applaudissaient au début de leur entreprise. Deux exemples illustrent l'évolution des esprits à leur égard :

Le premier concerne l'auteur et chroniqueur Charles Collé. En septembre 1751, il ne tarit pas d'éloges sur d'Alembert, « un homme de mérite et d'esprit… ; c'est lui qui a fait la préface du dictionnaire de l'*Encyclopédie* auquel il travaille avec Diderot… grand géomètre, métaphysicien et grand raisonneur ; il écrit très bien et très légèrement malgré cela… C'est un homme qui réunit toutes les qualités du cœur à celles de l'esprit, et qui passe pour avoir même une probité délicate[1] ». En décembre 1754, à l'occasion de sa réception à l'Académie française, Collé est toujours aussi bienveillant. « Le compliment de M. d'Alembert est simple et noble ; il serait à souhaiter que tous les gens de lettres soutinssent la dignité de leur état comme d'Alembert ; ils seraient plus respectés[2]. » En mars 1757 – avant la charge de Fréron –, son opinion a complètement changé. On dit que « d'Alembert est un des grands géomètres de l'Europe ; je ne sais pourtant s'il a fait faire quelques pas à la géométrie…, mais les belles-lettres ne lui sont redevables que de la préface de l'*Encyclopédie*, qu'on attribue à lui seul, et qui vraisemblablement est l'ouvrage de plusieurs. D'ailleurs, quelque belle qu'on suppose cette préface, prouve-t-elle du génie, de

---

1. *Journal historique*, I, p. 350.   2. *Ibid.*, I, p. 443.

l'invention, des découvertes nouvelles ? Non… Après cette préface de l'*Encyclopédie*, on ne parlera pas des autres ouvrages de D'Alembert, qui ne peuvent pas être mis à côté de celui-là[1] ». *Exit* les mérites de D'Alembert, ainsi que ceux des Rousseau, Duclos, Diderot, qu'il exécute successivement…

L'autre exemple nous est offert par le même Charles Bonnet que l'on a vu si hostile aux encyclopédistes en 1757. Malgré son amitié pour Réaumur et sa détestation de Buffon, dont l'*Encyclopédie* se fait l'écho, il ne dissimule pas son enthousiasme en 1752 : « Je parcours de temps en temps quelques articles de l'*Encyclopédie*. Cet ouvrage est prodigieusement intéressant. C'est un petit univers où l'œil se promène partout agréablement. Les arts et métiers y sont traités très à fond[2]… » Trois ans plus tard, le voici presque grandiloquent : « L'*Encyclopédie* est en effet le plus beau bâtiment qui ait jamais été élevé en l'honneur de l'esprit humain. Ce monument et la mesure de la Terre transmettent aux siècles les plus reculés la gloire que la France s'est acquise dans les sciences et dans les arts[3]. » Le ton change après son dîner avec d'Alembert chez Voltaire, en août 1756. Manifestement, le philosophe l'a déçu et irrité. « Si son savoir en mathématiques ne surpassait pas de beaucoup son savoir en matière de religion, de morale et de métaphysique, il ne mériterait pas la réputation qu'il s'est si

---

1. *Ibid.*, II, p. 77.　　2. À André Roger (secrétaire du baron de Bernstorf), 15 décembre 1752. B.P.U., Ms. Suppl. 738, f. 18-19. À cette époque, il disait craindre la censure de la Sorbonne sur le troisième volume de l'*Encyclopédie*, « beaucoup de liberté dans la manière de penser étant absolument nécessaire pour un ouvrage de cette nature ».　　3. À André Roger, 22 mars 1755. *Ibid.*, f. 31-33.

justement acquise… Il va trop vite et il se presse trop
de décider… Sa grande vivacité ne lui [permet] pas de
peser assez sur les objections pour en sentir toute la
force…, point ce sang-froid qu'exigent absolument les
discussions métaphysiques. » Portrait peu flatteur pour
l'ambassadeur de l'*Encyclopédie*, qui, de surcroît, ne
manque pas de vanité : « Il insinue que les encyclopédistes sont presque les seuls êtres pensants[1]. »

Une grande partie de l'antipathie qu'ils suscitent
vient du « ton » qu'ils adoptent souvent. « Un ton qui
révolte bien des gens[2] », confiera Clairaut à Daniel
Bernoulli. Disons-le tout net, les philosophes se sont
rendus odieux par leur emphase, leur partialité et leur
autoglorification. Palissot voyait juste en dénonçant
un ton d'autorité sinon fanatique, du moins ridicule :
« "J'ai vécu[3]", disait l'un. "J'écris de Dieu[4]", disait
fastueusement l'autre. "Jeune homme, prends et lis[5]",
écrivait-il encore. "O homme ! écoute, voici ton histoire[6]", s'écriait un troisième[7]. » Cette grandiloquence
exaspère leurs pairs et déplaît souverainement dans
les salons où le « bon ton » est aux antipodes : « On y
discutait avec douceur, on n'y disputait jamais[8]. » On
écoutait, on évitait le « moi », les propos académiques
et la gravité. Sérieux, ironiques, agressifs, les philosophes n'ont plus le temps de rire. Horace Walpole,

---

1. À André Roger, 3 septembre 1756. *Ibid.*, f. 45-46.
2. 20 août 1762. B.E.B., LIa. 684, 781.   3. Duclos, *Les Considérations sur les mœurs*, 1751.   4. Diderot, *Les Pensées philosophiques*, 1746.   5. Diderot, *Pensées sur l'interprétation de
la nature*, 1753.   6. Rousseau, *Discours sur les origines et les
fondements de l'inégalité parmi les hommes*, 1755.   7. Palissot,
Petites lettres…, I, *La Secte des empoisonneurs*, p. 65.   8. Le
comte de Ségur, cité par J. Hellegouarc'h, *L'Esprit de société*,
2000, p. 15.

grand ami de Mme du Deffand, les trouve, comme elle, « insupportables, superficiels, arrogants et fanatiques[1] ». D'ailleurs, elle-même ne les lit plus tant ils l'ennuient[2].

Plus grave aux yeux de leurs pairs est leur côté « donneurs de leçons ». Collé, comme Palissot ou Fréron, ne supporte plus cet « amour-propre rebutant ». « À peine ont-ils entrevu un art qu'ils veulent en donner des lois aux maîtres de cet art même. Rousseau, de Genève, ne cesse de vouloir donner des leçons de musique à Rameau qui ne voudrait pas de lui pour son écolier. Je cite cet exemple pour faire voir l'orgueil de Diderot qui, dès le premier pas, ou, pour parler plus exactement, dès le premier faux pas qu'il fait dans le genre dramatique, veut nous apprendre comment il faut faire pour ne point tomber en courant cette carrière[3]. » Ils jugent et tranchent de tout avec « une partialité qui n'est pas tolérable[4] ». Et chacun de répéter à leur propos le vers des *Femmes savantes* : « Nul n'aura de l'esprit, hors nous et nos amis. » C'est bien, comme le dit Palissot, ce qui indispose le plus leurs contemporains. Non seulement ils se sont érigé « une espèce de trône littéraire » auquel n'accèdent que leurs amis[5],

***

1. Cité par J. Hellegouarc'h, *ibid.*, p. 26.   2. À Voltaire, 1er novembre 1760. D. 9374.   3. *Journal historique*, II, p. 75.   4. Réaumur à Bonnet, 30 juillet 1755. B.P.U., Ms. Bo. 42, n° 82.   5. Palissot évoque « un essaim de petits sous-philosophes dans le tourbillon de ces Messieurs qui pensent de bonne foi participer à leur célébrité... Ces insectes philosophiques, que l'on pourrait encore comparer à ces pailles qui s'amassent autour d'un corps électrique, se jettent quelquefois dans la mêlée au nom de leurs maîtres ». *Ibid.*, p. 68. Réaumur parle, lui, des « mirmidons, amis des auteurs [de l'*Encyclopédie*] ». A. Bonnet, 30 juillet 1755.

mais ils ne cessent de s'autoglorifier mutuellement
« dans une navette de louanges données et rendues[1] ».
Collé souligne leur « amour-propre puant ». Il leur
conseille de « se laisser louer par les autres et de ne pas
se donner cette peine-là eux-mêmes, comme ils font à
tout moment ».

Ces critiques qui visent davantage la forme que le
fond, le style des personnes plutôt que leurs idées, font
mouche. Les philosophes sont devenus objets de caricature, et le Philosophe un personnage de théâtre[2]. Fréron
peut se targuer d'avoir gagné la première manche. Plus
que le prestige de l'*Encyclopédie*, c'est le crédit des
philosophes qui est entamé. Assimilés à des mystifica-
teurs ou aux sophistes de l'Antiquité par une large partie de la critique, ils se retrouvent isolés, en situation
défensive. L'heure des grands discours de Rousseau et
d'Alembert sur la morale et la dignité de l'homme de
lettres appartient au passé. Mais, au lieu de se serrer les
coudes pour faire front commun contre leurs ennemis,
les philosophes offrent l'image désolante de déchire-
ments internes.

ÉCLATEMENT DU CLAN

Jusqu'en 1757, l'*Encyclopédie* est perçue comme
une entité intellectuelle spécifique. On suppose ses
rédacteurs liés entre eux par une complicité philo-

---

1. Palissot, *ibid.*, p. 69.   2. Voir Cléomène dans *La Fille
d'Aristide*, de Mme de Graffigny.

sophique, sinon personnelle. L'appellation de « philosophe » désigne non seulement les directeurs et leurs collaborateurs, mais, plus largement, tous ceux qui adhèrent à l'état d'esprit et aux options du dictionnaire, lequel se veut le porte-drapeau de la modernité. Au départ, Diderot et d'Alembert ont coopté les amis et relations qu'ils jugeaient aptes à collaborer. De là le sentiment – parfois erroné[1] – que les encyclopédistes forment une sorte de famille spirituelle. Impression renforcée par l'amitié qui unit le petit groupe fondateur de l'hôtel du Panier-Fleuri. Par la suite, Grimm, d'Holbach, Turgot, Morellet et consorts ont encore accentué ce sentiment de solidarité clanique. Jusqu'en 1757, la seule brouille publique est celle de Condillac avec Diderot, mais ses conséquences sur l'*Encyclopédie* sont mineures. Condillac a bien inspiré le *Discours préliminaire*, mais il n'a pas rédigé un seul article du dictionnaire. Apparemment, le clan reste uni quelles que soient les distances prises par les uns vis-à-vis des autres.

La rupture entre Rousseau et Diderot au printemps 1757 est la première fracture de taille au sein du clan. Après quinze ans d'amitié, les deux hommes sont irrémédiablement brouillés. Ils ne s'adresseront plus la parole que par l'intermédiaire de leurs ouvrages. Conjointement à Diderot, Rousseau a rompu avec Grimm et Mme d'Épinay. La porte est grande ouverte aux règlements de compte. Plus surprenante et autre-

---

1. Jacques Proust a montré la diversité sociale et économique des 142 ou 145 collaborateurs de l'*Encyclopédie. Cf. Diderot et l'Encyclopédie*, 1962. On sait aussi qu'ils étaient loin de partager les mêmes options politiques et religieuses.

ment plus conséquente pour l'*Encyclopédie* est la
démission brutale de D'Alembert à la fin de l'année.
Même si lui et Diderot prennent grand soin de ne pas
étaler publiquement le moindre différend, et même si le
dernier volume paru est remarquable, l'entreprise encyclopédique est gravement atteinte.

Humains, trop humains

La brouille entre Rousseau et Diderot est de celles
qui ont fait couler beaucoup d'encre. Comment deux
hommes qui se sont tant aimés en sont-ils arrivés à se
haïr ? À qui incombe la responsabilité de ce gâchis ?
C'est la fille de Diderot, Mme de Vandeul, qui voit
juste : « Le sujet réel de leur brouillerie est impossible
à raconter : c'est un tripotage de société où le diable
n'entendrait rien[1]. »

Ce qui importe ici n'est pas de déterminer les responsabilités de chacun, mais de tenter de comprendre si l'on
a affaire à la première rupture d'ordre philosophique au
sein de l'*Encyclopédie* ou si c'est d'abord le résultat
d'une incompatibilité d'humeur. Rousseau n'est pas un
encyclopédiste parmi d'autres. Il fait partie du noyau
fondateur et a rédigé 390 articles[2], essentiellement sur
la musique et sur l'« Economie politique ». À la fin
des années 1740, Rousseau et Diderot sont comme des
frères qui partagent sentiments, idées et amis. Rousseau

---

1. *Diderot, mon père*, Circé, 1992, p. 56.   2. R.N. Schwab
et W.E. Rex, *Inventory of Diderot's Encyclopédie*, 1972,
pp. 222-224.

est susceptible et émotif[1], Diderot est un passionné qui confond amitié et amour. Deux fins connaisseurs[2] de Rousseau et Diderot ont souligné l'émergence progressive du désaccord philosophique entre les deux hommes : depuis le malentendu relatif au premier *Discours* contre les sciences et les arts, suggéré comme un paradoxe intéressant par Diderot en 1749 et pris trop au sérieux par Rousseau, jusqu'à leur opposition concernant l'homme, la morale et la liberté. Leur différend philosophique est évident à partir de 1755, lorsque Rousseau publie le second *Discours sur l'origine de l'inégalité*, et Diderot l'article « Droit naturel ». Les deux amis ont des conceptions bien différentes de l'homme à l'état de nature ainsi que de la société. Pour Diderot, la sociabilité naturelle est inséparable de la morale, et l'homme ne peut se passer de son semblable, dont dépend tout son bonheur. Mais le Rousseau du deuxième *Discours* entreprend de prouver l'inverse. L'homme vertueux de Diderot n'est qu'un simulacre, et l'amitié rend esclave des autres. Pour Rousseau, l'homme se définit par sa liberté et sa perfectibilité. Selon Diderot, c'est la raison qui distingue l'homme de l'animal et, à y regarder de près, « le mot liberté est un mot vide de sens… Nous ne

---

1. Voir sa réaction à l'emprisonnement de Diderot à Vincennes en 1749 : « Rien ne peindra jamais les angoisses que me fit sentir le malheur de mon ami… J'écrivis à Mme de Pompadour pour le conjurer de le faire relâcher ou d'obtenir qu'on m'enfermât avec lui… Si [sa captivité] eut duré quelque temps encore avec la même rigueur, je crois que je serais mort de désespoir aux pieds de ce malheureux donjon. » *Les Confessions*, Pléiade, p. 348.   2. Jean Fabre, « Deux frères ennemis : Diderot et Jean-Jacques », *Diderot Studies*, III, 1961, pp. 155-213 ; Blandine L. McLaughlin, *Diderot et l'amitié*, *S.V.E.C.*, 1973.

sommes que ce qui convient à l'ordre général, à l'organisation, à l'éducation et à la chaîne des événements[1] ». À quoi Rousseau répondra : « J'entends beaucoup raisonner contre la liberté de l'homme, et je méprise tous ces sophismes, parce qu'un raisonneur a beau me prouver que je ne suis pas libre, le sentiment intérieur, plus fort que tous ces arguments, les dément sans cesse... À entendre ces gens-là, Dieu même ne serait pas libre, et ce mot de liberté n'aurait aucun sens[2]. » Comme le remarque Jean Fabre, il y a « un abîme entre un homme resté chrétien malgré tout et le moderne héritier du grand naturalisme athée[3] ».

On ignore si ces désaccords philosophiques furent l'objet de discussions serrées entre les deux hommes. Notamment en 1754, quand Diderot relit et corrige le deuxième *Discours*. Mais, curieusement, il n'en est pas question en 1757, lorsqu'ils évoquent leurs griefs respectifs. Rousseau fait remonter leur première dispute à octobre 1752, quand Diderot lui reprocha de n'être pas venu recevoir la pension promise au lendemain du triomphe à la cour du *Devin du village*. « [Diderot] me parla de la pension avec un feu que sur pareil sujet je n'aurais pas attendu d'un philosophe... Il me fit un terrible [crime] de mon indifférence pour la pension. Il me dit que si j'étais désintéressé pour mon compte, il ne m'était pas permis de l'être pour celui

---

1. Lettre à Landois, 29 juin 1756. *Correspondance*, I, p. 213. Déjà fin 1753, la publication de l'*interprétation de la nature* ne laissait plus guère de doute sur la pensée philosophique de Diderot.   2. *La Nouvelle Héloïse*, Pléiade, II, 6e partie, p. 683.
3. *Op. cit.*, p. 171.

de Mme Levasseur et de sa fille[1]. » Rousseau ajoute
que cette algarade fut le modèle de toutes les autres à
venir. Diderot vient lui apprendre son devoir « en me
prescrivant ce qu'il prétendait que je devais faire, et
moi m'en défendant parce que je croyais ne le devoir
pas ». Le susceptible Jean-Jacques perçoit Diderot
comme intrusif, autoritaire et culpabilisateur. Celui-ci
pense que l'on peut et que l'on doit tout dire à un ami[2].
Rousseau, non. À ses yeux, la plus grande marque
d'amitié est le respect absolu de la liberté d'autrui.
Il n'est pas indifférent que l'ultime scène entre les
deux hommes ait pour prétexte une nouvelle intrusion
de Diderot dans la vie de Rousseau, lui reprochant
avec hauteur de ne pas accompagner Mme d'Épinay
à Genève. En amitié aussi, Diderot ne rechigne pas
à être « donneur de leçons ». Là est, selon Rousseau,
le poison qui a détruit leur amitié : « J'aimais tendrement Diderot, je l'estimais sincèrement, et je comptais
avec une entière confiance sur les mêmes sentiments
de sa part. Mais, excédé de son infatigable obstination
à me contrarier éternellement sur mes goûts, mes pen-
chants, ma manière de vivre, sur tout ce qui n'intéressait que moi seul ; révolté de voir un homme plus jeune
que moi vouloir à toute force me gouverner comme un

---

1. *Les Confessions*, *op. cit.*, p. 381. Rousseau trouvait qu'une
pension du roi menaçait sa liberté. Mais ce qu'il ne dit pas, c'est
qu'étant incapable de subvenir aux besoins de Thérèse et de sa mère,
ses amis, dont Diderot, se cotisaient pour lui assurer une pension de
cinquante écus (*cf.* Mme de Vandeul, *op. cit.*, p. 57).   2. Dernière lettre de Diderot à Rousseau [vers le 14 novembre 1757].
Leigh, IV, nº 574 : « N'ai-je pas le droit de vous dire tout ce qui me
vient en pensée ? N'ai-je pas celui de me tromper ? Vous communiquer ce que je croirai qu'il est honnête de faire, n'est-ce pas mon
devoir ? » P. 359.

enfant…, j'avais déjà le cœur plein de ses torts multiples[1]. »

À l'incompatibilité des caractères qui s'accuse en
vieillissant s'ajoute la multiplicité des non-dits, des
agacements réciproques et des jalousies amicales.
Rousseau n'apprécie pas la faune du salon du baron
d'Holbach où se complaît Diderot. Il a de moins en
moins d'estime pour Grimm, qui le lui rend bien. En
1756, ce dernier désapprouve l'invitation de Rousseau
par Mme d'Épinay à venir s'installer à l'Ermitage[2].
À mesure qu'il se lie à Diderot, Grimm se montre de
plus en plus distant avec Jean-Jacques, auquel il doit la
plupart de ses amis et relations parisiennes, y compris
Mme d'Épinay. Non seulement il le traite par-dessus
la jambe, mais il fait une cour assidue à Diderot. Rousseau est jaloux. Il se plaint constamment que Diderot et
Grimm ne lui portent pas suffisamment d'attention, et
rumine un dépit d'ami délaissé.

Il est vrai que le jeune Allemand, de dix ans son
cadet, est ébloui par Diderot et le fait savoir. En juillet
1756, il lui écrit : « Vous êtes mon ami, vous êtes mon
maître, vous me rendez compte de ce que je pense, et
vous m'y confirmez. Il faut donc aimer les hommes,
ne fût-ce que parce qu'ils se tiennent sur deux pieds
comme vous[3]. » Grimm peut facilement être flagor-

---

1. *Les Confessions*, pp. 455-456.   2. « Si vous refusez une
seule fois d'être à ses ordres, il vous accusera de l'avoir sollicité de
vivre auprès de vous et de l'avoir empêché de vivre dans sa patrie.
Je vois déjà le germe de ses accusations dans la tournure des lettres
que vous m'avez montrées. » Lettre de Grimm à Mme d'Épinay
(s.l.n.d.) citée par Perey/Maugras, *Jeunesse de Mme d'Épinay*,
p. 430.   3. *Correspondance littéraire*, III, 1er juillet 1756,
p. 255.

neur, mais on n'a pas de raison, à cette époque, de douter de sa sincérité. Il ne laisse passer aucune occasion de défendre Diderot contre ses ennemis, de soutenir ses écrits et de les relire, le cas échéant. De son côté, Diderot le mettra bientôt sur un piédestal. La relation maître/élève va s'inverser, et Diderot se proclamer son inférieur. Dans une lettre à Falconet, il dira simplement : « Il est aussi supérieur à moi que j'ose me croire supérieur à d'Alembert... Obtenant sur moi cet empire que je prends quelquefois sur les autres. Ce que la plupart des hommes sont pour moi : des enfants, je le deviens pour lui[1]. » Mais, outre cette fascination quasi homosexuelle, il y a entre les deux hommes une intimité de la même eau que celle qu'il ressent pour Sophie[2]. Comme on l'a dit très justement : « Sa passion pour Sophie n'est pas plus profonde que son amitié pour Grimm... Ces deux êtres qui lui sont le plus chers en viennent presque à se confondre dans l'esprit du philosophe... À propos de Sophie, il disait : "Elle est homme et femme quand il lui plaît." Quant à Grimm... il le décrit comme son "hermaphrodite[3]"... Parce qu'à la force d'un des sexes, il joint la grâce et la délicatesse de l'autre... »

Même si Diderot et Grimm ne sont pas encore aussi intimes en 1757, ils sont déjà suffisamment complices pour indisposer Rousseau. Aussi, quand celui-ci découvre la pièce de Diderot, *Le Fils naturel*, fondée sur une histoire d'amitié, tout est prêt pour qu'éclate le

---

1. *Correspondance de Diderot*, VII, p. 96 : à Falconet, [juillet 1767].   2. La passion de Diderot pour Sophie Volland débute en 1755, à peu près à la même époque que commence son amitié avec Grimm.   3. Blandine L. McLaughlin, *op. cit.*, pp. 230-231. Voir aussi Joseph Royall Smiley, *Diderot's Relation with Grimm*, 1950.

drame. Au-delà de la fameuse réplique : « Il n'y a que
le méchant qui soit seul », c'est toute la troisième scène
de l'acte IV qui le vise. En Dorval, personnage sombre
et mélancolique, victime d'un sort malveillant, qui veut
s'isoler de la société, Rousseau ne peut manquer de se
reconnaître. Cette fois, Diderot vient de lui infliger une
leçon de morale publique. Au début de mars, Rousseau
écrit pour se plaindre. Diderot lui répond avec légèreté : « Vous n'êtes pas de mon avis sur les ermites ;
dites-en du bien tant qu'il vous plaira, vous serez le
seul au monde dont j'en penserai. Encore y aurait-il
bien à dire là-dessus, si l'on pouvait vous parler sans
vous fâcher[1]. » Rousseau éclate : « Diderot m'a écrit
une lettre qui m'a percé l'âme. Il m'y fait entendre que
c'est par grâce qu'il ne me regarde pas comme un scélérat[2]. » Il s'en prend à Grimm, qui lui a volé Diderot,
et les condamne ensemble : « Philosophes des villes, si
ce sont là vos vertus, vous me consolez bien de n'être
qu'un méchant[3]. »

La rupture est consommée. Diderot se dit las de
« tout le mal que vous me faites depuis quatre ans[4] » ;
Rousseau lui répond que c'est lui qui a toujours été
l'« agresseur[5] », et pressent : « Nous ne nous reverrons
jamais[6]. » Ils se reverront pourtant une dernière fois,
en décembre 1757, quelques jours avant que Rousseau ne quitte l'Ermitage. Aucune réconciliation n'est
possible entre les deux anciens amis, parce que c'est
justement une brouille des cœurs et non un conflit idéologique qui les sépare. Leur rupture n'a pas de consé-

1. [10 mars 1757]. Leigh, n° 479.   2. À Mme d'Épinay,
13 mars. *Ibid.*, n° 481.   3. *Ibid.*   4. 14 mars 1757. *Ibid.*,
n° 482.   5. 16 mars 1757.   *Ibid.*   6. À Mme d'Épinay,
16 mars 1757. *Ibid.*, n° 485.

quences directes sur l'*Encyclopédie*, mais elle met à mal le mythe de l'unité du clan et révèle que les philosophes sont en proie aux mêmes passions et surtout aux mêmes faiblesses que les autres[1]. Ce qui ne va pas de soi lorsqu'on porte le nom de « sage »…

Pire qu'un différend stratégique

La brouille entre Diderot et Rousseau ne concerne pas d'Alembert. Si le premier est son « collègue » de travail, le second n'est qu'une relation. Certes, il est davantage lié à celui-là qu'à celui-ci, mais il n'est l'intime d'aucun et les estime tous deux. Il se tient donc à l'écart de toute cette affaire. Malgré les attaques contre l'*Encyclopédie*, il a beaucoup travaillé pour le dictionnaire. Pour une fois, il paraît satisfait du travail collectif. À Voltaire qui se plaint de la médiocrité de certains morceaux, il annonce un prochain volume en progrès : « Vous y trouverez, je crois, presque en tous genres, d'excellents articles ; il y en a dont nous ne sommes pas plus contents que vous ne le serez, mais nous n'avons pas toujours été les maîtres de leur en substituer d'autres. À tout prendre, je crois que l'ouvrage gagne à la lecture, et je compte que le volume 7e auquel nous travaillons effacera tous les précédents[2]. »

---

1. Ce que Mme Geoffrin avait observé depuis longtemps dans son salon : « Il n'y en a pas un, écrivait-elle à M. Folkes, qui soit heureux, pas un qui ne fût insupportable à vivre, pas un qui remplisse les devoirs de son état, pas un qui connaisse ceux de l'amitié, enfin pas un qui soit philosophe. » 16 janvier [1743]. *Dix-huitième siècle*, n° 33, 2001, p. 327.   2. 26 avril 1757. D. 7247. Voltaire avait rédigé dix-sept articles pour ce volume, dont « Français », « Gens de lettres », « Goût », « Gloire », etc.

Trois mois plus tard, il redit son contentement. On ne peut guère faire mieux en théologie et en métaphysique avec une armée de censeurs dans le dos, mais le public saura distinguer derrière les mots la pensée des encyclopédistes. Voltaire sera content du volume à paraître[1].

D'Alembert est aussi satisfait de son propre travail. Sur les soixante-dix-sept articles qu'il a rédigés pour le septième volume, plusieurs sont excellents. Il s'attend à des compliments, notamment sur les articles « Géométrie », « Genève », « Grammaire », « Gravitation », sans parler de son Eloge de Dumarsais dont il a fait faire des tirés à part[2]. En attendant la publication, d'Alembert a tout lieu d'être de bonne humeur. À la fin de septembre, il a fait un court voyage en Normandie, qui l'a « fort amusé ». C'est la première fois qu'il voit la mer, « dont le premier coup d'œil est admirable, et j'ai observé les grandes marées des équinoxes[3] ».

Lorsque le volume paraît, en novembre, les encyclopédistes peuvent pavoiser. Le nombre des souscriptions a encore augmenté, puisqu'il atteint « près de quatre mille[4] » et rejoint celui des exemplaires tirés. C'est la réplique la plus efficace à leurs nombreux ennemis. Pourtant, le volume n'a pas le temps d'arriver jusqu'à Genève qu'on crie déjà au scandale de part et d'autre de la frontière. C'est l'article « Genève », et plus particulièrement les deux pages consacrées à la

---

1. 21 juillet 1757. D. 7320.   2. Voltaire l'avait reçu avant le volume VII, et en disait le plus grand bien. À d'Alembert, 2 décembre 1757. D. 7490.   3. À Morellet, 1er octobre [1757]. The Pierpont Morgan Library, N.Y., MA. 3379.   4. *Correspondance littéraire*, III, p. 47. Cité par J. Proust, *Diderot et l'Encyclopédie*, p. 67.

religion et aux pasteurs[1], qui suscite les criailleries. À Paris, on trouve d'Alembert trop élogieux pour le protestantisme genevois[2]; à Genève, les pasteurs se disent outrés qu'on les fasse passer pour déistes. Avant même d'avoir pu lire lui-même l'article, Voltaire l'avertit des « murmures de la synagogue… Ces drôles osent se plaindre de l'éloge que vous daignez leur donner, de croire en Dieu, et d'avoir plus de raison que de foi[3] ».

Que dit d'Alembert de si choquant pour les pasteurs ? « Il [les] loue de leur union, de leur modération, de leur tolérance, de leurs mœurs, et puis il ajoute, après avoir répété les paroles de Voltaire sur Calvin et sur Servet, que nos ministres ne pensent plus comme autrefois, et que *plusieurs d'eux* ne croient plus la *divinité de Jésus-Christ*, et que, quand on les presse sur la *nécessité de la révélation*, ils conviennent de son *utilité* seulement (le mot est de Vernet), qu'ils ne croient plus l'enfer ou les peines éternelles, mais seulement des peines à temps qui forment le purgatoire des catholiques[4]. » Cet excellent résumé d'un bourgeois qui avait rencontré d'Alembert à Genève montre fort bien là où le bât blesse. Les ministres de Genève qui ne croient plus ni aux mystères ni aux miracles ne sont plus des chrétiens, mais les tenants de la religion naturelle, la seule qui sied aux philosophes. Bien que d'Alembert se soit inspiré de propos qu'on lui a tenus, les pasteurs tremblent

---

1. *Œuvres de D'Alembert*, vol. IV, pp. 420-421.   2. Le 11 janvier 1758, d'Alembert écrit à Voltaire : « Cet article a pensé être dénoncé au Parlement… On prétend que je loue les ministres de Genève d'une manière injurieuse à l'Église catholique. » D. 7573.   3. 12 décembre 1757. D. 7512.   4. De Jean du Pan à Mme Freudenreich, 30 décembre 1757. B.P.U., Ms. Suppl. 1540, f. 140-141. Souligné par l'auteur de la lettre.

de passer pour des hérétiques. Ceux qui crient le plus fort sont les mêmes qui se sont épanchés auprès du philosophe[1] et redoutent d'être suspectés par le Consistoire. Le premier à se manifester auprès de D'Alembert est justement Jacob Vernes, ce jeune ministre qui lui a beaucoup parlé. D'Alembert lui répond : « Quand vos ecclésiastiques auront lu avec attention l'article "Genève", ils me remercieront peut-être au lieu de se plaindre. Il est vrai que je ne leur accorde pas beaucoup de foi aux peines éternelles ni à la Trinité, et *vous savez, Monsieur, mieux que personne*, combien le fait est vrai ; mais, bien loin d'avoir cru les blesser en cela, j'ai imaginé qu'ils me sauraient gré d'avoir exposé leur manière de penser, dont il m'a paru qu'ils ne se cachaient pas, et qu'ils cherchaient même à se faire honneur[2]. »

Jacob Vernet, qui ne l'entend pas de cette oreille, fait tout ce qu'il peut pour obtenir une condamnation de l'article de D'Alembert. Lui aussi se sent impliqué par la phrase sur l'« utilité » de la révélation[3], et plaide pour qu'une commission du Consistoire prenne position.

---

1. Après lecture de l'article, Voltaire écrit à Élie Bertrand, pasteur à Lausanne : « Il ne dit que ce qu'il leur a entendu dire vingt fois. Il révèle leur secret, je l'avoue, mais ce secret est celui de la comédie, rien n'est plus public parmi vous autres que ce secret. S'ils désavouent leurs sentiments, ils se feront peu d'honneur ; s'ils les publient, ils s'attireront des disputes. » 27 décembre 1757. D. 7536.   2. 17 décembre 1757. B.P.U., Ms. Suppl. 1036, f. 80-81. Leigh, V, A 190, p. 261. Souligné par nous.   3. Dans la seconde édition de son *Instruction chrétienne* (1754), il avait changé le titre d'une partie, « Nécessité de la révélation », par « Utilité de la révélation ». De plus, d'Alembert avait cité une phrase tirée d'un autre livre de lui, le *Traité de la vérité de la religion chrétienne*. Cf. *Lettres critiques d'un voyageur anglais*, t. II, p. 263.

Créée le 23 décembre, la Commission siège pendant six semaines sous la présidence du diplomate docteur Tronchin. Celui-ci écrit deux lettres séparées à d'Alembert et Diderot[1] (coéditeurs du dictionnaire) pour se plaindre de l'article. Avec une extrême amabilité, il demande un rectificatif. À d'Alembert, il évoque « la peine que nous fait ce que vous dites de notre foi », qui peut susciter « la haine ou le mépris public ». « Vous dites que nous ne sommes pas chrétiens, et que pouvez-vous reprocher de plus grave ? Cette accusation nous rend odieux… et méprisables… Il s'agit, Monsieur, d'une tache que vous pouvez effacer ; vous n'y perdrez rien, et nous y gagnerons beaucoup. Quelques lignes de votre main bienfaisante dictées par votre belle âme nous rendront le repos que vous nous avez ôté[2]… »

Depuis le début des remous, d'Alembert, d'ailleurs vivement encouragé par Voltaire, est décidé à ne pas céder d'un pouce. Tout au plus accepte-t-il la suggestion de ce dernier de clore verbalement l'affaire. À Tronchin, il répond de son côté que les pasteurs l'ont mal lu. Il n'a jamais écrit qu'ils n'étaient pas chrétiens. Au contraire : « J'y ai dit expressément que les ministres de Genève ont beaucoup de respect pour Jésus-Christ et pour les Écritures[3]. » Tronchin n'a qu'à montrer cette lettre aux pasteurs pour les apaiser. D'Alembert ne regrette ni ne renie aucun de ses propos. Il se contente de s'étonner de ces plaintes injustifiées… De quoi laisser les plaignants sur leur faim.

---

1. La lettre de Tronchin à Diderot est perdue, mais il reste celle de Tronchin à d'Alembert et les réponses des deux directeurs de l'*Encyclopédie*. 2. 28 décembre 1757. B.P.U., D.O. 3. 6 janvier 1758. B.P.U., Archives Tronchin, f. 305-308. Publiée par Ch. Henry, *Bulletino di bibliografia…*, p. 522. Voir aussi la lettre de D'Alembert à Voltaire du 11 janvier 1758. D. 7573.

Tout autre est la réponse de Diderot, qui se désolidarise de son collègue. Il n'est pour rien, dit-il, dans cet article qui est de la seule responsabilité de D'Alembert. Mais il comprend les réclamations des pasteurs et, s'il était l'auteur de l'article, il se plierait à tout ce qu'on lui demande. Il défend mollement son confrère, qui dit tant de bien de Genève. « Sa faute est une inadvertance, j'en suis sûr... Pour moi, Monsieur, qui en crois toujours les gens d'honneur sur leur parole, puisque vos ministres... s'élèvent contre les sentiments qui leur ont été imputés, je déclare à toute la Terre qu'ils ne les ont pas, et que je le crois. Vous verrez, je crois, dans cet aveu, combien je serais prompt à réparer mes torts si j'en avais[1]. »

On ignore si Diderot montra sa lettre à d'Alembert. Mais, si ce dernier en a su la teneur, il pouvait être amer. Depuis quelques semaines, il s'agitait beaucoup à l'Académie des sciences pour y faire entrer son collègue. La mort de Réaumur[2] avait laissé une place vacante attribuée à Nollet, et celle occupée par ce dernier était donc soumise à élection. Diderot, qui n'a pas encore renoncé aux honneurs académiques, « se donne beaucoup de mouvement pour l'obtenir, et M. d'Alembert l'aide de toutes ses forces[3] ». Mais d'Alembert et Buffon

---

1. 30 décembre 1757. *Correspondance de Diderot*, II, p. 27. Voltaire dira à d'Alembert, le 25 février 1758, combien il trouvait choquante cette lettre de Diderot qui se désolidarisait de lui. D. 7651.   2. Le 18 octobre 1757.   3. Trublet à Formey, 2 décembre 1757. L'abbé ajoute deux informations qui relèvent de rumeurs contradictoires. D'abord, il affirme que « le grand motif pour faire entrer M. Diderot dans cette compagnie, c'est de l'en faire secrétaire » à la place de Fouchy, souvent malade. Ensuite, dans la même lettre, il écrit : « Si Diderot réussit pour l'Académie des sciences, il sera bientôt de l'Académie française, et c'est là surtout qu'il vise. » Pp. 241 et 243.

sont minoritaires, et c'est Vaucansson qui est élu le 23 décembre 1757 à la place d'associé mécanicien.

Que d'Alembert en veuille ou non à Diderot, toujours est-il qu'il est ulcéré. Le 1er janvier 1758, il annonce qu'il vient de démissionner de l'*Encyclopédie* au motif qu'il ne supporte plus « le déchaînement des dévots et de la cour contre cet ouvrage… [ni] les satires et brochures… [qui] se permettent les personnalités les plus odieuses et les plus infâmes, notamment contre moi…, protégées et appuyées par ceux qui devraient en punir les auteurs… On veut exercer contre l'*Encyclopédie* une inquisition intolérable en nous donnant pour censeurs ce qu'il y a de plus capelan… Il faut laisser là l'*Encyclopédie*, et c'est le parti que j'ai pris[1] ». Le 6 janvier, il fait part de sa décision à Tronchin, dans un post-scriptum, en prenant soin de préciser : « Des raisons essentielles, qui n'ont aucun rapport à l'article "Genève", m'obligent de renoncer absolument et sans retour au travail de l'*Encyclopédie*. » Il ne l'annonce à Voltaire que le 11 janvier, comme une nouvelle anodine coincée entre les remarques sur la guerre et les affaires genevoises. Aux raisons déjà évoquées, il ajoute entre parenthèses : « jointes à plusieurs autres[2] ». Le 15, il envoie le même message à Jacob Vernet et, cette fois, parle de « mille autres raisons qui me font chercher… le silence[3] ».

Comme on l'a fait observer, l'*Encyclopédie* avait déjà essuyé des attaques plus dangereuses lors de la crise de 1752, et d'Alembert, à l'époque, ne s'était pas pour

---

1. À Nicolas Durival, 1er janvier 1758. Publiée par Yves Laissus, *Revue d'histoire des sciences*, t. VII, 1954, pp. 1-5.   2. 11 janvier 1758. D. 7573.   3. 15 janvier 1758. B.P.U., Ms. suppl. 1036, f. 78-79. Malheureusement, le papier manuscrit est déchiré à cet endroit.

autant laissé impressionner[1]. Il est vrai qu'à l'époque les encyclopédistes n'étaient pas encore les têtes de Turc qu'ils étaient devenus. On attaquait les idées plus que les hommes. En 1757, les écrits de Fréron, de Palissot, et les *Cacouacs* de Moreau les clouent au pilori. Et d'Alembert n'est pas le moins susceptible de tous. Pourtant, on peut penser avec John Pappas que ces « autres raisons » qu'il tait sont les plus déterminantes. Parmi elles, ses relations avec Diderot ont dû peser d'autant plus lourd qu'elles devaient rester secrètes.

Voltaire, qui ignore tout de la réalité de ces relations, donne un conseil politique : Restez unis l'un à l'autre ; l'*Encyclopédie* est une entreprise trop considérable pour qu'à eux deux ils ne puissent pas faire reculer leurs ennemis. Il suffirait de renouveler la stratégie de 1752, annoncer ensemble qu'ils abandonnent, pour négocier ensuite leur retour à leurs conditions. D'Alembert refuse la mainmise de nouveaux censeurs encore plus sévères qu'on veut leur imposer sur l'ensemble de l'ouvrage[2]. Son avis est de tout arrêter en attendant des jours meilleurs, à moins de faire imprimer l'ouvrage à l'étranger[3]. Mais s'il est tout disposé à reprendre dans ce cas, il ne se fait guère d'illusions : à supposer même que le gouvernement n'y fasse pas objection, comment imprimer un ouvrage à deux cents lieues des auteurs ?

----

1. J. Pappas, « Diderot, d'Alembert et l'Encyclopédie », *Diderot Studies*, IV, 1963, p. 194.   2. D'Alembert à Voltaire, 20 janvier 1758 : « Si nous avons dit jusqu'à présent dans l'*Encyclopédie* quelques vérités hardies et utiles, c'est que nous avons eu affaire à des censeurs raisonnables, et que les docteurs n'ont censuré que la théologie... Mais qu'on établisse aujourd'hui ces mêmes docteurs pour réviseurs généraux de tout l'ouvrage, et qu'on nous donne par ce moyen des entraves intolérables, c'est à quoi je ne me soumettrai jamais. Il vaut mieux que l'*Encyclopédie* n'existe pas. » D. 7595.   3. On a évoqué la Suisse ou la Prusse.

Finalement, d'Alembert pensait comme Voltaire que les cris de l'opinion publique contraindraient le pouvoir à négocier et à se ranger à leurs vœux, comme en 1752. Il suffisait de tenir bon. Seulement, Diderot n'est plus du tout sur la même longueur d'onde que six ans auparavant. Il est fatigué des tracasseries sans fin que lui occasionne sa tâche de directeur, las de travailler comme un forçat à une œuvre dont il connaît tous les défauts. Il n'a qu'une hâte : en finir le plus vite possible, toucher son argent et passer à autre chose. Contrairement à d'Alembert, il a une famille à charge qu'il nourrit grâce à ce travail. Depuis le début de la crise, il est donc bien décidé à continuer, avec ou sans son collègue, quelque immense que soit la perte constituée par la défection de D'Alembert. Au demeurant, à ses yeux, « le projet d'achever en pays étranger est une chimère[1] », puisque les manuscrits sont la propriété des libraires parisiens.

Au-delà des explications personnelles et techniques qu'il livre à Voltaire, Diderot fait état de ses véritables sentiments à l'égard de D'Alembert. Il l'accuse de lâcheté, car le courage consiste « à mépriser ses ennemis et à les poursuivre… Abandonner l'ouvrage, c'est tourner le dos sur la brèche et faire ce que désirent les coquins qui nous persécutent ». De malhonnêteté : « Est-il honnête de tromper l'espérance de quatre mille souscripteurs ? Et n'avons-nous aucun engagement avec les libraires ? » Plus grave encore, d'Alembert se leurre sur lui-même et sur sa capacité d'en imposer au monde des lettres. Son avenir est derrière lui ; il ne compte plus : « Le règne des mathématiques n'est plus. Le goût a changé. C'est celui de l'histoire naturelle et

---

1. Diderot à Voltaire, 19 février 1758. D. 7641.

des lettres qui domine. D'Alembert ne se jettera pas, à l'âge qu'il a[1], dans l'étude de l'histoire naturelle, et il est bien difficile qu'il fasse un ouvrage de littérature qui réponde à la célébrité de son nom. Quelques articles de l'*Encyclopédie* l'auraient soutenu avec dignité pendant et après l'édition. Voilà ce qu'il n'a pas considéré, ce que personne n'osera peut-être lui dire, et ce qu'il entendra de moi[2]. »

Diderot écrit sous le coup de la colère et livre le fond de sa pensée. Même s'il croit l'atténuer en ajoutant : « Un autre se réjouirait en secret de sa désertion, il y verrait de l'honneur, de l'argent et du repos à gagner. Pour moi, j'en suis désolé et je ne négligerai rien pour le ramener », il révèle au contraire ce qu'il veut cacher : sa jalousie et son exaspération devant l'attitude rigide de son coéditeur, qui lui vaut des ennuis continuels et dont l'article « Genève » est le dernier exemple. En vérité, l'amitié entre les deux hommes n'existe plus. Chacun se sent trahi par l'autre. Sous le différend stratégique perce un autre conflit plus profond et non négociable. Dorénavant, seul l'intérêt personnel de chacun dictera sa conduite. Si Diderot veut « ramener » d'Alembert au dictionnaire, c'est parce qu'il sait bien que son prestige personnel est sans prix. Et si d'Alembert se laisse convaincre de terminer sa partie mathématique, c'est en contrepartie de fortes sommes : il fera payer chèrement son retour.

Le bilan de l'année 1757 est accablant pour les philosophes. Depuis dix ans, leur point de ralliement était

---

1. D'Alembert avait alors quarante ans ; il était de quatre ans le cadet de Diderot. Celui-ci redit ici brutalement ce qu'il avait déjà écrit dans l'*Interprétation de la nature* en 1753.   2. Là aussi, Diderot témoigne de sa conception de l'amitié : dire la vérité à ses amis quelles qu'en soient les conséquences…

l'*Encyclopédie*. Avec le départ de D'Alembert, son avenir est devenu incertain et le parti philosophique semble en miettes. Attaqué de l'extérieur et rongé de l'intérieur, le clan a volé en éclats. Voltaire demande qu'on lui renvoie ses articles, Rousseau est enfermé dans sa solitude, Condillac quitte la France pour être le précepteur de l'infant de Parme, d'Alembert ne pense qu'à sa nouvelle polémique avec Clairaut et à faire un voyage en Italie. D'ailleurs, ses amis Turgot, Morellet, Bourgelat et quelques autres veulent cesser leur collaboration. Le plus atteint par cette année noire est incontestablement Diderot. Certes, il conserve l'amitié de D'Holbach et peut se consoler avec sa Sophie et son cher Grimm. Mais la rupture avec deux amis de quinze ans ne peut lui être indifférente. Plus graves pour son prestige et sa dignité d'auteur sont les traces laissées par l'accusation de plagiat dont il n'a su se défendre. Fréron et sa clique peuvent chanter victoire[1] : leurs ennemis sont atteints.

---

1. Fréron à Palissot [8 janvier 1758] : « Sais-tu que ce vil troupeau d'encyclopédistes est à la veille d'être exterminé ? » *Le Dossier Fréron, op. cit.*, p. 228.

Chapitre VIII

Des loups enragés
(printemps 1758-printemps 1760)

Après le délitement interne de l'*Encyclopédie*, ses ennemis redoublent leurs coups. Durant deux ans, les philosophes affaiblis par leurs divisions font le gros dos et n'évitent pas les faux pas. Il règne dans le Paris intellectuel une agressivité sans précédent qui dépasse le cadre de la seule *Encyclopédie*. L'heure n'est plus aux polémiques courtoises, mais à la hargne et aux insultes. Le conflit idéologique ou le différend scientifique prennent vite l'allure d'un règlement de compte. Au sein des Académies, certains ne s'adressent plus la parole et l'on s'interpelle par revues et brochures interposées. Les passions ont atteint un tel paroxysme que Rousseau parle de « loups enragés acharnés à s'entre-déchirer[1] », et Voltaire, plus ironiquement, de la « guerre des rats et des grenouilles ». Loups, rats ou grenouilles : on est loin « des chrétiens et des philosophes qui veulent réciproquement s'éclairer », ou de

---

1. *Les Confessions*, *op. cit.*, p. 435.

savants qui « cherchent à se convaincre et se ramener dans la voie de la vérité[1] » !

LES COLÈRES DE D'ALEMBERT

Entre 1758 et 1759, d'Alembert accumule les brouilles et les ruptures. C'est un homme exaspéré qui paraît en vouloir au monde entier. D'une susceptibilité extrême, il supporte très mal les attaques des anti-philosophes ; d'un orgueil excessif, il réagit violemment au succès public de son rival Clairaut. Mais la marque la plus sensible de son mal-être est le ton agressif qui est le sien à l'égard d'anciens amis ou alliés. Même Voltaire n'échappera pas à son courroux. Par-delà la colère qui trahit une insatisfaction personnelle, affective et professionnelle, perce une lassitude qui l'incline à la fuite. Lui qui craint tant de changer ses habitudes, ne rêve que voyage en Italie. Et la mort de Maupertuis remet à l'ordre du jour sa possible installation à Berlin. Cette période éprouvante révèle un homme jaloux et décontenancé qui s'abandonne à la colère, faute de pouvoir combattre ses vrais ennemis et de gagner les seules batailles intellectuelles qui vaillent : celles des idées.

Contre ses alliés

Le premier à faire les frais de son humeur est Malesherbes. Il accuse le directeur de la Librairie d'une

---

1. *Ibid.*, p. 436.

indulgence coupable à l'égard de Fréron. Il est vrai que, depuis le début de l'année 1758, ce dernier s'en prend nommément à d'Alembert : une première fois dans son compte rendu de l'*Histoire des Cacouacs*[1], où il a ajouté une note qui désigne le savant ; une deuxième fois en imaginant la lettre d'un Guadeloupéen qui se plaint de sa traduction de Tacite[2] publiée dans les *Mélanges* ; une troisième fois en donnant un extrait de la protestation des pasteurs genevois contre l'article « Genève[3] » ; une quatrième fois en contestant son article mathématique « Croix ou pile[4] ». En moins de trois mois, le critique a bousculé le savant, l'homme de lettres et l'encyclopédiste. D'Alembert prend prétexte du premier article sur les *Cacouacs* pour demander à Malesherbes de sévir contre Fréron[5]. Malesherbes, qui a une haute idée de la liberté d'expression de la presse, ne cache pas son exaspération devant les plaintes incessantes de l'encyclopédiste[6] qu'il a toujours soutenu de son mieux. Il lui répond par une lettre cinglante qui est une leçon de liberté : « Je suis très affligé des chagrins que vous causent les critiques tant de Fréron que des autres... Mais je mets une grande différence entre ce qui me déplaît... comme particulier et ce que je dois empêcher comme homme public. » Ses principes sont simples : la critique littéraire est libre dès lors que l'auteur n'est

---

1. *L'Année littéraire*, 1758, t. I, lettre 1, pp. 3-22.   2. *Ibid.*, t. I, lettre 4, 15 janvier, pp. 73-96.   3. *Ibid.*, t. II, lettre 3, pp. 59-69.   4. *Ibid.*, t. II, lettre 5, pp. 109-115.   5. 23 janvier 1758. B.N., Ms. Fr. 22.191, f. 140. Publiée dans *Le Dossier Fréron, op. cit.*, pp. 230-231.   6. L'abbé Morellet, fort lié à d'Alembert et à Malesherbes, en témoigne : « J'avais été plusieurs fois auprès de M. de Malesherbes le porteur des plaintes de D'Alembert. » *Mémoires*, I, p. 45.

jugé que sur son ouvrage ; seule la diffamation est susceptible d'être censurée. Mais en aucun cas la censure ne doit « prévenir les abus, sans quoi il serait à craindre que, sous prétexte d'empêcher la diffamation personnelle, on n'empêchât les critiques qu'on trouverait trop dures... et qu'on vînt par degrés à interdire toute espèce de critique[1] ».

Simultanément, Malesherbes charge Morellet de faire entendre raison au philosophe et dit crûment son irritation : « J'ai vu avec beaucoup de peine qu'un homme comme lui s'attachât à une subtilité, pour se plaindre d'un auteur périodique... J'ai été encore plus fâché de voir que le chagrin que lui causent les brochures l'ait aveuglé au point de ne pas sentir combien il est indiscret et, j'ose le dire, déraisonnable de demander froidement justice de Fréron dans le moment où le septième tome de l'*Encyclopédie*, et surtout l'article "Genève", ont excité les cris les plus puissants[2]. » Autrement dit, d'Alembert devrait comprendre qu'il ne peut refuser aux autres ce qu'il exige pour lui-même. Et Malesherbes de conclure cruellement : « Pour les gens de lettres, l'expérience m'a appris que quiconque a à statuer sur les intérêts de leur amour-propre doit renoncer à leur amitié, s'il ne veut affecter une partialité qui le rende indigne de leur estime. »

En dépit des efforts de Morellet pour convaincre d'Alembert du bien-fondé des principes malesherbiens, celui-ci ne voulut rien entendre. Il prétendait que l'*Encyclopédie* « ne passait pas les limites raison-

---

1. B.N., *ibid.*, f. 136-137. Lettre publiée par Morellet, pp. 50-54, datée du 16 février 1758, et dans *Le Dossier Fréron*, pp. 231-233, datée par J. Balcou : « vers le 24 janvier ».   2. S.d. Aux alentours du 24 janvier selon Balcou, *Le Dossier Fréron*, pp. 233-235. Publié par Morellet, pp. 46-50.

nables d'une discussion philosophique[1] », alors que leurs ennemis les accusaient de sédition, d'impiété et autres odieuses attaques personnelles qui les diffamaient. « Le philosophe tempêtait et jurait, selon sa mauvaise habitude[2]. » Il ne pardonna pas à Malesherbes de tenir la balance égale entre lui et ses ennemis. D'où les remarques désagréables à l'endroit du directeur de la Librairie qui jalonnent sa correspondance avec Voltaire[3]. En dépit des immenses services rendus à l'*Encyclopédie* par Malesherbes, d'Alembert conservera toujours une dent contre lui, rancœur qui l'incitera à proférer à son endroit des propos injustes, voire méprisants.

Au même moment, une sombre affaire le brouille avec Duclos, qu'il fréquente et estime pourtant depuis près de dix ans. Même s'il lui a reproché d'être un peu trop courtisan à son goût[4], d'Alembert sait qu'il lui doit en grande partie son élection à l'Académie française, où ils forment à eux deux le « noyau dur » du clan des philosophes. L'origine de la dispute est obscure. Deux versions différentes en ont circulé successivement. La première est donnée par d'Alembert en février 1758. À la question de Voltaire : « Pourquoi Duclos en a mal usé avec vous[5] ? », il esquive : « Dispensez-moi du détail. L'origine de notre brouillerie vient de ce qu'il a voulu faire mettre dans l'*Encyclopédie* des choses auxquelles je me suis opposé. Du reste, on a fait sur notre désunion beaucoup d'histoires qui ne sont pas vraies. On n'oublie rien pour semer la zizanie entre nous[6]. »

---

1. Morellet, p. 54.   2. *Ibid.*, p. 146.   3. Notamment, à cette époque, les lettres du 28 janvier (D. 7607) et du 8 février 1758 (D. 7624).   4. D'Alembert à Mme du Deffand, 4 décembre 1752.   5. 13 février 1758. D. 7631.   6. 26 février 1758. D. 7655.

Frustré par cette réponse trop vague, Voltaire interroge son complice Thieriot, au courant de tous les potins parisiens. Ce dernier fait état de la rumeur qui court : « C'est le philosophe Duclos qui s'est offert de remplacer M. d'Alembert pour tout ce qui n'est point mathématique et géométrie. C'est à l'occasion de ce remplacement qu'ils se sont querellés, mais tout est dit et convenu[1]. »

En vérité, rien n'est réglé et l'objet de la querelle n'est peut-être pas celui que l'on dit. En 1760, d'Alembert se déclare toujours « fort mal[2] » avec Duclos, même si l'un et l'autre sont prêts à s'unir « pour la bonne cause ». À en croire Marmontel, les deux hommes ne s'adressent toujours pas la parole en 1763. Il avance une autre version de leur brouille : « Duclos et d'Alembert avaient eu je ne sais quelle altercation en pleine Académie au sujet du roi de Prusse et du cardinal de Bernis..., et au moment où j'allais avoir besoin de leur accord et de leur bonne intelligence[3], je les trouvai ennemis l'un de l'autre[4]. » Marmontel alla d'abord prier Duclos de se réconcilier avec d'Alembert. Celui-là ne demandait pas mieux, à condition que celui-ci fît le premier pas. « D'Alembert bondit de colère quand je lui proposai de parler à Duclos.

« – Qu'il aille au diable, me dit-il, avec son abbé de Bernis ! Je ne veux pas plus avoir affaire à l'un qu'à l'autre...

« – Duclos a donc des torts bien graves envers vous ?

---

1. 30 mars 1758. D. 7701.   2. À Voltaire, 3 août 1760. D. 9114.   3. Marmontel rêvait d'entrer à l'Académie française et de succéder à Bougainville, lequel est mort le 22 juin 1763.   4. *Mémoires*, I, p. 214.

« – Comment, vous ne savez donc pas avec quelle insolence, en pleine Académie, il a parlé du roi de Prusse[1] ? »

Duclos avait-il humilié d'Alembert en lui parlant devant témoins de la pension de Frédéric, et en lui renvoyant ainsi l'image d'un courtisan ? Toujours est-il que leur brouille dura plus de cinq ans et qu'il fallut toute l'amitié que D'Alembert vouait à Marmontel pour qu'il acceptât de se raccommoder avec Duclos.

Le premier trimestre 1758 est si pénible pour d'Alembert qu'il décide de se joindre à l'abbé Morellet et à son élève l'abbé de La Galaisière qui partent pour l'Italie au début de mai[2]. Mais sont-ce les pensions impayées pour cause de guerre ou les obligations qui entourent la publication de la seconde édition de son *Traité dynamique*[3] ? il remet son voyage à l'été. En juin, il annonce au père Frisi, mathématicien et astronome, qu'il le verra bientôt à Pise : « Je partirai dans deux mois au plus tard, à moins que quelque circonstance imprévue ne m'en empêche[4]. » D'après Diderot, qui se

---

1. *Ibid.*, p. 215.   2. Le 11 mars 1758, Desmarets écrit à Grosley : « M. d'Alembert me dit hier qu'il comptait aller en Italie… Il doit y aller vers la Pentecôte, ou au plus tard au mois de juillet. Il y a déjà deux abbés… D'Alembert me dit qu'il y sacrifierait 2 000 écus. » *Cf.* Babeau, *op. cit.*, p. 87.   3. Selon l'usage, d'Alembert avait soumis cette seconde édition, augmentée d'un tiers, à l'Académie des sciences avant de la publier. Les deux commissaires, Montigny et Bezout, avaient rendu leur rapport le 26 avril et d'Alembert commence à envoyer ses exemplaires dédicacés en mai. *Cf.* la lettre au président Hénault, 17 mai 1758, où d'Alembert lui demande d'en remettre un au comte d'Argenson, ministre disgracié, auquel le livre est dédié.   4. 7 juin 1758. Ch. Henry, *Bollettino…*, *op. cit.*, p. 24.

plaint toujours de la désertion de son collègue[1], « il est
tourmenté du désir de voir l'Italie[2] ». Pourtant, il déclare
à nouveau forfait en août, faute d'argent. Il confie à
Morellet : « Je ne vous verrai pas cette année en Italie.
On ne paie rien et je me verrais forcé d'emprunter ou
de voyager mal à mon aise. Je dépenserai probablement
à Paris le peu que j'avais amassé pour mon voyage et
j'attendrai la paix. J'enrage cependant de bon cœur
d'être obligé de déranger mes projets[3]. »

En vérité, d'Alembert n'enrage pas autant qu'il le
dit. L'air est devenu un peu moins irrespirable à Paris
depuis qu'il sait que Rousseau a répondu à son article
« Genève ». Au reçu de l'aimable lettre de Jean-Jacques
du 25 juin, il écrit : « Je suis très flatté de l'honneur que
vous m'avez fait[4]. »

Il se propose même pour en être le censeur[5]. Le
22 juillet, il donne une approbation chaleureuse : « J'ai
lu l'ouvrage de M. Rousseau contre moi, il m'a fait
beaucoup de plaisir[6]. » Si Rousseau conteste son idée
d'installer un théâtre à Genève, la *Lettre à d'Alembert*
est remplie de compliments et ne s'écarte jamais du ton
de respect que l'on a pour un homme qu'on estime[7].
D'Alembert a tout lieu d'être content. C'est une publicité de bon aloi pour lui et son article. Enfin un débat

---

1. D'Alembert avait accepté de continuer la partie mathématique et renoncé à tout le reste.   2. 14 juin 1758. *Correspondance*, II, p. 61.   3. 14 août 1758. Ch. Henry, *Bollettino*...,
p. 26.   4. 27 juin 1758. Leigh, t. V, nº 660.   5. D'Alembert
à Malesherbes, 8 juillet 1758. *Ibid.*, nº 668.   6. D'Alembert à
Malesherbes, 22 juillet 1758. *Ibid.*, nº 674. On note que d'Alembert
ne trouva rien à redire à la fameuse allusion à Diderot.   7. En
privé, Rousseau est moins complimenteur. *Cf.* lettre à Vernes,
4 juillet 1758 (*Ibid.*, nº 664); et le 22 octobre (nº 715), il n'hésite
pas à attribuer la paternité de l'article « Genève » à Voltaire.

comme il les aime, qui évite les attaques *ad hominem* !
Dès que le livre paraît à Paris au début d'octobre, il
connaît un double succès immédiat : succès d'estime
et succès public. Stimulé, d'Alembert ne pense plus
qu'à répondre à Rousseau. Ce sera fait dans la nouvelle édition de ses *Mélanges*[1], sur le même ton courtois. Voilà qui le change agréablement de la méchante
polémique qui l'oppose à Clairaut depuis plusieurs
mois.

Contre Clairaut

Bien qu'ils se côtoient depuis plus de quinze ans sur
les bancs de l'Académie des sciences, les deux hommes
ne sont guère diserts dans leurs échanges. Travaillant
sur les mêmes sujets au même moment, ce sont d'éternels rivaux qui se méfient l'un de l'autre[2]. L'atmosphère
entre eux est glaciale. Jusqu'en 1758, ils ont réussi à
éviter l'affrontement direct, mais le feu couve depuis la
publication du troisième volume des *Recherches sur le
système du monde*, en novembre 1756. Dans ce dernier,
d'Alembert conteste l'utilité des tables de la Lune que
son rival a publiées en 1754[3]. Or, elles représentaient
l'aboutissement de onze années d'un labeur acharné sur
la théorie de la Lune dont Clairaut avait tout lieu d'être

---

1. L'édition augmentée qui paraît en mai 1759 comprend
4 volumes.   2. *Cf. P.I.*, 1.   3. *Tables de la Lune calculées
suivant la théorie de la gravitation universelle*, 1754. Elles avaient
fait l'objet d'un rapport très élogieux de Cassini de Thury et de
Lemonnier, le 22 décembre 1753. D'Alembert critique également
dans ses *Recherches* les tables de Tobias Mayer.

fier. Que dit d'Alembert qui froisse son confrère[1] ? Simplement, qu'il eût été plus utile de perfectionner les tables déjà existantes de Lemonnier[2], familières à tous les astronomes et n'exigeant que peu d'opérations, plutôt que d'en imposer de nouvelles sans même prendre le soin de les comparer aux anciennes. La courtoisie du ton cache mal la rudesse de la critique.

Tout-puissant au *Journal des savants*, Clairaut réplique dans ce périodique. À cause des délais d'impression, son article ne paraît qu'en juin 1757. En rupture avec l'habituelle neutralité du journal, l'article est moins un compte rendu qu'une défense *pro domo*. Clairaut répond aux critiques de D'Alembert de façon mesurée : « Après avoir donné à M. D'Alembert tous les éloges que méritent tant l'art qu'il a employé que la peine qu'il a prise pour dresser ces tables, nous ne pouvons penser avec lui qu'il a démontré, comme il l'assure, qu'il valait mieux s'en tenir à des tables de correction... M. d'Alembert fait encore une autre assertion... que nous ne croyons pas plus démontrée... Il est, dit-il, inutile de vouloir pousser plus loin qu'il ne l'a fait l'exactitude dans la détermination de l'équation de l'orbite... Nous sentons les horreurs de calcul qu'ont dû essuyer ceux qui ont voulu aller plus loin [c'est-à-dire lui-même, Clairaut]... mais nous croyons qu'il s'en faut de beaucoup que l'on n'ait démontré qu'ils n'y ont

---

1. Extrait de la préface des *Recherches*..., publiée dans le *Mercure*, octobre 1756, I, pp. 89-104.   2. Il s'agit des tables des *Institutions astronomiques* (1743), construites par Halley sur la théorie de Newton et perfectionnées par Lemonnier. Les tables proposées par d'Alembert dans le 3e volume des *Recherches* étaient celles de Lemonnier, qu'il avait à son tour corrigées.

pas réussi[1]. » Conclusion de Clairaut : ses tables à lui sont les plus précises et les plus simples.

D'Alembert a-t-il ressenti le « ton condescendant du maître avec son élève[2] » ? Il répond aussitôt à Clairaut par une longue lettre publiée dans le *Mercure* de septembre[3]. Il se justifie une nouvelle fois de sa préférence pour les tables de Lemonnier, cite à l'appui de sa position le témoignage de ce dernier ainsi que celui de Pingré[4], et récuse poliment certaines critiques de Clairaut. Rien de bien méchant. Rien, en tout cas, qui puisse expliquer le ton agressif et méprisant de la réplique de Clairaut en janvier 1758, toujours dans le *Journal des savants*[5]. Il prend les astronomes à témoin de son opposition à d'Alembert, se dit « révolté » de « cette espèce d'arrêt prononcé contre la théorie » et de son « ton absolu » contre toutes les autres tables de forme nouvelle. Il conteste les calculs de Lemonnier, invoque et prône les observations détaillées de Lacaille, sur lesquelles il s'est appuyé. Il conclut de façon ironique : « Le géomètre [d'Alembert] qui a voulu détruire nos espérances sur la théorie, par rapport au mouvement de la Lune, en a sans doute beaucoup repris lui-même, puisqu'il travaille encore à la recherche des mouvements de la

---

1. *Journal des savants*, juin 1757, vol. I, pp. 336-347. 2. Th. Hankins, *Jean d'Alembert, Science and the Enlightenment*, 1990, p. 37.   3. Septembre 1757, pp. 109-120.   4. 1711-17 96. Astronome et chanoine de la Congrégation de France, le père A.-G. Pingré était le correspondant de Lemonnier et son disciple dévoué depuis mai 1753. Il fut nommé associé libre de l'Académie des sciences le 30 mars 1756. Il devait se contenter de ce titre car, selon le règlement, un prêtre régulier ne pouvait devenir ni pensionnaire ni honoraire.   5. Lettre de M. Clairaut à MM. les auteurs du *Journal des savants*, 11 janvier 1758, publiée en février, pp. 67-82.

Lune. Nous ne saurions trop l'exhorter à persister dans ce projet et à pousser l'exactitude du calcul plus loin qu'il ne l'avait d'abord cru nécessaire. »

Quelle mouche a piqué le pacifique Clairaut pour s'en prendre sur ce ton à son rival ? Certes, il a tout lieu d'être agacé par le déni que lui oppose d'Alembert, mais la pondération de ce dernier n'appelait pas ce genre de réplique. Après tout, ce n'est qu'un épisode de plus dans l'histoire de leur antagonisme. Mais on comprend mieux la réaction de Clairaut si on la resitue dans le contexte académique de l'époque. D'abord, Clairaut et d'Alembert ne sont pas les seuls protagonistes de la guerre qu'ils se livrent. L'un et l'autre sont chefs de clan. À part Delisle qui se tient à distance, les astronomes de l'Académie ont choisi leur camp, certes en fonction de leurs conceptions scientifiques, mais presque tout autant pour des motifs moins avouables. Il n'est pas étonnant de voir Lacaille et Lalande collaborer au travail de Clairaut, ni Lemonnier et Pingré à celui de D'Alembert[1]. Mais on ne peut tenir pour rien les vieilles inimitiés et les ressentiments recuits. Lacaille et Lemonnier sont rivaux depuis le début des années 1740. En 1745, leur rivalité a tourné à la fâcherie. Lemonnier accusa Lacaille de lui avoir volé une idée sur le phénomène de la nutation et, la semaine suivante, Lacaille lui rendit la politesse[2]. Depuis ce temps, Lemonnier, qui a le plus mauvais caractère, conteste tous les travaux de Lacaille. Après 1758, il va jusqu'à bannir le nom de son rival et ne l'appelle plus que l'« adjoint » de Clairaut. Aveuglé par la haine, il

---

1. Voir la thèse de Guy Boistel, *op. cit.*   2. Anecdote rapportée par Lalande. *Cf.* Papiers Lalande, B.N., Ms. fr. 12.274, f. 253.

refuse de reconnaître l'importance de ses observations et le caractère inédit de sa méthodologie. Ainsi, quand celui qui fut son élève et son protégé, Lalande, rejoint le camp de Lacaille et Clairaut, séduit par leur invention et la modernité de leur approche, Lemonnier brisa net avec lui. Au grand regret de Lalande, la brouille qui éclata en 1756 ou 1757 durera dix-huit ans !

Quand Clairaut rédige le 11 janvier 1758 sa lettre mordante à d'Alembert, il traduit aussi l'atmosphère bagarreuse qui règne au sein de l'Académie. Le même jour, Lacaille a longuement protesté contre les assertions de D'Alembert à l'encontre de sa théorie de la Lune et de la parallaxe du Soleil. Il réfute point par point les arguments des *Recherches* (1756) qui déclarent ses calculs « douteux[1] ». Le mercredi suivant, 18 janvier, d'Alembert réattaque Lacaille sur sa théorie du Soleil[2]. Il s'appuie sur les arguments de Lemonnier, qu'il ne cite pas moins de sept fois, pour justifier son choix de soutenir celui-ci contre Lacaille[3]. Inutile de préciser que les couteaux sont tirés[4]. Pourtant, d'Alembert, toujours si prompt à la réplique, laisse sans réponse la lettre de Clairaut du 11 janvier. Peut-être submergé par la polémique que soulève son article « Genève » et par les problèmes que pose son départ de l'*Encyclopédie*, ulcéré par les attaques nourries de ses adversaires dévots, il préfère remettre à plus tard l'apurement de

---

1. Procès-verbal. de l'Académie, mercredi 11 janvier 1758, pp. 44-46.   2. Mémoire de Lacaille de 1750.   3. Procès-verbal de l'Académie, mercredi 18 janvier 1758, pp. 58-63. 4. La correspondance astronomique entre Lacaille et T. Mayer, publiée par E.G. Forbes et J. Gapaillard, reflète assez bien les mauvaises relations du clan Clairaut avec d'Alembert entre 1757 et 1761. *Revue d'histoire des sciences*, 1996. *Cf.* pp. 503-506, 519.

ses comptes avec Clairaut. Il se contente d'ajouter un petit écrit, dans la nouvelle édition de sa *Dynamique*, qui répond à quelques-unes des critiques du 11 janvier, sans nommer leur auteur.

Mais le ressentiment de D'Alembert n'est pas pour autant éteint et, s'il l'était, il va être brutalement réveillé lors de la séance publique du 14 novembre 1758. Ce jour-là, Clairaut lit un mémoire qui va faire couler beaucoup d'encre et lui valoir la célébrité. Il s'agit de la comète de Halley dont il prédit le retour avec précision. Il annonce que cette comète apparue en 1682, retardée de 100 jours par l'action de Saturne et de 518 par celle de Jupiter, va passer au périhélie vers le 15 avril 1759 et non vers la fin de 1758 ou le tout début de 1759, comme le pensait Halley. Grâce aux innombrables calculs de Lalande, auquel il rend hommage, et de Mme Lepaute, qu'il ne cite pas, grâce aussi à sa résolution du problème des trois corps, Clairaut, tout en prenant un risque personnel, donne une publicité sans précédent au phénomène astronomique et à lui-même, en tant qu'auteur de cette prédiction à court terme[1]. Celle-ci se trouva presque ponctuellement accomplie. La comète passe au périhélie avec un mois d'avance, le 13 mars 1759, suscitant l'admiration universelle. La gloire de Clairaut n'a jamais été aussi grande ni aussi publique, ce qui a le don de provoquer chez ses ennemis un virulent accès de jalousie. Déjà, en l'écoutant le 14 novembre, d'Alembert était furieux qu'il n'eût mentionné que sa propre théorie des trois

---

1. À cause des très longs délais de publication de l'Académie, Clairaut prit soin de faire publier son mémoire dans le *Journal des savants* de janvier 1759, pp. 38-45, afin de lui assurer le maximum de publicité.

corps, sans un mot pour la sienne ni pour celle d'Euler. Mais les louanges tressées à Clairaut lui paraissaient aussi excessives qu'insupportables, comme d'ailleurs à Lemonnier.

Les deux camps agitent la presse. Le *Mercure* d'avril 1759[1], proche de D'Alembert, annonce la grande nouvelle sans nommer Clairaut. Il se contente de parler de la prédiction heureusement accomplie de Halley.

Alors que Lalande publie ses calculs dans le *Journal de Trévoux*, Fréron, fort ami de Clairaut, publie un article enthousiaste sur celui-ci. Il évoque son « immense travail », « une mer de calculs », et répond aux méchantes rumeurs : « L'envie, car elle est de tous les états…, vous dira peut-être qu'une erreur de trente jours est beaucoup. Mais vous verrez que ce n'est pas un neuf centième de la période entière[2]. » De son côté, Mme du Boccage, proche de Clairaut, rattrape le premier silence du *Mercure* en publiant un très long poème à sa gloire[3] – huit strophes qui débutent ainsi :

> *Ô toi qui dès tes jeunes ans,*
> *Pour changer la forme du monde,*
> *Jusques à l'Ourse affronta l'onde,*
> *Des mortels accepte l'encens…*

---

1. Avril, t. II, pp. 181-183.   2. *L'Année littéraire*, 1759, t. II, lettre du 10 avril, pp. 217-228 : Au comte de Tressan. On dit que Lalande mêla sa plume à celle de Fréron. Le 3 août, Fréron publie une seconde lettre au comte de Tressan, cette fois de l'académicien Le Roy, pour défendre à nouveau Clairaut contre les attaques de ses « détracteurs anonymes ». T. V, lettre 2 du 3 août 1759, pp. 27-47. Il publie enfin le 30 août une réponse de Clairaut à plusieurs pièces…, pp. 209-212.   3. *Mercure*, mai 1759, pp. 50-52

À peine de quoi le consoler de la vie d'enfer que lui font Lemonnier et d'Alembert, même si ce dernier agit de façon plus dissimulée que le premier. Clairaut s'en ouvre à Daniel Bernoulli : « Je regarde ma théorie comme suffisamment confirmée. Et je vois que le grand nombre pense comme moi. L'on me sait gré d'un travail aussi considérable et on applaudit à cette importante et nouvelle vérification du système newtonien. D'un autre côté, j'éprouve toutes les chicanes que l'envie peut produire. M. Lemonnier s'est déchaîné contre moi et a voulu me susciter pour ennemis tous les astronomes à qui il a voulu persuader que mon mémoire était diffamant pour eux… L'intérêt qu'ont pris pour ma cause quelques amis m'a fait totalement oublier cet indigne procédé. Ainsi que des coups plus cachés qu'a voulu me porter un homme [d'Alembert] dont vous n'attendrez pas que je dusse tirer de grands éloges, il a voulu insinuer en dessous main que mon travail était plus pénible que profond, et que, conduisant à un mois près de l'observation, il ne valait pas la peine que j'ai prise, que le dégoût seul de ces opérations l'avait empêché de faire la même chose. Je n'ai répondu à ceux qui m'ont rendu ces propos autre chose sinon que c'était sans doute de pareils dégoûts qui lui avaient fait rater la théorie de la Lune[1]. »

Peu après, une lettre anonyme fut publiée dans l'*Observateur littéraire*[2] rapportant les mêmes arguments

---

1. 10 avril 1759. B.E.B., LIa. 684, 753. N° 1. Clairaut pouvait parler aussi librement parce qu'il connaissait la profonde antipathie de son correspondant envers d'Alembert depuis la publication par ce dernier de son *Traité de dynamique*, qui critiquait le sien.   2. T. II, lettre 8, pp. 182-186. L'abbé de La Porte, qui dirigeait cette revue, était partisan des philosophes, et un fervent soutien de d'Alembert.

que Clairaut attribue à d'Alembert. De là à dire qu'il est l'auteur de l'article… En juillet, Lemonnier procède à une démolition en règle du travail de Clairaut[1]. Non seulement il n'a pas fait mieux que Halley, mais son erreur de trente-trois jours est beaucoup plus importante qu'il ne le dit : plus d'un mois sur cent quarante jours, voilà qui est considérable ! Clairaut, fort blessé, attribua – à tort – les deux articles anonymes à d'Alembert[2], et fit une réponse globale qu'il distribua à l'Académie des sciences, le 11 août, avant de la publier[3]. Dès le lendemain, d'Alembert répondit nommément à la réponse de Clairaut et enfonça le clou de l'« erreur considérable[4] ». Il lui fit parvenir une lettre personnelle le surlendemain, 13 août[5], qui analysait plus avant les raisons de cette erreur.

La polémique est provisoirement close, mais laisse dans les deux camps une hargne décuplée. Même s'il est apparu publiquement plus mesuré que Lemonnier, d'Alembert a tout fait pour minimiser la contribution de Clairaut. Vexé que celui-ci ait paru mépriser sa théorie de la Lune, jaloux du succès considérable de son rival,

---

1. *Journal encyclopédique*, t. V, 15 juillet 1759, pp. 117-123. Journal tout acquis à d'Alembert. L'article de Lemonnier n'était pas signé, alors que celui qu'il publia dans le *Mercure* de juillet, I, pp. 140-145, l'était. 2. À Daniel Bernoulli, 4 août 1759. *Ibid.*, 684, 757. 3. Elle paraîtra dans le *Journal des savants* de novembre 1759, pp. 714-717, sous le titre : « Réponse de Clairaut à quelques pièces, la plupart anonymes, contre son Mémoire sur la comète, lu le 14 novembre 1758 à l'Académie des sciences ». Elle fera l'objet d'un article très élogieux dans *L'Année littéraire*, 30 août 1759, pp. 209-212. 4. *L'Observateur littéraire*, 1759, pp. 339-341. 5. Lettre du 13 août 1759, à 7 heures. Elle sera publiée par Clairaut, avec sa réponse, dans le *Journal des savants*, juin, vol. I, 1762, pp. 361-362.

il a réagi par une colère froide, non moins redoutable
que les autres. En tout cas, elle n'est pas près de s'apaiser. À la première occasion, elle repartira avec plus de
violence encore. En attendant, chacun fait mine d'ignorer l'autre tout en en disant le plus grand mal. Sur ce
point, rien n'est plus révélateur que le témoignage d'un
savant croate, le père Boscovich, qui séjourne à Paris
de novembre 1759 à mai 1760. Ce jésuite, mathématicien et astronome, qui enseigne d'ordinaire en Italie,
raconte chaque semaine à son frère sa vie mondaine
et ses relations avec les savants parisiens rencontrés à
l'Académie[1] et dans les dîners.

Recommandé à Clairaut par le père Jacquier[2], Boscovich sympathise d'entrée de jeu avec le savant. Ils ont
le même goût de la vie sociale et détestent les encyclopédistes. Clairaut l'invite à prendre des repas chez lui et
lui présente ses amis : Lacaille, Lalande, le père Pingré,
Buffon, Malesherbes, le chevalier Turgot, Trudaine de
Montigny, Galiani, Watelet, ainsi que Mme Lepaute et
Mme du Boccage chez laquelle Clairaut déjeune tous
les dimanches. Dès le 17 décembre, Boscovich parle de

---

1. Nommé correspondant de Dortous de Mairan depuis mai
1748, il avait de droit ses entrées à l'Académie. Les registres de
celle-ci mentionnent sa présence dès le 21 novembre 1759. Au sein
de l'assemblée, il ne connaît personnellement que La Condamine,
qu'il a rencontré lors de son voyage en Italie en 1755-1756, et qu'il
apprécie beaucoup. La Condamine l'avait introduit, à l'ambassade
de France, au comte de Stainville, futur Choiseul. Boscovich avait
également rencontré l'abbé Nollet en Italie lors de son voyage en
1749.   2. François Jacquier (1711-1788), minime, physicien et
mathématicien, avait publié entre 1739 et 1742 avec le père Leseur
un célèbre commentaire des *Principia* de Newton. Installé à Rome
depuis 1727, il s'était lié avec Clairaut lors d'un voyage en France,
en 1743, et était devenu son correspondant académique.

ce dernier à son frère avec un enthousiasme symétrique de son rejet de D'Alembert : « Clairaut est l'homme le plus aimable du monde, et très différent de l'autre grand géomètre d'Alembert, lequel n'a aucune religion et le proclame, est altier, et attaque tout le monde. Je ne suis pas allé le voir chez lui, et je l'ai seulement vu plusieurs fois à l'Académie[1]. » Sous l'influence de l'un, Boscovich diabolise l'autre avant même de le connaître… Pourtant, lors d'un déjeuner chez Watelet[2] qui réunit seize personnes, dont l'encyclopédiste, le père jésuite sent ses préventions tomber : « Je [le] trouvai infiniment plus humain que je ne le croyais, et il me fit mille politesses et démonstrations. Nous discourûmes beaucoup ensemble de mathématiques, belles-lettres, et un peu aussi des antiquités liées aux mathématiques, comme de l'Obélisque… C'est un homme de beaucoup d'esprit, et c'est dommage qu'il pue autant en matière de religion[3]. » Il le rencontre à nouveau chez l'abbé Galiani et chez Buffon, où ils parlent « longuement » ensemble. D'Alembert lui rend même une visite à domicile, le 30 mars[4]. Il n'est donc pas aussi infréquentable qu'on le lui a dit…

Cette correspondance confirme que la détestation de Clairaut pour d'Alembert est à la hauteur de celle que celui-ci éprouve à son endroit. Elle montre aussi que les deux hommes ont des amis communs, tels Watelet,

---

1. Z. Markovic, *Rudzer Boskovic*, Grada Knjiga II, Zagreb, 1957, p. 70.   2. 1718-1786. Ecrivain et dessinateur fort riche, il fournit à l'*Encyclopédie* des articles sur la peinture et la gravure. L'auteur de l'*Art de peindre* (1760), membre de l'Académie française et de l'Académie de peinture, était aussi l'intime de D'Alembert.   3. Paris, 11 février 1760. Markovic, *op. cit.*, p. 102.   4. *Ibid.*, p. 124.

Galiani, Buffon, Pingré, etc., qui refusent d'entrer dans leurs querelles. L'abbé Morellet est de ceux-là : « Comme je n'y entendais rien, j'étais charmé de n'avoir pas à me prononcer entre deux hommes que j'aimais et que j'estimais, et qui, à l'exception des géomètres qui se partagèrent, conservèrent leurs communs amis. Je dînais donc quelquefois chez Clairaut avec M. de Montigny et le chevalier de Chastellux, en sortant de chez d'Alembert qui demeurait rue Michel-le-Comte, à deux pas de son antagoniste[1]. »

À lire Morellet, aller d'une maison à l'autre revenait à passer une frontière hermétique entre deux mondes incompatibles, deux pays en guerre, bref, entre deux savants qui se haïssaient d'autant plus qu'ils devaient partager le même territoire.

Contre Mme du Deffand

D'Alembert se brouille avec elle vers mars 1759, comme nous l'apprennent tardivement ses lettres à Voltaire. C'est seulement en mai 1760, évoquant la pièce de Palissot contre les philosophes, qu'il fait une violente et brève sortie contre elle : « Les protecteurs femelles (déclarés) de cette pièce sont Mmes de Villeroy, de Robecq et du Deffand, votre amie et ci-devant la mienne. Ainsi, la pièce a pour elle des catins en fonction et des putains honoraires[2]. » Traiter l'honorable aveugle de « putain honoraire » était rappeler ce qu'elle voulait faire oublier, c'est-à-dire son passé de jeune femme légère, éphémère maîtresse du Régent.

---

1. *Mémoires*, I, p. 125.   2. 6 mai 1760. D. 8894.

On ne pouvait être plus déplaisant, surtout en s'adressant à un vieil ami de la dame, lequel l'avait connue à cette époque et ne manquerait pas de s'offusquer. Toujours très en colère, d'Alembert remet cela trois semaines plus tard : « Je sais que cette vieille putain de Deffand vous a écrit et vous écrit peut-être encore contre moi et mes amis. Mais il faut rire de tout et se foutre des vieilles putains, puisqu'elles ne sont bonnes qu'à cela[1]. » Comme Voltaire fait mine d'avoir tout oublié, d'Alembert, exaspéré par sa lâcheté et voulant l'amener à rompre, lui aussi, avec la vieille dame, lui rafraîchit la mémoire et précise les circonstances de leur rupture : « Il n'est pas surprenant que vous ne vous souveniez plus des impertinences que Mme du Deffand vous a écrites contre moi ; pareilles sottises sont faites pour être oubliées, ainsi que la satire qu'elle fit courir contre Mme du Châtelet après sa mort ; mais, comme elle est aussi étourdie que méchante, elle m'a fait lire ce qu'elle vous écrivait sur mon compte (il y a environ quinze mois) ; depuis ce temps, j'ai cessé d'aller chez elle, et je la méprise comme elle le mérite[2]. »

La lettre de Mme du Deffand à Voltaire est perdue et celui-ci, qui ne voulait se brouiller avec personne, nia tout en bloc. Cependant, Mme de La Ferté-Imbault a révélé l'incident dont elle fut témoin : « Mme du Deffand s'était laissée aller, dans une lettre à Voltaire,

---

1. 26 mai 1760. D. 8937.   2. 11 juin 1760. D. 8970. D'Alembert savait que le rappel de la méchanceté inouïe dont Mme du Deffand avait fait preuve contre Mme du Châtelet ne pouvait qu'embarrasser Voltaire. Bien que celle-là eût fait courir un portrait ignoble de celle-ci après sa mort en 1749, Voltaire n'avait pas semblé lui en tenir rigueur. Ce qui pouvait paraître comme une trahison de la mémoire de la femme qu'il avait tant aimée.

à des plaisanteries très mordantes sur d'Alembert, leur ami à tous deux ; et Voltaire, en lui répondant, avait fait allusion à ces coups de plume acérés. À quelques jours de là, pour divertir sa compagnie, la malicieuse aveugle mit l'entretien sur ces deux lettres et pria l'un des assistants d'en donner lecture à haute voix ; elle ignorait que d'Alembert venait d'entrer dans le salon sans se faire annoncer, suivant son habitude. Il ne dit mot, écouta la lecture, ne se fit connaître qu'après, et affecta de rire de l'aventure. Mais il resta très profondément ulcéré[1]. » Un autre témoin de cette scène, le mathématicien Fontaine, « vint le soir même conter l'histoire au cercle de Mme Geoffrin, prédisant que sans doute d'Alembert se vengerait de Mme du Deffand d'une manière très piquante, et que Mlle de Lespinasse lui servirait d'instrument[2] ».

Comment en était-on arrivé là ? Pourquoi Mme du Deffand, qui avait chéri d'Alembert comme un fils dès les années 1740[3], faisait-elle à présent des plaisanteries blessantes sur son compte ? Et pourquoi d'Alembert en était-il venu à rompre ? C'est tout à la fois des raisons de caractère et de condition qui expliquent en grande partie cette rupture. Ces deux-là ne sont pas du même monde et, le temps passant, la différence entre eux s'accentue. Tous les amis de Mme du Deffand sont des gens de la haute noblesse ou des amis de la cour, comme le président Hénault, homme de confiance de la reine. En vieillissant, elle partage de plus en plus leurs

---

1. Marquis de Ségur, *Julie de Lespinasse*, 1905, pp. 131-132. Ségur est aussi l'auteur d'une biographie de Mme Geoffrin et de sa fille, Mme de La Ferté-Imbault, *Le Royaume de la rue Saint-Honoré*, s.d. Il a eu accès à de nombreuses archives familiales.   2. *Ibid.*, p. 132.   3. *P.I.*, 1, p. 302.

idées et leurs réflexes. Comme eux, elle déteste la clique des philosophes qui incarnent un tout autre monde, nettement moins aimable et presque menaçant. Elle préfère lire Fréron ou Palissot plutôt que les encyclopédistes, qu'elle juge également pédants et ennuyeux. Le « bel esprit » de sa génération, celui de Fontenelle et Marivaux, est mort sous les coups que lui a portés le sérieux philosophique. Or, d'Alembert l'incarne au premier chef, même si, dans son salon, il se plaît à le faire oublier. Il est aussi un des hommes par qui le scandale arrive, ce qu'elle déteste.

Par ailleurs, elle est aussi possessive qu'il est susceptible. « Vous êtes exigeante au-delà de toute croyance, lui reprochera Horace Walpole ; vous voudriez qu'on n'existât que pour vous ; vous empoisonnez vos jours par des soupçons et des méfiances, et vous rebutez vos amis en leur faisant éprouver l'impossibilité de vous contenter[1]. » Déjà, elle avait mal pris l'amourette que d'Alembert avait connue avec la fille de sa nourrice[2]. Mais elle supporte bien plus mal encore la complicité qu'elle observe entre lui et sa demoiselle de compagnie, Julie de Lespinasse. Sans même parler de D'Alembert, Mme du Deffand est de plus en plus jalouse de l'attirance qu'exerce cette jeune femme spirituelle et aimable sur tous ses amis et relations. Elle souffre mille morts de ne plus être la seule reine de son salon, et nourrit envers Julie une désaffection croissante. Celle-ci se traduit par des exigences de vieille dame tyrannique et des remarques désagréables. Marmontel s'émeut de la triste condition de Mlle de Lespinasse : « C'était

---

1. Cité par Ségur, *op. cit.*, p. 128, note 1.   2. Il s'agit de Mlle Rousseau, en 1753.

peu d'être assujettie à une assiduité perpétuelle auprès d'une femme aveugle et vaporeuse ; il fallait, pour vivre avec elle, faire, comme elle, du jour la nuit, et de la nuit le jour, veiller à côté de son lit et l'endormir en faisant la lecture[1]. » Julie confie : « Je m'afflige en voyant de quoi mes journées sont remplies ! Elles ne sont que de contraintes et de privations. À peine m'arrive-t-il une fois dans un mois de faire une chose par choix[2]. » Elle ressent cette servitude et les hauteurs de Mme du Deffand comme autant d'atteintes à sa fierté. On est loin des promesses amicales du printemps 1754 !

D'Alembert est le premier témoin du découragement de Julie, avec laquelle il a tant en commun. Il l'aime secrètement, sans oser le lui dire, et souffre de la voir humiliée. Nul doute qu'il en veut à la vieille dame, qu'il juge injuste et cruelle. De son côté, Mme du Deffand ne peut pas ignorer les sentiments que d'Alembert éprouve pour Julie, et ne pas ressentir à quel point il se détache d'elle. Jalouse et blessée par sa froideur grandissante, elle dut lui rendre la pareille et montrer sa mauvaise humeur jusqu'à ce que leur amitié s'évanouisse. C'est dans cet état d'esprit de mutuel ressentiment que survint la scène de la lecture, cause immédiate de la brouille. La violence avec laquelle d'Alembert parle d'elle en 1760 révèle la dégradation des relations entre Julie et sa maîtresse, ainsi que l'indignation du philosophe à voir son ancienne amie rejoindre ouvertement le camp de ses ennemis. « Soyez sûr, dit-il à Voltaire, qu'elle est à la tête des partisans de la pièce [de Palissot], qu'elle pro-

---

1. *Mémoires*, I, p. 221.   2. À Mme***, s.l.n.d. Cité par Ségur, *op. cit.*, p. 131.

tège et goûte beaucoup les feuilles de Fréron, qu'elle trouve *L'Écossaise* [de Voltaire] une bien mauvaise pièce, et qu'elle applaudit fort à une mauvaise critique qu'on dit que Fréron en a faite. Soyez sûr que c'est une méchante femme, jalouse, médisante et tyrannique[1]. »

L'amitié est bien morte entre eux deux, même s'ils font mine de se réconcilier quelques mois plus tard[2]. L'un et l'autre ont alors intérêt à cette comédie. En reprenant sa place dans le salon de la marquise, d'Alembert peut y rencontrer Julie à son aise. En lui rouvrant sa porte, Mme du Deffand fait plaisir à Voltaire, avec lequel elle ne veut pas se brouiller, et montre une neutralité de bon aloi dans la guerre qui oppose les intellectuels.

LES PHILOSOPHES DANS LA LIGNE DE MIRE

La décision prise par d'Alembert de quitter l'*Encyclopédie* en janvier 1758 ouvre une période de crise prolongée. Malgré les efforts de Diderot et des libraires pour le ramener à l'établi, il tergiverse et retarde d'autant la publication du huitième volume, prévu pour l'automne 1758[3]. Quand il finit par accepter de continuer la partie

---

1. 1er juillet 1760. D. 9034. 2. À Voltaire, 18 octobre 1760. D. 9329 : « Je suis raccommodé vaille que vaille avec Mme du Deffand. » 3. Mémoires à consulter pour les libraires associés à l'Encyclopédie, 1770, p. 4. Le volume VIII ne paraîtra qu'en 1765, avec les sept derniers.

mathématique, en avril ou en mai[1], Diderot signe un
nouveau contrat d'éditeur avec les libraires[2] et récupère
les précieux articles de Voltaire, revenu lui aussi sur
son refus de collaborer. Il peut alors penser que la crise
est derrière lui. Mais la publication en juillet du livre
d'Helvétius, *De l'esprit*, relance la polémique contre
l'*Encyclopédie*. Plus dangereuse que la crise de 1752,
celle-ci menace la survie du dictionnaire et engendre
parmi les philosophes un angoissant sentiment de persécution.

Le faux pas d'Helvétius

Quoiqu'il n'ait jamais écrit un seul article pour
l'*Encyclopédie*, et qu'il ne fréquente guère Diderot et
d'Alembert, c'est le pauvre Helvétius qui déclenche les
foudres de l'Église et de l'État contre la philosophie des
Lumières. Dès juin, il distribue à ses amis un gros livre
de plus de six cents pages qui porte le titre romain :
De l'esprit. L'approbation date du 27 mars, et le privilège du 12 mai. À peine est-il mis en vente, à la fin de
juillet, qu'éclatent et le scandale et les invectives. On
lui reproche essentiellement de fonder la morale sur le
calcul des plaisirs et des peines, sans référence à Dieu
ni à la religion. Morale laïque et utilitaire qui s'inspire
de Locke et caricature la philosophie à l'œuvre dans

---

1. Le 10 avril 1758 (D. 7708), Voltaire conseille : « Ne résis-
tez plus au cri public, et au mémoire des libraires qui sont à vos
genoux… donnez grâce ! »   2. Diderot devenait le seul éditeur du *Dictionnaire*. De cette époque date la collaboration amicale de Grimm, qui accepte de relire les épreuves à la place de
D'Alembert.

l'*Encyclopédie*. De là à dire que certains passages sont de la plume de Diderot… Pourtant, rien ne laissait présager un tel tohu-bohu. Outre sa bénédiction officielle, le livre, à peine parcouru par les relations de son auteur, suscite les félicitations d'usage. D'Alembert dit-il la vérité quand il écrit le 31 juillet à Helvétius qu'il a attendu, pour le remercier, d'en avoir achevé la lecture[1] ? La lettre est si convenue qu'on peut en douter, d'autant qu'on apprend quelques semaines plus tard – quand le scandale a éclaté et que d'Alembert l'a peut-être alors vraiment lu – qu'il « en dit pis que pendre[2] ».

Comme toujours, les ennemis sont plus attentifs que les amis. Nul besoin de chercher les failles et les déviances par rapport à l'orthodoxie : elles s'étalent presque lourdement d'un bout à l'autre de l'ouvrage. Le livre n'est pas encore répandu dans le public que déjà montent jusqu'à Malesherbes les premiers signes de mécontentement. Très tranquille, Helvétius propose de se soumettre à une seconde censure et procède à quelques corrections. Rien n'y fait : c'est le projet même du livre qui suscite les hauts cris des bienpensants. Le président Hénault saisit la pieuse Marie Leszczynska du scandale causé par son maître d'hôtel, laquelle alerte sur-le-champ l'archevêque de Paris[3]. Les jésuites s'en emparent : le père Berthier pour critiquer

---

1. Lettre du 31 juillet 1758. *R.D.E.*, n° 12, p. 198.   2. Lettre de Jean-Michel Hennin à son fils Pierre-Michel Hennin, 10 septembre 1758. Bibliothèque de l'Institut, Ms. 1262, f. 58. Un extrait est publié dans la *Correspondance générale d'Helvétius*, vol. II, p. 83.   3. Voir les lettres de la reine et du président Hénault, fin juillet-début août 1758. N°s 293, 294 et 295 de la *Correspondance d'Helvétius*, t. II.

l'ouvrage dans le *Journal de Trévoux* de septembre[1] ; le père Plesse pour une rétractation. Le 10 août, un arrêt du Conseil du roi révoque le privilège et interdit la vente du livre. Helvétius cède aux instances de sa pieuse mère en permettant au père Plesse de publier une rétractation le 17 août[2]. Mais cette dernière, qui relève plus de l'autojustification, est jugée insuffisante par Omer Joly de Fleury, le terrible procureur du parlement de Paris. Il en exige une seconde, qu'Helvétius rédige le 30 août, d'une manière aussi servile qu'humiliante. On y lit notamment : « Je souhaite... que tous ceux qui auront eu le malheur de lire cet ouvrage... sachent que, dès que l'on m'en a fait apercevoir la licence et le danger, je l'ai aussitôt désavoué, proscrit, condamné, et ai été le premier à en désirer la suppression... Je n'ai voulu attaquer aucune des vérités du christianisme que je professe sincèrement dans toute la rigueur de ses dogmes et de sa morale, et auquel je fais gloire de soumettre toutes mes pensées[3]... »

Cette fois, le monde intellectuel se réveille et se met à lire l'objet du scandale. À part Levesque de Burigny[4], Alexis Piron[5] et l'ami d'enfance Le Roy[6], qui ne marchandent pas leur enthousiasme, on ne connaît guère que Thieriot qui se montre encourageant : « Il m'a fort intéressé, malgré toutes les imperfections des talents, du bel esprit et du génie de l'auteur... Il est fort inégal,

---

1. Pp. 2297-2302. 2. *Correspondance d'Helvétius*, II, appendice IV, pp. 308-310. 3. *Ibid.*, appendice V, p. 311. 4. Burigny à Mme Helvétius, 1er août 1758. *Ibid.*, n° 297, p. 60. 5. Piron à Duclos, 28 août 1758. *Ibid.*, n° 326, pp. 95-97. 6. Rédacteur des articles sur la chasse dans l'*Encyclopédie*. *Cf.* Bibliothèque de l'Institut. Ms. 1223, f. 82-87.

mais il n'est jamais ennuyeux[1]. » Tel n'est pas l'avis
d'un grand nombre de lecteurs. La Condamine le trouve
« insipide, lourd, ennuyeux, mal écrit. Il n'est pas possible d'en lire dix pages de suite sans qu'il tombe des
mains[2] ». Le président de Brosses parle d'« une étrange
chipolata » et ajoute : « Comment peut-on se permettre
un tel style si bigarré ? S'il manque de méthode, ce n'est
pas faute de s'être donné la peine pour en avoir et pour
en montrer[3]. » Cideville est plus mordant : « Le traité
d'Helvétius sur l'esprit n'en montre guère… C'est un
rabâchage de tout ce qui a été dit par Montesquieu…
aussi en a-t-il fait amende honorable la corde au cou et
les genoux dans les crottes[4]. » Avant même de l'avoir
lu, Rousseau et Voltaire ne se privent pas de commenter le livre en fonction des rumeurs et de leurs partis
pris. Rousseau, qui « aime et estime[5] » Helvétius, n'en
condamne pas moins son ouvrage dont il entend dire
des « choses si terribles ». « Il est vrai, dit-il, qu['il]
a fait un livre dangereux et des rétractations humiliantes[6]. » Voltaire, qui connaît Helvétius depuis vingt
ans mais n'entretient plus de relations avec lui, réagit
d'abord en politique : puisqu'on persécute l'auteur,
son livre ne peut être qu'excellent[7]. Changement de
ton trois semaines plus tard, alors qu'il n'a même
pas encore eu l'ouvrage sous les yeux : « Le fatras de
l'*Esprit* d'Helvétius ne méritait pas le bruit qu'il a fait.
Si l'auteur devait se rétracter, c'était pour avoir fait

---

1. À Voltaire, 12 septembre 1758. D. 7856.   2. À. Jean II
Bernoulli, 27 août 1759. B.E.B., LIa. 685. S. 315.   3. À Voltaire, [septembre/octobre 1758]. D. 7881.   4. À Voltaire,
6 novembre 1758. D. 7933.   5. À. Vernes, 22 octobre 1758.
Leigh, V, n° 715.   6. À Deleyre, 5 octobre 1758. *Ibid.*,
n° 699.   7. À Mme du Boccage, 3 septembre 1758. D. 7846.

un livre philosophique sans méthode, farci de contes
bleus[1] ! » Quand enfin il le lit, à la mi-octobre, l'écrivain prend le pas sur le politique et il le juge avec l'œil
d'un professionnel : « Il ne s'agit dans son livre que
de ces pauvres et inutiles vérités philosophiques qui ne
font tort à personne… Je ne suis pas de son avis en bien
des choses… mais, tel qu'il est, il y a beaucoup de bon
et je n'y vois rien de dangereux… Il y a cent choses
beaucoup plus fortes dans l'*Esprit des lois* et surtout
dans les *Lettres persanes*[2]… » Mais, même si Voltaire
pense que c'est « bien du bruit pour une omelette[3] »,
la persécution dont Helvétius est la victime fait de lui
un philosophe à protéger. Il lui conseille de quitter la
France et lui offre l'asile.

À Paris, l'atmosphère est détestable. Pour les ortho-
doxes, ce livre est le plus outrageant du siècle et l'on
ne manque pas de souligner qu'il représente le point de
vue des encyclopédistes, occasion rêvée d'associer les
deux types d'ouvrages dans la même réprobation. On
trouve même trop douces les critiques des journalistes
jésuites[4]. « Tous les autres écrivains, défenseurs de la
religion et de la morale, le père Hayer, M. Soret, l'abbé
Gauchat[5], M. Chaumeix, etc., l'attaqueront aussi ou
l'ont déjà attaqué. Ce M. Chaumeix est l'auteur d'un

---

1. Au président de Brosses, 23 septembre 1758. D. 7871.
2. À Thieriot, [18 octobre 1758]. D. 7912. Il est plus sévère dans
la lettre du 7 février 1759 au même, D. 8026.   3. À Thieriot,
24 décembre 1758. D. 7995.   4. Les trois articles du père
Berthier dans le *Journal de Trévoux* (septembre, pp. 2297-2302 ;
octobre, pp. 2649-2683 ; novembre, pp. 2825-2856).   5. Voir
les volumes V et VII de la *Religion vengée*, de l'abbé Hayer et
Jean Soret, ainsi que *Catéchisme du livre De l'esprit*, de l'abbé
Gauchat.

nouveau livre contre l'*Encyclopédie*... dont il paraît deux petits volumes qui seront suivis de plusieurs autres. Le troisième et le quatrième rouleront sur le livre *De l'esprit*[1]. M. Chaumeix a raison de les attaquer ensemble. Le livre *De l'esprit* n'est guère que diverses pensées répandues dans l'*Encyclopédie*, mais réduites en système[2]. »

Beaucoup plus graves sont les invectives de l'archevêque de Paris dans son mandement portant condamnation du livre d'Helvétius, diffusé en novembre[3]. La Sorbonne et le Parlement préparent leur réquisitoire, et le Vatican sa condamnation. Les bons esprits appellent à la plus grande sévérité contre le livre « qui développe tout l'horrible système des encyclopédistes... Une simple prohibition et la seule flétrissure de tant d'impiétés déplairont infailliblement au public modéré », écrit un abbé à Joly de Fleury. Il ajoute aussitôt : « Il n'y a que le feu qui convienne à pareilles productions, avec de sévères punitions de ceux... qui seraient assez audacieux pour les imprimer, les vendre et les distribuer[4]. » Helvétius a peur. Sur les conseils de Choiseul, il rédige une troisième rétractation qu'il adresse à Joly de Fleury en le suppliant de n'en faire usage « qu'à la dernière extrémité[5] ».

Rien n'y fait. Le 15 janvier 1759, la Sorbonne condamne l'ouvrage ; le 23, le Parlement, les deux

---

1. *Préjugés légitimes contre l'Encyclopédie*, 1758-1759, 8 vol.
2. L'abbé Trublet à Formey, 18 novembre 1758. *Op. cit.*, p. 263.
3. *Correspondance d'Helvétius*, II, Appendice VI, pp. 313-326.   4. L'abbé Guéret à Jean-Omer Joly de Fleury, 9 janvier 1759. *Ibid.*, n° 397.   5. Helvétius à Joly de Fleury, 14 janvier 1759. *Ibid.*, n° 399.

chambres assemblées, demande la condamnation de
De l'esprit, de l'*Encyclopédie* et de six autres ouvrages
de la même eau[1]. Le 31 janvier, on prend connaissance
du bref papal qui interdit le livre ; le 3 février, le Parlement rend son arrêt : le livre est condamné à être brûlé.
Ce qui sera fait dès le 10. En dépit de ses rétractations
humiliantes, Helvétius est à terre. Beaucoup pensent
comme l'abbé Trublet : « Tant de faiblesse, et même
de bassesse, après tant de hardiesse et de témérité, ne
lui fait pas honneur[2]. » Rares sont ceux qui, comme
Voltaire, crient leur indignation devant le sort qui
lui est fait. « Il me semble, dit ce dernier, que je vois
l'Inquisition condamner Galilée[3]. » Dans l'ensemble,
les philosophes en veulent à Helvétius d'avoir compromis le sort de l'*Encyclopédie* par un si mauvais livre.
Grimm est sévère : *De l'esprit* « n'a pas été assez utile
aux hommes ni au progrès des lettres et de la philosophie pour nous dédommager du coup qu'il a porté
en France à la liberté de penser et d'écrire. La philosophie se ressentira longtemps du soulèvement des
esprits que cet auteur a causé presque universellement
par son ouvrage, et pour avoir écrit trop librement une
morale mauvaise et fausse en elle-même. M. Helvétius
aura à se reprocher toute la gêne qu'on imposera à

---

1. Il s'agit de la *Philosophie du bon sens*, de D'Argens (1755),
Pyrrhonisme du sage, de Beausobre (1754), d'une *Lettre au
R.P. Berthier sur le matérialisme*, de l'abbé Coyer (1759), des
Étrennes aux esprits forts, attribuées à Diderot (1757), des *Lettres
semi-philosophiques du chevalier*** au comte de****, de J.-B. Pas-
cal (1757), et de la *Religion naturelle* de Voltaire (1756).   2. À
Formey, 19 novembre 1758. *Op. cit.*, p. 264.   3. À Thieriot,
7 février 1759. D. 8086.

quelques génies élevés et sublimes[1] ». Il lui fait surtout grief de mettre Diderot en danger : « Pour perdre
M. Diderot, on a publié partout qu'il était l'auteur de
tous les morceaux qui avaient révolté dans l'ouvrage
de M. Helvétius, quoique ce philosophe n'ait aucune
liaison avec ce dernier, et qu'ils ne se rencontrent pas
deux fois par an[2]. »

Aux yeux de ses collègues, Helvétius s'est déshonoré par ses rétractations successives ; La Beaumelle
et Maupertuis les jugent « basses et ignominieuses[3] ».
On l'accuse de lâcheté, c'est-à-dire de n'avoir pas
osé affronter la Bastille. Beaucoup plus tard, Diderot
ne dira pas autre chose quand il l'opposera à Socrate,
« l'homme courageux et sincère qui aime mieux périr
que de se rétracter, que de flétrir par sa rétractation son
propre caractère et celui de sa secte[4] ». Même Collé,
qui l'apprécie et l'estime, a condamné sa conduite :
« Plus son livre est hardi et paraît ferme… et plus une
conduite faible et de femmelette le couvre de ridicule,
et forme un contraste cruel pour lui de ses sentiments et
de ses actions ; ou il ne fallait pas donner son livre, ou
il fallait le soutenir[5]. »

Dans cette affaire, la solidarité avec Helvétius n'est
que de façade. Ce sont les ennemis des philosophes

---

1. *Correspondance littéraire*, IV, p. 80, 15 février 1759. De son
côté, Turgot reproche à Helvétius d'« avoir attiré sur soi l'éclat de
la persécution qui ne fait pas grand mal à un homme riche, et [d']en
faire tomber le poids réel sur beaucoup d'honnêtes gens de lettres
qui reçoivent le fouet qu'Helvétius avait mérité ». Cité par Arthur
M. Wilson, *Diderot, sa vie et son œuvre*, p. 262.   2. *Ibid.*,
p. 81.   3. De La Beaumelle à Maupertuis, 10 octobre 1758. Le
Sueur, *op. cit.*, p. 268.   4. *Réfutation d'Helvétius* (1773-1774),
éd. Versini, t. I, p. 832.   5. *Journal*, II, p. 151, août 1758.

qui les associent en liant leur sort. En vérité, ils lui en veulent tous d'avoir donné une piètre image du Philosophe.

La brisure de l'Encyclopédie

Il semble que Diderot ait longtemps sous-estimé le danger encouru par l'*Encyclopédie*. Deux jours encore avant le terrible réquisitoire d'Omer Joly de Fleury, il demande des articles à Turgot comme si de rien n'était : « [L'*Encyclopédie*] renaît ; le succès de sa continuation dépendra de celui du volume que je vais publier. Voyez ce que vous pouvez faire pour moi[1]. » Le 23 janvier, la charge du procureur met fin aux illusions. Accusés de conspiration contre le gouvernement et la religion, les encyclopédistes voient leur sort lié à celui d'Helvétius. Non seulement le dictionnaire, « qui devait être le livre de toutes les connaissances, est devenu celui de toutes les erreurs », mais il participe d'un complot « pour soutenir le matérialisme, pour détruire la religion, pour inspirer l'indépendance et nourrir la corruption des mœurs[2] ». En toute logique, le verdict frappant l'*Encyclopédie* aurait dû être semblable à celui condamnant *De l'esprit* : le feu. Pourtant, il n'en est rien. Le 6 février, le Parlement rend un arrêt relativement indulgent à son seul égard. Vu « l'immensité et l'importance des matières traitées dans ce dictionnaire[3] », on crée une commission de neuf censeurs chargés d'examiner les sept volumes parus pour donner un avis.

---

1. [21 janvier 1759]. *Correspondance*, II, p. 110.   2. *Correspondance d'Helvétius*, II, Appendice 10, pp. 355-372.   3. *Ibid.*, p. 368.

Le parti dévot est furieux et exerce de fortes pressions sur le chancelier et sur Malesherbes pour faire révoquer le privilège de l'*Encyclopédie* et arrêter la vente des volumes déjà parus. Diderot et ses amis le savent et ont peur. « Les jésuites en veulent à Diderot, et les honnêtes gens tremblent pour lui[1]. » De son côté, d'Alembert se prépare à la suppression du privilège et refuse par avance toute idée de rétractation[2]. Au pire, on continuera le dictionnaire à l'étranger, comme en menacent les libraires au bord de la ruine. C'est à Malesherbes, protecteur de l'*Encyclopédie*, que revient la tâche de l'exécuter. Cédant aux pressions qui pèsent sur lui, il ordonne la suppression du privilège et fait défense aux libraires de diffuser les volumes déjà parus. L'arrêt, rendu le 8 mars, n'arrête ni les calomnies contre Diderot[3], ni les démarches des libraires qui menacent toujours d'achever l'*Encyclopédie* en Hollande, ce qui aurait été un mauvais coup financier porté à l'édition française. En fin de compte, Malesherbes se laisse fléchir : il permet tacitement l'impression des derniers volumes, à condition qu'ils

---

1. Thieriot à Voltaire, 23 février 1759. D. 8137.
2. D'Alembert à Voltaire, 24 février 1759. D. 8139.   3. On lui attribue une violente brochure contre A. Chaumeix, qu'il dément avec force auprès de Malesherbes, 7 avril 1759. *Correspondance*, II, p. 117. Diderot se sent plus menacé que jamais : « On n'a rien épargné pour m'intimider et me mettre en fuite ; mais j'ai tenu bon en dépit du baron, du Malesherbes, du Turgot, du D'Alembert, du Morellet, qui tous prétendaient que, dans une affaire criminelle, le plus sûr était de plaider de loin… J'ai dit que je n'avais aucune part, ni directe ni indirecte, au papier en question ; que je resterais sur ma chaise ; et que, quelles que puissent être les suites de cette aventure, on me trouverait chez moi. » À Grimm [fin avril-1er mai 1759]. *Ibid.*, p. 123.

ne soient publiés qu'en une seule livraison, et accorde en septembre 1759 un privilège pour l'impression des planches. Officiellement, l'*Encyclopédie* cesse d'avoir une existence légale, mais elle garde les moyens de continuer en silence.

L'*Encyclopédie* est sauvée, mais ses rédacteurs sont divisés et de méchante humeur. Toujours dans le registre de la colère, d'Alembert peste contre « la canaille jésuitique, la canaille jansénienne, la canaille parlementaire, la canaille sorbonique et la canaille into-lérante[1] ». Il songe à écrire une biographie de Galilée[2]… Pour Diderot, l'heure est à la culpabilité. Depuis avril, il sait son père très malade, mais n'ose quitter Paris[3]. Il veut d'abord veiller au sort de son ouvrage et tenter de reconstituer sur de nouvelles bases son alliance avec d'Alembert. À la fin d'avril, il organise un dîner avec lui, les libraires, le baron d'Holbach et le chevalier de Jaucourt, qui frôle le désastre : « J'expliquai le projet de compléter le manuscrit. Je ne saurais vous dire avec quelle surprise et quelle impatience mon cher collègue [d'Alembert] m'écouta. Il partit avec l'impétuosité pué-rile que vous lui connaissez, traita les libraires comme des valets, la continuation de l'ouvrage comme une folie, et m'adressa chemin faisant des choses fâcheuses à entendre, mais que je crus devoir digérer. Plus il se répandit en déraison et en violences, plus je me mon-trai indulgent et tranquille. L'*Encyclopédie* n'a point

---

1. À Voltaire, 13 mai 1759. D. 8297.   2. D'Alembert à Grosley, 22 avril 1759. B.M. Troyes, Ms. 2977, n° 9. Desmarets à Grosley [juin 1759]. B.N., Ms. n.a.f. 803, f. 129.   3. Le père de Diderot mourra le 3 juin, en l'absence de son fils qui ne rentrera à Langres que fin juillet pour un séjour de trois semaines.

d'ennemi plus décidé que cet homme-là[1]. » Quipro-
quo : d'Alembert croit qu'on veut le réembarquer dans
le travail d'édition, alors que Diderot n'en voudrait plus
pour rien au monde et ne lui demande que d'en assumer
la partie mathématique. Il finit d'ailleurs par accepter :
tout sera rendu d'ici deux ans.

Ce qui frappe dans cette narration de Diderot à
Grimm, c'est la malignité de la description d'un
d'Alembert odieux, vaniteux, ridicule. Il ne fait plus,
ou pas, partie de la famille. En revanche, on sent bien la
complicité qui unit le narrateur à d'Holbach, Jaucourt et
Grimm. Pendant cette discussion, d'Holbach se « tour-
mentait sur sa chaise : je tremblais à tout moment,
écrit Diderot, que les sots propos de D'Alembert ne
le missent hors des gonds et qu'il ne lui rompît en
visière ». Mais le baron se contient et Jaucourt reste
muet, abasourdi. « D'Alembert, après avoir encore bal-
butié, sacré, pirouetté, s'en alla... Quand nous fûmes
libres de ce petit fou, nous revînmes sur le projet qui
nous rassemblait... On s'encouragea ; on jura de voir la
fin de l'entreprise[2]. »

La crise que vient de connaître l'*Encyclopédie* a
aggravé la désunion des encyclopédistes. À présent,
il s'agit d'une véritable scission dont Diderot et
d'Alembert incarnent chacun l'un des camps. Il ne s'agit
pas seulement d'un désaccord stratégique sur l'opportunité de continuer ou non le dictionnaire en France, mais
d'une opposition philosophique et politique :

D'un côté, les « libéraux », représentés par d'Alembert et ses amis Voltaire, Turgot, Morellet, Bourgelat,

1. Diderot à Grimm [fin avril-1er mai 1759]. *Ibid.*, pp. 119-
120.   2. *Ibid.*, p. 120.

Marmontel et Duclos. Plus ou moins partisans d'une religion naturelle, ils n'ont rien de révolutionnaires jusqu'au-boutistes. Néanmoins, lassés de composer avec la censure, ils souhaitent pouvoir s'exprimer à leur guise et achever l'*Encyclopédie* dans un pays libre, autrement dit la Hollande, la Suisse ou la Prusse. Certains, comme l'abbé Morellet, ne veulent pas non plus prendre le risque de se brouiller avec le gouvernement[1].

De l'autre, les « radicaux », qui affichent un matérialisme et un athéisme sans complexe. Ce sont les amis de Diderot, qui lui sont totalement dévoués et craignent que l'expatriation du dictionnaire ne se fasse au détriment de leur chef. Plus impliqués que les premiers, ils sont prêts à transiger pour la bonne cause. L'essentiel est d'aller jusqu'au bout. La preuve : même en pleine crise, Diderot continue de travailler[2] et d'arracher des articles aux uns et aux autres[3]. Il charge Grimm, parti rejoindre Mme d'Épinay à Genève, de convaincre Voltaire et son protégé, le pasteur Polier de Bottens, de poursuivre leur collaboration. Cahusac, atteint d'un délire mégalomaniaque, vient d'être

---

1. Dans ses *Mémoires* (I, p. 88), Morellet est très clair : « L'*Encyclopédie* ayant été supprimée par arrêt du Conseil, je ne pensai pas devoir partager désormais la défaveur que cette suppression jetterait sur un homme de mon état, qui continuerait, malgré le gouvernement, à coopérer à un ouvrage proscrit comme attaquant le gouvernement et la religion. »   2. « Je travaille beaucoup. J'ai fait plus de la huitième partie de la besogne en un mois. » *Ibid.*, p. 126.   3. Il sollicite Tronchin sur la manière d'imiter le dessin dans la gravure, cherche un auteur pour l'article « Hypothèse », supplie La Condamine de lui envoyer son mémoire sur les convulsionnaires. *Ibid.*, pp. 126-127.

enfermé. Diderot s'en inquiète : qui osera faire les articles « Opéra », « Intermède », « Lyrique »[1] ?

En revanche, l'*Encyclopédie* paraît à présent le cadet des soucis de D'Alembert. À en croire Diderot qui raconte leur entrevue d'octobre[2], non seulement ce dernier n'a rien fait depuis celle d'avril, mais il se livre à un odieux chantage. On ne règle plus les pensions, et il a besoin d'argent. Il exige qu'on le paie le double pour le même travail qu'il assumait avant son départ. Diderot laisse éclater sa colère et déverse tout ce qu'il a sur le cœur depuis longtemps. La brouille est consommée. D'Alembert s'en tiendra aux mathématiques[3] et les deux hommes éviteront de se voir pendant plusieurs années. Voltaire cesse sa collaboration, de même que les amis de D'Alembert.

La seconde tentation de Berlin

Treize ans plus tôt, Maupertuis, fringant président de l'Académie de Berlin, avait essayé d'attirer le jeune d'Alembert auprès de lui. Celui-ci avait hésité avant

---

1. *Ibid.*, p. 130. Louis de Cahusac (1706-1759) était l'auteur à succès de livrets pour les opéras de Rameau ; il avait déjà rédigé plus de 130 articles sur la danse et la musique pour les volumes II à VIII. Enfermé à Charenton, il y mourut en juin 1759.   2. Diderot à Sophie Volland [dimanche 13 octobre 1759]. *Op. cit.*, pp. 272-275.   3. Le 6 mai 1760, d'Alembert écrit à Voltaire : « J'ignore absolument quel sera le sort de l'*Encyclopédie*. J'ai donné presque entièrement aux libraires ma partie mathématique... Du reste, je ne me mêle et ne me mêlerai de rien. » D. 8894. Voir aussi le témoignage de Mme de Vandeuil sur leur séparation, *Diderot, mon père, op. cit.*, pp. 32-33.

de décliner l'offre[1]. Depuis la maladie de Maupertuis, Frédéric II n'a pas cessé de penser à son remplacement par d'Alembert. Même après les refus réitérés de ce dernier, le roi a continué de lui manifester son intérêt et ses largesses. Quand Maupertuis s'éteint, le 27 juillet 1759, à Bâle chez son ami Jean II Bernoulli, après trois ans d'errance en France et en Suisse, Frédéric revient à la charge. Il pense le moment opportun, puisque d'Alembert a toujours argué de son amitié à l'égard du défunt pour refuser de prendre sa place. En outre, bien qu'en pleine guerre contre la France, il n'ignore rien de ce qui se passe à Paris, en particulier des vicissitudes des philosophes.

Dès le mois d'août, la question dut se poser à d'Alembert, puisque Voltaire lui déconseille « d'aller jamais remplir [la place de Maupertuis] à Berlin[2] ». En octobre, lors de sa grande explication avec Diderot, il laisse planer le doute :

« — Je reverrai les épreuves à l'ordinaire, supposé que j'y sois. Maupertuis est mort. Les affaires du roi de Prusse ne sont pas désespérées. Il pourrait m'appeler.

« — On dit qu'il vous a nommé à la présidence de son Académie.

« — Il m'a écrit ; mais cela n'est pas fait[3]. »

Le doute planera longtemps, d'abord parce qu'il est impensable que d'Alembert se mette au service du roi de Prusse tant que perdure la guerre ; mais surtout parce que celui qui reprochait jadis à Maupertuis

---

1. *P.I.*, 1, pp. 304-312.   2. 25 août 1759. D. 8451.
3. Diderot à Sophie Volland [dimanche 13 octobre 1759]. *Ibid.*, p. 275.

d'avoir quitté la France[1] ne sait pas lui-même ce qu'il veut. Il se sent mal à l'aise à Paris où les pensions ne sont plus payées, où il a accumulé les fâcheries et où il se sent persécuté, sans avoir grande envie de geler en Prusse sous la coupe de Frédéric. « Je vous plaindrai si vous restez à Paris, je vous plaindrai si vous allez en Prusse[2] », conclut Voltaire. Mais celui-ci n'épargne rien pour le décourager de rejoindre Berlin. Il lui rappelle que tous ceux qui ont cédé aux sirènes de Frédéric s'en sont repentis : l'abbé de Prades, dernier arrivé, jeté en prison alors qu'il n'avait pas trahi ; « d'Arget a mieux aimé un petit emploi subalterne à Paris que deux mille écus de gages et le magnifique titre de secrétaire. Algarotti a préféré sa liberté à trois mille écus de gages... Chasot a pris le même parti... Maupertuis, pour s'étourdir, s'était mis à boire de l'eau-de-vie, et en est mort ; vous savez bien d'autres choses ; vous savez surtout que vous n'avez une pension de cinquante louis que comme un hameçon[3] ».

De son côté, Frédéric fait tout pour attirer à lui d'Alembert. En février 1760, il rédige une épître à sa gloire dans laquelle il le compare à Galilée et évoque ses « découvertes immortelles[4] ». En flétrissant ses persécuteurs, « barbares Wisigoths », il se paie le luxe de fustiger l'État français et son Église, mais aussi de se poser en défenseur des libertés. D'Alembert est flatté ; « cependant, ma vanité mise à part, il ne me paraît pas possible, répond-il au roi, d'exprimer avec

1. La paix ne sera signée entre la Prusse et la France qu'en février 1763.   2. 22 décembre 1759. D. 8673.   3. 25 avril 1760. D. 8872.   4. *Épître à d'Alembert sur ce qu'on avait défendu l'Encyclopédie et brûlé ses ouvrages en France*, février 1760. *Œuvres de Frédéric*, Preuss, t. XII, pp. 129-131.

plus de force et de noblesse des vérités importantes au genre humain, et malheureusement trop peu connues de ceux qui devraient en être les plus puissants défenseurs[1] ». Il est d'ailleurs si flatté qu'il s'empresse de répandre l'épître dans Paris et d'en faire imprimer des fragments dans le *Journal encyclopédique*[2]. Il a beau jurer qu'il n'est pour rien dans cette publication, Voltaire ne s'y trompe pas. Il sait que d'Alembert en a envoyé une copie à Bourgelat de Lyon et que celui-ci a dû servir d'intermédiaire. Mais il approuve cette publication : « Il est bon que les vers du Salomon du Nord soient connus, et qu'on voie combien un roi éclairé protège les sciences quand Maître Joly de Fleury les persécute avec autant de fureur que de mauvaise foi[3]. »

Frédéric ne s'en tient pas là pendant l'été, puisqu'il envoie encore à d'Alembert une belle écritoire de porcelaine. Courtisan, celui-ci ne manque pas de remercier six mois plus tard – pour cause de guerre – par cette formule : « L'usage le plus digne que je pusse faire d'un pareil présent, ce serait de l'employer, Sire, à écrire l'histoire de Votre Majesté. » Mais, prudent, il ajoute aussitôt : « Cet ouvrage est réservé à une plume plus éloquente que la mienne[4]. » En vérité, si Frédéric a su toucher l'orgueil du philosophe, toujours en mal de reconnaissance, il ne l'a pas convaincu de sauter le pas. Même s'il continue d'affirmer qu'il ne prendra son parti qu'une fois la paix revenue, d'Alembert jure

---

1. À Frédéric, 11 mars 1760. *Œuvres…*, éd. Preuss, t. XXIV, p. 371.   2. 15 avril 1760. III, 2, pp. 142-144.   3. Voltaire à Thieriot, 18 juillet 1760. D. 9074.   4. À Frédéric, 22 décembre 1760. *Ibid.*, p. 372.

à Voltaire qu'il ne se mettra jamais au service de personne[1]. Que ce soit par conviction personnelle ou pour ne pas déranger ses chères habitudes, il tiendra sa promesse.

LA DESCENTE AUX ENFERS

De novembre 1759 à mai 1760, les philosophes sont en butte à de nouvelles offensives visant leur probité et leur dignité. Désunis et désarmés par le sévère avertissement du pouvoir de mars 1759, les encyclopédistes semblent incapables de reprendre la main. Attaqués dans la presse, vilipendés à l'Académie française, humiliés sur une scène de théâtre, leur situation n'a jamais été aussi détestable. Car une chose est d'être persécuté par le pouvoir pour ses idées, autre chose est de voir son travail contesté et sa personne ridiculisée. L'immense prestige dont ils jouissaient au début des années 1750 est maintenant au plus bas. On comprend mieux pourquoi l'orgueilleux d'Alembert a sérieusement envisagé de quitter la France durant toute cette période.

Nouvelle accusation de plagiat

À peine Malesherbes a-t-il accordé le 8 septembre 1759 un privilège pour l'impression du *Recueil* de

---

1. 1er juillet 1760. D. 9034.

planches sur les sciences, que Fréron publie une nouvelle dénonciation de plagiat. C'est une lettre de l'architecte Pierre Patte, datée du 23 novembre 1759[1], affirmant que les éditeurs de l'*Encyclopédie* avaient tout bonnement fait regraver les planches commandées par Réaumur et appartenant depuis son décès à l'Académie des sciences. Dans l'*Année littéraire*, Patte ne fait que rendre publiques les plaintes déjà exprimées en privé par Réaumur quelque temps avant sa mort[2]. Il avait confié à Formey : « L'infidélité et la négligence de mes graveurs, dont plusieurs sont morts, ont donné la facilité à des gens peu délicats sur les procédés de rassembler des épreuves de ces planches, et on les a fait graver de nouveau pour les faire entrer dans le *Dictionnaire encyclopédique*... J'ai mieux aimé paraître l'ignorer que de troubler mon repos en revendiquant mon bien[3]. »

L'accusation de Patte fait d'autant plus mal qu'elle émane d'un ancien collaborateur de l'*Encyclopédie*, excellent dessinateur et graveur, qui avait eu pour tâche de préparer les planches du recueil entre 1756 et 1758. Alors que Réaumur se contentait d'une vague accusation, Patte désigne Diderot et donne des détails qu'il n'a pu inventer. Les éditeurs et les libraires, sachant que les graveurs gardent toujours des estampes de ce qu'ils ont gravé, sont allés soudoyer ceux de Réaumur, derrière son dos, pour se procurer des épreuves de

---

1. *L'Année littéraire*, 1759, VII, lettre 15, pp. 341-351.   2. Sur toute cette affaire, *cf.* le remarquable article de Georges Huar, « Les planches de l'*Encyclopédie* et celles de la Description des arts et métiers de l'Académie des sciences », *Revue d'histoire des sciences*, juillet-décembre 1951, IV, pp. 238-249.   3. Réaumur à Formey, 23 février 1756, *Lettres de Réaumur...*, 1886, p. 163.

tout ce qu'il avait fait. « M. Diderot, qui, dans ses discours et dans ses écrits, décriait à tout propos M. de Réaumur, alla trouver M. Lucas lui-même (c'est de M. Lucas lui-même que je tiens ceci...) qui avait gravé la plus grande partie de l'ouvrage de ce laborieux académicien ; moyennant dix louis et de belles promesses pour la nouvelle entreprise de l'*Encyclopédie*, il lui tira des épreuves de tout ce qu'il avait fait. On fit la même chose à l'égard de quelques autres graveurs que M. de Réaumur avait employés, de sorte qu'on parvint bientôt à rassembler toutes les planches de notre académicien[1]. »

L'accusation est grave, venant d'un témoin direct qui dit lui-même : « Je n'aurais jamais pu croire que ce plagiat fût réel, si je n'en avais vu moi-même la preuve entre les mains des libraires associés... Je puis vous assurer que sur tous les arts et métiers dont je vais vous faire la liste, ils n'ont point de dessins, mais seulement des estampes de l'ouvrage de M. de Réaumur qu'ils font graver ou qu'ils doivent faire graver incessamment[2]. » Suit la liste des soixante-treize arts et métiers sur lesquels « les encyclopédistes n'ont point de dessins, mais seulement des estampes des planches de M. de Réaumur pour modèles ».

Pour conclure, Patte invite qui voudra à vérifier ses dires en allant voir les dessins entre les mains des libraires. On ne peut être plus précis... ni plus accablant ! Sitôt l'accusation connue, « tout le public a crié contre Diderot[3] ». Les encyclopédistes ont beau répli-

---

1. *L'Année littéraire*, *op. cit.*, pp. 345-346.   2. *Ibid.*, p. 346.
3. Grimm, *Correspondance littéraire*, IX, 15 juillet 1770, p. 99.

quer dans l'*Observateur littéraire* du 15 décembre[1]
que Patte, renvoyé de l'*Encyclopédie*[2], n'est donc
pas crédible, et qu'ils invitent les « souscripteurs et
autres » à venir voir les deux cents planches déjà exé-
cutées, le scandale est si grand que l'Académie des
sciences ne peut faire autrement que de s'en saisir.
Après tout, c'est son bien que l'on dit avoir été volé. Le
12 décembre, elle charge Nollet, Montigny, Guettard,
Brisson et Morand, directeur, d'aller vérifier sur place.
Ce qu'ils font quarante-huit heures plus tard en se ren-
dant chez Briasson. Ils y passent trois heures[3], durant
lesquelles ils ne voient que ce que l'on veut bien leur
montrer. Leur rapport du 19 décembre atteste qu'ils
ont vu un grand nombre de dessins et gravures, mais
très peu ayant trait aux arts mécaniques qui sont à l'origine de la dénonciation. Ce qui pourrait laisser penser,
notent-ils, qu'on aurait des raisons de ne pas les montrer. On leur a présenté une quarantaine d'épreuves
des planches de Réaumur, dont deux ou trois seulement leur ont paru avoir servi de modèles à celles des
libraires. Ces derniers ont reconnu « qu'ils n'avaient
de M. de Réaumur que les quarante épreuves que nous
avions vues ; qu'ils avaient profité de ces gravures pour

---

1. T. V, p. 216.   2. Le texte de l'*Observateur* reste vague,
puisqu'on lit qu'« il avait été exclu pour deux raisons qu'il sait
bien », sans préciser lesquelles. Quand Patte reprend la plume
(*Année littéraire*, 29 janvier 1760, II, pp. 246-257) pour demander
quelles sont ces deux raisons, il n'obtiendra pas de réponses
sérieuses (*Observateur littéraire*, 1760, I, pp. 273-274). La vraie
raison est donnée par Patte dans sa lettre du 23 novembre : il s'est
toujours opposé au vol des planches de Réaumur et aurait trouvé
plus flatteur d'en faire lui-même de nouvelles. P. 350.   3. Les
détails de leur visite sont tirés du procès-verbal. de l'Académie des
sciences du 19 décembre 1759.

en imiter la disposition ». Double aveu de vol et de plagiat, volontairement atténué par l'académicien rédacteur qui s'empresse d'ajouter « qu'ils étaient prêts à s'engager à ne [plus] rien copier de M. de Réaumur et à soumettre leurs planches à la révision » des commissaires de l'Académie.

Ce rapport bienveillant a pour objet de minimiser la double accusation de Patte, afin de pouvoir autoriser la publication des planches de l'*Encyclopédie*. Le 16 janvier 1760 est signé le certificat libérateur qui donne le feu vert aux libraires. Mais, le 23 février, un débat houleux éclate à l'Académie. Diderot raconte : « Le Breton m'a enlevé pour aller travailler chez lui depuis onze heures du matin jusqu'à onze heures du soir. C'est toujours la maudite histoire de nos planches. Ces commissaires de l'Académie sont revenus sur leur premier jugement. Ils s'étaient arraché les yeux à l'Académie. Ils se sont dit hier toutes les pouilles de la halle[1]. »

Ces disputes prouvent que nul n'est dupe de l'arrangement, les commissaires moins que toute autre personne. Selon G. Huar, l'article « Ardoise », parmi d'autres, et les planches qui l'accompagnent, démontrent le bienfondé des assertions de Patte ; « l'évidence est telle qu'il ne paraît pas admissible qu'elle ait pu échapper aux académiciens[2] ». Alors, pourquoi cette complai-

---

1. À Sophie Volland [23 ou 25 février 1760]. III, p. 22.
2. *Op. cit.*, p. 246. J. Proust explique : « On se servait des épreuves des graveurs indélicats… comme base de la description à faire, en complétant et en corrigeant les parties du dessin qui étaient devenues caduques par le progrès des techniques ou qui ne concordaient pas bien avec le "discours". » *Diderot et l'Encyclopédie, op. cit.*, p. 50.

sance ? Il est vrai qu'ils détestent le scandale et que
la soumission des libraires le rendait inutile. Mais il
est non moins probable que d'Alembert dut mobiliser
tout son clan académique pour empêcher le désastre.
Ce qui n'aurait pas suffi sans l'influence déterminante
de Malesherbes, dont dépendait l'issue de toute cette
affaire. Le directeur de la Librairie était aussi académicien honoraire et, en 1760, il présidait l'institution[1].
Excellente occasion de peser sur les récalcitrants, qui
devaient se trouver du côté de Clairaut et des vieux
amis de Réaumur.

Toujours est-il que les encyclopédistes, en particulier Diderot, ont été pris une fois encore la main dans le
sac. D'Alembert est d'une totale mauvaise foi quand il
se plaint à Voltaire : « On continue toujours ici à nous
persécuter et à nous susciter tracasserie sur tracasserie ; voilà encore une querelle d'Allemand qu'on fait à
Diderot et aux libraires au sujet des planches de l'*Encyclopédie*. J'espère qu'ils s'en tireront avantageusement ;
car, pour le coup, ils n'ont affaire ni au Parlement ni
à la Sorbonne[2]. » Sous-entendu : nous ne sommes pas
dépourvus de moyens de pression !

Dénoncés en pleine Académie

Jusqu'en 1760, l'Académie française peut se flatter
de s'être toujours tenue au-dessus de la mêlée. La présence parmi ses membres de nombreuses personnali-

---

1. Chaque année, un nouveau président était désigné
par le roi. Comme tel, il était astreint à une plus grande présence.   2. 22 décembre 1759. D. 8673.

tés occupant un rang élevé dans l'État et l'Église ne l'inclinait pas à des cooptations désagréables au pouvoir. Au demeurant, elle avait accueilli Voltaire en 1746 et s'était peu à peu ouverte à des auteurs proches du parti encyclopédique : Duclos en 1747, Buffon en 1753, d'Alembert en 1754. Cette dernière élection avait certes été gagnée sur le fil du rasoir, mais, une fois l'épreuve franchie, l'impétrant s'était bien intégré à la vénérable institution, au point même d'y passer plus de temps qu'à son Académie d'origine, celle des sciences[1]. L'atmosphère devait y être conviviale si, comme on l'a dit, elle était « considérée par ses membres comme un terrain neutre et pacifique sur lequel il était à la fois sage et convenable de ne pas déployer son drapeau[2] ».

Cette belle neutralité fut brusquement mise à mal le 10 mars 1760, lorsque le sieur Le Franc de Pompignan[3] prononça son discours de réception.

Frère aîné de l'évêque du Puy, premier président de la cour des aides de sa ville natale, Montauban, il avait à son actif quelques pièces de théâtre et un recueil de poésies sacrées. Plat courtisan, gonflé de vanité, il voulut à la fois s'attirer les grâces du pieux Dauphin[4] et faire un coup d'éclat. Il se lança dans une charge agressive contre les philosophes, telle qu'on

---

1. À partir de 1755, d'Alembert observe une grande assiduité aux lundis et jeudis de l'Académie française, alors qu'il déserte l'Académie des sciences le samedi et manque plus d'un mercredi sur deux.   2. Lucien Brunel, *Les Philosophes et l'Académie française au dix-huitième siècle*, p. 70.   3. 1709-1784. Il avait été élu à l'Académie française à la succession de Maupertuis le 6 septembre 1759 – triomphalement, dit-on.   4. Il ambitionnait la place de gouverneur de ses fils.

n'en avait encore jamais entendu dans cette enceinte. Après avoir laissé entendre que « lui, récipiendaire, était un très grand homme[1] », il prit prétexte de la fin chrétienne de Maupertuis pour dénoncer « les abus des talents, le mépris de la religion, la haine de l'autorité…, la littérature dépravée, la morale corrompue et [cette] philosophie altière qui sape également le trône et l'autel[2] ». Il enfonça le clou, stigmatisant « cette philosophie trompeuse qui dément ses maximes par ses actions ; qui déclame tout haut contre les richesses, et porte envie secrètement aux riches ; qui montre du mépris pour les dignités, et désire de les obtenir ; qui recommande aux hommes la sociabilité, et cherche à perdre ses rivaux… ». Puis il en vint aux attaques plus précises contre ses nouveaux collègues : « On n'est pas toujours philosophe pour avoir fait des traités de morale [Duclos], sondé les profondeurs de la métaphysique, atteint les hauteurs de la plus sublime géométrie [d'Alembert], révélé les secrets de l'histoire naturelle [Buffon]. » Voltaire n'était pas oublié, puisqu'il était accusé d'avoir « malignement » disposé les faits dans l'*Essai sur les mœurs*. À tous, le discoureur opposa « le sage vertueux et chrétien ».

La harangue est bien accueillie. Le public l'applaudit[3]. Mais Dupré de Saint-Maur, dans sa réponse, compromet un peu plus l'Académie en encensant lourdement les deux frères Pompignan. Comparant le nouvel académicien à Moïse et l'évêque à Aaron,

---

1. Grimm, *Correspondance littéraire*, IV, p. 236.   2. De larges extraits du discours de Pompignan sont publiés dans *L'Année littéraire* du 30 mars 1760, II, lettre 12, pp. 264-278.   3. Le succès est rapporté et par Fréron et par Marmontel, *Mémoires*, I, p. 195.

il suggère qu'eux aussi opéreront « des miracles dans Israël[1] ». Durant tout ce temps, un témoin, Desmarets, observe les visages : « Le discours de M. Le Franc a fait faire des mines à bien des gens. Celui qui en a fait le plus était M. de Malesherbes, qui était derrière M. de Buffon. Je n'ai démêlé sur le visage de ce dernier et sur celui de D'Alembert que du mépris froid de l'orateur qui déclamait son discours et regardait assez sottement de tous côtés. Je voyais seulement quelques personnages qui se faisaient des signes de reconnaissance, des traits, mais le gros de l'Assemblée restait tranquille[2]. »

Pompignan sortit de la séance « triomphant et enflé de sa vaine gloire[3] ». Duclos fut le seul « à témoigner publiquement son mécontentement[4] ». Pendant deux, trois semaines, il est entendu que cela a été un grand succès. Les jansénistes le trouvent « admirable[5] » ; l'abbé Trublet, « très éloquent[6] », même s'il prévoit des critiques. Le roi, qui a autorisé Pompignan à lui remettre le texte de son discours, y voit « un excellent ouvrage, peu fait au reste pour être applaudi par les impies et les esprits forts[7] ». Dans sa ridicule fatuité, le nouvel académicien peut alors penser qu'il est devenu le porte-drapeau du parti dévot. En fait, avant même que Voltaire ne lui décoche sa première flèche – le petit pamphlet des *Quand*[8], qui va s'arracher à

---

1. *L'Année littéraire*, *ibid.*, pp. 277-278. 2. Desmarets à Grosley, 28 avril 1760. B.N., Ms. n.a.f. 803, f. 102. 3. Marmontel, *ibid.* 4. Desmarets à Grosley, *ibid.* 5. *Ibid.* 6. À Formey, 17 mars 1760. *Op. cit.*, p. 272. Le texte du discours fut publié le 16 mars. 7. *L'Année littéraire*, *ibid.* p. 277. 8. Cette volée de bois vert fut suivie de beaucoup d'autres : les *Pour*, les *Que*, les *Qui*, les *Quoi*, etc., auxquels s'ajoutèrent les *Si* et les *Pourquoi* de l'abbé Morellet, petites pièces en vers, puis en prose, qui s'abattirent sur Pompignan.

Paris dès le 14 avril –, il est clair que l'illustre compagnie est mécontente : les uns parce qu'ils ont été diffamés ; les autres parce qu'ils déplorent cette « malignité chrétienne[1] » ; tous parce qu'ils condamnent la morgue de Pompignan qui compromet l'Académie tout entière.

Reste que les philosophes n'ont pas le temps de savourer leur vengeance que, déjà, ils font l'objet d'une seconde attaque autrement plus dangereuse, puisqu'elle utilise contre eux l'arme de la dérision.

Ridiculisés

À la fin de mars ou au début d'avril, Fréron se rendit au Théâtre-Français pour lire aux comédiens la pièce de Palissot, *Les Philosophes*[2]. Avec insolence, il les prévint qu'elle serait jouée quoi qu'ils puissent en penser. Ce qui signifiait qu'il avait les plus hautes autorités derrière lui. C'était « la satire la plus amère, la plus sanglante et la plus cruelle qui ait jamais pu être autorisée[3] ». On soupçonna le Dauphin, puis le duc de Choiseul, d'en être le commanditaire. Les répétitions furent entourées d'un certain secret et c'est seulement le 14 avril que d'Alembert s'en fit l'écho auprès de Voltaire : « Il ne manquait plus à la philosophie que le coup de pied de l'âne. On va jouer sur le théâtre de la Comédie-Française une pièce intitulée *Les Philosophes modernes*. Préville doit y marcher à quatre pattes pour

---

1. Collé, *op. cit.*, p. 221. Plus tard, Fréron dira lui-même à Vernes qu'il avait fait recevoir la comédie. Balcou, *op. cit.*, p. 195.   2. *Ibid.*, p. 236.   3. *Ibid.*, p. 235.

représenter Rousseau. Cette pièce est fort protégée. Versailles la trouve admirable[1]. »

Le 2 mai, tout Paris assiste à la première représentation. C'est une parodie des *Femmes savantes* ajustée contre les philosophes. Au centre, la satire du livre *De l'esprit* et de son auteur ; à la périphérie, celle des autres encyclopédistes. Les hommes – tous reconnaissables – et les idées sont tournés en dérision. On se moque de leur pédantisme, de leur morale douteuse, de leur scandaleux cosmopolitisme[2] et de leur culte de la loi naturelle. Crispin-Rousseau fait son entrée sur scène à quatre pattes en mangeant une laitue. Dortidius-Diderot est peint comme un malhonnête homme dont on cite toutes les œuvres pour s'en moquer. On reconnaît Marmontel, Grimm et Duclos sous le masque de fourbes. À l'exception de Voltaire et d'Alembert[3] qui échappent au massacre, tous les philosophes sont représentés comme « des gens de sac et de corde, sans principe et sans mœurs[4] ». Côté femmes, Marton, la servante, incarne le bon sens antiphilosophique et Cydalise, qui tient salon, emprunte

---

1. D. 8852. Il n'est pas impossible que d'Alembert ait été mis au courant par Mlle Clairon, amie de Voltaire et connue de lui, car l'actrice ne se privait pas de proclamer qu'elle désapprouvait ses camarades d'avoir accepté de jouer une pièce qui ridiculisait des hommes de lettres.   2. Morellet raconte qu'en pleine guerre les philosophes, dont lui-même, étaient consternés quand Frédéric perdait une bataille et indignés de la coalition des puissances européennes contre ce roi philosophe. *Op. cit.*, p. 86.   3. Palissot clamait partout son admiration pour Voltaire et cherchait à le désolidariser des autres philosophes. Par ailleurs, on suggéra qu'il épargna d'Alembert à cause de sa qualité d'académicien.   4. D'Alembert à Voltaire, 6 mai 1760. D. 8894.

à Mmes d'Épinay et Geoffrin[1] : c'est une sotte préten-
tieuse.

Le soir de la première, on assiste à « une presse,
une foule, une fureur dont il n'y a point d'exemple.
Les ouvrages des Corneille, des Racine, des Molière,
des Crébillon et des Voltaire n'ont jamais fait autant
de bruit, attiré autant de spectateurs... Le sujet de la
pièce avait excité dans Paris, se réjouit Fréron, une
fermentation générale de curiosité[2] ». Le succès est
considérable. Collé en donne l'explication : « Tous
les pères de famille l'applaudissent de très bonne foi,
et les honnêtes gens de la robe... ne sont pas fâchés
de voir que cette satire tombe sur des gens dont les
principes, ou plutôt les opinions, vont à tout renver-
ser ; beaucoup de gens du monde qui, sans être dévots,
sont croyants, et que les encyclopédistes, dans leurs
ouvrages, ont confondus avec les sots, par cette seule
raison se croient vengés par le succès de cette pièce.
Le vulgaire des hommes fortifie encore le parti de ces
derniers, et pense que l'on défend celui de la vertu en
attaquant les nouveaux philosophes[3]. » Au total, cela
fait beaucoup de gens pour se réjouir de l'humiliation
des philosophes.

Dans le clan des philosophes, c'est la désolation. Seul
Rousseau, qui a mal lu, se croit loué ! Il n'en condamne
pas moins la pièce qui a « indignement noirci et calom-

---

1. Le père de Hennin écrit à son fils, le 17 mai : « La vieille
Dumesnil a trouvé le secret de s'habiller et coiffer comme
Mme Geoffrin, ce qui a fait beaucoup rire ceux qui connaissent cette
dame. » Bibliothèque de l'Institut. Ms. 1262, f. 119.   2. *L'Année
littéraire*, III, lettre 9, 6 mai 1760, p. 214. La recette de la soirée
s'était montée à 4 275 livres.   3. Collé, *op. cit.*, p. 241.

nié[1] » Diderot. Duclos ironise : « Autrefois, dit-il, on faisait combattre les bêtes pour le plaisir des hommes, aujourd'hui on fait combattre les hommes pour le plaisir des bêtes[2]. » Du côté d'Helvétius, on s'efforce de prendre de la hauteur. Chastellux se risque à l'humour au lendemain de la première : « Il aurait été trop humiliant pour vous, mon cher ami, que vous n'ayez pas été compris dans cette satire abominable qui attaque tous ceux qui font honneur à la nation[3]. » Mme Helvétius affiche la sérénité : « La pièce de Palissot m'a paru comme à vous la honte de la nation, mais les Aristophanes ont beau faire, ils ne déshonoreront pas les Socrates[4]. » Les autres victimes ne cachent pas qu'elles sont blessées. D'abord abattu, Diderot reste silencieux. Le président de Brosses, qui l'a rencontré, le décrit comme « très vaporeux, très persécuté[5] ». On parlerait aujourd'hui de dépression. Le 1er juin, il s'efforce de faire bonne figure vis-à-vis de Malesherbes et nie être l'auteur d'un violent pamphlet dirigé contre Palissot : « Je n'ai point été à la pièce des *Philosophes*. Je ne l'ai point lue… Je me suis interdit tout ce qui a trait à cette indignité. Loin de ces injures atroces, je ne serai point tenté de manquer à la promesse que je me suis faite et que je me suis tenue jusqu'à présent de ne pas écrire un mot de représailles. Quand les honnêtes gens veulent

---

1. À Duchesne, 21 mai 1760. Leigh, t. VII, n° 995. Rousseau n'avait retenu que ces vers : « Qu'il ne connut jamais la brigue, l'artifice… / Au fond plein de droiture et de sincérité. » 2. Propos rapportés par l'abbé Arnaud, qui avait rencontré Duclos le soir de la première représentation des *Philosophes*. À Bernard Tscharner [juin 1760]. Burgerbibliotek, Berne, Ms. h.h.XII, 92. 3. 3 mai 1760. *Correspondance d'Helvétius*, t. II, n° 452, p. 276. 4. À Levesque de Burigny, 18 mai 1760. *Ibid.*, n° 453. 5. À Loppin de Gemeaux, 1er juin 1760. D. 8954.

bien s'indigner pour nous, nous sommes dispensés de l'être[1]. »

Tel n'est pas l'avis de Grimm, Morellet ou d'Alembert. Outrés, ils n'entendent pas en rester là. Grimm exécute la pièce : « On n'y trouve ni plan, ni intrigue, ni conduite, ni caractère, ni plaisanterie, ni force, ni légèreté, ni rien de ce qu'on est en droit d'exiger d'une pièce de théâtre. On n'y voit qu'une copie misérable des situations de la comédie du *Méchant*[2] et des *Femmes savantes*. Pas une scène ; rien qui montre d'autre talent que celui de la méchanceté et de la fureur de nuire[3]. » Suivent trois pages de la même eau, qui se terminent par des vers vengeurs contre Palissot. C'est l'abbé Morellet, ayant assisté à la deuxième représentation en compagnie de Malesherbes, qui était rentré chez lui dans un tel état d'indignation qu'il avait rédigé la nuit même le fameux pamphlet contre Palissot imputé à tort à Diderot. Ecrite sous forme d'une parodie biblique, *La Vision de Charles Palissot* était fort cruelle pour celui-ci[4], mais également pour l'une de ses protectrices, la princesse de Robecq. Celle-ci, aimablement traitée de « catin en fonction[5] » par d'Alembert, voulait se venger des philosophes à cause d'une dédicace où elle se jugeait insultée[6].

---

1. À Malesherbes, 1er juin 1760. *Correspondance*, III, p. 34. 2. Titre d'une pièce de Gresset jouée en 1747 avec un très grand succès.   3. *Correspondance littéraire*, IV, pp. 238-242, 1er juin 1760.   4. Dans ses *Mémoires*, I, pp. 90-92, Morellet rapporte : « Les faits que j'y indique de la vie du sieur Palissot, je les tenais tous d'un homme qui a laissé une bonne réputation d'honnêteté, La Condamine… bon fureteur et même pas trop crédule pour un curieux. »   5. À Voltaire, 6 mai 1760. D. 8894. Mme de Robecq était l'une des maîtresses de Choiseul.   6. Il s'agit de la dédicace de la traduction du *Padre di famiglia* de Goldoni, dont Grimm était l'auteur, publiée en 1758.

Quand Morellet montre son pamphlet à ses deux confidents, d'Alembert et Turgot, les deux amis applaudissent et n'y trouvent rien à redire. Pourtant, sitôt publiée, cette *Vision* que l'on s'arrache dans tout Paris suscite un énorme scandale. En effet, la princesse de Robecq est alors mourante et Morellet a osé écrire que la pièce de Palissot avait été toute sa consolation ! Il met dans sa bouche ce propos qui va lui valoir la Bastille : « C'est maintenant, Seigneur, que vous laissez aller votre servante en paix, car mes yeux ont vu la vengeance[1] ! » Faute de goût d'autant plus impardonnable que la princesse trépasse quinze jours plus tard !

Inutile de préciser que le pamphlet de Morellet ne redorait pas le blason des philosophes. Après avoir bien ri, on jugea qu'ils étaient d'une indélicatesse coupable[2].

D'Alembert qui, en privé, n'a pas de mots pour justifier l'« atrocité de la pièce » et les « putains » qui la protègent, préfère en appeler à Voltaire qui vit en sécurité à Genève : « Vous êtes indigné, dites-vous, que les philosophes se laissent égorger. Vous en parlez bien à votre aise ; et que voulez-vous qu'ils fassent ?... C'est à vous, mon cher Maître, qui êtes à la tête des lettres, qui avez si bien mérité de la philosophie... c'est à vous, qui n'avez rien à craindre, à venger l'honneur des gens de lettres outragés[3]. »

Voltaire n'a nulle envie de se brouiller avec Palissot. Il l'a reçu deux fois chez lui et le jeune auteur lui a toujours manifesté le plus grand respect. Il tente d'apaiser

---

1. Morellet, *ibid.*, p. 92. L'abbé fut emprisonné du 10 juin jusqu'au 30 juillet.   2. Voltaire dira à d'Alembert, le 10 juin 1760 : « Ce trait a révolté. » D. 8968.   3. 6 mai 1760. D. 8894.

d'Alembert : la pièce est d'un ridicule méprisable…
« Le seul parti raisonnable dans un siècle ridicule,
c'est de rire de tout[1]. » D'Alembert le prend très mal :
« Vous étiez indigné il y a quinze jours de ce que les
philosophes se laissaient écraser, égorger, vilipender
par des fripons et des fanatiques. Vous paraissiez vouloir prendre leur défense. Ils l'espéraient, le désiraient ;
vous m'écrivez aujourd'hui que vous vous en foutez ;
soyez sûr que je m'en fous encore davantage[2]. » Il
ajoute perfidement que Palissot se répand partout sur
ses bonnes relations avec Voltaire. « Mais, comme
vous le dites fort bien, il faut rire de tout ; aussi, vous
ne me verrez plus que rire. »

La correspondance de mai et juin entre les deux
hommes devient orageuse. D'Alembert est de méchante
humeur. Il interpelle Voltaire avec rudesse sur ses amitiés[3], le soupçonne de compromissions et de lâcheté.
Est-il le chef des philosophes ? De quel côté est-il ? Voltaire est agacé[4], mais encaisse sans broncher. La colère
de D'Alembert est à la mesure de l'humiliation subie et
non vengée. Jamais la situation des philosophes n'a été
pire. Comme le dit très bien l'abbé Trublet : « Le nom
d'*Encyclopédie* et d'encyclopédiste est devenu odieux
et, qui pis est, ridicule[5]. » Même un compagnon de route
comme Grosley se réjouit de la bonne leçon infligée par
Palissot : « Vous savez ce que je pense sur l'*Encyclopédie* : le ton des auteurs m'a toujours paru très peu philosophique. Ce n'était pas là le ton de Socrate[6]. »

---

1. 21 mai 1760. D. 8926.   2. 26 mai 1760. D. 8937.
3. Celles qui font partie du parti hostile aux philosophes, comme
Mme du Deffand ou Choiseul.   4. À Thieriot, 19 juin 1760.
D. 8991.   5. À Formey, 23 mai 1760. *Op. cit.*, p. 280.
6. À Formey, 20 mai 1760. Cracovie, collection Varnhagen,
Sammlung 78.

Désunis, muselés, ridiculisés et isolés, les philosophes sont au plus bas de leur course. Ce que l'État et l'Église n'ont pas réussi à faire par la censure, les bûchers et les anathèmes, Fréron et Palissot y sont parvenus par la critique et la dérision. Les philosophes ont perdu la considération du public. Un vrai cauchemar !

CHAPITRE IX

Voltaire sauve l'honneur
(été 1760-été 1762)

À soixante-huit ans, Voltaire se donne une nouvelle stature. Confortablement installé à Ferney, il gagne par son talent et son caractère le titre, prestigieux, de chef des philosophes. Jusque-là, cet homme unanimement admiré pour ses productions littéraires, dont les coups de griffe sont redoutés, n'a jamais suscité le respect mêlé d'amour que l'on porte aux vieux maîtres d'une génération. Sa vie d'éternel exilé est trop atypique pour servir de modèle, et d'aucuns le trouvent trop malin, trop courtisan, trop mesquin pour être respectable. Sa demeure a beau être l'auberge de l'élite voyageuse, c'est un solitaire qui a quelques vrais amis et beaucoup d'ennemis. À part d'Alembert qui l'a amarré au vaisseau encyclopédique, les autres philosophes l'ignorent ou gardent leurs distances avec l'homme, comme Diderot qui a toujours refusé de le rencontrer et oublie parfois de répondre à ses lettres. L'impression domine que le génial Voltaire est resté l'histrion de jadis, un allié sur lequel on ne peut compter.

Pourtant, les deux ans à venir vont révéler un Voltaire inconnu jusque-là : un homme courageux, comba-

tif, qui a choisi son camp. En attaquant sans merci leurs
ennemis, en tentant de fédérer les philosophes, il les sort
du marasme et redore leur blason. Mieux encore, alors
que l'*Encyclopédie* se poursuit en silence et que chacun
vaque à ses affaires, Voltaire prend une initiative personnelle bouleversante qui va rejaillir sur l'ensemble
de la communauté philosophique.

LE CHEF DE GUERRE
(JUIN-SEPTEMBRE 1760)

Jusqu'en juin, Voltaire traîne des pieds pour entrer
dans la bataille. Il pense avoir prouvé sa solidarité avec
les philosophes en lançant sa pluie de petits pamphlets
contre Pompignan : les *Quand*, les *Qui*, etc. Après le
scandale de la pièce de Palissot, il est manifestement
embarrassé. Objet des pressions simultanées et diver-
gentes de Palissot, qui tente de le neutraliser, et de
D'Alembert, qui le somme de s'engager, il temporise et
cherche une porte de sortie. Comment attaquer les anti-
philosophes en épargnant Palissot et son puissant protecteur, Choiseul, qui est une vieille connaissance ? En
outre, la cause des philosophes est devenue encore plus
délicate depuis la méchante sortie de l'abbé Morellet
contre une princesse mourante. N'empêche : au début
de juin, Voltaire comprend qu'il ne peut plus rester pas-
sif et muet sous peine de perdre la face vis-à-vis des philosophes. Il comprend aussi que leur débâcle lui offre
une occasion inespérée de sortir de sa marginalité et de
jouer le premier rôle sur la scène intellectuelle.

Voltaire se jette dans la bataille

Plusieurs raisons le poussent à sortir ainsi de sa réserve. D'abord, l'influence déterminante de D'Alembert. Voltaire le respecte et l'admire. Il le soutient aveuglément et supporte sans broncher les humeurs et algarades du savant. Or celui-ci a mis tout son poids dans la balance pour qu'il « venge l'honneur des gens de lettres outragés ». À trois reprises, il lui écrit des lettres rudes et comminatoires. Une première fois, le 26 mai[1], en réponse à celle où Voltaire préconisait de s'en tenir au rire. D'Alembert l'accuse presque ouvertement de jouer double jeu et d'être complice de Palissot. Une deuxième fois, le 11 juin, parce qu'il est exaspéré d'entendre son correspondant appeler à l'union des frères pour écraser leurs adversaires alors que lui-même, libre de sa plume, ne bouge pas. « Ce n'est pas l'union qui manque aux frères, répond-il ; mais ils sont pieds et mains liés. Comment voulez-vous qu'ils se défendent ? On vient de mettre en prison le libraire qui a vendu la *Vision de Palissot*, on cherche l'auteur [Morellet], et on parle de le mettre à Bicêtre… On attend de vous le *ridiculum* d'abord, et le *coup de foudre* ensuite[2]. » Cinq jours plus tard, troisième coup de gueule. D'Alembert ne supporte pas que Voltaire gémisse sur le sort de Mme de Robecq alors qu'on vient d'incarcérer Morellet à la Bastille. « C'est très bien fait au chef de recommander *l'union aux frères*, mais il faut que le chef reste à leur tête et il ne faut pas que la crainte d'humilier des polissons protégés l'empêche de parler haut pour la bonne cause, sauf à ménager, s'il le

---

1. D. 8937.   2. D. 8970.

veut, les protecteurs qui, au fond, regardent leurs protégés comme des polissons[1]. »

Très agacé par les réprimandes de D'Alembert[2],
Voltaire tente de l'amadouer. Mais il comprend aussi
que l'emprisonnement de Morellet peut faire de celui-
ci le martyr de la cause philosophique, et donc son
emblème. Comme Palissot se répand partout en disant
qu'il a la bénédiction de Voltaire, des échos de sa possible trahison lui reviennent. Il est obligé de se justifier. À Mme Belot, écrivain proche des philosophes :
« Vous êtes en droit de me croire coupable de la belle
intelligence que vous me supposez avec M. Palissot. Je
suis cependant très innocent… Je regarde [d'Alembert
et Diderot] comme les premiers hommes du siècle[3]. »
Puis, à Duclos, directement mis en cause dans la pièce
de Palissot : « Je crois devoir vous informer de ce qui
s'est passé entre M. Palissot et moi[4]… »

S'il ne veut pas passer pour un lâche ou, pire, pour
un traître à la cause sacrée des Lumières, et s'il ne veut
pas prendre le risque de laisser à Morellet le bénéfice
d'incarner la lutte[5], il lui faut rapidement sortir de l'ambiguïté. Pour ce faire, il prend une série d'initiatives qui
ne vont pas passer inaperçues. La première est une
lettre sévère à Palissot[6] dans laquelle il lui demande de
publier un *mea culpa* qui rende hommage au travail et

---

1. 16 juin 1760. D. 8982.   2. À Thieriot, 19 juin 1760.
D. 8991.   3. 20 juin 1760. D. 8994. La lettre de Mme Belot
à Voltaire est perdue.   4. 20 juin 1760. D. 8996.   5. Voltaire a certainement pris en compte cette remarque de D'Alembert
concernant l'incarcération de Morellet : « Il lui restera la gloire
d'avoir vengé la philosophie contre les Palissot mâles et femelles,
contre les Palissot de Nancy et ceux de Versailles. » 16 juin 1760.
D. 8982. D'autant que d'Alembert lui a nettement laissé entendre
que les *Si* et les *Pourquoi* de Morellet étaient meilleurs que ses pamphlets à lui, les *Que*, les *Qui*, etc.   6. 23 juin 1760. D. 9005.

à la morale des encyclopédistes. Bien sûr, Palissot n'en fera rien. Mais Voltaire ayant fait répandre cette lettre par d'Argental, on ne pourra plus le soupçonner de connivence avec l'ennemi des philosophes. D'ailleurs, il est en froid avec Palissot qui a pris tout cela de haut.

Dans le même temps, la capitale reçoit de sa part quelques « fusées volantes qui crèvent sur la tête des sots[1] », autrement dit quelques pamphlets bien sentis contre les ennemis des philosophes. Deux d'entre eux font rire tout Paris. *Le Pauvre Diable* est une satire de quatre cents vers contre les ennemis de Voltaire : Fréron, Le Franc de Pompignan, Gresset, Trublet, La Chaussée et Chaumeix. Tous ces personnages jouent un rôle ridicule et l'on assiste à un véritable jeu de massacre où la verve de Voltaire fait merveille. Hélas pour le pauvre abbé Trublet – le moins agressif de tous[2] –, ce sont les vers le concernant qui trouvent auprès du public le plus joyeux succès :

> *L'abbé Trublet avait alors la rage*
> *D'être à Paris un petit personnage ;*
> *Au peu d'esprit que le bonhomme avait*
> *L'esprit d'autrui par supplément servait.*
> *Il entassait adage sur adage ;*
> *Il compilait, compilait, compilait ;*
> *On le voyait sans cesse écrire, écrire*
> *Ce qu'il avait jadis entendu dire*
> *Et nous lassait sans jamais se lasser[3]…*

---

1. À Mme du Deffand, 6 août 1760. D. 9121.   2. L'abbé Trublet avait profondément vexé Voltaire en écrivant dans un article du *Journal chrétien* que la *Henriade* le faisait bâiller.   3. Éd. Moland, t. X, pp. 97-113.

Le « compilait » devient le mot du jour et le succès de la satire est immédiat. À peine cette fusée est-elle lancée qu'une seconde éclate, à la fin de juin ou au début de juillet, contre les mêmes et quelques autres jésuites[1]. C'est *Le Russe à Paris*, où chacun à nouveau en reprend pour son grade, sauf Palissot qui n'est pas cité.

Mais tous ces pamphlets, aussi cruels soient-ils, ne suffisent pas à venger les philosophes. La vraie riposte doit être plus solennelle et spectaculaire. Elle aura lieu sur la scène même où fut infligée l'humiliation. Voltaire décide, après bien des hésitations[2], de représenter à la Comédie-Française une pièce publiée en avril 1760 – avant donc que ne soit jouée celle de Palissot – qui a pour titre *Le Café ou l'Écossaise*.

L'Écossaise se présente comme la traduction d'une pièce anglaise. Elle sert de prétexte à une charge furieuse contre Fréron. Sous le nom de « Frélon », celui-ci incarne le journaliste vénal qui diffame ou loue pour de l'argent, et sert d'espion à la police. Caricature du traître le plus odieux, le personnage est une réplique à ceux mis en scène par Palissot. Comme la préface du texte publié encense Diderot et l'*Encyclopédie*, tout le monde comprend que Voltaire est le vengeur des philosophes. La décision de monter la pièce est tardive. Le 30 juin, d'Argental supplie Voltaire d'accélérer ses corrections, attendues avec impatience par les Comédiens-Français[3]. Le pou-

---

1. Berthier, Hayer, Caveyrac et Nonotte.   2. Le 30 juin 1760, D. 9014, il écrit à sa confidente Mme d'Épinay, qui le pousse à faire jouer la pièce : « Ce n'est pas mon avis. Le public s'intéresse à l'humiliation des philosophes, qu'il respecte malgré lui, mais il ne prendra aucun plaisir à voir un fripon qu'il méprise. » 3. D. 9018.

voir laisse faire, moyennant quelques atténuations[1]. Mieux, Choiseul, protecteur bien connu de Fréron et Palissot, encourage Voltaire à faire rire de Fréron : « Je l'abandonne à la malédiction de la philosophie et des philosophes, et même aux coups de bâton qu'il pourra mériter[2]. » Comme on l'a dit justement, Choiseul ne peut que se réjouir de tout ce tumulte autour des philosophes, qui « aide trop bien à faire oublier l'échec de sa politique extérieure[3] ».

L'éclatante revanche

Le 26 juillet 1760, la foule a envahi la Comédie-Française pour voir exécuter Fréron[4]. Tout le monde est là, sauf d'Alembert[5], Marmontel et Duclos. Fréron dira qu'ils ont préféré attendre aux Tuileries. Palissot est assis dans une grande loge. Son air radieux s'obscurcit à mesure que le succès s'accroît. Fréron a osé venir, accompagné de son épouse. Il siège au milieu de l'orchestre, à côté de Malesherbes. « Il soutint, dit-on, assez bien les premières scènes ; mais M. de Malesherbes... le vit ensuite plusieurs fois devenir cramoisi, et puis pâlir. » Aux dires de Marivaux, assis à

---

1. Par exemple, le mot « Frélon » sera remplacé par l'anglais Wasp (Frelon).   2. 16 juin 1760. D. 8983.   3. J. Balcou, *Fréron contre les philosophes*, *op. cit.*, p. 207.   4. Il existe de nombreux témoignages de cette mémorable soirée, notamment de Fréron lui-même dans *L'Année littéraire*, 27 juillet 1760, pp. 209-216 ; de Collé, *Journal*, II, pp. 251-255 ; de Desnoiresterres, *Voltaire et la société française au XVIIIᵉ siècle*, t. V ; voir également la lettre de D'Argental, 27 juillet 1760, D. 9091.   5. D'Alembert assista à la quatrième représentation, le 2 août. À Voltaire, 3 août 1760. D. 9114.

côté d'elle, Mme Fréron se trouva mal. Du côté de ceux qui se veulent neutres – qui, en fait, n'aiment guère les philosophes –, Piron, Collé, Favart, Marivaux restent impassibles. Mais, selon Fréron, les forces adverses sont majoritaires dans la salle. Dès les premières répliques, c'est un tonnerre de clameurs contre lui. Au centre, Diderot, accompagné de certains encyclopédistes, montre « un visage brûlant… la tête échevelée, ses sens agités[1] ». À droite, Grimm donne le signal des applaudissements à ses troupes, « deux régiments de clercs, de procureurs et d'écrivains ». À gauche, Sedaine fait de même avec sa troupe « de rimailleurs et de prosailleurs[2] ». À l'arrière, l'abbé de La Porte, directeur de *L'Observateur littéraire* qui soutient les encyclopédistes, s'en donne à cœur joie. Satisfait, il peut écrire dans son compte rendu : « Jamais un homme ne fut aussi universellement honni, bafoué, hué, sifflé, moqué, conspué que M. Wasp ; c'est que chaque trait était suivi des applaudissements de tous les spectateurs ; qu'ils en exigeaient la répétition ; qu'ils y joignaient souvent de nouveaux sarcasmes. Toutes ces choses sont prouvées ; M. Wasp a vu toutes ces choses, et M. Wasp n'est pas mort[3]. »

---

1. Fréron, *L'Année littéraire, op. cit.*, p. 210.   2. *Ibid.*
3. *L'Observateur littéraire*, 31 juillet 1760, pp. 284-287. Dans la même livraison, on remarque une lettre de D'Alembert démentant fermement l'affirmation de Fréron selon laquelle il aurait attendu aux Tuileries « par prudence et par l'incertitude du succès ». Il dément aussi qu'on l'aurait prévenu « d'acte en acte » du sort de la pièce. En post-scriptum à cette lettre, l'abbé de La Porte dément la présence de Marmontel et de Morlière à la première représentation. Le démenti de D'Alembert sera également publié dans le *Mercure* de septembre 1760, p. 106.

Dès le lendemain, d'Argental crie victoire. La pièce, rapporte-t-il à Voltaire, a été jouée avec « le plus prodigieux succès… [Elle] a réussi autant que *Mérope*… Vous êtes pleinement vengé, mon cher ami, de Wasp… Vous avez vengé en même temps les philosophes, les honnêtes gens, le public, et je vous assure qu'on a bien prouvé par l'unanimité des suffrages que c'était une cause commune à tout le monde[1] ». L'ami Thieriot tient à peu près le même langage et félicite le « Maître qui venge bien ses disciples[2] ».

Pourtant, si la vengeance est jouissive et le succès public incontestable[3], la pièce ne fait pas vraiment honneur à Voltaire. Collé en critique le style (« des phrases longues et enchevêtrées ») et la manière (« un mauvais roman qui veut être une comédie[4] »). Piron a trouvé à la lecture qu'« il n'y a là que des faux, de l'outré, et rien de plaisant[5] ». Diderot lui-même parle du « petit pathétique de *L'Écossaise*…, mince et chétif[6] ». À part Grimm qui en fait un éloge appuyé[7], il est évident pour tous que ce n'est pas du grand Voltaire.

C'est une seconde pièce, *Tancrède*, jouée au début de septembre 1760, qui assure à Voltaire et au clan philosophique la victoire totale. Cette tragédie, prête depuis un an, renoue avec l'inspiration de *Zaïre* et offre au spectateur « de la pompe, du spectacle, du fracas[8] ». La première a lieu le 3 septembre ; c'est un triomphe. Comme

---

1. 27 juillet 1760. D. 9091.   2. 31 juillet 1760. D. 9100.
3. *L'Écossaise* eut près de 13 000 spectateurs en quatorze représentations. Elle sera reprise par la Comédie-Française presque chaque année jusqu'à la veille de la Révolution. *Cf. Voltaire en son temps*, vol. 4, p. 96.   4. *Journal*, II, p. 251.   5. À Baculard d'Arnaud, 20 mai 1760. D. 8923.   6. À Mme d'Épinay [fin juillet 1760]. III, p. 39.   7. *Correspondance littéraire*, IV, p. 245.   8. À d'Argental, 6 avril 1759. D. 8249.

l'a écrit René Pomeau, « c'est un succès d'émotion et de larmes comme on en connaît peu[1] ». Mme du Deffand y a « pleuré à chaudes larmes[2] ». Mme d'Épinay itou, bouleversée par cette « nouveauté touchante qui vous entraîne de douleurs et d'applaudissements[3] ». Même les hommes avouent leur émotion. Choiseul a « pleuré à chaque scène[4] » et d'Alembert confesse : « Je fus hier pour la troisième fois à *Tancrède*. Tout le monde y fond en larmes, à commencer par moi[5]. » En apprenant la présence de Fréron à la première, Voltaire imagine « qu'une larme de dame, étant tombée sur le nez du malheureux, fit psh psh, comme si ç'avait été eau bénite[6] ». Dans l'ensemble, la critique est bonne et même Satan-Fréron a l'honnêteté d'applaudir[7]. Diderot est le plus sévère : « Le premier acte est froid… Le second est encore froid. Le troisième est une des plus belles choses que j'aie jamais vues… Le quatrième est vide d'action, mais plein de beaux morceaux… Le cinquième est long, long, froid, entortillé[8]. » Peut-être était-il de méchante humeur ce soir-là car, contrairement à l'avis unanime, il trouve que Mlle Clairon joue mal[9].

Quelles que soient les critiques qui seront faites à sa lecture[10], chacun reconnaît que cette tragédie en vers croisés est du très bon Voltaire.

Son succès est de meilleur aloi que celui de *L'Écossaise*. À six semaines d'intervalle, l'auteur a montré la

1. *Voltaire en son temps*, IV, p. 98.   2. 5 septembre 1760. D. 9197.   3. À Mlle Valory, 10 septembre 1760. D. 9216.   4. 19 septembre 1760. D. 9242.   5. 22 septembre 1760. D. 9252.   6. Aux d'Argental, 8 septembre 1760. D. 9207.   7. *L'Année littéraire*, 28 février 1761. I, pp. 289-308.   8. À Sophie Volland [5 septembre 1760]. III, pp. 55-56.   9. À Sophie Volland [7 octobre 1760]. *Ibid.*, p. 120.   10. La pièce est publiée en février 1761 avec une dédicace à Mme de Pompadour.

diversité de ses talents et remporté deux succès excep-
tionnels. Qui d'autre peut faire rire tout Paris par la satire
et le faire fondre en larmes aussitôt après ? La gloire de
Voltaire rejaillit sur le clan philosophique. En ridiculi-
sant ses persécuteurs, il l'a sorti de son marasme. Il n'a
donc pas tout à fait tort quand il affirme, en septembre,
que « les philosophes triomphent à Paris[1] ».

Ultime victoire de Voltaire : l'une de ses fusées
volantes, atterrie à Paris en juillet, porta ses meilleurs
fruits en novembre. Le poème *La Vanité* s'en prenait
à Pompignan, « petit bourgeois d'une petite ville ». La
satire avait amusé ses lecteurs, qui s'égayaient du vers :

> *Et l'ami Pompignan pense être quelque chose…*

Même le Dauphin, dit-on, aimait à le répéter. Résultat : lorsque, au soir du 9 novembre, les Comédiens-
Français annoncèrent qu'ils donneraient le lendemain
la *Didon* de Pompignan, suivie du *Fat puni* de Pont-
de-Veyle, le public fut pris d'hilarité et scanda le nom
de Pompignan[2]. Furieux, celui-ci fit savoir au Dauphin
qu'il ne remettrait plus les pieds à l'Académie. Mais
le Dauphin était resté de marbre, au grand dam de
Pompignan qui s'attendait à recevoir l'ordre d'y retourner[3]. C'est ainsi que Voltaire avait débarrassé l'Académie d'un fat, et les philosophes d'un ennemi.

---

1. À Algarotti. D. 9227.   2. Collé, II, p. 269.   3. Desmarets à Grosley, 26 novembre 1760. B.N., Ms. n.a.f. 803, f. 107-
108. Pompignan tint promesse et n'y retourna jamais.

Le politique

À l'audace et à l'imagination du chef de guerre, Voltaire joint les vertus du grand politique. Depuis un an, il ne cesse de répéter à d'Alembert que, pour « écraser l'infâme[1] », autrement dit la clique fanatique, il faut d'abord réaliser l'« union des frères » philosophes. Or, à son grand regret, c'est tout le contraire qu'il observe. Avant même les retrouvailles occasionnées par *L'Écossaise*, les troupes dispersées sont anéanties. Voltaire gémit : « Les philosophes me font enrager, ils ne savent ce qu'ils font. Ils sont désunis, j'aimerais mieux avoir affaire à des filles de chœur d'opéra qu'à des philosophes ; elles entendraient mieux raison[2]. » Il est vrai que les dissensions personnelles et le divorce encyclopédique ont laissé des traces qui interdisent une riposte d'envergure. Pour ressouder les philosophes, Voltaire comprend que son offensive contre leurs ennemis ne suffit pas. Il faut simultanément les mobiliser autour d'un projet commun. Ce projet, il vient de le trouver : faire entrer Diderot, le plus attaqué d'entre eux, à l'Académie française[3].

C'est le 9 juillet qu'il s'en ouvre à d'Alembert : « C'est la plus belle vengeance qu'on puisse tirer de la pièce contre les philosophes. L'Académie est indi-

---

1. C'est Frédéric II qui a le premier utilisé l'expression « l'infâme » pour signifier la superstition cléricale, dans sa lettre à Voltaire du 18 mai 1759, D. 8304. Voltaire la reprend à son compte le 1er juin 1759 dans une lettre adressée à Mme d'Épinay, D. 8328 : « Il faut extirper l'infâme. » Il en fait par la suite son constant cri de guerre.   2. À d'Argental, 14 juillet 1760. D. 9062.   3. La mort de l'évêque de Rennes, M. de Vauréal, le 17 juin 1760, et celle de Mirabaud, une semaine plus tard, laissaient deux places vacantes.

gnée contre Le Franc de Pompignan. Elle lui donnera avec grand plaisir ce soufflet à tour de bras[1]. » Enthousiasmé par son idée, Voltaire mobilise ses correspondants et assigne à chacun sa tâche. D'Argental, lié à Choiseul et à la Pompadour, doit se mettre « à la tête de la cabale[2] » pour désarmer les préventions de la cour. Mme d'Épinay convaincre Grimm, qui connaît tout le monde, de négocier en sous-main[3]. D'Alembert est chargé de préparer la voie au sein de l'Académie : « Mettez-vous deux ou trois académiciens ensemble, prenez la chose à cœur ; si vous ne pouvez pas obtenir la majorité des voix, obtenez-en assez pour faire voir qu'un philosophe n'est point incapable d'être de l'Académie dont vous êtes. Il faudrait après cela le faire entrer dans celle des sciences[4]. » Emporté par son élan, il demande à Duclos, secrétaire perpétuel, d'obtenir de Mme de Pompadour qu'elle protège Diderot et venge la philosophie des outrages essuyés à l'Académie et au théâtre[5].

Même si nous ignorons certaines réponses de ses correspondants, on devine que le plus grand scepticisme accueille le projet de Voltaire. Mais celui-ci ne désarme pas. Pendant des mois, il continue de distribuer ses conseils politiques[6]. Que Diderot « désavoue les petits ouvrages qui pourraient lui fermer les portes de l'Académie[7] » ; qu'il fasse des visites, désarme les dévots et ameute les sages[8] ; qu'il séduise quelque illustre sotte :

---

1. 9 juillet 1760. D. 9047.   2. 9 juillet 1760. D. 9048.
3. 9 et 11 juillet 1760. D. 9049 et D. 9057.   4. 24 juillet 1760.
D. 9085.   5. 25 juillet 1760. D. 9087.   6. Il parle encore de
faire entrer Diderot à l'Académie en 1763 !   7. À d'Argental,
19 juillet 1760. D. 9077.   8. À d'Alembert, 24 juillet 1760.
D. 9085.

« Qu'on l'introduise chez madame… ou madame… ou madame lundi, qu'il prie Dieu avec elle mardi, qu'il couche avec elle mercredi, et puis il entrera à l'Académie tant qu'il voudra et quand il voudra[1]. »

À force de fougue et d'énergie, Voltaire obtient que d'Argental fasse une démarche auprès de Choiseul : « On m'a répondu, dit d'Argental, sans aigreur, sans amertume, mais de façon à ne me laisser aucune espérance[2]. » Pour la bonne cause, d'Alembert s'est concerté avec Duclos – bien qu'ils soient fort mal ensemble – et ils sont convenus « des difficultés extrêmes et peut-être insurmontables de ce projet. [Duclos] croit cependant qu'on pourrait le tenter, quoiqu'à dire vrai j'en désespère… Du reste, l'élection ne se fera de trois ou quatre mois, et nous tâterons doucement le gué… Je verrai Diderot, je reparlerai à Duclos et nous nous concerterons avec vous[3] ». Un mois plus tard, d'Alembert renonce : en l'état, Diderot risque d'obtenir douze ou quinze boules noires (votes de rejet), « qui l'excluraient à jamais », et de provoquer une guerre civile avec le parti dévot. Il conclut : « Je conviens avec vous que la guerre civile a son amusement et son mérite, mais il ne faut pas que Pompée y perde la vie[4]. » L'affaire est entendue et Voltaire n'en parlera plus de sitôt à d'Alembert, mais il ne peut s'empêcher de soupirer : « Il y a des philosophes dont je ne suis point content. Ils deviennent tièdes[5]. »

Le projet de Voltaire de faire entrer Diderot à l'Académie a soulevé beaucoup de questions. Dans

---

1. À Mme d'Épinay [10 août 1760]. D. 9131.   2. D'Argental à Voltaire, 27 juillet 1760. D. 9091.   3. D'Alembert à Voltaire, 3 août 1760. D. 9114.   4. D'Alembert à Voltaire, 2 septembre 1760. D. 9184.   5. À Grimm, 29 octobre 1760. D. 9365.

la forme, d'abord. On a souligné qu'il y a mis « une vivacité et une obstination surprenantes qui peuvent même paraître confiner à la lubie ou l'obsession[1] ». Mais n'est-ce pas le cas chaque fois qu'il est possédé par un projet ? Sa campagne pour réhabiliter Calas, par exemple, sera du même ordre. Que ce soit pour assouvir un désir de vengeance ou par exigence de justice, Voltaire est capable de soulever des montagnes. Reste que l'affaire Diderot ressemble à une véritable provocation. Même à deux cents lieues de Paris, il n'ignore rien des rapports de force existant dans la capitale et au sein de l'Académie française. Proposer la candidature de Diderot, ou celle d'Helvétius, c'est forcément susciter la grogne, le scandale, et courir à l'échec. D'autre part, Voltaire n'a jamais pris la peine de consulter le principal intéressé sur son projet. Il en parle à toutes leurs relations communes, jamais directement à lui. Diderot voulait-il être de l'Académie ? On peut le supposer, sans quoi il aurait sur-le-champ arrêté les démarches de Voltaire. Celui-ci pouvait penser : « Qui ne dit mot consent. »

Pour expliquer l'étrange comportement de Voltaire, il faut invoquer différentes sortes de motivations. Outre celle, explicite, de venger les philosophes, d'autres, plus politiques, sont à prendre en compte. D'abord, il doit se faire pardonner ses coupables hésitations dans l'affaire Palissot. Pour retrouver la confiance de ses troupes, le chef doit montrer qu'il sait se battre avec et pour elles. Faire bruyamment campagne pour Diderot en mobilisant les philosophes autour de lui, c'est redonner vie à

---

1. J.-M. Moureaux, « La place de Diderot dans la correspondance de Voltaire : une présence d'absence », *S.V.E.C.*, n° 242 (1986), p. 193.

l'« union des frères » et se poser soi-même en père. S'il parvient à ses fins, tous lui en seront reconnaissants. Et s'il n'y parvient pas, chacun aura pu constater ses efforts, en particulier Diderot.

Ses rapports avec lui sont distants, contre son propre désir. Il admire le directeur de l'*Encyclopédie* et voudrait s'en faire aimer. Mais celui-ci le regarde comme le « brigand du lac[1] », dont il convient de se méfier. En outre, il a eu des mots durs sur Voltaire en 1758, quand celui-ci a pris fait et cause pour d'Alembert[2]. Depuis plus de deux ans, il garde le silence et tout donne à croire qu'il n'a pas même répondu à ses dernières lettres. Voltaire doit se réconcilier avec lui s'il veut apparaître comme le roi des philosophes. En faisant campagne pour lui, il compte s'attirer sa reconnaissance et montrer aux autres sa solidarité et son pouvoir.

Dernière motivation possible de son branle-bas de combat en faveur de Diderot : masquer sa nonchalance pour la cause d'un autre encyclopédiste persécuté. L'abbé Morellet est embastillé depuis le 11 juin et d'Alembert sollicite toutes ses relations pour l'en faire sortir. En dépit des éloges du prisonnier que d'Alembert ne manque pas de faire dans chacune de ses lettres à Voltaire, celui-ci ne bouge pas. Il ne pardonne pas au maladroit Morellet d'avoir attaqué la princesse de Robecq, une « Montmorency[3] », une femme, une mourante. Pourquoi se compromettrait-il pour un abbé qu'il n'a jamais vu et qui s'est laissé aller à une cruauté de si mauvais goût ? Tout au plus souhaite-t-il qu'il soit aidé

---

1. À Sophie Volland, 1er décembre 1760. III, p. 280.   2. Diderot n'a pas écrit à Voltaire entre le 14 juin 1758 et le 28 novembre 1760, date à laquelle il lui donne son avis sur *Tancrède*.   3. Au président de Brosses, 16 juillet 1760. D. 9068. La princesse était morte le 4 juillet.

par la maréchale de Luxembourg, sollicitée par Rousseau et d'Alembert[1]. Quand ce dernier lui demande explicitement d'intervenir auprès du duc de Choiseul, il répond sans enthousiasme qu'il fera ce qu'il peut[2], et enchaîne avec vigueur sur Diderot... Le lendemain, il fait le « service minimum » auprès de D'Argental[3]. On s'étonne d'ailleurs qu'à l'annonce de la libération de Morellet, Thieriot lui dise : « Nous [les frères] croyons que vous y avez plus fait que Jean-Jacques qui, dans cette affaire, a été bizarre et singulier[4]. »

Les qualités politiques de Voltaire s'observent bien au-delà de l'affaire Diderot. Pour de bonnes ou de mauvaises raisons, il a toujours refusé de rompre avec les « grands ». En dépit des mots les plus durs de D'Alembert, de ses leçons de morale, de ses objurgations parfois teintées de mépris, il n'entend au demeurant se brouiller avec personne. En dépit des évidences, il défend fermement la cause de Mme du Deffand, celle de Choiseul ou des ducs de Chaulnes et de Nivernais. Moins par amitié pour les trois derniers que par intérêt. Il a beau vivre loin de Versailles, il sait qu'il est bon de conserver des relations avec les puissants. Ce qui apparaît comme une compromission aux yeux de D'Alembert ou de Diderot n'est aux siens que simple prudence. Certes, le snobisme et la courtisanerie ne sont pas étrangers à cet enfant du XVIIe siècle, mais, le moment venu, il saura transformer ces faiblesses en forces. C'est même grâce à elles qu'il fera d'une cause

---

1. À Thieriot, 18 juillet 1760. D. 9074. 2. À d'Alembert, 24 juillet 1760. D. 9085. 3. 25 juillet 1760. D. 9089. 4. 30 juillet 1760. D. 9100. Dans ses *Mémoires*, l'abbé Morellet estime qu'il avait dû sa liberté à Malesherbes, au maréchal de Noailles et surtout à la maréchale de Luxembourg que d'Alembert sollicitait tous les matins...

perdue l'un des plus grands titres de gloire des philosophes.

FAIBLESSES HUMAINES
(OCTOBRE 1760-ÉTÉ 1761)

Après un été si éprouvant, les adversaires reprennent souffle. Même si Voltaire et Fréron continuent de ferrailler, chacun retourne à ses occupations habituelles. D'Alembert fait plusieurs interventions à l'Académie française et lit un mémoire remarqué à l'Académie des sciences. Diderot achève le travail encyclopédique et prépare la représentation du *Père de famille* sur la scène parisienne. Voltaire accueille à Ferney une lointaine nièce du grand Corneille et entreprend une réédition de ses œuvres au profit de la jeune fille démunie. Rousseau publie son grand roman philosophique sous forme épistolaire, *La Nouvelle Héloïse*. À l'Académie des sciences, Clairaut et d'Alembert, qui se consacrent à d'autres sujets, ont mis une sourdine à leur polémique. Pourtant, ce calme relatif qui règne chez les intellectuels n'est que de surface. Ressentiments et jalousies sont toujours aussi vivaces, prêts à éclater à la moindre occasion.

L'art de se faire des ennemis

Étrangement, d'Alembert et Rousseau, qui ont tous deux appelé à la dignité des intellectuels, sont passés maîtres dans l'art de provoquer les orages. Sous prétexte de dire ce qu'ils pensent, ils n'hésitent pas à blesser ou offenser tel ou tel de leurs collègues. Le moins que l'on puisse dire est qu'ils manquent de diplomatie ou de délicatesse. Résultat : l'un et l'autre sont peu aimés de leurs pairs.

Depuis qu'il a été élu à l'Académie française, d'Alembert ne se montre guère actif à l'Académie des sciences. Contrairement à son rival Clairaut, d'une assiduité remarquable, sa présence y devient plus rare[1]. Depuis la fin de 1756[2], il n'a soumis aucun mémoire à ses collègues et préfère garder secrets les travaux qu'il compte publier hors du cadre de l'Académie. À cause de son interminable polémique avec Clairaut, de son mauvais caractère et de son titre de « philosophe » qui déplaît à une fraction de ses confrères, c'est un homme relativement isolé[3] qui y prend place de temps à autre, le mercredi après-midi. Isolé à l'Académie, il l'est aussi des autres grands savants européens. Brouillé avec Leonhard Euler, de Berlin, et Daniel Bernoulli, de Bâle, diabolisé pour cause d'encyclopédisme par Charles Bonnet, de Genève, ou Albrecht von Haller, de Berne, il fait figure de franc-tireur dans le monde scientifique. On a déjà vu les *a priori* du savant Boscovich à son encontre. Ils sont confirmés par les témoignages de deux jeunes étrangers en voyage d'étude à Paris

---

1. Selon les procès-verbaux de l'Académie, il n'assiste depuis 1755 qu'à une séance sur trois ou quatre.   2. Les 24 novembre, 7 et 15 décembre 1756, d'Alembert lit un mémoire intitulé *De la précession des équinoxes et de la nutation de l'axe de la Terre dans l'hypothèse de la dissimilitude des méridiens*.   3. Outre le clan Clairaut qui le déteste, d'Alembert a eu maille à partir avec Fouchy pour des raisons administratives, et n'entretient guère de relations avec les naturalistes ni avec les Mairan, Nollet, Delisle, La Condamine, qui appartiennent à la vieille garde.

à l'époque qui nous occupe. Après neuf mois passés à
Bâle auprès de Daniel Bernoulli, le Hongrois Joseph
Teleki[1] est pris en main par Clairaut et La Condamine,
qui l'introduisent auprès de leurs amis ; même s'il rend
trois visites à d'Alembert, il a choisi le camp de ses
adversaires. De même, le fils aîné du grand Haller[2],
prévenu par son père contre l'arrogance des Buffon,
d'Alembert et Diderot[3], a soigneusement évité tout
encyclopédiste[4].

D'Alembert choisit de faire sa rentrée académique
à la séance publique du 12 novembre 1760. Il lit un
mémoire sur le sujet explosif de l'inoculation de la
variole. Alors qu'on la pratique depuis longtemps en
Angleterre, en Hollande et, grâce au docteur Tronchin, à
Genève, le bien-fondé de l'inoculation oppose toujours
en France médecins et savants, anciens et modernes.
Les philosophes sont pour, les traditionalistes sont
contre. Alors que ces derniers brandissent l'argument

---

1. Voir le *Journal de voyage du comte Joseph Teleki*
(1738-1796), publié par Gabriel Tolnai, 1943. Après Bâle, le noble
hongrois séjourne à Paris du début novembre 1760 à la mi-mars
1761. Selon Tolnai, Teleki était un adversaire de l'*Encyclopédie*
et des idées du XVIIIe siècle.   2. Gottlieb Emmanuel von Haller
(1735-1786), futur baillif de Nyons, passionné d'histoire et de
bibliographie, était venu chercher des documents sur la Suisse
dans les archives de la Bibliothèque royale. Il demeure dans la
capitale de novembre 1760 à juin 1761. Voir sa correspondance
durant cette époque à la Burgerbibliotek de Berne, notamment celle
avec Bernard Tscharner, Ms. h.h. XII. 92.   3. Haller à Bonnet,
8 décembre 1760. *The Correspondance…*, p. 228.   4. Haller
fils à Tscharner, 8 décembre 1760. Il raconte qu'il voit l'abbé
Arnaud, Mme du Boccage, le géographe d'Anville, l'abbé Sallier,
Capperonnier, l'abbé Nollet, Mairan, Clairaut, Duhamel, Jussieu,
Delisle, La Condamine. Il a particulièrement fréquenté Clairaut et
sa compagne, Mlle Gouillé.

éthique : au nom de quoi inoculer à une personne bien-portante une maladie dont elle peut mourir ?, les premiers répliquent par l'argument statistique : les risques sont minimes pour l'individu et les avantages immenses pour la collectivité. C'est La Condamine qui a relancé le débat, récurrent depuis le début du siècle, par son remarquable plaidoyer en faveur de la vaccination lors de l'assemblée publique du 24 avril 1754. Il a convaincu les plus courageux de passer à l'acte. Le chevalier Turgot a fait immédiatement inoculer son fils de quatre ans ; l'année suivante, le 14 mai 1755, c'est le chevalier de Chastellux qui subit avec succès l'intervention. Le 19 mars 1756, le duc d'Orléans fait inoculer ses deux enfants, le duc de Chartres et Mlle de Montpensier, par le docteur Tronchin, au grand dam du roi et d'une partie du public. Hélas ! au même moment, la mort d'une jeune fille, des suites de l'opération, fait grand bruit à Paris et redonne vigueur à ses adversaires. La Condamine remonte au créneau à l'assemblée publique du 15 novembre 1758 avec un nouveau mémoire sur l'*Histoire de l'inoculation depuis 1754*. Grâce aux arguments statistiques que lui a communiqués son vieil ami Daniel Bernoulli, médecin et mathématicien, en avril 1759, La Condamine se sent des ailes pour combattre ses adversaires dans le *Mercure*[1]. D'autant plus que les gens huppés se font de plus en plus vacciner : Mme d'Épinay par Tronchin à Genève en 1759 et Mme de Malesherbes à Paris en mai 1760. Entre-temps, Bernoulli a envoyé un mémoire

---

1. *Mercure* de juin et septembre 1759, où La Condamine répond au docteur Gaullard, ennemi de l'inoculation mais grand ami de Clairaut et Mlle Gouillé. La Condamine pensait que c'était la raison du silence de Clairaut dans cette affaire.

en bonne et due forme sur l'argumentation statistique en faveur de l'inoculation, qui a été lu par Lalande à l'assemblée publique du 16 avril 1760[1]. Malgré tout, la Sorbonne, une partie de la faculté de médecine et les ecclésiastiques dans leur majorité persistent à y opposer leur veto.

C'est dans ce contexte fort polémique que d'Alembert prend la parole en novembre 1760. Non pour s'opposer à l'inoculation, qu'il a publiquement soutenue dans l'article « Genève[2] », mais pour contester les calculs et le raisonnement de son vieux rival Bernoulli[3]. Ce jour-là, La Condamine, qui est très sourd, s'est assis à côté de D'Alembert pour essayer de l'entendre. Il saisit des bribes de son intervention. Il comprend que d'Alembert accuse Bernoulli de simplifications abusives et d'arbitraire, qu'il montre que l'inoculation, avantageuse pour l'État, ne l'est pas pour le particulier – mais sans bien mesurer la profondeur de sa critique, qu'il ne découvrira qu'à la lecture du mémoire[4]. D'Alembert a beau conclure :

---

1. *Essai d'une nouvelle analyse de la mortalité causée par la petite vérole, et des avantages de l'inoculation pour la prévenir.* Bernoulli compare les probabilités de décès par la petite vérole naturelle et celles qui résulteraient de l'inoculation généralisée, qu'il estime treize fois plus faibles.   2. *Encyclopédie*, t. VII, p. 577 : « Après l'Angleterre, *Genève* a reçu la première inoculation de la petite vérole, qui a tant de peine à s'établir en France, et qui pourtant s'y établira, quoique plusieurs de nos médecins la combattent encore, comme leurs prédécesseurs ont combattu la circulation du sang, l'émétique et tant d'autres vérités incontestables ou de pratiques utiles. »   3. Voir l'analyse des arguments de D'Alembert contre Bernoulli par Hervé Le Bras, « D'Alembert et la querelle de l'inoculation. Le sujet contre la population », in *Jean d'Alembert, savant et philosophe*, 1989, pp. 293-313.   4. À Jean II Bernoulli, 13 novembre 1760. B.E.B., LIa. 685, 3.375.

« Mes objections n'attaquent que les mathématiciens qui pourraient trop se presser de réduire cette matière en équations et en formules, mais je me regarderais comme coupable envers la société si j'avais eu pour but de dissuader mes concitoyens d'une pratique que je crois utile », les adversaires de l'inoculation, et donc de La Condamine, triomphent.

Aux yeux de Diderot, d'Alembert a trahi son camp. Deux semaines plus tard, il écrit à Sophie Volland : « D'Alembert vient de faire une action déshonnête qui trouve des apologistes. Vous savez que La Condamine est l'apôtre de l'inoculation en France. Eh bien !... d'Alembert, sans égards pour ce qu'il doit à son confrère, vient de lire un mémoire que tous les sots doivent prendre pour un écrit contre l'inoculation, et que tous les gens d'esprit disent n'être pas pour[1]. » Lorsqu'il peut avoir accès à la teneur du mémoire[2], Diderot prend la plume pour la *Correspondance littéraire*. Il reconnaît que les réflexions de D'Alembert sont « justes » et subtiles ; il approuve le savant, mais désavoue le citoyen qui augmente « la pusillanimité des pères et des mères à qui l'inoculation ne répugne déjà que trop... Je crois qu'un homme plus attentif au bien général qu'à l'accroissement de sa réputation aurait refermé dans son portefeuille un morceau dont la lecture publique... a causé tant de plaisir aux imbéciles adversaires de l'inoculation, et un scandale si affligeant aux honnêtes gens[3] ».

Les militants de l'inoculation pensent comme Diderot : d'Alembert a raté une occasion de se taire.

---

1. 25 novembre 1760. *Correspondance* III, pp. 266-267. 2. Publié au début du tome II des *Opuscules mathématiques* qui parut en septembre 1761.   3. *Œuvres complètes* de Diderot, éd. Assézat et Tourneux, IX, p. 207.

Mais cet homme de ressentiments ne résiste pas au plaisir de régler ses comptes. Depuis plus de quinze ans, Daniel Bernoulli, jaloux, n'a jamais cessé de lui savonner la pente[1] ; l'occasion était trop belle de lui rabattre son caquet. Quant à La Condamine, brouillon et agité, il exaspère d'Alembert qui fait parfois bien peu d'efforts pour se faire entendre de lui. Aux dires du pauvre sourd, le mathématicien ne lui a pas pardonné de s'être fait recevoir à l'Académie de Lyon après les tracasseries du jésuite Tolomas. Plus récemment, d'Alembert a enregistré un autre motif de mécontentement : à la mort de Godin à Cadix, le 11 septembre 1760, il a prié La Condamine de recommander son protégé, le mathématicien Etienne Bezout, pour occuper la place vacante ; La Condamine s'est exécuté, mais il a également écrit une lettre plus chaleureuse en Espagne même pour proposer la candidature de son ami Montucla, qui le soutient dans sa lutte en faveur de l'inoculation[2]. Depuis qu'il a appris ce double jeu, d'Alembert n'adresse plus la parole à La Condamine. Encore un collègue – et même un double collègue[3] – qui sera peu enclin à l'indulgence !

Le cas Rousseau est différent, parce que pathologique. En ce sens, il mérite les circonstances atté-

---

1. *P.I.*, 1, pp. 269-271.   2. La Condamine à Formey, 16 juin 1761. Cracovie, Bibliothèque Jagiellonska, collection Autographes. Finalement, la place de Godin, dont La Condamine estimait le revenu à plus de 16 000 livres, fut supprimée. Montucla avait aidé à répandre les arguments des inoculateurs en traduisant une collection de documents anglais en 1756.   3. Membre de l'Académie des sciences depuis 1730, La Condamine avait été élu à l'Académie française le 30 octobre 1760. Il y fut reçu le 12 janvier 1761 par Buffon.

nuantes... Mais, en 1760, nul n'a encore pris la mesure
de ses troubles. La brouille avec Diderot et ses amis pouvait peut-être se justifier, mais pas celle qu'il provoque
avec Voltaire. Au moment même où Palissot triomphe
contre les philosophes et où d'Alembert presse Voltaire
d'intervenir, celui-ci reçoit une lettre stupéfiante de
Jean-Jacques. Sous prétexte de s'expliquer sur la publication d'une autre lettre qu'il avait adressée quatre ans
plus tôt à son correspondant, il dérape brutalement :
« Je ne vous aime point, Monsieur ; vous m'avez fait
les maux qui pouvaient m'être les plus sensibles, à moi
votre disciple et votre enthousiaste. Vous avez perdu
Genève pour le prix de l'asile que vous y avez reçu ;
vous avez aliéné de moi mes concitoyens pour le prix
des applaudissements que je vous ai prodigués parmi
eux ; c'est vous qui me rendez le séjour de mon pays
insupportable ; c'est vous qui me ferez mourir en terre
étrangère, privé de toutes les consolations des mourants
et jeté pour tout honneur dans une voirie, tandis que,
vivant ou mort, tous les honneurs qu'un homme peut
attendre vous accompagneront dans mon pays. Je vous
hais, enfin vous l'avez voulu[1]... »

Voltaire n'en croit pas ses yeux. Comment expliquer
une telle déclaration de haine ? Il sait bien que Rousseau désapprouve sa campagne pour l'installation d'un
théâtre à Genève, et surtout l'existence de son propre
théâtre privé, mais de là à en faire le responsable de
la corruption genevoise !... La violence du propos est
d'autant plus incompréhensible et injustifiable que leurs

---

1. 17 juin 1760. D. 8986. En tant que protestant, Rousseau
n'avait pas droit à une sépulture décente en France.

rares relations épistolaires ont toujours été courtoises[1].
Voltaire hésite entre deux explications : ou Rousseau
est fou, ou il est méchant. Au reçu de la lettre, il privilé-
gie la première : « Je voudrais que Rousseau ne fût pas
tout à fait fou, mais il l'est. Il m'a écrit une lettre pour
laquelle il faut le baigner et lui donner des bouillons
rafraîchissants[2]. » Mais, dès octobre, après le déchaînement soulevé à Genève par sa représentation, aux
Délices, de *L'Orphelin de Chine*, Voltaire en impute
la responsabilité à Rousseau et penche pour la seconde
explication. Rousseau est un méchant dont il se vengera
à la première occasion. On ne se venge certes pas d'un
fou ; en revanche, « s'il est bon de rire, il est meilleur
de rire aux dépens des méchants[3] ».

À fronts renversés

La symétrie de leur situation de « déplacés » n'a
jamais rapproché Voltaire et Rousseau. Le riche Parisien installé à Genève n'a rien en commun avec le plus
parisien des Genevois, qui prône la pauvreté. Outre
leur situation sociale, tout les oppose : leur caractère,
leurs goûts, leur philosophie sont aux antipodes. Si
Rousseau a longtemps admiré son aîné, celui-ci n'a
jamais marqué la moindre considération pour son
cadet. Au contraire, chaque œuvre de Rousseau, depuis

---

1. Pour comprendre l'évolution des relations entre Voltaire et
Rousseau, *cf. Voltaire en son temps*, IV, pp. 160-178, et Henri
Gouhier, *Rousseau et Voltaire, portraits dans deux miroirs*, 1983,
pp. 114-150.   2. À d'Alembert, 23 juin 1760, D. 9006 ; à
Thieriot, 23 juin 1760, D. 9009 ; à Mme d'Épinay, 14 juillet 1760,
D. 9064.   3. À d'Argental, 6 juillet 1760. D. 9043.

le *Premier discours sur les sciences et les arts,* n'a suscité qu'ironie et sarcasmes chez Voltaire. Seule leur
commune participation à l'*Encyclopédie* les a réunis
dans le même camp. Solidarité de circonstance qui
volera en éclats à la première occasion. Celle-ci est
toute trouvée par Rousseau quand il accuse Voltaire
de dévoyer la vertueuse Genève par ses spectacles et
d'encourager ainsi la corruption des mœurs. Par sa
déclaration de haine, c'est lui le fauteur de guerre.
Mais Voltaire aurait-il répondu à cette provocation s'il
n'avait pressenti en Jean-Jacques son plus dangereux
rival ?

C'est le succès sans précédent de *La Nouvelle Héloïse*
qui le décide à entrer publiquement en lice contre le
« fou » qu'il faisait mine de mépriser quelques mois
plus tôt. La chronologie de ses réactions est révélatrice.
Avant la publication du roman, Voltaire se contente
d'allusions hautaines dans sa correspondance. Il fait
comme si Rousseau ne comptait pas. « Que voulez-
vous que je vous dise, écrit-il à Mme d'Épinay, il est
déjà mort[1]. » Même quand il l'accuse d'avoir fomenté
les troubles qui ont suivi la représentation de *L'Orphelin de Chine,* Voltaire fait toujours mine, en janvier
1761, de s'en moquer[2]. Pourtant, trois semaines plus
tard, il est l'un des premiers à se jeter sur *La Nouvelle
Héloïse,* tout juste sortie des presses hollandaises, et
avant même que Rousseau ne l'ait envoyée à ses amis[3].
Verdict immédiat : « Il n'y a ni galanterie, ni vraie

---

1. 14 juillet 1760. D. 9064.   2. À d'Alembert, 6 janvier
1761. D. 9523. L'accusation de Voltaire était sans aucun fondement.   3. Rousseau dresse la liste des personnes auxquelles
il envoie son livre vers le 20 janvier. *Cf.* Leigh, VIII, lettre 1226
à Cointet.

morale... Il n'a d'autre mérite que de dire des injures à notre nation[1]. » Trois jours plus tard : « Il est sot, bourgeois, impudent, ennuyeux, mais – reconnaît-il – il y a un morceau admirable sur le suicide, qui donne appétit de mourir[2]. »

Bien que nul ne puisse encore deviner le prodigieux engouement que va susciter le roman de Rousseau – l'une des œuvres les plus lues, peut-être la plus lue du siècle –, Voltaire redoute le succès de son ennemi[3] et pose d'emblée les banderilles. De façon privée, dans sa correspondance, pour faire naître une opinion négative à l'égard du livre ; et de manière publique, à peine déguisée, dans des *Lettres* à lui adressées qu'il fait signer par le marquis de Ximénès, de passage chez lui. Ces quatre *Lettres sur La Nouvelle Héloïse ou Aloïsa de Jean-Jacques Rousseau, citoyen de Genève*, ont été rédigées avant même l'arrivée du marquis aux Délices, et publiées le 15 février à Genève. Elles parviennent à Paris au moment même où se développent une véritable adulation pour Julie et une réelle adoration pour son auteur. C'est l'événement littéraire du siècle comme l'*Encyclopédie* en fut l'événement philosophique, avec l'immense avantage d'être accessible et lisible par le plus grand nombre de lecteurs. Même si beaucoup d'intellectuels[4] ne partagent pas l'enthousiasme

---

1. À d'Olivet, 22 janvier 1761. D. 9566.   2. À d'Argental, 26 janvier 1761. D. 9575.   3. « À la honte du siècle, il réussira peut-être. » À d'Olivet, D. 9566. Bien qu'il ne s'en soit ouvert à personne, Voltaire n'a pu ignorer les deux notes hostiles le concernant dans *La Nouvelle Héloïse*, même si son nom n'y figure pas. *Cf.* le remarquable article de Yannick Séité, « Voltaire cible des notes infrapaginales de *La Nouvelle Héloïse* », in *Voltaire et ses combats*, II, pp. 1023-1035.   4. Comme Grimm, le président de Brosses, Haller, Bonnet ou l'abbé Morellet.

déferlant, Rousseau est devenu un dieu qu'il n'est pas bon d'attaquer, comme Voltaire en fait l'amère expérience.

Alors que le public se pâme sur les malheurs de la vertu, celui-ci réduit les deux héros du siècle au rang de « catin » et de « valet suborneur de filles[1] »; ou encore, comme il l'écrit ailleurs, de « précepteur qui prend le pucelage de son écolière[2] », insistant lourdement sur l'obscénité du roman[3]. La première lettre relève les fautes de style de Jean-Jacques – il en souligne quarante-cinq en italique – et administre une leçon de français au Genevois. Dans la deuxième, fort humoristique, Voltaire résume le roman à sa manière, celle de *Candide*. Comme on l'a remarqué justement, Saint-Preux est une réplique de Candide, et Julie de Cunégonde[4]. Les troisième et quatrième lettres visent personnellement Rousseau. Elles relatent des anecdotes apocryphes sur la vengeance des violons d'opéra contre l'auteur de la *Lettre sur la musique française* qui aurait trouvé refuge chez une femme de mauvaise vie, et font allusion à l'origine de la vérole rapportée à Genève par Jean-Jacques. Le tout est d'une drôlerie et d'une méchanceté dignes des pamphlets voltairiens, mais qui, pour une fois, tombent à plat à Paris. Même

---

1. Éd. Moland, XXIV, p. 174.   2. À d'Argental, 11 février 1761. D. 9622.   3. Y. Séité souligne que le sous-titre donné à *La Nouvelle Héloïse* par Voltaire, *Aloïsa*, avait pour objet de le rapprocher du roman érotique de Nicolas Chorier, publié au XVIIe siècle et encore apprécié au XVIIIe. *Op. cit.*, p. 1033.   4. Philip Stewart, « Ximénès, Voltaire et la critique de *Julie* », in *Voltaire et ses combats*, II, pp. 1007-1014.

les ennemis de Rousseau[1] et les amis de Voltaire font grise mine.

Si l'on ignore les réactions des Thieriot, Damilaville, d'Argental ou Mme d'Épinay, on devine, à la manière dont il défend ses *Lettres*, que Voltaire a du mal à les convaincre. Au fur et à mesure que s'impose le constat du succès inouï de son rival, il se fait plus agressif. Le 19 février, à Mme d'Épinay : « Jean-Jacques n'est qu'un misérable qui a abandonné ses amis et qui mérite d'être abandonné de tout le monde ; il n'a dans son cœur que la vanité de se montrer dans les débris du tonneau de Diogène[2]… » Un peu plus tard, il confie à Mme Belot qu'« il déteste l'insolent orgueil d'un valet de Diogène qui insulte notre nation[3] ». À la fin de mars, il s'inquiète auprès de son cher d'Argental : « Vous ne m'avez pas écrit depuis le roman de Jean-Jacques. Seriez-vous de ceux qui ont pris le parti de ce petit Diogène manqué[4] ? » Le triomphe de Rousseau lui est d'autant plus insupportable qu'il se sent impuissant à en limiter les effets, même parmi ses amis. D'Alembert en personne lui a adressé une sévère mise en garde : « J'ai deux querelles sérieuses à vous faire. La première est d'avoir souffert qu'on vous adressât une lettre injurieuse et pleine de personnalités contre le roman de Rousseau et contre lui. Cela n'est pas digne de vous ; vous ne sauriez croire combien cette faiblesse est désapprouvée par ceux mêmes qui blâment le plus

---

1. Grimm, qui se livre à une véritable exécution de *La Nouvelle Héloïse* (*Correspondance littéraire*, IV, 1er février 1761, pp. 342-346), n'est guère plus tendre pour les *Lettres* de Voltaire, dont il note qu'elles « n'ont fait que tourner l'indignation du public contre leur auteur » (p. 347).   2. D. 9636.   3. [Février/mars 1761]. D. 9658.   4. 29 mars 1761. D. 9706.

le roman de Rousseau et sa conduite[1]... » Au lieu de
répliquer vertement à d'Alembert, Voltaire laisse éclater sa hargne contre l'auteur de *La Nouvelle Héloïse* :
« C'est contre votre Jean-Jacques que je suis le plus
en colère. Cet archifou... s'avise de faire bande à part,
il écrit contre les spectacles après avoir fait une mauvaise comédie, il écrit contre la France qui le nourrit,
il trouve quatre ou cinq douves pourries du tonneau de
Diogène ; il se met dedans pour aboyer, il abandonne
ses amis, il m'écrit à moi la plus impertinente lettre
que jamais fanatique ait griffonnée... Je n'ai point
fait de réponse à sa lettre, M. de Ximénès a répondu
pour moi, et a écrasé son misérable roman. Si Rousseau avait été un homme raisonnable à qui on ne pût
reprocher qu'un mauvais livre, il n'aurait pas été traité
ainsi[2]. »

D'Alembert revient à la charge : « Jean-Jacques
Rousseau, qui pense être cynique..., n'est qu'inconsé-
quent et ridicule. Je veux qu'il vous ait écrit une lettre
impertinente, je veux que vous et vos amis, vous ayez
à vous en plaindre, malgré tout cela je n'approuve
pas que vous vous déclariez publiquement contre lui
comme vous faites. » À son tour, il lui prêche l'« union
des philosophes » que Voltaire lui a tellement serinée :
« Je n'aurai sur cela qu'à vous répéter vos propres
paroles : *que deviendra le petit troupeau, s'il est dés-
uni et dispersé ?* Nous ne voyons point que ni Platon,
ni Aristote, ni Sophocle, ni Euripide aient écrit contre
Diogène, quoique Diogène leur ait dit à tous des injures.

---

1. 9 mars 1761. D. 9674.   2. À d'Alembert, 19 mars 1761.
D. 9682.

Jean-Jacques est un malade de beaucoup d'esprit, et qui n'a d'esprit que quand il a de la fièvre. Il ne faut ni le guérir ni l'outrager[1]. »

Sourd aux appels à la raison de son cher Protagoras, Voltaire persiste : « Je n'aime ni ses ouvrages, ni sa personne, et son procédé est haïssable[2]. L'auteur de la nouvelle *Aloïsa* n'est qu'un polisson malfaisant… Je ne lui pardonnerai jamais[3]. »

D'Alembert et Voltaire sont à fronts renversés. Pourtant, le premier sait bien que Rousseau n'est plus membre du petit troupeau. Au moment où il appelle le second à la solidarité, Jean-Jacques écrit à son amie la marquise de Créqui, devenue dévote : « Vous n'ignorez pas, Madame, que je n'ai jamais fait grand cas de la philosophie, et que je me suis absolument détaché du parti des philosophes. Je n'aime point qu'on prêche l'impiété : voilà déjà de ce côté-là un crime qu'on ne me pardonnera pas[4]. » Mais ce que Voltaire ignore, parce qu'il n'a pas osé le lui avouer, c'est que d'Alembert garde toute son estime pour Rousseau, dont il a adoré le roman. C'est un d'Alembert presque inconnu qui se dévoile dans cette lettre à Jean-Jacques : « J'ai lu, Monsieur, ou plutôt dévoré le nouveau livre que vous avez bien voulu m'envoyer, et je vous remercie également de votre souvenir et du plaisir que vous m'avez fait. Cette éloquence du cœur, cette chaleur, cette vie, qui font le caractère de vos ouvrages, brillent surtout dans celui-ci, qui doit, ce me semble, mettre le sceau à votre

---

1. 9 avril 1761. D. 9731.   2. Voltaire accuse toujours Rousseau d'avoir soulevé le peuple genevois contre son théâtre. 3. 20 avril 1761. D. 9743.   4. 5 février 1761. Leigh, VIII, n° 1262.

réputation… Les censeurs se tairont, et l'ouvrage restera[1]. »

Ce que Voltaire ignore encore, c'est que le savant,
souvent froid et distant, éprouve une passion muette,
non payée de retour, pour Julie de Lespinasse et que
les amours malheureuses de Saint-Preux et de sa Julie
trouvent une profonde résonance en lui. Dans un
document adressé à Julie de Lespinasse, il lui ouvre
ainsi son cœur et laisse deviner ses sentiments : « Cet
ouvrage est un des meilleurs que j'aie lus. Je crois que
le mérite de ce roman ne peut être bien senti que par des
personnes qui aient aimé avec autant de passion que de
tendresse, peut-être même que par des personnes dont
le cœur est *actuellement* pénétré d'une passion forte,
heureuse ou malheureuse[2]. » Répondant à différentes
critiques adressées au livre, il précise : « L'intérêt m'a
paru si vif dans le livre de M. Rousseau (c'est-à-dire
l'intérêt de la passion) que… je le remercierai volontiers d'avoir ménagé de temps en temps quelque repos
à mon âme que les impressions vives affectent trop profondément et trop tristement. »

Voltaire peut toujours fulminer contre le mou-
ton noir de la philosophie, il n'est pas près de rallier
d'Alembert à sa croisade. Ce qui n'entame d'ailleurs en
rien leur amitié. D'Alembert ne rate pas une occasion

---

1. 10 février 1761. *Ibid.*, VIII, n° 1276. D'Alembert joignait à
ses compliments sincères le conseil de retrancher toutes les notes.
Touché de ses propos, Rousseau lui répondit une lettre chaleureuse,
le 15 février (1291). De toute évidence, leurs rapports, bien qu'épi-
sodiques, étaient bons.   2. Ce document daté par Leigh « entre
le 10 et le 16 février 1761 » est publié dans le volume VIII de la *Correspondance* de Rousseau, Appendice A 235. Souligné par nous.

de lui rendre publiquement hommage[1], et Voltaire lui conserve sa confiance et son admiration.

LE JUSTE
(SEPTEMBRE 1761-AOÛT 1762)

À l'automne 1761, les obsessions voltairiennes changent de cible. Il abandonne son radotage contre Rousseau[2] pour se consacrer au grand combat de sa vie : la lutte contre le fanatisme, c'est-à-dire l'« infâme ». Très à l'affût de l'actualité, plusieurs événements l'interpellent et le bouleversent au plus profond. Les injustices et les cruautés commises par les hommes au nom de Dieu le conduisent à se poser en champion de la tolérance et de l'humanité. Pourquoi mener ce combat acharné, et le mener presque seul au départ ? « C'est que je suis un homme[3] », répond-il, et « que personne ne s'en chargeait... parce que les hommes étaient trop indifférents sur les malheurs d'autrui[4] ». Pourquoi maintenant, et pas avant ? Parce qu'en l'espace de quelques années il s'est

---

1. Après son *Discours sur la poésie*, prononcé à l'Académie française le 25 août 1760, d'Alembert avait à nouveau cité Voltaire dans ses *Réflexions sur l'histoire* à l'occasion de la réception à l'Académie de son ami Watelet, le 19 janvier 1761.   2. Le 20 octobre 1761, D. 10080, il écrit encore à d'Alembert : « Jean-Jacques est un jean-f... qui écrit tous les quinze jours à ces prêtres pour les échauffer contre les spectacles : il faut pendre les déserteurs... » D'Alembert lui répond le 31 octobre, D. 10116 : « C'est un déserteur qui n'est plus guère en état de servir, ni par conséquent de faire du mal ; sa vessie le fait souffrir... »   3. Aux d'Argental, 27 mars 1762. D. 10389.   4. À Cideville, 21 juillet 1762. D. 10598.

opéré en lui un profond changement de sensibilité, qui va de pair avec une révolution morale. Cette lente évolution, quasi imperceptible, l'amène de l'indifférence à la pitié chère à Rousseau ; et de la passivité au sentiment d'urgence d'une implication personnelle. Prenant conscience de l'universalité de l'humanité, Voltaire est l'un des premiers à comprendre que la passivité face à l'injustice est une forme de complicité et que l'indifférence est un acquiescement au mal moral.

Si le génie intellectuel se mesure souvent à la capacité d'anticiper le monde à venir et à formuler les aspirations encore confuses de ses contemporains, Rousseau et Voltaire n'ont pas usurpé leur titre.

La Nouvelle Héloïse et l'*Émile*[1], en rupture avec les conceptions antérieures de l'amour et de la famille, ont ouvert les portes au XIXe siècle. En se jetant de toutes ses forces dans l'affaire Calas, Voltaire donne non seulement une nouvelle dimension à la philosophie du XVIIIe siècle, mais crée de toutes pièces le personnage de l'« intellectuel engagé » qui s'épanouira au XXe siècle. Ironie de l'histoire, c'est entre 1761 et 1762 que les deux ennemis irréductibles opèrent simultanément leur propre révolution.

Évolution de la sensibilité

On a beaucoup glosé sur le concept de « sensibilité » au XVIIIe siècle et sur l'influence décisive de Jean-Jacques. Au demeurant, Voltaire n'est pas étranger à cette évolution qu'il subit intérieurement, presque sans s'en apercevoir, avant de s'en faire le chantre. Moins

---

1. Publié en mai 1762.

obsédé que Rousseau par la vertu, c'est le mal et la cruauté qui l'interpellent. À lire sa correspondance qui tient lieu parfois de journal, on observe sur ce sujet une lente transformation de ses réactions entre 1757 et 1762. Du supplice de Damiens à celui de Calas en passant par celui, non moins ignoble, du jésuite Malagrida, il change de regard sur la cruauté humaine. Indifférent aux souffrances de Damiens, il est horrifié par celles de Calas. Bien sûr, le premier est coupable du pire des crimes à l'époque, le régicide, qu'on appelait aussi parricide[1], alors que le second est innocent de l'infanticide dont on l'a accusé. Mais, au-delà des questions d'innocence ou de culpabilité, c'est aussi celle de la cruauté des supplices qui ne va plus de soi.

Pour s'en convaincre, il suffit de constater l'évolution des commentaires de Voltaire sur le cas du jésuite Malagrida, accusé d'avoir fomenté l'attentat manqué contre le roi Joseph Ier de Portugal à la fin de 1758[2]. Arrêté en février 1759, Gabriel Malagrida, soixante-dix ans, jugé par le tribunal de l'Inquisition, fut brûlé le 21 septembre 1761. Durant deux ans et demi, Voltaire évoque épisodiquement l'affaire. Comme il se présente en ennemi forcené des fanatiques jansénistes et jésuites,

---

1. Rappelons que Damiens n'a jamais voulu assassiner Louis XV, et que son canif avait à peine entaillé les chairs royales.   2. Le 3 septembre 1758, le roi de Portugal fut attaqué par trois hommes à cheval lors d'une visite nocturne à sa maîtresse, et légèrement blessé au bras et à l'épaule. Les parents de la jeune femme dénoncèrent sous la torture un complot des jésuites visant à placer sur le trône le père de celle-ci. Le marquis de Pombal, Premier ministre, en fit arrêter trois parmi lesquels le vieux père italien Malagrida, grand prédicateur et ancien missionnaire au Brésil. En septembre 1759, il fit expulser et déporter quatre cents jésuites portugais.

il commence par se réjouir qu'on ait démasqué les
« hommes en noir ». Il ignore alors tout de Malagrida,
mais ironise et aboie contre ceux qui « assassinent les
rois[1] ». Il attend, apparemment joyeux, qu'on règle
leur compte à ces « jésuites infernaux[2] », et s'enquiert
régulièrement de leur sort. Seront-ils exécutés ou
retourneront-ils la situation à leur profit[3] ?

Étrangement, Mme Denis – souvent la voix de son
maître – se montre plus nuancée : « Que pense-t-on
à Vienne de l'affaire du Portugal ? Croit-on [que les
jésuites] soient coupables ? S'ils le sont, comme plusieurs papiers de Lisbonne l'assurent, il est bien étonnant qu'il n'y en ait point encore d'exécutés. On va
chercher à Paris de vieilles histoires contre eux, toutes
très apocryphes, et s'il y avait une façon de les justifier,
ce serait par l'excès de calomnie dont on les accable.
Cependant, j'ai peine à croire qu'ils ne soient point
rentrés dans la conspiration[4]. » Lorsque court, en juin
1759, la fausse rumeur de l'exécution des jésuites,
Voltaire y voit « des nouvelles bien consolantes[5] ».
Jusque-là, même s'il a demandé des renseignements
sur Malagrida, il ne manifeste aucune pitié pour le
vieil homme. Régicide et jésuite, c'est trop d'horreurs
réunies !

Sa première réaction à la nouvelle du supplice
révèle sa colère à l'égard de l'Inquisition : « Je ne
suis pas fâché qu'on ait brûlé frère Malagrida, mais
je plains fort une demi-douzaine de Juifs qui ont été

---

1. À la comtesse de Lutzelbourg, 2 février 1759. D. 8076.
2. À Ruffey, 3 mars 1759. D. 8154.   3. À Élie Bertrand,
30 mars 1759. D. 8226.   4. À la comtesse Bentinck, 6 avril
1759. D. 8251.   5. A. Vernes, 29 juin 1759. D. 8378.

grillés. Encore un autodafé ! dans ce siècle… ! Abominables chrétiens, les nègres que vous achetez douze
cents francs valent douze cents fois mieux que vous !
Ne haïssez-vous pas bien ces monstres[1] ? » Au même
moment, il reçoit la visite d'un jésuite portugais exilé,
venu lui demander un emploi de copiste[2], qui est supposé l'informer tant sur la persécution des jésuites que
sur l'ignominie du procès et du supplice de Malagrida.
Même s'il continue sur le ton de l'ironie, quelque
chose change dans son attitude. Il reconnaît que « ce
pauvre frère Malagrida [lui] fait un peu de peine[3] ».
Il va même jusqu'à le défendre des rumeurs ignobles
qui ont couru à son propos. « Tout cela fait pitié et fait
horreur. L'Inquisition a trouvé le secret d'inspirer de
la compassion pour les jésuites. J'aimerais mieux être
nègre que portugais[4] ! »

Voltaire ne dit peut-être pas là seulement son dégoût
des procédés de l'Inquisition. Il semble accablé par la
barbarie humaine. D'autant plus qu'il a été personnellement saisi, à la fin de septembre, d'une autre affaire
de fanatisme qui se déroule en Languedoc. Un homme,
François Rochette, risque d'être pendu au seul motif

---

1. Aux d'Argental, 24 octobre 1761. D. 10090. La rumeur
des Juifs brûlés était fausse, mais Voltaire prit sa plume pour les
défendre dans le très beau *Sermon du rabbin Akib*, qui parut en
décembre.   2. D. 10093 ; D. 10095 ; D. 10098. Voltaire raconte
qu'il lui a proposé une place de laquais, mais que Mme Denis
ne voulut pas en entendre parler.   3. 26 et 30 octobre 1761.
D. 10101 et D. 10104.   4. À Richelieu, 27 novembre 1761.
D. 10178. Le 13 novembre, Voltaire confiait à Tronchin :
« Malagrida a payé pour les jésuites, ce n'était qu'un fou, un pauvre
fou. Je n'aime ni les jésuites, ni les gens qui brûlent. » D. 10151.

qu'il est pasteur protestant[1]. Quand Voltaire intervient auprès de son ami Richelieu, gouverneur du Languedoc, il met en parallèle le cas des deux hommes : « On dit qu'il ne faut pas pendre le prédicant de Caussade parce que c'en serait trop de griller des jésuites à Lisbonne et de pendre des pasteurs évangéliques en France[2]. » Malgré une seconde lettre de Voltaire[3] appelant à une grâce royale, Rochette sera exécuté le 19 février 1762 dans des conditions dramatiques, et ses trois compagnons décapités.

La simultanéité des deux affaires place la lutte contre l'« infâme » au rang des priorités voltairiennes. Au demeurant, Voltaire n'est pas seul à manifester son exécration de la barbarie inquisitoriale. Le 17 janvier 1762, La Condamine annonce à La Beaumelle la publication du *Manuel des inquisiteurs*, « qui prouve que les jansénistes trouvent que l'Inquisition est une bonne chose depuis qu'on y brûle les jésuites[4] ». Au-delà du sarcasme qui montre que La Condamine ne l'a pas encore lu, ce petit livre militant de l'abbé Morellet vient à point nommé renforcer l'indignation de Voltaire.

---

1. Arrêté dans la nuit du 14 septembre 1761 à Caussade, près de Montauban, et pris pour un voleur, Rochette s'est déclaré pasteur de la religion réformée. Incarcéré, il encourt la peine de mort au regard de la législation en vigueur. Après que trois gentilshommes protestants eurent tenté de le libérer, tous les quatre furent envoyés à Toulouse pour être traduits devant le parlement. C'est alors qu'un de leurs jeunes coreligionnaires, Jean Ribote, écrivit à Voltaire et Rousseau pour leur demander d'intervenir en leur faveur.   2. 25 octobre 1761. D. 10095.   3. À Richelieu, 27 novembre 1761. D. 10178.   4. Correspondance en voie de publication sous la direction de MM. Lauriol et Bost (lettre 1237).

C'est à l'occasion de son voyage en Italie, en 1758, que Morellet a découvert dans la bibliothèque de l'abbé Canillac le *Directorium inquisitorium* de Nicolas Eymeric, grand inquisiteur du XIVe siècle. Cet ouvrage, qui servait de guide aux inquisiteurs et décrivait une législation sacerdotale aussi absurde que barbare, « frappa d'horreur[1] » l'abbé encyclopédiste. Mais l'épaisseur de l'in-folio rendait impossible sa republication en l'état. « J'imaginai d'en extraire, sous le titre de *Manuel des inquisiteurs*, tout ce qui me paraissait le plus révoltant... Je vins à bout de donner un corps et une forme à toutes ces atrocités éparses. Je les rangeai selon l'ordre de la procédure, en commençant par l'information et finissant par l'exécution des condamnés. Je m'interdis toute réflexion, parce que le texte seul suggérait assez celles que j'aurais pu faire[2]. »

De retour à Paris, Morellet communique son manuscrit à Malesherbes. Ce grand homme de loi n'est pas moins révolté que l'abbé et donne la permission de le publier. Il rend le manuscrit avec ces mots : « Vous croyez peut-être avoir recueilli là des faits extraordinaires, des procédés inouïs ; eh bien ! sachez que cette jurisprudence d'Eymeric et de son inquisition est, à très peu près, notre jurisprudence criminelle tout entière[3]. » L'autorisation de publication constitue également un acte militant de la part de Malesherbes. Le fils du très conservateur chancelier Lamoignon appartient à l'aile libérale de la magistrature. Mieux : il l'incarne. Nourri

---

1. *Mémoires, op. cit.*, p. 60.   2. *Ibid.*, pp. 60-61. Morellet mêla au *Directorium* des détails empruntés à l'*Histoire de l'Inquisition* du Portugais Paramo.   3. *Ibid.*, p. 61.

de cette philosophie des Lumières qu'il a tant contribué à diffuser, sa sensibilité répugne aux pratiques ignobles qui perdurent dans la justice du XVIIIe siècle. Comme y répugnent aussi les Turgot, les Beccaria, les Dupaty...

Etroitement lié au projet de Morellet[1], d'Alembert fait aussitôt parvenir l'ouvrage à Voltaire par Damilaville[2]. Voltaire le dévore et ne cache pas son enthousiasme : « Jamais l'abbé Mors-les n'a mieux mordu, et la préface est un des meilleurs coups de dents qu'ait jamais donné Protagoras[3]. » À d'Alembert qui lui demande son avis sur ce « monument d'atrocité et de ridicule qui rend tout à la fois l'humanité si odieuse et si à plaindre[4] », il répond, presque exalté, que « la belle jurisprudence de l'Inquisition... a fait sur [lui] même impression que fit le corps sanglant de César sur les Romains[5] ».

En ce début de 1762, la prise de conscience de l'intolérable est acquise chez nombre d'intellectuels et dans la petite fraction de l'opinion qu'on trouve à l'avant-garde des Lumières. Reste à mener la grande bataille morale qui modifiera les mentalités.

---

1. Comme il le sera de nouveau pour la traduction du *Traité des délits et des peines* de Beccaria dans les années suivantes. 2. Premier commis au bureau du vingtième, Damilaville (1723-1768) était exempté de frais postaux. Il s'était lié successivement avec Diderot et Voltaire, avec lequel il correspond depuis 1760. Voltaire remercie Damilaville le 26 janvier 1762. D. 10284.   3. À Thieriot, 26 janvier 1762. D. 10290. « Protagoras » est le surnom donné par Voltaire à d'Alembert. La préface évoquée serait-elle l'« Avertissement de l'éditeur », pp. 5-10 ?   4. 27 janvier 1762. D. 10291.   5. 10 février 1762. D. 10323.

Le printemps 1762

En même temps que Voltaire, Ribote avait sollicité Rousseau en faveur du pasteur Rochette. Si Voltaire ne s'est pas montré bien combatif, du moins est-il intervenu par deux fois auprès de Richelieu. Rousseau, pourtant d'origine protestante, ne lève pas le petit doigt. Il explique à son solliciteur que Rochette a défié les lois du royaume et que « qui veut être chrétien doit apprendre à souffrir ». Il n'a donc pas d'arguments pour voler au secours de son coreligionnaire, et d'ailleurs n'en a pas le pouvoir. Que Voltaire s'en occupe, conclut-il, « mais je doute qu'il mette un grand zèle à sa recommandation… La volonté lui manque[1] ». Un peu plus tard, Ribote revient à la charge pour Rochette et expose à Rousseau les malheurs de la famille Calas[2]. Cette fois, le philosophe invoque sa « douloureuse maladie » et son « dépérissement » qui le mettent hors d'état de faire quoi que ce soit[3].

Il semble que Voltaire n'ait pris connaissance de la tragédie Calas qu'après l'exécution du père, le 10 mars 1762. C'est un hôte de passage, Dominique Audibert[4], notable protestant de Marseille, qui lui raconte l'histoire du commerçant toulousain Jean Calas, de la

---

1. 24 octobre 1761. Leigh, IX, 1521.   2. 9 décembre 1761. *Ibid.*, 1581.   3. 28 décembre 1761. *Ibid.*, 1615. Il est vrai que Rousseau souffrait d'une douloureuse maladie de la vessie depuis plusieurs mois et qu'il pensait en mourir. Mais cela ne l'empêchait pas d'écrire ses longues lettres à Malesherbes et de prendre soin de l'édition du *Contrat social* et de l'*Émile*.   4. Selon Besterman, Audibert raconta les faits à Voltaire vers le 20 mars. Pour les détails de l'affaire Calas, *cf.* Jean Orsini, *L'Affaire Calas avant Voltaire*, Thèse, Sorbonne, Paris IV, 1981, et René Pomeau, « Nouveau regard sur le dossier Calas », *Europe*, 398, juin 1962, pp. 57-72.

religion réformée, reconnu coupable d'assassinat sur la personne de son propre fils pour l'empêcher de se convertir au catholicisme. Sans doute doit-il insister sur l'instruction bâclée, les pressions de la rue, les incohérences de l'accusation et l'honorabilité de cette famille pour susciter la curiosité de son interlocuteur et faire germer en lui le doute. Il ajoute que, malgré les tortures, Calas a toujours proclamé son innocence, y compris couché sur la roue, bras et jambes brisés à coups de barre.

Quoi qu'il en dise d'abord à un parlementaire de Dijon[1], Voltaire est profondément bouleversé. Non qu'il soit encore convaincu de l'innocence de Calas, mais parce qu'il est rongé par l'incertitude. Et si l'on avait roué un innocent ? Dès le 25 mars, il fait part de son désarroi au cardinal de Bernis : « On prétend ici [Genève] qu'il est très innocent et qu'il en a pris Dieu à témoin en expirant. On prétend que trois juges ont protesté contre l'arrêt. Cette aventure me tient à cœur ; elle m'attriste dans mes plaisirs ; elle les corrompt. Il faut regarder le parlement de Toulouse, ou les protes-tants, avec horreur[2]. » À sa vieille connaissance Fyot de La Marche, il s'en ouvre plus librement : « Il vient de se passer au parlement de Toulouse une scène qui fait dresser les cheveux à la tête. On l'ignore peut-être à Paris, mais si on en est informé, je défie Paris, tout frivole, tout opéra-comique qu'il est, de n'être pas pénétré d'horreur. » Après lui avoir conté ce qu'il sait de l'affaire, il le supplie de se renseigner auprès

---

1. À Le Bault, 22 mars 1762. D. 10382. Voltaire fait mine de ne pas douter du bien-fondé du jugement du parlement de Toulouse. Mais il ne faut pas oublier qu'il s'adresse à un autre parlementaire, par définition solidaire de ses collègues.   2. 25 mars 1762. D. 10386.

de l'intendant du Languedoc et reconnaît : « J'en suis hors de moi. Je m'y intéresse comme homme, un peu même comme philosophe... Voilà un abominable siècle, des Calas, des Malagrida, des Damiens[1]... » De même aux amis d'Argental, qu'il charge de solliciter Choiseul : « Pourquoi je m'intéresse si fort à ce Calas qu'on a roué ? C'est que je suis homme... Cette horrible aventure déshonore la nature humaine, soit que Calas soit coupable, soit qu'il soit innocent. Il y a certainement d'un côté ou d'un autre un fanatisme horrible[2]. »

Il saute aux yeux que le philosophe est d'abord mû par l'émotion. Ni Rousseau, ni aucun autre des grands intellectuels, pas même d'Alembert[3] n'ont éprouvé une telle capacité d'indignation face à l'injustice. Du moins celle qui prédispose à l'action immédiate et relègue au second rang toute autre préoccupation. Dès le 4 avril, Voltaire ne doute plus : « Il est avéré que les juges toulousains ont roué le plus innocent des hommes... Jamais, depuis le jour de la Saint-Barthélemy, rien n'a tant déshonoré la nature humaine. » « Criez, et qu'on crie[4] ! » dit-il à Damilaville.

Pourtant, il sait bien que le moment n'est guère propice pour se faire entendre. La guerre tourne au détriment de la France. « On est si occupé des désastres publics qu'on ne songe pas à mon roué[5]. » Ses appels au secours restent lettre morte : « Un homme de poids

---

1. 25 mars 1762. D. 10387.   2. 27 mars 1762. D. 10389.
3. Fin mars, les lettres de Voltaire et d'Alembert se croisent. Le 29 (D. 10394), Voltaire alerte d'Alembert sur l'affaire Calas. Le 31 (D. 10398), d'Alembert fait de même avec Voltaire ; il est convaincu de l'innocence de Calas.   4. D. 10406.   5. Aux d'Argental, 4 avril 1762. D. 10405.

à qui j'avais écrit une lettre lamentable au sujet de l'abominable aventure de Calas m'a répondu : "Que nous importe qu'on ait roué un homme, quand nous perdons la Martinique[1]." » Bernis et Choiseul lui déconseillent vivement de se mêler d'une si mauvaise affaire.

Quand on est historien et philosophe, l'émotion ne suffit cependant pas. Voltaire entreprend une longue et minutieuse enquête. L'innocence de Calas n'est pas facile à démontrer. Il s'est contredit au cours de l'instruction, affirmant une première fois qu'il a découvert le corps de son fils allongé sur le sol, et une seconde fois qu'il l'a trouvé pendu à la porte du magasin. Voltaire recueille toutes les informations possibles auprès de ceux qui ont connu Calas. Au début d'avril, il a un long entretien avec le plus jeune fils Calas, Donat, réfugié à Genève. Il l'interroge sur le comportement et le caractère paternels, et confronte ses réponses aux témoignages de deux négociants genevois qui ont fréquenté la maison des Calas. Un peu plus tard, il recommence avec un autre fils, Pierre, qui s'est évadé de Toulouse et a trouvé asile en Suisse. « Je l'ai vu souvent. Je fus d'abord en défiance, j'ai fait épier quatre mois sa conduite et ses paroles ; elles sont de l'innocence la plus pure et de la douleur la plus vraie[2]. »

Aux témoignages de première main, Voltaire ajoute une étude minutieuse des sources écrites. Il veut s'ins-

---

1. À Constant Rebecque, 4 avril 1762. D. 10405.   2. À Thiroux de Crosne, 20 janvier 1763. D. 10963. Pierre Calas était arrivé à Genève en juillet 1762. Il se trouvait dans la maison paternelle le soir du drame.

truire « en qualité d'historien[1] ». Les factums en faveur des Calas ne suffisent pas « pour oser prendre parti [publiquement] ». Il voudrait que le parlement de Toulouse publie les pièces du procès Calas comme on l'a fait du procès Damiens, pour que soient apportées les preuves de l'assassinat et du fanatisme. Faute d'un tel document, il confronte les mémoires des avocats toulousains et les déclarations écrites des membres de la famille Calas aux articles du monitoire[2] accordé à la requête du procureur du roi. Sa conviction se renforce : Calas est innocent, son fils s'est suicidé[3]. Mais comment en administrer la preuve quand le parlement de Toulouse « empêche que la vérité ne soit connue[4] » ? Et comment convaincre les plus hautes autorités de rouvrir le dossier et de confondre les juges ? Les parlementaires font bloc avec leurs collègues toulousains et, au sommet de l'État, on n'a guère envie de susciter une grogne pour un roué protestant. Certains, comme le duc de Villars, sont convaincus de la culpabilité de Calas et regrettent que le reste de la famille n'ait pas été exécuté[5]. D'autres, plus nombreux, s'obstinent à répéter, comme Bernis : « Je ne crois pas (sans preuves démonstratives) que des magistrats s'entendent pour faire une horrible injustice[6]. »

---

1. À ?, 15 avril 1762. D. 10414. Sur l'enquête de Voltaire, *cf.* l'article de Robert Granderoute, « De la source au texte : les mémoires voltairiens de l'affaire Calas », in *Voltaire et ses combats*, I, pp. 567-579.   2. Lettre d'un juge d'Église qui demande aux fidèles de révéler au juge séculier ce qu'ils savent d'une affaire criminelle.   3. L'hypothèse qu'il ait pu être assassiné par une personne venue de l'extérieur de la maison n'a pas été retenue. Voltaire et les avocats soutiendront que Marc-Antoine Calas s'est donné la mort dans un accès de mélancolie.   4. Aux d'Argental, 15 mai 1762. D. 10445.   5. 26 mai 1762. D. 10472.   6. 18 mai 1762. D. 10455. Le gratin genevois avait immédiatement pris fait et cause pour la famille Calas.

En attendant, Voltaire prend en charge la veuve Calas, totalement effondrée et démunie. Il l'envoie se cacher à Paris, sous la protection des d'Argental. Elle loge chez des banquiers genevois[1]. Voltaire lui fait parvenir de l'argent et la recommande à l'avocat Pierre Mariette, qu'il se charge de rémunérer. Objectif : la révision du procès. Pour cela, il faut convaincre le roi de laisser agir la commission *ad hoc* du Conseil. À la fin de juin, la tâche paraît presque insurmontable, tant il est difficile de secouer l'inertie générale et de contraindre le parlement de Toulouse à coopérer.

L'honneur des philosophes

C'est Voltaire, et personne d'autre, qui incarne ce combat. Non qu'il ait été seul pour le mener à bien. Tout ce que la communauté protestante compte de puissant (les banquiers) et de prestigieux (les Tronchin, les princes et princesses allemands) se mobilise autour du patriarche de Ferney. Les avocats font du bon travail[2]. Les philosophes approuvent et admirent son combat, mais aucun n'a associé son nom à la campagne publique. Voltaire est le catalyseur des énergies, le maître d'œuvre de la stratégie, le guerrier victorieux de cette cause perdue d'avance. C'est grâce à son prestige, à son incroyable activité, à son entêtement obsessionnel et à son réseau de relations, unique en

---

1. Dufour et Mallet. Tout ce qui compte à Genève s'était mobilisé aux côtés de Voltaire.　　2. Claude Lauriol a mis en lumière le rôle important, bien que discret, de La Beaumelle dans l'affaire Calas : « La Beaumelle, l'affaire Calas et le *Traité sur la tolérance* », in *Voltaire en Europe*, 2000, pp. 173-180.

France et en Europe, qu'il y a eu une « affaire Calas » ;
c'est grâce à sa hauteur de vues et à son *Traité sur
la tolérance* qu'il est parvenu à « transcender le cas
particulier du roué de Toulouse pour atteindre à l'universel[1] ».

Dès la fin de juin, il rédige deux lettres émouvantes
et convaincantes à l'adresse de l'opinion publique :
l'une signée de la veuve Calas, l'autre de son jeune fils
Donat. Il se substitue à eux avec tout le talent dont il
est capable pour les faire témoigner. Ce sont les *Pièces
originales concernant la mort des sieurs Calas et le
jugement rendu à Toulouse.* Avant de les faire circu-
ler à Paris, il les lit à Théodore Tronchin qui applaudit : « Voltaire n'a jamais rien fait de si bon[2]. » Une
foule d'autres suivront. Simultanément, il entreprend
une magistrale campagne d'information et de relations
publiques. Après la mobilisation de ses amis et connaissances parisiennes, il s'attache à gagner à sa cause les
grands et les puissants. « Il faut toujours commencer
par faire éclairer le grand nombre par le petit[3]. » Donc,
à la fois Versailles et l'Europe entière. Il faut, dit-il,
que les « cris tonnent aux oreilles des juges[4] », « sou-
lèvent le ciel et la terre contre cette iniquité horrible[5] ».
« Je n'abandonnerai cette affaire qu'en mourant. »

Il écrit au ministre Saint-Florentin, qu'il sait hostile
aux protestants. Il lui envoie les *Pièces* sur l'innocence
des Calas et lui recommande sa veuve[6]. Il demande à la

---

1. Valérie van Crugten André, *Le Traité sur la tolérance de Voltaire. Un champion des Lumières contre le fanatisme*, 1999, p. 92.
Le *Traité* sera publié en avril 1763.   2. Cité dans le commentaire de la lettre du 29 juin 1762. D. 10537.   3. À Damilaville,
4 mars 1764. D. 11747.   4. À Philippe Debrus, 6 juillet 1762. D.
10563   5. Aux d'Argental, 7 juillet 1762. D. 10564   6. À Cideville, 21 juillet 1762. D. 10.598.

duchesse d'Enville, à Richelieu et au duc de Villars de l'appuyer, de leur côté, auprès du ministre. De même, il fait alerter le chancelier Lamoignon par plusieurs de ses relations[1]. *Idem* pour le Contrôleur général et la marquise de Pompadour. Il sollicite l'intérêt de ses relations étrangères, la duchesse de Saxe-Gotha et la margrave de Bade-Durlach. Dès le mois d'août, il se félicite de la « magnifique souscription » des Anglais pour les Calas[2]. En même temps, il fait demander au grand Élie de Beaumont de prendre la tête de la défense, et appelle à la mobilisation générale de tout le corps des avocats contre l'injustice. Pas un jour ne passe sans que Voltaire écrive à l'un ou à l'autre, pour prodiguer un conseil, solliciter une intervention, stimuler les énergies. Il est possédé par cette affaire comme ces avocats qui paraissent jouer leur vie sur un dossier. Il se dit lui-même « enchaîné… à cette épouvantable affaire[3] ». Mais la force morale de Voltaire opère un miracle : ses correspondants se mobilisent, Paris commence à s'émouvoir, et les cris qu'il espérait se font de mieux en mieux entendre. L'opinion publique est favorable aux Calas. L'Europe des Lumières souhaite la réhabilitation.

Même si Voltaire dut batailler encore trois ans pour obtenir satisfaction[4], l'été 1762 marque dans sa vie un tournant aux conséquences profondes sur la philosophie des Lumières et sur l'image même du philosophe.

En s'engageant de toutes ses forces dans le combat contre l'injustice, Voltaire acquiert une dimension

---

1. Aux d'Argental, 8 juillet 1762. D. 10566.   2. Aux d'Argental, 4 août 1762. D. 10630.   3. À Cideville, 21 juillet 1762. D. 10598.   4. L'affaire fut évoquée au Conseil du roi le 7 mars 1763 ; l'arrêt de Toulouse fut cassé le 4 juin 1764 et la mémoire de Jean Calas réhabilitée le 12 mars 1765.

morale à laquelle aucun de ses pairs ne saurait prétendre. En s'y engageant seul parmi les philosophes, il acquiert une aura que tous lui envieront. La lutte contre l'« infâme », c'est lui qui l'a menée et gagnée. Durant l'été 1762, alors qu'il se bat comme un diable pour réveiller l'opinion, que font les encyclopédistes ? Peu ou pas grand-chose. Au point qu'on a pu se poser la question : « Les encyclopédistes furent-ils les alliés de Voltaire dans l'affaire Calas[1] ? » Selon Frank A. Kafker, si aucun des cent quarante encyclopédistes recensés n'a paru accepter le verdict du parlement de Toulouse, à peine douze d'entre eux se sont engagés aux côtés de Voltaire. Et encore, très discrètement. Les deux plus actifs furent Damilaville et d'Alembert. Le premier est le meilleur collaborateur de Voltaire. Il lui sert d'informateur et de factotum. Il se dépense sans compter pour exécuter ses directives. Le second mobilise ses relations, donne des conseils stratégiques, corrige les mémoires de Voltaire. Mais l'on devine que l'affaire Calas n'est pas sa priorité absolue. Depuis la publication de ses *Opuscules mathématiques*[2], les hostilités avec Clairaut ont repris de plus belle. Jusqu'en août 1762, d'Alembert est trop occupé à polémiquer sur la comète et les tables astronomiques[3] pour être à la hauteur des attentes de Voltaire. Celui-ci ne cache

---

1. F.A. Kafker, « Were the Encyclopedists Allies of Voltaire in the Calas Affair ? », *Voltaire et ses combats*, II, pp. 849-856. 2. En septembre 1761.   3. Voir les articles de Clairaut dans le *Journal des savants* de décembre 1761, II, pp. 837-848, et juin 1762, I, pp. 358-377, ainsi que dans le *Journal encyclopédique* du 1er juillet 1762, pp. 128-129. Et les réponses de D'Alembert dans le *Journal encyclopédique* du 15 février 1762, pp. 55-78, du 15 mai 1762, pp. 134-138 et du 15 août 1762, pp. 73-97.

pas son impatience : « Que vous êtes tièdes, à Paris[1] ! » D'Alembert a beau jurer « de ne pas se taire et de faire crier tous ceux qui m'écouteront[2] », il est bien éloigné de l'implication voltairienne. À l'entendre, l'« infâme » s'écrasera tout seul[3]…

À part trois encyclopédistes plus techniciens que philosophes, qui participent à l'œuvre de réhabilitation, les autres se montrent timides, pour ne pas dire inexistants[4]. Diderot, d'Holbach, Jaucourt ou Grimm admirent le combat voltairien, mais se taisent. Il est vrai que l'autorité parlementaire vient de se rappeler brutalement à leur souvenir. Le 9 juin, le parlement de Paris a condamné l'*Émile* et décrété Rousseau de prise de corps. Celui-ci a tout juste eu le temps de brûler ses papiers et de s'enfuir[5]. La parole n'est pas libre en France. On s'étonne pourtant de la discrétion de Diderot[6]. D'autant plus que ce dernier prend vite la mesure du combat voltairien et de l'immense aura qu'il vaut au patriarche de Ferney. Dès le 8 août 1762, il ne ménage pas son admiration : « C'est de Voltaire qui écrit pour cette malheureuse famille… Le bel emploi du génie ! Il faut que cet homme ait de l'âme, de la sensibilité, que l'injustice le révolte, et qu'il sente l'attrait de la vertu. Car que lui sont les Calas ? Qu'est-ce qui

---

1. 12 juillet 1762. D. 10581.   2. 31 juillet 1762. D. 10622. 3. 4 mai 1762. D. 10436.   4. Le Breton, un des éditeurs de l'*Encyclopédie*, publiera cinq mémoires pour Calas ; le juriste Boucher d'Argis signera une consultation pour Calas, et le chirurgien Antoine Louis présentera à l'Académie de chirurgie un important mémoire sur les différences entre le suicide et le meurtre par pendaison. *Cf.* Kafker, *op. cit.*, p. 850. 5. Il se réfugie à Yverdun, en Suisse.   6. Même s'il composa un discours en défense de Calas, qui sera publié dans la *Correspondance littéraire* de Grimm. *Cf.* Kafker, *op. cit.*, p. 851.

peut l'intéresser pour eux ? Quelle raison a-t-il de sus-
pendre des travaux qu'il aime pour s'occuper de leur
défense ? Quand il y aurait un Christ, je vous assure que
de Voltaire serait sauvé[1]. »

On est bien loin du méprisant « brigand du lac[2] »
dont Diderot l'affublait dix-huit mois plus tôt. L'affaire
Calas a radicalement changé l'image de Voltaire auprès
de ses pairs. Même des adversaires déclarés, tels Bonnet ou Haller, se disent bouleversés par son courage
et sa générosité[3]. Il est devenu un homme respectable.
On peut toujours le haïr, on ne peut plus le mépriser.
Par ricochet, cette respectabilité chèrement acquise
va s'étendre et profiter à tout le parti des philosophes.
Par son engagement personnel d'abord, par le *Traité
sur la tolérance* ensuite, œuvre admirable de militan-
tisme, Voltaire donne une nouvelle dimension à la
philosophie et à la figure du philosophe. Aux yeux du
public éclairé de l'époque, la philosophie sort du cadre
de l'*Encyclopédie*. Elle ne se limite plus à une théorie de la connaissance ou, en termes platoniciens, à la
recherche du vrai ; elle exprime une quête du bien et du
juste accessible à un plus grand nombre. En se levant
pour défendre la mémoire d'un inconnu et demander
justice, non seulement Voltaire est incomparablement
plus efficace que tous les discours d'alors tenus sur la
vertu, mais il offre au personnage du philosophe une
dimension morale sans précédent. Par cette grande
action, le patriarche de Ferney lui a rendu sa dignité,
mise à mal depuis plusieurs années. Il a aussi démontré

----

1. À Sophie Volland, 8 août 1762. *Correspondance*, IV, p. 97.
Diderot appelle Voltaire « de Voltaire ».   2. À Sophie Volland,
1er décembre 1760. *Ibid.*, III, p. 280.   3. Lettre de Bonnet à
Haller, 17 juillet 1762. *Op. cit.*, p. 291.

qu'un homme de conviction, armé d'une bonne plume et de courage, pouvait infléchir le cours des choses et y gagner un prestige sans égal.

Ce faisant, il a ouvert la voie à une ultime passion intellectuelle : la volonté de pouvoir.

REMERCIEMENTS

Pour la rédaction de ce second volume, je remercie tout particulièrement M. Jean-Denis Bergasse, président de la Société archéologique de Béziers, M. Michel Dürr, membre de l'Académie de Lyon, M. A. Necker, M. Hubert Angliviel de La Beaumelle, MM. Claude Lauriol et Hubert Bost de l'université de Montpellier III, ainsi que Mmes Josiane Dennaud et Jeannine Monnier pour leur aide généreuse.

Je tiens aussi à marquer ma gratitude au professeur David Speiser et au docteur Fritz Nagel, responsables de la Bernoulli-Edition à Bâle, à Mme Barbara Roth-Lochner, conservateur des manuscrits de la Bibliothèque publique et universitaire de Genève, au directeur de la Biblioteka Jagiellonska de l'université de Cracovie, à Mme Branka Sugja, responsable de la bibliothèque de l'Institut de France de Zagreb, à Mme Florence Greffe, conservateur des archives de l'Académie des sciences, à Mme Pastoureau, directeur de la bibliothèque de l'Institut, à Mlle Marie-Françoise Rose, conservateur de la Bibliothèque municipale de Versailles, à M. Jean Lombard, secrétaire perpétuel de l'Académie d'Amiens, à Mme Josette Alexandre, bibliothécaire de l'Observatoire et à Mme Pascale Verdier, directeur des Archives départementales de la Meuse.

Enfin, je dis ma reconnaissance à Mme Micheline Amar pour ses judicieux conseils.

ABRÉVIATIONS

A.A.S.   Archives de l'Académie des sciences.
A.E.G.   Archives d'État de Genève.
A.M.   Archives municipales.
B.E.B.   Edition Bernoulli à Bâle.
B.L.   British Library, alors au British Museum
            (Manuscrits).
B.N.   Bibliothèque nationale, Paris (Manuscrits).
B.P.U.   Bibliothèque publique et universitaire de
            Genève.

Correspondance littéraire
            *Correspondance littéraire, philosophique
            et critique* par Grimm, Diderot, Raynal,
            Meister, etc., éd. M. Tourneur, 1877-1882,
            16 volumes.

C.R.A.S.   Compte rendu de l'Académie des sciences.
D.   Référence à la correspondance de Voltaire
            éditée par Theodore Besterman, *Cor-
            respondence and Related Documents*,
            vol. 85-135 des *Œuvres complètes*
            (Genève, Banbury, Oxford, 1968-1977).
            La lettre D est suivie d'un chiffre.

H.A.R.S.	Histoire de l'Académie royale des sciences (Paris).
Leigh	Éditeur de la *Correspondance complète de Jean-Jacques Rousseau*, 52 volumes, Voltaire Foundation, Oxford, 1967-1998.
M.A.R.S.	Mémoires de l'Académie royale des sciences.
Ms. fr.	Manuscrits français.
N.a.f.	Nouvelles acquisitions françaises.
P.I., 1	*Les Passions intellectuelles*, I, *Désirs de gloire*, Fayard, 1999.
P.V. de l'Académie	Procès-verbaux annuels de l'Académie des sciences.
R.D.E.	*Recherches sur Diderot et sur l'Encyclopédie.*
R.H.L.F.	*Revue d'histoire littéraire de la France.*
s.l.n.d.	sans lieu, ni date.
S.V.E.C.	*Studies on Voltaire and the Eighteenth Century*, éd. Theodore Besterman, The Voltaire Foundation, Banbury, Oxford.

I. En France

Archives de l'Académie des sciences (Paris)

- Les dossiers biographiques établis au nom de chaque savant français ou étranger contiennent de nombreuses lettres manuscrites ainsi que certains travaux de leurs auteurs.
- Le fonds Maupertuis, sous la cote 43 J, contient 138 dossiers d'une extrême richesse.
- Le fonds La Condamine (Gaillard du Grail).
- Le fonds Guettard, carton 2.
- Le fonds Réaumur.
- L'immense collection de Gabriel Bertrand, qui se présente sous la forme de 11 cartons.
- Procès-verbaux et pochettes.

Bibliothèque de l'Institut de France

- Papiers biographiques concernant d'Alembert, Ms. 2031, f. 9-17.

- Manuscrits de D'Alembert, Ms. 1786-1783, 1792, 2466-2474.
- Un grand nombre de lettres de D'Alembert se trouvent dans les papiers de Condorcet, son légataire universel, en particulier Ms. 848, 866, 867, 876, 880-882, 2475.
- Correspondance de Pierre-Michel Hennin : Ms. 1252-1271.
- Correspondance botanique de Joseph de Caisne : Ms. 2436-2465.
- Nombreuses collections d'autographes contenant des lettres des membres des trois Académies.

Archives de l'Académie française

- Lettres d'académiciens classées selon l'ordre alphabétique.

Bibliothèque nationale (Paris)

- Parmi les nombreuses collections de manuscrits, nous signalons :
- Lettres de dames à Maupertuis, n.a.f. 10398, f. 13-78.
- Papiers de Joseph-Jérôme Le François de Lalande, Fr. 12274 et 12275.
- Journaux à la main :
   Journal historique adressé à Mme de Souscarrière (1745-1752), Fr. 13701-13712.
   Journal de la Librairie (d'Hémery), 1751-1755, Fr. 22156-22159.
- Dossier de Joseph d'Hémery sur 501 auteurs (1748-1753), n.a.f. 10781-10783.

- The collection of autograph letters and historical documents, ed. Alfred Morrison (1865 et 1883-1894).
- Lettres de Desmarets à Grosley et à quelques autres, n.a.f. 803.
- Mémoire de Grosley sur lui-même, n.a.f. 804.
- Lettres de la Librairie.

Bibliothèque de l'Observatoire (Paris)

- Papiers Delisle, Ms. A 3-6, pièce 29, 10, J : Figures des phases de l'éclipse de soleil du 1er avril 1764.
- La correspondance de Joseph-Nicolas Delisle, mise en ordre par G. Bigourdan, 12 volumes et les suppléments.

Bibliothèque Victor-Cousin, Sorbonne

- Lettres de Turgot, Malesherbes, d'Alembert : Ms. IV et V.

Muséum d'histoire naturelle

- Correspondance de Jean-Etienne Guettard : Ms. 227, 862, 1971, 1981, 1997, 1998.
- Copies de lettres de Georges-Louis Leclerc, comte de Buffon : Ms. 2753.
- Lettres de Joseph Jussieu : Ms. 179, 1998.
- Lettre de Louis Godin : Ms. 1998.

Archives d'Ille-et-Vilaine (Saint-Malo)

– Importante collection de lettres de Maupertuis :
  Ms. ii. 24.

Archives de l'Hérault (Montpellier)

– Correspondance de l'Académie des sciences et
  lettres de Montpellier : Ms. D. 203-205.

Bibliothèque municipale Carré d'Art (Nîmes)

– 16 volumes de lettres adressées au botaniste et archéo-
  logue Jean-François Séguier : Ms. 135-150. Auxquels il faut ajouter les Ms. 415-417 et certaines
  lettres du Ms. 827.

Bibliothèque municipale de Troyes

– Deux riches collections de manuscrits : la cor-
  respondance du savant Jean-Baptiste Ludot,
  Ms. 2583-2584, et celle de l'érudit Pierre-Jean
  Grosley, Ms. 2270, 2770, 2773, 2977.

Bibliothèque municipale d'Avignon

– Collection d'autographes Requien.
– Correspondance de Calvet, érudit local (1728-1810) :
  Ms. 2345-2364.

Bibliothèque municipale de Rouen

– Lettres de Mme de Créqui (née Froulay) à Cideville.
  Papiers Le Cornier : Ms. C. 31.
– Lettres de l'abbé du Resnel au même : *ibid.*
– Lettres de l'abbé Trublet : Ms. C. 23.
– Collection d'autographes Duputel.

Bibliothèque municipale de Dijon

– Registre des archives de l'Académie des sciences,
  arts et belles-lettres de Dijon.
– Lettres de Buffon : Ms. 910 et 1183.
– Collection d'autographes : nombreuses lettres de
  Piron, notamment à Fevret de Fontette, à son frère,
  à sa mère et au président Ruffey.

Bibliothèque municipale de Nancy

– Journal manuscrit de Nicolas Durival de 1737 à
  1795 : Ms. 1310-1323.
– Correspondance de Nicolas Durival : Ms. 381
  (150).
– Copies de lettres du comte de Tressan : Ms. 793.

*Archives de l'Académie des sciences,
belles-lettres et arts de Lyon*

– Mémoires de l'Académie de 1742 à 1751 :
  Ms. 267 II.

– Correspondance de l'Académie : Ms. 268, vol. I-III ;
   Ms. 274, 218.

Bibliothèque municipale de Grenoble

– Lettres de l'abbé de Mably : Ms. 2169, 782, 98, 1518
   et 3478.

Bibliothèque municipale de Nantes

– La collection Labouchère contient de nombreuses
   lettres de savants et philosophes du xviiie siècle.

Bibliothèque municipale et interuniversitaire
de Clermont-Ferrand

– Collection de Chazelles : Ms. 337-339 (nombreuses
   lettres adressées à Jean-Etienne Guettard).
– Collection de Chazelles et dons divers :
   Ms. 473-475.
– Autographes divers : Ms. 340-341.

Bibliothèque municipale de Versailles

– Collection Lebaudy : 77 lettres de Théodore Tronchin
   à Mme d'Épinay et Grimm, 1756-1765.

II. À L'ÉTRANGER

Archives Bernoulli à Bâle

- Correspondance entre Maupertuis et Jean II Bernoulli : LIa. 708.
- Correspondance entre Dortous de Mairan et Jean II Bernoulli : LIa. 709.
- Correspondance entre La Condamine et Jean II Bernoulli : LIa. 685.
- Correspondance entre La Condamine et Daniel Bernoulli : LIa. 685.
- Correspondance entre Jallabert et Daniel Bernoulli : LIa. 697.
- Correspondance entre Clairaut et Daniel Bernoulli : LIa. 684.

Les citations extraites de ces correspondances sont tirées des transcriptions tapées, aimablement fournies par les Archives Bernoulli.

Archives d'État de Genève

- Fonds Saladin, cartons 274, 276, 279, 280, armoire 4.

Bibliothèque publique et universitaire de Genève

- *Correspondance de Jean Jallabert, physicien*, avec Bernstorff : Microfilm F. 934.
  Boissier de Sauvages : Ms. Jallabert n° 82.

Président F.-X. de Bon : S.H. 242.

Bonnet : S.H. 242 ; Ms. BO. 25.

Buffon (publiée), une lettre.

Dortous de Mairan : Fonds Trembley 12/2.

La Condamine : S.H. 242.

Maupertuis : S.H. 242.

Abbé Nollet (publiée).

Réaumur : S.H. 242.

Séguier : S.H. 242.

– *Correspondance de Charles Bonnet, naturaliste*, avec J. Bernstorff, le président de Bon, Réaumur, A. Roger, de Geer, Dortous de Mairan, Lalande, Formey, Le Sage.

Voir le catalogue très complet établi par Daniel Candaux, publié par la Bibliothèque publique et universitaire de Genève, 1993.

– *Correspondance de Louis Necker*, avec Le Sage : Ms. supp. 514, 518.

J. Vernet : Ms. sauss. 238.

– *Correspondance de Georges-Louis Lesage*, avec J. Lalande : Ms. supp. 513, 517.

D'Alembert : Ms. supp. 512, 517.

– Deux lettres de D'Alembert à J. Vernes : Ms. supp. 1036.

– Une lettre de Th. Tronchin à d'Alembert : D.O. d'autographes.

– Une lettre de D'Alembert à Tronchin : archives Tronchin 167.

– *Archives Tronchin 167*

– Lettres de J. Vernet à F. Tronchin

– *Lettres à Jacob Vernes*
   De Th. Tronchin, Ms. fr. 296.
   De Mme d'Épinay, Ms. fr. 296.
   De P. Moultou, Ms. fr. 296.

Burgerbibliothek de Berne

– Importante collection de lettres d'écrivains français
   à B. Tscharner, Ms. h.h. XII. 92.

British Library (Londres)

– Correspondance de Hans Sloane avec les savants
   français : Add. 4433, 4049, 4052, 4053, 4056,
   4057, 4068, 4069.
– Bentinck Papers : Egerton 1745.
– Birch Collection : Add. 4323, 4448.
– Correspondance de Cromwell Mortimer : Add.
   4444.

Staatsbibliothek (Berlin)

– Collections de l'ancienne Haus I (Ihne Building).
   La bibliothèque de l'ex-Berlin-Est. Elle possédait
   en 1997 une grande partie de l'immense collection de lettres adressées au secrétaire perpétuel de
   l'Académie de Berlin, Samuel Formey. Il s'agit de
   plusieurs milliers de lettres classées selon l'ordre
   alphabétique et rangées dans une quarantaine de
   « Kasten ».

– Collections de Haus II (Scharoun Building)
   Nombreuses lettres autographes de la majeure
   partie des savants et philosophes européens du
   XVIIIe siècle.
   Aujourd'hui, l'essentiel des collections de la
   Haus I a été déménagé à la Haus II.

Biblioteka Jagiellonska (Cracovie)

– Elle possède actuellement la seconde partie de la
   correspondance adressée à Samuel Formey, ran-
   gée dans deux collections : la collection d'autographes et celle de Varnhagen von Ense. En
   particulier les lettres de La Condamine de 1759
   à 1771.
– La collection d'autographes contient en outre quelques lettres de Français, notamment de Ch. Bossut,
   E. Bezout, J.-E. Montucla, Malesherbes, Sartine,
   Mme de Graffigny et Mme Geoffrin, qui ne sont
   pas destinées à Formey.
– Chaque lettre citée issue des deux collections a pour
   référence : « Provenant de l'ancienne Preussische
   Staatsbibliothek à Berlin, conservées à présent à
   la Biblioteka Jagiellonska à Cracovie ».

Biblioteca Medicea Laurenziana (Florence)

– 66 lettres de Réaumur au père Mazzolini de l'oratoire de Rome : Cod. Laur. Ashb. 1522.

Bibliothèque royale du Danemark

– Une lettre de Maupertuis : G.K.S. 1101, 2e.
– Une lettre de Buffon : N.B.U.
– Six lettres de Ch. Bonnet : N.K.S. 1299, 2e ; N.K.S.
    4282, 4e.
– Treize lettres de J. Lalande : N.K.S. 1304, 2e.

The Pierpont Morgan Library (New York)

– Une lettre de D'Alembert à l'abbé Morellet.

SOURCES IMPRIMÉES

Principales éditions consultées

– Abeille (Louis-Paul)
    Observations de Lamoignon-Malesherbes sur l'Histoire naturelle générale et particulière de Buffon et Daubenton, éd. M.-C. J. Pougens, Paris, 1798, 2 volumes.
– Alembert (Jean Le Rond d')
    Œuvres posthumes, éd. M.-C. J. Pougens, Paris, 1779, 2 volumes.
    Œuvres philosophiques, historiques et littéraires, éd. J.-F. Bastien, Paris, 1805, 18 tomes en 10 volumes.
    Œuvres complètes, éd. Belin, Paris, 1821-1825, 5 volumes. Slatkine Reprints, 1967.
    Œuvres et correspondances inédites de D'Alembert, éd. Ch. Henry, Slatkine Reprints, 1967.
– Buffon (Georges-Louis Leclerc, comte de)
    Histoire naturelle générale et particulière, Paris, 1749-1767, 15 volumes.
– Condillac (Étienne Bonnot, abbé de)
    Traité des animaux, introduction de F. Dagognet, Vrin, 1987.

– Diderot (Denis)
　　Œuvres, éd. L. Versini, collection « Bouquins »,
　　　　Robert Laffont, 1994-1997, 5 volumes.
– Duclos (Charles Pinot)
　　Œuvres, éd. Belin, 1821, 3 volumes.
– *Encyclopédie, ou Dictionnaire raisonné des sciences,*
　　　　des arts et des métiers, par une société de gens de
　　　　lettres, Paris, 1751-1765, 17 volumes.
– Formey (Samuel)
　　Souvenirs d'un citoyen, Berlin, 1789, 2 volumes.
– Fouchy (Jean-Paul Grandjean de) *Éloges*, H.A.R.S.
– Lalande (Joseph-Jérôme Le François de)
　　La Bibliographie astronomique, Paris, 1803.
– Maupertuis (Pierre-Louis Moreau de)
　　La Figure de la Terre, déterminée par les observa-
　　　　tions de MM. de Maupertuis, Clairaut, Camus,
　　　　Le Monnier, Outhier, Celsius au cercle polaire,
　　　　Paris, 1738.
　　Œuvres, nouvelle édition corrigée et augmentée,
　　　　Lyon, 1756, 4 volumes.
　　Vénus physique, suivie de la *Lettre sur le progrès*
　　　　des sciences, éd. P. Tort, Aubier, 1980.
– Montesquieu (Charles de Secondat, baron de La
　　Brède et de)
　　Œuvres complètes, publiées sous la direction de
　　　　A. Masson, édition dite Nagel, Paris, 1950-1955,
　　　　3 volumes.
　　Pensées. Le Spicilège, éd. L. Desgraves, collec-
　　　　tion « Bouquins », Robert Laffont, 1991.
– Rousseau (Jean-Jacques)
　　Œuvres complètes, éd. B. Gagnebin et M. Ray-
　　　　mond, « Bibliothèque de la Pléiade », Gallimard,
　　　　volumes I-III, 1964-1978.

Discours sur les sciences et les arts, introduction de J. Roger, Garnier-Flammarion, n° 243, 1971.

Lettre à d'Alembert sur son article de Genève, éd. M. Launay, Garnier-Flammarion, n° 160, 1967.

– Vernet (Jacob)

Lettres critiques d'un voyageur anglais, tome II, 1766.

– Voltaire (François Marie-Arouet, dit)

Lettres philosophiques, introduction de R. Pomeau, Garnier-Flammarion, n°15, 1964.

Mémoires, éd. L. Lecomte, « L'École des Lettres », Seuil, 1993.

PÉRIODIQUES

L'Année littéraire.
Journal des savants.
Journal encyclopédique.
Lettres sur quelques écrits de ce temps.
Mémoires de Trévoux, souvent appelés *Journal de Trévoux.*
Mercure de France.
Nouvelles ecclésiastiques.
L'Observateur littéraire.

CORRESPONDANCES ET MÉMOIRES DU XVIIIᵉ SIÈCLE

– Adhémar (marquis d')
   « La correspondance inédite d'un ami des philo-
   sophes à la cour de Bayreuth », éd. E. Mass,
   S.V.E.C., n° 109, 1973.
– Alembert (Jean Le Rond d')
   « Correspondance inédite avec Cramer, Lesage,
   Clairaut, Turgot, Castillon, Béguelin, etc. »,
   éd. Ch. Henry, *Bollettino di bibliografia e di
   storia delle scienze matematiche e fisiche*, Rome,
   t. 18, septembre-décembre 1885, pp. 507-645.
   « Quatre lettres inédites de Jean Le Rond
   d'Alembert à Jean-Baptiste Boyer, marquis
   d'Argens », Éd. du Raisin, Dijon, 1927.
   « Une lettre inédite de D'Alembert », éd. Y. Laissus, *Revue d'histoire des sciences*, n° 7, 1954,
   pp. 1-5.
   « Quelques lettres inédites de Jean d'Alembert »,
   éd. R. Grimsley, *R.H.L.F.*, janvier-mars 1962,
   pp. 74-78.
   Correspondance avec L. Euler, éd. A.P. Juskevic
   et R. Taton, *in* Leonhard Euler, *Opera omnia*,
   série Quarta AA, vol. V, Bâle, Birkhauser
   Verlag, 1980.

« Correspondance avec G. Cramer », éd. J. Pappas, *Dix-huitième siècle*, n° 28, 1996, pp. 229-258.

– Algarotti (Francesco)
   « Correspondances », *Opere*, 1794, vol. XVI.

– Argenson (marquis d')
   Mémoires et Journal inédit, Paris, 1857-1858, 5 volumes.

– *Autographes de Mariemont*, éd. J. Durry, Librairie Nizet, 1955, 2 volumes.

– Bentinck (comtesse de)
   Une femme des Lumières. Écrits et lettres (1715-1800), éd. A. Soprani et A. Magnan, C.N.R.S. Éditions, 1997.

– Bernis (cardinal de)
   Mémoires, Mercure de France, n° 31, 1980.

– Bonnet (Charles)
   The Correspondence between Albrecht von Haller and Charles Bonnet, éd. Otto Sonntag, Verlag Hans Huber, 1983.

– Boscovich (Roger Joseph)
   « Correspondance avec les savants français », éd. F. Racki, *Rad. Jug. Akad.*, vol. 27, 88 et 90 (1887).

– Bouguer (Pierre)
   « Lettres à Euler », éd. R. Lamontagne, *Revue d'histoire des sciences*, t. XIX, 1966, pp. 225-246.

– Brosses (président de)
   Lettres à Ch. C. Loppin de Gemeaux, éd. Y. Bézard, 1929.
   Le Président de Brosses et ses amis de Genève, éd. Y. Bézard, 1939.

– Buffon (Georges-Louis Leclerc, comte de)
   Correspondance inédite de Buffon, éd. H. Nadault, Paris, 1860, 2 volumes.

– Casanova

Histoire de ma vie, texte intégral du manuscrit original suivi de textes inédits, éd. F. Lacassin, 3 volumes, « Bouquins », Robert Laffont, 1993.

– Chesterfield (Philip Stanhope, comte de)

Letters, éd. Bonamy Dobree, Londres, 1932.

– Clairaut (Alexis)

« Lettere », éd. B. Boncompagni, Accademia de nuovi Lincei, Rome, n° 45-46, 1891-1893, pp. 57-291.

« Correspondance inédite entre Clairaut et Cramer », éd. P. Speziali, *Revue d'histoire des sciences*, t. 8, n° 3, 1955, pp. 193-237.

Correspondance avec L. Euler, éd. A.P. Juskevic et R. Taton, *in* Leonhard Euler, *Opera omnia*, série Quarta A, vol. V, Bâle, Birkhauser Verlag, 1980.

« Correspondance Clairaut-Boscovich », éd. R. Taton, *Revue d'histoire des sciences*, 1996, 49/4, pp. 415-458.

– Collé (Charles)

Journal et mémoires sur les hommes de lettres, les ouvrages dramatiques et les événements les plus mémorables du règne de Louis XV (1748-1772), éd. H. Bonhomme, 3 volumes, Genève, Slatkine Reprints, 1967.

– Collini (Côme-Alexandre)

Mon séjour auprès de Voltaire et lettres inédites, Slatkine Reprints, 1970.

– Condillac (Étienne Bonnot, abbé de)

Lettres inédites à Gabriel Cramer, éd. G. Le Roy, Paris, P.U.F., 1953.

– Condillac et Mably
  « Dix lettres inédites ou retrouvées », éd.
  F. Moureau, *Dix-huitième siècle*, n° 23, 1991,
  pp. 193-200.
– *Correspondance littéraire, philosophique et critique* par Grimm, Diderot, Raynal, Meister, etc.,
  éd. M. Tourneux (1877-1882). Klaus Reprint,
  Nendeln/Liechtenstein, 1968. Le premier volume
  et une partie du deuxième sont consacrés aux
  Nouvelles littéraires de Raynal (1745-1755).
– *Correspondance mathématique et physique du
  XVIIIe siècle*, éd. P.H. Fuss, Saint-Pétersbourg,
  1843, 2 volumes.
– Diderot (Denis)
  Correspondance, éd. G. Roth, Éditions de Minuit,
  1er vol. (1713-1757), 1970.
  « Deux lettres inédites », éd. A.-M. Chouillet,
  R.D.E., n° 8, avril 1990, pp. 6-11.
  « Trois lettres inédites », éd. A.-M. Chouillet,
  R.D.E., n° 11, octobre 1991, pp. 9-17
– Du Deffand (marquise)
  Correspondance complète, éd. Lescure, Paris,
  1865, 1er volume.
  « Les correspondantes de Maupertuis, avec
  dix lettres inédites de Mme du Deffand »,
  éd. G. Hervé, *Revue de Paris*, 15 octobre 1911,
  pp. 3-30.
  « Lettres inédites de Mme du Deffand, du président Hénault et du comte de Bulkeley »,
  S.V.E.C., X, 1959.
– Du Hausset (Mme)
  Mémoires, Paris, 1824.
– Dupin (Mme)
  *Le Portefeuille de Madame Dupin, dame de
  Chenonceaux*, éd. G. de Villeneuve-Guibert,
  Paris, 1884.

- Épinay (Mme d')

   Œuvres, éd. Challemel-Lacour, 2 volumes, 1869.

   Lettres à mon fils et morceaux choisis, éd. R. Plaut Weinreb, Wayside Publishing, 1989.

   Les Contre-Confessions de Mme d'Épinay, éd. E. Badinter, Mercure de France, 1989.

   Les Conversations d'Émilie, éd. R. Davison, Voltaire Foundation, 1996.

- Formey (Samuel)

   Correspondance passive : Briasson et Trublet (1739-1770), éd. M. Fontius, R. Geissler et J. Häseler, Paris-Genève, Champion-Slatkine, 1996.

   Lettres d'Elie de Luzac à Jean-Henri Samuel Formey (1748-1770), éd. H. Bots et J. Schillings, Honoré Champion, 2001.

- Frédéric II

   Correspondance, Œuvres complètes, éd. Preuss, t. 17-26, Berlin, 1854.

- Gastelier (Jacques-Elie)

   Lettres sur les affaires du temps, éd. H. Duranton, Paris-Genève, Champion-Slatkine, 1993.

- Geoffrin (Mme)

   « Lettre à G. Cramer, 26 juin [1750] », éd. M. Tourneux, *R.H.L.F.*, n° 1, 1894, pp. 52-53.

   « Six lettres inédites de Madame Geoffrin à Martin Folkes », éd. E. Badinter, *Dix-huitième siècle*, n° 33, 2001, pp. 319-338.

- Graffigny (Françoise d'Issembourg d'Happoncourt de)

   Correspondance, Oxford, The Voltaire Foundation, 1985-2000, 6 premiers volumes.

   « Trois lettres inédites de Crébillon fils à Mme de Graffigny », éd. V. Grayson, *Dix-huitième siècle*, n° 28, 1996, pp. 223-228.

– Grosley (Pierre-Jean)
   *Lettres inédites de Grosley et de quelques-uns de
   ses amis*, éd. A. Babeau, Troyes, 1878.
– Helvétius (Jean-Claude-Adrien)
   Correspondance générale, éd. P. Allan,
   A. Dainard, J. Orsini et D. Smith, University
   of Toronto Press, The Voltaire Foundation,
   volumes I et II, 1981-1984.
– Hénault (président)
   Mémoires, nouvelle éd. complétée par F. Rous-
   seau, Paris, 1911.
– Jacquier (père François)
   Le Père François Jacquier et ses correspondants,
   éd. E. Jovy, Vitry-le-François, 1922.
– *Lettres et pièces rares inédites*, publiées par J. Matter,
   1846.
– Luynes (duc de)
   Mémoires, Paris, 1860-1865, 17 volumes.
– Mairan (Jean-Jacques Dortous de)
   Correspondance avec J. Bouillet, éd. E. Camp,
   Bulletin de la Société d'archéologie de Béziers,
   2ᵉ série, t. II, 1860.
– Marmontel (Jean-François)
   Correspondance, éd. J. Renwick, Clermont-
   Ferrand, 1972, 1ᵉʳ volume (1744-1780).
   Mémoires, éd. J. Renwick, Clermont-Ferrand,
   1972, 1ᵉʳ volume.
– Maupertuis (Pierre-Louis Moreau de)
   « Correspondance avec Frédéric II », *in* La
   Beaumelle, *Vie de Maupertuis*, Paris, 1856,
   pp. 220-331.
   Maupertuis et ses correspondants, éd. Le Sueur,
   1896.

Correspondance de L. Euler, avec P.L.M. de Maupertuis et Frédéric II, éd. par P. Costabel, S. Winter, A.T. Grigorijean et A.P. Juskevic, in Leonhard Euler, *Opera omnia*, série Quarta A., vol. VI, Bâle, Birkhauser Verlag, 1986.

– Montesquieu (Charles de Secondat, baron de La Brède et de)

Correspondance, éd. Nagel, t. III, 1955.

« Montesquieu et ses correspondants », éd. R. Pomeau, *R.H.L.F.*, avril-mai 1982, pp. 179-265.

– Morellet (abbé)

Lettres, I, 1759-1785, éd. D. Medlin, J.-C. David et P. Leclerc, The Voltaire Foundation, Oxford, 1991.

Mémoires inédits sur le XVIIIᵉ siècle et sur la Révolution, t. I, 2ᵉ édition, Genève, Slatkine Reprints, 1967.

– Nollet (abbé)

Correspondance entre l'abbé Nollet et le physicien genevois Jallabert, éd. I. Benguigui, Georg, Genève, 1983.

– Piron (Alexis)

Piron, complément de ses œuvres inédites, éd. H. Bonhomme, Paris, 1865.

Lettres inédites d'Alexis Piron, éd. Clément-Janin, Dijon, 1883.

Lettres de Piron à J.-F. Le Vayer, éd. E. Lavaquery, Paris, 1921.

– Réaumur (René-Antoine Ferchault de)

Lettres inédites, éd. G. Musset, La Rochelle, 1886.

– Rousseau (Jean-Jacques)

Correspondance complète, éd. R.A. Leig, Voltaire Foundation, Genève-Oxford, 1965-1996.

– Rousseau (Pierre)
　　Correspondance littéraire de Mannheim (1754-1756), éd. J. Schlobach, Champion-Slatkine, 1992.
– Sade (comte de)
　　Bibliothèque Sade I, éd. M. Lever, Fayard, 1993.
– Trublet (abbé)
　　Correspondance, éd. J. Jacquart, Paris, 1926.
– Voltaire (François-Marie Arouet, dit)
　　Correspondence and Related Documents, éd. Th. Besterman, Voltaire Foundation, Banbury-Genève, Oxford, n°s 85-135 (1968-1977).

ÉTUDES DES XIXᵉ ET XXᵉ SIÈCLES

– Académie des sciences, *Histoire et mémoire de l'Académie des sciences. Guide de recherches*, sous la direction de E. Brian et de Ch. Demeulenaère-Douyère, Lavoisier Tex et Doc, 1996.

– Académie française, *Les Registres de l'Académie française, 1672-1793*, Paris, 1895-1906, 4 volumes.

– *Actes de la journée Maupertuis*, Créteil, 1ᵉʳ décembre 1973, Paris, 1975, polycopié.

– *Actes du colloque Fontenelle*, tenu à Rouen du 6 au 10 octobre 1987, publiés par A. Niderst, P.U.F., 1989.

– *Actes du colloque international Buffon 1988*, Vrin, 1992.

– *Actes du colloque international Denis Diderot (1713-1784)*, Paris, Sèvres, Reims, Langres (4-11 juillet 1984), recueillis par A.-M. Chouillet, Aux amateurs de livres, 1985.

– *Actes du colloque Jean d'Alembert, savant et philosophe. Portrait à plusieurs voix*, Paris, 15-18 juin 1983, éd. M. Emery et P. Manzani, Centre international de synthèse, Éd. des archives contemporaines, 1989.

– *Actes du congrès international Oxford – Paris 1994, Voltaire et ses combats*, sous la direction de U. Kölving

et Ch. Mervaud, Voltaire Foundation, Oxford, 1997,
2 volumes.

– *D'Alembert*, numéro spécial, *Dix-huitième siècle*,
n° 16, 1984.

– M. Antoine
   Louis XV, Fayard, 1989.

– A. Babeau
   *Lettres inédites de Grosley et de quelqu'uns de ses
      amis*, Troyes, 1878.
   « Les correspondants de Grosley », *Mémoires
      de la Société académique d'agriculture, des
      sciences et belles-lettres du département de
      l'Aube*, t. XVI, 1882, pp. 321-352.
   Les Correspondants de Grosley, Troyes, 1883.

– E. Badinter
   (éd.), *La Femme au XVIIIe siècle* des frères Gon-
      court, « Texto », Tallandier, 2008.
   Émilie, Émilie, l'ambition féminine au XVIIIe siècle,
      Flammarion, 1983.
   (éd.), *Les Remontrances de Malesherbes (1771-
      1775)*, « Champs », Flammarion, 1985.
   (éd.), *Qu'est-ce qu'une femme ?* de A.L. Thomas,
      Diderot, Mme d'Épinay, P.O.L, 1989.
   (éd.), *Les Contre-Confessions. Histoire de
      Madame de Montbrillant*, 1989, Mercure de
      France, édition de poche, 3 volumes, 2000.
   (éd.), *Le Discours sur le bonheur de Mme du
      Châtelet*, Rivages poche, n° 221, 1997.
   « Passions genevoises en 1760, ou l'envers de
      la médaille », *Antemnae*, Rome, août 2001,
      pp. 5-19.

– J. Balcou
   Fréron contre les philosophes, Droz, 1975.

Le Dossier Fréron, correspondances et documents, Droz, 1975.

Avec S. Barthélemy et A. Cariou, *Elie Fréron, polémiste et critique d'art*, Presses Universitaires de Rennes, 2001.

– A. Balland

La Terre mandarine. Journal d'un voyageur au Nord pour déterminer la figure de la Terre par M. l'abbé Réginald Outhier, Seuil, 1994.

– J. Barreau

« Le tremblement de terre de Lisbonne vu par François-Marie, Jean-Jacques et quelques autres », *Chemins d'historiens*, Éd. Apogée, Rennes, 1999.

– Ch. Bartholomess

Histoire philosophique de l'Académie de Prusse, Paris, 1850, 2 volumes.

– P. Benhamou

Index des « Lettres sur quelques écrits de ce temps » (1749-1754) d'Elie Catherine Fréron, Slatkine, 1985.

– J.-D. Bernal

« Les rapports scientifiques entre la Grande-Bretagne et la France au XVIIIᵉ siècle », *Revue d'histoire des sciences*, t. IX, 1956, pp. 289-300.

– J. Bertrand

« Clairaut, sa vie et ses travaux », *Journal des savants*, février 1866, pp. 117-138.

« Les académies d'autrefois ; sur *L'ancienne Académie des sciences*, par A. Maury (1885) », *Journal des savants*, 9 articles, juin-juillet-septembre-novembre-décembre 1866 ; mars et décembre 1867 ; février et mai 1868.

« Euler et ses travaux », *Journal des savants*, mars
     1868, pp. 133-152.

*L'Académie des sciences et les académiciens de
     1666 à 1793*, Paris, 1869.

D'Alembert, Paris, 1889.

– G. Bigourdan

Communication sur les Observatoires de Paris,
     C.R.A.S., 1918, 167, pp. 5-9, 101-106, 141-146,
     192-198.

– R. Birn

« Le *Journal des savants* sous l'Ancien Régime »,
     Journal des savants, janvier-mars 1965,
     pp. 15-35.

– G. Boistel

« L'Astronomie nautique au xviiie siècle en
     France : tables de la lune et longitudes en mer. »
     Thèse de doctorat, 2001, université de Nantes.

– J. Bollème, J. Ehrard, D. Roche et J. Roger

(éd.), *Livre et société dans la France du xviiie siècle*,
     Paris-La Haye, Mouton, 1965, 2 volumes.

– L.L. Bongie

« Diderot's *femme savante* », *S.V.E.C.*, n° 166,
     1977.

« A new Condillac letter and the genesis of the
     Traité des sensations », *Journal of the History
     of Philosophy*, vol. XVI, 1978, pp. 83-94.

(éd.), « Les monades d'Étienne Bonnot de
     Condillac », *S.V.E.C.*, n° 187, 1980.

« La chasse aux abbés, l'abbé de Gua de Malves
     et la morale diderotienne », *R.D.E.*, n° 14, avril
     1993, pp. 7-22.

– M. Bossi et P. Tucci (éd.)

Bicentennial Commemoration of R.G. Boscovich,
     Milan, 1987.

– H. Bost et C. Lauriol

« L'affaire Calas d'après les lettres de La Condamine à La Beaumelle », *Études sur le Traité sur la tolérance de Voltaire*, éd. N. Cronk, Voltaire Foundation, 2000.

– N. Boyer

La Guerre des bouffons, 1945.

– B. Bray, J. Schlobach et J. Varloot (éd.)

La Correspondance littéraire de Grimm et de Meister (1754-1813), Klincksieck, 1976.

– G. Bresson

Réaumur. Le savant qui osa croiser une poule avec un lapin, Éd. D'Orbestier, 2001.

– L. Brunel

Les Philosophes et l'Académie française au dix-huitième siècle, Slatkine-Reprints, 1967.

– P. Brunet

Maupertuis, l'œuvre et sa place dans la pensée scientifique et philosophie du XVIIIᵉ siècle, Paris, 1929.

La Vie et l'œuvre de Clairaut (1713-1765), P.U.F., 1952.

L'Introduction des théories de Newton en France au XVIIIᵉ siècle, Paris, 1931, Slatkine-Reprints, 1970.

– C. Cadéac

« Discours prononcé le 5 juin 1932 à l'inauguration du monument du mathématicien Charles Bossut à Tartaras (Loire) », *Mémoires de l'Académie de Lyon*, 3ᵉ série, t. 21, 1933, pp. 231-236.

– J.-D. Candaux

« D'Alembert et les Genevois : quelques documents inédits », *Musées de Genève*, juillet-août

1967, n° 77, pp. 10-12 et septembre 1967, n° 78, pp. 8-9.

Catalogue de la correspondance de Charles Bonnet, Genève, B.P.U., 1993.

– J.L. Carr

« Deslandes and the *encyclopédie* », *French Studies*, n° 16, avril 1962, pp. 154-160.

– A. Cazes

Grimm et les encyclopédistes, Slatkine Reprints, 1970.

– R. Chartier

Lectures et lecteurs dans la France de l'Ancien Régime. Seuil, 1987.

– P. Chaunu, M. Foisil et F. de Noirfontaine

Le Basculement religieux de Paris au XVIIIe siècle, Fayard, 1998.

– R. Chavigny

« L'hortensia fleur horlogère », *Bulletin Ancaha*, n° 81, printemps 1998, pp. 47-54.

– *Chronique de la Régence et du règne de Louis XV (1718-1763)*, ou *Journal de Barbier*, Paris, 1885, 8 volumes.

– A. Cioranescu

Bibliographie de la littérature française du dix-huitième siècle, 3 volumes, Slatkine Reprints, 1999.

– Ch. Collé

Journal et Mémoires sur les hommes de lettres les plus mémorables du règne de Louis XV (1748-1772), éd. H. Bonhomme, 1868, réédition Slatkine Reprints, 1967, 3 volumes.

– J.-F. Combes-Malavialle

« Vues nouvelles sur l'abbé de Prades », *Dix-huitième siècle*, n° 20, 1988, pp. 377-397.

« Sur une ténébreuse affaire : l'incarcération de l'abbé de Prades à Magdebourg », *Dix-huitième siècle*, n° 25, 1993, pp. 337-353.

– Condorcet

Œuvres, fac-similé de l'édition Paris 1847-1849, Stuttgart-Bad Connstatt, Friedrich Fromman Verlag, 1968, tomes II et III.

– P.M. Conlon

« Two letters of Mme de Graffigny to Maupertuis », *S.V.E.C.*, n° 2, 1956, pp. 279-283.

« Voltaire's literary career from 1728 to 1750 », *S.V.E.C.*, n° 14, 1961.

« La Condamine the inquisitive », *S.V.E.C.*, n° 55, 1967, pp. 361-393.

– Cousin d'Avalon

D'Alembertiana, 1813.

– P. Cranefield

« L'origine probable de l'introduction du mot "crétin" dans la langue écrite. Un manuscrit de 1750 par le comte de Maugiron », *Gesnerus*, 19, 1962, pp. 89-92.

– V. van Crugten-André

Le « Traité de tolérance » de Voltaire. Un champion des Lumières contre le fanatisme, Champion, 1999.

– J. Curtis

« Mademoiselle Quinault and the Bout-du-Blanc : a reapraisal », *S.V.E.C.*, 2000, 8, pp. 35-56.

– J. Dagen

L'Histoire de l'esprit humain dans la pensée française de Fontenelle à Condorcet, Klincksieck, 1977.

– R. Darnton

    Bohème littéraire et révolution : le monde des livres au xviii siècle*, Seuil, 1983.

    « Les encyclopédistes et la police », *Recherches sur Diderot et l'Encyclopédie*, n° 1, octobre 1986, pp. 94-109.

– R. Davison (éd.)

    Les Conversations d'Émilie de Mme d'Épinay, *S.V.E.C.*, n° 342, 1996.

– R.L. Dawson

    « Baculard d'Arnaud : life and prose fiction », *S.V.E.C.*, 2 volumes, nos 141 et 142, 1976.

– D. Delafarge

    La Vie et l'œuvre de Palissot (1730-1814), 1912.

– J.-B. Delambre

    Histoire de l'astronomie au xviii siècle*, Paris, 1827.

– Th. Delarue

    Isographie des hommes célèbres, Paris, 1843, 2 volumes.

– M. Delon et C. Seth (éd.)

    Voltaire en Europe. Hommage à Christiane Mervaud, Voltaire Foundation, Oxford, 2000.

– Abbé Denina

    La Prusse littéraire sous Frédéric II, Berlin, 1790, 3 volumes.

– L. Desgraves

    Montesquieu, Mazarine, 1986.

    Chronologie critique de la vie et des œuvres de Montesquieu, Honoré Champion, 1998.

– G. Desnoiresterres

    Voltaire et la société française au xviii siècle*, 2ᵉ éd., Paris, 1871-1876.

– J. Dhombres

« Quelques rencontres de Diderot avec les mathématiques », in *Denis Diderot, 1713-1784*, éd. A.-M. Chouillet, Actes du colloque international Diderot (4-11 juillet 1984), Aux amateurs de livres, 1985, pp. 269-280.

– *Dictionary of Scientific Biography*, éd. Ch. Coulston Gillispie, Princeton University, 17 volumes, 1981-1990.

– *Dictionnaire des journalistes (1600-1789)*, éd. J. Sgard, Presses Universitaires de Grenoble, 1976.

– *Dictionnaire des journaux (1600-1789)*, éd. J. Sgard, Paris, Universitas, 1991, 2 volumes.

– *Dictionnaire des lettres françaises* du cardinal G. Grente, mis à jour par F. Moureau, Fayard, 1995.

– H. Dieckmann, J. Proust et J. Varloot

« Sur les œuvres complètes de Diderot. Une réponse qui s'impose », *Dix-huitième siècle*, n° 8, 1976, pp. 423-431.

– C. Dornier et D. Smith

« Duclos vu par Mme de Graffigny », *S.V.E.C.*, n° 371, 1999, pp. 221-256.

– E. Doublet

« L'abbé Bossut (à l'occasion du centenaire de sa mort) », *Bulletin des sciences mathématiques*, 1914, pp. 93-96, 121-125, 158-160, 186-190, 220-224.

– J. Egret

Louis XV et l'opposition parlementaire, Colin, 1970.

– J. Ehrard et J. Roger

« Deux périodiques français du xviiie siècle : le *Journal des savants* et les *Mémoires de*

Trévoux », in *Livre et société dans la France du XVIIIe siècle*, 2 volumes, 1965.

– J. Fabre

« Deux frères ennemis : Diderot et Jean-Jacques », *Diderot Studies*, III, 1961, pp. 155-213.

– P. Flourens

Recueil des Éloges historiques lus dans les séances publiques de l'Académie des sciences, Paris, 1857, 2e volume.

– M. Fontius

« Der Tod eines *philosophe*. Unbekannte Nachrufe auf La Mettrie », *Beiträge zur romanische Philologie*, 6 (1967), pp. 5-28 et 226-251.

– E. Forbes et J. Gapaillard

« La correspondance astronomique entre l'abbé Nicolas, Louis de Lacaille et Tobias Mayer », *Revue d'histoire des sciences*, 1996, 49/4, pp. 483-541.

– P. Fould

Anecdotes curieuses de la cour de France sous le règne de Louis XV, 2e édition, 1908.

– M. Fumaroli

Quand l'Europe parlait français, B. de Fallois, 2001.

– J.-D. Garat

Mémoires historiques sur le XVIIIe siècle, Paris, 1829, 2 volumes.

– G. Gargett

Jacob Vernet, Geneva and the Philosophes, *S.V.E.C.*, n° 321, 1994.

– R. Geissler

« Boureau-Deslandes lecteur de manuscrits clandestins ? », in *Le Matérialisme du XVIIIe siècle* *et la littérature clandestine*, Actes de la table ronde des 6 et 7 juin 1980, Vrin, 1982.

– G. Gill-Mark
Une femme de lettres au xviiiᵉ siècle, Anne-Marie du Boccage, Librairie Champion, 1927.

– C. Girdlestone
Jean-Philippe Rameau, sa vie, son œuvre, 2ᵉ éd., Desclée de Brouwer, 1983.

– D. Goodman
The Republic of Letters. A Cultural History of the French Enlightenment, Cornell University Press, 1994.

– L. Gottschalk
« Three generations : a plausible interpretation of the french philosophes ? », *Studies in Eighteenth Century Culture* (Wisconsin), 1972, vol. 2, pp. 3-12.

– H. Gouhier
Rousseau et Voltaire, portraits dans deux miroirs, Vrin, 1983.

– J. Goulemot, A. Magnan et D. Masseau
Inventaire Voltaire, Gallimard, 1995.

– R. Granderoute
« De la source au texte ; les mémoires voltairiens de l'affaire Calas », *Voltaire et ses combats*, I, Voltaire Foundation, 1997, pp. 567-579.

– R. Grimsley
Jean d'Alembert (1717-1783), Clarendon Press, Oxford, 1963. « Quelques lettres inédites de D'Alembert », *R.H.L.F.*, 1962, pp. 74-78.

– P. Grosclaude
La Vie intellectuelle à Lyon dans la deuxième moitié du xviiiᵉ siècle, Picard, 1934.

Malesherbes témoin et interprète de son temps, Paris, Librairie Fischbacher, 1961.

Malesherbes et son temps, nouveaux documents inédits, Paris, Librairie Fischbacher, 1964.

– J. Haechler

L'Encyclopédie de Diderot et de… Jaucourt. Essai biographique sur le chevalier Louis Jaucourt, H. Champion, 1995.

L'Encyclopédie. Les combats et les hommes, Belles-lettres, 1998.

– R. Hahn

L'Anatomie d'une institution scientifique : l'Académie des sciences de Paris, 1666-1803, traduit de l'américain, Éditions des Archives contemporaines, 1993.

– T.L. Hankins

Jean d'Alembert, Science and the Enlightenment, Gordon and Breach, 1970.

– R. Hawkins

« Unpublished French letters of the eighteenth century », *Romanic Review*, 21, 1930, pp. 5-6.

– P. Hazard

La Crise de la conscience européenne (1680-1715), 2 volumes, Paris, 1935.

– J. Hellegouarc'h

L'Esprit de société. Cercles et « salons » parisiens au xviiiᵉ siècle, Garnier, 2000.

– G. Hervé

« Les correspondantes de Maupertuis, avec dix lettres inédites de Mme du Deffand », *Revue de Paris*, 15, octobre 1911, pp. 3-30.

– *Histoire de l'édition française*, éd. R. Chartier et H.-J. Martin, Fayard, 1990, 2 volumes.

– *Histoire de la science, des origines au xxᵉ siècle*, éd. M. Daumas, « Encyclopédie de la Pléiade », Gallimard, 1963.

– *Histoire générale des sciences*, éd. R. Taton, P.U.F., 1958, volume 2 : *La Science moderne (1450-1800)*.

– C. Iltis

« D'Alembert and the vis viva controversy », *Studies in History of Science*, 1, 1970-1971, pp. 135-144.

– J. Jacquart

L'Abbé Trublet, critique et moraliste (1697-1770), Paris, 1926.

– F. Jarrousse

« Des réseaux scientifiques au xviiiᵉ siècle : la correspondance du Dr Jean-Etienne Guettard (1715-1786) », Mémoire de D.E.A., Université Blaise-Pascal (Clermont II), 1998.

– E. Johnston

Le Marquis d'Argens, sa vie, son œuvre, Paris, 1928.

– F.A. Kafker

« Gua de Malves and the Encyclopédie », *Diderot Studies*, 19, 1978, pp. 93-102.

and S.L. Kafker, « The Encyclopedists as individuals », *S.V.E.C.*, n° 257, 1988.

« The Encyclopedists as a group : a collective biography of the authors of the *Encyclopédie* », *S.V.E.C.*, n° 345, 1996.

« Were the Encyclopedists allies of Voltaire in the Calas affair ? », in *Voltaire et ses combats*, II, Voltaire Foundation, 1997, pp. 849-856.

– C. Kintzler

Poétique de l'opéra français de Corneille à Rousseau, Minerve, 1991.

– B. Knapp,
   Voltaire revisited, Twayne Publishers, N. Y., 2000.
– U. Kölving et Ch. Mervaud (éd.)
   Voltaire et ses combats, 2 volumes, Voltaire
   Foundation, Oxford, 1997.
– U. Kölving et I. Passeron (éd.)
   Sciences, musiques, lumières. Mélanges offerts à
   A.-M. Chouillet, 2002.
– L.G. Krakeur et R.L. Krakeur
   « The mathematical writings of Diderot », *Isis*,
   33, juin 1941, pp. 219-232.
– W. Krauss
   « La correspondance de S. Formey », *R.H.L.F.*,
   n° 63, 1963, pp. 207-216.
– L. Angliviel de La Beaumelle
   Vie de Maupertuis, Paris, 1856.
– La Harpe
   Cours de littérature, philosophie du XVIIIᵉ siècle,
   1805.
– J. de La Harpe
   Le Journal des savants et l'Angleterre (1702-1789),
   University California Press, 1941.
– R. Lamontagne
   La Vie et l'œuvre de Pierre Bouguer, P.U.F.,
   1964.
– C. Lauriol
   *La Beaumelle. Un protestant cévenol entre
   Montesquieu et Voltaire*, Genève-Paris, Librai-
   rie Droz,1978.
   « La Beaumelle, l'affaire Calas et le *Traité sur la
   tolérance* », in *Voltaire en Europe*, Hommage
   à Christiane Mervaud, Voltaire Foundation,
   2000, pp. 173-180.

– A.-S. Leblond
   Notice historique sur la vie et les ouvrages de J.-E. Montucla, An VIII.
– P.O. Le Clerc
   « Voltaire and Crébillon père : histoire of an enmity », *Studies on Voltaire*, n° 115, 1973.
– Y.-M. Lee
   « Diderot et la lutte parlementaire au temps de l'*Encyclopédie* », *R.D.E.*, n° 29, octobre 2000, pp. 45-69 et n° 30, avril 2001, pp. 93-126.
– D. Lénardon
   Index de l'Année littéraire (1754-1790), Slatkine Reprints, 1979.
– P. Lepape
   Diderot, Flammarion, 1991.
– Abbé A. Le Sueur
   La Condamine d'après ses papiers inédits, 1911.
– E. Lever
   Madame de Pompadour, Perrin, 2000.
– M. Lever
   Pierre-Augustin Caron de Beaumarchais, t. I : *L'Irrésistible Ascension, 1732-1774*, Fayard, 1999.
– H. Lion
   Le Président Hénault, Paris, 1903.
– L. de Loménie
   La Comtesse de Rochefort et ses amis, Paris, 1870.
– J. Lough
   Essays on the Encyclopédie of Diderot and d'Alembert, Londres, 1968.
   « Sur les débuts de l'Encyclopédie », *Dix-huitième siècle*, n° 1, 1969, pp. 267-287.

« Les idées politiques de Diderot dans l'Encyclopédie », in *Thèmes et figures du siècle des
Lumières*, Droz, 1980.

– H. Lüthy

*La Banque protestante en France. De la révo-
cation de l'édit de Nantes à la Révolution*,
3 volumes, Éditions de l'E.H.E.S.S., 1998.

– J. Macary

« L'esprit encyclopédique avant l'*Encyclopédie* :
André-François Deslandes », *S.V.E.C.*, n° 89,
1972, pp. 975-992.

*Masques et Lumières au XVIIIe. André-François
Deslandes, « citoyen et philosophe » (1689-
1757)*, La Haye, 1975.

– A. McConnel

« La Condamine's scientific journey down the
river Amazon, 1743-1744 », *Annals of Science*,
1991, n° 48, pp. 1-19.

– B.L. McLaughlin

Diderot et l'amitié, *S.V.E.C.*, n° 100, 1973.

– A. Magnan

Dossier Voltaire en Prusse (1750-1753), *S.V.E.C.*,
1986, n° 244. « Le Voltaire inconnu de Jean-
Louis Wagnière », *L'Infini*, n° 25, printemps
1989, pp. 61-108.

– G. Maheu

« Bibliographie de Pierre Bouguer (1698-1758) »,
Revue d'histoire des sciences, n° 19, 1966,
pp. 193-224.

La Vie et l'œuvre de D'Alembert, thèse non
publiée en 3 volumes, 1967 (un exemplaire à
la bibliothèque de la Sorbonne).

– Malesherbes

    Mémoire sur la librairie, Mémoires sur la liberté de la presse, présentés par R. Chartier, Imprimerie nationale, 1994.

– M. Marion

    Dictionnaire des institutions de la France aux XVIIe et XVIIIe siècles, Paris, 1976.

– Z. Markovic (éd.)

    Rudzer Boskovic, Grada Knijiga, II, Zagreb, Jugoslavenska Akademija, 1957. (Publication des lettres de Boscovich à son frère.)

– J. Marx

    Charles Bonnet contre les Lumières (1738-1750), 2 volumes, *S.V.E.C.*, n°s 156-157, 1976.

– J. Mascart

    « Mme Lepaute », *Saggi di astronomia populare*, Turin, 1912, n° 6, pp. 120-124.

– E. Mass (éd.)

    Le Marquis d'Adhémar : la correspondance inédite d'un ami des philosophes à la cour de Bayreuth, *S.V.E.C.*, n° 109, 1973.

    « Les envers du succès. L'infortune du premier éditeur de l'*Encyclopédie*, Gua de Malves », in *L'Encyclopédie et Diderot*, éd. E. Mass et P.E. Knabe, Cologne, dme-Verlag, 1985, pp. 155-179.

– D. Masseau

    L'Invention de l'intellectuel dans l'Europe du XVIIIe siècle, P.U.F., 1994.

    Les Ennemis des philosophes. L'antiphilosophie au temps des Lumières, Albin Michel, 2000.

– G. Maugras

    La Cour de Lunéville au XVIIIe siècle, Paris, 1904.

– L.-P. May

    « Documents nouveaux sur l'*Encyclopédie* »,
        Revue de synthèse, nᵒ 15, 1938, pp. 7-110.
– J. Mayer

    Diderot, homme de science (thèse de doctorat),
        Rennes, 1959.

    « G.-F. Rouelle (1703-1770) », *Revue d'histoire
        des sciences*, t. XXIII, nᵒ 4, octobre-décembre
        1970, pp. 305-332.

    « Diderot et le calcul des probabilités dans l'*Ency-
        clopédie* », *Revue d'histoire des sciences*,
        t. XLIV, nᵒ 3-4, juillet-décembre 1991,
        pp. 375-391.
– Ch. Mervaud

    Avec U. Van Runset, « Voltaire, Baculard d'Arnaud
        et le prince Ferdinand », *S.V.E.C.*, nᵒ 183, 1980,
        pp. 7-33.

    « Voltaire et Frédéric II », *S.V.E.C.*, nᵒ 234,
        1983.

    « De Westminster Abbey au Panthéon : le statut
        des "gens de lettres" dans les *Lettres philo-
        sophiques* », *R.H.L.F.*, 1991, 2, pp. 177-195.

    Avec R. Pomeau, *Voltaire en son temps*, vol. 3, *De
        la cour au jardin*, Voltaire Foundation, 1991.
– G. Minois

    « Clercs et inventions techniques d'après les
        mémoires de l'Académie royale des sciences de
        Paris (1660-1770) », *Annales de Bretagne et des
        pays de l'Ouest*, t. 95, nᵒ 4, 1987, pp. 435-450.
– H. Monod-Cassidy

    *Un voyageur-philosophe au xviiiᵉ siècle. L'abbé
        J.-B. Le Blanc*, Harvard University Press, 1941.

– D. Mornet
   Les Origines intellectuelles de la Révolution française, Paris, 1933.
– R. Mortier
   « La place de D'Alembert dans la littérature des "Lumières" », in *Jean d'Alembert savant et philosophe : portrait à plusieurs voix*, Éditions des Archives contemporaines, 1989, pp. 17-39.
   Le Cœur et la raison, Voltaire Foundation, Oxford, 1990.
   Avec R. Trousson, *Dictionnaire de Diderot*, Champion, 1999.
– M. Muller
   Essai sur la philosophie de Jean d'Alembert, Paris, 1926.
– A. Muratori-Philip
   Le Roi Stanislas, Fayard, 2000.
– J.-A. Naigeon
   Mémoires historiques et philosophiques sur la vie et les ouvrages de Denis Diderot, Paris, 1821, Slatkine Reprints, Genève, 1970.
– R. Naves
   Voltaire et l'Encyclopédie, Paris, 1938.
– P. Naville
   D'Holbach, Gallimard, 1943.
– A. Niderst
   Fontenelle, Plon, 1991.
– N. Nielsen
   Géomètres français du XVIIIe siècle, Copenhague-Paris, Levin-Gauthier-Villars, 1935.
– G. Noël
   Madame de Graffigny (1695-1758), Paris, 1913.

– J. Orsini

L'Affaire Calas avant Voltaire, Thèse de troisième cycle, Université Paris-Sorbonne, 1981.

– M. Panza

« De la nature épargnante aux forces généreuses : le principe de moindre action entre mathématiques et métaphysique. Maupertuis et Euler, 1740-1751 », *Revue d'histoire des sciences*, t. XLVIII, 4, pp. 435-520, 1995.

– J. Pappas

« Berthiers's Journal de Trévoux and the Philosophes », *S.V.E.C.*, n° 3, 1957.

« Rousseau et d'Alembert », *P.M.L.A.*, mars 1960, n° 1, pp. 46-60.

« Diderot, d'Alembert et l'Encyclopédie », *Diderot Studies*, IV, 1963, pp. 191-208.

« D'Alembert et la querelle des Bouffons d'après des documents inédits », *R.H.L.F.*, juillet-septembre 1965, pp. 479-551.

« L'esprit de finesse contre l'esprit de géométrie : un débat entre Diderot et d'Alembert », *S.V.E.C.*, n° 89, 1972.

« D'Alembert et la nouvelle aristocratie », *Dix-huitième siècle*, n° 15, 1983, pp. 335-343.

« Inventaire de la correspondance de D'Alembert », *S.V.E.C.*, n° 245, 1986, pp. 131-276.

« Les relations entre Frisi et d'Alembert », in *Ideologia e scienza nell'Opera di Paolo Frisi (1728-1784)*, Milan, 1987.

« R.J. Boscovich et l'Académie des sciences de Paris », *Revue d'histoire des sciences*, 1996, 49/4, pp. 401-414.

– I. Passeron

  Clairaut et la figure de la Terre au xviiiᵉ siècle, Thèse de doctorat, Paris VII, 1994 (un exemplaire à la bibliothèque de la Sorbonne).

– M. Paty

  « Rapport des mathématiques et de la physique chez d'Alembert », *Dix-huitième siècle*, n° 16, 1984, pp. 69-79.

  « D'Alembert et son temps. Éléments de biographie », *Cahiers Fundamenta scientiae*, n° 69-70, 1997, pp. 1-69.

  D'Alembert ou la raison physico-mathématique au siècle des Lumières, Les Belles-lettres, 1998.

– Ch. B. Paul

  Science and Immortality; the Éloges of the Paris Academie of Sciences, 1699-1791, University of California Press, 1980.

– J.-C. Pecker

  « L'œuvre scientifique de Lalande », Jérôme Lalande (1732-1807), *Les Nouvelles Annales de l'Ain*, 1985, pp. 1-31.

– J. Peiffer

  « L'engouement des femmes pour les sciences au xviiiᵉ siècle », in *Femmes et pouvoir sous l'Ancien Régime*, éd. D. Haase-Dubosc et E. Viennot, Paris, 1991, pp. 196-222.

– M. Pélisson

  « Les mémoires d'un professeur du xviiiᵉ siècle », *Revue pédagogique*, janvier-juin 1904.

– Pellisson et d'Olivet

  Histoire de l'Académie française, introduction, éclaircissements et notes de Ch.-L. Livet, Paris, 1852, vol. I et II.

– L. Perey
   Le Président Hénault et Mme du Deffand, Paris,
      s.d.
– L. Perey et G. Maugras
   La Jeunesse de Mme d'Épinay, 1882.
– L. Perol
   « Les philosophes et l'archevêque », in *Éclectisme
      et cohérence des Lumières*, Nizet, 1992.
– M. Pinault-Sōrensen
   « Dezallier d'Argenville, l'*Encyclopédie* et la
      conchyliologie », *R.D.E.*, n° 24, avril 1998,
      pp. 101-137.
– R. Plaut Weinreb
   « Madame d'Épinay's contributions to the *Corres-
      pondance littéraire* », *Studies in Eighteenth-
      Century Culture*, vol. 18, avril 1987,
      pp. 389-403.
   (éd.), Mme d'Épinay, *Lettres à mon fils et mor-
      ceaux choisis*, Wayside Publishing, 1989.
   « Madame d'Épinay, literary critic for the Corres-
      pondance littéraire, philosophique et critique »,
      S.V.E.C., 1993.
   *Eagle in a Gauze Cage, Louise d'Épinay Femme
      de lettres*, Ams Press, 1993.
– R. Pomeau
   « Nouveau regard sur le dossier Calas », *Europe*,
      398, juin 1962, pp. 57-72.
   La Religion de Voltaire, Nizet, 1974.
   L'Europe des Lumières, Slatkine, 1981.
– R. Pomeau (sous la direction de)
   Voltaire en son temps, Voltaire Foundation,
      Oxford, les quatre premiers volumes :
   R. Pomeau, *D'Arouet à Voltaire (1694-1734)*,
      1985.

R. Vaillot, *Avec Mme du Châtelet (1734-1749)*, 1988.

R. Pomeau et Ch. Mervaud, *De la cour au jardin (1750-1759)*, 1991.

R. Pomeau *et al.*, « *Ecrasez l'infâme* » *(1759-1770)*, 1994.

– P. Prévost
Notice de la vie et des écrits de Georges-Louis Lesage, Genève, 1805.

– G. von Proschwitz
« Alexis Piron épistolier », *Romanica Gothoburgensia*, XX, 1982.

« Lettres inédites de Mme du Deffand, du président Hénault et du comte de Bulkeley », *S.V.E.C.*, X, 1959.

– J. Proust
Diderot et l'Encyclopédie, Paris, 1962, réédition Slatkine, 1982.

– P. Rétat
L'Attentat de Damiens. Discours sur l'événement au XVIIIe siècle, Presses Universitaires de Lyon, 1979.

– D. Roche
« Encyclopédistes et académiciens », in *Livre et société dans la France du XVIIIe siècle*, éd. F. Furet, t. II, 1970, pp. 73-92.

Le Siècle des Lumières en province. Académies et académiciens provinciaux, (1680-1789), Paris, Éditions de l'E.H.E.S.S., 1986, 2 volumes.

Les Républicains des lettres. Gens de culture et Lumières au XVIIIe siècle, Fayard, 1988.

Éd. avec V. Ferrone, *Le Monde des Lumières*, Fayard, 1999.

– J. Roger

Buffon, Fayard, 1989.

« Diderot et Buffon en 1749 », in *Diderot Studies IV*, Genève, Droz, 1963, pp. 221-236.

Les Sciences de la vie dans la pensée française du XVIIIe siècle, Albin Michel, « Bibliothèque de l'évolution de l'humanité », 1994.

– A. Rouxel

Chroniques des élections à l'Académie française (1634-1841), Paris, 1886.

– V. Ru

« L'aigle à deux têtes de l'*Encyclopédie* : accords et divergences de Diderot et de D'Alembert de 1751 à 1759 », *R.D.E.*, n° 26, avril 1999, pp. 17-26.

– J. Sareil

Les Tencin, Genève, Droz, 1969.

– E. Sarton

« Montucla (1725-1799), sa vie et ses travaux », *Osiris*, 1936, I, pp. 519-567.

– R. Savioz

Mémoires autobiographiques de Charles Bonnet de Genève, Vrin, 1948.

– A. Sayous

Le XVIIIe siècle à l'étranger, Paris, 1861, 2 volumes.

– R. Schackleton

Montesquieu, biographie critique, Presses Universitaires de Grenoble, 1977.

« D'Alembert et Montesquieu : leurs rapports », in *Jean d'Alembert savant et philosophe, portrait à plusieurs voix*, Centre international de synthèse, Éditions des Archives contemporaines, 1989, pp. 41-51.

– E. Scherer
  Melchior Grimm, l'homme de lettres, le factotum, le diplomate, Paris, 1887.
– L. Schiebinger
  The Mind has no Sex? Women in the Origins of Modern Science, Harvard University Press, 1989.
– J. Schlobach (éd.)
  Correspondance inédite de Frédéric-Melchior Grimm, Wilhelm Fink Verlag, Munich, 1972.
  Correspondances littéraires inédites, Champion-Slatkine, 1987.
– Marquis de Ségur
  Julie de Lespinasse, Paris, 1880.
  Le Président Hénault et Madame du Deffand, Paris, 1893.
  Le Royaume de la rue Saint-Honoré. Madame Geoffrin et sa fille, Paris, 1897.
– Y. Séité
  « Voltaire, cible des notes infrapaginales de la *Nouvelle Héloïse* », in *Voltaire et ses combats*, II, Voltaire Foundation, 1997, pp. 1023-1035.
– J. Sénebier
  Histoire littéraire de Genève, Genève, 1786, 3 volumes.
– J. Sgard
  (éd.), *Corpus Condillac (1714-1780)*, Slatkine, 1981.
  « La multiplication des périodiques », in *Histoire de l'édition française*, 1990, t. II, pp. 246-255.
  « Diderot vu par les *Nouvelles ecclésiastiques* », *R.D.E.*, n° 25, octobre 1998, pp. 9-19.
  (éd.), *Dictionnaire des journaux, 1600-1789*, Paris, Universitas, 1991, 2 volumes.

(éd.), *Dictionnaire des journalistes, 1600-1789*, Voltaire Foundation, Oxford, 1999, 2 volumes.

- E. Showalter Jr.

    « The beginnings of Madame de Graffigny's literary career : a study in the social history of literature », in *Essays on the Age of Enlightenment in Honor of Ira. O. Wade*, éd. J. Marary, Genève/Paris, Droz, 1977, pp. 293-304.

    « Madame de Graffigny and her salon », *Studies in Eighteenth-Century Culture*, vol. 6, Wisconsin Press, 1977, pp. 377-391.

    « Mme de Graffigny and Rousseau : between the two Discours », *S.V.E.C.*, n° 175, 1978.

    « French women dramatist of the eighteenth century », *S.V.E.C.*, n° 264, 1989.

- C.P. Snow

    Les Deux Cultures, Jean-Jacques Pauvert, 1968.

- J. Spink

    « Un abbé philosophe : l'affaire de J.-M. de Prades », *Dix-huitième siècle*, n° 3, 1971, pp. 145-180.

- P. Stewart

    « Ximénès, Voltaire, et la critique de *Julie* », in *Voltaire et ses combats*, II, Voltaire Foundation, 1997, pp. 1007-1014.

- A. Strugnell

    « La candidature de Diderot à la Société royale de Londres », *R.D.E.*, n° 4, avril 1988, pp. 37-41.

- Mme Suard

    Essais de mémoires sur M. Suard, Paris, 1820.

- Tardy

    Dictionnaire des horlogers français, II, Aubenas, 1972.

– R. Taton

(éd.), *Enseignement et diffusion des sciences en France au XVIIIe siècle*, Paris, Hermann, 1964 et 1986.

« Inventaire chronologique de l'œuvre d'Alexis-Claude Clairaut (1713-1765) », *Revue d'histoire des sciences*, XXIX, 2, 1976, pp. 97-122.

« D'Alembert et la question des trois corps », in *Jean d'Alembert, savant et philosophe, portrait à plusieurs voix*, Centre international de synthèse, Éditions des Archives contemporaines, 1981, pp. 395-409.

« D'Alembert, Euler et l'Académie de Berlin », *Dix-huitième siècle*, n° 16, 1984, pp. 55-67.

Études d'histoires des sciences, Brepols, Belgique, 2000.

– M. Terrall

« Maupertuis and the Eighteenth Century Scientific Culture », P.H.D. Dissertation, University of Californie, 1987.

– H. de Terrebasse

Timoléon-Guy-François de Maugiron, Grenoble, 1899.

– J. Théoridoridès

« Contribution à l'étude des relations de Boscovich avec la France », *Actes du symposium R.J. Boskovic*, 1961, Zagreb, 1962, pp. 263-267.

– D. Thiebault

Souvenirs de vingt ans de séjour à Berlin, 1804, 5 volumes.

– G. Tolnai

La Cour de Louis XV. Journal de voyage du comte Joseph Teleki, P.U.F., 1943.

– J. Torlais
    L'Abbé Nollet, un physicien des Lumières, Sipucco, 1954.
    « Inventaire de la correspondance et des papiers de Réaumur conservé aux Archives de l'Académie des sciences de Paris », *Revue d'histoire des sciences*, n° 12, 1959, pp. 315-326.
    Réaumur, Paris, Albert Blanchard,1961.
– Abbé Tougard
    Documents concernant l'histoire littéraire du XVIIIe siècle, Paris, 1912, 2 volumes.
– I.F. Treat
    Un cosmopolite italien du XVIIIe siècle, Francesco Algarotti, Thèse de l'Université de Paris, 1913.
– J. Trembley (éd.)
    Les Savants genevois dans l'Europe intellectuelle du XVIIe au milieu du XIXe siècle, Éditions du Journal de Genève, 1988.
– R. Trousson et F.S. Eigeldinger
    Jean-Jacques Rousseau au jour le jour. Chronologie, Honoré Champion, 1998.
– C. Truesdell
    « Léonard Euler, supreme geometer (1707-1783) », in *Studies in Eighteenth Century Culture*, Wisconsin, 1972, vol. 2, pp. 51-95.
– J. Tuffet
    Histoire du docteur Akakia et du natif de Saint-Malo, Nizet, 1967.
– Ch. Urbain
    « L'abbé de Canaye et le Discours préliminaire de l'Encyclopédie », *R.H.L.F.*, 1895, t. II, pp. 385-401.
– Mme de Vandeul
    Diderot, mon père, Circé, 1992.

– V. Varicak
« Drugi vlomak Boskoviceve Korespondencijil »,
Rad. Jug. Akad., vol. 193, 1912, pp. 166-338.
– A. Vartanian
« Buffon et Diderot », *Actes du colloque interna-
tional Buffon 88*, Vrin, 1992.
– L. Véluz
Maupertuis, Paris, Hachette, 1969.
– F. Venturi
Le Origini dell'Encyclopedia, Florence, 1946.
Jeunesse de Diderot (de 1713 à 1753), Paris, 1939,
Slatkine Reprint, Genève, 1967.
– P. Vereb
*Alexis Piron, poète, ou la difficile condition
d'auteur sous Louis XV (1689-1773)*, Thèse
d'État, 1993. (Un exemplaire à la Sorbonne.)
– P. Vernière
« Naissance et statut de l'intelligentsia en
France », in *Le Siècle de Voltaire. Hommage à
René Pomeau*, éd. Ch. Mervaud et S. Menant,
The Voltaire Foundation, Oxford, 1987, vol. II,
pp. 933-941.
– L. Versini (éd.)
Diderot, *Œuvres*, « Bouquins », Robert Laffont,
5 volumes, 1994-1997.
– G. Vidan (éd.)
Rudjer Boskovic, Annales de l'Institut français de
Zagreb, 3e série, no 3, 1977-1982.
– R. Virolle
« Mme du Boccage, Voltaire, le pape et Christophe
Colomb », in *Le Siècle de Voltaire. Hommage
à René Pomeau*, éd. Ch. Mervaud et S. Menant,
The Voltaire Foundation, Oxford, 1987,
pp. 953-964.

– J.-L. Vissière

  La Secte des empoisonneurs. Polémiques autour de l'Encyclopédie de Diderot et d'Alembert, Publications de l'Université de Provence, 1993.

– M. Vovelle (éd.)

  L'Homme des Lumières, Seuil, 1996.

– E. Walter

  « Sur l'intelligentsia des Lumières », *Dix-huitième siècle*, nº 5, 1973, pp. 173-201.

– R. Walters

  « Chemistry at Cirey », *S.V.E.C.*, nº 58, 1967, pp. 1807-1827.

– L.L. Whyte (éd.)

  Roger Joseph Boscovich. Studies on his Life and Work on the 250ᵗʰ Anniversary on his Birth, Londres, 1961.

– A.M. Wilson

  Diderot, sa vie et son œuvre, « Bouquins », Robert Laffont, 1985.

INDEX DES NOMS DE PERSONNES

ABADIE, 362.

ABEILLE, Louis-Paul (agronome), 40 n. 4, 42 n. 9, 318, 320 et n. 2.

ADHÉMAR, Antoine Honneste de Marteil de Brenier, marquis d', 94 n. 3, 177 n. 1.

AGNESI, Maria Gaetana, 327.

AGUESSEAU, Henri-François d', chancelier, 43 n. 1 et 2, 61, 79, 80.

AIGUILLON, Anne Charlotte de Crussol de Florensac, duchesse d', 142, 201 n. 2, 224, 226 et n. 3, 228 et n. 1, 288.

AIGUILLON, Emmanuel Armand de Vignerot du Plessis de Richelieu, duc d', 39, 42.

ALEMBERT, Jean Le Rond d', 9-12, 22, 24, 25, et n. 1 et 2, 29 n. 2, 30-32 et n. 1, 35 et n. 5, 39 n. 2, 46 et n. 6, 71, 72 et n. 1 et 2, 74 n. 3, 76 et n. 1, 80 n. 1, 83, 85-91, 94-100, 106 n. 5, 107, 116 n. 4, 118-133, 137, 140, 141, 143-148, 153, 154, 157, 158, 161-163, 166-187, 189, 195-218, 229, 232 et n. 1 et 2, 234 et n. 2, 235, 238, 241-246, 247 n. 1, 249, 250, 252, 253, 255-281 et n. 2, 283-285, 297, 299 n. 2, 335, 336, 338 et n. 2, 339 n. 1 et 2, 341 n. 5, 345-348, 349 n. 1, 351, 354, 355 et n. 1 et 2, 364, 365, 368-370, 375, 377-387, 390-405 et n. 1, 407-415, 423-425, 427-431, 436-441 et n. 1, 3, et 4, 444-446,

449, 451, 452 et n. 5, 455 et n. 5, 456 n. 3, 458, 460-462 et n. 3 et 4, 464-468, 470-473, 474 n. 2, 475 n. 2, 478-481, 482 n. 1 et 2, 489, 432 et n. 3, 498, 495.

ALGAROTTI, Francesco (écrivain italien), 51, 52, 55, 95 et n. 2 et 3, 105, 111 n. 1, 302, 308, 429, 459 n. 1.

ALTMANN, J. G., 107 n. 1.

AMÉLIE, princesse [sœur de Frédéric II], 288.

ANQUETIL-DUPERRON, Abraham-Hyacinthe (orientaliste), 320.

ANTOINE, Michel, 283 n. 1.

ANVILLE, Jean-Baptiste Bourguignon d' (géographe), 41 et n. 5, 468 n. 4.

ARCONVILLE, Marie Geneviève Charlotte d'Arlus, Mme Thiroux d', 316-321 et n. 1, 329.

ARCY, Patrick, chevalier, puis comte d', 116 et n. 2, 117, 140.

ARGENS, Jean-Baptiste de Boyer, marquis d', 32, 51, 55, 56, 89, 96 et n. 1, 111 n. 1, 118 n. 2, 131 et n. 3, 132 et n. 1 et 2, 211-213, 217, 420 n. 1.

ARGENSON, Marc-Pierre, comte d' [frère du marquis d'Argenson], ministre, 32 n. 1, 38, 79 et n. 2, 94 n. 2, 101-103, 257 n. 2, 258, 259 et n. 2, 289, 290, 295 n. 3.

ARGENSON, René-Louis de Voyer de Paulmy, marquis d' (ami de Voltaire), 31, 32 et n. 1, 67 et n. 1, 68 n. 2, 74-77, 79-82, 91, 94, 96, 97, 122 n. 2, 126 et n. 2, 157, 163, 222, 223, 336 n. 2, 341 et n. 1.

ARGENTAL, Charles-Augustin de Ferriol, comte d' [frère de Pont-de-Veyle] (ami de Voltaire), 32 n. 4, 57 n. 3, 58, 114, 299 n. 4, 342 n. 1, 453, 454, 455 n. 4, 457 et n. 8, 460 n. 2, 461, 462 et n. 2, 465, 475 n. 2, 477 n. 2, 478.

ARGENTAL, les d', 32, 458 n. 6, 482 n. 1, 486 n. 1, 492 et n. 5, 494 n. 4, 495, 496 n. 5, 497 n. 1 et 2.

ARISTOPHANE, 240 n. 3, 443.

ARISTOTE, 479.

ARNAUD, François, abbé, 443 n. 2, 468 n. 4.

ARNAUD, François Thomas Marie de Baculard d' (auteur dramatique et romancier), 16, 18, 57 et n. 1, 304, 457 n. 5.

AUDIBERT, Dominique, 490 et n. 3.

AUDRA, abbé, 207.

AUMONT, duc d', 233.

AVAN, d' (chirurgien), 36 n. 4.

AYDIÉ, chevalier d', 215 n. 3, 216 n. 1 à 3.

AYEN, duc d', *voir* Noailles.

BABEAU, Albert, 125 n. 1, 395 n. 2.

BACHAUMONT, Louis Petit, 329 n. 2, 331 n. 2.

BACON, Francis, 265 n. 4.

BADE-DURLACH, Caroline-Louise, magrave de, 357 n. 3, 497.

BADINTER, Élisabeth, 21 n. 1 et 2, 24 n. 1, 30 n. 2, 33 n. 3, 35 n. 6, 36 n. 2, 37 n. 1, 39 n. 4, 40 n. 1, 44 n. 3, 62 n. 2, 64 n. 1, 65 n. 4, 68 n. 1, 71 n. 1, 78 n. 2, 86 n. 1, 89 n. 3, 99 n. 2, 101 n. 2, 110 n. 1, 133 n. 3, 162 n. 172 n. 5, 176 n. 5, 186 n. 2, 190 n. 5, 218 n. 9, 251 n. 1, 260 n. 3, 267 n. 1 et 272 n. 4, 309 n. 3, 310 n. 2, 314 n. 3, 337 n. 4, 346 n. 1, 397 n. 2, 410 n. 3, 428 n. 1, 172 n. 1.

BALCOU, Jean, 190 n. 2, 240 n. 1, 264 n. 2, 286, 316 n. 1, 358 n. 3, 359, 360 n. 2, 363 n. 1, 392 n. 1 et 2, 440 n. 1, 455 n. 3.

BARBIER, Edmond Jean François (mémorialiste et avocat), 39 et n. 3, 77, 82 n. 2 et 3, 91, 283 n. 2, 286 n. 1.

BARBIER, Marie-Anne (auteur dramatique), 294 n. 1.

BARCLAY, John, 318.

BARTHÉLEMY, Jean-Jacques, abbé (érudit), 41 et n. 7, 126.

BARTHEZ, Paul-Joseph (médecin), 42 n. 12.

BAUMANN, Pr [pseudonyme de Maupertuis], 141 n. 4.

BEAUMARCHAIS, Pierre-Augustin Caron de, 191 et n. 1, 322 n. 1.

BEAUMONT, Elie de, 301, 497.

BEAUMONT DE REPAIRE, Christophe de, archevêque de Paris, 77, 81, 90, 283 n. 1, 337 et n. 3, 415, 419.

BEAUSOBRE, Isaac de, 420 n. 1.

BEAUVEAU, Charles Just de Beauveau-Craon, prince de, 200.

BEAUVEAU, Marie Sophie Charlotte de La Tour d'Auvergne, princesse de, 93.

BEAUVOIR, Simone de, 315.

BECCARIA, Cesare Bonesana, marquis de (juriste), 489 et n. 1.

BELLE-ISLE, Charles Louis Auguste Foucquet, comte, puis duc de, maréchal de France, 291 et n. 2.

BELOT, Octavie (écrivain), 452 et n. 3, 478.

BENHAMOU, Paul, 347 n. 1, 2 et 5.

BENOÎT XIV [Prospero Lambertini], pape, 210.

BENTINCK, Charlotte-Sophie, comtesse de, 52 et n. 2, 56 n. 4, 59, 62, 109 n. 1, 3 et 5, 132 n. 3, 221 n. 1, 485 n. 4.

BÉRAUD, Laurent, père (jésuite), 45 et n. 2, 174 et n. 1, 175 n. 3, 207 et n. 2, 209 n. 3.

BERNIS, François Joachim de Pierres, abbé, puis cardinal de, 302, 394, 491, 493, 494.

BERNOULLI, Daniel, 329 n. 1, 366, 404, 405 n. 2, 467-469, 472.

BERNOULLI, Jean, 198 n. 2.

BERNOULLI, Jean II, 66, 67 n. 1, 68 n. 3, 70 et n. 1, 105 n. 3, 106 et n. 4 et 6, 107 n. 2, 220 n. 3, 292 n. 1, 349 n. 4, 417 n. 2, 428, 470 et n. 1, 3, 4.

BERNOULLI, les, 63, 66 n. 2.

BERNSTORF, baron de, 365 n. 2.

BERTHAUD (conseiller à la cour des Monnaies), 207.

BERTHIER, Guillaume François, père (jésuite), 22, 71 n. 1, 72, 88, 89, 205, 348, 415, 418 n. 4, 420 n. 1, 454 n. 1.

BERTOUD, Ferdinand (maître horloger), 191.

BERTRAND, Elie (théologien suisse), 254 et n. 4, 380 n. 1, 485 n. 3.

BERTRAND, Joseph, 172 n. 5.

BESTERMAN, 490 n. 4.

BÈZE DE LYS, Jacques Claude de (conseiller au parlement de Paris), 340.

BEZOUT, Étienne (mathématicien), 395 n. 3, 472.

BIESTA, M. (maître horloger hollandais), 191.

BIGOURDAN, Guillaume, 174 n. 1, 322 n. 3.

BIRCH, Thomas 100, 188 n. 3, 252 n. 3.

BISSY, comte de, 125, 202.

BLANC, Daniel, 253 n. 1.

BOERHAAVE, Hermann (médecin hollandais), 25, 319.

BOINDIN, Nicolas (auteur dramatique), 219-224, 229-231, 232 n. 1, 238.

BOISMONT, abbé de (prédicateur ordinaire du Roi), 201 et n. 2.

BOISSY, Louis de (auteur dramatique), 173, 199 et n. 4.

BOISTEL, Guy, 189 n. 3, 400 n. 1.

BONGIE, Laurence L., 162 n. 2, 163 et n. 1, 165 et n. 2.

BONNET, Charles (naturaliste), 33 n. 5, 44 n. 1, 190 n. 4, 269 et n. 1, 280 et n. 1, 324 n. 2, 326, 361, 363 et n. 3 et 4, 365, 367 n. 4 et 5, 467, 476 n. 4, 500 et n. 3.

BONNEVAL, René de, 23 et n. 1, 298.

BORDE, 360 n. 2.

BORDELET, veuve, 354.

BOSCOVICH, Rudzer, père (jésuite, mathématicien et astronome), 329 n. 1, 406 et n. 1, 407, 467.

BOSC DU BOUCHET, Jeanne [épouse du comte d'Argental], 32 et n. 4.

BOSE, Georg Matthias (physicien allemand), 253 n. 1.

BOSSUT, Charles, abbé (mathématicien), 45 n. 2, 175 et n. 3, 176 et n. 1, 207 n. 2, 274.

BOST, Hubert, 323 n. 1, 487 n. 4.

BOUCHER D'ARGIS, Antoine Gaspard (juriste), 339 n. 2, 499 n. 4.

BOUFFLERS, Marie Charlotte Hippolyte de Camped, comtesse de, 172.

BOUGAINVILLE, Jean-Pierre de (érudit), 199 et n. 2, 223, 394 n. 3.

BOUGAINVILLE, Louis-Antoine, comte de, 330 n. 2.

BOUGUER, Pierre (mathématicien-astronome), 24, 35, 42 et n. 2, 46, 107 et n. 5, 117, 185, 186, 260, 261 n. 1.

BOUILLET, Jean (secrétaire de l'Académie de Béziers), 42 n. 12, 190 n. 1, 327 et n. 1.

BOULAINVILLIERS, Henri de –, comte de Saint-Saire (historien), 233.

BOULANGER, Nicolas Antoine, 158.

BOUREAU-DESLANDES, André-François (philosophe), 163 n. 3, 196, 232, 233 n. 1, 234-238.

BOURGELAT, Claude, 205, 206 n. 1, 3 et 4, 208 et n. 2, 209 n. 2 et 3, 273, 387, 430.

BOURGUET, Louis (physicien), 40.

BOUVARD, Michel (médecin), 224, 227.

BOYER, Jean-François, Mgr, évêque de Mirepoix (précepteur du roi), 76-80, 81 n. 1, 90, 202, 380.

BOYER, N., 155 n. 3.

BOZE, Charles Gros de (numismate), 42 et n. 8 et 11, 126.

BRADLEY, James (astronome), 48 et n. 4.

BRANCAS, duc de, 125.

BRIASSON, Antoine-Claude (éditeur de l'*Encyclopédie*), 252 n. 1, 255 et n. 1, 256 et n. 3, 434.

BRISSON, Mathurin (naturaliste), 434.

BROSSES, Charles de (président à mortier; ami de Buffon), 160, 169, 280 n. 2, 417, 418 n. 1, 443, 464 n. 3, 476 n. 4.

BRUNEL, Lucien, 437 n. 2.

BRUNET, Pierre, 262 n. 3, 325 n. 2.

BRUYSET (éditeur), 185 n. 2, 209 n. 4.

BUFFIER, Claude (jésuite, théologien), 75, 88.

BUFFON, Georges-Louis Leclerc, comte de (naturaliste), 18, 25, 30, 33, 34 et n. 1, 40 et n. 4, 46, 100, 107, 114 n. 4, 141 n. 5, 160, 161, 164, 165 n. 1, 190 et n. 5, 201, 314, 320 et n. 2, 337 n. 4, 365, 382, 406-408, 437-439, 468, 472 n. 3.

BULKELEY, François, comte, 224 et n. 1.

BYNG, John, amiral, 287, 343.

CAHUSAC, Louis de (librettiste), 295, 297, 426, 427 n. 1.

CALAS, Jean, 287, 463, 484, 490-494, 497 n. 4, 499 n. 4 et 6.

CALAS, affaire, 12, 301, 483, 490 n. 4, 492 n. 3, 494 n. 1, 496, 498 et n. 1, 500.

CALAS, Donat, 493, 496.

CALAS, la famille, 317 n. 1, 490, 492-494, 496, 497, 499.

CALAS, Marc-Antoine, 491, 493, 494 n. 3.

CALAS, Mme, 496.

CALAS, Pierre, 493 et n. 2.

CALVIN, Jean Cauvin, dit, 277, 379.

CAMUS, Charles-Étienne (ingénieur mécanicien), 193 et n. 1.

CANAYE, abbé de, 120 n. 2, 128, 176 et n. 5.

CANDAUX, Jean-Daniel, 279 n. 2, 280 n. 1, 281 n. 1.

CANILLAC, abbé, 488.

CAPPERONNIER, Claude (philosophe), 41 et n. 4, 468 n. 4.

CAROILLON LA SALETTE, 146 n. 4, 160 n. 2.

CARON, André-Charles (maître horloger) [père de Beaumarchais], 191-194, 322 et n. 1.

CARR, John L., 235 n. 5.

CARRIAT, Jeanne, *voir* Kolving.

CASANOVA, Giacomo, dit Casanova de Seingalt, 130 et n. 3, 166 et n. 1.

CASSINI, Jean-Dominique, dit Cassini Ier, 62, 68 n. 1, 102 n. 1.

CASSINI DE THURY, César François, dit Cassini III [fils de Jacques Cassini], 100, 397 n. 3.

CASTEL, Louis Bertrand, père (jésuite), 46, 47, 225, 226.

CATHERINE II, impératrice de Russie, 280.

CAVEYRAC, père (jésuite), 454 n. 1.

CAYLUS, Anne Claude Philippe de Tubières de Grimoard de Pestels de Levis, comte de, 295, 296.

CAYLUS, Charles de, évêque d'Auxerre, 92 et n. 3.

CAZES, A., 156 n. 3, 168 n. 3, 169 n. 4.

CERRUTI, Joseph-Antoine, 159 n. 1.

CHAIGNON, Pierre de (résident de France à Sion), 275 n. 2 et 3, 276 n. 1.

CHAPPUIS, Marc (commis de Gauffecourt), 275 n. 4.

CHARAVAY, N., 165 n. 1, 210 n. 3, 358 n. 3.

CHARLES IX, roi de France, 345.

CHARLOTTE, princesse, 297 n. 1.

CHARTRES, Louis-Philippe-Joseph, duc de –, puis duc d'Orléans, futur Philippe Égalité, 469.

CHASOT, chevalier de, 51, 55 et n. 2, 429.

CHASTELLUX, François Jean, chevalier, puis marquis de, 169, 408, 443, 469.

CHÂTELET, Gabrielle-Émilie Le Tonnelier de Breteuil, marquise du, 63, 152, 240, 294, 295, 307, 316, 326, 409 et n. 2.

CHAULNES, Anne-Josèphe, duchesse de, 179, 201 et n. 2.

CHAULNES, Michel Ferdinand d'Albert d'Ailly, duc de Picquigny, puis duc de, 465.

CHAUMEIX, Abraham Joseph de (journaliste), 418, 419, 423 n. 3, 453.

CHAUNU, Pierre, 283 n. 1.

CHAVIGNY, Richard, 330 n. 3.

CHOISEUL, Étienne François, comte de Stainville, puis duc de, 239, 406 n. 1, 419, 440, 444 n. 5, 446 n. 3, 450, 455, 458, 461, 462, 465, 492, 493.

CHORIER, Nicolas, 477 n. 3.

CHOUILLET, Anne-Marie, 26 n. 1, 39 n. 2, 360 n. 1.

CHRISTIN (secrétaire de la Société royale de Lyon), 174 n. 6, 175 n. 2, 206 n. 4.

CHRISTINE, reine de Suède, 198 n. 2, 211 n. 2.

CIDEVILLE, Claude, 58 n. 2, 114, 151 n. 3, 277 n. 2, 301, 302, 305, 341 n. 6, 417, 482 n. 4, 496 n. 6, 497 n. 3.

CLAIRAUT, Alexis (mathématicien), 35, 36, 43, 46, 100, 175 n. 3, 186-189, 258, 259, 261-263,

270-272, 294, 302, 306 n. 3, 323 n. 3, 324-326, 328 et n. 2, 329 et n. 1 et 2, 366, 387, 390, 397-408, 436, 466-469, 498 et n. 3.

CLAIRON, Claire Josèphe Hippolyte Léris de La Tude, dite (de la Comédie-Française), 273, 441 n. 1, 458.

CLAVEL DE BRENLES, Jacques (magistrat de Berne), 153 n. 1.

CLERMONT, Louis de Bourbon-Condé, comte de, 125, 126 et n. 2.

COCHIN, Charles Nicolas, dit le Jeune (architecte), 174.

COINTET, 475 n. 3.

COLLÉ, Charles (chansonnier), 32 et n. 1, 201 n. 4, 218, 297-300, 303, 304, 357 n. 4, 358 et n. 2, 361, 384, 367, 368, 421, 440 n. 1, 442 et n. 3, 455 n. 4, 456, 457, 459 n. 2.

COLLINI, Comé Alexandre (secrétaire de Voltaire), 148 n. 1, 150.

COLOMB, Christophe, 305, 308 n. 2.

COMBES-MALAVIALLE, Jean-François, 73 n. 3, 74 n. 2.

COMMERSON, Philibert (naturaliste), 330 et n. 2 et 3.

CONDILLAC, Étienne Bonnot, abbé de, 97, 120 et n. 1, 133, 138, 154, 161-165, 180, 181 et n. 1, 253, 254 et n. 3, 265 n. 4, 270, 305, 369, 387.

CONDORCET, Jean-Antoine-Nicolas Caritat, marquis de, 238.

CONLON, Pierre M., 197 n. 1.

COPERNIC, Mikolaj Kopernik, en fr. Nicolas, 331.

CORNEILLE, Pierre, 442, 466.

COTHENIUS (médecin de Frédéric II), 105.

COTTEREL, abbé, 80.

COURTIVRON, Gaspard, marquis de (mathématicien), 41 et n. 10.

COYER, Gabriel François, abbé, 420 n. 1.

CRAMER, Gabriel (mathématicien suisse), 35 n. 5, 43, 46 n. 6, 76 n. 2, 162 et n. 3, 166 n. 2, 168, 175 n. 3, 186 n. 3, 267 et n. 3, 280.

CRAMER, Gabriel (imprimeur) [neveu du mathématicien], 280.

CRÉBILLON père, Prosper Jolyot de, 16, 31, 32, 173, 199 n. 3, 303, 442.

CRÉBILLON fils, Claude-Prosper Jolyot de Crébillon, dit, 295, 297.

CRÉQUI, Louis Marie, marquis de, 172 n. 2.

CRÉQUI, Renée-Caroline-Victoire de Froulay, marquise de, 19, 21 n. 1, 30 et n. 4, 31 n. 1, 76, 122 n. 1, 125, 127 n. 1, 172 et n. 2, 183, 201, 246 et n. 1, 342, 343 n. 1, 480.

CROSNE, Louis Thiroux de (maître des requêtes au Parlement) [fils de Mme Thiroux d'Arconville], 317 n. 1, 493 n. 2.

CRUGTEN ANDRÉ, Valérie van, 496 n. 1.

CURTIS, Judith, 295 n. 2, 296 n. 1.

DAINARD, J.-A., 19 n. 2, 331 n. 4.

DAINE, famille, 141.

DAINE, Charlotte-Suzanne [2e épouse de D'Holbach], 21 n. 4, 160.

DAINE, Nicolas, 141 n. 3.

DAINE, Suzanne [1re épouse de D'Holbach], 21 n. 4, 158, 159 n. 2.

DAMIENS, Robert François, 232, 336 et n. 2, 340-346, 348, 484 et n. 1, 492, 494.

DAMILAVILLE, Étienne-Noël, 478, 489 et n. 2, 492, 496 n. 3, 498.

DARCET Jean (secrétaire de Montesquieu ; chimiste), 158, 224, 226-229.

DARGET, Claude-Étienne, 51, 55 et n. 1, 57 n. 2, 104 n. 1, 106 n. 5, 132, 215 n. 4.

DARNTON, Robert, 23 n. 1.

DAUBENTON, Louis-Jean-Marie d'Aubenton, dit (naturaliste), 42 et n. 1, 71 n. 2, 88, 176 n. 4, 320 n. 2.

DAVID l'aîné (libraire), 26.

DAVISON, Rosena, 310 n. 3.

DEBRUS, Philippe, 496 n. 4.

DEDIEU, J., 229 n. 1.

DEFFAND, Jean-Baptiste Jacques du –, marquis de La Lande, 172 n. 3.

DEFFAND, Marie de Vichy-Champrond, marquise du, 30, 31 n. 1, 115 n. 1, 122 n. 1, 125 et n. 2 et 3, 127 et n. 4, 128 n. 1, 131 n. 4, 132 n. 2, 142, 143, 144 n. 2, 146, 147 et n. 2, 152 n. 2, 172 et n. 7, 177 n. 2, 178, 179 n. 1, 3 et 4, 180, 181, 190, 198-201 et n. 2, 203 n. 1, 214-217 n. 3, 267, 367, 393 n. 4, 408-413 et n. 2, 446 n. 3, 453 n. 1, 458, 465.

DELAFARGE, Daniel, 240 n. 2.

DELAMBRE, J.B., 44 n. 4, 46 n. 6.

DELEYRE, Alexandre, 265 et n. 4, 270, 417 n. 6.

DELISLE, Joseph-Nicolas (astronome), 38 n. 2, 45, 46, 47 n. 2, 48-50, 53, 54 n. 1, 174 et n. 1, 175 n. 3, 189, 207 n. 2, 322 n. 3, 330 n. 1, 400, 467 n. 3, 468 n. 4.

DENIS, Marie-Louise Mignot, Mme [nièce de Voltaire], 15 n. 1, 33 et n. 1, 56 n. 1, 57-60, 62, 96, 108 n. 3, 110, 114, 148-152 et n. 1, 165 n. 5, 177 n. 3, 221 n. 2, 279, 306, 341, 485, 486 n. 2.

DEPARCIEUX (mathématicien), 42 et n. 4.

DESCARTES, René, 169, 268 n. 3, 315.

DESCHAMPS, Jacques, 253 n. 1.

DESGRAVES, Louis, 225 n. 1.

DESLANDES, *voir* Boureau-Deslandes.

DESMAHIS, Joseph François Edouard de Corsembleu (poète), 294.

DESMARETS, Nicolas (géologue et naturaliste), 176 et n. 3 et 4, 360 n. 2, 395 n. 2, 424 n. 2, 439 et n. 2 et 4, 459 n. 3.

DESNOIRESTERRES, Gustave 455 n. 4.

DESTOUCHES, André Cardinal, dit, 156.

DESTOUCHES, Louis Camus, chevalier [père de D'Alembert], 278 n. 1.

DESTOUCHES, Philippe Néricault, dit, 20 n. 3.

DEVAUX, François-Antoine (confident de Mme de Graffigny), 19, 223 n. 1, 331 n. 4.

DEVILLERS, Charles (professeur de physique), 208 n. 3.

DIDEROT, Denis, 10, 22-24, 26-30, 38 n. 2, 71, 74 et n. 3, 80 n. 3, 82, 83, 85, 87, 89-95, 97-101, 120, 141, 146 n. 4, 154, 155, 157-168 et n. 3, 170-173, 176-178 et n. 1, 182-184, 218, 229, 234, 238, 256, 263, 265, 266, 275, 278, 283, 294, 299, 309, 310 et n. 2, 314, 315, 318, 332 n. 1, 335, 338, 339 n. 2, 340 et n. 1, 346, 347, 349 n. 1, 351-354, 356-359, 360 n. 1 et 2, 361-365, 366 n. 4 et 5, 367, 369-377, 378 n. 4, 381-387, 395, 396 n. 6, 413-415, 420 n. 1, 421-428 et n. 3, 432, 433, 435, 436, 441, 443, 444, 449, 452, 454, 456-458, 460-466, 468, 471 et n. 3, 473, 489 n. 2, 499, 500 et n. 1.

DIDEROT, Angélique [fille de Diderot], 92 n. 2.

DIOGÈNE le Cynique, 133, 195, 197, 478, 479.

DIZÉ, Michel-Jean-Jacques, 227 et n. 5.

DOIG, K. Hardesty, 349 n. 5.

DORNER, Carole, 223 n. 1.

DOUBLET, E., 176 n. 1.

DU BOCCAGE, Marie Anne, 298, 301-308, 403, 406, 417 n. 7, 468 n. 4.

DUCHÉ (ami de D'Alembert), 176, 179.

DUCHESNE, 443 n. 1.

DUCLOS, Charles Pinot-, 18, 21, 31, 129, 130, 158, 201, 223 et n. 1, 281 et n. 2, 289, 290, 295, 297, 311, 341, 365, 366 n. 3, 393-395, 416, n. 5, 426, 437-439, 441, 443 et n. 2, 452, 455, 461, 462.

DUFOUR (banquier genevois), 495 et n. 1.

DUHAMEL DU MONCEAU (botaniste), 46, 257 n. 1, 468 n. 4.

DU HAUSSET, Mme, 215 n. 1.

DUMARSAIS, César Chesnau (grammairien et philosophe), 22, 232 et n. 1 et 2, 233 et n. 2 et 3, 234 n. 1 et 2, 378.

DUMESNIL, Marie-Françoise Marchand, dite Mlle (de la Comédie-Française), 442 n. 1.

Du Pan, Jean-Louis, 278 n. 1, 279 n. 2, 379 n. 4.

Dupaty, Louis-Emmanuel-Félicité Mercier, 489.

Dupin de Francueil, Claude-Louis, 310, 311 n. 3.

Dupont, Sébastien, 206 n. 2, 210 n. 2.

Dupré de Saint-Maur, Mme, 31, 224, 228, 438.

Duras, Angélique Victoire de Bournonville, duchesse de, 125.

Du Resnel, Jean François du Bellay du, abbé, 151 n. 3, 301, 303.

Durival, Nicolas, 383 n. 1.

Egret, Jean, 283 n. 1.

Élisabeth d'Orléans, reine d'Espagne, 321.

Enckell, Pierre, 296 n. 1.

Enville, Marie Louise Nicole Élisabeth de la Rochefoucauld, duchesse d', 497.

Épinay, Angélique d', 311 et n. 3, 312.

Épinay, Denis de La Live d', 310.

Épinay, Louis d', 311 et n. 3, 312.

Épinay, Louise-Florence-Pétronille Tardieu d'Esclavelles d', 293, 294, 308-317 et n. 3, 321 n. 1, 331, 332 n. 1 et 2, 369, 373, 374 et n. 2, 376 n. 2 et 6, 426, 442, 454 n. 2, 457 n. 6, 458, 460 n. 1, 461, 462 n. 1, 469, 474 n. 2, 475, 478.

Épinay, Suzanne d', 311 n. 3.

Euler, Leonard (mathématicien suisse), 35, 36 n. 1, 53 n. 3, 105, 115, 260, 261 n. 1, 403, 467.

Euripide, 479.

Eymeric, Nicolas (grand inquisiteur), 488.

Fabre, Jean, 371 n. 2, 372.

Falconet, Camille (médecin), 45, 172 et n. 5, 318 n. 2, 375 et n. 1.

Falconet, Étienne (sculpteur), 172 n. 5.

Favart, Charles Simon (auteur dramatique et librettiste), 456.

Ferdinand de Prusse, le prince, 51 et n. 1.

Ferrand, Élisabeth, 133, 162, 163 et n. 3, 165, 180 et n. 3.

FITZ-JAMES, François, 224 n. 1.

FITZ-JAMES, famille de, 224.

FLEURY, André Hercule, cardinal de, évêque de Fréjus, ministre d'État, 76, 77.

FOISIL, Madeleine, 283 n. 1.

FOLKES, Martin, 100, 377 n. 1.

FONTAINE, Alexis (mathématicien), 410.

FONTAINE, Marie-Pierre, abbé (directeur de l'Académie de Rouen), 130 n. 1 et 2, 246 n. 4.

FONTAINE, Mme [nièce de Voltaire], 59.

FONTENELLE, Bernard Le Bovier de, 127, 196, 219, 230-233, 278, 301 302, 411.

FONTIUS, Martin, 220 n. 2.

FORBES, Eric G., 401 n. 4.

FORMEY, Jean Henri Samuel (secrétaire perpétuel de l'Académie prussienne), 64, 65 n. 1, 2 et 5, 69, 96 n. 3, 97, 98, 113 n. 2 et 3, 164, 165 n. 1 et 4, 175 n. 1, 176 n. 1, 209 et n. 5, 210 n. 1, 251-256 et n. 2 et 4, 259 et n. 4,' 265 et n. 2, 306 n. 5, 343 n. 2, 352, 354 n. 4 et 5, 359 n. 3, 362 n. 3, 382 n. 3, 419 n. 2, 420 n. 2, 432 et n. 3, 439 n. 6, 446 n. 5 et 6, 472 n. 2.

FORMONT, Jean-Baptiste, 179 n. 1, 203 n. 1, 214.

FOUCHY, Jean-Paul Grand-jean de (astronome), 38, 100, 193 et n. 2, 194 n. 1, 199, 200 et n. 1, 259 n. 2, 382 n. 3, 467 n. 3.

FOUCROY, Antoine-François (chimiste), 320.

FRANCHEVILLE, M. de [pseudonyme de Voltaire], 33 n. 2.

FRANÇOIS XAVIER, saint, 226.

FRANÇOIS DE SALES, saint, 54.

FRANKLIN, Benjamin, 190.

FRÉDÉRIC II, roi de Prusse, 15-17, 50-52, 53 n. 3, 56-61, 62 n. 1, 69, 70, 96 n. 1, 104-106, 111-113, 117, 118, 131, 132, 140 n. 1, 142, 144, 148, 149 et n. 2, 151, 152, 197, 211-216, 220, 257, 282 et n. 1 et 3, 284-

290, 291 n. 1, 292 n. 1, 357 n. 2, 395, 428-430, 441 n. 2, 460 n. 1.

FRÉRET, Nicolas (érudit), 233.

FRÉRON, Elie-Catherine (journaliste), 128, 129, 138-141, 156, 164, 190 et n. 2, 218, 229, 236, 239, 240 n. 1, 241-243, 263-266, 286 et n. 2, 296, 298, 390, 304 n. 5, 306, 316 et n. 1, 346, 349, 352-354, 358-360 et n. 1 et 2, 362-364, 367, 368, 384, 387 et n. 1, 391, 392, 403 et n. 2, 411, 413, 432, 438 n. 3, 440 et n. 1, 442, 447, 453-456 et n. 3, 458, 466.

FRÉRON, Mme, 456.

FRESNEAU, François (ingénieur), 35 n. 4.

FREUDENREICH, Suzanne C., 278 n. 1, 279 n. 2, 379 n. 4.

FRIESSEN, comte de, 131.

FRISI, Paolo, père (mathématicien et astronome), 395.

FROULAY, comte de, 172 n. 1.

FUMAROLI, Marc, 311 n. 1.

FYOT DE LA MARCHE, Jean-Philippe, 491.

GALIANI, Ferdinando, abbé, 314 n. 4, 315, 406-408.

GALILÉE, Galileo Galilei, dit, 420, 424, 429.

GAPAILLARD, Jacques, *voir* Forbes.

GARASSE, François (jésuite), 355.

GARAT, J.D., 167 n. 2, 169, 170 n. 1.

GAUCHAT, abbé, 418 et n. 5.

GAUFFECOURT, Jean-Vincent Capperonnier de, 274 et n. 2, 275 et n. 2, 3 et 4, 276 n. 1.

GAULLARD, Dr, 469 n. 1.

GAUSSIN, Jeanne Catherine Gaussem, dite Mlle, 299.

GEISSLER, Rolf, 233 n. 1.

GEOFFRIN, les, 267 n. 2.

GEOFFRIN, Marie-Thérèse Rodet, Mme, 19, 30, 169 et n. 5, 172 et n. 5, 230 et n. 3, 231, 267 et n. 2, 377 n. 1, 410 et n. 1, 442 et n. 1.

GILL-MARK, G., 301 n. 2, 302 n. 1 et 4, 307 n. 2.

GODIN, Louis (astronome), 24, 27, 38 et n. 1 et 2,

100, 101 et n. 2, 103, 258, 259, 472 et n. 2.

GOIFFON, abbé (académicien lyonnais), 206 n. 1 et 4, 207.

GOLDONI, Carlo, 359-361, 363 n. 4, 444 n. 6.

GOMEZ, Mme de (auteur dramatique), 294 n. 1.

GONCOURT, les frères, 309 n. 2.

GOTSCHALK, 28 n. 2.

GOTTSCHED, Jean-Christophe, 116 n. 1, 121, 130, 182 n. 2.

GOUHIER, Henri, 474 n. 1.

GOULIER, GOUILLÉ ou GOURLIER, Mlle, 328, 329 et n. 2, 468 n. 4, 469 n. 1.

GRAFFIGNY, Françoise d'Issembourg d'Happoncourt, Mme de, 19-21, 126 n. 2, 166, 172, 223 et n. 1, 295-300, 303, 307, 308, 331 et n. 4, 368 n. 2.

GRAHAM, Georges (horloger et mécanicien anglais), 191.

GRANDEROUTE, Robert, 348 n. 1, 494 n. 1, 275 n. 1.

GRANEFIELD, P., 275 n. 1.

GRESSET, Jean Baptiste Louis, 444 n. 2, 453.

GRIMM, Melchior, baron de, 121, 128, 130, 131 n. 1, 155, 156, 157 n. 2 et 3, 158, 159, 160 n. 1, 164, 168 n. 3, 181-184, 203, 218, 229 n. 4, 233, 235, 298, 300, 306, 309-311 et n. 4, 313 et n. 1, 331, 332 n. 1, 348, 356, 357, 369, 374-376, 387, 414 n. 2, 420, 423 n. 3, 425, 426, 433 n. 3, 438 n. 1, 441, 444 et n. 6, 456, 457, 461, 462 n. 5, 476 n. 4, 478 n. 1, 499 et n. 6.

GRISCHOW, Augustin (astronome) 48 n. 3.

GROSCLAUDE, Pierre, 40 n. 1 et 2, 41 n. 1, 42 n. 9, 81 n. 5, 206 n. 1.

GROSLEY, Pierre (érudit), 125 n. 1, 253 n. 2, 254, 338-341, 343, 360 n. 2, 395 n. 2, 424 n. 2, 439 n. 2 et 4, 446, 459 n. 3.

GUA DE MALVES, J. Paul, abbé de, 26 n. 3, 36 et n. 3, 38, 260, 261 n. 2.

GUASCO, Ottaviano, abbé, 21, 224 n. 2, 226 n. 2, 227, 228.

GUÉRET, abbé, 419 n. 4.

GUETTARD, Jean-Étienne (botaniste), 42 et n. 7, 43, 44 et n. 2, 434.

HAECHLER, Jean, 26 n. 2, 27.

HALIFAX, lord, 317 et n. 3.

HALLER, Albrecht von, 363 n. 3, 4 et 5, 467, 468, 476 n. 4, 500 et n. 3.

HALLER, Gottlieb Emmanuel von, 329 n. 2, 468 et n. 2 et 4.

HALLEY, Edmund, 261 n. 4, 324 et n. 4, 398 n. 2, 402, 403, 405.

HANKINS, Thomas L., 399 n. 2.

HANNA, Lake T., 39 n. 2.

HAYER, Hubert, père (récollet), 347 et n. 3, 418 et n. 5, 454 n. 1.

HELLEGOUARC'H, Jacqueline, 30 n. 1, 366 n. 8, 367 n. 1.

HELLOT, Jean (chimiste), 36.

HELVÉTIUS, les, 158, 161, 166.

HELVÉTIUS, Claude-Adrien, 18-22, 30 n. 1, 31, 73, 154, 164, 166, 297, 414-422 et n. 2, 443, 463.

HELVÉTIUS, Jean-Claude (médecin de Louis XV), [père du précédent], 19 n. 1, 28 n. 1.

HELVÉTIUS, Mme, *voir* Ligniville.

HÉMERY, Joseph d' (inspecteur de la Librairie), 23 et n. 3, 101 n. 1, 128, 139 n. 2, 140 n. 2, 141 n. 2, 148, 205 n. 1.

HÉNAULT, Charles Jean-François, président, 42 n. 11, 90, 115 n. 1, 118 et n. 4, 124 et n. 2, 147, 148, 198, 199 n. 2, 201, 244 n. 4, 336 n. 3, 395 n. 3, 410, 415 et n. 3.

HENCKEL, 28 n. 2.

HENNIN, Jean-Michel, 415 n. 2, 442 n. 1.

HENNIN, Pierre-Michel, 415 n. 2, 442 n. 1.

HENRI IV, roi de France, 339, 340.

HENRY, Charles, 211 n. 1, 280 n. 3, 381 n. 3, 395 n. 4, 396 n. 3.

HENZY (éditeur), 66, 67, 69.

HERMANN (correspondant de Leibniz), 65, 67.

HIRSCHEL (homme d'affaires), 56, 108 n. 2.

HOLBACH, Paul-Henry Thiry, baron d', 20, 21 et n. 4, 27-29 et n. 2, 30 n. 1, 141 et n. 3, 154-156, 158-162 et n. 1, 165, 166, 178 et n. 1, 182, 278, 311, 369, 374, 387, 424, 425, 499.

HORACE, 205 n. 4.

HOUTTEVILLE, Alexandre-Claude-François, abbé, 75 et n. 2.

HUAR, Georges, 432 n. 2, 435.

JACOB, Marie, 174 n. 5.

JACQUART, Jean, 230 n. 2 et 4, 231 n. 1 et 2.

JACQUIER, François, le père (minime, physicien et mathématicien), 306 n. 3, 406 et n. 2.

JALLABERT Jean, (physicien), 267, 269 et n. 2, 279.

JAUCOURT, Louis, chevalier de (médecin), 25 et n. 4, 26 n. 3 et 4, 27, 224, 275, 276 n. 1, 363, 424, 425, 499.

JEAURAT, Edmé (astronome), 174 et n. 3.

JOANNET, abbé, 349 n. 5.

JODIN, Jean (horloger), 191, 194.

JOLY DE FLEURY, Jean-Omer, abbé (procureur du parlement de Paris), 416, 419 et n. 4 et 5, 422, 430.

JOMBERT (libraire), 174.

JOSEPH Ier de Portugal, 484 et n. 2.

JULIA, Dominique, 73 n. 2.

JUSSIEU, Bernard de (botaniste), 40, 100, 318, 468 n. 4.

KAFKER, FRANK A., 27 n. 2, 74 n. 4, 233 n. 3, 498 n. 1, 499 n. 5 et 6.

KAFKER SERENA L., 27 n. 2, 74 n. 4, 233 n. 3.

KIES, Johann (astronome), 49 et n. 3 et 4, 52.

KIES, Mme, 52.

KNYPHAUSEN (attaché à l'ambassade de Prusse à Paris), 141 et n. 3, 151 et n. 1, 184, 216, 291 n. 2.

KOENIG, Samuel (mathématicien allemand), 62-70, 104-109, 115-117, 139 n. 2, 140, 185.

KOLVING, Ulla, 310 n. 1.

KRAFFT, G. W., 107 n. 1.

KUNCKEL, Johann, 28 n. 2.

LA BARRE, François Poulain de (philosophe), 315.

LA BEAUMELLE, famille Angliviel de, 323 n. 1.

LA BEAUMELLE, Laurent Angliviel de, 16, 53 et n. 1, 108 n. 2, 114, 132 et n. 3, 185, 215 n. 2, 246 n. 3, 288, 289, 290 n. 2, 323, 421 et n. 3, 487, 495 n. 2.

LABORDE, Jean Benjamin de (premier valet de chambre de Louis XV), 343.

LA BRUÈRE, *voir* Le Clerc de la Bruère.

LACAILLE, Nicolas Louis, abbé de (astronome), 44 et n. 3, 45 n. 2, 46, 48, 189, 399-401 et n. 2 et 4, 406.

LA CHAPELLE, abbé de 31 n. 1.

LA CONDAMINE, Charles-Marie de (mathématicien-naturaliste), 23-25, 34 n. 1, 35 et n. 1 et 4, 37, 38 n. 2, 46, 47 et n. 2, 53 n. 1, 95 n. 3, 100, 103 n. 1, 105 n. 1, 110, 114, 116 n. 4, 128, 139, 140, 141 n. 3, 150 n. 1, 158, 176 n. 1, 185, 186, 190, 210 et n. 3, 220 n. 4, 234, 288 et n. 4, 322 n. 343-345, 349 n. 4, 406 n. 1, 417, 426 n. 3, 444 n. 4, 467 n. 3, 468-472 et n. 2 et 3, 487.

LACROIX, Sylvain-François 330 n. 3.

LA FAYETTE, Marie-Madeleine Pioche de La Vergne, comtesse de, 293.

LA FERTÉ-IMBAULT, Marie-Thérèse, marquise de [fille de Mme Geoffrin], 409, 410 n. 1.

LA GALAISIÈRE, abbé de, 395.

LAISSUS, Yves, 383 n. 1.

LALANDE, Joseph Jérôme Le François de (astronome), 44-50, 52-55, 115, 116 et n. 1 et 5, 175 n. 3, 189 et n. 1, 193 n. 1, 194, 205 n. 3, 207 n. 2, 260, 294, 321 n. 2, 322-327, 329-331, 361, 362, 400-403 et n. 2, 406, 470.

LA LOUPTIÈRE, de, 331 n. 1.

LAMARCK, comtesse de, 239, 240 n. 1.

La Mettrie, Julien Offroy de, 16, 17, 51, 55, 56, 96 n. 1, 104 et n. 1, 220-222, 234.

Lamoignon de Blanc-mesnil, Guillaume [père de Malesherbes], chancelier de France, 39, 40 n. 4, 43 n. 2, 79 et n. 3, 488, 497.

La Morlière, Jacques de La Rochette, dit le chevalier de, 456 n. 3.

La Mothe, 219 et n. 2.

La Nauze, Louis Jouard de (érudit), 41 et n. 6.

La Porte, Joseph, abbé de, 109 n. 2, 139 et n. 1, 404 n. 2, 456 et n. 2.

La Reynière, Mlle Grimod de [épouse de Malesherbes], 43 n. 4, 469.

La Rive, Ami de, 280.

La Rouvière-Dryssantier, de, 327 n. 2.

Lassone, marquis de, 236, 237.

La Touche, chevalier de, 112, 116 n. 3.

La Tour, Georges de, 128 n. 2, 133 et n. 2.

Lauriol, Claude, 53 n. 1, 132 n. 3, 323 n. 1, 487 n. 4, 495 n. 2.

Lavirotte, Louis-Anne (médecin), 72 n. 1.

Lavoisier, Antoine Laurent, 320.

Le Bault, 491 n. 1.

Le Blanc, Jean-Bernard, abbé, 18, 114 et n. 4.

Leblond, Auguste-Savi-nien, 174 n. 2.

Leblond, Guillaume (maî-tre de mathématique des enfants de France), 174 et n. 4.

Le Bras, Hervé, 470 n. 3.

Le Bret, Antoine, 297, 298.

Le Breton, André François (libraire-juré), 23, 25 n. 1, 435, 499 n. 4.

Leclerc de Montmorency, Claude-Germain (avocat et poète), 132, 133 n. 1.

Le Clerc de La Bruère, Charles-Antoine, 173, 296.

Le Febvre, 285 n. 4.

Legentil, 330 n. 3.

Lehman, 28 n. 2.

Leibniz, Gottfried Wil-helm, 25, 65-69, 105, 251 n. 2.

Leigh, R.A., 30 n. 4, 159 n. 2, 201 n. 3, 240 n. 3, 275 n. 2 et 3, 352 n. 2,

373 n. 2, 376 n. 1, 380 n. 2, 396 n. 4, 417 n. 5, 443 n. 1, 475 n. 3, 480 n. 4, 481 n. 2, 490 n. 1.

LE MAZURIER (horloger), 191, 194.

LÉMERI, Mlle de, 76 n. 1, 180 n. 1.

LEMONNIER, Pierre-Charles, (astronome et mathématicien) [frère de Pierre-Charles Lemonnier], 24, 45-48, 52, 88, 100, 116 n. 4, 187, 189, 261 et n. 5, 270, 397-401, 403-405.

LEMONNIER, Louis-Guillaume (médecin et botaniste, médecin de Louis XV), 24 et n. 3, 41 et n. 8, 46 n. 1, 100.

LEPAUTE l'Aîné, Jean-André (horloger du roi), 191-194, 321-324.

LEPAUTE, Nicole-Reine Étable de La Brière, Reine, 294, 321-330, 402, 406.

LE PLAT (horloger), 191.

LEPRINCE DE BEAUMONT, Marie, 301.

LE ROY, Charles-Georges, 28 et n. 1, 403 n. 2, 416 et n. 6.

LE ROY aîné, Jean-Baptiste (maître horloger), 191, 194.

LE SAGE, Georges-Louis, 176 et n. 2, 267, 269 et n. 1 et 3, 270 n. 4 et 5, 271 et n. 2 et 4, 279.

LESCURE, de, 217 n. 3.

LESEUR, abbé, 406 n. 2.

LESPINASSE, Julie de, 177, 178 et n. 2, 179 n. 5, 180 n. 2, 198 n. 3, 410, 411, 481.

LE SUEUR, abbé, 63 n. 2 et 3, 65 n. 3, 66 n. 2, 69 n. 4, 163 n. 2, 164 n. 1, 266 n. 1, 290 n. 3, 291 n. 1, 344 n. 2, 421 n. 3.

LEVASSEUR, Mme [mère de la suivante], 373 et n. 1.

LEVASSEUR, Thérèse, 373 et n. 1.

LE VAYER, Jean-François, 127 n. 3, 200 n. 3.

LEVER, Maurice, 191 n. 1, 192 n. 3, 304 n. 2.

LEVESQUE DE BURIGNY, Jean, 416 et n. 4, 443 n. 4.

LIGNAC, J.-Antoine Lelarge de –, père de (oratorien, théologien), 33.

LIGNIVILLE, Anne-Catherine de, dite Minette

[épouse d'Helvétius], 18, 19, 20 n. 1 et 3, 21.

LINANT, Michel, 303.

LOCKE, John, 19, 72, 277, 414.

LOMELLINI, le marquis (ambassadeur de la république de Gênes en France), 122 n. 2.

LOPPIN DE GEMEAUX, 443 n. 5.

LORRY (médecin de Montesquieu), 224.

LOUGH, John, 29 n. 2, 72 n. 2, 205 n. 1, 349 n. 1.

LOUIS XIV, roi de France, 9, 121, 214 n. 2.

LOUIS XV, roi de France, 9, 10, 15, 19 n. 1, 46 n. 1, 62, 77, 213, 214, 239, 241 n. 3, 282 et n. 2 et 4, 283 n. 1, 322 n. 1, 335-337, 342, 484 n. 1.

LOUIS XVI, roi de France, 268.

LOUIS DE FRANCE, fils de Louis XV, 76, 77, 290, 347-349, 437, 440, 459.

LOUIS, Antoine (chirurgien), 499 n. 4.

LUBIÈRES, Charles Benjamin de, 277 et n. 3.

LUCAS (graveur), 433.

LUDOT, Jean-Baptiste (érudit), 339 n. 1.

LULLI, Giovanni Battista Lulli, en fr. Jean-Baptiste, 155, 183.

LULLIN, Ami, 280.

LUTZELBOURG, comtesse de, 485 n. 1.

LUXEMBOURG, Madeleine-Angélique de Neuville, maréchale et duchesse de, 125, 465 et n. 4.

LUYNES, Charles Philippe d'Albert, duc de, 77 n. 1, 78 n. 3, 90 et n. 2, 118 n. 3, 201 n. 2, 220, 282 n. 1, 283, 288 n. 1, 345 n. 2.

LUZAC, Elie (libraire hollandais), 253 n. 1, 256 et n. 4.

MABLY, Gabriel Bonnot, abbé de [frère de Condillac], 285 et n. 4.

MABOUL, 43 n. 1.

MACARY, Jean, 233 n. 1.

MACQUER, Pierre-Joseph (chimiste), 41 n. 1, 42, 318.

MAGNAN, André, 16 n. 1, 52 n. 2, 56 n. 1 et 2, 58 n. 4, 60 et n. 1, 95 n. 2 et 3, 99 n. 1, 109 n. 2,

114 n. 2, 116 n. 1, 220 n. 2.

MAILLEBOIS, comte de, 48.

MAILLET, Benoît de (géologue), 40.

MAIRAN, Jean-Jacques Dortous de, 38, 42 n. 12, 46, 102 n. 1, 175 n. 3, 187 n. 4, 188 n. 1, 189, 190 n. 1, 194 n. 1, 258, 269 n. 1, 271, 294, 327 et n. 1, 406 n. 1, 467 n. 3, 468 n. 4.

MALAGRIDA, Gabriel (jésuite), 484-486 et n. 4, 492.

MALESHERBES, Chrétien-Guillaume de Lamoignon (magistrat, ministre d'État), 39-44 et n. 2, 72 n. 1, 78-80, 82, 83, 91, 92, 103 n. 1, 205, 206 n. 1, 236, 237 et n. 1, 255, 256 et n. 1, 263, 264 et n. 3, 318 et n. 2, 320 et n. 2, 338 et n. 1, 351, 355, 358-360, 390-393, 396 n. 5 et 6, 406, 415, 423 et n. 3, 431, 436, 439, 443, 444 et n. 1, 455, 465 n. 4, 469, 488, 490 n. 3.

MALESHERBES, Mme de, *voir* La Reynière.

MALLET (banquier genevois), 495 n. 1.

MALLET, Edmé-François, abbé, 338 n. 1.

MARALDI, Giacomo Filippo (astronome), 189.

MARANS, les, 224.

MARANS, de, 224 n. 2, 226 et n. 2.

MARCHAND, E., 49 n. 1.

MARÉCHAL, Milord (représentant à la cour de France de Frédéric II), 212-214, 292 n. 1.

MARGENCY, Adrien Cuyret, 160 n. 1.

MARIE Leszczynska, reine de France, 77 n. 3, 124 n. 2, 349, 415 et n. 3.

MARIE-THÉRÈSE, infante d'Espagne (fille de Philippe V), dauphine, 77 n. 3.

MARIE-THÉRÈSE, reine de Bohème et de Hongrie, impératrice d'Autriche, 282 n. 4.

MARIETTE, Pierre (avocat), 495.

MARIGNY, Abel François Poisson, marquis de Vandières, puis de – [frère de Mme de Pompadour], 215.

MARIVAUX, Pierre Carlet de Chamblain de, 18, 126 n. 2, 294, 295, 302, 411, 455, 456.

MARKOVIC, Z., 407 n. 1, 3 et 4.

MARMONTEL, Jean-François, 75 n. 4, 133, 153 et n. 2, 158 et n. 2, 160, 161 n. 1, 166 n. 1, 167, 168, 172 n. 1, 173, 177, 239 n. 3, 354 et n. 3, 355, 411, 426, 438 n. 3, 439 n. 3, 441, 445, 456 n. 3

MASCART, J., 327 n. 2.

MATTER, Jacques, 96 n. 3.

MAUGIRON, comte de, 274 et n. 4, 275 et n. 1, 2 et 4.

MAUGRAS, Gaston, *voir* Perey.

MAUPERTUIS, Pierre-Louis Moreau de, 15, 16, 32 n. 1, 34 et n. 1, 37, 47, 51-55, 61-70, 78, 89 et n. 2, 95, 96 et n. 3, 98, 101-118, 131, 132, 137-145 et n. 1 et 2, 146 n. 1, 148, 150, 151, et n. 1, 152 n. 3, 156 n. 5, 163 et n. 2, 164 n. 1, 170, 184, 185 et n. 2, 198 n. 1, 209 et n. 4 et 7, 210 n. 1, 211, 213 et n. 3, 220 n. 4, 221 et n. 3, 226 n. 3, 228 n. 1, 229 n. 3, 234, 246 et n. 3, 258-260 et n. 2, 263 n. 2, 264, 265 et n. 1, 266 n. 1, 281 n. 2, 284 n. 2. 285 n. 2 et 4, 288-292 et n. 1, 305, 339 n. 3, 341, 342 n. 3, 344 et n. 1, 358, 359 n. 2 et 3, 390, 421 et n. 3, 427-429, 437 n. 3, 438

MAUPERTUIS, Mme de, 290.

MAUREPAS, les, 74.

MAUREPAS, Jean Frédéric Phélypeaux, comte de, 101 et n. 3.

MAYER, Tobias, 261, 262, 397 n. 3, 401 n. 4.

MAZZOLENI, père de l'Oratoire, 33 n. 5.

McLAUGHLIN, Blandine, 371 n. 2, 375 n. 3.

MEISTER, Jacques-Henri (journaliste), 162 n. 1, 332 n. 1.

MENANT, Sylvain, 308 n. 2.

MERCIER, Louis-Sébastien, 331 et n. 3.

MÉRIAN, J.-B., 106 n. 4, 220 n. 3.

MERVAUD, Christiane, 51 n. 1, 56 n. 3, 149 n. 1 et 2, 308 n. 2.

MESDAMES DE FRANCE, dites Mesdames, filles de Louis XV, 77 n. 3, 194.

MILLET, abbé, 80.

MILTON, John, 302.

MIRABAUD, Jean-Baptiste, abbé (oratorien, secrétaire perpétuel de l'Académie française), 233, 460 n. 3.

MOLIÈRE, Jean-Baptiste Poquelin, dit, 316, 442.

MONCRIF, François-Augustin Paradis, dit, 16, 202, 296.

MONDONVILLE, Jean Joseph Cassanéa de (compositeur), 183 et n. 2.

MONRO, Alexander, 318 et n. 3, 319.

MONTAMY, 160 n. 1.

MONTESQUIEU, Charles de Secondat, baron de la Brède et de, 18, 25, 114 n. 4, 190, 196, 198, 201, 218, 224-231, 237, 337 n. 4, 346, 353, 417.

MONTIGNY, Étienne Mignot de (géomètre) [neveu de Voltaire], 42 et n. 9, 101-103 et n. 1, 107, 193 et n. 1, 395 n. 3, 406, 408, 434.

MONTPENSIER, Bathilde de [fille de Louis-Philippe d'Orléans], 469.

MONTUCLA, Jean-Étienne (mathématicien), 45 n. 2, 46, 173-175 et n. 1, 207 et n. 2, 208, 274, 472 et n. 2.

MORAND, Pierre de (journaliste), 357 et n. 2, 434.

MORAND, Sauveur-François (chirurgien major), 31 n. 1.

MOREAU, Jacob-Nicolas (avocat), 286, 351 et n. 1, 352, 354, 384.

MORELLET, André, abbé, 74 n. 3, 158 et n. 1, 177, 369, 378 n. 3, 387, 391 n. 7, 392 et n. 1 et 2, 393 n. 1, 395, 396, 408, 423 n. 3, 425, 426 et n. 1, 439 n. 8, 441 n. 2, 444, 445 et n. 1, 450-452, 464, 465 et n. 4, 476 n. 4, 487-489.

MORRISSON, Alfred, 188 n. 5.

MORTIMER, Cromwell (ancien secrétaire de Royal Society), 48 et n. 4.

MORTON, comte de (astronome), 48 et n. 4.

MOUCHON, Pierre, 281 n. 1.

MOULTOU, Paule, 281 n. 1.

MOUREAU, F., *voir* Grande-route.

MOUREAUX, J.-M., 463 n. 1.

NAGEL, 198 n. 4, 225 n. 2, 227 n. 4, 228 n. 2.

NAIGEON, Jacques André (disciple de Diderot), 165.

NAVES, Raymond, 277 n. 1.

NAVILLE, Pierre, 27 et n. 5, 29 n. 1.

NEAULME (éditeur hollandais), 152.

NECKER, Jacques, 268 et n. 2.

NECKER DE GERMANY, Louis-(mathématicien et physicien) [frère de Jacques Necker], 176 et n. 2, 268-272 et n. 1 et 4, 276, 279, 280, 329 n. 2.

NECKER, Suzanne Curchod, Mme, 331.

NEEDHAM, Joseph Tuberville, 100.

NEWTON, sir Isaac, 133, 146 n. 5, 261 n. 4, 268 n. 3, 324 n. 4, 398 n. 2, 406 n. 2.

NICOLE, François, 116 n. 4, 175 n. 3, 187, 261.

NIVELLE DE LA CHAUSSÉE, Pierre Claude, 18, 126, 298, 331.

NIVERNAIS, Louis-Jules Barbon Mancini-Mazzarini, duc de, 224, 265 n. 4, 301, 465.

NOAILLES, Louis de, comte, puis duc d'Ayen et de, 74, 215, 233, 465 n. 4.

NOËL, G., 297 n. 3.

NOIRFONTAINE, Françoise de, *voir* Foisil, M.

NOLLET, Jean-Antoine, abbé (physicien), 42 et n. 3, 46, 190 et n. 5, 269 et n. 1 à 3, 271, 382, 406 n. 1, 434, 467 n. 3, 468 n. 4.

NONOTTE, Claude Adrien (jésuite ; prédicateur), 454 n. 1.

OLIVET, Pierre-Joseph Thoulier, abbé d' (jésuite), 476 n. 1 et 3.

ORCEAU DE FONTETTE, 217 n. 2.

ORLÉANS, Louis, duc d', 160 n. 1.

ORLÉANS, Louis-Philippe d'Orléans [fils de Louis d'Orléans], 469.

ORLÉANS, Philippe d', régent de France, 408.

ORSINI, Jean, 490 n. 4.

PAJOT D'ONSEMBRAY, Louis-Léon (académicien honoraire), 199 n. 3.

PALISSOT DE MONTENOY, Charles (dramaturge et critique), 239-245 et n. 2 et 3, 247, 266, 278 et n. 2, 279 n. 1, 297, 298, 352-354, 366, 367 et n. 5, 368 n. 1, 384, 387 n. 1, 408, 411, 412, 440, 441 n. 3, 443-447, 450-455, 463, 473.

PALISSY, Bernard, 40.

PAPPAS, John, 72 n. 2, 123 et n. 4, 170, 171 et n. 2, 182, 183 n. 3, 384 et n. 1.

PARAMO, 488 n. 2.

PARME, duc de, 265 n. 4.

PARSONS, 100.

PASCAL, Jean-Noël, 420 n. 1.

PASSERON, Irène, 188 n. 1.

PASSIONEI, cardinal, 253 n. 1.

PATTE, Pierre (architecte), 432-435.

PATU, Claude Pierre (auteur dramatique), 245 n. 2, 278 et n. 2, 279 et n. 1.

PAULMY D'ARGENSON, *voir* Argenson.

PECKER, Jean-Claude, 321 n. 2.

PEREY, Lucien, 311 n. 2, 374 n. 2.

PERGOLÈSE, Giovan Battista Pergolesi, en fr. Jean-Baptiste, 155.

PESTRE, Jean, abbé (théologien), 74.

PETIT, abbé, 159.

PICTET, François Pierre (avocat), 280 et n. 3.

PIERRE, saint, 343.

PINGRÉ, Alexandre Guy, abbé (astronome), 399 et n. 4, 400, 406, 408.

PIRON, Alexis (auteur dramatique), 127 et n. 3, 200 et n. 3, 217 et n. 2, 296, 416 et n. 5, 456, 457.

PLATON, 479.

PLESCHIER, Jean, 253 n. 1.

PLESSE, père, 416.

PLINE L'ANCIEN, 41.

POIVRE (botaniste), 330 n. 2.

POLIER DE BOTTENS, Antoine-Noé de, pasteur, 426.

PÖLLNITZ, Karl Ludwig von, baron, 51.

POMBAL, Sebastião Jose De Carvalho e Melo, marquis de, 484 n. 2.

POMEAU, René, 56 n. 3, 149 n. 1, 308 n. 2, 458, 490 n. 4.

POMPADOUR, Jeanne Antoinette Poisson, dame de Normant d'Étiolles, marquise de, 58, 60, 93, 94, 97 n. 4, 146, 173, 183, 194, 214, 215, 301, 371 n. 1, 458 n. 10, 461, 497.

POMPIGNAN, Jean-Jacques Le Franc de (président des Aides de Montauban), 437-440, 450, 453, 459 et n. 3, 461.

POMPIGNAN, Jean-Georges Le Franc de, évêque du Puy, 437, 438.

PONS, Alain, 352 n. 1.

PONT-DE-VEYLE, Antoine de Ferriol, comte de [frère aîné du comte d'Argental], 459.

POPE, Alexander, 302.

PRADES, Jean-Martin, abbé de, 73-75, 76 n. 1, 78-83, 85, 90, 92 et n. 3, 95, 96 n. 1, 104, 108 n. 1, 132, 140 n. 1, 215 n. 4, 216 et n. 4, 429.

PRÉMONTVAL, Le Guay de, 65.

PRÉMONTVAL, Mme, née Pigeon, 65.

PRÉVILLE, Pierre Louis Dubus ou du Bus, dit (de la Comédie française), 440.

PRÉVOST D'EXILES, Antoine François, abbé, 188.

PRINGLE, John (médecin), 319.

PROSCHWITZ, Gunnar von, 115 n. 1.

PROUST, Jacques, 369 n. 1, 378 n. 4, 435 n. 2.

QUESNAY, François (médecin de la Pompadour), 93 et n. 1, 146, 215.

QUINAULT, Jeanne Françoise (comédienne à la Comédie-Française), 19, 295 et n. 2, 296, 304, 311.

RACINE, Jean, 442.

RAMEAU, Jean-Philippe, 155, 183, 367, 427 n. 1.

RASPAIL, Julien, 54 n. 2.

RAVAILLAC, François, 336.

RAYNAL, Guillaume-Thomas, abbé, 23 et n. 2, 34, 108 n. 1, 158, 164 et n. 2, 169 n. 1, 203, 221, 222 n. 1, 296, 302 n. 5, 303 et n. 3 et 5, 304 n. 1, 332 n. 1.

RÉAUMUR, René-Antoine Ferchauld de, 30, 33,

34, 38, 40, 42 n. 11, 43, 88, 100, 102 n. 1, 116, 117, 187 n. 4, 190 n. 5, 253, 254 et n. 1, 258, 269 et n. 1 à 3, 271, 362 et n. 3, 365, 367 n. 4 et 5, 382, 432-436.

REBECQUE, Constant, 493 n. 1.

RENWICK, John, 153 n. 2.

RÉTAT, Pierre, 342 n. 2.

REX, W.E., *voir* Schwab.

RIBALLIER, Ambroise, abbé (censeur royal), 75 n. 4.

RIBOTE, Jean, 487 n. 1, 490.

RICHARDSON, Samuel, 188 et n. 4 et 5.

RICHELIEU, Armand Jean du Plessis, cardinal de, 123 n. 2.

RICHELIEU, Louis François Armand de Vignerot du Plessis, duc de, maréchal, 32 n. 1, 55, 56 et n. 2, 58, 59 n. 2, 60, 74, 99 n. 1, 110, 284 et n. 1, 287, 343 n. 3, 486 n. 4, 487 et n. 3, 490, 497.

RICHELIEU, duchesse de, 295.

ROBECQ, Anne-Maurice de Montmorency-Luxembourg, princesse de, 239, 245 et n. 1, 352, 408, 444 et n. 5, 445, 451, 464 et n. 3.

ROCHEBRUNE, abbé de, 278.

ROCHEFORT, Marie-Thérèse de Brancas, comtesse de, 19, 21 n. 1.

ROCHETTE, François, pasteur, 486, 487 et n. 1, 490.

ROGER, André (secrétaire du baron de Bernstorf), 280 n. 1, 365 n. 2 et 3, 366 n. 1.

ROMILLY, Jean (maître horloger genevois), 191.

ROTH, Georges, 91 n. 3 et 4, 93 n. 1, 309 n. 1.

ROUELLE, Guillaume François, dit Rouelle l'aîné (chimiste), 28 n. 2, 40, 42 et n. 5, 227 n. 3, 317, 318 n. 2.

ROUSSEAU, Jean-Baptiste, 219 et n. 2.

ROUSSEAU, Jean-Jacques, 10, 11, 30 n. 4, 88, 91, 118-121 et n. 3, 123-126, 128, 130, 133, 153-159 et n. 2, 162 et n. 1, 166, 201 n. 3, 238, 240-247 et n. 1, 265, 269 n. 1, 274, 275, 276 n. 1, 297, 299 et n. 2,

309-311, 314, 315, 332, 347, 351, 365, 366 n. 6, 367-377, 387, 389, 396 et n. 7, 397, 417, 441, 442, 443 n. 1, 465, 466, 473-481, 482-484, 487 n. 2, 490, 492, 499.

ROUSSEAU, Mme (nourrice de D'Alembert), 172, 411.

ROUSSEAU, Mlle, 179, 411 n. 2.

ROUSSEAU, Pierre (journaliste), 199 n. 3.

ROUSTAN, Antoine-Jacques, 281 n. 1.

ROUTH, Bernard, père (jésuite), 225-228.

ROUX, Augustin (chimiste), 158, 227 n. 3.

ROY, Pierre-Charles (poète), 296, 298, 299.

RUFFEY, Richard de, 115 n. 1, 280 n. 2, 485 n. 2.

SADE, Jean-Baptiste-Joseph-François, comte de [père du marquis de Sade], 304 n. 2.

SAINT-CYR, Odet Giry, abbé de (jésuite), 350 et n. 1.

SAINT-FLORENTIN, Louis Phélypeaux, duc de La Vrillère, puis comte de, 57 n. 3, 193, 496.

SAINT-LAMBERT, Jean-François, marquis de, 158.

SAINT-MARC (secrétaire de Montesquieu), 224, 225 et n. 2.

SALADIN, Antoine, 277 n. 3.

SALADIN, Jean-Louis (ministre de Genève à Paris), 267 et n. 2 et 4.

SALLIER, Claude, abbé (bibliothécaire de la Bibliothèque du Roi), 100, 167, 468 n. 4.

SAUNDERSON, Nicholas (mathématicien), 101.

SAURIN, Bernard Joseph (auteur dramatique), 18, 158, 219 et n. 1.

SAURIN, Jean (mathématicien), 31.

SAXE-GOTHA, duchesse, 149, 261 n. 2, 282 n. 1, 342 n. 1, 497.

SCHEFFER, Ulrich, baron (ambassadeur de Suède en France), 42 n. 11, 115 n. 1, 2 et 3, 118 n. 1 et 4, 125 n. 1, 152 n. 1, 190 n. 3, 211 n. 2, 217 et n. 3, 224.

SCHERER, Edmond, 131 n. 1, 148, 182 n. 2.

SCHIEBINGER, Londa, 318 et n. 1 et 4.

SCHLOBACH, Jochen, 357 n. 3.

SCHOMBERG, comte de, 155.

SCHWAB, R.N., 27 n. 3, 29 n. 2, 370 n. 2.

SEDAINE, Michel Jean (auteur dramatique), 456.

SÉGUIER, Jean-François, 33 n. 5, 42 n. 11.

SÉGUR, Philippe Henri, marquis de, 366 n. 8, 410 n. 1, 411 n. 1, 412 n. 2.

SÉITÉ, Yannick, 476 n. 3, 477 n. 3.

SÉNAC, Jean-Baptiste (premier médecin de Louis XV), 290.

SERVET, Michel (théologien), 379.

SÉVIGNÉ, Marie de Rabutin-Chantal, marquise de, 293.

SGARD, Jean, 26 n. 1, 162 n. 3, 346 n. 2.

SHACKLETON, Robert, 225 n. 1, 227 n. 1 et 2.

SHAFTESBURY, Anthony Ashley Cooper, comte de, 361.

SHAW, Peter, 319.

SHOWALTER, English Jr., 126 n. 2.

SIGORGNE, Pierre, abbé, vicaire général de Mâcon (philosophe), 146 et n. 5.

SMILEY, Joseph Royall, 375 n. 3.

SMITH, David, *voir* Dorner.

SOCRATE, 240 n. 3, 421, 443, 446.

SOEMMERRING, Samuel Thomas von (médecin-anatomiste), 319.

SOLIGNAC, chevalier de (secrétaire de Stanislas Ier), 244 et n. 2 et 3.

SOPHOCLE, 479.

SORET, Jean (avocat), 347 et n. 4, 418 et n. 5.

SOUBISE, Charles de Rohan, duc de Rohan-Rohan, prince de, maréchal de France, 284.

SOUFFLOT, Germain (architecte), 207, 208, 273 n. 2, 274.

SOUSCARRIÈRE, Mme de, 32 n. 2.

SPEZIALI, Pierre, 43 n. 2.

SPINK, John, 75 n. 1 et 3.

STAHL, Georg Ernst, 28 n. 2.

STANISLAS Ier Leszczynski, roi de Pologne, duc de

Lorraine et de Bar, 138 n. 1 et 2, 152, 241 et n. 3 et 4, 242 et n. 1 et 4, 244

STEWART, Philip, 477 n. 4.

STRUGNELL, A., 100 n. 1 et 2

SUARD, Amélie Panckoucke, Mme, 20 et n. 2.

SUARD, Jean-Baptiste Antoine, 158, 225 n. 2.

SUE, Jean-Joseph (chirurgien), 318 et n. 3.

TACITE, 133, 198 n. 2, 391.

TAMPONNET, abbé (censeur de la Sorbonne), 80, 81 n. 1, 263.

TARIN, Pierre (médecin), 26 n. 3.

TELEKI, Joseph (comte hongrois), 468 et n. 1.

TENCIN, Claudine-Alexandrine Guérin, marquise de [mère de D'Alembert], 85, 278 et n. 1.

TENCIN, Pierre Guérin, cardinal de [frère de Mme de Tencin], 129 n. 4.

TERRASSON, Jean, abbé, 198 n. 2.

THIERIOT, Nicolas-Claude (ami de Voltaire), 232 n. 1, 273 n. 3, 288 n. 2 et 3, 394, 416, 418 n. 2

et 3, 420 n. 3, 423 n. 1, 430 n. 3, 446 n. 4, 452 n. 2, 457, 465 et n. 1, 474 n. 2, 478, 489 n. 3

THOMAS, Antoine Léonard, 310 n. 2, 314.

THUN, baron, 155.

TILLET, Mathieu (botaniste et agronome), 176 et n. 4.

TOLNAI, Gabriel, 468 n. 1.

TOLOMAS, Charles-Pierre-Xavier, père (jésuite), 45 n. 1, 197, 204-211, 273, 472.

TOURNEUX, Maurice, 310 n. 1.

TREMBLEY, Abraham [cousin de Ch. Bonnet], 33 n. 5.

TRESSAN, Louis Élisabeth de La Vergne de, comte de, 138, 139, 152 n. 3, 185, 241-245, 265, 266 et n. 1, 276 n. 4, 288, 290 et n. 3, 291 et n. 1, 300 n. 3, 403 n. 2.

TRONCHIN, les, 25, 495.

TRONCHIN, Théodore (médecin), 280, 381 et n. 1, 383, 426 n. 3, 468, 469, 486, 496.

TRONCHIN-BOISSIER, Jean Robert, 279.

TROUSSET D'HÉRICOURT, 176 n. 6.

TRUBLET, Nicolas-Charles-Joseph, abbé, 122 n. 1, 129, 130 et n. 1, 156, 165 n. 4, 172, 185 et n. 2, 200, 201, 205, 209, 210, 215 n. 2, 230-232, 246 et n. 4, 252, 253, 255, 256 et n. 2, 259 et n. 4, 260 n. 2, 263-265, 281 n. 2, 284, 285, 288-291 et n. 2, 302, 305, 306, 339 n 3, 341, 342 n. 3, 344 n. 1, 349 n. 5, 352 n. 3, 354, 358, 359 et n. 2, 382 n. 3, 419 n. 2, 420, 439, 446, 453 et n. 2.

TRUDAINE, Daniel Charles (intendant des finances) [père du suivant], 31, 176 n. 3, 177.

TRUDAINE DE MONTIGNY, Jean-Charles (intendant des finances), 406.

TSCHARNER, Bernard, 443 n. 2, 468 n. 2 et 4.

TUFFET, Jacques, 63 n. 1, 108 n. 3.

TURGOT, Anne Robert Jacques, contrôleur général des Finances, 176 n. 3, 177, 297, 320, 369, 387, 421 n. 1, 422, 423 n. 3, 425, 445, 489.

TURGOT, chevalier, 406, 469.

TYRCONNEL, comte (ambassadeur de France à Berlin), 51, 52, 53 n. 1, 55, 57 n. 3, 221.

VALORY, Mlle, 458 n. 3.

VANDEUL, Marie-Angélique de [fille de Diderot], 82 et n. 3, 370, 373 n. 1.

VAN RUNSET, Ute, 51 n. 1.

VAUCANSSON, Jacques de (ingénieur mécanicien), 193 et n. 1, 383.

VAURÉAL, Mgr de (évêque de Rennes), 460 n. 3.

VERNES, Jacob, pasteur, 240 n. 3, 4 et 5, 244 et n. 5, 245 et n. 4, 269 n. 1, 281 et n. 1, 341 n. 4, 352 n. 2, 380, 396 n. 7, 417 n. 5, 440 n. 1, 485 n. 5.

VERNET, Isaac (banquier), 268, 271 n. 1 et 3, 280 et n 4.

VERNET, Jacob, pasteur, 270, 362, 379, 380, 383.

VÉRON DE FORBONNAIS, François, 270.

VERRI, les frères, 329 n. 2.

VILLARS, Claude Louis Hector, duc de, 242 n. 3, 494, 497.

VILLEROY, Jeanne-Louise-Constance d'Aumont, duchesse de, 408.

VIROLLE, Roland, 308 et n. 2.

VISSIÈRE, J.-L., 350 n. 2 et 3, 351 n. 2, 353 n. 1 à 3.

VOIRIOT (peintre du roi), 331.

VOISENON, Claude-Henri de Fuzée, abbé de (auteur dramatique), 296, 297, 300.

VOLLAND, Sophie, 375 n. 2, 427 n. 2, 428 n. 3, 435 n. 1, 458 n. 8 et 9, 464 n. 1, 471, 500 n. 1 et 2.

VOLTAIRE, François Marie Arouet, dit, 9, 11, 12, 15-19, 22, 25 et n. 2, 31-33 et n. 1, 51, 52, 55-63 et n. 1, 78, 96 et n. 1 et 2, 98, 99, 101 n. 4, 104, 108-115, 117, 118, 129, 132, 137-140, 142, 148-153, 156, 167 n. 1, 177, 178, 185 n. 3, 197, 206, 210 et n. 1, 212 et n. 3, 221, 222, 232-234, 245, 246 et n. 2, 249, 252, 254-256, 261 et n. 2, 266, 273 et n. 1, 3 et 4, 276-281, 282 n. 1, 285-288, 294, 295, 297, 299, 300 n. 3, 301-303, 305, 308 et n. 2 et 3, 316, 335, 336, 338 et n. 2, 341, 343-345, 347, 348, 351, 353, 355, 356, 365, 367 n. 2, 377-379 et n. 2, 380 n. 1, 381, et n. 3, 382 n. 1, 383-385 et n. 1, 387, 389, 390, 393, 394 et n. 2, 396 n. 7, 408-410, 412-414 et n. 1, 417, 418, 420 et n. 1, 423 n. 1, 424 n. 1, 425-431, 436-442, 444 n. 5, 445, 446, 449-501.

WALLERIUS, Johan, 28 n. 2.

WALMESLEY, Charles, 100.

WALPOLE, Horace, comte d'Oxford, 366, 411.

WATELET Claude-Henri (écrivain et dessinateur), 406, 407 et n. 2, 482 n. 1.

WEINREB, Ruth Plaut, 309 n. 3, 310 n. 1 et 3, 311 n. 1, 313 n. 2.

WILSON, Arthur M., 91 n. 2, 421 n. 1.

XIMÉNÈS, Augustin Louis, 151, 200, 302, 476, 477, 479.

YART, Antoine, abbé, 301.
YOUNG-MOCK, Lee, 340 et n. 1 et 2.
YVON, l'abbé (ami de l'abbé de Prades), 74, 81 et n. 3, 82, 88, 92 n. 3, 95, 96 n. 2.

Table

Introduction 9

PREMIÈRE PARTIE
L'exigence de dignité
1751-1753

Chapitre premier. L'apparent contraste
entre Paris et Berlin
(été 1751-février 1752) 15
    DOUCEURS PARISIENNES (ÉTÉ – AUTOMNE 1751) ... 17
        Le philosophe marié, 18. – *Le succès des phi-*
        losophes, 22. – *Paix et renouveau à l'Acadé-*
        mie des sciences, 34.
    TENSIONS ENTRE POTSDAM ET BERLIN 50
        Un jeune homme innocent, 52. – *L'ambiva-*
        lence de Voltaire : rester ou rentrer ?, 56.
        – Maupertuis met le feu aux poudres, 62.
    PREMIER AVERTISSEMENT DU POUVOIR
    (AUTOMNE 1751-FÉVRIER 1752) 70
        La presse, 71. – *La thèse de l'abbé de*
        Prades, 73. – *Le chef des dévots*, 76. – *La*
        victoire des fanatiques, 78.

Chapitre II. La prise de conscience
(février 1752-juin 1753).............................. 85
   FACE AUX ÉPREUVES 86
      Les humiliations, 87. – *Réactions différentes
      de Diderot et d'Alembert*, 91. – *Échecs aca-
      démiques*, 99.
   FIN DU MYTHE BERLINOIS.................................... 104
      La folie de Maupertuis, 104. – *La cruauté
      de Voltaire*, 108. – *Voltaire bâillonné*, 111.
      – *Un bilan ravageur*, 113.
   LE CODE D'HONNEUR DES INTELLECTUELS 118
      Le manifeste de D'Alembert, 119. – *Réac-
      tions mitigées*, 124.

DEUXIÈME PARTIE
La dure évolution des mentalités
1753-1756

Chapitre III. Redistribution des rôles
et des clans (été 1753-octobre 1754) 137
   INDÉPENDANCE AFFICHÉE OU SOLITUDE IMPOSÉE ... 138
      Deux conceptions de l'honneur, 141. –
      L'expérience cruciale de Voltaire, 148.
   AMITIÉS RECOMPOSÉES 154
      Le clan Diderot, 154. – *Première rupture*,
      161. – *Diderot sans d'Alembert*, 166. –
      D'Alembert, l'électron libre, 171. – *Refroi-
      dissements*, 180.
   IMMUABLE ACADÉMIE 185
      Un ronronnement de bon aloi, 186. – *La
      guerre des horlogers*, 191.

Chapitre IV. La difficile indépendance
(novembre 1754-décembre 1755)....................... 195

Table 601

Les paradoxes de D'Alembert 197
   La tentation des honneurs, 197. – *L'affaire
   Tolomas*, 204. – *Attraction/répulsion pour
   Frédéric*, 211.

Mourir en philosophe 218
   Le précédent Boindin, 219. – *Le cas de
   Montesquieu*, 230. – *Les émules de Montes-
   quieu*, 238.

Une leçon de dignité 238

Chapitre V. L'accalmie avant la tempête
(1756)... 249
  Les petites satisfactions de D'Alembert....... 250
   *Au secours de l'*Encyclopédie, 251. – *Une
   Académie réconciliée*, 257. – *D'Alembert
   se venge de Fréron*, 263.

Amitiés et stratégie genevoises 266
   Un coup de foudre amical, 268. – *Un voyage
   décisif*, 272.

Orages d'automne 282
   Patriotisme ou cosmopolitisme, 284. –
   Quelle patrie ? ou le dilemme de Maupertuis,
   288.

Chapitre VI. Intermède : nouvelles figures
d'intellectuelles (1756) 293
  Femmes de lettres............................. 294
   Mme de Graffigny, 295. – *Mme du Boccage*,
   301.

« La véritable philosophe des femmes »......... 308
Femmes savantes................................. 316
   Mme Thiroux d'Arconville, 316. – *La reine
   de l'astronomie*, 321.

TROISIÈME PARTIE
Du discrédit à l'honneur retrouvé
1757-1762

Chapitre VII. L'année calamiteuse (1757).......... 335
  L'EFFET DAMIENS 336
    Réactions partagées du monde des lettres,
    337. – *Le silence des philosophes*, 342.
  LA COALITION DES OPPOSANTS 346
    L'offensive jésuite, 347. – *L'arme de la déri-*
    sion, 349. – *Fréron, chef de l'opposition*,
    352.
  LE DISCRÉDIT DES PHILOSOPHES 355
    Diderot démasqué, 356. – *Un « ton » insup-*
    portable, 364.
  ÉCLATEMENT DU CLAN 368
    Humains, trop humains, 370. – *Pire qu'un*
    différend stratégique, 377.

Chapitre VIII. Des loups enragés
(printemps 1758-printemps 1760)..................... 389
  LES COLÈRES DE D'ALEMBERT 390
    Contre ses alliés, 390. – *Contre Clairaut*,
    397. – *Contre Mme du Deffand*, 408.
  LES PHILOSOPHES DANS LA LIGNE DE MIRE............ 413
    Le faux pas d'Helvétius, 414. – *La brisure*
    *de l'*Encyclopédie, 427. – *La seconde tenta-*
    tion de Berlin, 427.
  LA DESCENTE AUX ENFERS 431
    Nouvelle accusation de plagiat, 431. –
    Dénoncés en pleine Académie, 436. – *Ridi-*
    culisés, 440.

Table 603

Chapitre IX. Voltaire sauve l'honneur
(été 1760-été 1762) 449

    LE CHEF DE GUERRE (JUIN-SEPTEMBRE 1760) 450
        Voltaire se jette dans la bataille, 451. –
        L'éclatante revanche, 455. – *Le politique*,
        460.

    FAIBLESSES HUMAINES
    (OCTOBRE 1760-ÉTÉ 1761) 466
        L'art de se faire des ennemis, 466. –
        À fronts renversés, 474.

    LE JUSTE (SEPTEMBRE 1761-AOÛT 1762) 482
        Évolution de la sensibilité, 483. – *Le prin-*
        temps 1762, 490. – *L'honneur des philo-*
        sophes, 495.

Remerciements 503
Abréviations 505
Manuscrits : principales collections consultées .. 507
Sources imprimées 519
Périodiques 523
Correspondances et mémoires du XVIIIe siècle 525
Études des XIXe et XXe siècles 533
Index des noms de personnes 563

Madame du Châtelet, DISCOURS SUR LE BONHEUR, préface
   d'Élisabeth Badinter, Rivages poche.
LES PASSIONS INTELLECTUELLES, I, DÉSIRS DE GLOIRE,
   Fayard.
LE CONFLIT : LA FEMME ET LA MÈRE, Flammarion.

En collaboration avec Robert Badinter :

CONDORCET. UN INTELLECTUEL EN POLITIQUE, Fayard.

Composition réalisée par ASIATYPE

Achevé d'imprimer en octobre 2010 en Allemagne par
GGP Media GmbH,
Pößneck (07381)
Dépôt légal 1re publication : novembre 2010
Librairie Générale Française – 31, rue de Fleurus – 75278 Paris Cedex 06